도서출판 대장간은
쇠를 달구어 연장을 만들듯이
생각을 다듬어 기독교 가치관을
바르게 세우는 곳입니다.

대장간이란 이름에는
사라져가는 복음의 능력을 되살리고,
낡은 것을 새롭게 풀무질하며, 잘못된 것을
바로 세우겠다는 의지가 담겨져 있습니다.

www.daejanggan.org

Copyright ⓒ 1993 by Herald Press

Original published in English under the title ;
   AN INTRODUCTION TO **MENNONITE HISTORY**
    - A Popular History of the Anabaptists and the Mennonites
                / Cornelius J. Dyck
   published by Herald Press(MennoMedia), 1251 Virgina Ave.,
           Harrisonburg VA22802-2434, USA.
   All rights reserved.

Used and translated by the permission of MennoMedia
Korean Edition Copyright ⓒ 2013 Daejanggan Publisher. in Daejeon, South Korea.

아나뱁티스트 역사

편저자	코넬리우스 딕 Cornelius J. Dyck
옮긴이	김복기
초판발행	2013년 6월 4일
펴낸이	배용하
책임편집	배용하
등록	제364-2008-000013호
펴낸곳	**도서출판 대장간**
	www.daejanggan.org
	대전광역시 동구 삼성동 285-16
	전화 (042) 673-7424 전송 (042) 623-1424
ISBN	978-89-7071-291-8

이 책은 한국어 저작권은 MennoMedia와 독점 계약한 대장간에 있습니다.
기록된 형태의 허락 없이는 무단 전재와 복제를 금합니다.

 값 23,000원

아나뱁티스트 역사
메노나이트를 중심으로

3판

코넬리우스 딕 편저

김 복 기 옮김

AN INTRODUCTION TO
MENNONITE HISTORY

A Popular History of the Anabaptists and the Mennonites

Cornelius J. Dyck

시대를 뚫고 나아가라

강철대오 이루면서 시대를 뚫고 나아가라
신의 부름 받들고서 신실한 정신 뒤흔들라
서로 다른 은사라도, 일치된 마음으로,
섬김은 다양하지만 보상은 하나이니.

    시대를 뚫고 나아가라, 강철대오 이루면서,
    신실한 정신을 뒤흔들라, 신의 부름 받들고서,

빛으로 사랑으로 다르리는 주의 왕국은 확장하며
우리의 믿음이 확실할 때까지 우리의 수고와 애씀으로
예언자들은 왕국을 선포하고 순교자들이 입증했으니
시인들은 그 영광을 노래했고 영웅들은 왕국을 위해 죽었나니

정복할 때가 있고 정복당할 때도 있나니
질 때나 이길 때나
주님의 광대하신 목적 따라 온전히 하나되리
우리 함께 가리 빛나는 목표 향해.

  – 프레더릭 호스머 Frederick L. Hosmer, 1908.

지도와 도표

1550년대 중부유럽의 아나뱁티스트・・190
북아메리카의 메노나이트 가계도・・314-5
남아메리카의 메노나이트・・457
멕시코・・457
파라과이・・465
일본・・495
인도・・509
아프리카의 메노나이트・・540
독일・・554
캐나다의 메노나이트 교회들・・584
미국의 메노나이트 교회들・・585
메니토바・・588

약어표

AIMM	Africa Inter-Mennonite Misison(CIM에서 변경)
CPS	Civilian Public Service
CRR	Classics of the Radical Reformation series
EMEK	European Mennonite Evangelism Committee
HPC	Historic Peace Churches(Brethern, Friends, Mennonites)
IMO	International Mennonite Organization(유럽)
IMPC	International Mennonite Peace Committee
MCC	Mennonite Central Committee
MCSFI	Mennonite Christian Service Fellowship of India
ME	*The Mennonite Encyclopedia*, 전 5권
MEA	Mennonite Experience in America
MEDA	Mennonite Economic Development Associates
MQR	*Mennonite Quarterly Review*
MWC	Mennonite World Conference
SEDA	Service for the Development of Agriculture(자이레)
SMO	Swiss Mennonite Organization for Relief Work

차례

- 008 추천의 글-배덕만
- 013 서　문
- 017 1장. 종교개혁 이전의 교회
- 044 2장 아나뱁티스트의 기원
- 071 3장 스위스의 아나뱁티즘
- 087 4장 중부 독일과 모라비아의 아나뱁티즘
- 116 5장 남부 독일의 아나뱁티즘
- 138 6장 네덜란드의 아나뱁티즘
- 164 7장 북부 유럽의 아나뱁티스트와 메노나이트
- 191 8장 아나뱁티스트들이 믿는 것
- 219 9장 유럽의 메노나이트
- 244 10장 러시아의 메노나이트
- 282 11장 북미로 온 메노나이트
- 309 12장 메노나이트 교회
- 339 13장 아미시와 후터라이트 형제단
- 362 14장 메노나이트 교회 교단 총회
- 397 15장 메노나이트 형제교회
- 429 16장 북미의 소규모 메노나이트 및 관련 그룹들
- 452 17장 라틴 아메리카의 메노나이트 교회
- 487 18장 아시아의 메노나이트 교회
- 518 19장 아프리카의 메노나이트 교회
- 542 20장 1815년 이후 유럽의 메노나이트
- 569 21장 북미의 메노나이트
- 598 22장 계속되는 비전
- 622 찾아보기

추천의 글

배덕만 교수 복음신대/교회사

    한국교회가 중요한 반환점을 통과하고 있습니다. 혹자들은 이런 변화를 위기상황으로 진단합니다. 틀린 말이 아닙니다. 현상적으로, 수많은 부정적 증상들을 쉽게 감지할 수 있기 때문입니다. 신자들의 수가 줄어든다는 사실 자체가 한국교회에 병이 들었다는 명백한 증거입니다. 의도적으로 다이어트를 하지 않은 상황에서 체중이 줄어드는 것은 불길한 징조입니다. 동시에, 지도자들의 윤리적 추문이 끊이지 않습니다. 이것은 뇌에 문제가 생겼다는 뜻입니다. 제정신이 아니라는 말이지요. 겉모양이 아무리 멀쩡해도, 뇌가 망가지고 정신이 온전치 못하면, 그 사람은 환자입니다. 영성적 측면에서도 문제는 심각합니다. 설교, 예배, 기도, 친교 면에서, 한국교회의 영적 류머티즘은 더는 감출 수 없는 현실입니다. 이제는 하나님의 임재와 복음의 진정성이 약화하면서, 지도자들이 흔들리고 신자들은 교회를 떠납니다. "세상의 빛과 소금," "구원의 방주"라는 화려한 구호와 달리, 세상은 우리를 향해 "개독교"라는 역대 최악의 욕설을 퍼붓고 있습니다. 정말, 곡할 노릇입니다.

    자기 몸에 병이 들었다는 것은 환자 자신이 제일 먼저 압니다. 그래서 병원에 가길 두려워합니다. 병의 실체를 스스로 부정하지만, 정말 부정하고 싶지만, 정작 병의 증상을 가장 분명히 자각하고, 병에 대해 제일 걱정하는 사람은 환자 자신입니다. 마찬가지로, 반공과 친미를 축으로 한 국가이데올로기, 시장과 성장을 핵으로 한 신자유주의, 물질적 축복과 세속적 성공을 지향하는 무속적 번영신학이 한국교회의 몸과 혼을 병들게 했을 때, 한국교회 안에서 두 가지 대립된 반응이 나타납니다. 하나는 그런 현상을 감추거나 정당화하는 것입니다. 병의 증상을 부정하거나 기만적으로 해석함으로써 문제를 외면한 것입니다. 머리부터 발끝까지 영적 암세포가 빠르게 확산하고 있지만, 자신은 건강하다고 자기최면을 걸고 사람들의 충고에 귀를 막습니다. 한국교회 주류의 모습이 그렇지 않을까요? 한편, 그런 현상에 민감히 반응하며, 살길을 찾으려는 몸부림도 있습니다. 몸 구석구석으로 퍼져 나가는 병의 파괴력에 전율하며, 치료법을 찾으려고 동분서주하는 것입니다. 한국교회를 살려보겠다고 몸부림치는 이들 중 한 무리가 아나뱁티스트들이라고 저는 생각합니다.

한국교회는 지난 130여 년 동안, 칼뱅주의의 강력한 영향하에 세계의 주목을 받는 교회로 성장했습니다. 신학, 예배, 제도, 정치 면에서 칼뱅주의가 한국교회에 끼친 영향은 측정할 수 없을 정도입니다. 지금도 칼뱅주의를 근간으로 한 장로교회의 위세는 대단합니다. 동시에, 오순절 성령운동의 폭발력도 한국교회의 외적 성장과 종교적 열정에 큰 영향을 끼쳤습니다. 하지만, 그렇게 성장한 한국교회의 현실은 참담합니다. 대형교회들이 동네마다 우뚝 서 있고, 교인들의 수와 교회의 경제력도 막강하며, 국가정치에 끼치는 영향력도 대단하지만, 그런 화려한 외형과 달리, 교회 안에서 들려오는 신음과 교회를 향한 세상의 비난은 더욱 거칠고 험해집니다. 이런 상황에서, 한국교회의 중요한 대안으로 급부상하는 것이 아나뱁티즘입니다. 얼마 전까지 그 존재마저 희미했던 아나뱁티즘이 최근에 빈번히 언급되고 사방에서 감지되고 있습니다. 자신을 아나뱁티스트라고 소개하는 사람들이 자주 보이고, 아나뱁티스트에 대한 책들도 지속적으로 출판되고 있습니다. 이에 대한 학자들의 연구 또한 가속도가 붙는 중입니다. 이제 한국 신학계에서 존 하워드 요더와 스탠리 하우어워스는 더는 낯선 이름이 아닙니다.

하지만, 여전히 아나뱁티즘에 대한 학계와 대중의 인식은 매우 제한적입니다. 분단이란 정치적 현실과 대형교회 중심의 교회문화는 평화주의와 공동체를 추구하는 아나뱁티스트들에게 의혹의 눈길을 쉽게 거두지 못합니다. 여전히 주류 기독교인들은 아나뱁티즘을 분파주의로 깎아내리면서, 정치적으로 위험하고 신학적으로 극단적이라며 비판합니다. 그러나 그런 경계와 저지에도, 점점 더 많은 사람이 아나뱁티즘에 매혹되고 있으며, 그 영향력이 빠르게 확산하고 있습니다. 이것은 한국교회의 머리와 몸체가 자기 몸에 침투한 질병의 실체를 부정하려 몸부림쳐도, 체내 면역체계의 본능적 반응임이 틀림없습니다.

이런 상황에서, 최근에 아나뱁티즘 관련서적들이 꾸준히 소개되고 있는 것은 매우 바람직하고 반가운 현상입니다. 아나뱁티즘 신앙과 신학의 핵심적 주제들에 관한 심도 있는 연구서들, 대표적 아나뱁티즘 학자들의 주요 저서들이 이 운동에 대한 학문적 관심을 촉발하고, 이해를 심화시키고 있습니다. 이런 현상은 앞으로 지속할 것이며, 꼭 그래야 합니다. 하지만, 한 가지 아쉬운 점은 이 운동에 대해 기본적 이해마저 부족한 대다수의 한국교회 신자들을 위해 좀 더 이해하기 쉽고 개괄적인 안내서가 많이 부족하다는 것입니다. 특히, 아나뱁티즘의 역사를 16세기부터 현재까지 포괄적으로 서술한 안내서가 한국교회에 절실히 필요한 실정이었습니다. 물론, 아나뱁티즘 역사서들이 몇 권 한국에 소개되었지만, 그들 대부분이 16세기 유럽의 상황에 한정되거나, 최근의 상황을 다룰 경우, 북미에 관심과 연구가 집중됨으로써, 아나뱁티즘의 과거와 현재, 그리고 그것의 세계적 상황을 한눈에 파악하기 어렵습니다. 그래서 일반 독자 중에는 이 운동을 16세기 유럽에서 잠시 출현했다 사라진 과거의 유물로 오해하는 예도 적지 않습니다.

이런 때에, 코넬리우스 딕의 『아나뱁티스트 역사』가 대장간에서 출판된 것은 여러 면에서 매우 고맙고 다행스러운 일입니다. 일단, 이 책은 코넬리우스 딕의 총 책임 아래에 여러 명의 대표적 아나뱁티스트 학자들이 함께 저술한 아나뱁티즘 역사서입니다. 존 하워드 요더, 존 어이어, 월터 클라센, 윌리엄 키니 같은 저명한 학자들이 공동 저자로 참여했습니다. 이런 저자들의 참여 자체가 이 책의 학문적 권위와 가치를 보장해줍니다. 둘째, 이 책은 16세기부터 20세기까지 아나뱁티즘의 역사를 담고 있습니다. 이런 시기적 범주도 기존의 역사서들과 이 책의 분명한 차별성을 보여줍니다. 셋째, 이 책은 스위스, 독일, 네덜란드를 중심으로 한 유럽의 아나뱁티즘 뿐만 아니라, 북미, 러시아, 라틴아메리카, 아프리카, 그리고 아시아의 아나뱁티즘까지 다루고 있습니다. 그야말로, 아나뱁티즘과 관련된 모든 시간과 공간을 포함한 총체적 역사서입니다. 아직 이런 범위와 내용을 한 책에 담아낸 아나뱁티즘 역사서는 없었습니다. 그래서 책의 분량이 600페이지가 넘을 수밖에 없었을 것입니다. 하지만, 지금까지 한국독자들이 한 번도 접한 적이 없던 수많은 정보를 담고 있어서, 아나뱁티즘의 총체적·포괄적 이해를 위한 최고의 안내서가 될 것입니다. 또한, 두께에 압도되어 쉽게 이 책을 집어 들지 못하겠지만, 원저자의 명쾌한 문장, 역자의 훌륭한 번역, 그리고 흥미진진한 내용 때문에, 한번 읽기 시작한 책을 쉽게 내려놓지 못할 것입니다. 한 가지 이기적인 아쉬움은 이 엄청난 분량의 책 속에 한국 아나뱁티즘에 대한 언급이 없다는 것입니다. 그 빈 곳의 역사는 앞으로 한국아나뱁티스트들이 채워야 할 역사적 과제가 될 것입니다.

분단과 정전 상황 속에서 한반도 내에 핵전쟁 위협이 고조되고 있습니다. 한미 FTA로 상징되는 신자유주의가 한국사회와 교회 내부까지 깊숙이 침투하고 있습니다. 교회는 균형 잃은 신비주의와 윤리적 실패 속에 휘청거립니다. 이단의 범람과 세상의 비방 앞에 교회는 속수무책입니다. 이런 상황에서 정교분리, 평화주의, 공동체를 중심으로, 진정한 제자도를 추구하는 아나뱁티즘은 한국교회를 향한 소중한 지혜와 통찰을 제공해 줍니다. 한국교회가 이런 전대미문의 위기를 성령과 말씀으로 지혜롭게 극복하고 진정한 '신자들의 공동체'로 거듭나길 소망하면서, 이 책의 일독을 권합니다. 이 책이 만병통치약이라고 말할 수 없습니다. 아나뱁티즘이 정답 혹은 유일한 답이라고 단언할 수도 없습니다. 하지만, 매우 훌륭한 처방전임이 틀림없습니다. 치료는 성령께서 하시지만, 그분의 뜻을 온전히 헤아리도록 돕는 훌륭한 길잡이가 될 것입니다. 그것만은 저도 확신할 수 있습니다.

서 문

　이 책은 16세기부터 현재까지 아나뱁티스트-메노나이트의 삶과 그들의 사상에 대한 역사책으로 특별히 젊은 독자들을 위해 쓴 것이다. 16세기 메노나이트 선조들이 어떠한 사람들이었는가 제대로 알려면 전세계 메노나이트들 사이에 존재하는 연합의식 및 아나뱁티즘운동에 대한 내용을 알 필요가 있다. 학자들의 연구를 토대로 한 이 책은 메노나이트 역사를 배우고자 하는 학생들 뿐만 아니라, 교회의 성서공부 소그룹 및 여러 사람들에게 아나뱁티스트-메노나이트들에 대한 내용을 자세히 소개해 줄 것이다. 신실한 교회를 이루기 위해 노력한 아나뱁티스트-메노나이트들에 대한 약 500년의 기본적인 역사 및 교리의 발전양상을 소개하는 소중한 책이 될 것이다.

　이 책은 1967년의 첫 번째 출판, 1981년의 두 번째 출판에 이어, 세 번째로 출간되는 것으로써 미국 인디아나주 엘커하트에 있는 메노나이트연합성서대학원AMBS(2012년 9월에 Anabaptist Mennonite Bibe Seminary로 바뀜-역주) 내의 메노나이트 학문 연구소Institute of Mennonite Studies:IMS 프로젝트 일환으로 진행 되었다. IMS 편집자의 시각으로 볼 때, 1960년대 중반은 메노나이트들이 함께 자신들의 과거를 되돌아보며 함께 역사를 기록할 필요가 있었던 중요한 시기였다. 그래서 편집인으로 저자는 짜임새 있고 일관성을 잃지 않는 책을 만들어 내기 위해 구체적인 장들을 할당하였고 몇몇 동료들에게 초고를 제출 해 줄 것을 제안하였다. 그리고 이러한 책을 만들기 위해 자세한 스케줄 및 출판 개요를 제시하였다.

최종적인 동의와 더불어, 여러 저자들이 첫 번째 판에 실릴 각 장을 제출하였다. 내용상 일관성을 잃지 않기 위해 편집자에게 최대한의 권한이 부여 되었다. 저자들은 첫 번째와 두 번째 수정판을 만들어내는 과정에서 만약 필요하다면 마음껏 수정을 할 수 있도록 모든 권위를 편집자에게 부여해 주었다. 초판의 저자들은 새로이 첨가된 부분을 읽는 것 외에는 별로 관여하지 않았다. 이러한 신뢰와 협동의 형제애를 보여준 모든 저자들에게 감사를 드린다.

현재의 수정판에는 최근 이루어진 아나뱁티스트 연구에 대한 사료들이 적절히 반영되어 있다. 따라서 예전에 없던 새로운 내용들이 추가되었다. 이 책의 내용 중, 3장은 존 하워드 요더John H. Yoder, 4장은 존 오이어John S. Oyer, 5장은 월터 클라쎈Walter Klaasesen, 6장과 7장은 윌리엄 키니William E. Keeney가 쓴 원고들이다.

중요한 수정은 이미 1981년에 출간된 2판에서 이루어졌지만, 9장과 10장은 이미 작고한 에른스트 크라우스Ernst Crous와 프랭크 엡Frank H. Epp이 쓴 원고들이다. 11장과 12장은 편저자가 주로 쓴 글이지만 특히 12장을 구성하는데는 J.C. 웽어J.C. Wenger의 신세를 많이 졌다. 15장은 프랭크 피터스Frank C. Peters, 18장은 월터 클라쎈Walter Klaasesen, 20장은 윌리암 키니William E. Keeney가 기고한 글들이다. 그 외 대부분은 편저자의 저작이다. 물론 모든 사실, 해석, 혹은 누락에 대한 실수는 전적으로 편저자의 책임으로 계속 남게 될 것이다.

저자들의 초고를 읽고 자문을 해준 다음의 학자들에게 깊은 감사를 표한다: 룔프와 줄리엣 쿳쩨Roelf and Juliette Kuitse-9장과 20장, 월터 사와 스키Walter W. Sawatsky와 피터 딕Peter J. DycK-10장, 리차드 카우프만Richard A. Kauffman과 하워드 카우프만J. Howard Kauffman-12장, 에이브 듀익Abe Dueck-15장, 제럴드 무마우Gerald Mumaw와 다니엘 스키파니Daniel S. Schipani-17장, 그리고 메노나이트 백과사전을 위해 지도를 제작 해준 해리엇 밀러Harriett Miller, 특별히 능숙한 솜씨로 컴퓨터 작업을 담당해 준 케빈 밀러J. Kevin Miller와 늘 기쁜 마음으로 편집일을 담당해 준 마이클 킹Michael A. King, 그리고 끊임없이 용기를 북돋워 주고 마음으로 후원을 해준 헤럴드 출판사의 폴 슈락Paul M. Schrock에게 심심한 사의를 표하는 바이다.

특별한 노력을 기울여 달아놓은 각 장의 각주 및 기타 자료들은 학생이든, 교사이든 더 많은 관심을 갖고 메노나이트 역사에 대해 알기 원하는 사람이라면 눈 여겨 볼만한 귀한 자료들이다. 이렇게 각 장마다 필요한 자료를 첨부해 놓았기에 별도의 참고문헌 목록은 필요하지 않으리라 생각한다. 더 자세한 정보를 얻기 위한 사람들은 각주에 있는 도서들을 참고하기 바란다.

인디아나 엘크하트에서
코넬리우스 딕 Cornelius J. Dyck

1장
종교개혁 이전의 교회

종교개혁은 16세기 유럽에서 일어난 교회 개혁운동이다. 이 교회 개혁 운동은 1517년 10월 31일을 그 시작일로 잡고 있다. 이 날 마틴 루터는 독일의 비텐베르크Wittenberg 대학 내에 '교회에 대한 문제를 다룬 95개 조항의 성명서'를 벽에 붙여 놓았다. 종교개혁을 불러일으켰던 내용들은 근본적으로 영적, 사회적, 경제적, 정치적인 문제들이었고 서양 세계의 사상과 삶에 아주 중요한 변화를 초래하였다.

종교개혁은 사회개혁운동의 성격을 띠었으며, 이 개혁의 중심에는 교회 개혁에 대한 열망이 자리하고 있었다. 중세시대 내내 의회, 성직자, 왕 그리고 일반 사람들의 목소리들은 제도적 교회 타락의 종식을 요구하고 있었다. 1500년 개혁을 위한 수 많은 제안들이 제시되었지만 어떻게 이러한 제안들을 받아들일 것인지에 대해서는 거의 일치를 보지 못했다.

그러나 개혁에 관한 한, 모든 종교 개혁가들은 이미 1세기에 존재했던 사도적 순수성을 소유한 교회로 돌아가는 것에 동의하고 있었다. 이러한 의미에서 종교개혁은 과거를 되돌아보는 운동이었다. 교회는 어디서부터인지 몰라도 완전히 타락해 있었고, 그러기에 한 때 소유했던 그 아름다운 모습으로 돌아갈 필요가 절실했다. 16세기 초에 일어났던 사건들이 무엇이었으며, 이 사건들이 우리에게 미치는 영향력이 어떠한지 더 잘 이해하기 위해서, 그리스도의 부활 후부터 종교개혁 이전의 교회를 간략하게나마 되돌아 볼 필요가 있다.

박해: 오순절이 지난지 얼마 되지 않아 예수 그리스도께서 세우신 교회는 박해를 받게 되었다. 물 세례 및 성령 세례는 곧 제 3의 세례인 피의 세례/순교로 이어졌다. 크리스천들은 "인류의 적"(타키투스)으로 여겨졌다. 그리하여 한편으로는 로마 사람들에 의한 의심의 눈초리를 받아야 했고, 다른 한편으로는 유대인들의 증오를 받게 되었다. 이렇게 양측에서 가해진 박해는 그리스도 안에서 새 생명을 소유한 제자들의 삶의 한 부분이 되었다.히11:37-38 그러나 "순교자들의 피는 하나님 나라를 싹틔우는 씨앗"터툴리안이 되었다. 2세기 중엽, 디오게네투스에게 보내는 편지Epistle to Diognetus는 이미 박해자들이 이길 수 없는 전투를 하고 있다는 기록을 통해 당시 상황을 우리에게 상기시켜 주고 있다. "그들을 박해하면 할수록 다른 편에 더 많은 사람들이 증가하고 있다는 사실을 보지 못하십니까? 이들이 갖고 있는 능력은 사람들에게서 나오는 능력이 아닙니다. 그것은 하나님의 능력입니다. 그것은 하나님께서 그들과 함께 계시다는 증거입니다."

정말로 교회는 믿을 수 없을 정도로 빠르게 확산되었다. 로마에서 소아시아와 인도로, 유럽에서 북미로 확산되었다. 교회는 수 많은 다른 문화적 배경의 남녀들에게로 퍼져나갔다. 터툴리안과 키프리안, 어거스틴과 같은 지도자들 및 저술가들은 북 아프리카 사람들이었다. 쇠퇴한 성령의 회복을 강조한 몬타니즘Montanism에 속한 주요한 지도자들 중 몇몇은 여성들이었다. 그러나 교회는 환경에 적응하기도 하였고 환경에 의해 변화되기도 하였다. 세월의 흐름과 더불어, 세상이 변하긴 했지만 3세기 말과 4세기 초에도 여전히 박해가 있었다. 그러나 크리스천들은 정치지도자들에게 점점 더 협조적이되거나 이들과 같은 생각을 갖게 되었다. 주후 173년 군생활은 아주 매력적인 것으로 여겨졌고, 젊은 기독교인들이 로마의 군대에 지원하기 시작함으로 기독교는 사회의 중요한 부분이 되었다. 급기야 크리스천이 된다는 것은 무엇인가 사회가 기대하고 받아들일만한 일을 행해야함을 의미하게 되었다.

콘스탄틴: 사회가 기독교인들을 완전히 받아들이도록 한 사건은 콘스탄틴이 4세기 초 로마의 황제가 되었을 때 일어났다. 개인적으로 아주 극적인 변화를 체험하는 모습으로 이루어졌다. 크리스천들은 이제 황실이 좋아하는 사람들이 되었고, 예전과는 반대로 비기독교인들이 핍박을 받게 되었다. 이방인들의 축제 및 행사, 예수 그리스도의 부활을 기념하는 크리스천들의 희망이 뒤섞이면서 일요일이 공휴일로 제정되었다. 일요일이 휴식과 예배를 위한 공휴일로 제정이 되면서 크리스천들은 안식일을 지키던 유대인들과 자신들을 구별하게 되었다. 비록 세례를 받지 않은 크리스천이었지만, 국가의 최고 권력자인 황제로서 콘스탄틴은 성직자들에게 교회의 규율을 강화하라는 훈시의 편지를 썼다. 그는 성직자들과 함께 회의를 갖고, 신앙에 대한 기본적인 문제들을 위해 국가의 재정을 사용하도록 허락했으며, 이따금씩 그들과 갖는 개인적 모임에서는 스스로 의장이 되기도 하였다.

그가 왜 기독교에 이러한 호의를 보였는지는 명확하지 않다. 그는 제국의 연합을 도모하기 위해 매력적인 국가 종교가 필요했고 개인적으로 기독교 신앙에 대한 매력을 가졌을지도 모른다. 이유야 어떻든 그때부터 교회와 국가는 서로 손을 잡게 되었다. 비록 그들은 다가오는 여러 세기 동안 자주 다투어야 하는 운명에 처하기도 했지만, 1,000년 동안 진행된 이 콘스탄틴 통합에 심각한 질문을 던지는 사람은 아무도 없었다. 모든 사람들이 태어나자마자 시민 겸 크리스천이 되기 위해 유아세례를 받게 되었다. 이렇게 형성된 기독교 사회는 인류를 위한 하나님의 계획이 성취된 것처럼 받아들여졌다.

이제 교회는 사회 전체를 기독교화하는 일과, 의미도 모르는 채 수많은 군중들을 교회의 일원으로 받아들이는 엄청난 직무를 감당해야 했다. 이러한 의미없는 사업은 이미 수십 만 명의 고트Goths, 반달Vandals족과 그 외 북방의 여러 부족들을 로마 제국으로 흡수시켰다. 이러한 흡수 통합에 의해 기독교 사회는 이미 시작부터 확실한 실패를 자초할 것이라는 비극의 전조를 보여 주었다. 주후 500년 이탈리아 전 지역은 데오도릭Deodoric 왕의 통치를 받게 되었다. 북 유럽 대부분은 콘스탄틴 황제처럼 하나님이 전쟁에서 자신을 승리로 이끄셨다고 믿었던 크로비스Clovis 왕의 통치를 받았다. 겉으로는 교회가 번창하였다. 로마제국이 몰락하는 중에도 제국의 낡은 영광은 교회의 교황권과 결탁하게 되었다. 사도 베드로의 영적 계승자들로서 그리고 콘스탄티노플Constantinople로 이주한 로마 황제들의 정치적 계승자들로서 로마의 사제들은 유럽에서 가장 막강한 권력의 소유자들이 되었다.

이중 잣대: 물론 이렇게 교회가 세속화되는 것을 상대로 항의한 사람들이 없지는 않았다. 영을 자유케 하기 위한 방법으로 고행을 함으로 하나님과 연합하려는 은자들이 일어나 한적한 곳이나 사막에서 삶을 영위하였다. 수도사들은 사악한 세상으로부터 오는 죄와 시험을 피하기 위해 수도원을 짓고 기도와 금식의 공동 생활을 하였다. 마찬가지로 수녀들을 위한 수도원도 지어졌다. 그러나 이러한 삶은 사람들을 올바른 회개로 인도하는 대신에, 이중적인 윤리 기준이 생겨나도록 만들었다. 성자들에게는 특별한 은사를 소유해야만 하는 것으로 지나친 기대되었으나 실제 성자들은 성스러운 삶을 살수 없거나, 적어도 그런 삶을 살기 원하지 않았다. 오래지 않아 일반 사람들은 성자들이나 성직자들과는 영적으로나 도덕적으로 같은 수준으로 살지 않아도 되는 것처럼 되어버렸다.

개혁을 위한 시도들: 여러 세기에 걸쳐 교회의 모습을 새롭게 하려는데 어느 정도 성공을 거둔 사람들이 많이 있었다. 16세기의 종교개혁과 더불어 생겨난 개신교는 이러한 운동들을 너무 소홀히 여기는 경향이 있다. 이러한 교회 개혁가들 중, 침묵과 노동을 중시 여긴 너시아의 베네딕트Benedice of Nursia라는 사람이 있었는데, 그는 베네딕트 규칙을 세웠던 영적 지도자였다. 그의 규칙에 따르면 수도원의 예배와 노동, 언약에 대한 기준이 제시되어 있다. 7세기 초에는 그레고리Gregory the Great가 새로운 형태의 예배 기틀을 마련함과 동시에 영국으로 선교사를 파송하였다. 8세기에는 보니페이스Boniface가 영국에서 대륙으로 선교사를 역파송하는 일을 하였다. 가장 강력한 개혁가 중 한 사람으로서 샤를마뉴Charlemagne을 들 수 있다. 베네딕토회의 조언을 힘입어 알쿠인Alcuine of York은 설교 훈련, 교회 규율의 시행, 상호 협력, 수도원의 개혁 등의 내용으로 성직자 훈련을 시행하였다. 그가 마련한 학교의 광대한 연락망은 서부 유럽의 여러 지역에 걸쳐 나타나있다.

이외의 다른 개혁 운동들도 등장하였다. 10세기 클루니Cluny 수도원 개혁은 유럽 전역에 있는 대부분의 수도원에 영향을 미쳤다. 11세기부터 부와 권력을 세습받는 카스트 제도로부터 사제들을 멀리하려는 의도에서 결혼을 금지하게 되었다. 12, 13세기에 사람들을 가르치고, 설교하고, 봉사하는 일을 담당했던 프란체스코Franciscan 수도회와 도미니코Dominicans 수도회 및 기타 사제들의 교단들이 생겨났다. 13세기, 토마스 아퀴나스Thomas Aquinas가 교회의 전통들을 의미 있는 믿음으로 변화시키기 위한 일환으로 신학적 체계를 부지런히 마련하는 동안, 이노슨트 3세는 교회의 개혁을 위한 의회를 중재하였다.

그러나 이러한 개혁들 중 어떠한 것도 교회를 새로운 방향으로 이끄는데 결정적인 역할을 감당하지 못하였다. 예를 들어, 9세기 유럽의 거의 1/2이나 되는 땅이 교회의 영향력 아래 있었다. 세속적인 문제들을

1,200년이 넘는 기간 교회는 서방세계의 권력을 독점하였다. 밤베르그(Bamberg)의 대성당은 교회가 50퍼센트의 땅을 소유하고 15퍼센트의 사람들을 고용하였던 당시의 배경을 설명해 주고 있다.

국가의 권위에 남겨두는 한편 영적인 문제를 위한 자신의 한계를 정하는 것은 교회에게 아주 어려운 문제가 되었다. 12세기에 와서 교회의 권위는 거의 절대적이 되었다. 군주들과 정치가들, 그리고 은행업자들과 학자들은 교회의 힘에 예속되어 있었다. 말하자면 마치 달이 태양빛을 반사하는 것에 의해 빛을 발하듯, 국가의 영광과 권력은 오로지 교회의 영광과 권력을 반영하는 것에 불과 하였다.

십자군 전쟁: 그러나 바로 이러한 교회의 성공이 파멸의 원인이 되었다. 1096년 교황 우르바노Urban 2세는 무슬림들로부터 거룩한 땅을 되찾고자 십자군 전쟁을 시작하였다. 무력이 본격적인 교회의 선교 수단이 되었다. 전쟁에 참여한 모든 사람들은 죄를 완전히 사면 받게 되었고, 13세기에 이르기까지 수 만 명의 사람들이 십자군의 대열에 동참하였다. 급기야 1212년에는 소년 십자군들이 생겨나기도 하였다. 돈이 있는 부자들과 십자군에 참여할 수 없는 사람들은 십자군에 참여한 사

람들이 받은 것과 같은 죄의 사면을 받기 위해 면죄부를 사들이기 시작했다. 이것은 1517년 루터의 개혁의 직접적인 원인이 되기까지 발전하였다.

십자군들은 교회의 모습을 잔인하게 변화시켰다. 1208년 교황 이노센트 3세는 유럽에 있는 십자군이 유럽에 있는 것 자체가 카타리Cathari:프랑스에 있던 기독교 그룹으로 이단으로 정죄됨-역주를 대적하는 것이라고 선언하였다. 어떤 한 십자군병사가 진정한 신자들과 이단인 카타리를 어떻게 구분하느냐고 질문하자, 그것은 주께서 스스로 알고 계시며 나중에 진주문에서 그들을 선별하실 것이니 상관말고 모두 죽이라는 답이 주어졌다.

성사혹은 성례 **제도**: 예수와 초대 교회의 가르침을 통해 발전하게 된 성사 제도는 교회 생활의 중심이 되었다. 성사에는 세례성사, 견진성사, 고해성사, 미사주의 만찬, 혼례성사, 서품, 그리고 종부 성사 등 일곱 가지가 있었다. 이들 성례전이 생겨나면서 성사 하나하나를 시행하는 예식 그 자체가 믿음이나 순종보다 더 중요하게 되었다. 물세례를 지옥에서부터 어린 아이를 구원해 내는 행위라고 믿게 되었고, 미사에서의 "빵과 포도주가 실제 예수 그리스도의 살과 피로 변한다"화체설고까지 믿게 되었다. 종부 성사는 야고보서 5장 14-15절이 가르치는 병 낫기를 위한 기도를 대신하여 죽음을 준비하는 마지막 예식이 되었다. 자동적으로 영적인 것은 완전히 물질적인 것과 거의 동일시 되었다. 그러나 성사들은 사회, 전통, 예식, 또는 구조와 따로 떨어져 있는 것이 아닌 마치 기독교와 세속사회를 풀로 붙여 놓은 것처럼 유착되어 필요한 기능을 하게 되었다. 이러한 성사는 일치, 공동체, 생명, 그리고 희망을 의미하게 되었다.

중세 말의 신앙심: 그러나 이러한 와중에도 개인적으로 깊은 신앙을 소유했던 사람들이 있었다. 신실하고 헌신된 사제들도 더러 있었다. 간

혹 믿음에 대해 신경을 쓰지 않는 무신론자들도 있었지만, 국가에 속한 대부분의 사람들은 그들의 구원을 위해 이러한 성사제도를 의지하고 있었다. 페스트와 같은 질병들, 전쟁, 그리고 전쟁에 대한 공포는 사람들에게 자신들이 지옥에 들어가지 않을 수 있는 방법과 이에 대한 보증을 구가하도록 만들었다. 사람들이 글을 읽을 수 없었음에도 불구하고 종교적 내용이 적힌 목판을 벽에 걸어 놓는 일은 기도를 돕기 위한 성사의 정해진 순서였다. 글을 읽을 수 있는 사람들을 위한 성서들도 있었는데, 구텐베르그의 금속 활자가 창안되면서 성서 출판이 가속화되었고 성서의 숫자가 급증하였다. 그러나 그 무엇보다 사람들에게 인기 있는 것이 있었는데, 성인들의 유품들과 묘지가 모셔져 있는 사원을 순례하는 일이었다. 1509년 작센Saxony 지방의 영주이자 루터의 후원자인 현자 프레더릭Fredrick the Wise는 5,005점에 달하는 유품을 소장하고 있을 정도였다. 사람들이 한 개의 유품을 보면 연옥에서 100일 동안 벗어날 수 있다는 식으로 이해 되기도 했다. 당시 비텐베르크가 소유하고 있던 총 유물은 500,000년 동안 연옥의 고통을 덜어줄 수 있을 정도로 엄청났다.

무조건적인 믿음과 완전한 신뢰는 성인들을 돕는 행위로 여겨졌다. 성인들은 죄인들을 하나님 곁으로 가까이 오게 하는 역할을 한다고 여겨졌다. 12세기 이후부터 마리아보다 더 자주 거론되는 성인은 없었으며, 이로 인해 마리아는 절대적인 숭배의 대상이 되었다. 일반 사람들은 순결한 마리아가 자신들과 죄 없으신 그리스도를 중재할 수 있다고 믿었다. 마리아는 두 번째 이브로 간주되었는데, 첫 번째 이브의 불순종이 그리스도의 출현을 야기시켰다면 두 번째 이브의 순종은 이러한 중재를 가능하게 만들었다는 것이다. 고전15:22 참조 악마와 유혹은 문학, 예술 및 일상의 토론 주제가 되었다. 죄인의 영혼에 있어서 악마는 하나님의 실제적인 경쟁자로 이해 되었다. 물론 어떤 사람들은 신경조차 쓰지 않았지만, 대부분의 사람들은 악마를 두려워하였다. 대대수의 사람들은 세상의 종말이 가까워 왔다고 믿었고, 자신들의 죄의식으로 말미암아 하나님은 참으로 멀리 계신 분으로 느끼며 살았다. 그래서 그들은 하나님께 대한 제도적 교회 관계 보다는 개인적인 관계를 갈망하고 있었다.

개혁을 위한 준비

종교개혁이 아무런 예고 없이 찾아온 것은 아니다. 십자군 운동과 문예부흥르네상스, 제국주의 성장과 로마 교회와의 마찰, 교회 및 성직자들의 타락, 일반 사람들의 증가하는 불안감 등은 강한 폭풍우가 몰아칠 것과도 같은 조짐들이었다.

이러한 조짐들 중 종교개혁 전 영적인 개혁을 도왔던 사람과 운동 또한 적지 않았다. 의식적이었든 무의식적이었든 16세기의 종교 개혁가들은 이러한 사람들과 운동의 책임을 떠맡게 된 셈이었다. 이러한 예로, 그리스도의 제자가 된다는 것이 자신의 삶에 어떤 의미가 있는지 다시금 살펴보도록 한 아씨시의 프란시스를 가장 먼저 생각해 볼 수 있다. 또한 능력 있는 설교와 급성장하는 인기로 말미암아 1498년 프랑스 피렌체 지방에서 교수형에 처해졌던 기롤라모 사보나롤라Girolamo Savonarola도 좋은 예이다.

이러한 사람들 중에 종교개혁의 길을 준비하는데 사상적으로 업적으로 큰 영향을 끼쳤던 아주 중요한 세 사람과 두 그룹이 있었다. 피터 왈도Peter Waldo, 존 위클리프John Wyclif 그리고 얀 후스John Hus가 그들이었고, 신비주의 그룹들과 인문주의자들이 대표 그룹이었다. 왈도, 위클리프, 후스는 믿음의 사람이면서 행동하는 신앙인이었다. 신비주의자들과 인문주의자들은 그다지 활동적인 개혁가들은 아니었다. 그러나 그들이 영적, 지적 세계에 끼친 영향력과 지도력은 믿음의 사람들의 마

중세 교회의 아주 못마땅한 모습 중 하나는 일정한 돈의 합계가 사람의 죄를 용서해 준다고 믿게 한 후 **면죄부를 판매**하는 것이었다. 이러한 실상은 생각 있는 크리스천들의 의심을 받았으나, 이러한 제도가 꾸준한 세금원이 되었기 때문에 교회는 이러한 의심들이 행동으로 변화되지 못하게 하였다. 이 그림이 보여주듯, 요하네스 텟젤(Johannes Tetzel)에 의해 시행된 이러한 야만적인 착취는 로마와 루터를 결별하게 만들었다.

음을 움직여 행동과 개혁의 길로 나아가도록 준비시켜주었다.

　　피터 왈도Peter Waldo: 1176년 한 음유시인의 노래가 프랑스 리옹의 부유한 상인이었던 왈도의 가슴에 깊은 동요를 일으켰다. 그가 어떤 신학자에게 하나님께로 가는 최상의 길이 무엇인지 물었다. 그 신학자는 마태복음 19장 21절을 인용하여 대답하였다: "네가 온전하고자 할찐대 가서 네 소유를 팔아 가난한 자들을 주라 그리하면 하늘에서 보화가 네게 있으리라 그리고 와서 나를 좇으라." 이 성구는 피터 왈도에게 새로운 삶을 시작하도록 부추겼다. 피터 왈도는 이 말씀을 따라 예수와 그의 제자들이 살았던 것과 같이 가난하게 살기로 작정하고 그의 재산을 팔았다. 그는 그의 아내와 그의 가족을 부양하기 위한 충분한 돈을 남겨 놓았다. 그리고 그는 좋아하는 성구를 암송하고, 누구든지 듣는 사람이 있으면 그들에게 이를 암송해 주었고, 그 구절에 대한 자기 나름대로의 해석을 들려주는 방법으로 신약성서를 공부해 나갔다.

곧 여러 사람들이 그와 함께하였다. 마침내 이 그룹은 왈도파 Waldensians라고 알려지게 되었다. 그들은 스스로를 심령이 가난한 자라고 규정하였고, 누구나 설교를 할 수 있도록 허가를 받기 위해 1179년 제3 라테란 회의Third Lateran Council를 요청하였다. 비록 그들의 요청은 거절되었음에 불구하고, 이러한 과정을 통해 그들은 하나님께서 그들로 하여금 끊임없이 이러한 일을 하도록 요구하신다는 확신을 갖게 되었다. 그 후, 1848년에 이탈리아에서 큰 그룹들이 생겨나 상대적이나마 자유을 얻기까지, 왈도파들은 약 700년 동안 혹독한 박해를 받는 그룹이 되었다.

왈도파 개혁 운동의 중심에는 성서를 사랑하는 마음과 읽은 성서 말씀대로 살아가기 원하는 순수한 열망이 놓여 있다. 그들은 소그룹 모임에서 함께 성서를 연구한다. 그들의 글들을 보면, 다음과 같은 내용을 발견할 수 있다.

하나님의 말씀은 가난한 자들의 영혼을 위한 구원, 약한 자들을 위한 건강한 음료, 가난한 자들을 위한 음식, 진리를 위한 가르침, 고난을 받는 자들을 위한 위로, 비방을 금하는 모습이어야 하며 덕을 소유하도록 요청하고 있다.

적에 의해 공격을 받았을 때, 강한 성으로 도망을 가라. 그리하여 그 공격을 받은 성자로 하여금 성서에 그 자신을 전념하게 하라. 거기서 그들이 이단들을 상대할 무기와, 악마의 공격, 정욕, 세상의 영광과 맞서 싸울 갑옷을 발견할 것이다.[1]

그들은 신약 성서 및 마태복음 5,6,7장에 기록되어 있는 예수의 말씀에 복종하는 것을 특별하게 강조하였기 때문에 "산상수훈의 사람들"로써 알려지게 되었다. 그리고 그들은 성서가 사람들의 문제들에 대한 해답을 갖고 있다고 확신했기 때문에, 그리스도의 말씀을 따라 두 명씩 짝을 지어 설교하고, 말씀을 증거하고, 고난을 받으며 전 유럽을 여행하였다. 로마 가톨릭의 성서에 대한 무지는 교회가 믿음으로부터 멀어지게 한 가장 명확한 증거라고 생각했다.

왈도파들은 종교개혁이전의 사람들이었기 때문에 이들을 개신교도라 부를 수 없지만 하나님의 말씀을 아주 진지하게 연구했던 크리스천들임에 틀림이 없다. 그들은 미사, 연옥, 그리고 전쟁에 참가하는 것을 비 성서적인 것으로 여겨 받아들이지 않았으나, 유아세례는 계속적으로 시행하였다. 그들은 남자든 여자든 모든 크리스천들이 하나님의 말씀을 설교하고 그 말씀대로 사는 것에 의해 믿음을 증거 할 수 있다고 믿었다. 일반 크리스천들에 대한 이들의 증거는 매우 효과적이었는데, 종교개혁이 일어나기 아주 오래 전에 한 로마 가톨릭 지도자가 "1/3정도의 국가기독교인들이 불법적인 왈도파들의 불법집회에 참석하고 있거나 왈도파들의 마음을 소유하고 있다"는 글을 남길 정도로 상당한 영향력을 행사하였다.[2] 역사적으로 아나뱁티스트들Anabaptists과 왈도파들을 연결지어 보려는 수 많은 시도들이 있었지만 이렇다할 근거는 없다. 그러나 이러한 시도들이 16세기에 일어난 사건들의 영적인 토양이 준비되었던 것만은 틀림이 없다.

존 위클리프 John Wyclif: 마틴 루터와 다른 개혁가들이 인정했던 종교개혁을 일으키기 위한 길을 준비한 인물로서 왈도파들 보다 더 큰 영향을 미친 사람이 있었는데, 이는 "종교개혁의 새벽별"Morning Star of the Reformation이란 별명을 가진 존 위클리프라는 사람이었다. 위클리프는 옥스포드 대학의 교수로서 그의 생애 마지막 10년동안 개혁가의 삶을 살았다. 그는 아주 오랫동안 교회가 제자들처럼 가난해져야 하며, 그리스도께서 주신 권세는 영적인 일에만 해당하는 것이라고 믿고 있었다. 1374년 그는 브뤼제Bruges에서 교황 대표자들을 만나 대화하면서 그들이 자신에게 동의하지 않는다는 사실을 알게 되었다. 이러한 사실을 확인하면서 그는 의회와 성직자들을 통한 개혁에 대한 모든 희망을 깨끗히 포기하였다.

영국으로 돌아온 후, 그는 국왕을 방문하였다. 만약 필요하다면 권력을 사용하여서라도 교회의 개혁이 이루어져야 한다고 생각했기 때문이다. 그러나 한편으로 그는 개혁을 위한 확실한 토양을 마련하기 위해서는 가능한 한 성서가 모든 사람들에 의해 읽혀져야 한다고 주장하였다. "성서는 모든 크리스천들에게, 신앙의 기준에, 그리고 모든 인간의 완전함을 위한 최고의 권위가 되어야 한다"고 주장하였다.[3] 사람들이 하나님의 말씀을 발견하도록 해야한다는 것에 대한 확신을 가지면서, 그는 개혁에 대한 희망을 갖게 되었다. 이후로 그는 하나님의 말씀을 암기하고 여행을 하면서 기억한 말씀을 암송하도록 사람들을 훈련시켰다. 사실 영국을 여행하면서 복음을 증거한 사람들은 "롤라드"Lollard라고 불려진 "가난한 설교가들"이었다.

한편, 위클리프는 성서연구를 통해 교회를 위해 교황이 필요하지 않

프랑스 리용의 부유한 상인이었던 12세기의 **피터 왈도**(Peter Waldo)는 성서를 번역, 보급하는데 필요한 재정을 지원하기 위해 자신의 사업을 정리하였다. 그의 추종자들은 왈도파들로 알려지게 되었다. **얀 후스**(1369-1415)는 체코슬로바키아에서 개혁을 일으켰다. 콘스탄스(Constance) 의회는 그를 화형시키도록 결정을 내렸다. **요한 구텐베르그**(Johann Gutenberg, 1400-1546)의 인쇄기술은 사람들에게 교회갱신을 위한 관심들을 퍼트리게 한 주요한 매개체가 되었다. 이러한 모든 것은 1517년 10월 31일 95개 조항의 성명서를 게시함으로 시작된 **마틴 루터**(Martin Luther, 1483-1546)의 종교개혁으로 가기 위한 준비들이었다.

다는 사실을 스스로깨닫게 되었고, 공식적으로 교황을 반대하였다. 그리고 교회는 하나님께서 구원을 위해 선택한 사람들이 이루는 것이라고 주장하기 시작했다. 또한 빵과 포도주는 그리스도의 은혜와 사역의 상징 혹은 징표라고 말하면서, 주의 만찬의 떡과 포도주가 실제로 예수 그리스도의 살과 피로 변한다는 사제들의 해석을 전면 거부하였다. 그는 죄를 용서해주는 가톨릭의 "면죄"indulgence는 마귀의 작품으로 간주하였다. 그리고 성직자들과 사제들도 결혼을 해야 한다고 가르쳤다. 성직자들의 일은 자기 자신들의 삶을 거룩하게 할 때에만 하나님 앞에서 받아들여질 수 있다고 말하면서, 그렇게 하지 않는 성직자들은 국가가 그 성직을 박탈해야 한다고 주장하였다.

위클리프는 그의 개혁이 성공하기를 바라던 강력한 힘을 소유한 귀족들에 의해 보호를 받았기 때문에 자연사로 사망하였다. 그러나 사후에 그의 무덤이 파헤쳐졌다. 부관참시를 당한 후, 그의 뼈는 불살라져 스위프트Swift 강에 던져졌다. 그의 책들 또한 불살라졌다. 그럼에도 불구하고, 왈도파들의 경우와 같이 그는 교회의 생명을 위해 성서의 권위를 회복하고자 했던 개척자가 되었다. 후에 1572년 보헤미아에서 위클리프가 불꽃을 일으키고, 후스가 그 불꽃으로 석탄에 불을 지피며, 루터가 불꽃이 타오르는 횃불을 들고 있는 그림이 그려졌다. 또한 독일 보름스Worms의 종교개혁에 대한 한 기념비적인 그림에는 루터가 왈도, 위클리프, 후스, 그리고 사보나로라에 의해 둘러싸여 있는 모습을 하고 있다. 이러한 그림들이 시사하는 바처럼, 종교개혁에 대한 그의 역할이 얼마나 컸던가 쉽게 알 수 있다.

얀 후스 John Hus: 프라하Prague 대학의 교수인 얀 후스는 보헤미아에서 일어났던 개혁운동의 주요 지도자가 되었다. 이 개혁을 진행함에 있어서 그는 위클리프의 저술에 깊은 영향을 받았다. 그러나 그는 위클리프와는 달리 국가의 개혁의지에 의존하지 않고, 교회의 본질에 대한 이해를 발전시켰다. 위클리프와 함께 그는 보통 사람들을 위한 성서 연구의 필요성을 강력히 주장하였고, 전통을 거부하지 못했던 사람들을 상대로 논쟁을 벌였다. 그는 위클리프가 했던 것 보다 훨씬 강한 논쟁을 벌였다.

그의 설교와 개혁에 대한 제안들은 큰 대중적 지지를 받았다. 그는 교황제도, 성직자들의 타락, 그리고 여러 가지 교회의 문제들특히 면죄부의 판매을 직접 공격하였다. 따라서 그는 많은 주교들과 벤세스라스Wenceslas 왕의 지지를 잃게 되었다. 그는 지방에 있었던 친구들의 집에 숨어 지냈고, 저술을 통해 개혁을 지속해 나갔다. 그는 교회에 대한 수많은 논문들을 저술하였다. 그에 따르면 교황이 있는 곳이 교회가 아니라, 두 세 사람이 그리스도의 이름으로 모인 곳이 교회였다. 마찬가지로, 교회를 연합하게 하는 것은 교황이 아니라 성령이라고 천명하였다. 더 나아가 하나님 나라에 사람들이 들어가고 못들어가고 하는 데 있어서 교황은 어떠한 능력도 갖고 있지 않다고 천명하였다. 열쇠의 능력은 성령의 인도하심을 따라 사는 믿음의 교회에 의해 발현되며 설교와, 증인됨과, 권면과 교회의 규율과, 주의 만찬을 통해 존재한다고 하였다.

교황의 권위를 거부함으로써 이단자로 고소되었기 때문에, 후스는 교회의 일반 회의 석상에서 그의 견해를 피력하였다. 그러나 그는 지속적으로 성서의 비전과 희망을 선포하였다. 교회에서 분열을 종식시키기 위해 열리게 된 콘스탄스Constance의 종교회의에 출두하라는 요청을 받자 그는 그 회의에 참석을 하였다. 비록 그의 친구들은 생명에 위협을 경고하며 만류하였으나, 그는 다음과 같이 말하였다:

> 나는 이미 나의 구세주를 신임하네. 나는 성령께서 진리 안에 있는 나를 강하게 하시며 나를 인정해 주실 것이라 믿네. 그러니 시험과, 투옥과, 필요하다면 잔인한 죽음까지라도 용기로 받아들이려 하네.[4]

지기스문드Sigismund 황제는 그의 신변 안전을 위한 조서를 내렸지만, 콘스탄스에 도착하자마자 체포되었다. 그 이후로 그는 대부분의 시간을 감옥에서 보내야 했다. 회의를 이끄는 신부들은 그의 가르침을 발표하는 대신에 이단자로서 그를 정죄하였다. 재판을 통해 교황 요한 23세는 그를 정죄하였다. 그의 운명은 정해졌다. 다음의 글은 그가 감옥에서 쓴 글이다:

> 병든 사람으로 사느니 차라리 건강하게 죽는 편이 나을 것이다. 사형 선고 앞에라도 올바른 사람이라면 꽁무니를 빼서는 안된다. 은혜 안에서 현재의 삶을 정리하는 것은 고통과 참담함으로부터 멀어진다는 것을 의미한다. 죽음을 두려워하는 사람은 생명의 기쁨을 잃게 될 것이다. 무엇보다 진리는 승리할 것이다. 불법에 조금도 흔들림이 없는 사람을 해할 그 어떠한 반대자도 없기 때문에 그는 죽음을 이기게 될 것이다.[5]

신앙을 포기하도록 마지막 기회가 그에게 주어졌지만 후스는 이를 거절 하였다. 그러자 그들은 교황의 왕관을 그의 머리에 씌우고 귀신들린 세 사람에게로 이끌어 놓고 "우리는 너의 영혼을 악마에게 양도한다"는 말을 하였다. 그리고 나서 그를 시의 외곽으로 끌어 내었고 거기서 재가 될 때까지 그를 태워 죽였다. 그 때가 1415년 7월 6일이었다.

얀 후스가 준비한 종교개혁으로 가는 길은 너무나 효과적이어서 105년 뒤의 마틴 루터가, "비록 나는 그를 직접 만나지 못했지만, 우리 모두는 후스의 후계자들이다"라고 표현할 정도였다. 그러나 이 100년 동안 종교와 정치의 독립을 위해 싸우던 후스를 따르던 사람들을 박해하기 위한 피의 전쟁은 땅을 황폐하게 하였다. 결국 십자군이 이들을 정벌하기 위해 동원되었다. 이들 중 대부분은 로마 가톨릭과 평화를 이루었지만, 오늘날 모라비안Moravian들로 알려진 몇몇 사람들만이 보헤미안 형제단Bohemian Brethren으로 계속 남아 있게 되었다. 모라비안의 아주 위대한 초기 지도자들 중에 한 사람은 피터 첼시키Peter Chelcicki라는 사람으로 약 1세기 뒤에 강조된 아나뱁티스트의 원리들 중 많은 것들을 가르쳤다.[6]

신비주의자들: 이러한 개혁가들의 업적 및 가르침의 영향과 더불어 중세시대 전체에 걸쳐 나타난 현상은 신비주의였다. 신비주의자들은 내면적, 개인적인 종교분야를 개척거나 하나님의 현존을 체험하고자 노력한 사람들이었다. 신비주의자들은 하나님과의 일치를 추구하였다. 개인적이면서 직접적인 체험은 그들의 신앙에 있어서 최종적인 권위가 되었다. 교회 사제들, 성사들, 그리고 전통은 거부되지 않았다. 사실상 모든 제식 및 의식들이 영적인 순례를 행하는데 있어 이들의 신비적인 믿음을 돕고 있었다. 그러나 사실 이러한 의식들은 그렇게 필요한 것이 아니었다. 하나님은 자기 부정과 묵상과, 영적인 통찰력에 의해 가장 잘 알 수 있다고 그들은 믿었다. 하나님을 아는 지식의 열쇠는 사랑이었다.

중세 시대에는 신비주의자들의 숫자만큼이나 많은 신비주의 그룹들이 있었다. 클레르보의 베르나르Bernard of Clairvaux에게서 우리는 하나님의 사랑 안에서 완전히 자신을 포기할 줄 알았던 사람 그러나 항상 적극적으로 교회를 개혁하였던 정통 가톨릭 신학자를 발견한다. 프랑스 파리 근처 세인트 빅터St. Victor의 휴Hugh는 기본적으로 지적인 성향이 강한 사람이었으나 아주 분명한 신비주의자이기도 하였다. 예를 들어 믿음에는 세 가지 단계가 있었다. 가장 낮은 단계는 교회가 진리라고 말하기 때문에 교회가 가르치는 것을 믿는 크리스천들이 이에 속한다. 두 번째 단계는 이성이 그렇게 말하기 때문에 믿는 단계다. 마지막으로 가장 높은 단계는 교회와 이성이 진리라고 말하는 것을 내면적으로 경험을 하는 단계이다.

루터 사상 발달의 중요한 부분은 『독일 신학』*German Theology*이라는 익명의 책과 독일 신비주의자 마스터 에크하르트Master Eckhart와 존 타울러John Tauler에게서 왔다. 신비주의자는 아니었지만 루터는 그 자신이 직접 하나님을 체험하기를 갈망했고 은혜로운 하나님을 발견하고자 끊임없이 자신을 채근하였다. 이러한 것은 이러한 사람들의 저술과 『독일 신학』의 영향이 그에게 반영된 것이다. 이러한 신비주의자들은 교회가 신실한 상태에 머물러 있기를 바랬다. 그러나 그렇게 되기 위해서는 교회의 개혁을 갈망하였고 이렇게 되기 위해서는 성령님께서 말씀하시는 내면적 음성과 사역에 깊이 헌신해야 한다고 믿었다. 하나님의 뜻을 따르기 위해 전적으로 자신을 포기하는 모습이 훗날 어떠한 위협에 직면하여도 기꺼이 이를 받아들여야 한다고 주장했던 루터의 신학에 반영이 되었다.

네덜란드의 신비주의는 특별히 "공동의 생활을 사는 형제단"the Brethren of the Common Life의 가정 생활에 영향을 끼쳤다. 이들 중 가장 유명한 사람은 아마도 『그리스도를 본받아』The Imitation of Christ라는 책의 저자인 토마스 아 켐피스Thomas a Kempis 일 것이다. 초기의 수많은 신비주의자들과는 대조적으로 이 형제단은 아주 진지하고 유능한 성서 연구생들이었다. 그들은 문자적으로, 개인적으로 성서말씀을 받아들이는 경향이 있었다. 결과적으로 예수 그리스도의 발자취를 따라가는 것이 그들의 최고 목표였다. 이러한 경건주의는 모범적인 헌신 혹은 새로운 헌신으로 알려지게 되었다. 15세기에 형제단은 많은 학교들을 설립하였고 곧 경건주의 및 교육 분야에 있어 탁월한 평판을 얻게 되었다. 에라스무스Erasmus와 루터는 이들 형제단의 영향 아래서 공부를 하였으나, 둘 다 이러한 경험을 즐거워하지는 않았다. 그럼에도 학파들의 영향력은 이 두 신학자들의 업적에 지대한 영향을 미쳤다.

인문주의자들: 인문주의는 문예부흥Renaissance의 삶과 정신을 말하는 것으로 14세기에서 15세기에 일어났던 고대 그리스와 로마로의 회

복을 부르짖었던 운동이다. 인문주의는 사람들의 관심을 하늘에서 땅으로 변화시키고자 했던 이 세상의 부름이었다. 이것은 비이성적인 미신들 및 시대의 관습들을 부정하였다. 또한 이것은 예술과 과학을 꽃피도록 하였는데 단테 및 페트라르크Petrarch의 시와 도나텔로Donatello의 조각, 알베르티Alberti의 건축, 그리고 다 빈치da Vinci 및 미켈란젤로Michelangelo의 회화와 그외 수 많은 거장들의 창조적인 예술을 발전시켰다. 인문주의는 자유와 연구의 새로운 정신에 의해 영감을 받은 운동이었다.

알프스 북쪽의 인문주의자들은 일반적으로 이탈리아의 인문주의자들보다 더 강한 종교적 관심을 보였다. 이들은 고전 사료들을 연구하는 것 보다 성서 연구에 자신들을 몰입시켰다. 그들은 기독교 인문주의자들로서 비록 개혁에 직접 행동으로 나서지는 않았지만 교회의 문제들을 걱정하기도 하였다. 펜, 지적 비평, 풍자, 해학 및 연구활동이 그들의 주된 개혁의 방법이었다. 인문주의자들의 활동 범위는 대학들과 중요한 도시에서 발견할 수 있는데 이들은 존경을 받기도, 경멸을 받기도, 두려움의 대상이 되기도, 사랑의 대상이 되기도 하였다. 전 유럽에 있었던 이러한 인문주의자들 중에 "인문주의자들의 왕자"로 불렸던 데시데리우스 에라스무스Desiderius Erasmus만큼 존경을 받았던 인물은 없었다. 젊은 청년으로서 루터는 에라스무스를 깊이 존경하였는데 직접 "에라스무스에 의해 그 내면의 사상들을 조절받지 않고, 가르침을 받지 않고, 통치를 받지 않았던 사람이 어디 있는가?"하고 기록할 정도였다. 그러나 1524년에 그는 에라스무스를 수다쟁이, 회의론자라고 부르면서 종교개혁을 일으켜야 할 것을 느끼게 되었다.

에라스무스와 루터는 여러 면에 있어서 공통점이 많다. 두 사람 모두 성직자와 교황권이 타락했음을 조사하였고, 두 사람 모두 교회의 생명력을 갖게 하는데 성서가 중심에 놓여야 한다고 강조하였다. 또한 두 사람 모두 믿는 사람들에게 있어서 그리스도의 중요성을 가르쳤다. 그럼에도 불구하고 이 두 사람은 아주 달랐는데, 에라스무스는 학자출신에 예의를 존중하는 사람이었던 반면 루터는 보다 서민 출신에 독단적이었다. 그의 믿음에 대한 개인적인 연구 덕택에 루터는 개혁가가 되었다. 에라스무스는 종교개혁에 대한 주제들에 대하여 학자로서 보다 더 많은 관심을 보였다. 믿음에 대한 이해에 있어서도 이들은 근본적으로 차이가 있었다. 비록 두 사람 모두 믿음의 중요성을 강조하였으나, 루터는 근본적으로 은혜에 의한 구원을, 에라스무스는 그리스도를 본받음으로써 구원이 이루어진다고 보았다. 루터는 불쌍한 죄인들로 모든 사람을 보았고, 에라스무스는 대부분 인문주의자들과 같이 근본적으로 선한 존재로서 인간을 이해하였다. 루터는 "성서로 돌아가라"는 외침에 에라스무스는 "성서란 무엇인가?" 하는 질문에 초점을 맞추었다.^{베인톤}

이러한 모든 것을 살펴볼 때, 에라스무스는 인문주의를 대표하는 최고의 사람이었다. 종교개혁은 이러한 인문주의자들의 성서와 성서적인 연구라는 발견이 없었다면 불가능한 일이었을 것이다. 그들의 날카로운 이성은 개혁가들로 하여금 행동의 반응을 야기시키도록 교회를 격려하였다. 인문주의자들은 내면적이면서 개인적인 차원의 믿음을 강조하면서 교회에 영적인 깊이를 더해 주었다. 믿음을 다루는데 있어서 개혁가들은 종종 교리적인 문제들이나 외형적 교회에 대한 문제들을 놓고 논쟁하기도 하였다. 그러나 여전히 주된 개혁자들은 인문주의적 교육을 받았고, 자신들의 권리에 있어서 학자들이었다. 루터는 에라스무스 보다 더 많은 글을 썼다. 그러나 개혁자들의 관점에서 볼 때, 그의 글은 대부분 교회의 문제들과 교회의 생명력과 관련된 개인적 관점에 대한 것이었다.

루터의 종교개혁

루터의 종교개혁은 1512년부터 그가 죽은 1546년까지 신학 교수로 있었던 독일의 비텐베르크Wittenberg를 중심으로 하여 일어났다. 신학자, 예언자, 그리고 개혁자가 되기 위한 그의 길은 내면에서 일어나고 있는 믿음에 대한 싸움이었으며 아주 험난한 길이었다. 그는 크리스천들이 구원을 얻기 위해서는 하나님을 사랑하고 선한 일을 해야 한다고 배웠다. 그러나 그에게 하나님은 늘 두려운 존재였다. 끊임없이 자기 자신을 죄인으로 보고 있던 루터는 하나님을 쉽게 사랑할 수 없었다. 그 좋은 친구들의 설명들도 이러한 루터의 생각을 변화시키지 못했다. 그는 하나님께서 자기에게 분노하고 계시며, 자기가 죽으면 곧 지옥으로 보내질 것이라고 말하곤 하였다.

이러한 절망가운데, 그는 마침내 수도사가 되었다. 나중에 그는 "아버지, 어머니, 하나님, 그리고 악마의 소원을 거스르기 위해서" 수도사가 되었다고 말하였다. 그러나 그의 의심들은 계속 되었다. 비록 그가 다른 수도사들보다 더 많은 기도와 금식을 하였음에도 불구하고, 그의 의심들은 계속 되었다. 그의 연구는 그로 하여금 성서에 깊이 몰입하게 하였고 그 결과 루터는 대학에서 아주 효과적이고 유능한 교수가 되었다. 마침내 그에게 한 큰 돌파구가 생겨났는데 그것은 그가 갈라디아서와 로마서를 강의하던 중에 일어났다. 어느 날, 고층에 있는 그의 작은 연구실에서 연구를 하고 있을 때, 그는 로마서 1장 17절에 있는 "의인은 믿음으로 말미암아 살리라"는 바울의 말씀에 대한 새로운 의미를 깨닫게 되었다. 하나님은 죄인들에게 화를 내고 계시는 것이 아니었다. 그는 죄인들을 사랑하시는데 그것은 사람들이 하나님을 위해 무엇을 잘해서가 아니라, 하나님께서 그리스도 안에서 그들을 위해 일하시고 계시기 때문이었다. 그들이 의롭게 된 것은 그들의 행위로 말미암은 것이 아니라, 그리스도 안에서 믿음으로 된 것이었다. 이러한 사실을 발견하고 난 후, 루터는 비로서 "이제 나는 새롭게 태어났으며 내가 낙원에 있음을 느낀다. 모든 성서가 나에게 다르게 다가왔다…"고 고백하였다.

이러한 하나님 은혜의 체험은 루터 운동의 중심이 되었다. 이제 그는 설교, 저술, 상담, 여행으로 아주 바쁜 사람이 되었다. 이러한 일로 인해 그는 이단으로 지목이 되었고 로마로 소환 되었다. 그러나 그는 후스의 운명을 기억하고 있었기 때문에 로마로 가지 않았다. 결국 그에게 추방령이 내려졌고, 후에 나라에 머물 수 없도록 조처가 되었다. 이것은 누구든지 이단자인 그를 죽여도 된다는 의미였다. 그러나 그는 많은 사람들의 사랑을 받은 사람이었다. 그는 찰스Charles 황제 앞에서 자신을 변호하였고 후에 헬라어 신약성서를 독일어로 번역한 비텐베르크 성으로 안전하게 피신하였다. 이는 독일 사람이라면 시골의 소년이라도 성서를 읽을 수 있도록 해야겠다는 그의 소원 때문이었다. 후에 그는 구약 성서도 번역하였다. 현자 프레더릭Duke Frederick the Wise 공작의 보호아래 비텐베르크로 돌아온 후, 그는 성직자들을 돕도록 교사들과 목사들을 교회로 보냈다. 그는 교회들이 사용할 수 있도록 교리문답서를 저술하고 "내 주는 강한 성이요"와 같은 많은 찬송가들을 썼다.

이러한 루터의 활동에 대한 반대는 단순히 로마에서만 이루어지지 않았다. 그에게 동의하지 않은 에라스무스와 같은 친구들도 그를 반대하였다. 또 다른 비판자는 루터의 동료이자 아나뱁티스트의 아버지라 불리는 안드레아스 칼슈타트Andreas Karlstadt였다.[7]

많은 사람들이 종교개혁의 강조점인 은혜에 집중하여 실제 믿음의 행위를 중요하지 않게 여겼다. 그래서 칼슈타트는 루터에게 그리스도를 따르는 삶의 중요성에 대하여 더 집중하여 설교를 하라고 촉구하였다. 칼슈타트는 맹세 하는 것을 거절하였고, 주의 만찬을 성사로써 이해하기 보다는 예수께서 십자가에 달려 돌아가신 일을 기념하는 것으로 이해하였다. 그는 그리스도의 교회 안에서는 모두가 다 평등하기 때문에 자기를 부를 때 박사라는 칭호로 부르지 못하도록 하였다.

다음 장에서 살펴보게 될, 토마스 뮌쩌Thomas Müntzer는 성령주의자로서 칼슈타트가 주장한 것 보다 더 높은 강도의 개혁을 요구하였다. 그는 루터의 제안으로 목사가 되었는데, 아주 능력있는 설교가였다. 그러나 사회를 개혁하고자 했던 그의 계획은 루터와 많은 영주들의 눈에는 너무나 혁명적으로 보였다. 이러한 강성 계획이 사람들과 마찰을 야기하자, 그는 자기 집에서 모임을 갖기 시작하였다. 특별히 낮은 사회 계층에 속해있던 사람들이 평등, 자유, 그리고 반성직주의에 대한 그의 메시지에 매력을 갖게 되었다.

그의 모임에 참여하였던 사람들 중에는 '쯔비카우의 예언자들'로 알려진 세 사람이 있었다. 쯔비카우는 그들이 살던 마을 이름이었다. 예언자들은 자신들을 직접 비전을 보는 예언자들이라 칭하면서 성서연구를 통해 발견한 영적인 비전들을 다른 사람들에게 자유롭게 나누었다. 1521년 그들은 루터의 개혁에 동참한 사람들에게 보다 성령을 의지하여야 함을 보여주기 위해 비텐베르크로 갔다. 칼슈타트를 포함하여 비텐베르크에 있던 몇몇 사람들은 그들에게 깊은 인상을 받았다. 그러나 루터는 그들의 일을 듣고 바르트부르크Wartburg에 있는 은신처에서 나와 그들을 황급히 돌려 보냈다. 이러한 일이 있은 후, 곧 뮌쩌는 루터가 성서를 열 두 번이나 곱씹어 연구한다 해도 더 이상 루터를 신뢰하지 못하겠다고 하였다. 이에 루터 또한 뮌쩌가 성령과 성서와 다른 모든 것을 다 소화한다 해도 그를 신뢰하지 않겠다고 회신을 보냈다.

점차로 뮌쩌는 자신에게서 귀족들의 박해에 항거할 지도자적 자질이 있음을 발견한 농민들을 규합하였고, 어마어마한 추종자 그룹을 형성하게 되었다. 그는 붉은 십자가와 칼이 수 놓여진 깃발을 사용하면서 많은 사람들을 무장시켰다. 곧 자신들의 손으로 정의를 회복하려는 농민들의 무장 봉기가 일어났다. 루터가 설교한 것처럼, 그들은 이렇게 하는 것이 사회를 위한 하나님의 뜻을 이루는 것이라고 생각하였다. 군대의 최후 대결이 1525년 5월 15일에 프랑켄하우젠에서 있었다. 수 천 명의 농민들이 조직적으로 훈련된 귀족들의 군대에 의해 죽임을 당했다. 뮌쩌 자신도 이 전쟁에서 포획되어 고문을 당했고, 사로잡힌지 몇 일 뒤에 사형에 처해졌다. 이 사건은 농민 혁명the Peasants' Revolt으로 알려져 있다.

루터는 칼슈타트, 쯔비카우의 예언자들 그리고 농민 혁명이 1525년에 등장한 아나뱁티스트들을 도왔다고 생각하였다. 그는 자신의 개혁을 놓고 충분하지 못한 개혁이라고 느끼는 모든 사람들을 광신자들이라고 싸잡아 비난하였다. 이들을 상대로 그가 즐겨 사용하던 말은 상식보다 비이성적인 충동에 의해 움직이는 사람들이라는 의미의 쉬바르메르Schwärmer였다.

실제로 아나뱁티스트들은 루터가 이루어 놓은 업적을 환영하였지만 그의 개혁을 반쪽짜리 개혁으로 이해하였다. 그들은 성사로써 주의 만찬을 이해하는 루터의 가르침뿐만 아니라, 구원하는 능력을 가진 것으로 세례를 이해하는 입장을 성서에서 발견할 수 없었다. 특히 그들은 루터의 교회론 즉 하나님의 말씀이 선포되고 올바른 성례전이 시행되는 곳이어야 한다는 루터의 교회에 대한 정의에 적잖이 실망을 하였다. 그들에게 있어서 신약성서가 말하는 교회란 신자들만의 모임이어야 했다. 자신들의 자유로운 결정에 의해 그리스도의 몸된 증인이 되거나 교회의 가르침을 따르는 사람들이어야 했다. 루터가 많은 변화를 이루어 놓았고 무엇보다도 은혜에 기초한 복음을 회복하였음에도, 아나뱁티스트들은 콘스탄틴이 이루어 놓은 국가교회의 기본적인 문제들이 여전히 변화되지 않고 남아 있음을 느끼게 되었다.

다음 장에서 우리는 또 다른 교회 개혁가인 울리히 츠빙글리Ulrich

Zwingli를 살펴볼 것이다. 교회를 개혁하기 위해 츠빙글리 또한 국가에 의존하고자 했던 것을 구체적으로 살펴보게 될 것이다. 이러한 배경하에서 결국 스위스 형제단Swiss Brethren은 전통 교회에서 쫓겨나 그들의 길을 가게 되었다. 그들의 의도는 분리된 운동을 시작하려는 것이 아니었다. 그러므로 어떤 면에서 종교개혁의 길을 준비한 사람들 및 관련운동들은 아나뱁티즘Anabaptism의 길을 준비하도록 도운 것이라 할 수 있다. 아나뱁티즘은 이러한 운동들과 밀접한 관련을 갖지 않고서는 결코 이해할 수 없다. 아나뱁티즘의 역사는 여러 세기 동안 형성된 교회 전체의 역사의 한 부분이다. 무엇보다 기독교 교회의 역사는 16세기에 시작된 것이 아니라 그리스도와 함께 시작된 것임을 잊지 말아야 할 것이다.

1) Quoted in Leonard Verduin, *The Reformers and Their stepchildren*, Grand Rapids, Mich.: Eerdmans, 1964, p. 143, note 1.(레오나르트 버두인, 『종교개혁가들과 그의 서자들』에서 인용함)
2) Quoted in 앞의 책, p.173.
3) Quoted in Matthew Spinka(ed.) Advocates of Reform, Vol. XIV. *The Library of Christian Classics*. Philadelphia, Pa.: Westminster Press, 1953, p.26.(매튜 스핑카, 『개혁의 옹호자들』에서 인용함)
4) Quoted in Elgin S. Moyer, *Great Leaders of the Christian Church*. Chicago, Ill.: Moody Press, 1951, p. 296.(엘긴스 모이어, 『기독교 교회의 위대한 리더들』에서 인용함)
5) Quoted in Harry E. Fosdick, *Great Voices of the Reformation*. New York, N.Y.: Modern Library, 1952, p.41.(해리 포스틱, 『종교개혁의 위대한 목소리』에서 인용함)
6) Jarold Knox Zeman, *The Anabaptist and the czech Brethern in Moravia 1526-1628*,The Hague, Neth: Mouton, 1969.
7) Calvin Augustine Pater, *Karlstadt as the Father of the Baptist Movements*. Toronto, Ont.: Universityof Toronto Press, 1984.(캘빈 어거스틴 페이터, 『침례교 운동의 아버지로서 칼슈타트』)

그 외의 자료들: ME 5:749-753. Bruce L. Shelley, *Church History in Plain Language*(알기쉬운 교회사). Dallas, Tex.: Word Publishing, 1982, pp. 179-273. Howard Clark Kee, Emily Albu Hanawalt, etal., *Christianity. A Social and Cultural History*(사회와 문화의 역사로서의 기독교). New York, N.Y.: Macmillan, 1991, pp. 145-360. Jaroslav Pelikan, *The Growth of Medieval Theology*(중세 신학의 성장).(600-1300) Chicago. Ill.: The University of Chicago Press, 1978.

2장
아나뱁티스트의 기원

아나뱁티즘Anabaptism은 대부분의 서유럽 국가들이 겪고 있었던 종교적, 사회적, 경제적, 정치적 상황에서 일어난 16세기의 교회 개혁 운동이다. 이 운동은 개신교 개혁가들의 노력, 인문주의에 영향을 받은 성서 연구, 사회적 불안, 미사중심의 예배 형성, 반성직주의, 그리고 사람들 가운데 깊은 문제로 잘 다루어지지 않았던 영적인 갈급함, 그리고 세계의 종말이 가까웠다고 믿는 많은 사람들을 기반으로 시작되었다. 첫 번째 성인세례는 1525년 1월 21일 취리히에서 이루어졌다. 이날은 후에 아나뱁티즘Anabaptism(ana=다시+baptism=침례)에서 아나뱁티스트들이란 용어가 만들어짐으로 알려지게 된 역사적인 날이 되었다. 취리히 사건은 유아세례를 받았던 사람들에게 다시 세례를 준 사건으로 아나뱁티스트란 호칭은 그들을 반대하던 사람들이 조롱섞인 말로 칭한 것에서 비롯되었다.

1927년 인디아나 고센 대학Goshen College에 교수로 재직하였던 헤롤드 벤더Harold S. Bender에 의해 아주 중요한 사건이 일어났다. 이 사건은 아나뱁티즘에 대한 원대한 꿈을 실현하기 위해 「메노나이트 계간지」 MQR:Mennonite Quarterly Review라고 불리는 잡지가 출간된 것이다. 헤롤드 벤더는 1962년 죽을 때까지 이 잡지의 편집인으로 활동을 하였다. 그의 수 많은 동료 중에 로버트 프리드만Robert Friedmann, 1970년 사망이라는 사람이 있었는데, 호주 출신의 유태인으로 1923년 이래 호주의 아나뱁티즘을 위해 일을 해왔던 사람이었다. 벤더와 그의 친구들은 1939년 프리드만이 대학살을 피해 고센으로 올 수 있도록 도와주었다. 거기에서 그는 세례를 받고, 메노나이트 교회에 다니게 되었고, 아나뱁티즘에 대한 많은 연구와 저술(특히 후터라이트 형제들에 대한) 활동을 펼쳤다. 1943년 "아나뱁티스트 비전"Anabaptist Vision이라는 제목의 아주 유명한 벤더의 연설이 있은 후,[1] 벤더, 프리드만, 가이 허쉬버거Guy F. Hershberger, 제이 씨 웽어J. C. Wanger, 그리고 수 많은 다른 기독교 학자들에 의해 아나뱁티즘을 연구하는 학파가 형성되었다. 이 학파는 후에 "벤더 학파" 혹은 "고센 학파"로 알려졌다. MQR은 아나뱁티즘에 대한 새로운 학문 연구를 위한 주요 수단이 되었다.

이 벤더학파는 약 400년 동안 이어져 내려온 아나뱁티즘에 대한 부정적인 시각들을 바꾸어 놓았다. 즉 이단시 여겨졌던 아나뱁티스트들은 이단이 아니라 성서가 말하는 새로운 비전의 사람들이라는 사실을 재발견하게 되었다. 사실 아나뱁티스트들에 대한 부정적인 시각은 주로 아나뱁티즘을 강력히 반대했던 사람들에 의해 형성된 것으로, 벤더 학파의 학자들은 16세기에 쓰여진 원래의 문서들을 발굴해 내어 역사 속의 이야기를 사실대로 들려주고자 노력했다. 아나뱁티즘에 대한 아주 새롭고 흥미로운 해석들이 16세기 문서들을 통해 쏟아져나왔고, 독일과 네덜란드에서 이미 출간된 수많은 아나뱁티즘에 대한 자료들이 소개되었다. 벤더는 학자이면서 신실한 교인이었다. 그래서 그에겐 또 다른 목표가 있었는데 그것은 자유주의와 근본주의로 양극화 되어 있던 신학계에 제 3의 방법을 제시하였다. 즉 북미 메노나이트들에게 신학적 자유주의와 근본주의를 탈피할 수 있는 대안으로 아나뱁티즘이라는 제3의 방법을 알리는 것이었다.ME: 5:318-320, 518-520 이것은 1920년대부터 40년대에 걸쳐 행해졌다. 이용 가능한 새로운 문서들과 벤더의 신학적 평가를 통해 결국, 아나뱁티스트들로 인정받았던 16세기의 인물들에 대한 깊은 연구 결과가 쏟아져 나왔고, 한스 뎅크Hans Denck, 한스 후트Hans Hut, 후브마이어Hubmaier와 같이 아나뱁티스트로 간주되지 않았던 새로운 인물들도 발굴되었다. 한편 아나뱁티즘에 대한 오해로 자리하고 있던 뮌스터사건을 포함한 많은 다른 사건들이 메노나이트 역사에서 제외되었다. 1525년에 일어난 "농민전쟁"과 아나뱁티즘은 아무런 관련이 없음도 새로이 발표되었다.

결국 아나뱁티즘에 대한 그림은 단지 미완의 종교개혁을 완성시키기 원했던 지극히 평화적이고, 성서중심적인 그룹으로써 그들이 추구했던 방법이 너무 선하고 이상적이었기 때문에 현실화 되지 못한 것으로 이해되었다. 많은 사람들이 아나뱁티즘이 주장하는 성서적인 삶이 현실적으로 불가능하다고 속단한 결과로 인해 메노나이트에 끼쳐진 영향 또한 아주 부정적이었다. 왜냐하면 지난 과거의 영웅들 중 어느 누구도 "발에 흑을 묻히고 싶지" 않았기 때문이다. 누가 순교자들과 겨루고 싶어하겠는가? 16세기의 "비전"을 현재의 "현실"로 끌어들이는데 있어서 이론적으로 자신들의 유산과, 현재 정체성에 대해 감사하는 마음을 갖기는 했지만, 여전히 그들의 비전은 불편하고 지속가능하지 못한 것이라고 여겨왔다. 이러한 현상은 메노나이트들 내에도 존재하고 있었다. 메노 사이먼스Menno Simons가 가르쳐 온 것처럼 그들은 "흠이 없고 순전한"엡5:27 교회를 이루기 위해 아주 엄청난 노력을 기울여 왔다. 그러나 한편에서는 늘 부족한 모습과 씨름해야했다. 이러한 상황 속에서 "벤더 학파"의 노력은 아주 성공적이었다. 그간 지속되어온 역사적 유산과 더불어, 이들은 두 가지 분명한 목표를 성취해냈는데, 그것은 1) 적어도 아나뱁티즘이 학자들 사이에서 제대로 평가를 받게 됨으로써 그 위상이 완전히 복구, 정상화되었다는 점, 2) 아나뱁티즘이 20세기 메노나이트들과 다른 많은 크리스천들에게 강한 도전이 되었다는 점이다. 이것이야말로 헤롤드 벤더가 이끌어 낸 큰 위업이었다.

이러한 정황 속에서 1960년과 70년대 메노나이트 학자들 및 여러학자들의 저술을 통해 보다 새로운 해석이 나타나기 시작하였다. 아나뱁티즘의 시작에 대한 사회적, 경제적, 정치적 요인들에 대한 보다 더 많은 관심들이 새로운 사회역사적 관심을 불러일으켰다. 아나뱁티즘의 정체성이라는 초기 아나뱁티스트들의 사상과 삶에 대한 폭넓은 연구가 새로이 시작되었다. 이제 외부인으로 여겨졌던 사람들이 다시금 한 "가족"으로 인정되어야 할 필요가 제기 되었다. 이러한 것은 다른 시작과 다양한 모습을 갖고 있는 그룹들에 대한 또 다른 차원의 질문들을 불러 일으켰다. 그 예가 칼슈타트에 대한 이해이다. 그동안 몇 사람이 넌지시 언급하기는 했지만, 칼슈타트Kardstadt를 아나뱁티스트의 아버지시조로 제시한 한 학자의 시도는 아주 탁월한 예이다. 종교개혁을 하나의 운동으로 이해했던 것이 기존의 흐름이라면, 종교개혁 내에도 다양한 그룹이 존재하였다는 것이 새로운 관점이다. 어떤 학자들에게 이러한 다원주의적 관점은 너무 새로운 모습이요 충격이었다. 아나뱁티즘의 가치들을 기독교의 핵심으로 일반화하여 정리하기에는 그들에게 너무나 큰 변화요, 엄청난 충격이되었기 때문이다. 적어도 분리주의적인 입장과 개인들의 끊임없는 다양성을 인정하는 것이 쉽지 않았다. 따라서 그들에게 아나뱁티즘의 역사를 일반적인 신학으로 받아들인다는 것은 거의 불가능한 것이었다. 이러한 업적의 모든 것은 "벤더 학파"에 의한 새로운 비전의 소유자들에 의해 이루어진 것이었다.

물론 이렇게 하기 위해서는 새로운 개념들이 납득될만큼 증거를 제시해야 했다. 그러므로 새로운 개념들을 이해하기 쉽게 해석하고 정리하는 것이 이들 연구의 본질이었다. 이러한 새로운 시도는 신학적이고,

▲1522년 울리히 츠빙글리(Ulrich Zwingli, 1484~1531)는 취리히지역 그로스뮌스터(Grossmünster)의 사제였다. 그는 로마 가톨릭의 법을 어기고 나왔지만 취리히 시 위원회의 권위 아래로 즉시 복귀하였다. ▲▶크리스토퍼 프로샤우어(Christopher Froschauer)는 취리히 지역의 선구적인 인쇄업자로 교회 개혁의 적극적인 부분을 담당하였다. 1529년 그는 루터보다도 몇 년 전에 독일어 성서를 멋지게 번역 출간하였다. 그의 성서는 아나뱁티스트들에 의해 아주 오랫동안 즐겨 사용되었다.

지적인 질문요구들로부터 사회-정치적, 경제-문화적 역사에 초점을 맞추는 방법론적인 변화를 의미한다. 역사의 연구에 있어서, 이러한 접근 방법들을 특별한 조사방법으로부터 따로 분리하여 생각할 수 있겠지만, 궁극적으로 그것들은 한 가지 원인에 근거한 패러다임과 설명들로 따로 분리시켜서는 안된다. 장님 코끼리 만지기라는 속담처럼 실수를 범하지 않으려면, 모든 것을 포괄적이면서도 정확하게 볼 수 있도록 이야기들을 펼쳐 놓아야 한다.

따라서 이제부터 우리는 16세기 아나뱁티즘의 주요 흐름인 스위스, 남부 및 중부 독일, 공동생활을 실천했던 모라비안들, 그리고 네덜란드 아나뱁티즘의 기원에 대하여 간략히 살펴보고자 한다. 이 책의 8장에서 이들의 사상과 가치들을 다루면서 공통적인 원인들이 무엇이며, 서로 다른 독특한 원인들이 무엇인지 보다 더 자세하게 논의할 것이다. 아나뱁티즘에 대한 보다 더 정확한 표현은 "종교개혁을 완성시키기 위한 성서적 시도"라는 표현이다. 따라서 이번 장에서는 참고문헌을 말미에 달아 놓음으로써 가능한 한 주석을 최소화하도록 하였다.ME 5:378-382

취리히와 그레벨 서클Grebel Circle

울리히 츠빙글리는 1519년 1월 스위스 취리히에서 마태복음을 매일 강론함으로써 자신의 목회를 시작하였다. 그는 헬라어와 라틴어를 다소간 읽을 수 있었고, 이러한 것을 스위스에서 사용되는 독일말로 번역하여 해석하였다. 그는 청중들의 머리카락을 쭈뼛쭈뼛 일어서게 할 정도로 설교를 잘 하는 아주 훌륭한 설교가였다. 그는 아주 화목한 가정에서 자랐고 많은 그림들에 친숙해 있었다. 시편 23편의 구절들은 "그가 나를 알프스 산의 푸른 초장으로 옮기시며"라고 표현할 만큼 그에게 친숙해 있었다. 예를 들어 복음을 적용함에 있어서, 그는 좋아하는 구절만을 취하는 것이 기독교적이지 않다고 가르쳤고, 스위스 어머니들에게 자기 아들들을 전쟁에 내어보내서는 안된다고 가르쳤으며, 교회는 어떠한 무력을 사용해서도 안되며 핍박을 하는 존재가 아니라 핍박을 받아야만 한다고 가르쳤다. "나는 교회가 순교에 의해 존재해 왔고, 그 결과 피에 의해 교회가 새로워질 수 있음과 세상은 결코 그리스도의 친구가 될 수 없다고 믿는다." 1522년 로마의 어떤 사제도 그의 이러한 견해들을 지지하지 않았다. 그래서 그는 사제의 직을 그만두었고, 시의회 의원이 되었다. 독일에서도 귀족들은 루터와 그의 동료들에게 비슷한 처우를 하고 있었다.

츠빙글리를 지지하던 사람들 중에는 콘라드 그레벨Conrad Grebel, 펠릭스 만쯔Felix Mantz와 같이 대학교육을 받은 여러 젊은이들이 있었다. 이들은 이제 츠빙글리가 그 동안 이야기 해왔던 개혁에 대한 계획들을 어떻게 시행해 나갈 것인가가 몹시 궁금했다. 그가 이야기해왔던 개혁의 내용은 예식성례전의 개혁, 미사 및 음식에 관련된 법의 폐지, 성상들의 제거를 비롯한 아주 많은 것들을 포함하고 있었다. 시의회가 중재하는 공개토론의 절차가 마련되고, 츠빙글리가 이 절차를 위한 안건들을 준비한다는 사실이 곧 시 전체에 퍼졌다. 역사적으로 아주 중요한 논쟁과 재판이 1523년에 열렸다. 그 중의 하나가 1523년 1월에 있었던 회의로 츠빙글리는 그가 변호하기 원하는 67개의 논제들을 일일이 준비하였다. 가톨릭 사제들과 유력한 대학 교수들을 비롯하여 많은 사람들이 이 회의에 초대되었다. 시간이 가까오자 츠빙글리에게 도전하기 위해 일어나는 사람은 아무도 없었다. 가톨릭 사제들은 이 회의를 불법이라고 생각하였다. 그러나 취리히 시의회는 츠빙글리로 하여금 그의 의회 일을 계속하도록 지시하였다. 그 결과 사람들은 복음과 더욱 친숙해지게 되었다.

1523년 10월에 있던 두 번째 회의에서 츠빙글리는 미사 대신에 예수께서 제정하신 주의 만찬이 주님께서 제정하신 모습 그대로 시행되어야 함을 제안하였다. 그러나 의회는 사람들이 아직 그러한 급진적인 단계를 받아들일 준비가 되어있지 않았다고 판단하였다. 이는 사람들의 반대를 두려워하였기 때문이었다. 이러한 시의회의 반응에 대해 츠빙글리는 비록 미사가 잘못되었지만, 좀 더 기다리기로 동의하였다. 그러나 그레벨, 만쯔와 그의 그룹에 속해 있던 몇 사람들은 비정치적인 영적 문제를 시의회가 결정하는 것을 보며 배신감을 느꼈다. 이 주제는 그들의 성서공부 그룹에서 다루어져야만 했다. 미사는 18개월 후에 폐지되었다. 그러나 그 그룹은 성서적 개혁을 수행하기 위해 더 이상 츠빙글리를 신뢰할 수가 없게 되었다. 그들은 모든 사람들이 변화에 대한 준비가 끝날 때까지 기다리고자 했던 츠빙글리의 "거짓 인내"를 더 이상 신뢰할 수가 없었다.

한편, 시에 대해 책임을 느끼며 세금십일조을 바치는 것에 대하여 애석하게 생각했지만, 일단 불어 닥친 개혁의 열풍은 취리히 주변의 수많은 동네 교회들로 급속히 번져갔다. 개혁성향이 강한 목사들과, 아나뱁티스트들로 변하게 된 이 교회의 사제들은 단순히 세금을 내는 것에 실망할 것이 아니라, 교회의 일에 보다 더 큰 지역자치권을 요구하였고 성서 연구 및 다른 영향력에 대한 결과에 따라 유아들에게 세례를 주지 말아야 한다고 주장하였다. 이러한 것은 한때 바젤에서, 그러나 이제는 취리히 근방의 비티콘Witikon에 있는 빌헬름 로이브린Wilhelm Reublin의 역동적인 지도력 아래 이루어졌다. 그는 1523년 4월 사제로서 결혼을 한 선두주자가 되었다. 졸리콘Zollikon의 한스 부뢰틀리Hans Brütlie는 개혁과 결혼에 대해 이와 유사한 운동을 펼쳐나갔다. 이 두 사람은 그레벨, 만쯔와 함께 모임을 가졌던 회원들이었다.

　1524년 개혁에 대한 주제들, 특히 유아세례에 대한 내용이 이 모임의 대화 주제로 다시 거론되었다. 일전에 츠빙글리가 유아세례의 폐지에 대하여 공개적인 입장을 표명하였으나, 뚜렷한 결실을 보지 못하였었다. "하나님을 두려워하는" 의회 회원들을 통해 비밀스럽게 개혁을 서둘러 이루자고 했던 콘라드 그레벨 서클의 제안에 대해 츠빙글리는 그 어떤 일도 할 수 없었다. 결국 만쯔는 세례에 대한 대화를 의회 자체적으로 시작하라는 요청의 편지를 쓰게 되었다. 실제로 의회는 이 세례에 관한 내용을 1525년 1월 17일의 회의 주제로 채택하였다. 그러나 그들은 마음에는 이미 어떠한 변화도 불가능 하다는 쪽으로 기울어 있었다. 논의 대신에 그 의회는 이들의 성서공부 모임을 금지시켰고, 로이블린과 브뢰틀리의 시민권을 박탈, 8일 이내에 취리히 지역을 떠나라는 결정을 내렸다. 많은 사람들은 이러한 결정이, 로이블린과 블뢰틀리가 다른 사람들과 함께 세례를 받게된, 1525년 1월 21일 최초의 신자들의 세례를 촉발시킨 계기가 되었다고 믿었다.[2] 그 후, 이들은 국경을 넘어 독일로 가게 되었다.

이 1월의 사건들이 있기 이전인 1524년 9월에는 콘라드 서클에 의해 쓰여진 일련의 편지들이 루터, 칼슈타트 및 토마스 뮌쩌에게 보내졌다.[3] 루터는 자신의 학생인 헤겐발드를 시켜 그 편지에 대한 회신을 보내도록 하였다. 칼슈타트는 개인적으로 취리히를 방문하였으나, 뮌쩌에게서는 아무런 응답도 오지 않았다. 아마 편지를 받지 못했던 것으로 보인다. 칼슈타트가 취리히에 있는 동안 그레벨과 만쯔는 주의 만찬에 대한 여섯 개의 논문을 출판하기 위해 자금을 모았다. 출판을 준비하기 위한 이 기간은 토론을 준비하기에도 충분한 시간이 되었다. 그것은 마치 그레벨과 만쯔가 유아세례를 반대하는 칼슈타트를 후원하는 것처럼 보였다. 비록 칼슈타트가 유아세례를 받은 어느 누구에게도 다시 세례를 주지 않았음에도 불구하고, 독일에서는 1523년부터 이미 유아세례를 금지하였었다. 그는 출판을 목적으로 한 세례에 관한 논문 하나를 만쯔에게 주었다. 그러나 만쯔는 그것을 출판할 수가 없었다. 9월 그들이 뮌쩌에게 보낸 편지에 의하면, 아마도 그레벨과 만쯔도 칼슈타트에게 배운 마태복음 18:15-18의 예수의 법을 따르는 규율의 중요성을 포함한 세례에 대한 뮌쩌의 견해에 호의적이었을 것이라는 기록이 있다. 그들의 편지에서 그레벨과 만쯔는 "복음과 그 복음을 따르는 사람들은 검에 의해 보호를 받아서는 안된다"고 진술함으로 뮌쩌의 폭력에 대한 성향을 질책한 것으로 보인다. 비록 그의 역할이 변했다는 해석들이 있긴 했지만, 뮌쩌는 1525년 농민전쟁 배후의 주요한 사상적 세력으로 이해되고 있다.

끝으로 유배되어 있던 로이블린과 브뢰틀리에 대한 이야기로 화제를 돌려보자. 이들은 클레트가우Klettgau-할라우Hallau-발스후트-샤프하우젠Schaffhausen 지역에 있는 스위스-독일 국경에서 끊임없는 고통의 삶을 살고 있는 농민들과 함께 살고 있었다. 그레벨과 만쯔가 이 지역에 살고 있던 그들과 함께 살기로 결정하였다. 뮌쩌도 그 지역에 약

8주 정도 머물러 있었다. 그러나 거기에 머물렀던 뮌쩌가 이들과 접촉을 하였는지에 대하여는 정확히 알 수 없다. 취리히 해안에서, 농민들은 과중한 세금을 내기 않기로 결정하여 실천에 옮기기 시작했고, 자신들을 위해 올바로 일을 할 수 있는 성직자들을 스스로 세우고자 하는 권리 및 보다 더 많은 자치권을 요구하기 시작했다. 발스후트에서 로이블린은 그가 할 수 있는 한 많은 사람들에게 세례를 주었다. 할라우에 있었던 대부분의 성인들은 로이블린과 브뢰틀리에 의해 세례를 받은 것으로 여겨진다. 이 시기에 후브마이어가 농민들의 원한을 표현해내는 글을 "12개의 조항"이라는 형태로 정리하여 발표하였는데 그 내용이 무엇인지는 알 수 없다. 그러나 분명한 것은 그가 츠빙글리와 그레벨 서클 간에 행해졌던 대화에 끼어들었다는 사실이다. 결국 농민 봉기를 진압한 무자비한 군대의 무력이 동원되었고, 이것은 1525년 5월 프랑켄하우젠에서 죽임당한 수 천명의 농민들의 최후를 생각한다면 서곡에 불과한 것이었다.

로이블린과 브뢰틀리를 포함한 그레벨 서클이 취리히 지역과 할라우-샤프하우젠-발스후트의 동요와 깊이 관련되어 있다는 사실은 반드시 언급되어야 한다. 이들의 활동은 종교적이었다. 그러나 또한 경제적, 사회-정치적 필요도 있었다. 많은 사람들은 이 사건을 힘의 균형이 깨지자 포기된 아나뱁티즘의 원형으로 보고 있다. 취리히의 힘든 현실 속에서 포기한 것을 로이블린, 브뢰틀리, 그레벨, 그리고 만쯔가 클레트가우Klettgau에서 다시 시도한 것이라고 생각하였기 때문이다. 즉 신약 성서의 질서에 근거한 비분리적 지역 교회를 츠빙글리의 영향력을 넘어선 곳에서 성취하고자 했던 것이다. 만약에 이들이 이러한 모습으로 아나뱁티즘을 추구하였다면, 처음 아나뱁티즘가들은 분파주의 분리주의자가 아니었음이 확실해진다. 굳이 이름을 붙이지만 않는다면 성인세례 그 자체가 분리주의자들의 상징이 될 필요가 없었다. 그렇다면

1527년 슐라이트하임Schleitheim 고백이 이미 아나뱁티즘 초기부터 실천한 것으로 볼 수 있다.[4]

그렇다면 하스Haas가 제안했듯이, 1527년 2월 스위스-독일 국경에 위치한 슐라이트하임에서 있었던 회의가, 아나뱁티즘의 실제적인 시작이었을까? 하는 질문에 우리는 맞다고 할 수 있고, 동시에 틀리다고 대답할 수도 있다. 만약 우리가 맞다고 대답한다면 그것은 우리가 순서적으로나 그 시작에 있어서 슐라이트하임 고백서와 아나뱁티즘이 거의 같은 시기에 발생한 역사적 사건으로 동일한 기초를 갖고 있다고 여길 수 있기 때문이다. 한편 틀리다고 대답한다면 대부분의 다른 개혁운동들이 어느 순간에 갑자기 나타나서 완전한 궤도를 형성하거나 성숙된 모습이 아닌 여러가지 성장 고통과 더불어 발전해나갔던 것처럼, 아나뱁티즘도 처음에는 이렇다할 모습이 없다가 슐라이트하임 고백서가 형성된 이후에 그 발생연원이 밝혀지고 삶과 사상이 구체적으로 드러나게 되었던 것으로 이해하기 때문일 것이다. 특별히 슐라이타임 고백서의 일곱 개 조항들은 아나뱁티즘자들 및 메노나이트들이 동의하는 것으로써 역사적으로 매우 중요한 의미를 갖고 있다. 특별히 우리가 주목해야 할 것은 이 일곱 조항의 고백서가 즉시 많은 사람들에게 전해졌으며, 아나뱁티스트들의 가정에서 뿐만아니라 체포된 수 많은 사람들에게서도 발견되었다는 점이다. 츠빙글리와 칼뱅 모두가 이 고백서의 각 조항들에 대한 논증의 글을 써야겠다고 생각했을 만큼 중요한 내용을 담고있다.[5]

그러나 우리는 슐라이트하임 고백서가 갖는 영향력의 범위가 어느 정도였는지, 동시에 아나뱁티즘의 또 다른 흐름을 이루었던 사람들에게 이 고백서가 얼마나 많은 신뢰를 얻었는지는 확인할 길이 없다. 취리히와 슐라이트하임에서 일어났던 일은 최소한 남부 독일 및 오스트리아-모라비아 지역의 아나뱁티스트들에게는 영향을 미치지 않았던

앞 쪽에 리마트(Limmat) 강과 남쪽에 취리히 호수 및 알프스 산을 배경으로 하고 있는 오늘날의 취리히. 쌍둥이 뽀쪽탑인 그로스뮌스터는 취리히의 명물이다. 노이스타트가쎄(Neustadtgasse) 거리는 그로스뮌스터 바로 뒤에 위치해 있다. 이 거리의 어딘가에 최초의 재세례가 시행된 펠릭스 만쯔의 집이 있었다.

것 같다. 슐라이트하임 고백서의 각 조항들은 스트라스부르에서 유통되었으며 뎅크, 호프만, 마펙과 다른 사람들이 이를 입수하였던 것은 틀림이 없었다. 그렇다면 이들이 슐라이트하임 고백서를 의도적으로 무시하였을까? 즉 평행선을 달리고 있던 개혁운동들 간에 정말로 필요했던 가교로서의 역할을 피하기 위한 일종의 이념적 간격을 그대로 유지하였던 것은 아닐까? 어쨌든 아나뱁티즘에 의해 피난민들이 된 사람들을 포함한 여행객들이 스트라스부르에 왔다 갔다하면서 이 슐라이트하임 고백의 내용을 듣게 되었을 것이다. 특별히 고백서의 초안을 작성한 마이클 잣틀러는 그 도시에 아주 강력한 영향력을 끼친 사람이었다. 비록 메노가 이 고백서를 기록한 사람들을 알지 못했지만, 이 고백서로부터 자신의 변증적 기록을 작성하는데 큰 도움을 얻었던 것만은 틀림이 없다. 만약 그렇지 않았다면, 과연 어떻게 스위스에서 일어났던 사건들이 다른 운동들에 그렇게 영향을 미칠 수 있었단 말인가? 역사적 기록에 따르면 메노가 활동했던 네델란드에 이 고백서가 처음 나타나게 된 것은 1560년이나 되어서였다.[6]

　스위스에서 발생한 아나뱁티즘을 정리하기 위해서는 마이클 잣틀러를 언급해야만 한다. 베네딕트 수도원의 원장이었던 마이클 잣틀러는 농부들과 폭넓은 교류를 갖고 있었고, 그들의 아픔과 불만에 동정을 표하고 있었다. 그는 권력층과 가난한 사람들 간에 폭력의 불씨가 지펴지고 있음과, 결국은 자신이 갖고 있던 사회적인 신념과 영적 신념이 정면으로 충돌하게 될 것이라는 것을 잘 알고 있었다. 그는 불확실한 미래를 감지하고 자신이 머물러있던 수도원을 떠났다. 1970년대에 들어서면서 마이클 잣틀러에 대한 많은 연구가 이루어졌다. 마이클 잣틀러는 평화주의를 표방한 아나뱁티스트였다. 비록 그가 확고하고 궁극적이며 분리주의적인 입장을 취하였으면서도, 스트라스부르 지역의 종교개혁자들과 대화를 함에 있어서 아주 평화적으로 대화를 이끌었던 뛰어난 리더십을 보여주었다. 1527년 5월 20일, 그는 사람들의 상상을 초월할 만큼 잔인한 모습으로 순교를 당했다. 당시에는 아주 이례적인 모습이었다. 그의 아내 마가레타Marguerita 또한 몇 일 뒤에 유명한 반-아나뱁티즘가들에 의해 대중들 앞에서 공개처형에 부쳐졌다.7)

남부와 중부 독일의 아나뱁티즘

많은 사람이 이해하는 바와는 달리 혁명가였던 토마스 뮌쩌는 아나뱁티스트가 아니다. 1524년 9월 콘라드 그레벨의 서클에 속해있던 사람들은 이미 루터의 논쟁에 더 이상 개입하지 않을 것이라는 서한을 뮌쩌에게 보냈다. 그 9월의 편지가 보여주고 있듯이 토마스 뮌쩌가 그의 글들을 통해서 보여주었던 영향력은 대단한 것이었다. 정치, 교회 지도자들에게 겁없이 대항하며 울분을 토해냈던 설교자로서의 영향력 또한 대단했다. 아마도 이것은 한스 후트와 후브마이어 및 다른 사람들과 개인적으로 접촉이 이루어지는 가운데서 이루어졌을 가능성이 있어 보인다. 이미 언급한 것처럼, 스트라스부르에서 스위스 형제단들이, 아우크스부르크 및 그외의 지역에서 마이클 잣틀러 및 다른 몇 명의 리더들이 후브마이어, 필그람 마펙, 그리고 그레벨 써클을 통해 남부 독일과 오스트리아 지역의 아나뱁티즘을 시작하는 동안, 토마스 뮌쩌는 한스 후트의 영향을 받아 아주 강력한 영향력을 행사하였다. 한스 뎅크는 1526년 아우크스부르크에서 오순절 날에 한스 후트에게 세례를 주었는데 그는 자신의 불같은 묵시적 메시지를 더 이상 선포하지 않는 모습으로 급선회했다. 그렇다면 세례를 통해 한스 후트가 뮌쩌에게 모든 가르침의 권리를 양도한 것일까? 그것은 꼭 그렇지만은 않다. 왜냐하면 실제로 뮌쩌가 뎅크로 하여금 필요한 증거들을 확보하도록 영향력을 행사했을 가능성이 더 많기 때문이다. 뎅크는 스스로 생각할 수 있는 독립 사상가였다. 그들이 신비주의를 통해 받은 영감들을 대조하여 볼 때, 그것은 서로 의존적이었다기 보다는 중세의 신비적 전통에 같은 뿌리를 두고 있다는 공통점이 발견되기 때문이다.

민쩌는 자신이 밝히고 있듯이, 독일 신학과 요하네스 타울러Johannes Tauler, 1361년 사망와 마이스터 에크하르트Meister Eckhart에 근거한 중세의 신비주의에 상당히 심취되어 있었다. 그러면 이러한 것이 어떻게 후트의 업적을 통해 남부독일의 아나뱁티즘에 영향을 미치게 되었을까? 우리는 그가 창조 안에서 그리고 창조를 통해 하나님께 가까이 가는 근접성에 대해 강조하고 있음을 발견할 수 있다. 정화Purgation, 죄씻음, 조명Illumination, 그리고 하나님과의 연합이라는 신비주의의 세 가지 단계란 우선 죄를 깨끗하기 위해 고통을 체험함, 살아있는 말씀을 통한 내면의 깨달음, 그리고 그리스도를 따르며 그리스도와 하나가 되는 연합을 통해 그리스도처럼 되어 마침내 신성deification을 이루는 것을 의미했다. 그리스도께서 영혼에 거하시게 되면 죄를 덜 강조하게 되고, 고통을 통해 그리스도처럼 되는 것을 더 강조하게 된다. 루터 및 츠빙글리와는 대조적으로, 죄는 존재론적이라기 보다 행위론적인 것에 관계되며, 그러므로 근본적으로 제자도와 관련되는 것이었다. 후트가 주장한 "모든 피조물을 위한 복음"롬8:19~23이 의미하는 것은 복음이 동물과 새들을 포함한 모든 창조를 통해서 설교되어진다는 것이다. 즉 기록된 말씀으로써 성서는 하나님의 계시를 나타내는 한 가지 통로에 불과하며, 인간의 마음에 존재하는 성령의 능력이 없으면 올바른 이해가 불가능하다는 것이다. 민쩌의 강력한 묵시Apocalyptic는 아주 역동적인 아나뱁티즘의 전도자로 활동했던 후트의 온화하고 비폭력적인 설교 및 그의 열심을 변화시켜 놓았다. 이러한 엄청난 영향력은 임박한 시대의 종말론으로 그를 몰고 갔다. 이러한 것을 통해 우리는 남부 독일의 아나뱁티즘의 기원과 본질에 끼쳐진 중요한 영향력이 무엇인지 알 수 있다. 한스 후트의 인생은 1527년 고문으로 의식을 잃은 후, 감방에서 질식해서 죽음으로써 마무리되었다.[8]

그러나 한스 후트의 영향력과 더불어 한스 뎅크의 영향력도 상당하었다. 아마도 뎅크는 그 어떤 아나뱁티스트들 보다 공부를 많이 한 사람으로 알려져 있다. 그러나 이것도 여전히 풀리지 않는 수수께끼로 남겨져 있다. 하나님의 전적인 사랑을 강조한 것이 그를 보편적구원주의자로 만든 것일까? 죄는 사람들 자신에게 일어나는 부정적인 선이다. 하나님은 그의 말씀을 통해 일하시지만, 특별히 하나님의 성령을 통해 기록되지 않은 내면의 말씀을 통해서도 일하신다. 다시 말해서 이러한 생각들은 중세의 신비주의의 영향이 어떠했는지를 나타내 주는 것이지만, 이 대목은 그가 뮌쩌를 알고 있었음에도 불구하고 상당히 독립적으로 연구를 진행해 나갔음을 드러내주고 있는 부분이다.

그들의 기본적인 관심은 매우 달랐다. 뎅크는 아마도 칼슈타트의 격려와 더불어, 루터의 교의주의에 반대적인 입장을 보였던 것 같다. 1525년 생갈Saint Gall에 있는 아나뱁티스트들로 구성된 큰 회중을 방문하였을 때, 아우크스부르크에서 후브마이어에게 세례를 받았음에도 불구하고 뎅크의 관점은 스위스의 운동을 반영하고 있지 않다. 그렇다면 슐라이트하임 고백서가 지향하고 있었던 것을 반대한 거짓 모습을 가진 형제로 그 자신이 영성주의자요, 신비주의자로 남아 있었단 말인가? 잣틀러와 그는 1526년 가을 내내 스트라스부르에서 충분히 대화를 할 수 있는 기회를 가졌었다. 신학자요 복음주의자요 유대인 학자들과 협의하고 루드빅 해쩌Ludwig Haetzer와 함께 소선지서들을 히브리어에서 독일어로 번역한 뎅크를 생각하지 않고 남부독일의 아나뱁티즘을 떠올린다는 것은 거의 불가능하다. 뎅크에 대한 설명은 이 책의 4장에서 더 자세히 다루게 될 것이다.[9] .

다만 아나뱁티즘을 형성하게 된 배경으로 필그람 마펙과 마르틴 부처를 들어야 할 것이다. 스트라스부르의 종교개혁자요 목사였던 마르틴 부처는 아나뱁티스트들이 제대로 헌신할 수 없도록 만든 설득력 있고 영향력 있는 사람이었다. 오스트리아의 라텐베르그Rattenberg시의 토목기술자였던 마펙은 1528년 초 갑자기 자신의 직위를 사임하고 스트라스부르를 방문하였다. 그는 스위스의 정신적 유산보다 루터와 츠빙글리와 더 가까운 신학적 기조를 보여고 있는데, 이와 관련된 남부 독일 및 오스트리아에서 일어난 아나뱁티즘 및 지도자들에 대한 내용은 이 책의 5장에서 다루게 될 것이다.

공동의 삶을 살았던 모라비아의 아나뱁티즘 운동

이제까지 스위스, 남부 독일에서 일어났던 아나뱁티즘을 지역적으로 살펴보았다. 지금부터는 모라비아 지역에서 있어났던 일들과 네덜란드의 아나뱁티즘 운동에 대해 살펴보고자 한다. 그러나 사회적, 경제적 실천이라는 관점에서 볼 때, 공동 생활을 영위했던 아나뱁티즘은 아주 독특하며, 현재 우리들에게까지 상당히 설득력이 있어 보인다. 이러한 공동의 삶을 살았던 사람들은 후터라이트 형제들이었다. 4장에서 다시 살펴보겠지만, 이들의 시작은 1527년 5월에 있었던 후터와 후브마이어가 니콜스베르그에서 벌였던 논쟁으로 거슬러 올라간다. 그들의 시작은 절박한 필요성이 대두되었던 실제적인 상황 속에서 공동체가 갖는 의미가 무엇인지에 대한 독특한 이해와 나눔을 모든 사람들에게 적용시키는 것이 적절하지 않을 뿐 아니라, 신실하지도 않은 것이라고 보는 아주 독특한 성서적인 해석과 더불어 시작되었다.

대부분의 아나뱁티스트들은 가난한 사람들, 도움이 필요한 사람들과 함께 자신들의 소유를 나누어야 한다고 믿고 있다. 많은 사람들처럼, 메노 사이먼스는 이러한 물질적 나눔에 관련된 주목할만한 많은 기록들을 남겨놓았다. 실제로 아나뱁티스트들은 종종 많은 비용이 들더라도 이를 실행에 옮겨왔다. 기존 정권의 입장에서 볼 때 이러한 아나뱁티즘은 일반 사회의 사회-경제적 위협을 가하는 것으로써 늘 의심의 눈초리로 바라볼 수 밖에 없었다. 따라서 기존의 정권은 그들이 모든 것(때로는 아내까지 함께 나눈다는 말도 안되는 주장을 함)을 함께 나눈다고 하면서 이들의 나눔이 사실인지 아닌지 늘 의심의 눈초리로 지켜보는 입장을 취해왔다. 사실 이러한 것은 뮌스터라는 역사적 사건 속에서 잠시 존재했었지만, 이러한 질문들은 1535년 이전에도 던져졌던 질문들이다. 그들이 모든 것을 함께 나누는 공산주의적 아나뱁티스트들이 아니냐는 질문에 대해 그들은 항상 "아니오"라고 대답을 했다. 그렇지만, 땅의 모든 것은 주님의 것이며 가난한 사람들을 사랑으로 도와야한다는 부르심 만은 분명히 하였다.

공산주의적 아나뱁티즘communitarian Anabaptism을 이해함에 있어서 우리가 견지하는 특별한 유형의 관점을 갖고 있는데 그것은 세상과 교회와의 관계를 분리주의로 이해하는 관점이다. 이는 교회의 멤버십과 공동체를 실제 합법적인 것으로 이해하며, 초대 교회의 삶에 대하여 기술하고 있는 사도행전의 특별한 설명을 보다 더 엄격하고 신성한 것으로 이해하며, 개인적인 정체성과 필요를 다르게 이해하고, 물질적인 것들에 대해 철저하리 만큼 기능적인 면을 강조하며, 결혼에 대한 이해까지도 보다 기능적인 것으로 접근하며, 권위에 대하여 보다 더 수직적인 관점을 갖는 유형을 따른다. 게다가 한 가지 더 호소할만한 것은 공동체의 상대적 안전 때문이었는지는 몰라도 선교적인 증거에 많은 관심을 보이고 있었다. 공동체의 많은 멤버들이 티롤Tirol, 오스트리아, 팔라티네이트Palatinate, 스위스 등지의 서로 다른 출신들이었음에도 불구하고, 공동체의 운영 원칙들과 체계오드눙, Ordnung를 통해 그 어떤 아나뱁티즘 그룹들 보다도 더 강한 일치감을 갖고 있다는 것은 놀랄만한 일이었다. 물론 이것이 공산주의적 아나뱁티즘 그룹이 분리의 고통을 경험하지 않았다는 의미는 아니다. 어쨌든 이러한 정도의 차이가 진정한 차이를 만들어 냈다. 우리가 아는 바에 따르면, 비록 몇몇 귀족 자녀들과 공동체밖의 어린이들이 후터라이트 학교에 출석하였지만, 공동체의 일원으로 받아들여진 슬라브족은 없었던 것같다.

이와같이, 우리가 아나뱁티즘의 기원들에 대하여 이야기 할 때, 우리는 지리적인 한계, 어떤 비슷한 사건과 관계된 일들, 혹은 특정한 리더에게 주어진 카리스마를 극복해야만 한다. 비록 이러한 것들이 아나뱁티즘의 실제적, 이념적 근간을 이루고 있는 아주 중요한 역할을 했다는 사실을 부인할 수 없지만 이러한 것들은 운동의 일부분일 뿐 전부가 아니기 때문이다. 역사가들은 그 추운 겨울날 니콜스베르그로부터 약 50킬로미터나 떨어져 있는 오스터리쯔까지 사람들을 움직이게 한 실제적 필요가 무엇인지와 관련하여 이 운동의 초기 추진력에 대해 알고 싶어한다. 한편 「크로니클」Chronicle이란 잡지는 1528년 제이콥 비드만 Jakob Wiedemann의 리더십 하에서 생겨난 신학적인 원형에 대해 다음과 같이 보고 하고 있다.

> "그들은 자신들의 즉각적인 필요와 고통을 해결하기 위해 그리스도 안에서 함께 모였고 성직으로써가 아닌 실제적인 일을 할 수 있는 사람을 임명하였다…. 이들이 자신들의 외투를 벗어 사람들 앞에 펼쳐 놓았고, 사람들은 기쁜 마음으로 자신들이 가진 소유를 쏟아 놓았다. 이러한 일들은 누가 시켜서 한 것이 아니었다. 그 결과 도움이 필요한 사람들은 선지자들과 사도들이 가르치고 있는 바 대로 도움을 받을 수 있게 되었다."이사야 23:18, 사도행전 2:44~45, 4:34~34, 5:1~11, 81쪽

1529년의 크로니클에 따르면 "볼프강 브랜드허버Wolfgang Brandhuber 라는 사람이 기독교 공동체 즉 교회 안에는 그 어느 누구도 자신의 지갑을 신봉하는 청지기가 있어서는 안되며…. 모든 것은 하나님의 영광을 위해 공동으로 통용되어야만 한다…고 믿고 가르쳤다."61쪽 항복 gelassenheit-yeildedness, 포기, 신뢰는 공동체의 가장 중요한 가치로써 자

리하였으며, 이러한 독특한 운동은 천년왕국의 도래에 대한 후트의 비전이 평등을 기초로한 지상의 공동체주의로 표현된 것이었다.

네덜란드의 아나뱁티즘

로우랜드Lowland-네덜란드 지역의 종교개혁이 그 지역 사람들의 자발적인 영성에 의해 시작되었다는 것은 네덜란드 학자들 간에 이미 잘 알려진 사실이다. 네덜란드의 종교개혁이 "독일의 종교개혁"과 그다지 상관이 없다는 사실 또한 잘 알려져 있다. 그러나 이러한 설명이 사실임에도, 서로 간에 주고 받은 영향력들이 의미하는 바가 무엇인지는 진지하게 고려해 보아야할 것이다. 어쨌든 네덜란드만이 갖고 있는 독특한 사건들이 상당수 존재하는 것은 틀림없는 사실이다.

네덜란드 메노나이트 역사가인 W.J. 퀼러Kühler는 공동생활 형제단Brothers of the Common Life, 성찬형식론주의Sacramentarianism, 그리고 에라스무스Erasmus에 대해 일반 사람들이 가졌던 신앙심이 어떠했는지 추적함으로써 네덜란드 아나뱁티즘의 흔적을 찾아낸 것으로 유명한 사람이다. 공동생활 형제단에게서 훗날 아나뱁티즘이 갖고 있는 수 많은 특징들과, 이 두 운동들이 여러 면에서 일치하는 것들이 많다는 점을 볼 때, 공동 생활 형제단이 아나뱁티즘의 길을 준비하는데 상당히 도움을 주었다는 것은 틀림없다. 물론 이 두 운동간에 직접적인 역사적 연결고리는 존재하지 않는다. 한편 1530년 이전까지 아나뱁티스트들이 되기 원했던 성례중심주의자들이 종종 보이었는데, 1527년 에 순교자 베인컨Weynken10)과 아나뱁티스트의 원형이라 일컬어지는 데이빗 요리스David Joris를 그 예로 들수 있다. 사실 이들이 비밀리에 가졌던 성서공부 모임들은 훗날 아나뱁티즘의 핵심 그룹들이 되었다. 아마도 1530년 이전에 나타났던 운동 중 가장 빠른 운동 중의 하나가 네덜란드에서 일어났던 아나뱁티즘이었음에 틀림이 없다. 그러나 이러한 반성직주의

anticlericalism에 대해서는 보다 더 확실한 증거자료가 필요하다.[11]

퀼러는 비록 에라스무스가 가톨릭 교회를 공식적으로 떠나지는 않았지만 네덜란드 아나뱁티즘의 아버지였다고 확신하였다. 이러한 전제는 케네스 데이비스Kenneth Davis에 의해 검증된 것이다. 아나뱁티스트들이 루터와 츠빙글리로부터 사상을 빌어왔다고 가정하더라도 뎅크와 후브마이어 및 다른 사람들 역시 에라스무스의 영향을 받았다. 아나뱁티즘으로 연결된 이 종교개혁가들의 사상 역시 에라스무스로부터 빌려온것이기 때문이었다. 데이비스는 "아나뱁티즘이라는 통합체의 근본적이면서 독특한 핵심내용은 거의 대부분 1525년 이전에 기술된 에라스무스의 종교적 글들에 포함되어 있다…."[12]라고 밝히고 있다. 아마도 이것은 네덜란드 문화에 널리 뿌리를 내리고 있던 영적인 상황과 개혁을 위한 관심들에 대해 에라스무스의 영향을 받은 사람들과 아나뱁티즘가들이 갖고 있었던 가치들에 공통적인 요소가 매우 많았기 때문이라고 보는 것이 더 올바른 설명일 것이다.

그러면 데이비스가 말하는 것처럼, 에라스무스가 "아나뱁티즘의 기초를 놓았던 리더들 중 많은 사람과 직접적으로 혹은 간접적으로 접촉했었단 말인가?" 이에 대하여는 좀 더 많은 문서들을 살펴보아야 할 것이다. 메노나이트는 아니지만, 1986년 암스테르담의 자유대학Free University의 교수인 코넬리스 아우구스탱Cornelis Augustijn은 "메노 사이먼스의 글에도 과연 에라스무스로부터 영향을 받았다고 볼만한 분명한 증거가 있는가?"라며 구체적으로 질문하였다. 이 질문에 대하여, 그는 "메노 사이먼스 신학의 근본적인 구조는 분명히 에라스무스로부터 연유한 것이라고 볼 수 있다"고 결론을 내렸다. 아우구스탱이 이렇게 결론을 내리게 된 데는 구원의 방법에 대한 강조, 물질-영적인 이원론, 그리고 "물질 중심적인영적이지 못한 종교"[13]로써 구교회에 대한 비판이라는 세 가지 영역에 공통점을 두고 있다는 사실에 근거한다. 그 예로 비록 결정적인 이슈들에는 인용하지는 않았지만, 메노와 더크 필립스 Dirk Philips가 에라스무스를 인용하였다는 사실을 잘 알고 있다. 우리는 그것이 어떻게 이루어졌는지 계속적인 연구를 진행해야 할 것이다. 한편 반성례중심주의자들을 지지하는 것으로써, 에라스무스의 글과 영성은, 비록 대부분의 초기 네덜란드 아나뱁티즘가들이 이러한 사실을 잘 알지 못하긴 했지만, 아나뱁티즘의 씨앗들이 잘 성장하도록끔 직접, 간접적인 토양을 마련해 주었다.

따라서 우리는 6장에서 스트라스부르Strasbourg의 멜키어 호프만 Melchior Hoffman과 더불어 이러한 근원들에 대하여 더 자세히 살펴볼 것이다. 멜키어 호프만은 1530년 종말론에 관련된 묵시적 메시지를 가지고 스트라스부르에서 엠덴Emden으로 왔다. 그는 스트라스부르에 곧 하나님의 왕국이 도래할 것이라는 얼술라Ursula와 린하르드 요스트 Lienhard Jost의 비전에 대해 상당히 고무되어 있었다. 그의 메시지는 엠덴에서 즉각적인 반응을 불러일으켰고 그는 수 많은 사람들에게 세례를 주었다. 아마도 이러한 반응은 사람들의 가난, 홍수에 의해 가난하게 된 사람, 흉작, 기근, 전쟁들 및 다른 여러가지 요소들에 대해, 마치 세상의 끝이 오면 이러한 문제들이 해결되는 것처럼 믿게 한 것처럼 보인다. 극도로 절망적인 사람들에게 아나뱁티즘을 통해 희망을 줄 수 있게 만들었다. 호프만의 소식을 전해들은 사람들은 엠덴으로부터 나라의 전역으로 보내졌고, 특별히 네덜란드로 상당수 파송되었다. 그들은 멜키어추종자들로 알려지게 되었다.

호프만의 메시지는 평화를 말하고 있긴 했으나, 실제로는 평온함이나 하나님 앞에 모든 것을 굴복하는 항복과는 거리가 먼 것이었다. 무기가 꼭 필요하지는 않지만, 그리스도께서 재림하실 때 불신자들을 심판하고 멸망시키기 위해 신실한 사람들을 친히 무장시키실 것이라는 그의 강렬한 메시지는 가히 선동적이었다. 이처럼 호프만이 스트라스부르로 돌아와 재림return을 기다리는 동안, 그의 제자들 중 몇이 열심을 따라 폭력을 행사하게 되었다. 비록 네덜란드 시 경찰들이 새로운 운동에 대하여 상당히 동정적이었지만, 호프만의 제자들이 일으킨 격렬한 무장운동은 결국 암스테르담과 기타 지역에 처형을 몰고오는 결과를 초래하였다. 이 운동의 최종적인 모습은 역사의 오명으로 내내 거론되는 1534~35년의 수치스러운 뮌스터 와해 사건으로 끝이 났다.

그러나 이 사건은 교황의 권위 아래에서 고민하던 메노 사이먼스의 11년간의 신앙적 투쟁에 종지부를 찍게하는 사건이기도 했다. 이 사건은 1536년 아나뱁티즘의 리더십으로 메노를 불러내는 계기가 되었다. 그는 일전에 프리스랜드지역의 프란시스코 수도회의 수사였던 더크 필립스의 일을 도왔고 후에는 다른 사람들의 모임에 가담하게 되었다. 실제로 메노는 네덜란드에서 조차도 "메노나이트"를 창시한 사람으로 여겨지지 않았다. 역사적 정황속에서 메노나이트의 창시자를 따지자면 조리스David Joris 요리스나 오베 필립스Obbe Phillips와 같은 다른 사람들에게 우선권을 주어야만 한다. 그러나 이미 다른 훌륭한 리더들이 존재하였음에도 불구하고 이 운동을 메노나이트라고 부르게 된 이유는, 그가 와해와 분열이라는 극도의 위기의 시대에 지혜롭고 강력한 리더십을 발휘했기 때문이었다. 1545년 동 프리스랜드의 애나Anna라는 여백작이 평화로운 아나뱁티스트들에게, 메노의 이름을 따라 메니스트들이라는 이름을 부여하였다. 그후, 그녀가 주관하는 지역 내에 메노나이트들이 평화롭게 살 수 있도록 허락하였다. 물론 전혀 어떻게 대해야 할지 모르는 요리스트들Jorists과 다른 사람들은 제외되었다. 네덜란드 아나뱁티스트들은 자신들이 어떤 한 사람의 이름을 따라 불려지는 것을 원하지 않았기 때문에 '세례의 심령을 가진 사람들' 이란 의미를 가진 둡스헤진데Doopsgezinde라고 자신들을 불렀다. 그럼에도 불구하고, 결국 평화로운 아나뱁티스트들은 메니스트 혹은 메노나이트로 알려지게 되었다.

초기에 메노는 멜키어추종자들 중의 한 사람이었지만, 종말론을 신봉하거나 폭력을 따르지 않았다. 비록 오랜 기간은 아니었지만, 한때 메노는 뮌스터의 리더들을 형제라고 부르기도 했었다. 가톨릭 사제로 있는 동안, 그는 혁명을 주창하는 많은 개혁가들의 폭력을 고발하는 설교를 했기 때문에 "복음적 설교가"evangelical preacher로 잘 알려졌다. 뮌스터의 급진주의적 운동에 대한 그의 거부는 확고하였다. 그러나 메노는 천상의 몸을 가졌다고 믿었던 호프만의 기독론Christology를 버리지 못했다. 이러한 기독론은 죄없는 예수를 강조하기 위해 그 어떤 인간적인 접촉 없이 태어나야만 했으며, 마치 햇빛이 맑은 컵속의 물을 통과하듯이 그렇게 마리아의 몸을 통과하였을 뿐이라고 주장했던 고대의 발렌타인 신조ancient Valentine doctrine를 따른 것이었다. 이는 근거도 없이 실제적인 인간 예수는 존재하지 않았다고 믿는 도세티즘docetism와 유사하다. 메노는 회심conversion; regeneration: 영적으로 새로 태어남, 회중congregation, 제자도discipleship, 그리고 종교의 훈계 및 규율discipline, 흠도 없고 점도 없는 교회를 위해 에베소서 5:27에 나타남의 중요성을 철저하게 강조하였다. 그는 신실한 교회는 항상 고난 받는 교회가 될 수 밖에 없다고 믿었다.

1534년 몇 명의 네덜란드 아나뱁티스트들이 동쪽의 무역로를 따라 함부르그, 단찍, 그리고 쾨닉스베르그를 따라 여행을 했다는 기록이 있다. 그들은 강의 삼각주와 물이 빠져나간 늪지에 대한 박식한 기술들을 갖고 있었고, 이러한 토목 기술에 대해 진가를 인정받았던 사람들이다. 1549년경 메노는 단찍에서 몇 주를 보냈고, 더크 필립스가 1568년 죽기까지 여러해 동안 장로로서 그 지역 교회들을 섬겼다. 더크 필립스의 형제였던 오베 필립스Obbe Philips는 1530년대에 일어난 뮌스터 사건의 환멸로 아나뱁티즘을 떠나 로스톡Rostock 지역에서 살고 있었지만, 자신은 서부 프러시아West Prussia의 호이브든Heubuden 에 있는 메노나이트 회중에 적을 두고 살았다.

이상의 설명들은 아나뱁티즘의 기원에 대해 우리가 갖고 있는 현재의 이해들에 새로운 자료들, 학자들, 방법론들을 통한 새로운 밑그림에 불과하다. 더 자세한 연구 및 자료를 원하는 사람들은 메노나이트 백과사전 5권 378~382쪽과 382~384쪽에 실려있는 존 오이어John S. Oyer 와 로드니 사와츠키Rodney J. Sawatsky의 모든 논문들 및 서지 목록들을 통해 더 많은사실을 발견할 수 있을 것이다. 이러한 변화에 대한 신학적 의미는 이 책의 8장에서 더 깊게 논의할 것이다.

---

1) Given as President of the American Society of Church History and reprinted many times; see *Church History*(March 1944), 13:3-24, also MQR(April 1944) 18:67:88.(이 글은 미국의 교회사 협회의 회장으로써 벤더가 쓴 글로 여러번 출간되었다. 교회사라는 글을 참조할 것)

2) The story of these earliest beginnings is told more fully by Firtz Blanke in Brothers in Christ. Scottdale, Pa.:Herald Press, 1961, and in Leland Harder, ed., *The Sources of Swiss Anabaptism*. Scottdale, Pa.:Herald Press, 1985, 68F, pp. 341-342. See also John H. Yoder in "*The Turning Point in the Zwinglian Reformation*," MQR(April 1958), 32:128-140.(초기 시작에 대한 이러한 이야기는 그리스도의 형제들에 소속된 블랑케에 의해 전해졌으며 리랜드 하더의 스위스 아나뱁티즘의 근원, 존 하워드 요더의 츠빙글리 개혁의 전환점이란 글을 참고하라)

3) Harder, Swiss Anabaptism(스위스의 아나뱁티즘), pp.284-92. Cf: George H Williams and Angel M. Mergal, Ed., *Spiritual and Anabaptist Writers*. Philadelphia, Pa.: The Westminster Press, 1957, pp.71-85.

4) James M. Stayer, "Reublin and Brütli: The Revolutionary Beginnings of Swiss Anabaptism," in Marc Lienhard, *The Origins and Characteristics of Anabaptism*(아나뱁티즘의 기원과 특징). The Hague, Neth.: Martinus Nijhoff, 1977, pp. 83~102. Idem, *The German Peasants' War and Anabaptist Community of Goods*(독일의 농민전쟁과 물건을 통용한 아나뱁

티즘 공동체). Montreal, Que.: McGill-Queen's University Press, 1991, pp. 61~92. Martin Haas, "The Path of the Anabaptists into Separation…" in James M. Stayer and Werner O. Packull, *The Anabaptists and Thomas Müntzer*(아나뱁티스트들과 토마스 뮌쩌). Toronto, Ont.:Kendall/Hunt Publishing Co., 1980, pp.72~84. Calvin A. Pater, *Kalstadt as the Father of the Baptist Movements*(침례교 운동의 아버지로써 칼슈타트). Toronto, Ont.: University of Toronto Press, 1984, pp.117~169. ME 5:481~482.

5) Harder, Zwingli's "Elenchus" in *Swiss Anabaptism*(스위스의 아나뱁티즘), pp. 475~505. B.W. Farley, trans./ed. John Calvin, *Treatises Against the Anabaptists and the Libertines*(아나뱁티스트들과 자유사상가들에 대한 보고서). Grand Rapids, Mich.: Baker Book House, 1982, pp. 36~118.

6) S. Cramer en F. Pijper, *Bibliotheca Reformatoria Neerlandica*. V.s' Gravenhage, Neth.: Martinus Jijhoff, 1909, pp. 583ff. Editor Cramer's comment that there was "not a single trait of the *Brotherly Union*, but we find it again in the later Mennonite brotherhood…"(p. 594) does not specify which brotherhood, i.e., Dutch or other.(형제애적 연합에 대해 하나의 특징만 있는 것이 아니라 그 후 메노나이트 형제애가 나타났다는 편집인 크래머의 설명은 구체적으로 어떤 형제를 말하는 것인지 상세하지가 않다.)

7) C. Arnold Snyder, *The Life and Thought of Michael Sattler*(마이클 잣틀러의 생애와 사상). Scottdle, Pa.: Herald Press, 1984. Idem, "The Monastic Origins of Swiss Anabaptist Sectarianism," MQR(January 1983), 57:5~26. John H. Yoder, trans./ed., *The Legacy of Michael Sattler*(마이클 잣틀러의 유산), Scottdale, Pa.: Herald Press, 1973. For the articles see Yoder, pp.34~43.

8) Gottfried Seebass, "M?ntzer's Erbe. Werk, Leben und Theoogie des Hans Hut," unpublished Habilitationsschrift, U. of Erlangen, 1972, 2 vols. Werner O. Packull, "Gottfried Seebass on Hans Hut: A Discussion," MQR(January 1975), 49:57~67. Werner O. Packull, *Mystiscism and the Early South German-Austrian Anabaptist Movement*(신비주의와 남부 독일-오스트리아 초기 아나뱁티즘), 1525~1531. Scottdale, Pa.: Herald Press, 1977.

9) Clarence Bauman, translator-editor. *The Spiritual Legacy of Hans Denck*(한스 뎅크의 영적인 유산). Leiden, Neth.: E.J. Brill, 1991. E.J. Furcha, *Selected Writings of Hans Denck*(한스 뎅크의 기록들), 1500~1527. Lewiston, Pa.: Edwin Mellen Press, 1989.

10) T.J. van Braght, *Martyrs Mirror*(『순교자들의 거울』). Scottdale, Pa.: Herald Press, 1950, pp. 422~424.

11) Gary K. Waite, *David Joris and Dutch Anabaptism*(데이빗 조리스와 네덜란드 아나뱁티즘), 1524~1543. Toronto, Ont.: Wilfred Laurier University

Press, 1990, chapters 1 and 2.

12) **W.J. Kühler**, *Geschiedenis der Nederlandsche Doopsgezinden in de Zestiende Eeuw*. Haarlem, Neth.: H.D. Tjeenk Willink & Zoon, 1961, chapter 2. 이 논제는 「아나뱁티즘과 금욕주의」(*Anabaptism and Asceticism*) Scottdale, Pa.: Herald Press, 1974, chapter 5. 라는 글에서 케네스 데이비스의 강력한 지지를 받은 견해이다. 어빈 홀스트(Irvin B. Horst)가 쓴 에라스무스, 재세례 산지들 그리고 종교적 연합의 문제들(*Erasmus, the Anabaptists and the Problem of Religious Unity*)이란 글도 참고할 것. Haarlem, Neth.: H.D. Tjeenk Willink & Zoon, 1967. Dale R. Schrag, "Erasmian Origins of Anabaptist Pacifism." M.A. thesis, Wichita State University, 1984.

13) Cornelis Auustijn, "Erasmus and Menno Simons," MQR(October 1986), 60:497~508.

그 외의 자료들: J. Denny Weaver, *Becoming Anabaptist*(아나뱁티스트가 된다는 것). Scottdale, Pa.: Herald Press, 1987. Werner O. Packull, *Mysticism and the Eraly South German-Austrian Anabaptist Movement*(신비주의와 남부 독일-오스트리아 초기 아나뱁티즘),, 1525~1531. Scottdale, Pa.: Herald Press, 1977. J. K. Zeman, The Anabaptists and the Czech Brethren in Moravia, 1526~1628. The Hague, Neth.: Mouton, 1969. **Hans-Jürgen** Goertz, *Profiles of Radical Reformers*(급진적 개혁가들의 프로필). Scottdale, Pa.: Herald Press, 1982. Contact any MCC or conference office for audiovisual resources.

3장
스위스의 아나뱁티즘

1525년 1월 21일에 있었던 세례를 위한 모임은 박해의 위협 하에서 진행되었다. 이 그룹의 구성원들은 서로를 형제들이라고 칭하기를 좋아했지만, 곧 '아나뱁티스트' 혹은 '세례를 다시 받은 사람들'이라고 불렸다. 스위스의 형제단the Brethren은 자신들을 반대했던 의회의 명령을 거스르는 대신에, 새로이 발견한 신념들을 다른 사람들과 함께 나누려는 계획을 세웠다. 처음교회의 모임은 선교적인 성격의 모임이었다. 취리히를 떠나야만 했던 사람들은 각각 자신들이 알고 있던 장소로 돌아왔고, 자신의 이야기를 듣고자 원하는 사람들이 있을 것이라 기대하였다. 어떤 사람들, 특히 무역 일을 하는 사람들에게 이것은 종교개혁이 한창 진행되고 있는 도시들인 북동쪽의 생갈, 북서쪽의 바젤, 그리고 남서쪽 베른까지 갈 수 있음을 의미했다. 또 다른 사람들에게 이것은 시 정부의 억압적인 정책들이 이제는 덜 엄격하게 되어 시골로 피해갈 수 있다는 것을 의미했다. 그런 까닭에 한스 브뢰트리와 빌헬름 로이브린은 북방의 취리히와 발스후트 그리고 샤프하우젠Schaffhausen이라는 지역까지 갈 수 있었다. 다른 사람들은 동쪽의 아펜젤Appenzell과 서쪽의 취리히와 번에 의해 통치를 받고 있는 지역까지 갈수 있었고,

그 누구의 엄격한 통제를 받지 않고도 지낼 수 있었다. 1525년의 봄과 여름 동안, 서로 마음을 같이 하는 작은 그룹들이 위에 언급한 대부분의 지역들에 생겨나게 되었다.

발스후트의 후브마이어

발스후트는 취리히에서 약 32km정도 떨어져 있는 작은 도시로 라인강 북쪽에 위치해 있다. 이 도시는 여전히 거룩한 로마 가톨릭 제국의 통치를 철저하게 받고 있는 오스트리아 영토였다. 그러나 이 도시는 샤프하우젠 및 취리히와의 근접성 때문에 종교적 발달에 있어서 이러한 도시들의 영향을 더 많이 받게 되었다. 특별히 1521년 발스후트에 발타자르 후브마이어가 도착하면서 눈에 띌 정도로 영향력이 증가하게 되었다. 남부 독일의 사제요 신학박사였던 그는 레겐스부르그 지역과 인골스타트Ingolstadt 대학에서 상당히 인기있는 설교가로 알려져 있었다. 이제 막 시작된 종교개혁운동에 특별한 공감을 보이지 않았음에도 그는 곧 취리히에 있는 울리히 츠빙글리의 동역자요 가까운 친구가 되었다. 그가 종교개혁의 원인에 대한 자신이 갖고 있던 관심을 거리낌없이 말하자, 1523년 발스후트 도시 자체가 오스트리아 정부의 의심의 눈총을 받기 시작했다.

비록 츠빙글리가 그의 친구요 동료라고 생각했지만, 후브마이어는 취리히에 있었던 젊은이들에 비해 사상이나 관계에 있어서 상당히 독립적이었다. 그럼에도 불구하고 1523~24년 그는 유아세례 및 성서에 따른 순수한 교회의 질서에 대한 그의 입장을 츠빙글리가 별로 좋아하지 않는다는 것까지 이야기하게 되었다. 그는 1524년 말 취리히에서 있었던 토론을 시작으로 형제단의 세례 모임과 의회결정의 단초가 된 1525년 1월 18일의 토론에서 한발짝 물러나 있었다. 후브마이어는 자신을 츠빙글리의 친구로 생각하고 있었지만, 유아세례는 분명히 반대하였다. 1525년 봄, 빌헬름 로이블린 또한 발스후트의 동부 시골마을에서 설교함으로써, 그 도시에 있던 후브마이어 교회의 몇명 멤버들에게 이를 확신시키기 시작하였고, 그들 중 명 몇이 세례를 받게 되었다. 부활절에 후브마이어와 그의 교회 회중들은 자신들의 신앙을 새로이 고백함으로써 다시 세례를 받았다. 이 것은 기존의 조직화된 교회로서 아나뱁티즘에 가입한 첫번째 세례 사건이었다. 그것은 단순히 종교적인 사건이었을 뿐만 아니라, 하나의 정치적인 사건이었다. 오스트리아 정부는 두려움에 떨었는데, 이는 아마도 후브마이어와 그 도시 정부가 발스후트를 제국으로부터 독립시키켜 스위스에 합병시키려는 음모를 꾸미고 있을 거라는 생각 때문이었다. 어쨌든, 프로테스탄트이든 아나뱁티스트이든 정치적 연합을 위해서라면 어느 정도 눈감아 줄 수 있는 일이었다. 그러나 발스후트는 그 도시 시민 대부분이 후브마이어를 전적으로 후원하여 아나뱁티스트 입장을 충분히 방어할 수있는 준비가 되어 있었다.

   몇 달 이후에, 후브마이어는 세례와 교회에 대한 엄청난 글을 써내려갔다. 그러나 어느 정도 시간이 지나기까지 이러한 글들은 팜플렛으로 인쇄되지 못했다. 세례에 관한 질문이 실린 "신자들의 기독교 세례에 관하여"*On the Christian Baptism of Believers*라는 아나뱁티즘에 대한 최초이자 가장 완벽한 글이 후브마이어에 의해 저술되었다. 이 글은 세례를 주제로 논쟁을 하도록 초대된 개혁가인 츠빙글리가 논쟁에 답하기를 거절한 후에 후브마이어가 쓴 것이다. 이것은 세례 요한과 그리스도 및 여러 사도들이 가르치고 실행했던 세례에 대해 주요한 성서 본문들을 분석해 놓은 글이다. 그는 말씀이 가르쳐지고, 가르쳐진 메시지에 의해 신앙이 표출이 되는 곳이라면, 어느 곳에서든지 세례가 시행되었다는 것을 보여주며 글을 맺고 있다. 그는 로마 가톨릭 교회의 유아 세례가 성서에 근거한 세례가 아니라고 간주했기 때문에, 아예 그의 책에서 재세례에 대한 내용을 다루지 않았다. 다만 세례의 경우에 있어서 단순성, 분명한 성서적 근거, 그리고 솔직한 진술의 내용을 탁월하게 정리하였다.[1] 총 68쪽의 글이었다. 그 이후에 후브마이어는 모든 시대의 신학자들과 교회의 장로들 및 저자들이 자신의 입장을 지지할 수 있도록 자신의 확신을 더욱 정교하게 다듬어나갔다. 그는 츠빙글리와 바젤의 국가교회 목사였던 오클람파디우스Oeclampadius의 반아나뱁티즘적인 글들에 대하여 답하였으며, 그의 비전에 근거하여 교회의 신자들이 헌신되고 훈련을 받을 수 있도록 예배 순서의 초안을 마련하기도 하였다.

그해 12월에 발스후트는 오스트리아 제국의 군대에 의해 포위되었고 다시금 가톨릭화 되었다. 후브마이어는 도망자의 신세가 되었다.

생갈의 형제단 The Brethren in St. Gall

처음 아나뱁티스트 운동이 시작되었을 때, 생갈에서 일어난 종교개혁 운동은 두 명의 일반 성도laymen들에 의해 진행되었다. 그 중 한 사람은 직물공으로 일하고 있던 한스 케슬러Hans Kessler였고, 또 다른 한 사람은 인문주의자이자 의사였던 요아킴 본 바트 바디안Joachim von Watt Vadian이었다. 비록 신학자는 아니었지만, 이 두 사람은 신앙에 있어서 스스로를 깨우쳐나가는 열성적인 사람들로서 성서공부를 인도해 나갔고, 성직자들에 의한 강한 리더십이 없이도 신앙의 회복을 이루어 나갔다. 1523년 말, 교회에 성상들을 없애는 운동을 시도했다는 것 때문에 기소되어 츄리히로부터 추방당한 로렌쯔 호크뤼티너Lorenz Hochrütiner가 이들을 방문하게 되면서 운동은 한층 강화되었다. 생갈에서 일어난 성서읽기 운동은 그들이 츄리히에서 일어난 처음 세례에 대한 소식을 듣기 전에 이미 긴장상태를 경험하게 되었다. 바트와 케슬러는 교회 내의 점진적인 변화를 선호했다. 그러나 비록 시의 정치인들이 성서읽기 모임을 위해 교회 건물을 사용해도 좋다고 허락 했음에도 불구하고, 호크뤼티너와 볼프강 울리만Wolfgang Uolimann은 모든 전통을 거부하였다. 그렇기 때문에 교회 건물 조차도 사용하지 않고자 이를 거절하는 등 훨씬 급진적인 방법을 실천에 옮겼다.

그러므로 취리히 시의 세례에 대한 소식이 성서읽기 그룹에 전달되면서, 생갈에서는 분열의 조짐이 생겨났다. 한동안, 호전적인 아나뱁티즘 그룹들의 세력이 더 강해지는 것처럼 보이기도 했다. 만약 멤버들이 실제 세례를 받지 않았다면 그것은 시의회에 세력있는 친구를 갖고 있다는 의미였다. 1525년 종려주일에 시터Sitter 강에서 대단위 세례식을 하기 위해 약 200명의 공식적 퍼레이드를 하는 사람들 중에 콘라드 그레벨이 있었다.

이 운동은 생갈 주변의 몇 몇 시골지역들 특히 마을 들 중에서 최고로 자치성이 강했던 아펜젤의 작은 마을에서 가장 큰 인기를 끌었다. 이곳에서 한 마을 전체가 동시에 정치적이면서 종교적인 단일체가 될 수 있는 가능성을 확인했으며 이러한 상황에서 로마 가톨릭 사제를 쫓아내기 위해 투표를 하는 것은 문제도 되지 않았다. 그것은 츠빙글리를 신봉하는 설교자도 예외가 될 수 없으며, 언제든지 아나뱁티스트를 설교자로 세울 수도 있는 문제였다. 이러한 발전과정 중에서 정치적, 경제적인 요소에 대한 관심은 더욱 더 분명하게 모습을 드러났다. 아나뱁티즘이 율법적으로 십일조를 요구하는 것과 의무적으로 세금을 부과하여 목회자를 후원하는 것을 반대하였기 때문에, 이 운동이야말로 일반 사람들의 경제적인 부담을 경감시켜주었다. 더 나아가 소작농들의 입장에서 혁명적인 사회 변화를 꾀할 수있는 가능성을 보았던 사람들도 있었다.

이러한 이유 때문에, 생갈과 아펜젤 지역에서 일어난 아나뱁티즘 운동에 대하여 엄청난 공감이 형성되었고 정부의 권위에 대해 아주 강한 반발을 불러일으키게 되었다. 이 두 도시들을 이끌었던 가장 강력한 리더는 한스 크뢰시라는 사람이었는데, 한 밤 중 생갈의 주교가 이끄는 군대에 잡혀 루서른Lucerne이라는 지역에서 처형되었다. 생갈의 의회는 공청회를 열어 아나뱁티즘에 대한 신념과 헌신을 포기하지 않는 사람들에게 엄청난 벌금을 부과시켰다. 이러한 조처가 취해지자 아나뱁티즘에 열정을 갖고 있었던 사람들은 이내 공식적 교회로 되돌아가는 듯이 보였다. 그렇지만, 실제로 이 운동에 대한 내면적인 헌신과 확신이 더 강화되는 모습을 띠었다.

　몇 십년 동안 세이트 갈의 아나뱁티스트들은 특별히 급진적인 성향의 사람들로 분류되었다. 흑사병이 돌았던 1530년 생갈의 어떤 사람들은 약을 사용하지 않았다. 크리스천으로서 그들은 보다 단순한 모양의 옷을 입고 다른 아나뱁티스트들보다도 더 평화적인 모습으로 살아야 한다며 삶의 모습을 강화시키기도 하였다. 그러나 비록 처음부터 이 운동에 가담했지만 외부의 압력으로 신앙을 포기한 몇 사람들이 종교를 근거로 자신의 잘못된 행동들을 정당화하기도 했다. 그들은 자신들의 행동을 정당화려고 진실한 신자들이야말로 법으로부터 자유로와야 한다며 특별한 비전이나 계시를 주장하고 정치적 문제와 거리를 두었다.

신자들에게 수난이 시작되다

　세례신자로서 취리히에서 처음 투옥된 사건은 1525년 2월 초에 일어났다. 감금, 벌금, 그리고 고문은 죄수들에게 일반적으로 부과되는 징계의 과정이었다. 아나뱁티스트들의 모임에 참여하지 않고 신앙을 포기하기할 때에만 죄수가 감옥에서 석방될 수 있었다. 1926년 3월부터는 아예 종신형이 부과되기도 하였다. 아나뱁티즘이 발생되는 곳은 어디든지 종신형이 부과되기 시작했다. 1525년 1월 18일에 추방 명령이 선포된 것을 보면, 취리히에서 첫 번째 세례가 시행되기 이전에 스위스 생갈에서는 이미 박해가 시작되었음을 알수 있다.

처음 로마 가톨릭 정부가 아나뱁티스트들에게 사형을 부과한 것은 사실 특별히 아나뱁티스트들로 처형하기 보다는 개신교도라고 하면서 처형시켰다. 이와같이 1525년 4월과 5월 생갈에 있었던 아나뱁티스트들의 모임에 참석했었던 히포리투스 에벨Hippolytus Eberle, 사람들은 Bolt라고 불렀음이라는 사람은, 몇 주 후에 자신의 고향인 슈비쯔Schwyz에서 순교를 당하였다. 이 사람은 그 지역 정부가 개신교도와 아나뱁티스트를 제대로 구분하지 못하였기 때문에, 최초의 개신교 순교자로 알려진 인물이기도 하다. 사실 아나뱁티스트들은 가톨릭 정부와 개신교 정부로부터 동시에 박해를 받았다. 개신교 정부의 손에 의해 처형된 사람은 1527년 1월 5일 취리히의 리마트Limmat 강에 수장된 펠릭스 만쯔Felix Mantz였다. 이러한 극형들을 집행하게된 공식적인 근거란 대개 권위를 따르지 않고 세례를 주고 받거나 아나뱁티스트들의 모임에 참석하였다는 이유 때문이었다. 그러나 사실 사형을 집행했던 진짜 이유는 세례를 금한 정부의 명령에 복종을 하지 않았다는 죄목, 즉 치안방해와 신앙을 버리기로 약속해 놓고 여전히 아나뱁티스트들과 모임을 한다는 위증죄였다. 이와같이 종교적 범죄는 곧 정치적, 국가적 범죄로 둔갑되었다.

1527 초, 취리히 지역의 아나뱁티즘은 아주 혹독한 붕괴의 위협을 받게 되었다. 최초의 리더 그룹에 속해있던, 콘라드 그레벨이 병으로 죽고, 펠릭스 만쯔가 수장을 당했다. 조지 블라우락George Blaurock은 쮜리시히의 시민이 아니라는 이유때문에 사형을 면할 수 있었지만, 시로부터 추방된 후 다시는 취리히로 돌아오지 못하게 되었다. 위협과 여러 문제들에 마주친 그외의 다른 리더들은 박해에 대해 아무런 준비도 하지 못한채 여기저기로 흩어지게 되었다.

이렇게 급증하는 박해의 압력 하에, 아나뱁티즘은 내부로부터의 위협도 겪게 되었다. 내부의 위협은 한편으로 기존의 국가교회의 부패상을 힐난하던 사람들로 아나뱁티즘에 동참한 사람들에게서 비롯되었다. 비록 이러한 사람들은 수적으로 상당히 많이 늘어났지만, 순교라는 최고의 댓가를 치르기 보다는 이 운동에 가담한 사람들이 누구인지 폭로하는 내부고발자들이 되었다. 이로 인해 아나뱁티스트들 내에 진실한 믿음은 영적인 것이지 외부의 어떤 형태를 요구하는 것이 아니라는 논쟁이 일어났다. 이런 이유로 인해 어떤 사람들은 신앙에 대한 아무런 고난도 받지 않고 아나뱁티즘의 가르침을 마음으로만 동의하는 사람들이 되었다. 또 다른 편은 박해의 압력과 종교적 열정을 특별한 계시나 영웅적 믿음이라는 모습으로 투사하여 감정이나 윤리적 부절제로 자신들을 몰고가기도 했다.

운동의 강화

1527년 2월 말, 스위스와 독일 국경에 위치한 슐라이트하임 Schleitheim이라는 마을에서 아나뱁티스트 리더들이 모임을 갖게 되었다. 이 모임을 갖게 된 것은 바로 이러한 필요들을 해결하기 위한 반응이었다. 우리는 그 모임이 무슨 이름으로 불렸는지, 그리고 얼마나 오랫동안 그 모임이 지속되었는지 잘 알수 없다. 단지 전통적으로 전해지는 바에 따르면, 마이클 잣틀러가 그 모임의 결과물인 슐라이트하임 고백서의 기초를 놓은 사람이었다는 사실이다. 조지 블라우락도 그 모임에 참여하였다. 그 당시 마이클 잣틀러 가까이서 일했던 빌헬름 로이브린 또한 참석했었던 것같다. 그러나 여전히 그 모임에 누가 참석했으며 조직적인 모습이 어떠했는지에 대하여는 이러한 최소한의 정보 외에는 알려지지 않았다. 따라서 이 모임에 대해 과장해서 말하거나, 이 모임이 이제 막 태동한 아나뱁티즘의 생명을 살리게된 모임이며 아나뱁티스트의 정체성을 정리한 모임이 되었던 것처럼 결론을 내려서는 안될 것이다. 이 모임은 그레벨, 만쯔, 그리고 후브마이어의 유산을 지속적으로 이어갈 수 있도록 하였다. 그러나 프라이부르그 베네딕틴Freiburg Benedictine 수도원에서 막 나와 교회와 국가에 대해 불평이 많았던 농민들을 지지했던 마이클 잣틀러라는 사람이 소개되는 새로운 차원을 간과해서는 안될 것이다.

이 모임은 후원자들이 자신의 입장을 대표할만한 리더들을 파송한 모임도 아니며, 자신들의 마음을 바꾸지 않을테니 모든 것에 동의를 얻어야 한다는 특별한 목적을 갖고 개최한 모임은 아니었다. 오히려 슐라이트하임에 모였던 사람들은 불화한 모습과 혼동스러운 모습으로 모임을 시작했지만, 회의를 진행하는 동안 성령님께서 그들을 어떻게 인도하시는지 동의하고 공동의 일치를 체험하게 되었다고 고백하고 있다.[2]

> …우리는 … 우리 모두가 하나님을 사랑하는 것을 알게 되었습니다…. 그리고 우리 모인 모든 형제들을 서로 반박하지 않고 (하나님만이 찬양과 영광을 받으실 분이라는 것에 대해) 일치하며 온전한 평화를 체험하였습니다. 이로 비추어 보아 우리는 아버지와 아들의 성령으로 우리 안에 현존하시는 아버지와 그리스도의 연합을 느끼게 되었습니다. 주님은 평화의 주님이시기에 서로 분쟁하지 않으며….

최초의 결과로써 얻어진 공동의 고백은 아나뱁티스트들 간에 존재하는 서로 다른 이해를 어떻게 해결하고 일치시킬 것인가를 위한 것은 아니었다. 즉 "영적인 자유"spiritual liberty를 어떻게 다룰 것인가 하는 것은 아니었다. 그 당시 많은 사람들이 이해하는 "영적인 자유"란 광신주의와 방탕으로부터의 자유를 뜻하는 것이었다. 한편 어떤 사람들에게 "영적인 자유"란 무기를 사용, 국가에 대한 맹세, 성례전 안에 머물러 있는 국가 교회에 자신의 마음이 내키는 대로 따라가는 것을 의미하기도 했다. 슐라이트하임의 모임에서, 형제들은 이러한 양자택일의 모습을 거부하였다.

성령과 그리스도의 자유를 준수하고 실행하고자 원하면서도 사람들이 신앙을 포기하는 것으로 보아, 우리들 중 몇몇 거짓 형제들이 영적인 자유를 아주 잘못 소개하고 있음에 틀림이 없습니다. 그러나 이러한 것은 진리에 도달하지 못하고(자신을 정죄하는 것이며) 육신의 방탕함과 유혹에 자신을 내어주는 태도입니다. 그들에게 믿음과 사랑이란 모든 것을 인정하고 행할 수 있으며, 그 어떤 것도 이러한 것을 잘못되었다 하거나 정죄할 수 없다고 믿는 사람들입니다. 그리스도 예수 안에 있는 하나님의 지체들이여, 그리스도를 통해 하늘 아버지를 믿는 믿음은 이러한 모습으로 형성되는 것이 아니라는 사실을 잘 알 필요가 있습니다….

실질적인 일치를 보이고 있는 슐라이트하임의 처음 세 개의 조항들은 교회 멤버십의 의미가 무엇인지에 대한 내용으로써 침례the baptism: 세례, 권징the ban, 그리고 주의 만찬the Lord's Supper에 대한 이해가 잘 정의되어 있다. 세례는 단지 다음과 같은 사람들에게만 해당되는 것이라고 정의하고 있다.

세례는 생활을 바꾸도록 회개한 사람들과 그리스도를 통해 자신들의 죄가 깨끗하게 되었다고 믿는 사람들과, 예수 그리스도의 죽음과 함께 장사지내고, 부활에 동참하기를 소원하기에 다시 그와 함께 살아날 사람들에게만 주어진다. 즉 그러한 이해와 함께 자신들이 세례를 받기를 소망하고 이를 요청하는 모든 사람들에게 주어지는 것이다.

비용을 계산한 사람들이 아니라면 그 어떤 사람도 "부활 안에서 행할 수 없다." 이것은 너무나 중요하고 분명한 내용이다. 그리고 이러한 비용계산은 자발적으로 세례를 받겠다는 요청을 통해서 이루어져야 한다. 세례는 단순히 하나님과의 약속일 뿐만 아니라, 회중과의 약속이기도 하다. 따라서 멤버들은 만약 필요하다면, 권징the ban이라는 훈계의 과정을 통해 복종의 삶을 살며, 서로 돕도록하는 약속의 관계에 있어야 한다. 주의 만찬the Lord's Supper은 교제 안에서 완전히 연합된 사람들만이 모여 기념해야 한다. "하나이신 하나님, 하나의 믿음, 하나의 세례, 하나의 성령, 하나의 몸으로 부름을 받지 않았다면 그 누구도 하나님의 교회의 모든 자녀들과 함께 떡을 떼어서는 안된다…"

네 번째 조항은 적절한 상황의 설명과 함께 주어진 특별조항으로 어둠 및 불신의 세상으로부터 분리하는 삶의 원칙에 대한 규정이다. 그러나 동시에 이 조항은 잣틀러의 수도원적 배경이 개신교화 된 것으로써 이해된다.[3]

> …그리스도 안에서 우리 하나님과 함께 하나가 되지 않은 모든 것은 우리가 피해야할 혐오스러운 것에 불과하다. 이러한 것들 중 대표적인 예로 교황이 하는 모든 것들, 교황에 의해 다시 받아들여지는 것들, 이와 관련된 모임, 교회 출석, 술집, 불신앙에 헌신하고 이를 확증하는 것, 그리고 세상이 고귀하다고 여기는 모든 다른 것들, 육체적이고 세속적인 것들 혹은 하나님의 명령을 단호하게 거스르는 모든 것들을 의미한다…

다섯 번째 조항은 "교회의 목자는 바울의 규칙에 따라 믿음이 없는 사람들에게까지도 선한 증거가 되는 사람이어야만 한다."는 설명과 더불어 주어진 지역교회 리더십에 대한 분명한 지침이다. 신실한 사람들은 자신의 필요에 따라 목자를 후원하며, 만약 박해를 받든지 혹은 선교적인 임무를 띠고 다른 지역으로 파송받는 등 리더의 부재가 생기면, 그 즉시로 목자를 다시 세우도록 한다. 즉 "목자가 십자가를 통해 본향인 주께로 돌아가든지, 쫓겨났든지간에, 그 일이 발생한 즉시로 그 목자를 대신할 다른 목자를 세워야한다…"

마지막 두 개의 조항들 또한 일치를 보이고 있는 것으로써 "무력"the sword과 "맹세"swearing of oaths에 대한 토론을 통해 국가에 대한 크리스천의 관계를 설명해 놓은 것이다. 이 두 조항은 이전 다섯개의 조항들보다 상대적으로 길고 논쟁이 꽤나 자세하게 이루어진 것으로 보인다. 이러한 주제들을 통해 특별하게 강조된 것은 아나뱁티스트들이 특히 국가교회에 의해 비판과 위협을 많이 받은 대상이었다는 것을 드러내 주고 있다. 그리고 이 두 조항은 사람들이 어떠한 위치에 서 있는지 그리고 어떻게 자신의 위치를 설명해야 하는지 입장이 분명치 않은 사람들에게 주어진 것이었다. 논점은 예수의 말씀과 삶의 모범을 따르는데 있어서 급진적인 단순성에 기초한 것이기는 하지만, 이러한 단순성이 반대의 입장에 서있는 사람들과 구체적인 입장 때문에 생겨나는 논쟁까지 피해야 함을 의미하는 것은 아니었다. 그리스도께 속한 사람은 자신의 목적들을 성취하기 위해 폭력을 의지하거나, 자신들의 선한 의도를 확실하게 하기 위해 하나님의 이름으로 맹세해서도 안된다는 것을 분명히 하였다.

슐라이트하임에서의 모임은 최소한 두 가지 측면에서 스위스 아나뱁티스트 운동을 구하는 역할을 해냈다. 이 모임이 성공적으로 개최되었다는 것과 열광주의자들과 순응주의자들을 상대로 분명한 입장을 정의해 냈다는 사실은 그들이 안고 있었던 문제들에 대해 하나의 조직화된 모습을 이루어 낼 수 있었다는 것, 급진적인 열성이라는 돌풍을 사라지게하는 대신에 운동이 살아남도록 했다는 것을 의미하였다. 교리라는 측면에서 살펴볼 때, 이 조항들이 나타내는 입장이란 그 어떤 크리스천이라도 쉽게 이해할만하고, 증거할 만하고, 이에 근거하여 고난이라도 달게 받을 만큼, 아주 단순하고, 성서적이며, 완전하고, 일관성이 있는 모습으로 나타났다. 이 일치된 일곱 개의 조항을 우리는 종종 슐라이트하임 신앙고백Schleitheim Confession of Faith, 1527이라고 부르는데, 이는 최초의 아나뱁티즘 고백이기도 하다. 그러나 그것은 그 회의에 참여했던 사람들이 '형제들의 이해' brotherly understanding라고 지칭한 바처럼 그들의 의지의 표현에 더 가깝다.

이미 위에서 밝힌 바 있듯이, 이 신앙고백서의 초안은 마이클 잣틀러가 작성한 것으로 알려져 있다. 이 모임이 끝난 지 얼마 되지 않아, 그는 열 세명의 다른 아나뱁티스트들과 함께 체포되었고 심한 심문과 무자비한 고문을 받았다. 자신의 변호사를 선임할 기회가 주어졌을 때, 그는 "이것은 법적인 문제가 아니라 한 사람의 신자로서 자신의 신앙을 지키는 문제"이기 때문이라며 즉석에서 이를 거절하였다. 그는 항상 그리스도를 따라 살 준비가 되어 있었고 이를 기꺼이 실천하고자 했다. 그에게 지워진 죄목은 "베네딕틴 수도원의 질서를 포기하고 아내와 결혼한 것"을 포함해서 모두 아홉 가지 였는데, 로마 가톨릭 교회와 사회국가 질서를 저버렸다는 죄목도 들어있었다. 잣틀러는 아홉 가지 각 조항에 대해 다음과 같이 간단하게 응답을 하였다.

아마도 이곳에 있는 여러 하나님의 종들께서는 하나님의 말씀을 읽지도 듣지도 못하셨나 봅니다. 그러므로 가능하면 거룩한 하나님의 말씀인 성서들과 최고로 많이 공부한 사람을 보내셔서 그들과 함께 하나님의 말씀을 올바로 논의할 수 있도록 해주십시오. 만약 그들이 성서말씀으로 우리가 틀리고 잘못했다는 것을 보여준다면, 우리의 신앙과 고백을 포기하고 우리가 범한 죄에 대한 고통을 달갑게 받도록 하겠습니다. 그러나 만약 우리가 잘못된 것을 발견하지 못하고 당신들이 틀리다면, 즉시 하나님께 회개하고 우리의 가르침을 받아들일 것을 요청하는 바입니다.

내부의 서로 다른 의견 차이를 좁히고 폭력에 대한 반대 의견이 없게 하려고, 스위스 형제단은 1527년 스위스 형제단은 슐라이트하임에서 회합을 열어 형제적 동의에 기초한 일곱 가지 조항을 입안하였다.

이 말에 대한 정부 권위자들의 답변은 "교수집행인이 너의 상대가 되어줄 것이다"라는 말로 일축하고, 사형 언도를 확정지었다.

그의 인기와 영향력이 대단하였기 때문에, 그가 투옥된 감옥의 경비는 삼엄했고, 정부는 그의 일로 인해 반란이 일어나지 않도록 만반의 준비를 하였다. 사형 집행 당일에, 그의 혀는 잘려나갔고, 빨갛게 달구어진 인두로 일곱 번이나 고문을 당했다. 실제로 그는 화형으로 인생을 마감하였다. 마이클 잣틀러의 아내인 마가레타Marguerita에 대하여 알려진 내용은 그다지 많지 않지만 그의 측근이었던 빌헬름 로이브린의 기록에 다음과 같은 내용이 적혀있다.

수요일, 마이클의 아내가 네카르Neckar의 강가로 잡혀왔다. 그 어떤 사람의 감언이설도 그녀의 신앙을 단념시킬 수는 없었다. 그녀는 위대한 믿음 안에서 기쁨으로 고문과 죽음을 받아들였다. 하나님, 찬양 받으소서! 하는 외침과 함께 그녀는 물속에 수장되었다.

이러한 사건들을 기록하는 연대기작가 중 한 사람인, 하인리히 후 Heinrich Hug는 "그들은 자신의 믿음 때문에 죽어갔다. 그것은 아주 끔찍한 일이었다."라고 결론을 맺고 있다. 네 명의 다른 사람들은 칼로 참수형을 당하였다. 그 당시의 상황에 대한 고통을 로이블린에 대한 보고에서 다음과 같이 기록하고 있다:

> 로텐베르그의 모든 남자들과 여자들은 신앙을 포기하였고, 성서에 자신의 두 손가락들을 얹고 맹세하였다. 예수 그리스도의 피와 살은 제단의 성례전 안에 있으며, 더 나아가 유아세례는 정당한 것이다. 그리고 로마 가톨릭이 제정하고 시행하는 모든 것은 그들은 믿고 옳다고 확신한다….

어떤 면에서 이렇게 일이 전개 된 것은 초기 츠빙글리가 갖고 있던 비전을 성취시킨 것이었을지 모른다. 그러나 아나뱁티스트들은 사람들이 위험하다고 하는 아주 먼 곳까지 나가 있었다. 스위스 아나뱁티스트 운동은 박해와 슐라이트하임 조항들에 의해, 필요했던 모습으로써 분리주의를 정당화하게 되었다. 아나뱁티스트들에게 교회와 국가에 대한 기대는 하나의 새로운 정체성으로써 도저히 함께 묶어 둘 수 없는 것들이었다.

1. H. Wayne Pipkin and Hohn H. Yoder, eds. *Balthasar Hubmaier. Theologian of Anabaptism*(발타자르 후브마이어, 아나뱁티즘의 신학자). Scottdale, Pa.: Herald Press, 1989, pp. 95 ff., 166ff., 245ff., 275ff.
2. 슐라이트하임 모임 및 법정, 순교와 관련된 인용문들은 John H. Yoder의 *The Legacy of Michael Sattler*. Scottdale, Pa.: Herald Press, 1973, pp. 34ff의 번역문에서 옮긴 것이다.
3. C. Arnold Snyder, *The Life and Thought of Michael Sattler*(마이클 잣틀러의 생애와 사상). Scottdale, Pa.: Herald Press, 1984. Idem, "The Monastic Origins of Swiss Anabaptist Sectarianism." MQR(January 1983), 57:5~26. 스나이더는 "마이클 잣틀러로부터 비롯된 슐라이트하임의 분명한 소종파주의 성향은 충분한 서지학적 증거를 가진다"고 설명하고 있다. Pp.9~10.

그 외의 자료들: Leland Harder, ed. *The Sources of Swiss Anabaptism*(스위스 아나뱁티즘의 기원). Scottdale, Pa.: Herald Press, 1985. Martin Haas, "The Path of the Anabaptists into Separation…" in James M. Stayer and Werner O. Packull, trans./eds. *The Anabaptists and Thomas Müntzer*(아나뱁티스트들과 토마스 뮌쩌). Toronto, Ont.: Kendall/Hunt Publishing Co., 1980, pp. 72ff. Charles Nienkirchen, "Reviewing the Case for a Non-Separatist Ecclesiology in Early Swiss Anabaptism," MQR(July, 1982), 56: 227ff; James M. Stayer, "The Separatist Church of the Majority," MQR(April, 1983), 57:151ff. Contact any MCC or conference office for audiovisual resources.

4장
중부 독일과 모라비아의 아나뱁티즘

유럽의 사람들은 종교개혁의 뜨거운 이슈만 나오면 자기 통제력을 잃을 만큼 흥분을 감추지 못한다. 아나뱁티즘은 종교개혁이라는 상황 속에서 태동하였고 따라서 모든 상황을 함께 공유하고 있다. 독일어와 네덜란드어를 구사하는 유럽 사람들에게 아나뱁티즘의 사상이 퍼지게 되면서, 이러한 사상들은 아주 다양한 지도자들에 의해 발전되었다. 따라서 아나뱁티즘은 다양한 사람들과 그룹만큼 아주 다양한 형태를 띠게 었다. 이제 유럽 사람들의 삶에 자리하고 있는 성령의 사역에 자기 자신들의 특징들을 더해가면서 아나뱁티즘을 전개했던 새로운 리더들과, 서로간에 독립적으로 활동을 하기 시작한 새로운 지도자들에 대해 자세하게 살펴보고자 한다.

한스 뎅크는 초기 아나뱁티스트 리더들 중 가장 온화한 영성을 소유했던 사람이었다. 바바리아Barvaria에서 태어났으며 인골스타트 대학에서 공부를 했던 그는 자신의 인문주의적 훈련을 통해 얻은 기술을 바젤에 있는 두 개의 훌륭한 인쇄소에서 교정 및 편집일에 사용하였다. 인쇄소에서 일하면서 그는 개혁가였던 요하네스 오콜람파디우스Johannes Oecolampadius의 친구가 되었다. 바젤에서 일을 하면서 그는 새로 시작된 종교개혁의 가르침에 대해 충분히 공부할 수 있는 기회도 가졌다. 1523년 9월 오콜람파디우스의 추천으로 뎅크는 뉘른베르그Nürnberg 시에 있는 세인트 세발드 학교의 교장이 되었다.

뉘른베르그는 그 다음 해에 발생한 종교적 논쟁을 겪어야 했고, 한스 뎅크는 그 논쟁의 전 과정에 깊이 관여해야만 했다. 루터의 종교개혁에 대해 점점 더 불만이 많아져 갔던 뮌쩌와 칼슈타트는 뉘른베르그 시를 방문하였고 뎅크가 일하는 인쇄소에 팜플렛 출판인쇄를 부탁하게 되었다. 루터를 지지하면서 종교개혁에 대하여 조금이나마 알기를 원했던 그는 빠르게 성장하는 급진주의적 운동radicalism에 의해 상당한 혼란을 겪었다. 시의회는 그에게 정식 의회가 열리기 전에 미리 출두하여 그와 더불어 의심을 받던 세 명의 예술가에게 주의 만찬에 대한 그들의 의견이 어떤지 설명하라고 요구하였다. 그들은 만찬의 빵과 포도주가 실제로 그리스도의 몸과 피로 변화된다는 국가교회의 가르침을 부인하였다.

1525년 1월 한스 뎅크는 이 세 명의 한 사람과 관련이 있다고 여겨졌기 때문에 의회에 출두하였다. 그 도시의 대부들은 학교 교장이 이단에 연루되지 않았다는 사실을 분명히 하고 싶어했다. 의회는 1월 내내 열린 일련의 모임들을 통해, 한스 뎅크가 다양한 종교적 주제에 대해 어떠한 관점을 갖고 있는지 철저하게 조사하였다. 그들의 질문들에 대한 한스 뎅크의 반응은 판단하기 애매한 부분이 많았다. 이에 도시의 대부들은 한스 뎅크가 일관되고 분명한 답을 회피하고 있다는 사실을 알아차리게 되었다.

주의 만찬에 관한 질문을 하면서 그들은 뎅크의 반응이 아주 의심스럽다는 것을 알게 되었다. 빵과 포도주에 대해 그리스도의 물리적 현존을 직접 부인하지는 않으면서도, 그는 그 중요한 질문이 실제로 빵을 먹고 포도주를 마시는 사람의 살아있는 신앙과 개인적 신앙에 관한 것이어야 함을 강조하였다. 이러한 방식의 대답은 그들의 궁금증을 가중시켰고, 이에 뎅크는 취리히에서 처음 세례가 베풀어졌던 1525년 1월 21일에 시로부터 추방을 당하게 되었다. 만약 그가 도시 근처 15km 이내로 들어오게 되면 사형에 처한다는 조건이 붙어 있었다. 아내와 아이들에게 속한 것까지 그의 재산은 모두 몰수되었다.

뎅크는 1525년 동안 거의 일년 내내 독일 지역을 유랑하며 지내야 했다. 그는 뮌쩌와 함께 뮐하우젠Mühlhausen에 머물렀던 것으로 추측되며, 스위스 형제단 및 생갈의 츠빙글리 지지자들을 방문했던 것 같다. 같은 해 가을, 그는 보다 안전한 아우크스부르크Augsburg로 거처를 옮겨 다시금 가르치는 일을 맡았다. 그러나 그 해가 지나기도 전에 한 루터교의 목사가 뎅크가 갖고 있는 종교적 견해들을 공격하기 시작했고, 여러번의 모임을 통해 그와 의견을 같이 할 수 없게 되자 1526년 11월에 돌연 그 도시를 떠나게 되었다. 그가 아우크스부르크에서 머무는 동안, '신자들의 침례'believer's baptism에 대한 그의 생각은 발타자르 후브마이어에 의해 설득된 것 같다.[1] 그가 아나뱁티스트들로 구성된 회중을 형성했다는 기록은 없지만, 수 많은 지역에서 생겨난 아나뱁티즘에 대하여 관심을 갖고 상당한 책임을 감당한 것은 의심할 여지가 없다. 그가 아우크스부르크를 떠난 후, 한 회중 교회가 세워졌다. 아우크스부르크에서 있었던 그의 활동 중 특기할만한 것 하나는 아나뱁티스트 전도사였던 한스 후트와 함께 사람들에게 세례를 준 것이었다.

아우크스부르크로부터 뎅크는 그 당시 그 어느 도시보다도 종교적으로 자유를 누릴 수 있는 도시였던 스트라스부르로 갔다. 스트라스부르에는 박해로부터 피신해 온 많은 아나뱁티스트들이 있었다. 그러나 채 1개월이 지나지 않아 그곳에서도 그는 아주 격렬한 종교적 논쟁의 한 가운데에 있었는데, 단지 카피토Capito와 부처Bucer와 같은 종교개혁의 리더들뿐만 아니라 마이클 자틀러와도 논쟁을 벌였다. 1526년 크리스마스에 그는 스트라스부르를 떠나 가능한 사람들에게 설교를 하거나 루터를 지지하는 목사들과 토론을 벌이며 라인강 하류지역의 여러 도시들을 순회했다. 그는 그 지역에 있는 유대인들을 개종시키려는 노력도 하였는데, 별다른 성과는 없었다. 1527년 2월 그는 보름스Worms에 머물면서 구약 성서 중 예언서들을 독일어로 번역하고 있던 루드빅 하쩌Ludwig Hätzer와 합류하였다. 그와 동시에 그는 스트라스부르와 바젤에 있던 종교개혁지도자들의 영향을 받은 사람들과 그의 신앙에 대하여 토론을 하느라 바쁜 시간을 보내기도 하였다. 결과적으로 팔라티네이트의 선거관리인이 보름스의 급진주의자들을 반대하는 조처를 강화하자 다시 다른 지역으로의 행진을 계속하였다.

그는 아나뱁티스트 회중이 형성되자 1527년 8월 아우크스부르크로 다시 돌아왔다. 그는 일전에 함께 세례를 주었던 한스 후트를 다시 만나게 되었고, 다른 몇 사람들과 함께 종교적 토론을 벌였다. 이 모임은 종종 "순교자들의 회의"Martyrs' Synod라고 불렸는데, 이 회의에 참석하였던 사람들이 얼마 후에 순교를 당했기 때문이었다. 이 회의의 중심 주제는 복음전도자들의 설교에 자주 언급되는 "마지막 때"last time의 역할에 대한 것이었다. 후트는 그가 복음적인 설교를 할 때에 그리스도의 재림과 마지막 심판을 지나치게 강조하지 않겠다고 하였다.

그해 9월에 한스 뎅크는 울름Ulm에 머물렀다가 바젤로 갔다. 그는 자신의 덧없는 도망자 신세의 삶으로부터 상당히 지쳐있었고, 바젤의 개혁운동가였던 오콜람파디우스에게 자신이 바젤에 머무를 수 있도록 허락해 달라는 요청의 편지를 썼다. 오콜람파디우스는 아나뱁티즘을 포기한다는 내용의 글을 쓰도록 요구하였고, 이에 뎅크는 2년 후에 출판을 하게될 진술서를 오콜람파디우스에게 써주었다. 그러나 이 진술서는 아나뱁티즘을 포기한다는 내용이 아니라, 오히려 개혁가인 오콜람파디우스가 그를 고소하는 용도로 사용되었다. 뎅크의 기본 입장은 바뀌지 않았다. 사실 뎅크는 주요 개혁가들과 아나뱁티스트들 사이에 첨예하게 대립한 불화에 대해 엄청난 아픔을 느꼈고, 이를 화해시키려는 노력을 포기하지 않았다. 그는 1527년 11월 흑사병에 의해 죽기까지 바젤에 머물렀다. 그의 나이 27세의 일이었다.

한스 뎅크의 신앙 일부는 『독일 신학』*German Theology*이라고 불리는 익명의 책을 통해 중세 신비주의의 영향을, 일부는 칼슈타트와 뮌쩌의 영향을 받았다. 이러한 것 때문에, 그는 하나님께서 성서를 통해서뿐만 아니라, 자신에게 직관적이며 비이성적인 방법으로 영적인 계시를 주신다고 믿고 있었다. 그는 성령에 의해 도움을 받지 않고 성서 자체만을 강조하는 것은 죽은 율법주의로 인도하기 때문에, 성서 자체만이 하나님의 계시라고 보는 루터식의 믿음을 좋아하지 않았다. 뎅크는 성서를 기록했던 사람에게 영감을 주신 그 성령께서 성서를 읽는 사람에게도 동일한 영감을 주신다고 믿었다. 이점에 있어서는 스위스 형제단과도 일치를 보이지 못했다. 뎅크는 영적인 삶과 내면의 세계에 깊은 관심을 갖고 있었다.

뎅크는 또한 하나님의 사랑에 압도당한 삶을 살았다. 그는 엄청난 하나님의 사랑을 찬양하였고, 1525년 결국 모든 사람이더 나아가 악마까지도 구원을 얻게 될 것을 제안하는 듯한 비판적 글을 쓰기도 했다. 그의 저작들을 통해 볼때, 그가 실제로 그렇게 가르쳤는지 명확하게 나타나 있지는 않지만, 하나님의 사랑이 그의 믿음의 중심에 자리하고 있었던 것만은 분명하다. 2) 그러나 인간의 자유의지와 책임 또한 그의 신학의 중심에 놓여있었다.

그는 제자도를 강조했던 아나뱁티즘에 상당한 매력을 느꼈다. "삶 속에서 예수를 따르는 사람 외에 진실로 그리스도를 아는 사람은 없을 것이다. 그리고 그를 제대로 알지 못하고 그를 따를 수 있는 사람은 아무도 없을 것이다." 그는 프로테스탄트로 개종한 대부분의 사람들의 삶 속에 도덕적인 개선이 전혀 이루어지지 않는 모습에 대해 한탄하였다. 이러한 도덕적 삶에 대한 강조는 그를 아나뱁티즘에 가담하게 하였다. 그러나 그는 아나뱁티스트 교회 생활에 적응하는데 어려움을 겪었다. 신앙의 세부적 내용을 강조하고 교리적으로 설명하는 것은 그를 상당히 괴롭혔다. 그는 시대를 잘못타고 난 사람이었다. 16세기 초는 종교적 다원주의를 알지 못하는 시대였으며, 사람들을 억누르고 규제하기 위한 교리적 설명들이 더 환영을 받는 시대였다. 자신을 교리적 설명들에 잘 적응 시키지 못했기 때문에 그는 한쪽으로는 개혁가들에게 공격을 당하면서 또 다른 한 쪽은 아나뱁티스트들에게 의심을 받았다. 그러면서도 그는 결코 자신을 안전한 울타리 안에 두고자 하지 않았다.

한스 후트 Hans Hut

한스 후트는 남부 독일과 오스트리아를 돌아다녔던 교구 전도사들 중에 가장 폭넓은 영향력을 행사했던 사람이었다. 후트는 남부 투린기아Thuringia에서 태어나 그곳에서 어린 시절을 보냈다. 한 때 비이브라Bibra라는 마을의 교회관리인으로 봉사하기도 했지만 곧 책을 사고 파는 무역 및 제본 사업을 경영했다. 그의 무역일은 그를 독일 여러지역을 방문할 기회를 마련해주었고, 그 일을 통해 루터의 교리를 알게 되었을 뿐 만아니라 여러 팜플렛과 소책자들을 팔기 위해 광고를 하기도 했다.

그러면서 후트는 보다 더 급진적인 사상들을 대하게 되었다. 그는 1527년 재판에서 여행중에 만난 세 명으로부터 유아 세례의 실행이 잘못되었음을 비난하는 내용을 처음 듣게 되었다고 진술하고있다. 이러한 내용을 처음 들었을때, 그는 상당히 흥분되었으며 이 주제에 대해 성서가 어떻게 말하고 있는지 연구하고, 더 나아가 비텐베르크Wittenberg 지역의 루터 신학자들과 상의하기도 했다. 실제 자신도 유아

세례의 실행에 상당한 불만을 느끼고 있었고, 1524년 초에 태어난 자신의 아이에게 유아세례를 주지 않았다. 바이브라 지역의 주교들이 이 소식을 듣고 공청회에 출두하도록 명령했을 때, 유아세례를 받아들이지 않는 사람들에게 주어진 결과는 그 지역을 떠나라는 것이었다.

이 사건은 후트의 인생에 일대의 전환을 불러왔다. 그의 아내 및 다섯 명의 아이들과 함께 바이브라를 떠나면서 방랑의 인생이 시작되었고 1527년 아우크스부르크에서 잡혀 죽음으로 그 방랑이 끝이 났다. 토마스 뮌쩌가 농민들을 대상으로 한 몇 번의 설교 집회 뿐만 아니라, 1525년에 발생한 농민혁명 진압의 시작점인 프랑켄하우젠 전쟁에도 모습을 드러냈다. 비록 그가 농민들과 영주들에게도 잡힌적이 있지만, 아무런 해를 입지 않고 풀려났었다. 이 전쟁에서 뮌쩌는 죽었지만, 주께서 곧 재림하실 거라는 그의 비전은 한스 후트에게 강한 인상을 남겨 주었다. 1527년 5월 아우크스부르크로 올때까지 그는 근 1년 동안 세례, 주의 만찬, 그리고 말세에 대한 설교를 하며 독일 지역을 떠돌아 다녔다. 아우크스부르크에서 그는 한 친구에게 신자들의 세례를 받은 성실한 기독교인들의 삶에 대한 소식을 전해 주었다. 그해 5월 26일, 긴 긴 설득 끝에 그 친구는 친히 뎅크에 의해 세례를 받았다.

얼마 되지 않은 그의 남은 인생 동안, 후트는 프랑코니아, 바바리아, 오스트리아 및 모라비아 지역의 이 마을 저 마을을 돌아다니며 설교와 세례를 베풀었다. 도시에 들어오면서 그는 설교가 가능한 장소를 찾아 "너희는 온 천하에 다니며 만민에게 복음을 전파하라. 믿고 세례를 받는 사람은 구원을 얻을 것이요 믿지 않는 사람은 정죄를 받으리라.막 16:15~16 이것이 곧 세례니 근심과 염려, 부족함, 슬픔과 시련을 인내로 이기는 것이라"며 설교하였다. 외딴 농가가 되었든, 숲이 되었든 혹은 도시 노동자의 집이되었든 사람들이 모이는 장소라면 어디에서나 설교를 하였다. 투르크Turks 족들의 손에 의해 유럽이 곧 멸망 당할 것이라는 그 자신의 뜨거운 확신을 담은 열정적인 설교는 사람들에게 큰 도전이 되었다. 사람들은 후트야말로 진짜 개혁을 설교하는 사람이라는 평가를 내렸지만 정작 자신은 재판석에서 이를 부인하였다. 그는 많은 사람들로 하여금 아나뱁티즘에 관심을 갖게 하였다. 한 역사가가 발표한 것처럼, 떠돌아 다니며 설교하고 세례를 베풀었던 2년 동안의 그의 사역이 다른 아나뱁티스트 교구전도사들이 한 모든 것보다 더 많은 회심자들을 만들어내었다.

1527년 8월 아우크스부르크에서 잡힌 후트는, 재판을 받은 후 모진 고문을 받았고 결국 그의 감방에서 죽었다. 그 장소에 있었던 어떤 사람들은 그가 감방을 방화해 간수의 관심을 끌어 열쇠를 갈취한 후 도망가려고 시도하다 산소부족으로 질식사하게 되었다고 설명을 하기도 하였다. 그러나 그의 아들에 따르면, 고문으로부터 정신을 잃은 그를 간수들이 그의 자리로 데리고 돌아왔을 때, 짚으로 된 그의 침대 옆에 놓인 촛불이 옮겨붙으면서 그가 죽게 되었다고 한다. 정황이 어떻게 되었든지 간에 그의 시체는 재판관들이 모여있는 방으로 옮겨졌고 사형집행관의 마차에 묶인채로 놓여 있었다. 그의 죽은 몸은 다시금 화형에 처해지도록 선고받고 12월 7일 화염 속에 던져졌다.

한스 후트의 가르침에는 스위스 형제단과 차별되는 몇 가지 특징이 있다. 우선, 스위스 형제단과는 달리 그는 그리스도의 재림에 대해 굉장한 관심을 갖고 있었다. 그는 1528년 오순절 기간 동안에 그리스도께서 다시 오실 것이라고 하며 구체적인 시간까지 언급하기도 했다. 어떤 사람은 터키족들이 뉘른베르그 근처의 유럽의 기사도의 영광스런 정신을 진압하게 될 극적인 전투 이후에, 믿음이 없는 사람들을 멸망시킬 준비를 하도록 설교하라고 요구하였다. 그러나 한스 후트는 이러한 요구를 거절하였고 그리스도 재림에 대한 그들의 잘못된 점을 수정하도록 도와주었다. 종교개혁 시대에 그리스도의 재림에 대하여 강조한 설교가는 후트만이 아니었다. 그 시대를 살았던 많은 신실한 사람들은 하나님께서 확실한 신적 행위로써 인류 역사의 종말을 준비하고 계심을 믿었다.

그를 따랐던 사람들의 법정 증언과 기록들을 통해 발견된 후트의 가르침 중 두 번째 특징은 그의 신비주의적 성향이다. 그의 신비주의는 토마스 뮌쩌와 중세시대의 신비주의를 통해 습득된 것으로써 진실로 그리스도를 따르는 크리스천의 표지로써 개인적인 고난을 강조하였다는 점이다. 크리스천은 그리스도께서 고난을 당하셨던 것처럼 고난을 받아야만 하며, 이러한 고난은 부분적으로 이 세상 지옥으로부터 그리스도인을 구원시키는 방법이라고 여겼다. 위의 설명 중 마지막 부분은 스위스 형제단이 반대했던 내용이기도 하다. 아나뱁티스트들 중 어느 누구도 진정한 크리스천이 고난을 받게 된다는 사실을 부인하지 않았으나, 그 고난이 구원의 역할을 한다고 믿지는 않았다. 한스 후트가 말한 고난은 육체적 고난만을 의미한 것이 아니라 하나님으로부터 분리되어 있과 죄로 말미암는 정신적인 번민까지도 의미하는 것이었다.

한스 후트의 가르침 중 세 번째 특징은 "모든 피조물들을 위한 복음"Gospel of all Creatures을 강조한 것이다. 이것은 그가 중세의 신비주의와 자연신학에 대한 관심이 얼마나 컸었던가를 말해 주는 것이기도 하다. 하나님께 대한 진실한 앎은 하나님의 모든 창조를 통해 드러나며롬1:20, 모든 창조물들에게 전파되어야 하며골1:23; 막16:15, 더 나아가 모든 피조물 안에 그리고 모든 피조물을 통해 드러난다는 것이다. 창조 그 자체가 고통하고 있고, 하나님의 구속을 고대하고 있다.롬8:19~23 창세기 9:8~17의 언약에 관한 설명 또한 "모든 살아있는 창조"를 포함하고 있다.3)

네 번째 특징은 그의 세례에 대한 신학 및 실천이다. 후트는 엄지 손가락이나 두개의 손가락으로 T자히브리 알파벳의 마지막 자인 타브를 따서 혹은 신자들의 이마에 십자가의 싸인을 그으며 사람들에게 "세례를 주었다." 물론 이것은 계시록 13:16~17절을 따라 적 그리스도를 대항하는 종말론적 싸인으로 세례를 받는 사람들이 선택받은 144,000 중에 있음을 상징하는 것이었다. 그러나 곧 그도 물을 머리에 쏟아붓는 방식으로 세례를 베풀었다.[4]

후트의 가르침에 대한 마지막 특징은 물질을 나누는 삶을 강조한 것이다. 최소한 그의 청중들은 그의 메시지가 물질을 다른 사람들과 함께 나누지 않는 사람들을 꾸짖고 있다고 여겼다. 그는 다른 아나뱁티스트들보다 나눔의 중요성을 더 많이 강조하였다.

중부 독일의 아나뱁티즘

중부 독일의 아나뱁티즘은 한스 후트의 복음선포와 함께 시작되었다. 후트는 1526년 그의 고향 투린기아에서 설교하고 세례를 주었지만 쾨닉스베르그 시에 회중을 세우기도 하였다. 1527년 이러한 운동이 일어나는 것이 발각되었을 때, 다른 사람들은 후트와 함께 오스트리아와 다른 지역으로 도망갈 수 있었지만, 회중의 새로운 멤버중 몇 사람은 사형을 당했다. 어떤 사람들은 북쪽으로 도망을 갔다. 그결과 박해에도 불구하고 아나뱁티즘은 3년이 지나지 않아 작센과 헤세Hesse 지역에서 번영하게 되었다. 가장 활성화된 아나뱁티스트 회중은 허스펠트Hersfeld라는 도시에서 동쪽으로 몇 킬로 떨어져 있지 않은 솔가Sorga라는 작은 마을에 있었다. 이 운동에 감동을 받은 리더들이 이 솔가에 모임으로써 독일 아나뱁티스트 운동의 중심지가 되었다. 이곳에서 멜키어 링크Melchior Rink가 이 운동의 인정받는 리더가 되었다.

링크Rink는 1523년 허스필드 시의 지도 신부였다. 그는 여러 동료와 함께 종교개혁에 대한 가르침에 흥미를 느끼도록 사람들의 관심을 불러일으켰고 이 가르침에 대해 설교하기 시작했다. 그의 설교는 지역 프

뉘렘베르그에 있는 세인트 세발드 교회와 학교. 한스 뎅크는 1525년 이 도시에서 추방되기까지 이 학교의 교장이었다. 발타자르 후브마이어는 라인강 근처의 발스후트 지역출신의 가톨릭 사제였는데 1525년 부활절을 기해서 그의 교회 회중의 대부분이 아나뱁티스트가 되었다. 후브마이어는 3년 뒤에 순교를 당했다. 후터라이트들의 『대 연대기』(*Grossgeschichtsbuch*)는 초기 역사의 중요한 자료인데 남부 다코타 주에서 발견된 원본이다.

란시스코 수도사들의 죄를 고발하는 내용이었다. 링크의 설교를 듣고 나서 분노한 수도사들과 지역 주민들은 정치지도자들을 자극하여 이들을 모두 쫓아내도록 부추겼다. 링크는 아이세나크Eisenach의 남쪽에 있는 한 마을을 목회지로 삼고, 루터를 좋아하는 한 종교개혁의 리더였던 제이콥 스트라우스Jacob Strauss의 도움과 지도를 받았다. 스트라우스는 유아세례를 반대를 포함한 세례, 재산에 있어서 기독교 공동체적 태도와 기본적인 교회 정책에 있어서 회중의 역할에 대한 링크의 급진적인 견해에 큰 영향을 끼쳤다. 이러한 문제들에 있어서 스트라우스는 루터의 신학자들과 첨예하게 대립했고, 링크도 스트라우스의 길을 따랐다. 또한 링크는 뮌쩌의 영향을 받았고, 한스 후트처럼 1525년 있었던 농민 전쟁에도 따라다녔다. 물론 이 전쟁을 통해 육체적인 상처는 입지 않았지만 영적으로는 상당한 변화가 초래되었다. 그는 남쪽으로 더 내려가 팔라티네이트Palatinate까지 피신하였다. 거기에서 뎅크를 만났고 그의 영향을 받게 되었다.

    1528년 링크는 허스펠트 근교로 다시 돌아와 자신의 설교를 통해 유아세례가 잘못된 것임을 신랄하게 공격하였고, 아나뱁티즘으로 회심하는 많은 사람들을 얻게 되었다. 그의 활동에 대해 전해 들은 헤세의 필립 공작은 법에 의해 금지된 아나뱁티스트 교리를 선포하지 못하도록 하였다. 필립은 링크에게 세 가지 선택권을 주었다. 자신의 견해를 공식적으로 포기하든지, 그 지역을 떠나든지, 혹은 마르부르그 대학교 University of Marburg의 신학과 교수들이 낸 신학적 질문에 답하라는 것이었다. 링크는 마지막 항목을 선택하였다. 그리고 예견된 대로 잘못되었다는 판단을 받았고 추방 명령이 주어졌다. 그러나, 그는 이 명령을 따르지는 않았다. 결국 그는 1529년에 체포되었고, 1531년 출감하게 될 때까지 약 2년 동안 감옥에 갇히게 되었다. 그러나 출감한지 얼마 되지 않은 1531년 11월에 다시 체포되어 종신형을 받게 되었다. 그는 감옥에서 노동을 하다가 1550년 경에 죽은 것으로 알려졌다.

16년간 감옥살이를 해야 했던 프리쯔 얼브Fritz Erbe를 포함한 중부 독일의 리더들이 링크의 뒤를 이었는데 이는 루터진영으로부터 가해진 박해와 아나뱁티스트의 인내의 상징이 되었다. 그러나 신자들의 세례 대하여 링크가 보여주었던 것같은 열정을 가진 사람들은 없었다. 1540년경까지 박해와 고문과 배교는 계속되었고 이로 인해 그 지역의 아나뱁티스트 운동은 급격히 쇠퇴하였다.

필립 공작 땅의 한 가운데 놓여있는 소르가Sorga 서쪽 지역은 링크가 활동했던 중심지로 1530년대에 아나뱁티즘 운동이 매우 활발하게 일어났던 곳이다. 능력있는 리더들이 북쪽으로부터 라인강까지 올라왔고 훗날 후터라이트 형제단이라고 알려진 모라비안 아나뱁티스트 출신인 용기있는 지역 전도사들이 이 지역을 방문하게 되었다. 박해가 점점 더 강화되자 사람들은 모라비아로 몰리게 되었다. 필립은 아나뱁티스트를 처벌하는 방법으로 교수형보다 추방령을 더 선호했다. 왜냐하면 모든 이단자들을 사형시켜야 한다면, 사실 유태인과 가톨릭들도 포함시켜야 할 필요가 있기 때문이었다. 당시 독일에 있던 군주들의 대부분은 아나뱁티스트들을 처우하는 그의 방식이 너무 관대하다고 생각했고 그렇기 때문에 헤세 지방에서 아나뱁티즘이 점점 더 강해질 수 밖에 없다고 생각했다. 약 열 두명 정도 되는 사람들이 거의 1년 동안 한 감옥에 수감되었을 때, 그들은 탈주를 위해 벽에 큰 구멍을 뚫었다. 그러나 그들 중 대부분은 당국의 권위에 자극을 주지 않기 위해 탈주를 시도하지 않았다. 대부분이 탈주를 시도하지 않았지만, 그들의 복음 전파는 감옥에서도 계속되었고 그들 중 한 사람이 개종을 하여 감옥 내에 있었던 약 30명의 사람들에게 세례를 주는 일도 생겨났다.

그러나 그들이 갖고 있었던 열정은 헤세지방의 아나뱁티즘의 리더들로부터 영향을 받았으며 특히 중부 독일 지역 운동에 영향을 받기 보다는 북쪽 지역의 멜키어추종자들로부터 영향을 받았다. 결국 이들 대부분은 나중에 아나뱁티즘을 포기하고 루터주의 국가교회로 되돌아갔다. 1538년 필립은 그들 중 네 명과 스트라스부르의 개혁가인 마르틴 부처Martin Bucer간에 논쟁을 하도록 공청회를 준비하였다. 마르틴 부처는 그리스도의 몸인 참된 교회로부터 분리된 악은 국가 교회 내에 있는 사람들 가운데에 존재하는 비도덕적 생활의 악보다 더 큰 것이라면서 그들을 설득시켰다. 그러나 그들은 크리스천들은 깨끗하고 정결한 삶을 이끌어가야한다며 자신들의 입장을 분명히 했다. 결국 헤세에 있는 국가 교회는 크리스천들로써 도덕적으로 살지 않는 사람들을 추방해야 한다고 결정함으로써 잠시 아나뱁티즘에 속했던 이 사람들을 쫓아냈다.[5]

후터라이트 형제단

아나뱁티즘은 스위스와 바바리아로부터 오스트리아 땅과 티롤 지방까지 번져나갔다. 1527년 말, 레온하르드 시머Leonhard Schiemer와 한스 슈라퍼Hans Schlaffer는 인Inn 계곡 지역에서 아나뱁티스트 가르침을 전파하였다. 1528년 1월에 시머는 이 지역에서 잡혀 교수형을 당하였다. 이 두 사람은 지역 전도사로서 사람들을 가르치고 세례를 주는 일에 있어서 한스 후트의 가르침과 복음 전도에 대한 열정을 생각나게 하였다. 이들외에도 몇 사람이 함께 일을 했는데, 라텐베르그와 수바쯔Schwaz로부터 동쪽의 오스트리아 지역, 그리고 남쪽의 티롤지방에서 온 사람들이었다. 취리히 써클의 조지 브라우락은 개종자들에게 세례를 주었고 티롤 지역의 브레너 파스Brenner Pass 남쪽에 여러 회중교회들을 세웠다. 결국 1529년 9월 그가 잡혀 고문당하고 화형을 당한 곳도 바로 이곳이었다. 결국 리더들이 죽임을 당하자 다른 리더들이 세워졌는데, 조지 자운링Georg Zaunring을 거쳐 결국 제이콥 후터Jacob Hutter가 리더가 되었다.

오스트리아 정부는 아나뱁티스트들을 아주 혹독하게 대하였다. 구 오스트리아 영지에 속해있던 아키듀크 페르디낭드Archduke Ferdinand는 티롤 지역에 있는 농노들의 가신들을 다루는데 있어서 아주 엄격했다. 그러나 그는 자신이 통치했던 모든 지역에서 광적으로 아나뱁티스트들을 핍박했다. 그는 지역 정부에 강제령을 내려 족제비 사냥하듯 철저하게 아나뱁티즘을 멸절하려 했다. 그는 잡혀온 사람들을 심판하기 위해 특별한 판사를 임명하였다. 그는 아나뱁티스트들 만을 잡아들이기 위해 토이퍼예거Täuferjäger라는 특수부대를 조직하였다. 이 특수부대는 사람들 중에 아나뱁티스트들을 수색해 내는 임무를 띠고 있었다. 물론 잡혀온 아나뱁티스트들에게 주어진 처벌은 항상 변함이 없는 사형뿐이었다. 비록 아나뱁티즘을 포기한 결과로 사형의 방법이 화형에서 보다 자비로운 참수형으로 바뀌기는 했지만, 어떤 경우에는 고문하에서 신앙을 포기하더라도 죽음을 당하기도 했다.

아나뱁티즘 초기에 많은 아나뱁티스트들이 모라비아 지역으로 이주하게 된 것은 바로 이러한 혹독한 박해 때문이었다. 이들에게 모라비아는 마치 약속의 땅과도 같았다. 1526년 모라비아는 페르디낭드의 통치 하에 들어가게 되었다. 그러나 모라비아 귀족들은 자신들을 통치하는 정치적 군주의 통제로부터 상당히 자유로웠던 전통을 지켜오고 있었다. 이와같이 그들은 아나뱁티스트들의 문제이든 혹은 어떤 다른 문제이든 페르디낭드의 권위 안에 모든 것을 두고자 원하지 않았다. 페르디낭드는 모라비아 지역에서 발생한 아나뱁티즘에 관련된 문제를 자신의 뜻대로 강제할 수 있었지만, 그 속도는 매우 느렸다. 몇 십년 동안 모라비아는 박해받던 이들에게 더 없는 천국이었다. 모라비아로 도망온 오스트리아 난민들은 1530년 초 이래로 후터라이트 공동체들과 많은 것을 공유하게 되었다.

후브마이어는 평화롭고 안식을 취할 수 있었던 모라비아에서 환영 받았던 난민들 중 한 사람이었다. 츠빙글리와 다른 취리히 지역의 신자들로부터 신앙을 포기하라고 강요당하고 투옥되는 등, 뼈아픈 경험을 했던 그는 1526년 초여름 니콜스부르크Nikolsburg-Mikulov라고도 부름에 정착한 것만으로도 너무 행복했었다. 리흐텐스타인Liechtenstein의 군주들, 특히 레온하르드Leonhard는 아나뱁티스트들을 각별히 보호해주었다. 니콜스부르그에는 독일말을 하는 사람들 및 피난민들로 구성된 루터교회가 있었다. 후브마이어는 그 교회를 아나뱁티스트 회중들로 바꾸는 것이 자신의 책임이라고 생각했다. 1528년과 1529년 티롤의 법정에서 재판을 받게된 대부분의 아나뱁티스트들은 니콜스부르그에서 세례를 받았거나 얼마동안 니콜스부르그에 살았던 사람들인 것으로 드러났다. 1527년 봄, 니콜스부르그는 약 12,000명 정도 되는 아나뱁티스트들이 있었던 것으로 파악될 만큼, 아나뱁티즘의 중심지가 되었다.

이렇게 중요한 시점에, 열정적인 복음전도자인 한스 후트가 그 지역으로 오게 되었다. 그가 오기 전부터 아나뱁티스트들은 정치적인 무력의 사용에 대해 크리스천들이 어떠한 태도를 가져야 하는지 여러 중요한 이슈들에 대해 의견이 분분하였다. 후트는 이러한 이슈들을 토론의 표면으로 끌어올렸다. 사람들이 서로 밀고 당기는 쟁점 중의 하나가 바로 전쟁을 위한 세금이었다. 터기족들과 싸워야 했던 독일 사람들이나 오스트리아의 정치 리더들에 의해 준비된 무력의 사용 여부에 대한 토론은 상당히 체계적으로 준비되었다. 크리스천들이 전쟁을 위한 세금을 내야만 합니까? 후브마이어는 항상 정부가 조정하는 종교적 일들이 있을 때마다 주요 종교개혁가들의 편에 서서 이야기 했다. 결국 그는 자신의 동료 아나뱁티스트들이 도피할 수 있을만한 지역들을 얻기 위해 정치 지도자들을 끌어들여야 한다는데 관심을 갖게 되었다. 정치인들에게 전쟁을 위한 세금을 징수해야 할 필요성은 아주 절박한 것이었다. 세금은 당연히 거둬야만 했다. 형태와 모양새가 어떻게 되었든지 간에 통치자들을 지지해야한다는 후브마이어에 비해 후트는 이 일을 상당히 꺼려했으며, 특히 투르크 족과 싸우기 위해 세금을 거둘 때는 더욱 더 꺼려했다. 후트는 유럽의 통치자들을 멸망시키려는 하나님께서 투르크 족을 사용하신다고 믿고 있었기 때문이었다. 크리스천이라면 전쟁을 위한 세금을 내서는 안되다고 생각한 것은 물론이었다.

 1527년 5월 니콜스부르그 논쟁에서 다루어진 내용으로써 이것 보다 더 중요한 몇 가지 문제들이 있었다. 후브마이어는 비전과 꿈에 대해 특별하신 하나님의 신적 계시가 있다는 후트의 견해를 반대했다. 이 후트의 견해가 오직 성서만이 계시라는 보다 진지한 관점과 상반되는 견해였기 때문이었다. 후브마이어는 후트가 주장하는 그리스도의 임박한 재림에 대한 예견도 적극 반대하였다. 한스 뎅크와 다른 사람들이 후트의 이러한 견해가 퍼지지 못하도록 그를 설득하였지만 그리 성공적이지 못했다. 후브마이어는 그리스도의 재림에 대한 사실 자체를 가지고 그와 논쟁하지 않았다. 대신에 그는 그 재림의 시기를 계산하는데 있어서 다른 계산법을 갖고 있었을 뿐이었다. 후트는 주님의 사역을 감당하고 있는 크리스천 행정가들의 역할에 대해 그리스도의 임박한 재림의 시각에서 후브마이어의 해석이 잘못되었다고 도전하였다.

 후트는 크리스천 공동체주의의 형태로 물질의 나눔을 주장하는 피난민들로 구성된 그룹에 가담하기도 했다. 그 그룹내에서는 아무도 자기 개인 소유를 주장하지 않았다. 한편 후브마이어는 자신의 귀족적 배경과 함께 만약 리흐텐스타인Liechtenstein의 군주들이 아나뱁티스트들이 된다면, 사람들이 극단적으로 자신의 모든 땅과 소유를 포기하지 않고도 아나뱁티스트들에게 충분한 피난처를 제공할 만큼 관대한 사람들이라고 느꼈다. 결국 후트가 취했던 투르크 족의 위협성서적 평화주의가 아니라는 것을 다시 분명히 해야할 필요가 있다에 대해 비저항이라는 특별한 형태는 무책임한 것으로 밖에 보이지 않았다. 특별히 그를 감옥에 가둔 리흐텐스타인의 레온하르트Leonhard von Liechtenstein에게 비저항은 너무나도 위험한 생각이었다. 그의 다양한 진술뿐만 아니라 투옥은 이 논쟁의 결과로써 얼마나 많은 불일치가 존재했으며 논쟁 자체가 얼마나 치열하고 신랄했었는지를 우리들에게 보여주는 것이기도 했다. 투옥되었던 후트를 한 친구가 도망하도록 도와주었다. 그러나 그의 공동체는 후브마이어를 지지하는 슈버틀러Schwertler:swordbearers, 검을 지닌 사람들이란 뜻라는 그룹과 후트를 지지하는 스태블러Stäbler:staff bearers, 지팡이를 지닌 사람들이란 뜻라는 그룹으로 양분되었다.

   그 논쟁이 끝난 후 이 두 그룹 모두 오래 가지 못했다. 후트는 그해 8월 아우크스부르크에서 잡혔고 같은 해인 1527년 12월 죽임을 당했다. 후브마이어도 이 논쟁 후 몇 달이 지나지 않아 체포되었고 그를 지지하던 귀족들도 더 이상 그를 변호해줄 수 없게 되었다. 1526년 10월 오스트리아의 아키듀크 페르디낭드가 모라비아의 후작으로 선출되었다. 이전 후작이었던 헝가리 출신의 루이Louis가 모학스Mohacs에서 투르크들을 상대로 벌인 전쟁에서 죽자 그 뒤를 이은 것이었다. 예견된 바대로, 페르디낭드는 자신이 세습을 받았던 오스트리아 영지에서 박해를 했던 것처럼, 새로이 부임해 오자마자 아나뱁티스트들을 다시 박해하기 시작했다. 그는 오래된 원한을 갖게 했던 후브마이어의 목숨을 최우선적으로 청구하였다. 후브마이어가 이전 오스트리아 군주를 상대로 일으켰던 발트후트의 반란 지도자들 중 한 사람이었기 때문이었다.

   후브마이어의 체포가 어떻게 이루어졌는지 상황은 잘 알려져 있지 않다. 1527년 마지막 몇 달 동안부터 1528년 5월까지 후브마이어는 크로이젠스타인 성에 있는 한 감옥에 억류되어 있었다. 그는 일상적인 고문이 수반된 일련의 재판과 조사를 받게 되었다. 그는 최소한 가톨릭 신학자요 옛 대학 동료요 친구였던 요하네스 파버Johannes Faber와 상당히 긴 토론을 벌였다. 후브마이어는 국가의 권위라든가 구원을 얻은 크리스천들이 할 수 있는 분야의 일 등 여러 논제들에 대하여 이야기하였다. 그는 그 어떤 아나뱁티스트들이 할 수 있었던 것보다 신앙의 기본에 대해 친구인 가톨릭 신자에게 더 깊이 이야기할 수 있었다. 그러나 그는 신자들의 세례 및 주의 만찬의 본질에 대한 토론에서는 파버와 일치점을 찾을 수 없었다. 그러므로 그는 오스트리아 대공의 자비를 요구하는 내용의 글을 페르디낭드에게 보여줄 목적으로 자신의 신앙에 대한 글을 쓰기로 작정하였다. 그리고 '배교에 관하여' Rechenschaft seines Glubens라는 글을 작성하였지만, 자비는 결코 주어지지 않았다. 그는 이단과 반역이라는 죄목으로 정죄를 당하였고 사형을 언도받았다. 그후 1528년 3월 10일 많은 군중들 앞에서 화형을 당하였다. 그의 사형을 담당했던 집행관은 그가 요구한 자비를 베푸는 의미에서 그의 머리와 수염에 화약을 잔뜩 발라놓았다. 화약이 터지면 빨리 죽게 되어 그의 고통을 단축시킬 수 있다는 배려였다. 그의 아내였던 엘스베스 휴그라인Elsbeth Hügline은 그에게 믿음을 포기하지 말라고 용기를 주었으며, 믿음을 포기하라고 하는 사람들의 권유에도 불구하고 끝까지 믿음을 지켜내었다. 3일 후에 그녀 또한 다뉴브 강에 수장되었다.

　영적 리더의 죽음과 함께 슈버틀러Schwertler 그룹은 곧 해체되었다. 스태블러Stäbler 그룹도 마찬가지였다. 니콜스부르그의 논쟁 이전에 함께 슈버틀러 그룹 중 많은 사람들이 이미 교제로부터 멀어졌다. 1528년 봄, 리흐텐스타인의 레온하르트는 그들 중에 존재하는 종교적 차이들에 대하여 더 이상 관대하게 다루어서는 안되겠다고 느꼈고 다른 사람들과 함께 교제를 깨뜨리게 된 스태블러 그룹에게 그 지역을 떠나라고 명령하였다. 약 200명 정도의 어른들이 자신들의 가족과 함께 떠날 채비를 하였다. 니콜스부르그 외부에서 그들은 땅에 외투를 펼쳐놓은 후, "각 사람들은 아무런 강요를 받지 않은 가운데 기쁜 마음으로 자신들이 가진 소유를 쏟아놓았다. 그 결과 가난한 사람들은 도움을 받았다…"6)

그들은 자신들에게 일자리를 주고 살 수 있도록 인정해 주는 카운쯔Kuantz의 군주들의 지역인 아우스터리쯔Austerlitz로 삶의 터전을 옮겼다. 그들은 제이콥 위드만Jacob Widemann과 필립 베버Philip Weber의 리더십 아래 수 많은 피난민들을 받아들였다.

그럼에도 불구하고, 1529년부터 제이콥 후터가 도착했던 1533년까지 약 4년 동안은 이 아우스터리쯔 그룹들에게 아주 어려운 시기였다. 물질을 나누는 완전한 크리스천 공동체가 아직 제대로 형성되지 않았기 때문에 여러가지 작고 큰 문제들로 인해 긴장감이 감돌았다. 니콜스부르그에서의 첫 시도는 근본적으로 그 지역에 살면서 아무것도 없이 살았던 사람들의 필요를 즉시로 돕기 위한다는 본래 목적이 있었다. 그러나 이제 아우스터리쯔에는 한스 후트의 종말론적 영향을 받은 모습으로 영적흐름이 흐르고 있었다. 한스 후트는 1528년 봄에 재림과 관련된 극적인 사건들이 일어날 것이라는 비전을 받았고, 어떤 스태블러 사람들은 그리스도의 재림이 있게 된다면 재물이 아무런 쓸모가 없을 것이라고 믿었다. 처음에는 형제들의 긴급한 필요에 반응하기 위해 물질을 나누게 되었는데, 얼마지나지 않아 그들은 물질 뿐 만 아니라 공동체로써 함께 일하는 모습으로 방향으로 옮겨갔다. 결국 그들은 모든 것을 공동체가 소유하고 공동체가 음식과 옷과 집뿐 만이 아니라 각 사람의 일까지도 분담해 줄 수 있는 모습으로 정착하였다.

결국 그들은 1530년대 중반부터 현재까지 참된 사랑의 공동체가 되기 위해서는 재산을 함께 나누는 사랑의 공동체가 되어야 한다는 사상을 충분히 발전시키게 되었다. 후터라이트 형제단은 진정한 믿음은 기독교적 사랑의 모습으로 표현되어야 한다고 믿고 있다. 자신의 개인 재산을 포기하지 못하는 신자들 가운데에서 참된 크리스천 사랑을 발견한다는 것은 있을 수 없는 일이기에 기독교적 사랑은 물질의 나눔으로 표현되어야 한다고 믿고 있다. 그들의 처음 행동으로써 가난한 사람들에게 물질을 나누는 것은 성서적 본문으로부터 뒷받침되었다. 따라서 이들에게 재산의 공동체에 참여하지 않는 것은 구원과도 직결되는 문제였다.

17세기 중반에 위대한 리더였던 안드레아스 에렌프라이스Andreas Ehrenpreis는 "만약 이웃에 대한 기독교적 사랑이 공동체를 통해 이 세상에서 도움과 행동으로 표현되지 않는다면, 그리스도의 피가 있다고 해도 그 사람의 죄를 씻어내지 못한다"7)라고 기록하고 있다. 후터라이트 공동체들 또한 주의 만찬에 관한 2세기의 문헌인 디다케Dedache-『이 방인에 주시는 12사도를 통한 주님의 가르침』엘도론 역간를 인용하고 있다. 마치 한 알의 밀알과 하나의 포도알이 자신의 원래 모습을 잃고 부서져야 빵이 되고 포도주가 되는 것과 마찬가지로 각 구성원 또한 공동체라는 거대한 합일체의 부분으로써 완전히 흡수되어야만 한다. 이러한 확신은 인간의 본성적 이기심을 차단하는 것이며, 각 사람의 자아를 포기 및 그리스도께 모든 것을 포기하는 항복을 요구한다. 그것이 없이는 참된 제자도와 진실로 그리스도를 따라가는 것이 불가능하다.

공동 생활에 대한 경험이 없었기 때문에 일어났던 여러가지 문제들은 결국 제이콥 후터라는 리더의 강력한 리더십 아래에서 대부분 해결되었다. '모자를 만드는 사람'이라는 뜻의 이름을 가진 후터는 1529년 모라비아가 티롤지방의 아나뱁티스트들이 피신해서 살만한 땅인지 조사하기 위해 모라비아 지역을 방문했다. 후터 자신은 복음 전도의 사역을 계속하기 위해 티롤 지역으로 돌아갔지만, 모라비아 지역의 형제단 간에 존재하는 서로 다른 의견을 해결하도록 여러번 초대되었다. 대개 문제들은 기존에 존재하는 아우스터리쯔 그룹과 어스피쯔로 새로 이사온 사람들간의 문제였다. 공동체의 재산을 어떻게 제대로 운영할 수 있는가 하는 문제로 몇몇 리더들 간의 마찰이 지속되자 그는 2년 동안 모라비아에 머무르게 되었다. 1535년 그의 강력한 리더십을 통해 모든 일들이 자리를 잡아갔다. 그러나 일전의 몇 몇 리더들은 대부분의 사람들의 지지를 얻은 후터를 시기하며 그의 결정에 대해 불만을 표현하기도 했다. 그러나 모든 일이 자리를 잡아가자 그를 시기했던 사람들은 어스피쯔를 떠나 다른 지역으로 떠났다.

그해 모라비아에 있었던 모든 아나뱁티스트들은 오스트리아의 아키듀크 페르디낭드의 영향하에 시작된 새로운 박해에 직면하게 되었다. 티롤 및 여러 지방에서 셀수 없이 많은 피난민들이 찾아오면서 형성된 어스피쯔의 공동체들은 해체의 위기를 맞게 되었다. 그곳에 살던 주민들은 맨 하늘 아래에서 떠돌이 신세가 되었으며 결국 페르디낭드가 눈감아 주는 영주들의 개인적 사유지 안에 머무는 식으로 남아있게 되었다. 한편 국가 권력이 후터를 잡으려는 데 혈안이 되어 있었기 때문에 여러 형제들은 후터에게 그 지역을 떠나라고 강력히 촉구하였다. 그는 박해가 조금이나마 줄어들었을 것으로 예상된 티롤지방으로 다시 돌아왔으나, 결국 몇 달이 되지 않아 아내와 함께 친구의 집에서 체포되었다. 그는 1535년 12월 재판을 거쳐 1536년 2월 25일 공개 화형에 처해졌다. 모라비아 지역의 형제단에게 끼친 그의 영향력은 우리가 표현하는 후터라이트 형제단이라는 영어가 비롯된 Huterische Brüder로써 표현하고 있듯이 아주 분명한 것이었다. 그의 아내의 이름과 죽음에 대한 내용은 알려지지 않았다.

아나뱁티즘의 황금기

후터가 떠난 후, 후터라이트 형제단은 한스 아몬Hans Amon, 1542년 사망, 피더 리드만Peter Rideman, 1556년 사망, 피터 왈폿Peter Walpot, 1578년 사망, 크라우스 브레이들Klaus Braidl, 1611 그리고 안드레아스 에렌프라이스

Andreas Ehrenpreis, 1662년 사망와 같은 능력있는 몇 명의 후계자들에 의해 인도되었다. 공동체들은 번영에 번영을 거듭하게 되었고, 유럽에서 아나뱁티스트들이 있는 곳은 어디든지 개혁에 대한 새로운 인식이 자리하게 되었다. 가톨릭의 새로운 노력과 박해의 완전 종식을 가져오려는 사람들의 수고로 말미암아 모라비아의 형제들은 엄청난 자유를 만끽하게 되었다. 1555년부터 1595년까지 형제단은 스스로 황금기[8]라고 말할 만큼 최고의 번영을 누리게 되었다. 그들은 유럽의 여러 지역에 끊임없이 교구전도사를 파송했으며 이들 중 대부분은 활동 및 생활에 필요한 재원을 형제단으로부터 공급받았다. 그러한 용기와 함께 삶의 방식은 결국 아나뱁티즘의 회심자들을 얻는데 있어 가장 큰 매력으로 작용하게 되었다. 형제단은 유럽의 여러지역으로부터 피신해오는 사람과 회심자들을 통해 많은 수로 성장하였다. 그들의 새로운 정착지는 모라비아와 모라비아 동쪽 경계를 넘어서 슬로바키아Slovakia까지 그리고 헝가리 지역까지로 이어졌다. 당시 그들은 적어도 20,000~30,000명 정도가 100개 이상의 공동체를 형성하였던 것으로 알려져 있다.

또한 이 시기는 상당한 저술 활동이 있었던 시기였다. 브라이트미첼Braitmichel은 1665년에 이르기까지 후계자들의 이름을 정리한 연대기를 쓰기 시작했다.[9]

형제단은 형제들간에 주고 받은 편지들뿐만 아니라 그들을 반대했던 사람들에게 다른 의견을 쓴 편지들도 기록으로 간직하고 있다. 그들이 공동체 생활을 실행나가는데 필요하였던 조직상의 기술은 최고의 수준이었다. 그들은 원래의 자료들을 잘 정리해 놓았고, 자신들이 살았던 시대의 역사적 사실들을 기록해 놓음으로써 후세들에게 영적인 유산을 남겨 주었다.

그렇다면 그들의 공동체를 이루었던 조직적인 원형은 무엇이었을까? 질문을 하지 않을 수 없다. 전체적인 형제관계는 한 명의 목사bishop, Vorsteher의 지시를 받았다. 공동체에 속한 컬러니colony, Bruderhof 공동체를 컬러니라고 불렀음, 자치구/거주지로 번역하기도 함-역주는 한 명이나 혹은 몇 명의 설교자preacher, Diener des Wrotes와 농업diener der Notdurft을 포함한 경제적인 일을 관장하는 몇 명의 남자가 이끌어 갔다. 각 컬러니는 중앙에 정원을 두고 흰색 집들로 둘러싸는 식으로 구획되어 있다. 대개 컬러니는 이, 삼 백명으로 구성되며 각자의 다양한 임무를 갖고 더불어 산다. 이들은 거주 공동체로서 가족 중심보다는 전체 공동체 중심의 삶을 살았다. 구성원들에 의해 늘 반복되는 일들은 전체 컬러니 운영을 아주 효과적으로 하도록 개발되어 있다. 이들의 일하는 모습은 이웃에 사는 농부들이 경쟁을 할 수 없을 정도라 불평할만큼 아주 성공적이었다. 연대기에는 다음과 같은 글이 실려있다:

> 한 조각 한조각 서로 어울려 아름다움을 이루는 자수 장식을 생각해 보자. 혹은 달콤한 꿀을 만들기 위해 훌륭한 일을 마칠때까지, 한 벌통에서 함께 일하는 벌들을 생각해보자. 그들은 자신의 필요를 위해 일을 할 뿐만 아니라, 사람들에게 유익을 끼치기 위해 일을 하고 있지 않은가? 10)

그들이 얼마나 효율적으로 일을 하는지는 그들이 이루어 놓은 엄청난 부가 증명해 주고 있다. 사실 이러한 부에 대해 이웃하고 있는 사람들은 수 많은 말들을 만들어 냈다. 국가 정부는 그들이 너무 부자라는 이유로 재정적인 벌금을 부과하기도 했다. 그러나 후터라이트들은 상대적으로 부자였기 때문에 생겨날지도 모를 경제적, 영적 방종으로부터 자신들을 보호하기 위해 박해를 감수하고 스스로 매우 엄격한 규율을 부과하였다.

이러한 과정 중에도 형제단들은 어떻게 자신들이 함께 살아왔는지, 어떻게 특정한 기술 및 수공업을 함께 실행해왔는지에 대해 엄청난 양의 규율과 규칙들을 기록해 놓았다. 이러한 기록들 중 가장 유명한 것이 1651년 안드레아스 에렌프라이스Andreas Ehrenpreis가 이끌었던 기간에 기록된 '게마인데-오드능엔' Gemeinde-Ordnungen으로 이 규칙은 오늘날까지도 사용되고 있다. 후터라이트 형제단은 도자기 만들기, 식탁용품 만들기, 마차 등 수송도구 만들기, 침대용품 및 시계 만들기 등 특별한 공예품을 만드는 기술이 아주 탁월하다. 약제조기술도 잘 발달되었는데 후터라이트 의사들과 외과의사들은 그 기술이 탁월해서 고관대작들의 궁중에 자주 초대되었다. 공동체 밖에서 일하도록 부름을 받아서 생긴 수입이라도 반드시 공동체로 돌렸다. 길을 가다가 주운 동전까지도 공동체의 금고로 들어갔다.

컬러니 내에서 가족의 생활은 강조되지 않는다. 어린이들은 두 세살쯤에 부모를 떠나 공동의 유아원이나 유치원에서 돌보아진다. 이곳에는 아이들을 돌보는 선생님과 여자 도움이가 있어서 어떻게 청결을 유지하며, 어떻게 놀고 어떻게 행동을 해야하는지 가르친다. 유치원부터 초등학교까지 있으며, 우리가 소위 기숙사 학교라고 할정도로 잘 준비되어 있다. 귀족들의 자녀를 포함한 컬러니 외부로부터 온 아이들이 후터라이트 초등학교들에서 훈련을 받기도 했다. 교육의 질은 매우 높았으며, 이것은 그들이 학교를 졸업하기 위해 남겨진 글들에 의해 증명되었다. 그들의 철자 및 필기법은 매우 훌륭했으며, 토론을 위한 특정한 논리와 더불어 성서의 지식 정도 또한 매우 높았다.

아이들이 나이를 먹게 되어 20대가 되면 세례식을 위한 후보자격이 주어진다. 세례식 자체는 일정기간동안 특별한 교육을 받은 후에 시행된다. 그것은 세례를 받게 될 후보가 하나님과 형제들에게 신실하겠노라는 엄격한 언약을 세우면서 이루어진다. 젊은 사람들은 20대 초에 결혼을 하게 된다. 결혼 상대자를 선택하기 위한 연애는 그들의 삶의 기본모습에서 찾아볼 수 없다. 장로들이 결혼하지 않은 20대 초반의 남녀들을 한군데 모이도록 한 후, 한 여자에게 두 세명의 남자들을 만나게 한다. 그러면 여자가 그들 중에 한 남자를 선택하도록 한다. 결혼식은 이러한 과정을 통해 쌍이 결정되면 몇 일내에 이루어지며, 구애기간은 허락되지 않는다. 결혼은 하나님께서 사람에게 경험하도록 하는 여러가지 인간 관계 중의 하나로 이해된다. 후터라이트들이 했던 것처럼, 크리스천들도 마지못해 이를 쫓아 했으며 자신의 쾌락을 위한 것으로는 생각하지 않았다. 결혼은 주께서 자녀들을 생산하도록 하신 명령 때문에 하는 것으로 이해되었다.

후터라이트의 몰살

"황금기"의 상대적 평화는 1590년대에 끝이 났다. 대부분의 유럽사람들이 이들을 이단으로 정죄하면서 박해는 피할 수 없는 것이 되었다. 프란쯔 폰 디트리스타인Franz von Dietrichstein 추기경은, 1619년 죽을 때까지 고용했던 자신의 후터라이트 의사인 발타자르 골러Balthasar Goller를 옆에 두었으면서도, 후터라이트를 박해하였다. 이들을 비방하는 반대운동은 오스트리아 정부에 의해 추진되었다. 이 반대운동은 후터라이트를 잘 알고 있었던 두 명의 사제와 이전 후터라이트 형제단 멤버였지만 자신들의 신앙을 포기했던 두 사람에 의해 진행되었다. 이들은 자신들만이 정통신앙을 갖고 있다고 주장했다. 공동체들의 부유함이 공격의 내용으로 빈번하게 거명되었고 투르그 족을 경제적으로 도왔다는 내용이 죄목이었다. 그러나 실제 이와는 반대로 1605년에 투르그족이 그들의 컬러니를 참략하였고 그들의 재산뿐만 아니라 여인들과 어린아이들까지 잡아갔다. 후터라이트 한 명이 동료 신자들 몇 명을 볼모로 잡히고 투르크 땅을 3년이나 찾아다녔지만 찾지 못하였다. 결국 그도 거기에서 죽었다. 투르트 족과의 전쟁은 1593년부터 1606년까지 진행되었고 그들이 속해 있던 오스트리아 정부로부터의 박해는 이들 모라비안 공동체들을 철저하게 흔들어 놓았다.

30년 전쟁1618~48은 그들이 만난 또 다른 재앙이었다. 초기의 로마 가톨릭 군대의 승전보는 형제들에게 압력을 더 가중시켰다. 1622년 후터라이트들은 그들의 땅, 건물, 그리고 대부분의 재산을 포기한 채 헝가리 통치하에 있던 슬로바키아 지역의 컬러니까지 물러나야했다. 이러한 피난 및 영적인 리더십의 손실과 함께 황금같던 이전 생활의 대부분은 그들에게서 멀어져갔다. 그러나 그들을 인도하기 위한 특별한 리더십이 필요한 바로 그때, 안드레아스 에렌프라이스가 나타났다. 그는 1639년부터 1662년 죽기까지 리더로 활동하였다. 안드레아스의 훌륭한 리더십과 헌신은 그들 안에 새로운 영적 쇄신의 방향성과 조직의 형태에 새로운 질서를 부여해 주었다. 1651년에 '게마인데-오드늉엔'이 기록되었으며 이 때부터 함께 여러 설교들을 기록하는 관례가 생겨났다. 오늘날 캐나다와 미국의 후터라이트 공동체에 사용되는 설교의 상당부분이 이때 기록된 것이었다.

에렌프라이스가 죽고 나자 다시금 쇠퇴의 길이 이어졌다. 17세기 말에 그들은 자신들이 지켰던 초기의 공동체적인 생활 형태를 포기하고 개인의 재산을 관리하는 형태를 더 선호하게 되었다. 그들은 경제적 도움을 얻기 위하여 여러 번 네덜란드 메노나이트들의 도움을 요청하기도 했다. 내부적 부패와 규율의 손실은 너무나 컸다. 그러나 18세기에 와서 그들 대부분은 오스트리아 정부의 위협과 더불어 예수회Jesuit의 압력을 이기지 못하고 항복했다. 트랜실바니아Transylvania의 남쪽 끝에 위치해 있던 컬러니중 하나가 1750년대 후터라이트 신앙을 받아드린 후터교인들에 의해 영적으로 수적으로 다시 소생하게 되었다. 이들은 1767년에 우크라이나로 이주하기로 결정하였다. 1782~83년에 슬로바키아로부터 제이콥 월터Jacob Walter의 리더십 하에 몇 가정이 그들을 따라왔는데 이는 메노나이트가 프러시아로부터 이주해 정착하기 몇해 전에 일어난 일이었다. 이전 지역에 남아있던 여러 컬러니들은 로마 가톨릭에 흡수 되었다.

형제단들의 이러한 내부적인 부패와 별도로 예수회는 그들을 전향시키기 위해 온갖 수단을 다 동원하였다. 많은 전략들이 이러한 목적을 위해 사용되었다. 예수회는 후터라이트 남자들 중에 뛰어난 영적 리더들을 수도원으로 보냈다. 끝내 이들은 수도원 생활에 굴복하거나 그곳에서 죽어갔다. 가톨릭 예배는 컬러니 내에서도 행해졌고 남아있는 형제들과 자매들은 예배에 강제로 참여해야만 했다. 어린이들은 컬러니 밖의 헌신된 가톨릭 신자들 집에서 양육되었다. 1750년대와 1760년대의 후터라이트들은 이름뿐인 가톨릭 신자들이 되었지만, 비밀스럽게 그들의 예전 신앙생활을 훈련하기도 했다. 18세기 후반에 그들의 저항은 완전히 끝난 것으로 나타났다. 그들은 소작농들로부터 하바너Habaner라는 별명을 얻게 되었고 그들의 후손들이 2차 세계대전 때까지 구 슬로비키아의 컬러니들을 차지하게 되었다. 그렇게 그들의 독특한 신앙과 실행은 이 지역에서 완전히 사라졌다. 후터라이트들은 유크레인으로 이주하였고, 1870년대에는 그곳으로부터 다시 캐나다와 미국으로 옮겨졌다.

---

1) 후브마이어가 뎅크에게 세례를 주었다는 분명한 증거는 없다. 그러나 만약 그가 첫번째로 세례를 받지 않았다면 1525년 뎅크가 한스 후트에게 세례를 주지 못했을 것이라는 추측이 가능하다. 이것은 남부 독일의 아나뱁티즘에 스위스 운동이 어떻게 영향을 미쳤는가에 대한 중요한 내용이다. 그러나 뎅크가 1525년 초 생갈에서 시간을 보냈으며 그곳에서 아나뱁티즘을 알게 되었다는 사실은 분명하다. 아우크스부르크에서 뎅크가 세례를 받았다는 것에 대한, 그리고 남부 독일의 운동에 스위스 영향력이 있었다는 논제에 대하여 좀더 연구하려면 Wener O Packull의 "Denck's Alleged Baptism By Hubnmeir," MQR(October 1973), 47:327~338을 보라.

2) William Klassen, "한스 뎅크는 보편적구원주의자였는가? Was Hans Denck a Universalist?" MQR(April 1965), 39:152~154. Clarence Bauman, *The Spiritual Legacy of hans Denck*, Leiden, Neth.: E.J. Brill, 1991,의 7~47 페이지를 보라.

3) Gordon Rupp, *Patterns of Reformation*, Philadelphia, Pa.: Fortress Press, 1969, 325~399.

4) Werner O. Packull, "The Sigh of Thar⋯" MQR(October 1987), 61:363~374.

5) 논쟁에 대한 사본을 보려면 Franklin H. Little이 편집한 *Reformation Studies*, Richmond, Va.: John Knox Press, 1962, pp.145~167을 보라.

6) *The Chronicle of the Hutterian brethren.* Volume I. rifton, N.Y.: Plough Publishing House, 1987, p. 81.

7) Andreas Ehrenpreis, *Ein Sendbrief*⋯1652. Scottdale, Pa.: Mennonite Publishing House, 1920, p.49.

8) Leonard Gross, *The Golden years of the Hutterites*. Scottdale, Pa.: Herald Press, 1980. ME 5;406~409.

9) Chronicle, 1987.

10) 앞의 책, p 406.

그 외의 자료들: Werner O. Packull, *Mysticism and the Eraly South German-Austrian Anabaptist Movement*, 1525~1531. Scottdale, Pa.: Herald Press, 1977. Robert Friedmann, *Hutterite Studies*. Goshen, Ind.: Mennonite Historical Society, 1961. Merrill Mow, Torches Rekindled. The Bruderhof's Struggle for Renewal. Rifton, N.Y: Plough Publishing House, 1989. John A. Hostetler, *Hutterite Society*. Baltimore, Md.: Johns Hopkins University Press, 1974. James M. Stayer, *The German Peasants' War and Anabaptist Community of Goods*. Montreal, Que.: McGill-Queen's University Press, 1991, especially pp. 139~159. Wes Harrison, "The Role of Women in Anabptist Thought and Practice: The Hutterite Experience of the Sixteenth and Seventeenth Centuries," *Sixteenthe Century Journal*,(Spring, 1992), 23: 49~69. Contact any MCC or conference office for audiovisual resources.

5장
남부 독일의 아나뱁티즘

라인강변 황제의 도시였던 스트라스부르에 대한 옛 기록을 살펴보면 1528년 9월 19일 오스트리아의 토목 기술자였던 필그람 마펙Pilgram Marpeck이 그 도시의 시민이었다라는 내용이 나온다. 그는 라텐베르그의 오스트리아 인Inn 강의 아름다운 계곡에 위치한 조상 대대로 물려받은 집에서 살았는데 자신의 목숨이 위험에 처해지자 스트라스부르로 오게 되었다. 라텐베르그 및 그 인근 도시에 대한 16세기의 기록이 보여주듯이 1528년 9월에 일어났던 한 사건을 통해 그의 인생은 재구성되었다. 어떤 사람들은 마펙 자신이 몇 년 뒤에 그 사건에 대해 기록하였다고 믿었다.

그가 태어난 날은 알려져 있지 않다. 그의 초기 생활에 대하여 우리가 알고 있는 정보 또한 단편적인 것이며, 그가 스스로 이야기 하고 있듯이 그의 가족은 로마 가톨릭으로써 하나님을 경외하는 부모에 의해 양육되었다. 인생 후기에 그가 누렸던 사회적 명성과 토목 기술의 능력으로 판단해 보건대, 필그람 마펙은 배우는 것 자체를 상당히 좋아했으며 그것은 라텐베르그 라틴 학교에서 대부분 이루어진 것임에 틀림이 없다. 1520년 그는 라텐베르그의 광부들을 위한 길드 회원이 되었고 키쯔뷔헬 시의 광산으로부터 라텐베르그 동쪽에까지 이르는 상당한 거리의 동광 운송을 담당하였던 것 같다. 도시 관료로서 아주 두터운 신임을 받았던 그는 광산의 광주로 임명되었다. 인Inn 계곡의 저지대에 폭넓게 자리한 광산 운영권에 대한 법적 관할권도 갖고 있었다. 그의 봉급은 공식 행사에 알맞는 옷을 사입도록 주어진 3파운드의 용돈을 포함하여 총 65파운드였다.

마펙은 1525년 시로부터 많은 돈을 대출받을 수 있을만큼 큰 부자였다. 그의 소유로된 집도 몇 채나 되었다. 아내와 함께 마펙은 세 명의 고아들의 교육을 책임지고 있었는데, 이는 그의 사회적인 책임에 대한 감각 뿐만 아니라, 그의 부가 어느 정도였는가를 가늠하게 해주는 것이기도 했다. 그의 부와 사회적 지위 덕택에 마펙은 귀족들의 모임에 자주 참여할 수 있었다. 키쯔뷔헬 근처에 성을 갖고 있었던 프레이베르트Freybert의 여백작 헬렌Countess Helene과 가졌던 우정은 이를 잘 반영해 주고 있다.

1525년 이후 몇 년 동안, 그의 인생은 매우 순조로워보였다. 필그람은 도시 의회의 핵심 멤버였고, 그의 사업은 번창했고, 사회적 지위와 책임 또한 변함없이 지속되었다. 그러나 그의 인생이 그렇게 좋게만 흘러간 것은 아니었다. 라텐베르그에서 지냈던 그의 인생에 대한 자료를 살펴보면, 어느 순간 그가 광산을 담당하는 광주의 자리에서 해고되었다는 기록이 보인다. 비록 자세한 설명은 찾을 수 없지만, 정부관료로서 아나뱁티스트들을 잡아들이고 찾아내는 일을 도우라는 상부의 명령을 거절했기 때문이었음에 틀림없다. 1528년 1월 28일은 레온하르트 시머Leonhard Schiemer가 사형을 당한지 꼭 2주가 되는 날이었다. 그로부터 대략 8개월 동안 그는 자신의 재산, 집, 지위를 버리고 어디론가 떠나 다시는 돌아오지 않았다. 시에 의해 몰수된 그의 재산은 약 3,500길더나 되었다.

그러면 무엇이 그토록 안정되고 존경받는 한 시민이었던 필그람 마펙을 도망자의 신세로 만들었을까? 부, 지위, 사회적 명성 보다 더 중요한 무엇인가가 있었기에 그러한 변화가 일어난 것임에 틀림없다. 비록 직접적인 증거는 부족하지만, 마펙이 아나뱁티스트가 되었다는 것은은 사실이었다. 이미 이 전 장에서 살펴보았지만, 1528년 오스트리아에서 아나뱁티스트가 된다는 것은 매우 위험한 일이었다. 1527년 8월 20일, 오스트리아의 페르낭디 1세는 무든 "분파주의와 이단들"은 잡아들이라는 칙령을 공포하였다. 그는 로마 교회를 믿는 것 외에 그 어떤 신앙도 관대하게 봐주지 않았다. 아나뱁티스트들이 잡혀 감옥에 가두어지는 곳은 어디든지 상관없이 많은 사람들이 사형에 처해졌다. 1527년 말 라텐베르그에는 아나뱁티스트 회중이 존재했었다. 그해 11월 25일 레온하르드 시머가 장로로서 그 회중을 위해 봉사했다는 이유로 체포되었다. 그가 장로가 된 지 만 하루만의 일이었다. 그는 1528년 1월 14일에 참수되었다. 1527년 12월 5일에 또 다른 저명한 아나뱁티스트 설교가인 한스 슈라퍼Hans Schlaffer가 라텐베르그 근처에서 체포되었다. 그 또한 1528년 2월 4일에 순교를 당했다. 마펙은 이 두명의 순교자를 잘 알고 있었다. 특히 시머는 옥중에서 라텐베르그의 회중들에게 편지를 보냈다. 만약 마펙이 그 당시에 아나뱁티스트였다면, 그는 이 교회의 회원이었을 것이다.

마펙과 그의 가족은 고향에 머문다는 것이 곧 죽음을 의미했기 때문에 보다 안전한 곳을 찾아 피신했다. 부유했던 사람이 아나뱁티스트 신앙 때문에 난민이 되었다. 특히 페르디낭드가 아나뱁티스트들을 잡아들이기 위해 보다 더 엄격한 칙령을 발효한 1528년 4월 1일 이후에는 사정이 더욱 좋지 않았다. 마펙의 가족은 그들의 목적지로 스트라스부르를 선택했다. 이 도시는 아나뱁티스트들에게 관용을 베풀었던 유럽에서 몇개 되지 않는 도시들 중 하나였기 때문이었다.

스트라스부르 Strasbourg

스트라스부르는 16세기 유럽에 있어서 아주 중요한 도시이다. 이 도시는 네덜란드와 이탈리아, 파리와 비엔나를 연결하는 중요한 요충지로 상업적으로도 번영을 누리고 있었다. 그러나 이러한 교통로를 따라 수 많은 사람들이 오갔다. 박해를 피해서 오는 사람들과 보다 더 많은 세상 문물을 접하기 원하는 사람들이 오고갔다. 스트라스부르를 여행하는 사람들이나 그곳에 머물러 사는 사람들이 갖고 있던 사상의 다양성과 폭은 가히 놀랄만한 것들이었다.

그러나 스트라스부르는 단지 다른 곳을 지나가기 위해 하룻밤 머물기에 좋은 그런인기 있고 활기찬 모습만 있었던 것은 아니었다. 스트라스부르는 마치 자석과도 같이 원하지 않은 사람들까지 끌어들이는 흡인력이 있는 도시였다. 이는 그 도시에 기독교 사상과 연결되어 있는 여러가지 사상적, 신앙적 관점이 존재하고 있기 때문이었다. 13, 14세기의 정치적 혁명의 결과로 말미암아, 이 도시는 왕과 사제 등 통치권력으로부터도 독립이 되어있었다. 정치의 민주적 형태 또한 상당히 잘 발전되어 있었다. 이 도시는 의회시스템을 갖추고 있었으며 귀족과 일반 사람들이 각 그룹들을 대표하는 공무원들을 선출하여 도시를 다스리도록 하였다. 주로 수공업에 종사하는 사람들의 조합인 약 20개의 길드가 권력의 중심 역할을 담당하였다.

로마 교회의 사제들이 전적으로 통제를 하는 곳은 지역에 상관없이 교묘하게 반대자들을 다루었다. 교회법은 이미 여러 세기에 걸쳐 재세례 뿐만 아니라, 교회의 어떤 교리나 시행을 반대하는 사람들이 있다면 사형에 처해야한다고 규정하고 있었다. 그러나 스트라스부르의 사제는 이러한 법을 집행할 권력이 거의 없었다. 그러므로 종교적인 문제가 발생한다고 해도 간섭할 능력이 주어지지 않았다. 이렇듯 다른 의견을 갖고 있거나 종교법을 어긴 사람들을 처벌하는 스트라스부르 시의 관대한 태도는 한 두 해의 일이 아닌 오랜 전통이었다. 16세기 당시였지만 "어느 도시에서든 사형에 처해질만한 사람도 스트라스부르에서는 태형이면 충분하다."는 말이 유행할 정도였다.

종교개혁이 시작되고 그 중심 사상들이 팜플렛과 논문들의 출판으로 유럽의 여러 나라들을 휩쓸고 있을 때, 스트라스부르는 이러한 조류의 중심지가 되었다. 종교에 관대한 도시라는 평판 때문인지 스트라스부르는 출판의 중심지가 되었고 종교개혁과 관련된 온갖 종류의 문학 작품들이 이 도시를 통해 흘러나갔다. 자연적으로 이러한 영향을 받지 않는 시민들이 거의 없었다. 로마 교회가 규정하는 행위를 통해서가 아닌, 오직 믿음을 통해서만 하나님께 나아갈 수 있다는 마틴 루터의 주장은 이미 교회의 영역을 넘어서 나름대로의 방식으로 사람들에게 환영받았다. 루터의 95개조항이 1518년 스트라스부르에 전달되었지만 이 도시의 사제들이 사는 목사관과 모든 교회의 대문에는 이미 게시되어 있었다.

1518년 매튜 젤Matthew Zell이 스트라스부르 대성당의 담당 목사로 부임하였다. 그는 종교개혁을 바르게 이해하고 있었고 자신이 새로이 갖게 된 확신이 무엇인지 분명하게 밝혔다. 1523년 그는 교회 예배에서 라틴어를 사용하는 대신에 독일어를 사용하도록 적극 후원하였고, 성찬식때에만 사람들에게 빵을 주는 로마 교회의 예식을 거절하였다. 그가 로마교회의 권위를 따라 대성당의 강단 사용을 거절하자, 세력이 있는 조합원들이 그를 도와 약 3,000명이 모이는 회중들을 위해 설교할 수 있도록 그를 위해 나무 강단을 만들어 주었다.

1523년 말, 스트라스부르의 정부가 복음 전파를 인정하고 권위를 부여한다는 위임령을 발표하였는데 이러한 것은 개혁을 추구하는 사람들에게 아주 대단한 후원이되었다. 1524년 젤이 결혼을 했다는 이유로 교회로부터 파문 당했을 때, 시 정부는 직무를 계속할 수 있도록 그를 지켜주었다. 1524년 8월 시 당국은 츠빙글리가 취리히에서 시행했던 것과 비슷한 방법으로 스트라스부르내 일곱개의 교회를 위해 목사를 임명하고 그들의 생활에 대한 전적인 책임을 떠맡았다. 1523년 5월에 이 도시에 도착한 마르틴 부처는 엄청난 리더십과 그의 활동력으로 스트라스부르의 주요한 개혁가가 되었다.

비록 발타자르 후브마이어가 세례에 관한 책을 출판한 것이 1525년 7월이었지만, 아나뱁티스트들이 스트라스부르에 오기시작한 것은 1526년 초부터였다. 첫 번째로 도착한 그룹 중에는 스위스 형제단에 속해 있던 마이클 자틀러와 빌헬름 로이브린이 있었다. 1526년 11월 한스 뎅크가 아우크스부르크로부터 왔고 스트라스부르의 목사들과 함께 공개토론을 벌였다. 그 도시의회는 뎅크에게 의회의 허락이 없이 다시는 목사들 및 반대자들과 함께 공개토론을 벌이지 말도록 명령하였다. 이들 외에 유명한 아나뱁티스트들 및 종교개혁 반대자들 몇 명이 1526~1527년에 스트라스부르에 도착하였다.

매튜 젤은 아나뱁티스트들이 진정한 크리스쳔의 영을 소유했다고 공개적으로 선언하였으며 그들이 신앙 때문에 박해를 받는 것에 대해 철저히 반대하였다. 그는 아나뱁티스트들을 최고의 진실된 크리스쳔들이라 여겼으며 그들을 억압할 것이 아니라 칭찬해야할 사람들로 여겼다. 그는 시의 관료들과 마르틴 부처에 의해 제안된 박해 방법들에 반대한다고 공개적으로 주장하였다. 스트라스부르의 또 다른 개혁가였던 볼프강 카피토Wolfgang Capito는 자신을 아나뱁티스트들 특히 마이클 자틀러와 매우 가까운 사람으로 묘사했다. 비록 그가 이들과 함께 많은 관점을 공유하긴 했지만, 그럼에도 불구하고 그는 분리주의적인 관점들을 고집스럽게 주장하는 아나뱁티스트들은 처벌받아야 한다는 데는 적극 동의하였다. 박해받는 아나뱁티스트들에게 스트라스부르가 "희망의 도시"City of Hope가 되었던 것은 대부분 젤과 카피토가 있었기 때

스트라스부르는 다양한 무역로와 강들이 합류하는 요충지로서 이름은 도로들의 도시라는 의미를 가진 로마어에서 비롯되었다. 진정한 사해동포주의를 표방한 도시로 아나뱁티즘과 같은 새로운 사상의 중심지가 되었다. 1528년 가을, 토목기사였던 필그람 마펙이 스트라스부르에 도착하였다. 시에 의해 고용되었던 그는 킨직(Kinzig)에 댐들을 건설하였다. 그러나 그는 설교활동 했다는 이유로 파직후 도시로부터 추방당했다.

문이었다.

주요 개혁가였던 마르틴 부처 또한 처음에 아나뱁티스트들에게 친절한 감정을 갖게 되었는데 이는 마이클 자틀러와 그의 우정에 기인하였다. 그러나 아나뱁티스트들이 자기들 만의 교제를 형성해나가자, 이들을 향한 그의 태도는 정반대의 모습으로 바뀌게 되었다. 비록 자신이 설득을 통해 아나뱁티스트들의 신앙을 포기하게 했다고 주장하였지만, 만약 그들이 변화의 의지를 보이지 않으면 폭력을 사용하기를 주저하지 않았다. 아나뱁티스트들에게 잠자리를 제공하거나 어떠한 도움을 줘서는 절대로 안된다는 내용의 아주 엄격한 위임령이 1527년 7월 27일 모든 시민들에게 발표되었다. 이 위임령은 즉시 발효되었으나, 관용의 도시라는 오랜 전통으로 말미암아 아나뱁티스트들과의 싸움에서 즉시 이기지는 못했다. 1534년 필그람 마펙과 관련되었으며 강력한 리더였던 레오폴드 샨스라거Leopold Scharnschlager도 추방되었지만 교회 생활은 계속할 수 있도록 조처되었다. 1554, 1556, 1557, 1568, 1592, 그리고 1607년에 아나뱁티스트 회의들을 개최될 수 있었던 것은 스트라스부르의 관용의 전통이 있었기에 가능한 것이었다.[1]

마펙과 아나뱁티즘

역사의 흐름에서 잠시 벗어나 스트라스부르 시가 보여준 아나뱁티스트들을 향한 태도가 어떠했는지를 살펴보았다. 이제 다시 필그람 마펙의 이야기로 돌아가보자. 필그람 마펙이 스트라스부르에 온 것은 아나뱁티스트 형제관계를 갖기 위함이었다는 점은 분명하다. 1528년 10월 22일의 기록에 따르면, "…. 라텐베르그 인 골짜기의 필그람 마펙은 그의 아내와 함께 자기의 집에서 아나뱁티스트들의 모임을 가졌다…"고 밝히고 있다. 분명히 그는 그 도시에 즉각적으로 고용되었고 아마도 정원사들의 길드 회원이 되었던 것 같다. 이 일은 그가 토목기사로서의 재능을 재발견한 후 즉시 이루어진 것처럼 보이는데, 왜냐하면 그가 이곳에 온지 얼마 되지 않아도시의 토목기사로 고용되었기 때문이었다.

라인 강을 가로질러 스트라스부르 동편에는 흑림이 있었다. 현재에도 그렇지만 1528년 당시 고도가 높은 흑림의 정상부에는 은색의 전나무들이 즐비했고, 낮은 계곡들에는 너도밤나무, 자작나무, 떡갈나무들이 자라고 있었다. 그 숲들은 최소한 25~30km정도에 걸쳐 스트라스부르를 덮고 있었다. 이러한 산으로부터 목재를 운반하는 것은 엄청난 고역과 많은 시간이 걸리는 아주 비효율적인 일이었다. 이러한 경제적인 문제를 해결하기 위해서 도시는 토목기사였던 마펙을 고용하였다.

물을 이용하여 산으로부터 스트라스부르까지 목재를 날라오는 것이 그에게 주어진 과제였다. 킨찍Kinzig 강은 북쪽과 남쪽으로 흑림을 가로지르며 스트라스부르 근처의 라인강으로 흘러들어간다. 이 강은 몇 세대에 걸쳐 스트라스부르로 수송되는 목재를 띄워 놓고 있었지만, 그것은 산의 눈이 녹아 물이 한창 불어난 봄철에 잠깐 이용될 뿐이었다. 마펙에게 주어진 숙제는 최소한 여름과 가을까지 이 강을 이용하여 목재를 나르도록 하는 것이었다. 그는 봄철의 물을 저장할 수 있는 댐을 건설하는 방법으로 이 숙제를 풀어나갔다. 목재가 물에 띄워질 준비가 되면, 댐 문을 열어 목재를 띄워 아래로 흘러내려가게 하는 방식이었다. 댐을 건설하는 것과 더불어, 흘러내리는 바위들을 차단하되 물이 킨찍 강으로 빠르게 흘러갈 수 있도록하는 특별한 배수구들을 건설했다. 그는 먼 북쪽에 위치해 있는 보우쥬Vosges 산맥으로부터 여러 강줄기를 이루며 서쪽 라인강으로 흘러들어가는 머그 강Murg River에도 이와 비슷한 공사를 했다. 이러한 성공적인 토목공사는 그 도시에 엄청난 경제적 부유함을 가져다 주었다. 비록 그가 아나뱁티즘의 리더라는 것이 처음부터 알려진 사실이었음에도 불구하고, 마펙이 그 도시에 머물러있어 있어야 한다는 당위성은 의심할 필요가 없는 것이었다. 목재가 운반

되었던 그 숲이 "필그람 숲"라고 알려질 만큼, 그가 이루어 놓은 업적의 중요성은 오래 동안 지속되었다.

마펙이 스트라스부르에 살고 있는 동안, 마르틴 부처와 볼프강 카피토는 그 지역의 가장 영향력있는 종교개혁가들이었다. 카피토는 마펙을 존중했고 그를 스트라스부르에 더 오래 머물게 해야할 책임감까지 느꼈다. 그의 태도는 스트라스부르에서 생긴 교회의 일들에 대한 마펙의 깊은 감명을 주는 공적인 비판에 의해 촉발되었다. 이는 마르틴 부처가 주로 책임져야 할 일이었다. 사실 마펙이야말로 정말로 강하고 솔직한 리더였기 때문에, 부처가 마펙을 두려워하고 경계했다는 것은 그리 놀랄만한 일은 아니다. 마펙의 신학적인 글을 볼 때, 특히 그가 평신도로서 공식적으로 신학 공부나 어떠한 훈련도 받지 않았다는 점을 감안한다면, 그가 얼마나 대단한 지성인이었던가를 잘 알 수 있다. 비록 장황하고 반복적인 면이 없지 않지만, 그의 글은 그 시대를 살았던 사람으로써 가질만한 기본적인 종교적 질문들에 대해 진지하게 씨름했던 한 신앙인의 마음을 그대로 드러내주고 있다. 그는 많은 것에 대해 주의깊게 듣는 사람이었다. 비록 스트라스부르의 성직자들이 설교할 때, 마펙의 존재를 매우 껄끄럽게 여겼지만, 그가 하나님으로부터 많은 훌륭한 은사들을 받았으며, 여러가지 면에서 그가 대단한 열정을 갖고 있음을 분명히 간증 하였다. 마르틴 부처 자신도 비록 그가 "목이 뻣뻣한 이단"이긴 했지만, 그와 그의 아내에 대하여 말할 때는 "훌륭하고 흠잡을 데 없는 행동의 사람"이라는 사실에 동의하였다.

그러나 마펙은 스트라스부르에 살면서 아나뱁티스트 교회 리더로서 조용히 숨어 지내는 것에 만족하지 않았다. 그에게는 기독교 신앙에 대한 자신의 이해를 다른 크리스천들에게 전해야한다는 강한 열정이 있었다. 그 도시에서는 마르틴 부처와 그의 동료 목사들의 영향력이 매우 강했기 때문에, 마펙은 그들과 대화를 해야 했다. 실제로 1531년 12월에 있었던 부처와의 토론에서 마펙은 다른 크리스천들과 함께 갖는 그러한 토론의 기회야말로 그가 스트라스부르에 와야만했던 이유 중 하나였다고 고백하였다. 그러나 결국 동료 크리스천들에게 복음을 증거해야할 필요성에 대한 그의 확신은 그를 도시로부터 쫓겨나게 하는 이유가 되었다.

그는 처음부터 아나뱁티스트 리더로서 알려졌지만, 그의 전문적인 기술 때문에 별다른 방해를 받지 않았다. 그러나 1531년부터 마르틴 부처는 그의 존재를 더 이상 참을 수가 없었다. 왜냐하면 마펙이 단순히 일반 사람들에게만 영향력을 미친 것이 아니라, 아주 중요한 사람들에게까지 영향력을 미치고 있었기 때문이었다. 그 무렵 마르틴 부처가 동료들에게 보낸 편지들은 마펙의 존재에 대하여 그가 얼마나 견디기 힘들어 했는지 그의 깊어가는 감정의 골들을 그대로 드러내주고 있다. 그러므로 1531년 말, 부처는 마펙을 체포하여 수감시키는 식으로 일을 처리하였다. 그러나 부분적으로 볼프강 카피토의 개입과 시 정부가 그의 기술을 필요로하는 등의 이유로 마펙이 무조건적으로 석방되는 바람에 부처의 이러한 처방은 성공을 거두지 못했다.

이러한 경험이 마펙을 좌절시키지는 못하였다. 사실 오히려 이러한 경험이 목사들과 공식적 토론을 열 수 있도록 의회에 청구를 하는 등 마펙을 보다 적극적인 상황으로 몰고가는 계기가 되었다. 분명히 그는 공청회가 기독교 신앙에 대한 진정한 이해를 도울 것이라고 믿었던 것 같다. 그러나 의회는 5년 전에 한스 뎅크와 벌였던 공식적 토론회를 잊지 않고 있었기에 마펙의 요청을 거절하였다. 대신에 시 공무원들과 의회의 멤버들이 참여한 가운데 마펙과 마르틴 부처가 보다 개인적으로 토론하는 자리를 마련하였다. 시의회가 공개토론을 기각한 것은 아나뱁티스트 리더의 단순한 논리를 두려워하였기 때문이었다. 카피토는 마르틴 부처의 강요에 의해 사직을 한후 스트라스부르를 떠났다.

이와같이 토론의 수위는 논쟁으로 치닫게 되었다. 그러나 마치 심판이 한 팀을 일방적으로 편을 드는 식이 되어 실제로 이 토론 자체는 논쟁이 될 수가 없었다. 그러한 환경아래에서 결과는 뻔한 것이었다. 12월 18일, 시 의회는 필그람 마펙이 "유아 세례"에 대한 자신의 의견과 노력을 뒤집어엎지 않으면, 시로부터 추방될 것이라는 판결을 내렸다. 또한 만약 그가 다시 도시로 돌아온다면, 그에 대한 응당한 조처가 취해질 것이라는 경고가 주어졌다.

맥빠지게 하는 이러한 판결과 경고에 대해, 마펙은 아무런 분노나 동요함 없이 아주 침착하게 대응하였다. 그는 하나님께서 그를 도시로 돌아오도록 인도하신다면 이를 따라야 하기 때문에 약속을 할 수 없다고 대답하였다. 또한 시와 관련된 재정적 문제 및 자신의 재산을 정리할 시간을 위해 판결 이후 4주간의 시간을 달라고 요청하였다. 이 기간 동안 그는 약 35쪽에 달하는 하나의 긴 신앙고백서를 써서 마르틴 부처에게 보냈다. 마르틴 부처는 이 고백서의 조항마다 반박하는 비슷한 분량의 답신을 보내왔다. 이 두 사람이 주고 받은 글과 1531년 12월 9일에 있었던 스트라스부르 의회 회의록에 따르면, 아나뱁티즘인들의 주장과 개혁 신앙을 가진 사람들의 주장 사이에 두 가지 분명한 차이점이 보인다. 그 첫 번째는 침례였고, 두 번째는 국가에 대한 교회의 관계였다.[2]

성서의 해석

이제 우리는 스트라스부르 시의 공식적인 입장으로써 받아들여진 마르틴 부처의 성서 해석 및 그의 입장을 살펴보고자 한다. 이것은 마펙이 반대하고 비판한 해석으로, 우리는 마펙 자신이 어떻게 성서를 해석하고 있는지 보고 이해할 필요가 있다. 마르틴 부처는 크리스천들에게 구약성서가 신약 성서와 실제적으로 똑 같은 권위를 갖고 있으며,

구약과 신약 성서가 구성상 따로 나뉘어 있지 않다고 믿었다. 하나님은 자신이 스스로 아브라함의 자손들의 하나님이 되시겠다고 은혜롭고 자유롭게 서약하심으로 아브라함과 언약을 세우셨다. 이와 똑같은 언약이 신약과 구약 전체로 확대되었고 현재까지 연장되었다. 예수께서 오셨기 때문에 그 언약은 보다 더 잘 이해가 되었다. 사람들은 하나님께서 이루어 놓으신 일과 자신들이 행하기를 원하시는 것이 무엇인지에 대하여 잘 이해하고 있다. 그러나 원래의 언약이 예수께서 오셨다는 것 때문에 근본적으로 변했다거나 취소된 것은 아니었다.

　마르틴 부처에게 있어서 이러한 성서에 대한 이해는 그에 따른 아주 중요한 결과들을 초래하였다. 우선 첫 번째로 그는 기독교 교회의 세례를 히브리 공동체의 할례와 똑같은 것으로 간주하였다. 할례가 한 사람이 언약안으로 들어오게 되었다는 표시였기 때문에, 세례 또한 동일한 언약의 표시라고 이해하였다. 즉 하나님께서는 은혜로우시고 자비로우신 하나님이시기에 특별히 어린 아이들에게 은혜를 베푸시기 원하신다는 표시로 이해하였다. 죄와 구원은 어떠한 믿음이 생겨나기 전에 시작되는 것이기 때문에, 믿음과 세례는 연결되어 있지 않다. 원죄론을 따라 모든 어린 아이는 아담으로부터 악을 물려받은 죄인이다. 그렇기 때문에 하나님의 은혜와 죄사함을 위해서 어린이들 또한 세례라는 성례전이 반드시 필요하다.

　마르틴 부처의 성서에 대한 이해로 말미암은 두 번째 결과는 교인들에 대한 이해였다. 마치 모든 히브리인들이 구약 성서의 언약에 포함되어 있는 것과 마찬가지로, 비록 스트라스부르의 모든 사람들이 순종적으로 그리스도를 따르지 않는다고 할지라도 그들은 모두 교회 안에 속해 있음에 틀림이 없다는 것이었다. 하나님은 누가 크리스천이며 누가 아닌지를 결정하실 수 있는 유일한 분이시다. 즉 인간은 그러한 결정을 할 수가 없다고 마르틴 부처는 말하고 있다. 사실 마르틴 부처는 하나님이 자신의 신비적인 지혜로 어떤 사람들을 구원과 저주에 이르게 하신다는 특별 선택 사상을 고수하고 있었다. 하나님이 어떤 사람을 선택하셨는지, 선택하지 않으셨는지를 아는 사람은 아무도 없다. 그러므로 비록 아주 철저하게 악한 사람이라할지라도 구원으로 선택받을 가능성이 있기 때문에, 우리는 누가 교회에 속해있는지 아닌지 판단할 수 없다. 하나님께서는 그런 사람을 자신에게로 이끌 수 있기 때문이다. 그런 사람이 교회에 있어서는 안된다고 말하는 것은 자신을 하나님의 위치에 두는 것이다.

세 번째 결과는 국가 정부와 교회와의 관계에 대한 것, 특히 스트라스부르의 의회와 교회와의 관계에 대한 것이었다. 마르틴 부처는 하나님께서 두 종류의 종들을 두고 계신다는 생각을 했다. 첫 번째 부류의 종들은 하나님의 말씀을 선포하고, 구약의 예언자나 제사장 처럼 무엇이 옳은지 무엇이 그른지 사람들에게 말해주는 사람들이다. 두 번째 부류의 종들은 구약 시대의 왕들처럼 사람들이 옳은 일을 하는지 살피며, 나쁜 짓을 한 사람들에게 벌을 주는 사람들이다. 이것은 목사들의 일을 반대하는 모든 사람들은 생각으로 반대하든지, 악한 삶으로 실천하든 지간에 반드시 처벌을 받아야 함을 의미했다. 이러한 예중 하나가 바로 마르틴 부처와 그의 동료 목사들이 1531년 12월 의회에서 그들의 가르침을 무시하고 반대했던 사람들을 처벌한 것이었다.

마펙이 이러한 탄원의 대상에 들어있었다는 것은 의심의 여지가 있다. 그러나 마르틴 부처는 단지 크리스천 만이 하나님께서 사람들에게 무슨 일을 하기 원하시는지 알 수 있기 때문에 법적으로 칼(무력)을 행사하는 것은 크리스천의 의무라고 주장하였다. 그는 또한 의회의 후원 하에 약한 사람을 돌보기 위한 목적으로 무력을 사용하는 것은 올바른 일을 행하는 것이라고 믿고 있었다. 그러한 약한 사람들은 무력의 사용이나 힘의 위협 아래 올바른 일을 행할 수 있도록 도움을 받는 사람들이다. 따라서 교회와 정부는 이 부분에 있어서 서로 뒤엉켜있고, 각 각의 책임에 있어서도 서로 헷갈리기도 한다. 그러한 제도의 결과는 교회가 내려야하는 결정들이 성서에 의해 좌우되기 보다는 정치와 사회적 상황들에 의해 좌우되게 만든다.

마르틴 부처의 성서에 대한 이해의 네 번째 결과는 크리스천들이 구약의 히브리인들보다 하나님의 뜻을 더 충분하게 이해할 수 있기 때문에, 대부분 구약 성서의 규칙들과 법들은 더 이상 크리스천들을 구속하지 않는다. 히브리인들은 그들의 이해 부족으로 말미암아 희생제물이라든가 음식의 법과 같은 형식적인 관례들이 필요했지만, 교회와 크리스천들에게는 단지 믿음과 사랑이 필요할 뿐이다. 스트라스부르의 상황에 적용하자면, 단순히 교회의 생활을 위한 정해진 질서가 없다는 것을 의미한다. 그들이 무슨 일을 하든, 그들이 교회 안에 있든 말든 모든 사람들이 교회의 멤버라는 가정이 성립된다.

그러면 이제 순서를 따라 필그람 마펙의 성서에 대한 이해와 세례에 대한 관점, 그리고 이를 근거로 한 국가 정부와 교회와의 관계를 살펴보자. 그에게 있어서 구약과 신약 성서는 하나의 통일성을 갖고 형성되어 있는 것이지, 마르틴 부처가 말한 서로 다른 종류의 것이 아니다. 예를 들어 결혼을 하면서 맺는 언약을 결혼 그 자체로부터 분리할 수 없지만, 우리가 분명히 구분을 할 수 있는 것처럼, 마펙에게 있어서 구약과 신약은 현재 우리가 이해하고 있는 바와 마찬가지로 약속과 성취라는 관계 안에서 존재한다. 구약이 신약을 위한 안내서인 것 처럼, 또한 신약이 구약을 위한 안내서이기도 하다.

예수께서 오게 되자, 옛 질서는 새로운 질서에 의해 대치되었다. 아브라함과 맺은 옛 언약과 그리스도 안에 있는 새 언약은 다른 속성을 갖고 있었기 때문에 옛 언약은 새 언약 앞에서 더 이상 권위를 행사할 수가 없게 되었다. 물론 이 두 언약 간에는 똑 같은 하나님의 은혜가 주어져 있다. 그러나 비록 사람들이 하나님의 뜻을 행하기 원했음에도 불구하고, 그들이 그 언약을 분명히 이해하지도 못했고 그것을 온전히 이행할 능력도 없었기 때문에 옛 언약은 아주 복잡한 규칙과 법들로 특징지워진다. 마펙은 이것을 '예속의 언약a covenant of slavery' 이라고 표현했다.

그러나 새로운 언약은 자유로 특징지워진다. 새로운 언약을 받아들인 사람들은 하나님의 뜻을 알고 자유하기 때문에 더 이상 법규나 규례들로 이루어진 체제가 필요하지 않다. 그리고 하나님께서 새 언약을 실행할 능력을 그들에게 부여해 주시기 때문에 새 언약을 실행할 능력도 충분하다. 마펙의 논점을 간단하게 말하자면 옛 언약 아래에 있는 사람들이 억지로 올바른 일을 했다면, 새 언약 아래에 있는 사람들은 자유로이 올바른 일을 한다는 것이다. 이러한 이해로부터 마펙은 다음과 같은 네 가지 중요한 결론에 이르고 있다.

첫 번째, 하나님께서는 모든 사람들이 강요됨이 없이 자유롭게 그에게 순종하기를 원하시며, 만약 그들이 순종의 길을 선택하기만 한다면 모든 사람이 하나님께 순종하는 것이 가능하다고 마펙은 믿었다. 이와 같이 마펙은 마르틴 부처가 주장한 하나님께서 모든 사람들을 구원하시기 원하신다는 선택의 교리를 완전히 거부하였다. 선택의 교리를 거부하였기 때문에, 마펙은 유아세례도 거부하였다. 유아가 마음대로 하나님께 순종하기를 선택할 수 없기 때문이었다. 실제로 유아 세례는 세례를 받는 사람에게 어떠한 선택권도 주지 않고 그 사람을 교회 안에 있도록 만드는 제도이다. 더 나아가, 어떤 사람이 하나님께 순종하려면, 먼저 자신들의 죄를 회개하고 하나님께서 그들을 사랑하시며 그들의 복종을 원하신다는 것을 믿어야만 한다. 그러나 유아들은 죄를 회개할 수도 없고, 이러한 사실들을 믿을 수도 없다. 또한 우리가 죄도 없는 유아들의 안녕에 대하여 걱정한다는 것은 필요하지도 않은 일이다. 그들은 선과 악이 무엇인지 구분하게 될 때까지 죄를 갖고 있지도 않다. 유아들은 죄인이 아니기 때문에, 어른들에게 필요한 구속이 필요하지 않다. 즉 예수께서 "어린 아이들이 내게 가까이 오는 것을 금하지 말라. 하나님의 나라가 그들의 것이니라" 고 말씀하신 것 처럼, 하나님께서는 이미 그들을 받아들이고 계시기 때문이다. 부모가 크리스천들인 아이들일 지라도, 일단 그들이 스스로에 대하여 책임을 질 때까지 하나님 앞에서는 아무런 이점을 갖고 있지 못하다. 부모가 크리스천이기 때문에 아이들도 크리스천이며 당연히 크리스천이 될 것이라고 추측해서도 안된다. 정말로 구원을 받기 위해서라면 그들 또한 회개하고 하나님을 믿어야 하기 때문이다.

두 번째 결과로 마펙은 신약 성서를 교회 안에서 기독교인의 삶을 위한 최종적인 권위로 여기고 있다는 점이다. 믿음과 사랑은 그 무엇보다도 중요하다는 점에 있어서는 마르틴 부처의 논점과 일치한다. 그러나 그는 단지 그리스도께 무조건적으로 순종하는 사람만이 진실한 믿음과 사랑을 가진 사람이라고 말함으로써 한 걸음 더 나아갔다. 신약 성서의 세례가 분명히 믿음에 의한 것이기 때문에, 오늘날의 세례 또한 그렇게 시행되어야 한다. 즉 믿음을 가진 사람들만이 세례를 받을 수 있다. 예수는 그의 제자들에게 원수까지도 사랑하라고 명령하셨다. 이것은 사랑에는 예외가 없으며, 크리스천들이 전쟁에 참여해서는 안된다는 것을 의미한다.

세 번째로, 신약 성서가 크리스천의 최종 권위이기 때문에, 만약 구약과 신약의 관점이 서로 다르다면 신약이 구약에 우선되어야 한다. 마르틴 부처는 교회와 국가의 연합은 구약의 관점에 근거하여 호소하고 있다. 그러나 마펙에게 그것은 교회가 국가의 노예가 되는 제도였다. 자유가 신약 성서의 특징이기 때문에, 믿음에 대한 자유는 아주 진지하게 다루어져야만 하며, 이것은 교회와 세상이 명확하게 분리되어야 한다는 것을 필연적으로 의미한다. 마펙에게는 하나님의 친절하신 은혜 뿐만 아니라, 인간의 자유로운 반응 또한 모두 중요하다. 교회는 그리스도께 순종하기를 자유롭게 선택한 사람들의 유일한 사회이다. 그러므로 교회에 속한다는 것은 단순히 하나님의 은혜를 받아들이는 것 뿐만 아니라, 하나님의 은혜에 복종하는 삶을 기꺼이 살겠다는 것을 의미한다. 만약 그들이 자유 의지를 그리스도께 복종시키고자 원하지 않는다면, 그들을 교회의 회원으로써 여겨서는 안된다. 마르틴 부처는 마펙의 이러한 관점은 불가불 새로운 교회를 형성하는 모습으로 나타날 것이기 때문에 이렇게 생각하는 것을 적극 반대하였다.

성서에 대한 마펙의 마지막 네 번째 관점이 도출해낸 결과는 마르틴 부처가 고수하고 있던 교회 안에 두 부류의 종들이 있다는 생각, 즉 설교자로서의 종과 행정가로서의 종이 있다는 생각을 반대한 것이다. 설교자들이 하나님의 사랑과 은혜를 선포하고, 그것을 사람들에게 제시하기 위해 교회 안에 설교자들이 있어야 한다는 것은 틀림이 없다. 그러나 그리스도께서 각 회원들의 영을 다스리고 계시기 때문에 교회 안에 행정가의 기능은 필요하지 않다. 하나님에 의해 임명된 이 행정가는 악을 억제하기 위함이다. 실제로 이것은 강제적으로 믿음을 갖게하는 모든 것을 거부한다는 것을 의미한다. 그 어느 누구도 그러한 일들을 판단할 권위가 없다. 사람들에게 그러한 판단을 받아들이도록 강요할 수도 없다. 하나님께서는 모든 사람들이 자유롭게 응답하기 원하시기 때문에, 그들이 확신하지도 않는 것을 믿도록 강요하는 것은 하나님의 질서를 어지럽히는 것이다. 이것은 크리스천 부모들에 의해 무엇을 믿어야 하는지 듣게 되는 아이들에게까지도 강요되어서는 안된다. 반대자 및 신성모독한 사람을 처벌하기 위해 행정적 권위를 사용하는 것은 그리스도의 말씀이 죄인들을 변화시킬 능력이 없다고 인정하는 것밖에는 되지 않는다. 그것은 믿음을 갖고자 하는 사람 혹은 전혀 믿음을 갖고 있지 않은 사람을 핍박하는 것으로 하나님의 질서와 그리스도의 영을 거스르는 것일 뿐이다. 마펙은 그의 신앙고백을 통해 이러한 신념을 분명히 밝혔을 뿐만 아니라, 종교적 자유와 양심의 자유가 스트라스부르에 널리 퍼지도록 시를 상대로 직접 호소하였다.

마펙의 고백은 마르틴 부처나 시의회를 납득시키기 보다 1532년 2월 스트라스부르를 떠나야만 하는 결과를 가져왔다. 이 도시를 떠나게 된 마펙의 행적에 대해 우리가 알고있는 내용은 거의 없다. 단지 그가 리더로서 활동할 수 있었던 스위스에서 살았으며, 그곳의 많은 회중들에게서 발견된 율법주의를 타파하기 위해 많은 애를 썼던 것 같아 보인다. 그러나 수 많은 스위스 아나뱁티스트들은 그리스도 안의 자유함에 대해 강조한 그의 관점에 대한 진가를 인정해주지 않았다. 그는 독일, 스위스, 그리고 모라비아에 있는 여러 그룹을 방문하기 위해 쉴새 없이 여행을 하였다. "마펙의 써클"Marpeck Circle이 편찬한 많은 자료들 중 하나인 『쿤스버크』Kunsbuch가 편집 출판되어 있다.

보이지 않는 무형교회 An Invisible Church

1542년 그는 세례에 대한 책을 출판하기 위해 갑자기 나타났다.[3] 사실상 이 책은 북부 독일 출신의 여러 아나뱁티스트 설교가들의 글들을 정성스럽게 보완한 것이었다. 이 책을 출판하고자 했던 마펙의 목적은 아나뱁티스트들의 교제를 강화시키고 연합하는데 도움을 주기 위함이었다. 이러한 기능이 수행되는 동안, 이 책은 아우크스부르크로부터 그리 멀지 않은 곳에 살며 아나뱁티즘을 반대했던 사람인 캐스파 슈벤크펠트Caspar Schwenckfeld의 관심을 사로잡았다. 그는 아나뱁티스트가 아니었지만 소위 말해 "무형교회주의자"invisiblist 였다. 그는 세례와 주의 만찬과 같이 가시적인visible 혹은 겉으로 드러나는 것들이 사람들을 정말로 중요한 것으로부터 멀어지게 하기 때문에 이러한 것에 대한 지나친 관심을 갖는 것은 우상이라고 믿고 있었다. 마펙이 교회에서 세례와 주의 만찬을 올바로 시행하도록 주장했기 때문에, 슈벤크펠드는 그 책이 자신을 공격하고 있다고 여겼다. 이에 대해 그는 아나뱁티스트들이 성서와 기독교 신앙을 완전히 오해하고 있다는 내용의 책으로 응수하였다.

슈벤크펠트에 의해 제시된 입장은 박해를 받고 있는 아나뱁티스트들에게 엄청난 유혹이 되었다. 그들 중 어떤 사람들은 정말로 중요시 여겨야 할 것은 믿음이기 때문에 세례와 주의 만찬은 포기하지 않을 이유가 없지 않은가? 그러면 박해를 받지 않아도 될 것인데 왜 "보이지 않는" 교회를 지지하지 않는가? 하는 심각한 질문을 던지기도 했다. 이러한 질문들은 이미 1531년 마펙이 스트라스부르에 있는 동안 나왔던 질문이었으며, 마펙이 이러한 관점에 반대하여 두 권의 소책자를 쓰기도 했었다. 이제 그와 그의 동료들은 슈벤크펠트의 바판에 대답하기 위해 약 800페이지에 달하는 작업을 감당하게 되었다. 기본적인 질문은 다시 성서에 대한 해석, 특히 신약과 구약의 관계에 대한 문제로 귀결되었다. 이것은 이미 우리가 설명했던 마르틴 부처와 마펙 간의 논쟁과 거의 똑같은 문제이기에, 다시금 일일이 설명할 필요는 없을 것 같다.

그럼에도 마펙에게 인간 예수의 중요성, 외면적·사회적 정의와 내면적 거룩한 정의, 그리고 내면의 경험으로써 함께 증거가 되는 세례와 주의 만찬에 대해 강조하도록 강한 도전을 준 것은 바로 영성주의자 슈벤크펠트the Spiritualist Schwenckfeld와 함께 가졌던 대화였다. 마펙이 가졌던 슈벤크펠트와의 대화는 아마도 발타자르 후브마이어를 제외한다면 그 어떤 아나뱁티스트들과의 대화보다 더 분명하고 객관적인 경험의 가능성을 가까서 볼 수 있도록 그에게 큰 감동을 주었다. 그에게 이 대화는 소위 말해 "성서해석학적 그룹"hermeneutical circle이라는 교회의 맥락 속에서 성서를 연구하는 것이 얼마나 중요한지 강조하는 계기도 되었다.

1544년 마펙은 아우크스부르크 시에서 토목기사로써 일자리를 얻었고 스트라스부르에서 일을 했던 것과 비슷한 일을 진행하였다. 비록 그를 기소하려는 노력들이 있었지만, -그에게 아나뱁티즘에 관련된 행동들을 중단하라는 세 번의 경고가 주어졌다-그는 1556년 자연사로 일생을 마감하기까지 자신의 입장을 고수하였다.

아나뱁티즘의 리더와 장로로서 그는 인생 전반에 걸쳐 아나뱁티스트들의 교제와 연합을 위해 깊은 관심을 가졌다. 이러한 관심은 스트라스부르, 스위스, 모라비아 및 독일에 있었던 아나뱁티스트들에게 보내진 것으로 그가 직접 쓴 열 네 통의 편지 안에 잘 드러나 있다. 그는 교회의 연합에 대하여 기록하였다. 비록 크리스천이 그리스도안에서 자유하지만, 죄의 인생을 살아가기 위해 자유할 사람은 아무도 없다는 것에 대하여 경고하기도 했다. 그리고 너무 심하게 서로를 힐난하고 비판하는 사람들에게 따끔하게 충고하기도 하였다. 그는 오해로 말미암아 분리되어 있는 멤버들에게 화해를 촉구하기도 했다. 회중 안에서 목사의 위치에 대하여 보다 실제적인 관점으로 기록하기도 하고, 다른 문제들의 다양성에 대하여 다루기도 하였다.

필그람 마펙은 독일 아나뱁티즘의 리더들과 신학자들 가운데 가장 주목할만한 인물 중 한 사람이었다. 그는 기독교 믿음에 대해 아나뱁티스트들의 해석을 분명하게 설명하는 지대한 공헌을 남겼다. 그리스도를 믿는 신자들간의 연합에 대한 그의 열정은 오늘날 우리에게까지 전달되고 있다. 그가 아나뱁티즘과 자신을 자신의 하나로 여기는 동안, 직업을 통해 공적으로 활동을 할 수 있었고 생존할 수 있었다는 것 또한 사실이었다. 어떻게 이것이 가능했을까?

1) John S. Oyer, MQR(July 1884), 58:218~229를 보라.
2) William Klassen and Walter Klaassen, *The Writhings of Pilgram Marpeck*, Scottdale, Pa.: Herald Press, 1978, pp. 107-157.
3) 앞의 책, pp. 159-302.

그 외의 자료들: "Marpeck, Pilgram," ME 5:538-539. Note especially the bibliographical references. Stephen B. Boyd, "Pilgram Marpeck and the Justice of Christ," 박사학위 논문, Harvard University, 1984.

6장
네덜란드의 아나뱁티즘

사상의 힘은 강하다. 변화하는 사회에서 드러나는 여러가지 사상은 엄청난 축복과 선이 될 수도 있지만, 반대로 엄청난 비극과 악이 될 수도 있다. 어떤 사람들은 새로운 사상으로부터 발생하는 힘을 잘 사용한다. 반면에 어떤 사람들은 이러한 사상을 아주 악한 목적을 위한 매개로 사용한다. 또 한편 많은 사람들은 이러한 사상을 두려워하거나, 무관심한 척 가로막거나 숨기기도 한다. 메노나이트라고 알려진 사람들로서 네덜란드에서 아나뱁티즘이 탄생한 역사는 이미 사회의 변화 속에서 등장한 새로운 사상의 흐름과 그 맥을 같이 한다. 이 역사는 단지 힘의 남용과 반대에 대한 것일 뿐만 아니라, 새로운 사상의 창조적인 사용에 대한 것이기도 하였다.

멜키어 호프만Melchior Hoffman

멜키어 호프만은 네덜란드에서 일어난 아나뱁티즘을 이끈 리더 중 한 사람이다. 비록 그는 교육을 받지 못했지만, 아주 유능한 리더였으며 피혁 및 모피공이었다. 1493년 남부 독일의 스바비아Swabia에서 태어난 그는 독학으로 루터교 설교가가 되어 발틱 해안의 동쪽 작은 마을들을 무대로 활동하였다. 이 지역으로부터 그가 쫓겨났을 때, 그는 스웨덴, 북부 독일의 홀스타인Holstein, 그리고 덴마크로 옮겨다녔다. 그러나 그 곳에서도 여전히 반대에 직면하자, 엠덴Emden으로 그리고 스트라스부르 지역의 라인강 상류 지역으로 옮겨갔다.

호프만은 루터파 복음전도자로 사역을 시작하였다. 그러나 그가 종말론적 영성과 성례전으로써 주의 만찬을 거부하자, 루터는 곧 자기와 아무런 관계가 없다고 선언하였다. 그는 한때 키일(Kiel)에 있는 덴마크 왕궁에서 설교가로 봉사를 했을 만큼 아주 재능있는 설교가였다. 그러나 그는 개인 성서공부를 바탕으로 성서와 예언을 비유적으로 해석하였고, 이러한 현상은 특히 다니엘서와 요한 계시록에 대한 해석에서 두드러졌다. 또한 세상의 마지막 때가 가까와 온 것에 대한 비전을 통한 그의 신념은 대단히 확고했다. 그는 그리스도를 따르면 그리스도처럼 된다는 완전한 성화에 대한 가능성을 믿고 있었다. 이는 더크 필립스Dirk Philips가 신처럼 됨deification이라는 용어 아래 강조하였던 신념이기도 했다.

그가 뎅크, 후브마이어 및 다른 몇 사람들을 통해서 처음으로 아나뱁티스트의 사상을 접하게 된 곳은 바로 스트라스부르였다. 비록 세례에 대한 그의 생각은 정확하게 알려져 있지 않지만, 그 또한 스트라스부르에서 세례를 받았던 무리에 속했을 것으로 쉽게 추측할 수 있다. 그러나 1530년 그는 엠덴으로 곧 돌아왔다. 여기서 그는 약 300여 명의 사람들이 세례를 받게 되는 광경과 함께, 경제적으로 열심히 일함으로써 개혁을 꾀했던 사람들, 성례중심주의자들, 에라스무스, 그리고 평범한 사람들의 신앙심들의 영향이 어떤지를 직접 볼 수 있었다. 그곳으로부터 그는 네덜란드에 평신도 설교자들을 보내 하나님 나라의 도래를 선포하기 시작하였다. 그리고 얼마 후에 그 자신도 그곳으로 여행을 하였다.

한편 예언과 그리스도의 재림이 가까와 오는 것에 대한 호프만의 지속적인 관심은 레온하르드Leonhard와 울술라 요스트Ursula Jost, 바바라 렙스탁Barbara Rebstock 등의 사람들이 갖고 있던 꿈과 비전에 의해 더욱 고무되었다. 이러한 관심들은 스트라스부르가 영적 예루살렘이며, 그 자신이 모든 사람들에게 다가올 큰 사건에 대하여 예언해야하는 선택된 엘리야라고 믿게끔 만들었다. 스트라스부르에서 있었던 그의 행적을 살펴보면, 예언에 심취해가는 모습의 믿음을 추구하였음을 발견할 수 있다. 이것은 다가오는 하나님 나라에 대한 필요한 선결요건이었음에 틀림이 없어보였다. 뒤에서 다시 살펴보겠지만 오베 필립스Obbe Philips는 이러한 일련의 사건들을 다음과 같이 기술하고 있다.

> 그리하여 이 이 예언서를 매개로 하여 멜키어 호프만은 스트라스부르로 이동하였고, 사람들의 집에서 설교하고 가르치기 시작했다. 그러나 얼마되지 않아 정부가 그를 옥에 가두고자 사람들을 보냈다. 자신이 옥에 갇힐 신세가 된 것을 보게 되자, 멜키어는 드디어 시간이 왔고 자신의 머리에서 모자를 벗어들고, 칼을 들어 자신의 발목 근처의 외투에 있던 끈을 베어들었다. 그리고 신발을 벗어 던지고 자신의 손가락을 하늘로 향해 들고 영원부터 영원까지 살아계신 하나님께서 자신에게 구체적인 시간을 말씀하실 때까지 자신이 빵과 물외에는 다른 음식과 음료를 마시지 않겠다고 맹세하며 감사를 표시하였다. 이러한 행동과 함께 그는 기쁘고 즐거운 마음으로 감옥으로 갔다.[1]

이 일이 있은 지 10년 동안 죽기까지 그는 감옥 신세를 져야했다. 그가 그토록 열정적으로 예언했던 내용은 이루어지지 않았지만, 네덜란드 지역의 다른 사람들에 끼쳐진 그의 영향력은 아나뱁티즘의 미래에 아주 중요한 사건이 되었다.

뮌스터의 비극

호프만이 엠덴으로부터 네덜란드로 보냈던 제자들 중에는 재단사로 일을 하였던, 그래서 후에 스나이더Snijder라고 불렸던 시케 프릭스Sicke Freerks라는 사람과 얀 보커쯔쥰Jan Volkertszoon이라는 사람이 있었다. 시케 프릭스는 레이워덴Leeuwarden으로 보내졌고, 얀 보커쯔쥰은 암스테르담으로 보내졌다. 오랜 자유의 시간을 가졌던 사람들에게 이제 스페인의 강압적인 통치하에 박해가 시작되었다. 그래서 네덜란드 사람들은 이러한 제자들의 말을 깊이 경청할 준비가 되어있었다. 신성로마제국의 황제였던 스페인의 왕은 매우 가혹했다. 유럽 전역을 휩쓸고 있던 사회적 변화의 새로운 바람과 이러한 압제의 상황 때문인지, 사람들은 쉴새 없이 동요되었다. 사람들은 군대, 특히 지속적으로 나라를 휩쓸고 다니는 군대에 대하여 몹시 분개해있었다. 더구나 일련의 홍수로 말미암아 모든 재산들이 파괴되었고 가축들과 사람까지도 목숨을 잃었다. 역병 또한 사람들을 괴롭히고 있었다. 라이든Leiden지역의 상황은 너무나 처참했다. 그래서 사람들은 "오 주여, 이러한 엄청난 병마를 선물로 가지고 오셨으니 우리를 오래살게 두지 마시고 차라리 우리를 데리고 가소서."라고 기도할 정도였다. 한편 사람들은 재앙과 원한이야말로 하나님의 진노의 표시이라고 믿게 되었다.

거기에는 중세 교회의 빈곤에 대한 사람들의 불만도 적지 않았다. 그들은 공동의 생활을 했던 형제단에 대하여 알게 되었다. 이 공동 생활 형제단은 개혁을 몰고왔고 보다 나은 종교적인 삶을 가르치기 위해 학교를 운영하기도 하였다. 출판이 보편화 되면서 보다 많은 사람들이 성서를 구할 수 있게 되었다. 1530년 채 10년이 되지 않는 기간 동안, 부분적으로든 전체적으로든 거의 30여 종에 달하는 성서가 다른 언어로 번역, 출판 되었다. 성찬형식론자들은 미사에서 빵과 포도주가 그리스도의 몸과 피로 실재한다는 교리를 부정하였다. 1527년에 이미 성찬

뮌스터의 중심가에 위치한 성 람버티(St. Lamberti) 탑이 1534~1535년 비극의 증인으로 여전히 존재한다. 매달려 있는 세 개의 철창 속에 급진적 아나뱁티스트 리더들의 몸이 공공연하게 전시되기도 했었다. 이 도시의 남자들 대부분은 학살되었고 도망친 사람은 극소수에 불과했다.

형식론을 지지하는 미망인으로 최초의 아나뱁티스트였던 모니켄담 Monnickendam의 베인켄Weynken이 이 문제로 이단시되어 체포되었다. "성례전에 대한 당신의 주장이 무엇이오?"라는 질문이 주어지자, 그녀는 "나는 성찬식이 평범한 빵과 밀가루로 이루어지는 것을 믿습니다. 그러나 만약 당신들이 그것을 신처럼 받든다면 그것은 당신들이 마귀를 섬기는 것과 다름이 없는 것입니다."라고 대답했다. 이 일로 인해 그녀는 화형에 처해졌다.[2]

호프만의 제자들 중 네덜란드로 오면서부터 이 문제로 열정과 좌절을 동시에 겪었던 사람들은 아나뱁티즘의 가르침이 뭔가 희망을 가져다 줄 것이라 기대하였다. 그러나 이에 대한 모든 대답들이 사람들에게 용기를 가져다 준 것은 아니었다. 1533년 호프만이 감옥에 갇혔을 때, 얀 마타이즈라는Jan Matthijs 하렘Haarlem에서 온 한 제빵사가 암스테르담 지역의 리더가 되었다. 그는 열두 명의 제자를 세웠고 둘씩 짝을 져 사람들을 개종시키도록 내보냈다. 그해 말 그 중 한 조가 레이워덴 Leeuwarden을 방문했고 오베Obbe와 더크 필립스Dirk Philips를 개종시켜 세례를 주었다. 이들은 한 형제로 아나뱁티스트 초기 역사에 중요한 인물들이 되었다. 다른 제자들은 북부 독일의 도시였던 뮌스터에 도착했고 그 도시를 사로잡아 비극의 도가니로 몰아가게 되었다.

그들이 뮌스터에 도착하자 얀 마타이즈의 제자들은 자신들을 지지하며 자신들을 머물 수 있게 해줄 여러명의 설교자들을 찾아내었다. 그들은 이러한 상황을 가능한 빨리 마타이즈에게 보고하였다. 호프만의 예언이 성취되기를 기대했던 마타이즈는 1534년 초에 이 도시로 오게 되었다. 그러나 호프만이 스트라스부르를 새 예루살렘으로 주장했던 반면, 마타이즈는 새로운 예언을 통해 자신이 살고 있는 뮌스터가 새 예루살렘이라고 주장하였다. 보다 더 중요한 것은 폭력으로의 변화였다. 호프만은 평화적이었고 하나님께서 친히 정해 놓으신 시간을 기다리라고 그의 추종자들에게 요구하였다. 무기를 사용하여 사악한 사람들을 전멸시키도록 그의 신실한 자들을 부르는 가능성은 선택사항이었고 단지 그리스도께서 재림하실 때에만 국한되었었다. 그러나 마타이즈는 신실한 자들은 그리스도의 재림을 준비해야만 하며 하나님의 나라가 한 도시에 임할 수 있도록 악한 사람들을 궤멸시켜야만 한다고 가르쳤다. 그 결과 모든 사람들이 곧 세례를 받고 새로운 공동체에 가입하도록 강요되었다. 그렇지 않으면 그 도시를 떠나야만 했다. 하나님 나라를 영접하기 위하여 큰 군대가 급조직되었다.

추측했던 대로, 그 도시 밖에서 살고 있던 뮌스터의 주교는 독일 공작들의 후원을 받아 군대를 동원하였고, 새 예루살렘이라 칭해진 뮌스터를 포위하였다. 물론 이것은 뮌스터에 살고 있는 사람들의 전투정신을 더욱 고양시켰다. 얀 마타이즈가 살해되었을 때, 얀 폰 라이덴Jan van Leiden이라는 사람이 그의 리더십을 대신했다. 얀 폰 라이덴은 마타이즈의 사상보다 더 극단적이었다. 그는 자신을 새로운 다윗 왕이라고 선포하였고 아주 가혹하게 사람들을 다스렸다. 전쟁으로 말미암아 가장이 없는 가족이 많다는 이유와 구약의 몇가지 예를 들어가며 일부다처제를 도입하였다. 포위된 그룹은 극심한 가난과 병마에 시달려야했다. 결국 이 도시는 내부 배반자의 반역으로 1535년 6월 24일에 함락되었다.

뮌스터 운동은 북동부 독일과 네덜란드의 일반 사람들에게 대단한 희망을 갖게 했었다. 그러나 이제 그들은 뮌스터의 실패에 실망했을 뿐 아니라, 아나뱁티스트들이 어디를 가든지 그들에게 커다란 오명을 안겨주었다. 박해가 극한 행동으로 사람들을 몰아넣었던 역사 속의 한 사건이었음에도, 이 사건 후로 모든 아나뱁티스트들은 뮌스터 사건 때문에 환상주의자들이라든지 혁명주의자들로 분류되게 되었다.

평화주의적 아나뱁티스트들

그러나 네덜란드 지역의 모든 아나뱁티스트들이 뮌스터에 가담했거나, 호프만의 온건하고 평화스러운 입장을 취한 것은 아니었다. 이미 언급했던 오베와 더크 필립스와 함께, 아나뱁티즘은 아주 혹독한 박해 아래에서 다른 길을 모색하고 있었다. 더크 필립스는 네덜란드 운동을 이끌었던 아주 중요한 연설가, 신학자, 및 교회 리더들 중 한 사람이었다.

오베와 더크 필립스는 레이워덴의 한 사제의 아들로서 형제지간이었다. 그들은 당시 보통사람들 보다 훨씬 나은 교육을 받았다. 오베는 의사이면서 이발사로 활동하였다. 덕은 프란시스코 수도회에 가입하여 신학 공부를 한 것 같다. 이 두 형제는 1533~1534년 12월과 1월에 얀 마타이즈 제자들에 의해 세례를 받았고 오베는 세례와 동시에 장로로 안수를 받았다. 이것은 그가 다른 사람들을 리더로 세우고 안수할 수 있으며 다른 교회에 대한 책임을 수행할 수 있는 권위를 준 것이었다.

오베는 얀 마타이즈가 외친 혁명적인 가르침을 받아들이지 않았다. 그는 보다 신실하게 성서를 연구하거나 성서를 이용하는데 관심있는 잠재적인 리더들을 모았다. 그들은 무력의 사용과 뮌스터에서의 전쟁을 부추기는 예언들을 일언지하에 거절하였다. 그러나 오베의 영적인 여정은 그렇게 쉽게 끝나지 않았다. 비록 그가 뮌스터의 비극이 있은 후 질서를 회복하기 위해 부지런히 일하였음에도 불구하고, 아나뱁티즘에 끼쳐진 영향으로써 뮌스터와 같은 도시를 양산하고자 했다는 것에 점점 더 큰 환멸을 가지게 되었고, 행동으로 이러한 것을 요구하기 위해 보다 경직되고 이를 정당화하려는 모습을 보였다. 이러한 것 때문에, 그는 자기보다 먼저 안수를 받은 형제 덕과 데이비드 요리스David Joris그리고 메노 사이먼스Menno Simons와 같은 리더들이 나타난 1539~40년 즈음에 이 운동으로부터 물러났다. 이 후로 그는 어떤 교회에도 공식적으로 가입하지 않고 내면의 종교를 추구한 심령주의자가 되었던 것 같다. 이 운동에서 물러난 후, 그에 대한 기록은 북부 독일 해안에 위치한 로스톡Rostock에서 살았다는 것과 1568년에 죽었다는 것외에는 별로 알려진 바 없다. 그가 1560년 경에 왜 자신이 아나뱁티즘을 떠나게 되었는지를 설명하기 위해 쓴 짧은 신앙고백이 우리가 갖고 있는 그에 대한 유일한 기록이다.[3]

혁명을 꿈꾸던 뮌스터주의자들을 반대했던 덕은 오베와 함께 신실하게 일했다. 아나뱁티스트들 가운데 알려진 그의 저작들은 그룹이 평화적인 모습으로 발달해나가도록 격려하고 강화해 주었다. 사실상 그는 리더로서 오베의 자리를 대신하고 또 다른 리더로 떠오르고 있던 메노 사이먼스에게 리더 자리를 양보하지 않을 수도 있었다. 이제 우리는 네덜란드의 아나뱁티즘의 첫 세대 지도자로서 가장 유명한 메노 사이먼스를 살펴보고자 한다.

메노 사이먼스 Menno Simons

메노 사이먼스는 1525년 1월 21일 취리히에서 있었던 첫 번째 재세례식이 발생한지 약 10년 뒤에 아나뱁티스트가 되었다. 이는 멜키어 호프만의 제자들이 네덜란드에서 설교하기 시작한지 약 6년 정도 되었을 때였다. 그는 농부였던 부모님들이 살고 계신 네덜란드 북쪽에 위치한 프리스랜드의 작은 마을 비트마숨Witmarsum에서 태어났다. 그는 사제가 되기 위해 공부했으며, 1524년 우트레흐트Utrecht의 사제로 임명되었다. 그러나 그는 헬라어를 조금 알 뿐이었고 히브리어는 전혀 몰랐다. 그의 첫 번째 임무는 자신의 고향 서쪽으로 약 1킬로미터 정도 떨어진 핑엄Pingjum에서 세 명의 사제 중 두 번째 사제일을 담당하는 것이었다.

사제 초기 생활을 회상한 그의 글을 살펴보면, 마을의 사제로서 그

아나뱁티즘은 1530년 경 스트라스부르에서 이 사상을 전해 들은 멜키어 호프만이 유럽의 남부지방 여러나라를 여행함으로써 부분적으로 전해졌다. 메노 사이먼스가 이 평화적인 아나뱁티즘에 합류한 것은 1536년 1월이었다. 메노 사이먼스의 유능한 리더십 때문에, 동 프리스랜드의 아나뱁티스트들은 "메니스트" 혹은 "메노나이트"라고 불려지게 되었다.

가 어떻게 자신이 시간을 보내고 있었는지 알 수 있다. 그는 "카드 게임을 즐기고, 술마시고, 오락…. 아! 정말로 쓸모없는 사람들이 살아가는 습관과 생활 방식이었다."고 회상하였다. 그는 도덕적으로 아주 심각한 일에 연루되지는 않았지만, 태평한 생활 속에서 시간을 허송하고 있었다. 그러나 사제로서 첫 해에 미사를 집행하면서 빵과 포도주에 물리적으로 그리스도의 몸과 피가 실존한다는 로마 가톨릭의 교리에 대해 번민하기 시작했다. 그것은 마치 네델란들에 많이 있었던 성찬형식론자들의 영향을 받은 것처럼 보였다. 기도를 해도, 고백을 해도 이러한 질문들로부터 자신이 자유롭지 못하자, 그는 정말로 성찬식에 대하여 성서가 어떻게 말하는지 알고자 성서로 돌아가겠다는 결심을 했다. 이러한 단계를 밟기 위해 그는 글을 썼고, 루터의 영향을 받았다. 이렇게 성서를 연구함으로써 주의 만찬에 그리스도께서 물리적으로 현존한다는 식으로 교회가 성서를 잘못가르치고 있음을 확실히 알게 되었다.

곧 그는 다른 영역의 가르침들에 대하여도 의문을 품게 되었다. 그를 정말로 놀라게 한 것은, 레이워덴Leeuwarden으로 보내졌던 제자, 시케 프릭스Sicke Freerks, 스나이더Snijder가 다시 세례를 받았다는 이유로 그 도시에서 참수형을 당했다는 소식이었다. 이번에 메노는 즉시 성서로 돌아갔지만 유아세례의 시행을 지지하는 성서를 찾을 수 없었다. 그래서 그는 루터, 부처, 그리고 불링거와 같은 종교개혁가들의 글들을 연구하였다. 그들이 유아세례를 변호했지만 그들의 주장을 지지할만한 성구가 없다는 것을 메노는 알게 되었다. 그러나 이러한 의심에도 불구하고, 그는 사제직을 계속 수행해 나갔다. 사실 그는 많은 사람들의 격려 속에서 자신의 고향인 비트마숨의 사제가 되었다. 그곳에서 복음 설교가로서 그가 좋은 평판을 받고 있었기 때문이었다. 그리고 그가 사람들 가운데 깊이 침투해 있던 뮌스터의 교리를 반박하였기 때문이었다. 그는 뮌스터의 리더들과 여러가지를 의논하였고 그들을 형제라고 불렀다. 실제로 그는 멜키어를 추종하였었다. 비록 그들의 열심과 신실함을 존경하였지만, 메노는 그들이 종말론적 비전을 갖고 폭력적인 방법을 사용하는 것은 분명히 잘못되었다고 여겼다. 그는 자신의 공식적인 설교를 통해 이러한 것들을 바로잡으려고 노력하였다.

메노에게 결정적인 순간이 찾아왔다. 비극적인 뮌스터와 관련이 있는 한 중대한 사건이 발생했다. 약 300명이 되는 부대가 뮌스터를 지지하기 위해 결성되었고, 비트마숨 근처에 올드 클로이스터Old Cloister라는 수도원을 점거했다. 그들은 수도원을 포위하였고, 사람들을 포로로 잡아들였고, 그들 중 많은 사람들을 처형했다. 그들 중에는 피터 사이먼스Peter Simons라는 사람이 있었는데 그는 메노 사이먼스 동생이었다. 어쨌든 이 사건은 메노 사이먼스의 결단을 촉구하게 되는 사건이 되었다. 교회에 대한 그들의 비판은 동의하면서도, 메노 사이먼스는 그들의 잘못 인도된 열심에 대하여 개탄해마지 않았다. 편하고 안락한 생활을 영위하며, 더 나아가 자신의 명성이 높아가는 동안, 사람들은 마치 목자 없는 양처럼 방황하고 있었다. 이런 상황 속에서 약 11년 간의 내면의 갈등을 겪은 후에, 메노는 마침내 결단을 내렸다. 프리스랜드 지역 사람들의 신실함에 반응하기 위해 메노 사이먼스는 자신의 과거를 청산하기로 결정하였다. 1536년 1월 30일 작성한 메노의 공식적인 성명서에 따르면, 그리스도에게 새롭게 헌신하며 자신이 가장 동의할 수 있는 그룹이며 평화로운 아나뱁티스트들의 도움에 자신을 맡기겠다고 공표하였다.

다음 해, 그는 성서 연구 및 저술 활동에 전념하였다. 이 기간 동안에 자신이 걸어온 길과 입장, 그리고 그후 죽을 때까지 약 25년 동안 자신이 헌신해야할 입장에 대해 충분한 연구를 진행해 나갔다. 1537년 12월 어느 날, 예닐곱 사람이 메노를 찾아와 자신들의 그룹을 위해 리더가 되어달라고 요청하였다. 박해받는 그룹을 이끌어 가기 위한 이러한 부르심에 반응하는 것은 아주 심각한 문제가 되기 때문에 메노는 한참을 망설였다. 오랜 망설임 끝에 그는 이 그룹을 섬기기로 결론을 내렸다. 그는 자신에게 세례를 주었던 오베 필립스에 의해 안수를 받았다. 메노나이트 백과사전 5권 555쪽

관습도 광신도 아닌 온전한 모습으로

우리가 이미 살펴 보았듯이, 1539과 1540년에 오베 필립스는 이 운동과 결별을 선언하였다. 메노 사이먼스가 안수를 받은지 불과 2, 3년 뒤의 일이었다. 한편 그는 로마 가톨릭 교회의 전통과 벌이는 싸움에 점점 지쳐가고 있었고, 또 다른 한편으로 뮌스터의 광신적인 극단주의와의 싸움에도 지쳐있었다. 로마 가톨릭은 성서에 의해서라기보다는 전통에 이끌려가고 있었고, 뮌스터의 혁명적 생각에 정신이 팔려있는 사람들은 자신의 비전들과 기대라는 견지에서 모든 성구와 본문을 해

석하고 있었다. 이들 중에는 멜키어 추종자들이라고 불렸던 멜키어 호프만 제자들이 있었다. 이들 중간 어디쯤엔가에서 루터주의 및 캘빈주의자들이 종교개혁을 구가하고 있었지만, 여전히 로마 가톨릭의 과거 전통을 그대로 지키고 있었으며 많은 부분에 있어서 아나뱁티스트들과 첨예하게 의견 충돌을 보이고 있었다.

이렇듯 영적인 황무지 한 가운데에서 햇병아리와도 같은 아나뱁티스트 그룹을 이끄는 것이 메노 사이먼스에게 운명으로 다가왔다. 인생에 있어서 그의 사명은 반쪽짜리의 진리에서 완전한 진리가 무엇인지 분명히 가려내는 것이어야만 했다. 올바른 가르침으로 잘못된 생각을 바로잡고, 박해를 받는 이들을 위로하고, 잘못 인도된 사람들을 바로잡고, 이단으로 몰려 표적이 된 상황 아래서 새로운 교회들을 세우는 것이었다. 분쟁의 시기였던 1540년대와 1550년대 동안에 그는 많은 사람들의 도움을 받았으며 특별히 더크 필립스Dirk Philips로부터 많은 도움을 받았다. 더크 필립스의 도움을 받았지만 네덜란드 아나뱁티즘을 광신주의 및 가능한 붕괴의 위험으로부터 구해낸 것은 메노 사이먼스의 리더십이었다. 그의 리더십과 영향력으로 말미암아 아나뱁티즘에 속해있던 많은 사람들이 곧 메니스트Menists, 혹은 메노니스트Mennonists 라고 알려지게 되었으며, 결국 오늘날 메노나이트Mennonites라고 불리게 되었다.

물론 보기에 따라 다르지만 이 기간 동안 가장 어려웠던 싸움 중 하나는 로마 가톨릭의 박해에 대항하는 것도, 광신도의 혁명적인 생각들을 상대하는 것도 아니었다. 실제로 가장 어려운 싸움은 루터주의자, 캘빈주의자, 그리고 메노 자신을 따르면서 자신을 반대하는 사람들과의 싸움이었다. 이들과의 싸움은 그들이 언제, 어디서, 어떠한 모습으로 일어날지 알지 못하는 싸움이었다. 물론 다른 점도 있었지만, 메노나이트들은 개혁신앙의 여러 관점에 있어서 루터주의자들 및 캘빈주의자들과 일치하는 점이 많았다. 이들은 권위에 있어서 구약과 신약을 동등하게 보았지만, 메노나이트들은 그렇지 않았다. 메노나이트들에게 믿음에 의한 칭의란 순종을 포함하고 있으며 이것은 의식적인 믿음을 갖고 자신이 세례를 받겠다는 결정을 할 수 있을 만큼 충분한 나이에 이른 사람들에게만 의미가 있었다. 그리고 믿음의 결과들을 자신의 삶에 충분히 드러내어 교회로 모일 수 있는 사람들에게만 의미가 있었다.

이와는 대조적으로 개혁신앙의 루터주의자들과 캘빈주의자들은 여전히 공통의 종교를 갖고 있지 않은 집단이나 사회는 위험하다는 생각을 고수하고 있었다. 그들은 만약에 어떤 사람들이 교회의 멤버십을 자유롭게 선택하려고 할 때마다 그리고 잘못된 모든 것을 거절하려고 할 때마다 뮌스터주의자들을 그 단적인 예로 들먹거렸다. 메노는 1540년부터 이러한 국가 교회들의 리더들과 함께 개인적으로 혹은 문서의 형식으로 적극적인 논쟁을 벌였다. 오늘날 우리가 소장하고 있는 그의 많은 기록들은 그 당시의 논점들이 무엇이었는가를 잘 반영해주고 있다.

메노가 가졌던 최초의 중요한 회의는 1544년 엠덴의 존 에이 라스코John a Lasco와의 만남이었다. 이 회의를 통해 메노에 의해 두 편의 장문의 성명서가 처음으로 기록되었다. 두 번째 논쟁은 런던에 있는 개혁교회the Reformed Church의 목사였던 마틴 미크론Martin Micron과의 논쟁이었다. 헨리 8세와 에드워드 4세의 개혁 후에 메리 여왕이 가톨릭을 국가 종교로 복원시키자, 캘빈주의자들은 영국을 떠났다. 그들 중 몇 사람들이 1553년 겨울 비스마르Wismar 근처의 북부 독일 해안에 도착하였다. 배가 얼음에 좌초되었지만 아무도 그들을 받아들여주지 않았다. 비록 메노나이트들은 자신들의 몸을 숨겨야만 했던 피난민이었지만 위험을 무릅쓰고 이들을 도와주었다.

1554년 2월 개혁신앙 리더들의 주장에 따라 메노나이트들과 그들 간에 일련의 회의가 준비되었다. 엠덴에 거주하고 있던 미크론

(Micron)이 이 모임에 참여하게 되었다. 그는 일련의 모임들에 참여하면서 메노가 갖고 있는 생각을 끄집어 내기 위해 토론의 내용을 정리하였다. 그리고 메노와 다른 점이 무엇인지 공식적으로 답변하기 위해 토론의 기록 내용들을 출판하기도 했다. 미크론이 메노에게 답변을 함으로 개인적이면서 문서로 진행된 논쟁이 끝났다. 그러나 한편 당국이 이를 묵인하지 않았기 때문에, 메노는 그 지역을 떠나 도망을 다녀야 했다.

또 다른 논쟁은 루터주의 성향이 강했던 헬리우스 파버Gellius Faber, 별명인 Jelle Smit이라고도 알려져 있음와의 논쟁이었는데 이는 엠덴의 존 에이 라스코John a Lasco와도 연결되어 있었다. 존 에이 라스코는 1544년 메노를 상대로 논쟁에 참여한 적이 있었는데, 메노가 그런 식으로 보복을 하는 것은 너무나 불공평하다고 느낄 만큼 1552년 아나뱁티스트들을 공격하는 책을 출판했다. 헬리우스 파버에게 보내는 답신이라고 간단하게 제목이 잡혀진 메노 사이먼스의 답신에는 자신의 회심에 대한 기록 및 메노 자신이 갖고 있는 목회에 대한 소명에 대하여 소상하게 기록되어 있었다. 더우기 이 책은 세례, 주의 만찬, 교회의 규율, 교회의 본질 그리고 그리스도의 성육신에 대해 메노나이트들이 갖고 있는 이해와 종교개혁가들 및 루터주의자들과 어떤 차이가 있는지를 잘 이해할 수 있도록 기록하고 있다. 메노와 더크 필립스는 그리스도께서 몸을 마리아로부터 받은 것이 아니라 하나님으로부터 받은 것이라고 믿었기 때문에 성육신에 관한 이단으로 분류되었다. 이렇기 때문에 그리스도는 죄가 없으시고 그의 몸으로 순수한 교회를 세우실 수 있었다. 그들을 반대하는 사람들에게 이것은 그리스도의 인간됨을 부정하는 것처럼 보였고, 따라서 성육신을 부인하는 것처럼 보였다.

이러한 논쟁은 크리스천 삶의 본질과 교회의 본질이라는 두 가지 측면에서 메노나이트들이 국가교회와 근본적으로 다른 관점을 갖고 있다는 것을 분명하게 드러내주었다. 우선 크리스천의 삶의 본질에 있어서 메노나이트들은 새로운 출생(거듭남)과 제자도를 강조하였다. 단지 회개한 사람만이, 그리고 하나님의 은혜를 체험에 의해 알게된 사람만이 세례를 받고 교회에 참여할 수 있었다. 새로운 출생에 대한 증거는 자신들을 주님이신 그리스도께 전적으로 헌신한 제자로서 살아가고자 하는 진지한 노력과 시도가운데 드러나야만 한다. 사랑과 비폭력은 제자도의 절대적인 표지가 되어야 한다. 교회의 본질로서 그들이 주장하는 바는 신자들의 자발적인 모임이어야 한다. 교회의 구성원들은 그리스도께 대한 충성과 서로를 향한 사랑 만이 유일한 근간이 되어 그 범위가 정해져야만 한다. 제자로서 그들의 생활은 세상으로부터 자신들을 분리시키도록 해야한다. 사랑의 도구로써 권징(ban)은 교회 구성원 간에 잘못을 경고하고 순화시킬 목적에 맞도록 사용한다. 교회를 자신들의 권위 아래 복종시키기 위해 국가가 칼(무력)이나 다른 방법들을 사용하는 것은 그리스도와 제자들의 가르침과 본보기에 반대되는 것이기 때문에 거부되어야 한다. 그러나 메노는 크리스천이 행정(정치)인이 되는 것에 대하여 긍정적으로 보았다.[4]

베이튼버거, 요리스트, 그리고 아담 패스터
Batenburgers, Jorists and Adam Pastor

광신도들을 향한 이러한 국가교회 및 로마 가톨릭의 박해와 반대는 점점 더 가중되었다. 그들은 단지 메노의 사역을 잠식했을 뿐만 아니라, 아나뱁티즘 전체를 싸잡아 악평하였다. 베이튼버거, 요리스트, 그리고 아담 패스터는 이러한 일에 가장 앞장서서 활동한 사람들이었다. 특히 베이튼버거는 그들 중에도 가장 타락의 정도가 심했다. 그들은 뮌스터의 폭력적 전통을 계승하고자 시도했고, 교회의 물건을 약탈하고 공격하며, 자신들의 신앙을 받아들이지 않는 모든 사람들을 죽였다. 그

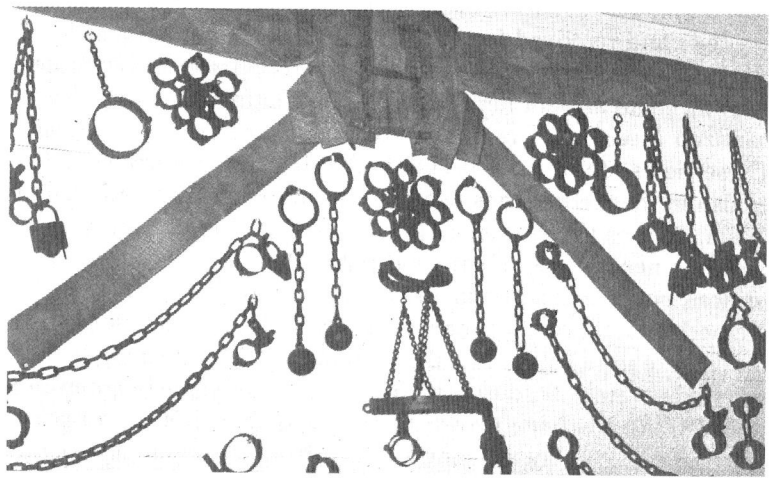

프랜더스 지역 특히 헨트(Ghent), 브루흐(Brugge), 이퍼(Ypres)와 같은 무역의 중심지에서 융성했던 아나뱁티즘은 60년간의 피를 부른 박해 후에 생존자들이 북쪽의 네덜란드로 옮겨갔다. 1535년과 1592년 사이, 헨트 성(the castle at Ghent)에서만 약 110명의 아나뱁티스트들이 고문을 당하고 처형되었다. 그 성 안에는 팔과 다리를 채웠던 족쇄들과 죄수복이 전시되어 있다.

들은 뮌스터에서 실행했던 일부다처제 및 재산의 공동소유를 실행하였다. 그들의 영향력은 몇 년 가지 못해 1544년에 끝이 났지만, 그들의 악행들은 평화로운 아나뱁티스트들조차 이들과 한 부류라고 인식되어 엄청난 어려움을 가져다 주었다.

요리스트들은 오베 필립스에 의해 안수를 받은 아주 유능하고 설득력있는 데이빗 요리스David Joris의 추종자들이었다. 뮌스터의 실패 이후에 흩어져 있던 사람들을 규합하여 또 다른 기회를 노리고 있던 사람이 바로 요리스였다. 메노 사이먼스와 벌였던 그의 논쟁은 메노 사이먼스가 성서에 기록되지 않은 모습으로 살고 있다고 공격하면서 가열되었다. 그리고 성령과 예언에 대하여 특별한 강조점을 두기 시작하면서 뜨거워졌다. 메노 사이먼스는 성서의 권위가 최고라는 점에 대하여 그리고 요리스의 잘못에 대하여 매우 강경한 어조로 편지를 써야할 필요를 느꼈다. 그는 요리스에게 "예언적 사도적 성서들이 주어졌음에도 너는 성령의 지혜에 앞서 가며, 너의 허황된 꿈, 광신, 열정, 수사학적 기량, 주술적 환상에 빠져있구나." 하며 강하게 도전하였다.[5]

이에 대해 요리스는 인류 역사에 있어서 세 번의 기간 혹은 분배가 있었는데, 그것은 구약의 다윗을 포함한 성부의 시대, 그리고 신약의 두 번째 다윗이었던 예수 그리스도로 말미암은 아들의 시대, 그리고 새 시대의 다윗인요리스 자신과 함께하는 성령의 시대라고 역설하였다.

요리스는 내면의 영적 삶이 크리스천들을 위한 모든 것이라고 믿었기 때문에, 당면한 박해를 피하기 위해서라면 겉으로 종교개혁자들 편에 붙거나 로마 가톨릭인 것처럼 가장하는 것은 문제가 되지 않았다. 1544년 이후로 그는 얀 반 부르흐Jan van Brugge라고 자신의 이름을 바꾸어 가며 스위스의 바젤로 옮겨갔다. 그리고 자신을 벨기에에서 도피 중인 종교개혁 상인이라고 소개하였다. 동시에 그는 네덜란드에 있는 자신의 추종자들과 비밀스런 서신 왕래를 하거나 자신의 일을 위한 방편으로써 소책자를 발행하면서 명예로운 시민이요 존경받는 교인으로 살아갔다. 1556년 8월 25일 그가 죽은 후에 바젤의 고위 직에 있는 명망있는 가족들과 결혼한 그의 자녀들에 대하여 분개한 한 가족과의 분쟁이 불거지면서 그의 진짜 모습이 드러나게 되었다. 그가 이단이었기 때문에, 그의 시신은 파헤쳐졌으며 그의 책과 더불어 불에 태워졌다. 네덜란드에 있던 그의 추종자들은 17세기까지 명맥을 유지하였다.6)

메노 사이먼스를 어렵게 만들었던 세 번째 그룹은 아담 패스터Adam Pastor로 별명은 Roelof Martens의 추종자들이었다. 아담 패스터는 독일 사제로 1533년 아나뱁티즘에 참여하였다. 1542년 다른 리더들과 함께 장로로 사역할 수 있도록 메노 사이먼스는 아담 패스터에게 안수하였다. 아담 패스터는 1546년 뤼베크에서 요리스트들을 상대로 했던 논쟁에 참가하였을 뿐만 아니라, 1547년 호흐Goch와 엠덴에서 열린 회의에도 참석하였다. 그러나 곧 패스터는 그리스도의 신성과 성육신과 관련된 문제들과 더불어 삼위일체를 믿지 않게 되었다. 결국 그는 1547년 메노와 덕Dirk에 의해 교회로부터 출교되었다. 1522년 메노는 그리스도의 신성에 대한 토론을 하기 위해 그와 다시 만났지만, 그의 마음을 다시 돌려놓을 수는 없었다. 메노는 최고의 권위로써 성서를 고수하였고, 패스터는 성서보다는 논리와 이성을 우위에 두었다. 패스터는 메노나이트들 중에 최고의 교육을 받은 사람 중 하나였다. 그러나 메노와 그의 동료들은 이성이 성서에 의해 점검되고 판단을 받아야 하는 것이지, 성서가 이성에 의해 판단받는 것은 아니라고 믿었다. "아담의 추종자들"은 1560년대 패스터가 죽은 이후에도 한 동안 그룹의 명맥을 이어나갔다.

이와같이 전통주의자들과 광신도들을 상대로 메노와 덕은 믿음과 생활에 있어서 최고의 권위로 성서를 고집하였다. 예언의 사용과 성령의 내면적 말씀, 비전 혹은 이성은 모두 성서에 의해 다시금 점검을 받아야만 했다. 메노와 덕에게 있어서 성서가 그리스도의 가르침과 모범에 의해서 이해되어야만 한다는 것은 너무나도 분명했다.[7)]

오베가 그들을 떠난 후에 메노 사이먼스는 자신에게 속한 무리들을 돌아보고 보호하며 이상한 무리들을 상대로 논쟁하는 등 모진 수고를 아끼지 않았다. 이 기간동안 그는 상당한 현상금이 걸려있는 현상수배자였다. 1536년 그는 거트루드Gertrude와 결혼을 하였다. 불행히도 우리는 그녀에 대해 알고 있는 것이 많지 않다. 결혼한 후 9년 뒤에 그는 "이 나라 그 어느 곳에서도 나의 불쌍한 아내와 어린 아이들이 안전하게 1, 2년 동안 머물수 있는 오두막이나 헛간을 찾을 수가 없었다"고 기록하였다. 1539년 1월 프리스랜드의 핑엄에서 그리 멀지 않은 킴스베르드Kimswerd라는 작은 마을에 차르드 레닉스Tjaard Renicx라는 사람이 추방되었는데, 이유는 그가 메노에게 은신처를 마련해 주었기 때문이었다. 메노가 낳은 두 명의 딸과 한 명의 아들 중, 한 명의 딸만이 그보다 오래 살았을 뿐이었다. 언제 그렇게 되었는지는 잘 알수가 없지만, 메노는 평생 절름발이로 살았다.

이러한 장애가 있었음에도 불구하고 메노는 암스테르담으로부터 단찍에 이르기까지 여행을 마다하지 않았다. 한때 더크 필립스가 장로로 활동하였던 지역인 발틱해 동쪽 먼 곳까지도 여행을 했다. 그는 원수들을 만나도 용기를 잃지 않았고, 교회 안의 사람들에게는 동정심을 아끼지 않았다. 그는 뜨거운 논쟁거리가 될만한 논문들뿐만 아니라 묵상을 위한 자료들 또한 저술했다. 그가 항상 일관성있게 글을 쓰지 못해 때론 실수를 했지만, 그는 종종 그의 부르심에 대한 부담을 깊이 느끼기도 했으며 그의 이러한 판단은 일반적으로 건강한 것이었다. 이러한 것은 그의 리더십과 글들이 폭넓게 받아들여짐으로 충분히 증명되었다.

고난을 통한 증거

수 많은 사람들은 역동적으로 자신의 영웅적 신앙을 드러내고자 하였지만, 메노 사이먼스와 더크 필립스 같은 리더들은 교회의 기초를 세워야할 필요성을 느꼈다. 이들은 영적인 무기들을 가지고 싸우는 십자가의 군병들이었다. 이러한 주제로 메노 사이먼스는 『성인들의 십자가』The Cross of the Saints라는 아주 훌륭한 책을 썼다. 이 책으로 인해 네덜란드 지역의 수 많은 사람들이 십자가의 참된 의미가 무엇인지 알게 되었다.

중세 시대에 교회와 국가는 너무나도 가깝게 연결되어 있었기 때문에 국가 의무의 한 부분으로 교회를 생각하였고 따라서 국가는 이미 존재하는 국가교회를 받아들이도록 믿음을 강요하였다. 만약 교회가 어떤 사람을 이단으로 선언하면 그 사람은 국가에 굉장히 위험한 인물로 간주되었고 사회로부터 격리되거나 제거되었다. 아나뱁티스트들은 이단으로 간주되었다. 이들은 고대의 이단처럼 취급되었다. 콘스탄틴Constantine이후에 로마 제국에서 두번 세례를 받는 사람은 누구를 막론하고 사형에 처해졌다. 이러한 견해들은 16세기에도 우세하였고 특별히 포악한 스페인의 통치를 받고 있었던 네덜란드 지역에서도 지속되었다. 찰스 5세는 독일의 루터를 너그럽게 보아주었는데, 이는 그가 독일의 군주들로부터 군사적 정치적 후원을 받아야만 했기 때문이었다. 그러나 네덜란드의 개혁에 대하여는 철저하게 박해하였다. 네덜란드에서는 캘빈주의자들이 강해지기 시작한 1555년까지 아나뱁티즘이 개혁의 주체였기 때문에, 아나뱁티스트들은 아주 혹독한 박해를 받아야만 했다. 벨기에와 네델란들 지역의 순교자들에 대한 수 많은 연구들은 약 1,500명의 아나뱁티스트들이 순교를 당하였으며, 이 운동이 시작된 이래부터 1574년 마지막 순교자가 나오기까지 총 2,500명의 아나뱁티스트들이 순교당한 것으로 보고하고 있다.

아나뱁티스트인 더크 빌렘(Dirk Willems)가 자신을 체포하고자 했던 경찰을 구해주고 있다. 얀 루이켄(Jan Luyken)이 새긴 이 동판은 『순교자들의 거울』이라는 책에 실려있는 것으로 원수를 사랑했던 아나뱁티스트들의 사랑을 있는 그대로 묘사한 것이기 때문에 여러 세기에 걸쳐 메노나이트들과 다른 아나뱁티스트 관련 그룹들의 상상력을 사로잡았다.

더크 빌렘Dirk Willems는 순교자의 모범이 되었다. 한 겨울 그가 감옥으로부터 도망나왔을 때, 그는 아나뱁티스트들을 잡아들이도록 조직된 경찰들에 의해 추격을 받고 있었다. 그는 얇게 얼음이 언 강 위를 가로질러 도망 중이었고 탈주에 성공하였다. 그가 잠깐 뒤를 돌아 보는 순간, 자신을 쫓아오던 한 사람이 깨진 강물에 빠져들어가며 도움을 요청하는 모습이 보였다. 덕은 도망가던 발걸음을 돌려, 즉시 물에 빠진 사람을 구해주었다. 그러나 강저편 상관의 명령 때문에 덕은 자신을 구해준 사람의 손에 의해 그 자리에서 체포되었다. 1569년 5월 16일 덕은 화형에 처해졌는데 이는 자신의 목숨을 걸고 자비를 베푼 행동의 결과였다.

감옥의 죄수들에 대한 처우는 극도로 잔인했다. 다른 사람들의 이름, 특히 아나뱁티즘을 이끄는 리더들의 이름을 폭로하도록 하기 위해 고문틀 및 여러 고문기구들에 의해서 뼈가 부러지기도 했다. 변하지 않는 모습으로 고문을 버틴 사람들에게 마지막으로 처해진 방법은 화형식이었다. 때때로 교살시키기도 하였고, 때때로 자비를 베푸는 의미에서 죄수의 머리와 수염에 화약을 잔뜩 발라놓고 화형을 시키기도 하였다. 이는 화약이 터지면 빨리 죽음으로 그의 고통을 단축시킬 수 있다는 의미에서였다. 아나뱁티즘을 포기한 남자들은 참수형의 위기에서, 여자들은 수장의 위기에서 자비가 베풀어졌다. 그러나 어떤 여자들은 생매장되기도 했다. 어떤 사람들은 교수형에 처해지기도 했다. 1536년에 세 명의 형제들과 한 자매에 대한 다음의 기록은 대부분의 순교자들의 변하지 않는 신념이 어떠했는지 보여주고 있다:

> 그들 또한 순수한 시민이었지만 그들의 기본적인 인권은 지켜지지 못하고 고문대 위에 놓여졌다. 비록 고문을 당해 피가 발아래로 흘러내렸지만, 그들은 자신들의 신앙을 버리지 않았다. 그들은 하나님만을 신뢰하였고, 하나님께 부르짖었다. 고문 대에서 잠시 내려질 때마다 그들은 하나님의 말씀으로 서로를 위로하였다. 그렇지만 잠시 후, 또 다시 고문대 위에 올려졌다. 살전4:18

> 9월 4일, 마침내 그들은 사형언도를 받았다. 그들은 교수대에 올려졌고 그리스도의 양들처럼 겸손하게 그러나 담대하게 세워졌다. 결국 그들은 무릎을 꿇고 스데반의 말처럼 "주 예수여, 내 영혼을 받으시옵소서"라고 기도했다. 사도행전 7:59. 그들은 모두 신속히 참수되었고 그들의 몸은 불태워졌으며 참수된 그들의 머리는 말뚝에 걸려 전시되었다. 이와 같이 그들은 자신을 희생제물로 드렸다.[8]

박해는 신자들이 자신들의 신앙이 어떤 것인지 미리부터 잘 알고 행동하도록 도와주었다. 쾰른Cologne의 출판일을 도왔던 토마스 반 임브로이히Thomas van Imbroich는 1557년에 감옥에 투옥되었다. 그의 아내에게 보내진 두 통의 편지가 『순교자들의 거울』Martyrs Mirror에 기록되어 있다. 후세의 아나뱁티스트들은 깊은 생각과 확신을 보여주었던 그로부터 신앙 고백을 전수받고 있다. 그가 아내와 믿음의 형제들에게 쓴 편지에는 다음과 같이 기록이 되어 있다:

> 만약 주께서 그의 이름에 대한 나의 피를 증거해주실만한 가치가 있다면, 이 얼마나 감사한 일이겠는가? 그렇다면 나는 인내로 이러한 맹세를 지킬 뿐 아니라, 그리스도를 위해서 기꺼이 죽음도 마다하지 않을 것이다. 그러한 기쁨으로 나의 갈길을 마치길 희망한다. 왜냐하면 이 악하고 끔찍한 세상에서 다시 사는 것보다 주님과 함께 있는 것이 더 낫기 때문이다. 하나님의 뜻이 이루어질 지어다. 아멘.9)

토마스는 1558년 3월 5일 스물 다섯의 젊은 나이에 그의 죽음으로 자신의 신앙을 증거하였다. 사형장에서 보여진 이러한 아나뱁티스트들의 증거는 수 많은 사람들을 감동시켰다. 그래서 정부는 이들의 사형집행을 비밀리에 행하거나 순교자들의 입에 재갈을 물리고 사형을 집행하기도 하였다. 그들 중 어떤 사람들은 재갈을 물려도 자유로이 혀를 놀릴 수 있었기 때문에 혀를 움직이지 못하도록 특별히 고안된 죔쇠를 물리기도 하였다. 죔쇠를 물리기 위하여 혀끝을 불로 지지는데 그렇게 하면 혀가 부어오르고 죔쇠로부터 미끄러지지 않게 되었다.

모든 사람이 아나뱁티스트들에게 사형집행을 원한 것은 아니었다. 요리스 윕페Joris Wippe라는 사람은 프랜더스의 미넨Meenen 시의 시장이었는데 그가 아나뱁티스트 신자가 된 이후 도르드레흐트Dordrecht로 이

사했다. 그의 친구들과 관료들은 그에게 도망가라고 권고하였지만 그는 그들의 권고를 받아들이지 않았다. 결국 그는 체포되어 재판에 회부되었고 사형을 언도 받았다. 그러나 윕페의 사형을 명령받은 담당관은 윕페가 자신의 아내와 아이들이 가난했을 때 도와준 사람임을 알고 눈물을 흘릴 수 밖에 없었다. 결국 다른 집행관이 그의 사형을 집행하도록 보내졌다.

이러한 순교자들에 대한 간증과 편지들 중에 아주 훌륭한 기록들이 많이 있다. 이러한 간증과 편지들은 『순교자들의 거울』[10]이란 책으로 엮어져 출판되었다. 이러한 글들은 신자들이 자신의 죽음을 믿음을 보증하는 것으로 이해하고 있음을 보여주고 있다. 만약 그들에게 인내의 은혜가 주어지지 않았더라면 하나님은 그들을 그러한 운명에 처하도록 하지 않으셨을 것이다. 또한 그들은 자신들의 고난들이 영생으로 인도하기 위한 하나의 시험이라고 믿었다. 그들은 그리스도의 고난을 함께 나누는 것이라고 믿으며 최후 승리를 위해 십자가의 길을 따랐다. 그들은 결국 최후 승리의 기쁨 또한 그리스도와 함께 누리게 될 것이기 때문이었다.

1) Georg H. Williams and Angel M. Mergal, 편집. *Spiritual and Anabptist Writers*. Philadelphia, Pa.: The Westminster Press, 1957, pp. 209-210.
2) T.J. van Braght, 『순교자들의 거울』(*Martyrs Mirror*). Scottdale, Pa.: Hereld Press, 1938. p.422.
3) Williams and Mergal, *Spiritual and Anabaptist Writers*, pp. 204-225. "신앙고백"은 Ten Doornkaat Koolman in the *Urkundenbuch der Gemeinde Heubuden(record book*, Prussia) now at the Weierhof, Palatinate, research center.
4) Leonard Verduin and J.C. Wenger, *The Complete Writings of Menno Simons*, c. 1496~1561. Scottdale, Pa.: Hereld Press, 1956.
5) 앞의 책, p. 1019. Joris expressed joy that the Holy Spirit was finally speaking Dutch and not only Greek and Latin. 요리스는 마침내 성령께서 그리스어와 라틴어로뿐만 아니라 네덜란드어로 말씀하신 것에 대해 기쁨을 표하였다.
6) Gary K. Waite, *David Joris and Dutch Anabaptism*, 1524~1543. Waterloo, Ont.: Wilfred Laurier University Press, 1990.
7) Cornelius J. Dyck, William E. Keeney, Alvin J. Beachy. *The Writings of Dirk Philips*, 1504~1568. Scottdale, Pa.: Hereld Press, 1992.
8) 『순교자들의 거울』(*Martyrs Mirror*), p.445.
9) 앞의 책, p 579.
10) G. D. Studer, "History of the Martyrs Mirror." MQR(july 1948), 22:163~179.

그 외의 자료들: ME 3:824-843; 5:622-623. William E. Keeney, *The Development of Dutch Anabaptist Thought and Practice from 1539-1564*. Nieuwkoop, Neth.:B. de Graaf, 1968. Cornelius Krahn, *Dutch Anabaptism. Origin, Spread, Life and Though*(1450-1600). The Hague, Neth.: Martinus Nijhoff, 1968. Cornelius J. Dyck, ed. *A Legacy of Faith. The Heritage of Menno Simons*. North Newton, Kans.: Faith and Life Press, 1962. John S. Oyer and Robert S. Kreider, *Mirror of the Martyrs*. Intercourse, Pa." Good Books, 1990. Gereld R. Brunk, ed. *Menno Simons. A Reappraisal*. Harrisonburg. Va.: Eastern Mennonite College, 1992.

7장

북부 유럽의 아나뱁티스트와 메노나이트 1550~1650

16세기 유럽 나라들 간에 존재하는 삶의 특징들은 20세기 및 현재의 유럽처럼 그렇게 첨예하지 않았다. 국가의 경계선을 넘나드는 활동 또한 훨씬 쉬웠다. 네델란드 메노나이트들이 하나의 분명한 단체를 형성하게 된 것은 16세기 후반이나 되었을 때였다. 북동부 독일에 있었던 회중들뿐 만 아니라 단찍Danzig에 이르기까지 멀리 떨어져 있었던 교회들도 네델란드 회중들과 함께 가까이 결속되어 있었다. 이번 장에서 우리는 17세기 중반에 이르기까지 아나뱁티즘이 얼마나 성장했는지 살펴볼 것이며 그 규모가 어떠했는지 이해하기 위해 북부 유럽 여러지역들에 퍼져있는 메노나이트들을 전체적으로 살펴 보고자 한다. 그러기 위해 우선 프랜더스 지역을 먼저 살펴보고, 북서부 벨기에의 여러 지방들, 그리고 해협을 건너 영국과 북부 독일 및 현 폴란드에 해당하는 비스툴라 삼각지Vistula Delta의 동부지역을 살펴보게 될 것이다. 결론부에서 우리는 운동의 원래 중심지인 네델란드를 집중적으로 조명하여 살펴볼 것이다.

벨기에에서의 아나뱁티즘

벨기에에서의 아나뱁티즘은 네덜란드에 있어서의 시작과 아주 흡사하다. 그곳의 사람들 역시 중세의 종교생활에 대해 상당히 지쳐있었고 새로운 사상들을 받아들일 준비가 되어있었다. 이미 2장에서 네덜란드를 설명하며 살펴본 것과 같이, 벨기에도 거의 같은 상황이었다. 멜키어 호프만Melchior Hoffman의 제자들 또한 이 지역을 찾아왔고 이 운동에 기꺼이 참여하고자 하는 청중들을 찾아나섰다. 비록 그들의 설교가 프랜더스 사람들을 사로잡지는 못했지만, 그들의 메시지가 가져다 주는 주요한 영향은 충분히 느껴질만 한 것이었다.

1530년부터 1550년까지 이 지역 개혁의 주체는 아나뱁티스트들이었다. 이 지역의 최초 순교자들은 1523년에 있었던 루터주의자들의 순교였지만, 루터주의는 벨기에에서 한 번도 대중의 지지를 얻지 못했다. 마찬가지로 캘빈주의 또한 1544년 전까지 미세한 영향력을 행사할 뿐이었다. 그러나 1550년 후반부터 스페인으로부터 독립전쟁을 하게 된 1560년까지는 상당한 호응을 얻었다. 후에 캘빈주의는 벨기에에서 추방되었지만, 이들은 네덜란드에 있는 대부분의 개신교 조직체 중 가장 큰 개신교 단체이다.

아나뱁티즘은 다른 사람들보다 매우 쉽게 이곳 저곳을 다닐 수 있었던 상인들과 직공들의 노력을 통해 빠르게 번져갔다. 박해는 1535년 10월 10일, 1539년 1월 24일, 1541년 12월에 걸쳐 발효된 명령들과 더불어 즉각적으로 이루어졌다. 이러한 명령은 많은 사람들을 죽음에 이르게 했으며 안트워프Antwerp와 다른 무역 센터들을 잇는 무역로를 오가는 많은 사람들을 도망가게 만들었다. 프레미시Flemish-Flanders 지역의 사람들 사람들은 프레미시 배들이 무역을 위해 갈 수 있는 곳이라면 영국뿐만 아니라 아주 먼 단찍 동부와 가맹되어있는 북부 독일의 도시들까지 피신하였다.

수 많은 기록들에서 볼 수 있듯이 아나뱁티스트들이 매우 활동적이었음에도 불구하고, 아무도 리더십을 연명해나갈 수 없을 만큼 박해는 엄청났으며 조금의 여유도 주지 않았다. 그러므로 프랜더스 이야기는 주로 교회를 세우고, 복음을 전파하고, 교회를 유지했던 수 많은 평신도들에 대한 이야기로 일관되어 있다. 예를 들어, 우리가 알고 있는 안트워프 지역의 얀 크라센Jan Claeszen이란 사람은 1544년에 메노 사이먼스의 글들을 600부나 소유하고 있었다고 한다. 신실한 사람의 죽음을 목격하는 것은 자주 있는 일이었고 따라서 이들은 살아있는 증인으로써 사람들에게 귀한 인상을 심어주었다. 1550년부터 1576년까지 아나뱁티즘은 꾸준한 성장을 보였다고 기록되어 있다.[1)]

이 그룹들에게 필요했던 리더십의 도움은 네덜란드의 아나뱁티스트들로부터 전해지기도 했다. 메노 사이먼스와 더크 필립스의 동료였던 질리스 반 아켄Gillis van Aken은 1555년 자신이 체포되기까지 이 지역에서 일을 하였다. 그에 대한 이야기는 아주 슬프게 끝난다. 비록 그가 죽음의 위협으로 말미암아 신앙을 포기하였지만, 그의 연약함은 단지 사형의 형태를 화형에서 참수형으로 바꾸어 놓았을 뿐 아무런 도움을 주지 못했다. 소문에 의하면 1557년 7월 10일에 시행된 사형식에서 그는 "육신과 영혼을 동시에 잃는다는 것은 너무한 것이 아닌가"라고 말했다. 위대한 선교사였던 레오나르드 보우웬Leonard Bouwens 또한 이 곳에서 수고를 아끼지 않은 사람이었다. 그의 일기에 따르면 자신이 베푼 세례만 해도 10,252명에 이르며 각 사람들의 이름과 날짜와 장소를 정확하게 기록하고 있다.

이들 중에 592명이 현재 벨기에 지역 출신이었다. 우리가 알고있는 바에 따르면, 이것은 전체 아나뱁티즘 역사에 있어서 한 사람이 세운 유일 무이한 기록이다. 메노 사이먼스가 보우웬의 아내에게 보낸 편지가 아직도 보존되어 있는데, 그 편지에는 하나님께서 특별하게 돌보시

네덜란드의 위대한 시인이었던 요스트 반 덴 본델(Joost van den Vondel, 1587-1679)은 암스테르담에 있는 워터랜더 교회의 집사였다. 얀 아드리앤쯔 리흐바터(Jan Adriaensz Leeghwater)는 아주 뛰어난 토목기사요 건축가요 발명가였는데 네덜란드, 덴마크, 프랑스, 프러시아 정부를 위해 여러 간척 사업을 감독하였다. 제미 요아네스 데크네텔(Jeme Joannes Deknatel, 예미 요아네스)는 1735년 암스테르담 메노나이트 신학대학원을 설립하는데 큰 기여를 하였다.

고 계시니 남편의 안전에 대하여 염려하지 말라는 위로의 내용이 담겨 있다. 그녀가 남편을 위해 가능한 집 가까이에서 일하며 보다 덜 위험한 일을 지정해달라는 편지를 썼던 것 같다.

1576년부터 1586년까지는 아나뱁티즘이 상대적으로 자유를 누렸던 기간이었다. 비록 그 어느 그룹도 아나뱁티즘이 급성장하는 것을 원하지 않았음에도 불구하고, 독립을 구가하던 캘빈주의자들과 스페인에 충성을 보였던 가톨릭교도들 사이에 있었던 치열한 전쟁 때문에 잠깐 동안 당국이 손을 쓸 수 없게 되었다. 그러나 스페인과 가톨릭이 벨기에에서 캘빈주의에 승리를 거두게 되자 1586년에 다시 박해가 시작되었다. 아나뱁티스트들에 대한 새로운 압박과 북부 네덜란드 지방에 불었던 엄청난 자유에 대한 관심이 점점 더 많은 아나뱁티스트들을 이동하게 했다. 어떤 사람들은 보다 안전한 삶을 위해 벨기에의 대도시들로 이사했지만 결국 이들 또한 모두 추방되었다. 순교와 이주가 그들의 신분을 비참하게 만들었기 때문에, 1640년 벨기에에는 아나뱁티스트들이 거의 존재하지 않았다. 이와같이 약속의 출발은 고향땅에 남아있는 몇 안되는 생명의 흔적조차도 찾을 수 없게 끝이 나버렸다.

영국의 아나뱁티스트들

영국에 있었던 아나뱁티스트운동을 추적하는 것은 매우 흥미로운 일이긴 하나 여간 어려운 일이 아니다. 그 이유는 아나뱁티즘의 직접적인 결과라고 동일시할만한 분리된 아나뱁티스트들의 교회가 존재하지 않고, 우리가 현재 가진 기록들의 대부분이 아나뱁티스트들을 반대하거나 박해했던 그룹들이 남겨 놓은 것뿐이기 때문이다. 그러나 영국은 아나뱁티즘의 본고장이라고 할 수 있는 독일 본토와는 상당히 다르고, 최소한 회중교회, 침례교회, 퀘이커라는 세 개의 주요 교단이 아나뱁티즘으로부터 분명한 영향을 받았다는 흔적을 보여주고 있기 때문에 영국의 아나뱁티즘을 추적하는 것은 매우 흥미로운 일이다.

최소한 1535~36년 무렵, 영국에서 스물 다섯 명의 네덜란드 아나뱁티스트들이 체포되어 재판을 받았다. 아나뱁티스트들의 글들은 그 이전에 존재했었다. 예를 들어 미들부르그Middleburg의 얀 마타이즈Jan Matthijs-뮌스터 운동의 지도자였던 얀 마타이즈와 다른 인물와 같이 이들은 뮌스터의 비극에 이어진 진노를 피하기 위해 일찌기 영국으로 도망왔던 사람들이었다. 에드워드 4세 통치 기간의 영국은 이전 통치자였던 헨리 8세와 이후 통치자였던 메리 여왕보다 아나뱁티스트들에게 훨씬 관대하였다. 아나뱁티즘을 반대하는 정도 또한 투옥이나 설득하는 정도로 제한해 놓았다. 이렇게 박해완화 정책을 편 에드워드의 노력 덕분에, 결국 아나뱁티스트들은 이전보다 훨씬 자유롭게 일을 할 수가 있었다. 아나뱁티스트들이 강하게 나타났던 지역은 프랜더스를 떠나온 피난민들이 처음 정착한 런던과 동부해안 지역이었다. 직물 무역은 영국과 대륙 직물상들의 요구에 의해 급성장하는 산업이었기 때문에 해협을 왕래하는 것은 아주 쉬운 일이었다.

메리 여왕은 박해를 가중시켰다. 그래서 이 시대에는 다른 개신교 순교자들의 숫자 또한 적지 않아 아나뱁티스트 순교자들만을 별도로 구별하는 것은 쉽지 않다. 그러나 아나뱁티즘이 강한 지역에 순교자들이 가장 많았다는 것은 분명한 사실이다. 1567~1573년 벨기에에 있었던 알바의 "공포의 통치"Alva's "reign of terror" 기간에, 수 천명의 사람들이 안전을 찾아 엘리자베스 여왕이 통치하는 영국으로 피신해왔다. 그러나 1560년과 1568년에 엘리자베스 여왕은 영국에 머무는 모든 아나뱁티스트들을 잡아들여 재판에 회부하라는 조서를 교회에 통지하였다. 『순교자들의 거울』은 1575년 런던에서 있었던 아나뱁티스트들의 체포와 박해에 대하여 길게 설명하고 있다.[2]

그러나 1580년부터, 영국에서는 아나뱁티스트들을 위한 새로운 시대가 개막되었다. 다른 그룹들이 국가교회로부터 분리하여 자신들의 조직을 형성하게 되자, 아나뱁티스트들에게도 보다 관대한 관용이 베풀어졌다. 왜냐하면 국가교회에서 분리된 이 교회들의 중심 사상이 국가와 교회의 분리, 성인 신자들의 세례, 그리고 외부의 통제가 없는 지역 교회의 자유 등 여러가지 내용이 아나뱁티즘이 주장하는 독특한 내용과 유사하거나 똑같은 내용이었기 때문이다. 이러한 그룹들이 있었던 핵심지역들은 여전히 아나뱁티스트들이 많이 살고 있는 지역들이었다.

    셀수 없이 많은 새로운 그룹들이 네덜란드의 메노나이트들과 긴밀한 관계를 갖고 있었다. 그들 중 어떤 사람들은 더 많은 자유를 찾아 아예 네덜란드로 이주하기도 했다. 이러한 예중 하나가 1608년 자신의 그룹과 함께 네덜란드로 왔던 존 스미스John Smyth의 경우이다. 두 개의 회중교회가 조직되었다. 그중 하나는 스미스의 영향력 아래 암스테르담에 있었고, 또 다른 하나는 존 로빈슨John Robinson의 영향력 아래 라이덴Leiden에 있었다. 이 회중교회들 간 에 전해내려오는 다음과 같은 기록이 있다. "네덜란드 메노나이트와 접촉한 결과로 스미스 회중교회는 성인 세례를 시행하게 되었다. 일반 침례교회의 기원은 이들 메노나이트들로부터 연유한다. 1620년 새로운 세상을 향해 항해했던 청교도the Pilgrim Fathers들 중 많은 사람들이 로빈슨 교회의 멤버들이었다."[3] 아나뱁티즘의 교리는 1644년에 시작된 퀘이커교에도 아주 큰 영향을 미쳤다. 조지 폭스George Fox와 다른 퀘이커들은 17세기 독일과 네덜란드의 메노나이트들이 살고 있는 지역들을 광범위하게 여행하였다.

    요약하자면, 영국에서의 아나뱁티즘은 지속시킬만한 아나뱁티스트 교회를 형성하지 않았고, 그들의 숫자도 별로 많지 않았다. 그러나 그들의 신앙과 삶은 영국 개신교의 역사에 많은 영향을 미쳤다. 아나뱁티즘의 이름은 드러나지 않았지만, 당시 여러 개신교 그룹들이 독일, 스위스, 프랑스 그리고 네덜란드에 남아있는 메노나이트들의 영향을 받아 주요한 원리들을 받아들였다.

북부 독일의 메노나이트

지리적 위치에 따라 결정적인 영향력을 행사했던 통치자들의 관용은 엠덴(Emden)을 북부 유럽의 주요한 항구요 중심지가 되게 했다. 메노 사이먼스는 1536년부터 1544년까지 상당한 시간을 이 지역에서 보냈다. 엠덴은 메노나이트 역사에 있어서 여러 중요한 회의가 개최된 장소였다. 1547년 엠덴의 모임에서 메노 사이먼스는 여섯 명의 동료들을 만나 성육신, 유아세례, 남편이든 아내든 회중의 징계하에 있는 배우자를 만나지 못하도록 하는 권징 등 교회의 중요한 주제들에 대해 토론하였다. 대개 그러한 회의들이 열릴 때면 서로 다른 지역에서 사역을 담당하고 있는 일곱 명의 장로들을 초청하도록 되어 있었다. 1568년 1월 17일 워터랜더Waterlander 메노나이트들이 일을 하기 위해 엠덴에서 만나 함께 스물 한 개 조항에 대한 동의서를 만들어냈다. 그후 1578년 2월 25일부터 5월 17일까지 프레미시Flemish 메노나이트들은 개혁주의 대표단과 함께 이 중 열 네 조항에 대해 열띤 토론을 벌였는데 이 토론은 엠덴에서 총 124번의 회의를 거쳐 이루어졌다. 이 토론에 대한 기록들은 아직도 보존되어 있다.

적어도 1530년 말까지는 엠덴의 남쪽 라인강 하류 및 현 네덜란드 국경부근에서 메노나이트들을 발견할 수 있었다. 그러나 얼마 후에 혹독한 박해가 메노나이트 마을과 정착지들을 멸절시켰다. 메노 사이먼스는 쾰른Cologne의 주교였던 헤르만 본 비드Hermann von Wied의 관대함 속에서 1544년까지 일을 하였다. 그러나 지독한 로마 가톨릭이 주교를 교체하고 나서, 그 지역의 모든 개혁운동이 사라지게 되었다. 이전 장에서 살펴보았던 토마스 반 임브로이히Thomas van Imbroich와 다른 사람들이 이 일을 지속하고자 노력하였다.

16세기 말, 크레펠트Krefeld 지역의 메노나이트들은 다시금 피난을 가야만 했다. 이곳에서 메노나이트 역사는 현재까지 그 도시의 역사와

맥을 같이 하고 있다. 그들은 도시의 직물 센터를 운영함으로 도시의 경제, 문화, 사회적 성장에 결정적인 공헌을 하였기 때문이었다. 1760년대에 레옌 메노나이트the Mennonite von der Leyen 가족의 직물 공장은 약 4,000~5,000명의사람들을 고용하였다. 크레펠트 회중교회는 이 지역에 살아남은 유일한 회중교회였다. 이 교회의 멤버중 두 사람이 1632년에 작성된 도르드레흐트 신앙고백서Dordrecht Confession of Faith에 서명을 하였다. 1683년 열 세 가족이 퀘이커에 합류하여 펜실바니아의 저먼타운Germantown으로 이주하였다. 새로운 땅 미국에 도착한 후 그들 중 몇 가족은 다시 메노나이트로 돌아왔다.

북부 독일의 해안선을 따라 엠덴의 동쪽에는 슈레스빅-홀스타인 Schleswig-Holstein이 위치해 있는데 이 곳은 연민에 찬 귀족들의 저택에 메노나이트 난민들이 머물렀던 곳이다. 그들은 메노나이트들이 매우 착실하고 부지런한 사람들이라는 사실을 익히 알고 있었다. 그 땅은 늪지였는데 네덜란드에서 온 난민들이 제방을 쌓고 그 땅을 농토로 만들었다. 이러한 이유 때문에 그곳의 귀족들은 이들을 묵인해주었을 뿐 만 아니라, 이들을 해하려는 사람들과 여러 위험으로부터 보호해주기도 하였다. 회중교회들은 함브르그와 뤼벡근처에 세워졌고 오늘 날까지 이르고 있다. 1601년부터 그들은 이 곳에 법적으로 거주할 수 있도록 조처되었으며 메노나이트 한 가구당 연 1 탈러Thaler의 세금을 부과하였다. 1605년에 알토나Altona 지역에 약 130여 가족이 살고 있던 것으로 보고되었다.

메노 사이먼스는 그의 인생 말년에 이 지역으로 이사했다. 그는 1554년 미크론Micron과 벌였던 논쟁이후 도망자 신세가 되어 비스마르 Wismar 지역에 머물렀었다. 그후 함브르그와 뤼벡 사이에 위치한 바돌로마우스 본 알펠트 지역에 사유지를 구해 인쇄소를 세우고 왕성한 저술 활동을 벌였다. 메노는 1561년 1월 31일 죽을 때까지 이 곳에서 살

영국 런던, 스미스필드에 있는 성 바돌로매 수도원교회의 출입문으로 메리 여왕 및 엘리자베스 1세의 통치하에 많은 아나뱁티스트들이 이 곳에서 화형당하였다. 이 근처에는 개신교 순교자들을 기리기 위한 "고귀한 군대(noble army)"라는 기념비가 있다. 스미스필드지역 아나뱁티스트들의 희생을 위해서는 이를 기리기 위한 아무런 흔적이 남아있지 않다.

앉으며 자신의 정원에 장사되었다. 그의 사유지는 1618년부터 1648년까지 치러진 30년 전쟁 동안 폐허가 되었고, 그곳에 있던 메노나이트 회중들은 각지로 흩어졌다. 그가 살았던 집이자 인쇄소였던 자리에 메노 사이먼스를 기리기 위한 기념비가 세워져 있고 메노린데Mennolinde

라고 불리는 아주 거대한 보리수가 서 있다.

비스툴라Vistula 삼각지에 정착

메노나이트들은 발틱 해 연안에 놓여있는 또 다른 지역에 자신들이 살아갈 피난처요 삶의 터전을 찾아내었다. 그들이 갖고 있었던 농업 기술 및 관개기술 때문에 메노나이트들은 이곳에서 다시 환영을 받는데 특별히 단찍Danzig이라는 도시에서 귀족들의 넓은 사유지와 더불어 보다 더 관대하고 자유로운 종교적 자유를 부여받았다. 이 사유지들 중 많은 부분은 폴란드에 속해 있었는데, 그것은 예전에 스트라스부르에서 주어졌던 엄청난 종교의 자유를 다시 누리는 것 같았다. 이러한 것 때문에 그리고 암스테르담에서부터 단찍까지 수로를 통한 무역이 용이했기 때문에, 1530년 이후부터 많은 메노나이트들과 네덜란드 사람들이 비출라 삼각지를 드나들었다.

한 개의 메노나이트 회중 교회가 세워지자 마자 급성장을 하였다. 암스테르담에 소장되어 있는 수 많은 오래된 편지들이 보여주고 있는 바에 따르면, 이 교회는 네덜란드에 있는 교회들과 함께 긴밀히 연락하는 모습으로 운영되었다. 메노 사이먼스가 교회의 문제를 해결하기 위해 1549년에 이 교회를 방문하였고, 더크 필립스가 1561년부터 1568년 자신이 죽을 때까지 잠시 단찍 교외에 있는 이 스호트랜드에 살았다. 교회들은 단찍과 엘빙 여러 도시 주변과 쾨니스부르그 근처 동편에 이르기까지 설립되었다. 대개 메노나이트들이 도시 내에 거주하는 것은 허락되지 않았으며 국가 교회의 리더들에 의해 가해지는 압력과 시달림은 끝이 없었다. 그럼에도 여전히 그들은 제 2차 세계대전까지 중요하고 큰 그룹으로 남아있게 되었다. 18세기와 19세기에 러시아로 갔던 메노나이트들 중 대부분은 이 회중교회들로부터 온 사람들이었다.

분리된 교제

박해의 한 가운데 서 있는 운동으로써 자신들을 온전히 찾고자 하는 압력아래, 내부의 문제들 또한 네데란드 메노나이트들을 어렵게 만들었다. 어떤 사람들에게 이러한 문제들이란 단순히 운동 초기의 비전을 잃어버렸기 때문이기도 했지만, 어떤 사람들에게는 함께 교제를 해나가는 크리스천들의 성숙에 이르는 과정 중에 인간이기에 겪을 수 밖에 없는 필수적인 불행이기도 했다. 우리는 예언을 빙자한 데이빗 요리스의 극단적인 신앙과 아담 패스터의 일신론적 입장들에 대하여 이미 살펴보았고, 메노 사이먼스의 리더십 아래 있는 교회들이 어떻게 이러한 문제들을 다루었는지 잘 살펴보았다. 그렇다면 과연 우리는 어디에서 멈추어야 하고, 우리와 의견의 일치를 보이지 못하는 사람들과 언제, 어떻게 분리해야 하는가? 1555년부터1650년에 이르기까지 네덜란드 메노나이트 역사를 살펴볼 때, 이 질문에 대한 대답은 그리 명확하지도 간단하지도 않다.

이 기간 동안 발생했던 분쟁들을 살펴볼 때, 어떤 약점이 존재하고 있음을 알수있다. 예를 들어, 신앙과 삶에 있어서 순수함을 유지하고자 하는 필요성은 교회와 크리스천들이 항상 느끼고 있어야만하는 필수사항이다. 그러나 신실하게 노력하고 있으면서 좀 다른 대답을 찾고자 하는 사람들을 불공평하게 판단하는 것은 어떻게 받아들여야 하는가? 그리고 이러한 상황에서 어떻게 신앙의 순수성을 지켜낼 수 있을까? 어떤 사람들에게 교회는 완전한 동의가 필요하고, 동시에 순수성을 지켜나가야 하는 기관이기 때문에 교제와 후원이 필요한 사람들을 위한 사랑과 관심이 지배적이어야 했다. 비록 그것이 즉시 인식되지는 않겠지만, 몇 사람들의 개인적인 경쟁의식이 교회의 문제에 반영되기도 한다. 메노와 더크 필립스 그리고 레오나드 보우웬과 같은 훌륭한 리더들 조차 돌출되는 긴장과 분열에서 오는 약점, 즉 용서하지 못하는 마음을 갖고 있었다.

그들이 갖고 있던 어려움들에 대한 주요한 근원은 박해와 어려운 도피 생활에 있었다. 비록 사람들은 여기 저기 이주의 삶을 산다해도, 누구든 자신들이 성장해온 고향의 관습을 함께 가지고 다닐 수 밖에 없는데, 이러한 관습은 새로운 환경에서 여러가지 마찰을 빚어내게 마련이었다. 예를 들어 벨기에에서 온 플레미시Flemish들은 성질이 급하고 감정적이었다. 그들은 고급 옷들을 좋아하였고 좋은 음식들을 선호하였다. 북부 프리시안Frisians들은 매우 내성적이었고 자신들의 감정을 잘 드러내지 않았다. 그래서 그들은 자신의 분노를 잘 드러내지 않았지만 한번 화가 나면 그것을 쉽게 잊어버리지 못했다. 그들은 어떤 옷을 입든지 별로 신경을 쓰지 않았지만 집안의 물품들은 고급을 원했다. 이러한 차이들은 그들이 아나뱁티즘이라는 공통분모를 갖고 있음에도 불구하고 아주 잘못된 방법으로 마찰을 일으키곤 했다.

신자들이 어떻게 살아야하는가 하는 문제에 대하여도 많은 차이가 있었다. 어떤 사람들은 새로운 사상과 삶의 모습으로 살기를 원한 반면, 또 다른 사람들은 과거에 살았던 모습을 고집하거나 과거의 참된 방법들을 유지하기 원했다. 이 두 그룹들이 교회를 얼마나 사랑하였는지는 두말할 필요도 없고, 의심할 필요도 없다. 그러나 이들의 태도는 서로 일치되지 못하고 분열의 원인이 되기에 충분했다. 이 사람들이 박해로 인해 고통을 받았던 사람들이며, 자신들의 교리를 포기하지 않으리만큼 믿음이 강한 사람들이라는 것은 결코 잊어서는 안된다. 믿음을 위해서라면 죽음이라도 기꺼이 받아들였던 이들이었기에, 만약 그들이 상대방에게서 잘못을 발견한다면 형제와 자매들과의 교제를 끊어버릴 수도 있다는 것을 잊어서는 안된다. 이것은 종교적인 신념들이 깊었던 반면 관용의 정신을 덕으로 받아들일 수 없었던 시대의 산물이었다.

워터랜더스Waterlanders: 오늘날 네덜란드와 북부독일의 메노나이트들은 하나의 그룹이지만 한 때는 심각한 분열을 경험한 적이 있었다. 예를 들어 메노 사이먼스의 추종자들이요, 암스테르담 북쪽, 강과 호수가 많은 지역이라서 붙여진 이름이었던 16세기 워터랜더스들 간에 그러한 분열이 있었다. 워터랜드들은 추방과 징계를 너무 엄격하게 적용하는 것에 대해 반대하였다. 메노 자신도 이 부분에 대하여 노력을 하였지만 더크 필립스로부터 오는 압력과 특별히 선교사였던 레오나르드 보우웬으로부터 오는 압력에 대하여 적잖이 고민하였다. 그리스도의 신부로서 교회는 "점도 없고 흠도 없이"엡5:27 유지되어야 하기 때문에, 오랫동안 아내를 잊고 지냈다는 이유로 스반 루트허스Swaen Rutgers의 남편은 1556년경에 징계를 당했다. 그러나 그를 만나지 말라는 보우웬의 요구에도 불구하고 그녀는 남편과 함께 살기를 원했다. 이러한 불순종은 결국 그녀 자신을 추방의 상황으로 몰고가는 결과를 빚어냈다. 이러한 상황 하에서 그녀를 보호를 하기 위해 보다 온건한 신자들은 자신들이 원하는 그룹을 형성하였고, 아나뱁티즘을 떠났다. 불행히도 그들이 순수한 교회를 더 이상 원치 않는다고 생각했기 때문에 보우웬은 그들을 "쓰레기들"이라고 부르기를 서슴지 않았다.

그럼에도 불구하고 가장 큰 메노나이트 그룹으로 대표되었던 이 그룹은 성장을 지속해나갔다. 비록 메노 사이먼스는 보우웬보다 이러한 문제에 있어서 훨씬 온건하였음에도 불구하고 그들은 메노나이트라고 불리기를 원치 않았고 결국 워터랜더스로 알려지게 되었다. 이들은 1568년에 대표자들을 보내 규칙적으로 회의를 개최하게 된 최초의 그룹이 되었다. 한스 데 리스Hans de Ries와 다른 몇 사람들의 리더십 아래, 이들은 메노나이트 내의 다양한 그룹들을 위해 아주 적극적으로 연합을 모색해 나갔다. 그들이 스스로 즐겨부르기 원했던 이름은 세례의 마음을 가진baptism-minded 사람들이란 의미인 둡스헤진드Doopsgezinde로 현 네덜란드 메노나이트들이 사용하는 이름이다.

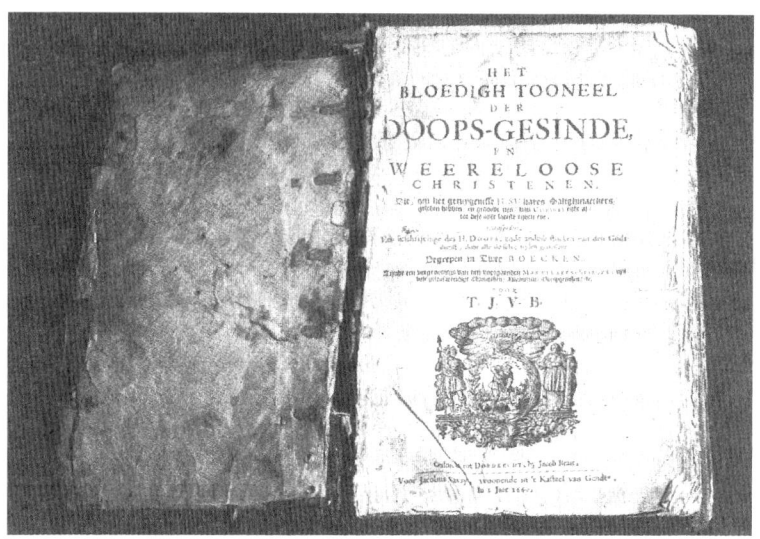

1660년 메노나이트 목사였던 티레만 얀쯔 반 브래트(Thieleman Jansz van Braght)는 『순교자들의 거울』라는 책을 출판하였다. 이 책은 크게 2부로 나뉘어져 있는데, 그리스도로부터 1500년대까지의 기독교 순교자들에 대한 기록과 그 책이 출판된 1660년까지 아나뱁티스트 순교자들에 대한 기록으로 나뉘어져 있다. 이 『순교자들의 거울』은 여러 번의 편집과 번역을 거쳐 오늘까지 이르고 있다. 1685년에 출판된 제 2판에는 암스테르담의 댐 광장(Dam Square)에서 집행된 여러명의 아나뱁티스트들의 처형장면이 들어있다.

프리시안과 프레미시들 간의 분열: 메노 사이먼스가 죽은지 불과 5년 밖에 지나지 않아서, 메노의 리더십 아래 모였던 사람들 간에 큰 분열이 일어났다. 믿음에 있어서는 아무런 차이도 없었음에도 불구하고, 이 분열은 네덜란드 메노나이트들 간에 있었던 가장 심각한 분열이자 치유에 가장 긴 시간이 필요한 분열이 되었다. 이 두 그룹은 또 다시 분열되었고 이러한 분열들은 메노나이트 전체 역사를 통해 볼때 아무런 의미가 없는 것이었다. 결국 이 분열에 대한 이야기는 꼬이고 꼬여서 그 사건들을 어떻게 해석해야하는지 조차 분명하지 않게 되었다. 그러나 이러한 상황을 바라보는 것은 원리 원칙에 올바른 사람들이라 할지라도 그들이 어떻게 잘못 행동할 수 있으며, 일단 분열이 발생하여 심화될 경우 이들을 화해시키기가 얼마나 어려운가를 뼈저리게 느끼도록 해주었다.

이미 살펴본 바와 같이, 프리스랜드로 이주한 아주 많은 프레미시 메노나이트들은 지역 회중에 많은 강조점을 두었다. 1560년 하링엔Harlingen, 프래네커Franeker, 독쿰Dokkum, 레이워덴Leeuwarden이라는 네 개의 도시에 있었던 교회 회의는 함께 일을 해나가기 위한 동의안을 마련하였다. 그러나 이 동의안은 몇 가지 이유에 의해 비밀에 부쳐두었다. 동의안에는 열 아홉개의 조항이 있었고 그중 세 조항은 네 개의 도시에 속한 회중 교회를 위한 목회자들, 가난한 사람들의 후원, 그리고 지역 교회가 감당할 수 없는 분쟁조정에 대한 절차 등의 내용을 담고 있었다. 그러나 프레미시들은 자신들의 목회자가 다른 사람들과 함께 팀에 속하기를 원했다. 그러나 동의안을 비밀에 부쳤기 때문에 목회 사역은 다른 사람들에게 의문의 대상이 되었다. 동의안의 내용을 알리는 것은 프레미시들을 차별하는 것으로 느끼게 만들었다. 회중들이 프레미시 목회자를 선출하기 위해 모였을 때, 투표는 제대로 이루어지지 않았고 보다 더 어려운 결과만 초래하게 되었다.

이러한 상황하에서 호른Hoorn 지역의 얀 빌렘Jan Willems와 루버트 헤리츠Lubbert Gerrits가 프리스랜드로 중재하러 오라고 요청되었다. 결과가 어떻든지 간에 양측이 결정을 받아들이도록 중재하기 위해 그들이 도착하였다. 세밀한 연구 후에, 그들 앞에 놓인 쟁점들이 무엇인지 분명한 것처럼 보였다. 1567년 2월 1일, 그들은 많은 사람들이 참석한 가운데 화해를 위한 모임을 소집하였다. 아주 조심스런 소개의 말이 있은 후, 프리시안들은 자신들이 잘못한 것에 대하여 용서를 구하기 위해 무릎을 꿇고 기도하도록 요청받았다. 그때 그들은 일어났고 프레미시들 또한 똑같은 요청을 받았다. 그러나 프레미시들이 그들의 무릎을 일으킬 즈음에 프레시안들에게 프레미시들이 일어나는 것을 도우라는 요청이 주어졌다. 왜냐하면 프레미시들이 보다 더 큰 잘못을 저질렀기 때문이었다. 프레미시들의 기질들이 어떤지 아는 사람이라면 누구든지 그 결과가 어떠했으리라는 것을 짐작하고도 남았을 것이다. 어떤 사람들은 이 같은 요청에 아무런 반대없이 동의하였지만, 대다수의 사람들은 내심 분개했으며 그 분열은 이전 보다 더 악화되었다.

마지막 희망으로써 이러한 상황을 돕기 위해 그 지역 출신의 리더 두 명과 함께 더크 필립스가 단찍으로부터 방문하였다. 그러나 끝내 평화는 이루어지지 않았다. 프리시안과 프레미시들은 이제 더 이상 지역을 의미하는 것이 아닌 하나의 편당으로 분류되었다. 예를 들어 날때부터 프리시안이었던 더크 필립스는 이제 "프레미시"가 되었다. 프레시안-프레미시의 분열은 북부 유럽으로 퍼져나갔고 이제는 그 분열의 시작과 원인이 무엇이었는지 조차 제대로 아는 사람이 없는채 또 다른 분쟁의 이슈가 불거져 사람들의 관심을 끌고 나갔다. 이러한 불일치는 단지 서로를 향해서만 존재한 것이 아니라, 각 그룹 안에서까지 번져나갔다. 그래서 거기에는 "구 프레미시"와 "온건 혹은 소장 프레미시"로 나뉘었고, "구 프레시안"과 "온건 혹은 소장 프레시안"으로 나뉘게 되었다. 거기서 또 다시 작고 큰 분열이 발생되었다. 엠덴에서 일어난 이러한 비극은 마침내 얀 폰 옵훈Jan von Ophoorn이라는 목사가 자신과 자신의 가족을 제외한 모든 사람을 징계를 내리게 될 때까지 거의 희극으로 치달았다. 프리시안-프레미시 분열은 후에 러시아와 1870년대 캐나다에까지 연결되었다.

사람들이 자신들의 확신과 순수성을 심각하게 구가할 때, 그들은 자신의 확신과 순수성뿐만 아니라, 다른 사람들을 충분히 배려하고 있는지 점검해야한다. 만약 자신이 얼마나 약한 사람들인지 제대로 알지 못한다면 이러한 확신과 순수성은 실패하기 쉬울 것이다. 구세대와 신세대간의 경쟁이라든지, 어떤 특별한 사상이나 실행 예식을 가지고 공격을 주고 받는 방식은 교만과 쓴 뿌리의 상황을 만들뿐이다. 16세기의 수 많은 메노나이트들은 이러한 싸움과 분열로 인해 캘빈주의자들이 되었다. 메노나이트가 분열없이 신실한 모습의 신자들 사이에 존재하는 차이를 인정함에 있어 어떻게 순수성을 제대로 회복해야하는지, 어떻게 신념을 확실히 할 수 있는가 하는 문제는 아직도 완전히 해결되지 않은 채로 남아있다.

한스 데 리스Hans de Ries 와 연합

교회에 대한 그림은 이러한 분열의 역사처럼 그렇게 항상 어둡지만은 않다. 보다 더 큰 비전과 정신을 가진 리더들이 이러한 분쟁 한 가운데에서 연합을 시도하였다. 프리시안과 프레미시의 분열을 화해시키는데 실패한 루버트 헤리츠Lubert Gerrits는 그 후에도 연합을 위해 지대한 노력을 아끼지 않았다. 교회 연합을 위해 수고한 사람들이 많지만, 여기에서는 단지 한스 데 리스에 대한 이야기만을 구체적으로 다루게 될 것이다. 그는 자신의 탁월한 정신을 다른 사람들에게 나누어 주었던 인물로서 연합 운동의 상징적인 예가 될 것이다.

한스 데 리스(1553~1638) 워터랜드 메노나이트의 탁월한 리더. 그의 전 생애동안 다양한 메노나이트 그룹들을 하나로 연합시키기 위해 노력을 아끼지 않았다.

한스 데 리스는 벨기에에서 북쪽으로 피신해온 피난민 중 한 사람이었다. 그는 1553년 12월 12일에 앤트워프Antwerp에서 태어났다. 그는 개혁 교회의 멤버였다. 그는 목회자로 부름을 받았지만, 뜻밖의 사건이 일어날 것을 대비하기 위해 교회가 폭력을 사용하는 것이 옳지 않다고 생각하여 이를 거절하였다. 그가 알고 있던 메노나이트들은 그가 가담하기에는 너무나 엄격했고 심하게 분열되고 있었다. 후에 그는 북쪽으로 가게 되었고 그곳에서 워터랜더들을 만나게 되었다. 1575년아마도 1576년에 그는 시몬 마이클스Simon Michels에 의해 세례를 받고 그 그룹에 합류하였다. 그는 벨기에으로 돌아와 그곳에서 결혼하였다. 그러나 그의 친한 친구 한스 브레트Hans Bret가 화형에 처해지는 등 박해로 말미암아 도망자 신세가 되었다. 그는 알크마에 정착해 몇 년을 보낸 후, 1578년부터 약 1600년경까지 엠덴에 정착하여 여러 곳을 여행하였다. 1638년 죽음 직전에 한 짧은 설교에서, 그는 80살 된 노인으로서 어떻게 자신의 유년시절, 그토록 불쌍하고 고통받았던 교회가 이제 사회적으로 인정받고 부요하게 되었는지에 대하여 설명하였다. 그러나 지금은 어떻게 그토록 왕성했던 영적 활력을 잃게 되었는지에 대한 과정을 설명하였다. 그것은 1660년 T.J. 반 브라트T.J. van Braght가 저술한 보다 더 크고 유명한 『순교자들의 거울』의 기반이 되었다. 이 책은 순교자들의 역사를 통해 신앙을 이어가게 된 자신들이 순교자의 자녀들임을 상기시켜주는 내용으로 가득차 있다. 그는 1582년 첫 출간 이후 여섯 번이나 편집을 거쳐 찬송가를 편찬하는 등 엄청난 양의 책을 쓴 작가였다.

알크마Alkmaar에서 그는 첫 번째 네덜란드 메노나이트 신앙 고백으로 알려진 고백서의 초안을 작성하였고, 고백서의 문장을 다듬는데 큰 공헌을 하였다. 메노나이트들은 고백서를 작성할 때, 그 것이 유일한 성서의 권위를 대신하게 될까봐 고백서 작성을 반대하기도 했다. 그럼에도 불구하고 이 기간동안 네덜란드 메노나이트 회중교회들에 의해 많은 고백서들이 기록되었다. 그들은 어떤 정통성을 측정하기 위해 고백서를 만든 것이 아니라, 논쟁을 통해 정리해야할 내용들을 해석하기 위한 설명으로써 고백서를 만들게 되었다. 고백서를 사용하는 그룹들은 서로 다른 차이에 대해 토론하고 연합을 모색하였다. 그리고 고백서를 사용하는 회중들은 교제 안에서 다른 회중들과 함께 연합하며 다른 사람들의 멤버십을 인정하는 등 공동의 신앙을 표현하는 것으로써 고백서을 사용하였다. 그러나 사전 동의라기 보다는 제자도의 생활로써 지속되어야 하는 주요한 시험은 지속되었다.

연합을 위한 자신의 노력과 함께 한스 데 리스는 자신의 성취나 업적을 위해서가 아닌 친절한 정신을 유지해 나가도록 힘썼다. 예를 들어 그는 1601년 "평화를 위한혹은 화해의 형제단"라고 부르는 그 무엇을 통해 몇 그룹들이 연합하도록 도왔다. 이러한 연합운동에 동참하지 않은 사람들을 위해서는 "분리된 형제단"을 조직하였다. 1610년부터 1615년까지 그는 메노나이트들과 많은 면에서 일치를 보이고 있는 영국 출신의 피난 그룹인 브라우니스트Brownists들이 워터랜더들에 가입할 수 있도록 수고를 아끼지 않았다. 데 리스 는 교회에 대해 관심을 갖고 많은 편지를 썼으며, 1608년 하렘Haarlem, 1618년 워쿰Workum, 1626년 암스테르담에서 있었던 어려운 일을 중재하도록 자주 부름을 받았다.

그러나 한스 데 리스가 메노나이트 연합을 위해 일했던 유일한 사람은 아니었다. 1574년 초, 훈Hoorn 지역의 얀 윌렘스Jan Willems는 많은 사람이 희망했던 징계의 사용에 대한 일치점을 찾아내 화해와 일치를 가능하게 한 사람이었다. 이러한 일치는 훔스터랜드Humsterland 그로닝겐 지방에서 서명되었기 때문에 훔스터 평화Humster Peace조약이라고 불리게 되었다.

그러나 이러한 연합을 위한 노력에도 불구하고 프레미시 장로들은 이 평화조약을 받아들이지 않았다. 그들은 1578년 훈과 엠덴에서 평화를 이루고자 시도하였지만 실패하였다. 1591년 쾰른의 개념the Concept of Cologne은 북부 독일과 프리시안 회중들 사이에 일치를 만들어 내었다. 이들은 후에 워터랜더들에 합류되었다. 1632년 도트레흐트에서 한 고백서가 만들어져 여러 그룹들을 하나로 연합시키게 되었다. 이 고백서는 도트레흐트 고백서로 보수적인 메노나이트 그룹들 간에는 아주 폭넓게 인정을 받고 있다. 이 고백서는 다른 고백서에는 들어있지 않은 교회의 규율, 세족식이라는 두개의 조항을 강조하고 있다. 1660년 파라티네이트Palatinate와 알자티안Alsatian 교회들이 이 고백서를 채택하였는데, 1725년에 북미로 전달되어 북미 메노나이트들에 의해서도 채택되었다.

연합을 향한 또 다른 발자취는 1626년 암스테르담에 있던 프레미시 계열의 네 명의 목사들이 네덜란드에 있는 모든 교회들에게 정말로 기독교 교회의 표지란 무엇인가를 질문한 편지를 보냄으로 일어났다. 그

것이 단지 프레미시 회중들이 갖고 있는 것이든 성서에 의해 금지된 평화이든 기독교 교회의 표지가 무엇인지 질문하는 것은 그들에게 유익한 질문이었다. 이 질문에 대한 대답들은 그리 만족할만한 것이 되지 못했다. 그리하여 1627년 9월 16일 그들은 평화를 위해 입안된 한 통의 편지를 작성하였고, 그것을 하나의 신앙고백서처럼 기록하여 교회들에게 보냈다. 그 고백은 평화의 표시로써 기안된 것으로 올리브 나뭇가지Olive Branch라고 이름이 붙여졌다. 이 외에도 여러 발자취가 있는데 1630년 10월 2~5일에 걸쳐 프레미시와 프리시안 북부 독일 회중들이 함께 연합의 모임을 갖게 된 것 등이 그 예이다.

연합을 위한 이러한 다양한 시도가 있었다고 해서 모든 메도나이트들이 하나가 된 것은 아니었다. 1811년에 이르기 까지 약 2세기가 지나갔고 여전히 분열을 극복하기 위해 연합을 향한 움직임이 지속되었다. 17세기 중반에 네덜란드 메노나이트들은 더 이상 내부의 분쟁을 위해 에너지를 사용하지 않도록 점차적으로 모습이 조율되었다. 만약 문화와 교제의 성취를 측정한다면 네덜란드의 메노나이트들은 가히 황금기에 접어들게 되었다. 그러나 한스 데 리스가 말한 것처럼 황금기라고 해서 모든 교회가 이를 누리게 된 것은 아니었다.

황금기

네덜란드 메노나이트의 마지막 순교는 1574년에 있었다. 스페인 로마 가톨릭으로부터 네덜란드가 독립을 하게 되면서, 오렌지의 윌리엄 황태자Prince William of Orange는 메노나이트들에게 혜택을 베풀라는 관용의 정책을 입안하였다. 사실 미들부르그Middleburg 시 당국은 메노나이트들이 소유한 모든 상점들을 폐쇄하였었고, 메노나이트들을 강제로 군복무시키기 위해 내몰았었다. 그러나 1577년 1월 26일, 윌리엄 황태자가 메노나이트들을 가능한 평화롭고 조용한 시민으로 살도록 내버려

두라는 명령의 편지를 작성함으로써 모든 상황을 바꾸어 놓았다. 1579년 유트레흐트의 연방The Union of Utrecht은 모든 사람이 종교의 자유를 가지도록 자유를 허락하였다.

그렇다고 이러한 조처들이 모든 탄압의 종결을 의미하는 것은 아니었다. 메노나이트들은 더 이상 감옥에 가도록 강요되지도 않았고 자신들의 신앙을 위해 죽음을 불사하지 않아도 되었다. 그러나 개혁교회의 목사들은 여전히 그들을 괴롭혔고, 예배 도중에 그들을 조롱함으로써 방해를 하였다. 이러한 일들이 일어나며 오히려 정부가 나서서 이들을 보호해 주었다. 이렇듯 메노나이트들의 예배에 대한 완전한 자유는 19세기까지 주어지지 않았다.

그럼에도 불구하고 메노나이트들은 곧 국가의 생활에 자신들을 적응시켜나갔다. 그린랜드Greenland를 상대로 국제 무역과 고래 및 청어 낚시가 메노나이트들에 의해 독점되다 시피했다. 그들 중 대부분은 동인도인들과는 무역을 하지 않았는데 그 이유는 배들이 대포로 무장하고 해적을 상대로 무장된 군대에 의해 항상 보호를 받아야만 하기 때문이었다. 메노나이트들은 여전히 비저항의 유산을 고수하고 있었기 때문이었다. 그러나 그들은 수익을 보다 덜 창출하더라도 발틱 해의 무역에서는 여전히 소중한 존재들이었다. 그들은 배를 만드는 조선기술 및 목재 산업에 아주 적극적이었다. 암스테르담 잔Zaan 강을 따라 그들은 요식 산업을 주도해나갔고 드렌터Drenthe 지역의 직물 산업에 있어서도 중추적 역할을 담당해나갔다.

메노나이트들은 대부분의 분야에서 높은 수준의 소양을 발휘하였으며 자신들의 사회적불리함을 극복하기 위해 성서를 읽고 순교사를 열심히 읽어 나갔다. 17세기 네덜란드지역의 의사들의 많은 비율을 메노나이트들이 점유하였다. 의사는 그들이 할 수 있는 훌륭한 직업중 하나가 되었다. 의사들은 교회에서 최고의 교육을 받은 사람들이었기 때문에 그들은 종종 목사의 일을 동시에 감당하기도 하였다. 토목기사들이었던 메노나이트들은 늪지대를 건조시켜 경작지로 만드는 등 나라에 중요한 공헌을 하였다. 많은 사람들이 농업에 종사하였고 들판의 일에 관한한 뛰어난 리더들이 되었다.

예술에 있어서도 메노나이트들은 곧 이름을 날렸다. 캐렐 반 맨더Carel van Mander, 1649~1712는 하렘Haarlem의 올드 프레미시 출신으로 시인이요 화가였다. 그는 시인으로나 화가로나 매우 잘 알려진 인물이되었다. 『순교자들의 거울』의 두번째 판에 실린 동판들은 모두 캐렐의 작품이다. 영국사람들에게 세익스피어가 있듯이 네덜란드 사람들에게 문호로 알려진 사람은 요스트 반 덴 폰델Joost van den Vondel, 1587~1679로 그의 부모는 신앙의 이유로 안트워프로부터 도피해온 사람이었다. 그는 워터랜더의 집사였으나 1640년경 워터랜드를 떠나 로마 가톨릭 교인이 되었다. 다른 화가들과 동판화가는 1602년부터 1670년까지 살았던 솔로몬 반 루이스델Solomon van Ruysdael 가우스달과 1615년부터 60년까지 살았던 호버트 프린크Govert Flinck를 들수 있다. 렘브란트Rembrandt, 1606~69가 메노나이트 교회의 멤버였는지 아닌지는 정확하게 알 수 없지만, 그가 많은 메노나이트들과 함께 일을 했다는 것과 그의 그림에 나타난 종교적인 내용에 메노나이트들이 영향을 주었던 것만은 의심의 여지가 없다.

이러한 물질적 문화적 방면에 나타난 모든 진보는 순수한 면만이 있는 것은 아니다. 메노나이트들이 자신들의 믿음 때문에 박해를 받았던 세기들 동안 그들은 많은 것을 견디냈고 많은 부분에서 풍요로웠다. 그러나 그들의 어머니와 아버지들이 세상을 떠나자 많은 사람들이 깊이 있는 믿음을 소유하지 못했다. 편안함과 부는 박해가 빼앗아 갈 수 없는 그 무엇을 앗아가버렸다. 암스테르담의 수석 목사였던 할레누스 아브라함손Galenus Abrahamsz, 1622~1706은 사탄이 메노나이트들을 다루는데 매우 영리한 방법을 찾았다고 의견을 제시하였다. 즉 사탄은 박해를 멈추고 세상의 물질적인 것으로 그들의 관심을 이끌었다. 한스 데 리스의 말 또한 이러한 관점을 분명하게 드러내주고 있다. "물질은 풍요로 왔지만, 영혼은 빈곤에 처해졌다. 옷은 값진 것으로 치장되었지만, 내면의 치장은 더 남루해져 못쓰게 되었다. 사랑은 줄어들었고 분쟁은 증가하게 되었다."

17세기 중반 네덜란드 메노나이트들은 더 이상 심각한 위협을 받지 않았다. 지도자들은 내부에서 썩어들어가는 분쟁을 조정하는데 많은 시간을 사용해야 했다. 이 기간 동안 그들은 순교자들이 이야기와 믿음의 영웅들에 대한 글을 수집 정리하였고, 새 세대들에게 물려줄 그들의 유산으로써 역사를 기록하였다. 후터라이트 형제단이 있었던 스위스와는 반대로, 네덜란드에서는 모든 메노나이트들을 위해 봉사할 수 있을 만한 매우 풍부한 문학적 유산을 남길 수 있게 되었다. 그러나 이러한 모든 것은 내부의 분쟁으로부터 지치게 만들었던 침울함과 밖으로부터 온 박해로 말미암은 우울함을 완전히 저지시키지는 못했다. 멤버들과 활동의 최고 정점은 지나갔고, 다음의 한 세기 반 동안은 점차로 쇠퇴의 길로 접어들게 되었다.

1) A.I.E. Verheyden, *Anabaptism in Flanders*, 1530~1650. Scottdale, Pa.: Herald Press, 1961.
2) Pages 1008~1024. Irvin B. Horst의 *The Radical Brethren*. Nieuwkoop, Neth.:B. de Graaf, 1972.를 보라.
3) ME 2:218, 5:269~270. James R. Coggins의 *John Smyth's Congregation. English Separatism, Mennonite Influence, and the Elect Nation*. Scottdale, Pa.: Herald Press, 1991.을 보라.

그 외의 자료들: C. Henry Smith, *The Story of the Mennonites*. Newton, Kans.: Faith and Life Press, 1981, pp. 103~188. Cornelius J. Dyck, ed., *A Legacy of Faith*. Newton Kans.: Faith and Life Press, 1962. Peter, j. Klassen, *A Homeland for Strangers. An Introduction to Mennonites in Poland and Prussia*. Fresno, Calif.: Center for Mennonite Brethren Studies, 1989. ME 5:707. Contact any MCC office or the Jan Gleysteen collection(Scottdale) for audiovisual resource.

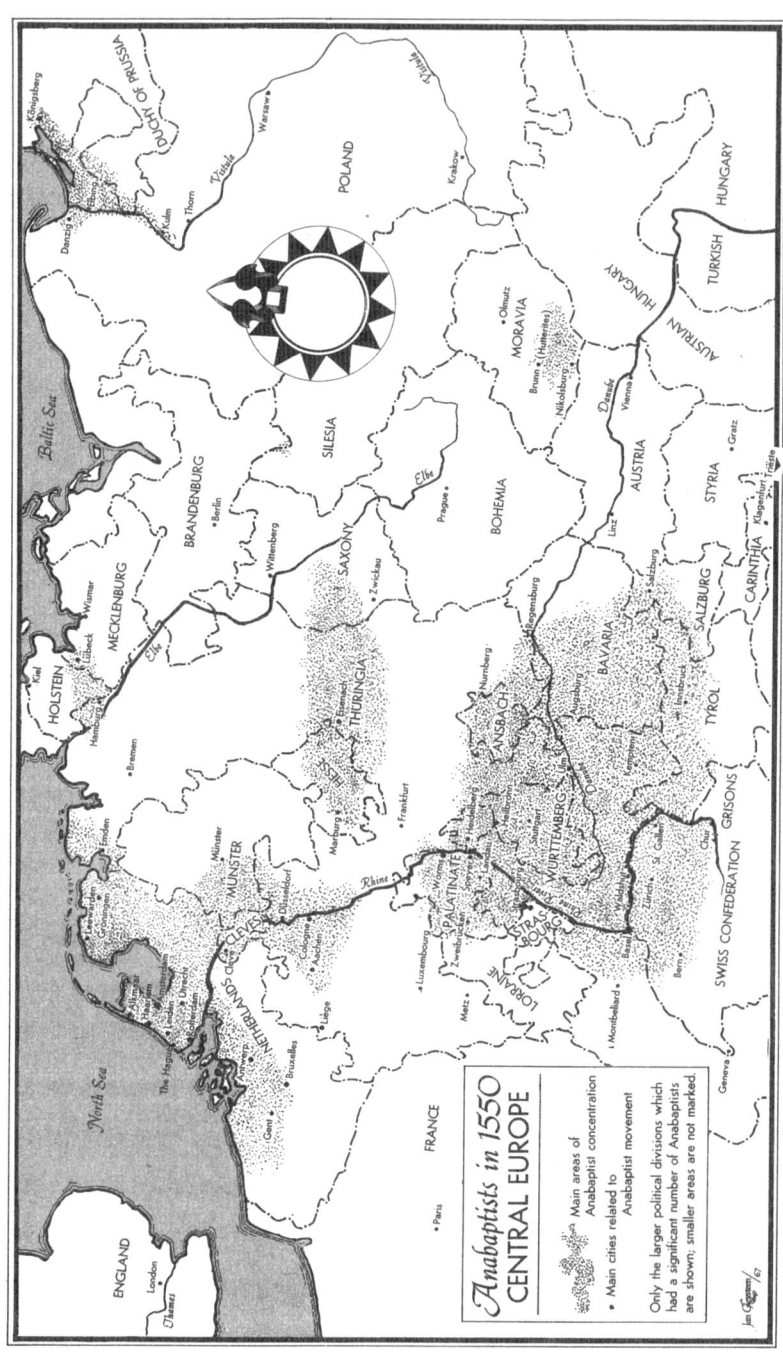

8장
아나뱁티스트들이 믿는 것

우리는 아나뱁티즘에 속한 여러 다양한 그룹들과 그들의 시작, 지리적 확장과 그 범위, 그리고 그들의 기본적인 신앙을 살펴보고 있다. 그러나 우리는 아나뱁티즘 만이 갖고 있는 정체성으로써 독특한 신학적 강조점이나 교리들에 대한 설명과 포괄적인 목록에 대하여는 아직 밝히지 않았다. 따라서 이번 장에서는 그들이 가장 분명하게 믿고자 했던 것이 무엇이며 그들이 기꺼이 목숨을 걸면서라도 지키고자 했던 것들이 무엇이었는지 간략하게나마 요약하고자 한다. 순교의 가능성은 그 당시나 지금이나 거의 변함없고, 그들의 신앙은 기존의 전통적 이성이나 합리성 혹은 다른 신학들이 나타내는 바와는 완전히 다른 실존적인 의미를 갖고 있다.

아나뱁티즘의 핵심이 되는 가치라든가 강조할만한 교리가 무엇인지 정의하고 목록화함에 있어서 우리가 꼭 염두에 두어야 할 몇 가지 중요한 내용들이 있다. 첫 번째로 그들이 처했던 삶과 사상의 역사적 맥락이 1520년대부터 1560년대까지 유럽이었다는 것이다. 어떻게 우리가 그들의 삶과 사상을 전혀 다른 지구적 환경 및 2000년대를 사는 우리의 이슈들로 옮겨올 수 있는가 하는 것은 또 다른 질문이다. 따라서 그들을 올바로 이해하려면 그들이 처한 시대와 장소를 올바로 이해해야 한다. 두 번째로 그들이 다루었던 주제에 대한 여러 의견 및 사건의 연속성을 살펴볼 때, 다양한 사람들과 다양한 운동이 연루된 가운데서 일어난 사건임을 기억해야 할 것이다. 즉 그들이 마주친 어떤 주제에 대한 변화들을 살펴봄에 있어서 일반 표준을 가지고 보기 보다는 주제 및 사건의 연속성을 따라가며 이해하는 것이 도움이 될 것이다. 세 번째로 어거스틴에 반대하여 정통성을 다시금 정의하고자 시도했던 5세기의 수도사 레린의 빈센트Vincent of Lerin의 말처럼 "모든 장소에서, 항상, 모든 사람들이 믿을 만한"quod ubigue, quod simper, quod ab omnibus 것이라야 정통성을 확보한다는 진리를 염두에 두어야 할 것이다. 이러한 "빈센트 규범"Vincentian Canon이 결코 적용될 수 없는 것이라면, 사건은 아나뱁티즘을 위해서만 가능한 틀이었다는 것을 지적하는 셈이 될 것이다. 즉 우리가 핵심이 되는 아나뱁티즘의 가치라고 정의할만한 것들은 무엇인가? 대부분의 장소에서 거의 항상 자신들을 토이퍼 아나뱁티스트 침례교 아나뱁티스트로 부르는 많은 사람들이 믿고 있는 것은 무엇인가? 예를 들어 뮌스터에서 폭력이 시행되는 동안에도 바텐부르그Batenburge 및 수 많은 지역의 아나뱁티스트들 대부분이 역사속에서 비폭력, 비저항을 실천해 왔다는 사실을 고려해 볼 때, 모든 장소에서, 항상, 모든 사람들이 믿을만한 비폭력 운동이 아나뱁티즘의 핵심 가치가 될 것이다.

네 번째로 초기의 학자들이 아나뱁티즘을 본질상 프로테스탄트개신교로 보았지만, 제자도, 교회와 국가의 분리, 츠빙글리 및 루터의 교리에 신자들의 교회가 필요하다는 지적 등이 더 해진 아나뱁티즘을 개신교와는 독립적인 것으로 보는 것이 이 운동을 올바로 이해하는데 도움이 될 것이다. 그러므로 우리가 종종 이야기 하듯이 개혁가들과 재세례 운동가들 모두가"오직 성서"라는 깃발 아래 믿고 있는 성서의 탁월성이 의미하는 바가 무엇인지 다시 검증해야 한다. 메노 사이먼스가 말한 것처럼, "말씀은 평이하다. 그러기에 거기에는 겉치레가 없다." 다만 그가 말씀에 덧붙인 것이 있다면 복종이라는 실천 뿐이었다.

이와 반대로 루터는 "말씀이 역사할 것이다"라는 자기만의 깊은 신념을 붙들고 있었다. 즉 말씀이 믿음의 개혁을 일으킬 것이며, 삶을 개혁시킬 것이라고 확신했다. 그러나 그러한 일이 일어나지 않자 그 자신도 슬퍼하였다. 또한 종교개혁가들에게 '오직 성서'란 말은 일반적으로 훈련받은 성직자에 의한 설교를 의미하는 것이었다. 그러나 아나뱁티스트들에게 'sola Scriptura'란 말은 "성서해석의 써클"hermeneutical circle 즉 성서를 연구하는 작고 비밀스런 그룹들을 의미한다. 종교개혁가들과 아나뱁티스트들은 구약과 신약 성서의 기능, 관계 및 여러가지 것들에 대한 이해에도 분명한 차이를 보인다. 이와같이 일반적인 표준으로써 'sola Scriptura'를 사용하는 것은 사실 도움을 주기보다는 혼동을 초래하게 될 수 있다.

아나뱁티즘의 본질을 찾아서

이미 설명한 바와 같이 사건의 정황 속에서 아나뱁티즘의 중심이 되었던 강조점들이 무엇인지 설명하기에 앞서 반드시 해야 할 일이 있다. 그것은 이 운동에 대한 우리 인식의 지평을 넓히기 위해 이 운동의 본질이라고 믿는 그 무엇에 대한 학자들의 연구를 따라가 보는 일이다. 이러한 초기의 연구는 아나뱁티즘을 하나의 총체적monolithic, 평화적peaceful, "복음주의적"evangelical 운동으로 이해하면서, 교회개혁 운동이라는 역사적 사실을 기본적 틀로 놓고 있다는 점이다. 후기의 연구들은 아나뱁티즘이 다양한 기원과 다양한 강조점을 갖고 있다는 사실을 재확인시켜 주었다. 본질적으로 이 운동이 제시하고자 하는 기본적인 제안들은 이 운동의 독특한 차원을 강조하면서 다양성 가운데 존재하는 중요한 진리가 무엇인지 전달해주고 있다. 현재의 학자들은 일반적으로 아나뱁티즘의 다원주의적 관점에 많은 관심을 두고 있는데, 이들은 아나뱁티즘을 설명해 낼만한 한 가지 핵심가치가 무엇인지 표현해내고자 애쓰고 있다. 아나뱁티즘의 기조와 특징이 무엇인지를 가장 잘 표현한 최근의 연구로써 반성직주의anticlericalism와 "일반 사람"the common man이라는 표현처럼 이 운동을 바라보는 또 다른 방식을 발견하고자 연구하고 있다.

1878년에 알브레흐트 리츨Albrecht Ritschl, 1889 사망은 17세기의 경건파 운동이 16세기의 아나뱁티즘을 다시금 회복시킨 것이며, 아나뱁티즘 자체가 중세의 프란시스코 수도원 운동, 특히 영성주의자들 진영에서 일으킨 것이라는 내용의 의견을 최초로 제시하였다.ME 4:342~343 메노나이트 학자들이 이 두 가지 제시된 내용을 연구한 후, 그가 제시한 내용을 받아들이지 않았지만, 케네스 데이비스Kenneth Davis는 그의 논문 아나뱁티즘과 금욕주의Anabaptism and Asceticism, 1974에서 프란시스코 수도원 기원설 혹은 특별히 경건주의와 신약 성서의 교회로 되돌아 가야 한다는 회복주의적 동기 하에서 리첼의 논제를 지지하였다. 이미 살펴본 바와 같이, 현재 우리는 이 운동에 끼쳐진 중세의 영향력이 지대하였다는 것을 알고 있다. 1950년대, 로버트 프리드만Robert Friedmann, 1970년 사망은 후대의 경건주의자들이 메노나이트운동에 영향을 미친 것이 아나뱁티즘의 유산에 불가피하게 희석될 수 밖에 없었던 것은 사실이라고 설명하였다. 그는 이러한 설명과 함께, 아나뱁티즘과 경건주의 기원설 사이에는 아무런 연관이 없다는 내용의 연구를 발표하였다.ME 4:176~179; 5:703~704; 311~312

뮌스터의 주정부 기록담당관으로써 매일 원본의 문서들을 접하면서 아나뱁티즘을 아주 긍정적이며 새로운 관점으로 바라보았던 루드빅 켈러Ludwig Keller, 1915년 사망에 의해 또 다른 논제가 제시되었다. 그에 의해 회복주의 혹은 갱신renewal이라는 주제가 등장하게 되었다. 그는 독일, 네덜란드, 북미의 메노나이트들과 교제를 발전시켰고, 12세기의 왈도파들Waldensians과 비슷한 "옛 복음주의적 형제단"들이 아나뱁티즘의 선조들이었다는 예전의 논제들을 제시하면서 이러한 계보를 통해 초대교회까지 연결되는 사도적 계승의 전통을 추적하였다.ME 3:162~164; 4:847~875 이러한 논제는 역사적 증거가 부족함에도, 『순교자들의 거울』을 집대성한 반 브라트T.J. van Braght를 포함한 당시의 유럽 메노나이트 학자들에 의해 폭넓게 받아들여지고 있었다. 비록 켈러가 제시한 만큼 적극적으로 주장한 것은 아니지만, 보다 최근에 메노 사이먼스의 글들을 번역한 레오나르드 버두인Leonard Verduin이 『종교개혁가들과 그들의 서자들』The Roformers and Their Stepchildren, 1964라는 책에서 이러한 생각들 중 몇 가지를 더 부각시키기도 하였다.

  교회church, 분파sect, 그리고 신비주의mysticism, Spiritualist의 유형분류로 유명한 에른스트 트뢸취Ernst Troeltsch는 아나뱁티즘을 하나의 분파로 분류하였다. 그는 아나뱁티즘을 각 멤버가 새로운 출생(중생)을 경험하고, 비순응을 실행하며, 도래하는 하나님의 나라를 기대하며 사는 아주 역동적인 기독교의 모습을 대변하고 있다고 설명하였다. 반대로 교회를 제도화된 전통이라고 설명하였다. 이 교회는 루터주의를 포함하고 있기 때문에, 칼 홀Karl Holl에 의해 변호되었다. 루터주의를 변호하려는 칼 홀은 아나뱁티스트들을 신비주의자들이나 광신자로 싸잡아 비난했으며, 이러한 논증법은 마치 16세기 방어적인 루터가 복귀한 모습처럼 보였다. 1970년대 이후로 칼 홀의 신비주의적 동기가 아나뱁티즘을 연구하는 학자들의 지대한 관심을 끌어내었다. 메노나이트들을 기쁘게 해주고자 했던 트뢸취의 유형분류를 통해 제시된 질문들 중에는, 신실한 가족과 소그룹들에 의해 양육되는 2세대와 그 다음에 연속되는 세대들에게 무슨 일이 생겼는지 다양한 질문이 던져졌다. 이러한 질문들 속에는 그토록 중요한 "중생"을 경험하지 못했단 말인가? 아나뱁티스트들 혹은 후에 생겨난 메노나이트가 상속이라도 된단 말인가? 언제부터 그토록 창조적인 분파가 교회 즉 교단으로 변환되었는가? 라는 질문이 있었다.

그 외에 수 많은 본질적 제안을 했던 사람들 중에는 다음과 같은 사람들이 있다: (1) 1923년 주요한 두 가지 구성요소인 사랑과 십자가를 지고 가야만 하는 제자도와 아나뱁티즘을 동일시했던 요하네스 쿤과 후에 이러한 동기를 발전시켰던 헤롤드 벤더Harold Bender와 디트리히 본훼퍼Dietrich Bonhoeffer. 후에 벤더는 제자도와 사랑에 대해 "교회의 새로운 개념"이라고 덧붙였다. (2) 독일의 사회학자인 막스 베버Max Weber는 "새로이 태어나고 갱생한" 사람들을 신자들의 교회believers church로 정의하면서 이 용어를 메노나이트들과 퀘이커들에게 처음 사용한 사람이었다. (3) 1936년 코넬리우스 크란Cornelius Krahn은 메노 사이먼에 대한 그의 책에서 메노와 아나뱁티즘의 중심으로써 회중congregation, Gemeinde을 제시하였다. 이 주제는 1900~1904년에 이미 베델C.H. Wedel이 메노나이트들에 대한 네 권의 역사책에서 발전시킨 주제였으며 1980년대 제임스 준케James C. Juhnke에 의해 지속되었다.(4) 로버트 프리드만Robert Friedmann은 회중 교회 삶의 중심을 강조하였는데, 그는 또 다른 동기로 왕국이론, 특히 슐라이트하임을 생각나게 하는 빛과 어두움의 두 왕국 이론을 첨가하였다.(5) 하이델베르그의 발더 쾰러Walther K?hler, 1946년 사망는 아나뱁티스트들을 "급진적인 성서 독자들"로 이루어진 회중들이라고 불렀다. 비록 벤더의 "교회의 새로운 개념"에 암시되어 있기는 하지만, 이러한 제안들 중에 그 누구도 아나뱁티즘의 핵심으로 세례를 포함시키지 않았다는 것은 특기할만한 일이다.

이 외에 또 다른 두 개의 제안들이 추가되어야 할 것 같다. 첫 번째로 데니 위버J. Denny Weaver는 1987년 『아나뱁티스트가 됨』*Becoming*

아나뱁티스트들의 교회는 건물이나 조직이라기보다는 신자들의 교제(fellowship)이기 때문에, 그들은 건물을 교회(church)라고 부르기 보다는 모임 장소라는 의미인 교회당(meeting house)이라고 불렀다. 그들은 친교와 공동체를 위해 밀접한 관계를 강조했고, 서로의 종됨을 상징적으로 실천하기 위해 세족식을 실행했다.

*Anabaptist*이라는 책에서 벤더가 정체성으로 들고 있는 세 가지 주제들 즉 제자도, 믿음의 공동체교회, 그리고 비저항사랑을 제시하였다. 그는

이 세 가지 주제를 불변하는 교리로서 간주하지 않고 신학적 방향을 세우기 위한 신앙의 "원리"로써 이해하였다. 이것은 특별히 "예수만이 진리의 기준이요 규범"이기 때문에 과거에 "규범적인 아나뱁티즘"normative Anabaptism이라고 불렸던 딜레마를 피할 수 있게 해줌과 동시에 보다 창조적인 대안과 부수적인 공간을 마련해 주었다.

두 번째 제안은 1963년 로버트 프리드만Robert Friedmann을 포함한 20세기의 저술들에 종종 등장하는 것으로써 1973년에 저술된 월터 클라센Walter Klaassen 『가톨릭도 개신교도 아닌 아나뱁티즘』Anabaptism: Neither Catholic nor Protestant라는 책에 잘 정리되어 있다. 이 것은 모든 아나뱁티즘동을 다시금 정의했던 중요하면서도 필수불가결한 논제였다. 예배와 거룩함, 윤리, 자유, 율법주의 등에 초점을 맞추고 있으며, 복종없이 실천신학을 강조하는 전통적인 방식을 거절하며, 믿음의 영역에 있어서 정부의 권위 및 간섭을 철저히 배격하고 있으며, 믿음에 있어서 제 3의 종교적 방식을 가능하게 해주었다.

지난 과거를 되돌아 보면서 아나뱁티스트 역사에 대해 이야기 할때, 우리가 잊지 말아야 할 것은 아나뱁티즘이 출현하게 된 시기에, 프로테스탄트운동 또한 그 형태와 정체성을 찾고 있었다는 사실이다. 1980년대의 연구조사는 수도원, 에라스무스, 칼슈타트, 그리고 신비주의적 토마스 뮌쩌의 영향력을 아나뱁티즘과 서로 연결시켜 놓고자 했다. 이러한 연구 조사는 아나뱁티즘의 기원이 프로테스탄트 운동과 가톨릭주의에 있음을 애써 주장하며 원래 아나뱁티즘의 논제들이 갖고 있는 권위를 약화시키고자 했었다. 그러나 아나뱁티즘의 핵심은 전혀 새로운 본질이라는 도발적인 논제들은 세월이 흘러가면 갈수록 점점 더 많은 관심의 대상이 되고 있다. 분명한 것은 이 운동이 역사적인 상황에서 벗어나 너무 치켜올려지지 않도록 세심한 주의가 필요할 것이다.

아나뱁티즘이 강조하는 중심사상

스위스 아나뱁티즘: 우리는 2장에서 그레벨 써클이 토마스 뮌쩌에게 편지를 보냈다는 것과 3장에서 1527년에 기록된 슐라이트하임 고백서에 대해 간단히 살펴보았다. 이러한 사건들은 단지 스위스 아나뱁티즘이 어떻게 전개되었는가 하는 상황을 설명하기 위한 것일 뿐만 아니라, 우리가 설명하고자 하는 중심사상과도 관련이 있다.

1524년 9월 5일에 보내진 편지가 강조했던 것은 무엇이었는가? 그 것은 (1) 미사를 비롯한 여러가지 교회가 잘못하고 있는 것들이 "그리스도의 명령과 말씀에 의한"by the word and command of Christ것에 뿌리를 두고 있지 않기 때문에 비롯되었다는 사실이다. 그리스도의 명령과 말씀은 모든 권위의 중심이어야만 한다. (2) 주의 만찬이 모든 신자들의 제사장적 권위 즉 "회중들에 의해" 준비되고 사랑으로 나누어져야만 하는 교제의 식사가 되어야만 한다는 것이었다. 따라서 주의 만찬에 앞서 마태복음 18:15~18의 규정을 따라 서로를 돌아보는 일이 선행되어야만 한다. (3) 이 본문은 또한 신자들의 회중을 세워나가기 위한 의도적이면서 언약을 세우는 기본이 되어야하는 본문이기도 하다. (4) 세례는 "죄에 대하여 죽고 새로운 생명과 새로운 영 안에서 걷고자" 원하는 즉 새로 태어난 사람들에게만 시행되어져야 한다. (5) 이 세례는 세례에 어린이를 포함시키지 않고 있는데 이는 "새로운 아담이신 그리스도께서 고난으로 인해 어린이들을 틀림없이 구원하시기 때문이다." (6) "복음과 복음으로 난 사람들은 칼무력에 의해 보호를 받아서는 안되며 그들이 또한 자신을 무력으로 보호해서는 안된다."-비저항 (7) "그리스도는 각 지체에 의해 여전히 고난을 받고 계심에 틀림이 없다."즉 교회는 그리스도의 몸이며 고난은 신실한 사람들의 표시가 될 것이다.[1]

마찬가지로 1527년 2월 슐라이트하임의 모임을 통해 제정된 일곱 조항을 통해 우리가 배울 것은 무엇인가? (1) 세례는 회개와 새로운 삶을 살기로 한 헌신이 있은 후에 시행되어야 하며 그리스도를 통해 죄가 씻겨진 사람에게 그리고 "예수 그리스도의 부활을 따라 살기로 원하는" 사람에게 시행되어야 한다. 어린아이들은 제외되었다. (2) 권징은 죄를 범한 신자들에게 사용되어야만 하며 마태복음 18:15~18이 제시하고 있는 단계와 절차를 따라야 한다. 즉 회개를 거부한 사람들에게 시행되어야 한다. (3) 주의 만찬은 그리스도의 희생을 기념하기 위한 것이며 교제의 그룹안에 있는 모든 신자들이 그와 함께 하나가 된 것을 기념하기 위한 것이다. 타인들은 주의 만찬에 환영받지 못하였다. (4) 분리는 악한 세력들과의 교제와 접촉을 피하는 것을 의미하였다. 언어의 사용에 있어서 이원론적인 강한 언어를 사용하여 표현하였다. "세상과 모든 창조에는 선과 악…빛과 어둠…이외에 다른 것은 존재하지 않는다…그러므로 하나님께서는 우리를 바벨론과 세속적인 이집트로부터 떠나라고 훈계하신다." (5) 유능한 목자에게는 회중 안에서 상당한 권위가 주어졌고 재정적으로 후원이 뒷받침 되었다. (6) 어떤 형태로든, 설령 정부(시장, 정치인)의 것이라 할지라도, 폭력은 "그리스도의 완전함에 이르지 못하는" 것이 되었다. (7) 모든 맹세는 금지되었다. 우리들의 말은 다만 옳다 옳다, 아니라 아니라 하여야 하며 이에서 지나친 것은 악으로 좇아 나기 때문이다.[2]

다음의 일곱가지 "회중의 규칙"이 제시하는 논점들은 원래 일곱 개 조항을 따라 설명한 것으로 그룹을 위한 상세한 안내서이다. (1) 모임은 주마다 서너번씩 갖도록 한다. (2) 이러한 모임에서 서로 훈계하고 가르치도록 한다. 이러한 모임은 사교적 모임과는 구별되어야 한다. 시편을 읽는 것은 매일 가정에서 실행해야 한다. (3) 선행에 대한 훈계를 경솔하게 해서는 안 된다. (4) 회중 안에서 훈계는 모든 사람의 책임이다. (5) 물질의 나눔은 신약 교회가 실행한 대로 하도록 격려한다. (6) 신자들은 적당하게 음식을 먹고 마셔야 한다. (7) "주의 만찬은 형제와 자매들이 함께 모일 때 가능한 자주 시행하도록 한다."[3]

그리스도의 속죄On the Satisfaction of Christ라는 스위스 써클의 중요한 논문에 따르면 구원을 위해 믿음faith과 행위works는 모두 중요하다고 밝히고 있다. 의로운 행위만으로도 믿음 만으로도 충분하지 않다. "중도"middle path를 취하라는 것은 믿음의 행위를 하라는 것으로 통용되었다. "그러면 어떻게 그리스도께서 우리의 죄를 속하시는가?… 그렇다. 그는 교회의 머리로서 충분히 일을 하고 계신다. 그럼에도 불구하고 그는 매일 매일 자신의 지체들을 위하여 충분하리 만큼 다시 일을 하고 계신다… 그러므로 그리스도를 통한 칭의를 말할 때, 사람은 반드시 회개의 행위와 함께 믿음에 대하여 말해야만 한다."[4]

아마도 마이클 잣틀러에 의해 기록되었을 "두 종류의 순종에 대하여"On Two Kinds of Obedience or On Twofold Obedience라는 또 다른 스위스 형제단의 논문은 "기독교 자유에 대한 아나뱁티스트들의 작은 지침서"라고 칭해졌다. 하나님께에 대한 두 차원의 복종이란 가족안의 자녀로서의 복종filial과 종으로서의 복종servile을 말한다. 율법주의나 형식주의는 영혼을 굶겨 죽인다. 크리스천의 자유는 하나님의 사랑 안에 존재하는 신뢰와 사랑으로부터 자라난다. 종으로서의 복종은 구약의 하나님의 법에 대한 반응이며, 자녀로서의 복종은 아버지에 대한 자녀들의 기쁜 반응으로 거룩하고 축복에 이르게 한다. 이러한 논문은 구속을 위해 죄인들을 준비시키는 율법을 거부함이 없이 모세 이전에 그리스도를 섬기는 크리스천들의 삶에 대한 간단한 설명이다.[5]

남부와 중부 독일의 아나뱁티즘: 이전에 언급한 핵심적인 제안들 중 아나뱁티즘의 핵심내용으로 아무도 세례를 거론하지 않았지만, 아나뱁티스트 자신들은 분명히 세례를 중요하게 생각하였다. 세례는 그들이 가장 많이 도전을 받았던 쟁점이었고 사형 선고를 받았던 법적인 이유가 되었던 내용이었기 때문에 이들이 세례를 중요시 여겼다는 것은 의심할 여지가 없는 사실이다. 그러나 세례는 신자들의 교회에 대한 그들의 비전에 대한 것이기도 했기 때문에 강조되었다.

비록 세례에 대하여 글을 쓴 사람은 여러사람이 있었지만, 최초로 글을 쓴 사람은 발타자르 후브마이어였다. 후브마이어는 전체 지리적, 역사적 정황과 영향력을 따져 볼 때, 스위스, 남부 독일, 그리고 모라비아의 아나뱁티즘에 속해 있었다. 세례에 대한 그의 글들은 모든 그룹들에 가장 광범위하게 영향을 미치고 실제적 도움을 준 것으로 자리하고 있다. 그가 쓴 "신자들의 세례에 관하여"*On the Christian Baptism of Believers*라는 제목의 논문은 특히 의미가 깊고 넓다.[6] 예를 들어 "만약에 내가 세례를 받기 소원한다면, 최소한 내가 무엇을 얼마만큼 알아야 하는가?"라고 질문을 하며 이에 대하여 솔직히 답변을 하고 있다. 지식에 근거하고 있는 세례는 어느 정도까지여야 하며, 경험이 차지하는 비중은 얼마나 되는가? 이에 대하여 그는 네 가지 논점으로 답변을 하고 있다: (1) "당신은 자신이 비참한 죄인이며 죄를 지었음에 대해 고백해야[만]합니다." (2) "당신은 예수 그리스도를 통해 당신의 죄들에 대한 용서를 믿어야[만]합니다." (3) "당신은 생활의 개선을 위해 확실한 해결책으로 새로운 삶을 살아야[만]합니다." (4) "만약 당신이 이러한 것에 실패한다면, 기꺼이 훈계를 받아야 합니다." 후브마이어는 세례를 받기 전에 이러한 가르침이 필요하다고 생각한 확실한 신앙인이었다. 그의 다른 논문들 또한 유아 세례가 갖는 본래의 문제들이 무엇인지에 대하여 해박한 내용을 싣고 있다.

"변증"*Apology*이란 글에서 후브마이어는 우리가 아주 쉽게 이해할 수 있도록 세례에 대한 내용을 간단명료하게 요약해 놓았다. "세례에 세 종류가 있다: 첫 번째는 성령 세례로 믿음 안에서 내면적으로 이루어지며, 두 번째는 물세례로 교회 앞에서 믿음을 입술로 확신함에 의해 외부로 표현되며, 마지막 세 번째는 피의 세례로 그리스도께서 누가복음 12장 50절에서 말씀하신 것처럼 순교나 죽음으로 받는 세례이다."[7)]
한스 후트는 이러한 세 논점에 대하여 주로 설명하였다. 세례는 고난의 삶을 시작하는 것이다. 고난은 신자들을 깨끗하고 순결하게 해준다. 그리스도는 자신의 몸인 지체들을 위하여 고난을 받았고, 자신의 창조세계를 위하여 고난을 받았다. 세례는 역동적인 경험으로 루터가 말했듯이 전 생애에 걸쳐 일어나는 과정이다. 그것은 죄에 대해 싸움을 시작하는 실제적인 투쟁의 시작이다. 교회에 의해 세례를 받는 것은 언약에 헌신하는 것이기 때문에, 선교를 떠나는 것이나 다름이 없다. 그러나 비록 성령에 의해 위로를 받는다 할지라도, 진실한 세례는 고통을 수반한다. 세례는 다시 태어나는 표시요, 그리스도의 삶과 죽음에 동참하는 것이다. 즉 세례는 불순종을 십자가에 못박는 것이며 사랑과 복종의 삶을 시작하는 것이다.

일전에 사제였던 한스 슈라퍼Hans Schlaffer는 다음과 같은 기록을 남기고 있다.

> 어린이에게 세례를 주는 당신들은 한 아이가 세례를 받지 않고 죽는다면 그 아이가 멸망에 이르며 하나님을 결코 볼 수 없을 것이라고 말하고 있소. 당신들에게 요청하건대 거룩한 성서말씀 중 이러한 것을 증명해낼만한 부분이 한 곳이라도 있으면 나에게 보여주시오… 그리스도는 아이들에 대하여 말씀하실 때, 천국이 저희들의 것이라 말씀하셨소.… 이들은 예수께 속해 있는 사람들이오… 만약 어린이들이 예수께 속해 있다면 그렇게 사랑스런 어린 아이들은 결코 멸망에 이르지 아니할 것이오. 결코! … 두번째, 당신들은 아이들에게 세례를 주기 이전에 악령을 쫓아 내기 위해 '영원하신 하나님!' 하고 기도와 주문을 외우지요. 이제 막 태어난 죄없는 아이가 악마에 사로잡혀 있는지 당신들이 어떻게 아나요? 내가 더 급히 조언을 하고 싶은 것이 있다면 어린아이가 아니라 바로 당신 자신들로부터 즉시 악마가 떠나갈 수 있도록 행동하시오. 악마가 당신을

쓰러뜨린다면 당신을 대신할 사람은 없을 것이오."[8]

1532년 필그람 마펙은 그의 고백서에 다음과 같은 글을 남겨놓았다. "새로운 언약 안에서, 어린이들은 세례없이도 거룩하다고 선포되었다… 비록 바울이 '믿음 없이 하나님을 기쁘시게 할 수 없다' 고 말하긴 했지만, 그리스도는 아이들을 그냥 받아주셨다. 어린이들과 정신적 결함이 있는 사람들은 믿거나 거부할 능력이 없기에 이러한 말씀을 억지로 해석할 필요가 없다."[9] 마펙에게 있어서 외부로 표현되는 신자들의 물 세례는 인간의 약함에 대한 하나님의 신비를 수반하는 것으로써 내면의 성령에 의해 함께 증거되어야 한다. 물세례 자체가 믿음을 생산해 낼 수 없다. "마치 사람이 기와장의 붉은 색을 씻어 낼수 없듯이, 물이 죄를 씻어낼 수 없다"는 말 처럼 믿음이 없다면 물세례는 아무런 쓸모가 없다. 그러나 믿음으로 세례를 받는 사람들은 "세례와 주의 만찬을 통해 그리스도의 사역을 마치는 것이다." 세례와 같이 마펙에게 주의 만찬 또한 성령에 의한 내면의 신적 증인과 사람이라는 외면의 공동 증인을 필요로 하였다.

세례에 대한 토론은 아나뱁티스트들이 죄와 구원에 대해 깊이 생각하도록 도와주었다. 의지에 대한 '자유' 와 이와는 정 반대에 있는 것같은 '은혜' 는 모든 아나뱁티스트들이 갖고 있는 죄에 대한 정의 및 이해의 한 가운데 자리하고 있었다. 이것은 신학적으로 죄를 가장 크게 강조한 사람이었던 아주 보수적인 메노 사이먼스로부터, 하나님께서 창조하지않은 것은 하나도 없다고 하면서 죄를 부정적인 선으로 보았던 뎅크에 이르기까지 동일하게 나타났다. 남부 독일의 운동에 있어서 한스 뎅크가 타락과 원죄에 대해 연구한 "하나님이 악의 원인이시라면" *Whether God Is the Cause of Evil*이란 논문에서는 이 문제에 그렇게 관심을 두지 않았다. 한편 후브마이어는 "자유의지" *Freedom of the Will*라는 논문에서 이 두 가지 주제를 심도있게 다루었다. 마펙에게 있어서 육체와 피는 그 자체로서 죄가 아니었다. 하나님의 창조는 선하기 때문이었다. 그러나 거기에 타락이 찾아왔다!

아직 모든 것이 파멸에 이르지는 않았다. 자유의지가 완전히 소실된 것은 아니었으며, 어거스틴이 가르쳤던 것처럼 인간의 본성이 완전히 타락한 것도 아니었다. 대부분의 아나뱁티스트들은 에스겔서 18:19~20을 인용하였다. "죄를 짓는 영혼은 죽게 될 것이다." 그러나 "아들은 아비의 죄악을 담당치 아니할 것이요, 아비는 아들의 죄악을 담당치 아니하리니, 의인의 의도 자기에게로 돌아가고 악인의 악도 자기에게로 돌아갈 것이다. 아들이 내 모든 율례를 지키고 법과 의를 행하면 정녕 살고 죽지 않을 것이다." 여기에서 강조하는 바는 개인적인 상호책임이다. 그러나 은혜는 하나님께서 발의하시는 것으로써 이러한 모든 것보다 더 중요하다. 그러나 후브마이어, 메노 그리고 다른 사람들은 성령을 거스르는 아주 깊은 죄의 나락을 강조하였다. 즉 마태복음 12장, 마가복음 3장, 누가복음 12장 등에 기록되어있는 배교와 넓은 길로 돌아가는 것, 그리고 히브리서 6:4의 다시는 돌아갈 수 없는 죄의 심연이 있음을 강조하였다.

이러한 주제들은 모두 속죄를 강조하는 것이었다. 시대 및 장소에 상관없이 대부분의 아나뱁티스트들은 삼위일체를 믿고 있다.ME 5:342 후브마이어의 글을 포함한 수 많은 문헌들이 사도신경에 대하여 언급하고 있다. 레온하르드 시머Leonhard Shiemer는 사도신경의 열두 조항에 대한 주석을 썼다.10) 그러나 아직 우리는 뎅크와 아담 패스터를 제외하고 하나님에 대해 철학적으로나 이론적으로 자세히 기록한 자료를 거의 발견하지 못했다. 그들은 예수 그리스도와 성령을 통해서 하나님을 가장 잘 알게 되었다. 그리스도는 그들의 구주요, 구원자요 종말론적 희망이자 모든 생활에 대한 모델이었다. 성령은 그들의 안내자요, 고통중의 위로자요, 살아있는 말씀과 성서를 읽을 때 안내자였다. 그러나 많은 사람들이 성령을 이해하는 데에는 지속적으로 서로 다른 관점을 보였다.

후브마이어는 "기도의 형태로 쓴 열두 조항"*Twelve Articles in Prayer Form*이라는 자신의 글에서 신적인 연합에 대해 설명하였다.

> "성령께서 내게 오심을 신뢰하고 믿습니다. 마리아에게 나타나셨던 것 같이 가장 높으신 하나님의 능력이 나의 영혼에 드리워지며, 그 결과 내가 새로운 사람이 되며 당신의 생명과 불멸의 말씀과 성령 속에서 내가 다시 태어나며, 네가 하나님의 나라를 보옵니다."

한스 스라퍼의 수 많은 글들은 삼위일체적인 사상이 충실하게 반영되어 있다: "비록 그리스도께서 100번 죽으셨다고 해도 만약 영적인 그리스도가 선포되지 않는다면 그것은 얼마든지 가능한 일이요 아무것도 아닐 것이다." 한스 후트의 영향력 아래 다음과 같은 글을 읽을 수 있다. "모든 성서는 선택 받은 사람들의 고난에 대하여 말하고 있다… 육체의 고난을 받는 사람들은 누구든지 죄를 짓지 않을 수 있다."완벽을 의미하는가? "그리스도를 따르는 사람 만이 크리스천이다." 은혜에는 세 종류가 있다: 우선 하나님의 말씀, 즉 우리에게 죄가 무엇인지 알려주는 법이 첫 번째 은혜이다. 다음으로 고난, 즉 우리들에게 십자가가 무엇인지 알려주기 때문에 고난이 은혜이다. 세 번째 은혜는 성령의 은혜로 주어지는 기쁨이다. 이것이 그가 편지에서 굵은 글씨로 써 놓은 제자도discipleship였다.

그리스도의 인성, 즉 사람으로서의 그리스도에 대해 가장 큰 관심을 보인 사람은 마펙이었다. 아마도 이것은 마펙이 심령주의자인 스벤크펠트Schwenckfeld와 지속적인 논쟁을 벌였기 때문인 것 같다. 심령주의자로서 스벤크벨트는 외면적인 것을 중요하게 생각하지 않았고 마펙 써클을 "물러터진 크리스천"water Christian이라고 부르기도 했다. 마펙은 공동의 증거 즉 의식의 외부 증인의 중요성에 대하여 주목하였다. 주의 만찬에 대한 그의 관점을 살펴보면 "실제적인 현존" 신학에 대한 흔적이 발견된다. 즉 만찬은 그리스도와 함께하는 것이다. 그리스도는 어떤 윤리적인 모델 이상이다. 따라서 우리는 그리스도의 인간됨을 잊지 말아야 한다. 그리스도의 신성을 믿기는 쉽다. 그것은 귀신들도 믿는 바였기 때문이다. 그러나 세상적인 것과 물질적인 방법을 통하는 것 외에 우리가 신적인 계시를 받을 수가 없기 때문에, 그리스도께서 인간의 몸을 입고 사람의 본성을 가지셨다. 성육신은 인간의 한계 속에 하나님 자신을 적응시킨 것이었다. 필그람 마펙의 신학적 중심은 분명 그리스도였다. 마펙은 스위스 형제단 신학의 본질적인 측면들을 자신의 사상으로 받아들였고 그러므로써 스위스와 남부 독일의 아나뱁티즘 사이에 가교를 놓았다.[11]

필그람 마펙과 발타자르 후브마이어 그리고 한스 뎅크는 교회와 국가간의 관계 및 비저항에 대해 깊이 있게 생각하였다. 이 주제는 네덜란드의 아나뱁티즘과 더불어 이번 장의 마지막 부분에서 심도있게 다룰 것이다.

우리가 이번 장에서 교회의 본질에 대하여 논하지 않는 이유는 생명력있는 교회 생활이이미 한스 후트, 발타자르 후브마이어, 필그람 마펙, 그리고 한스 뎅크에 의해 너무나 분명하게 진척되어 있기 때문이다. 당시 남부 독일 그룹은 모든 아나뱁티스트들 가운데 가장 선교에 관심이 많았으며 이것이 모라비아와 네덜란드로 연결되었다는 것은 의심할 여지가 없다. 위의 네 명의 리더들은 다른 크리스천 그룹들과 그들의 저술들에 대해 대화를 하기 원했던 가장 적극적인 사람들이었다. 1538년 마부르그Marburg에서 피터 태쉬Peter Tasch가 마르틴 부처와 벌였던 대화는 잘 알려져 있는 역사적 사건이었다.

공동체중심의 모라비안 아나뱁티즘

모라비아에 정착한 사람들은 부분적으로 오스트리아 아나뱁티즘의 지류였다. 모라비아는 박해가 극심했던 티롤, 스위스, 그리고 다른 여러지방에서 온 망명자들의 용광로였다. 대부분 슬라브 문화를 배경으로 서로 분리되어 있었고 친절한 귀족들의 보호를 즐겼던 그들은 다른 곳에서 누릴 수 없던 번영을 누리고 있었다. 아주 풍부한 집단 생활이 발달하게 되었고, 자신들만의 역사에 대한 감각들이 생겨나게 되었다. 이러한 것은 1560년대에 카스파 브레이트미첼Kaspar Braitmichel에 의해 시작된 연대기에 잘 기록되어 있다. 묵상집을 비롯한 여러가지 문학들이 기록되었다. 비록 그들이 흩어지고 감소하더라도 선교에 대한 강한 필요가 제시되었으며 이러한 경향은 1650년대까지 이어졌다.12)

다른 아나뱁티스트들처럼 모라비안 멤버들 또한 중생을 매우 강조하였다. 완벽에 대하여 가르치기보다는 "죄에서 벗어나 구원을 받게 됨"에 대해 이야기 하였다. 다시 태어나는 것은 은혜지만 그 이상의 것은 순종 즉 인간의 반응이 요구되었다. 그들에게 있어서 은혜란 신자들 안에 하나님의 형상이 점진적으로 회복되는 것을 의미했다. 자유의지는 하나님의 명령에 대한 내면의 동의이다. 어떻게 사람이 하나님께로 나올 수 있는가? 원래 공동체를 후원하는 것으로써 형제애는 개인주의를 배격한다. 공동체는 공동체 내의 멤버들의 구원에 대하여 공동의 책임을 지며 이를 통해 자신들의 선교에 대한 부르심을 모든 사람으로 확대하고 있다.

초대교회의 모습에 대한 급진적인 회복주의자들로서 모라비아에 일찍 정착했던 이들은 사도행전 2:43~47의 예루살렘 교회를 그들이 추구하는 모델로 삼았다. 이것은 자신들이 갖고 있는 전 재산을 함께 나누는 것을 넘어서 진실한 사랑, 복종, 마음의 기쁨, 예배 및 모든 생활로 확대되었다. 재산의 공동체는 내면의 헌신을 밖으로 표현하는데 있어 가장 명확하게 보여줄 수 있는 표지이다. 이러한 공동체는 체코와 슬로비키아 지역인 니콜스부르그 근처에서 1528년 경에 극심한 필요를 충족시켜주기 위해 시작된 것이었는데 박해로 인해 잠깐 중지되었다가 현재까지 이르고 있다. 현재 연대기의 번역가요 편집가들은 "이 운동이 아나뱁티즘 안에서 가장 논쟁이 많았던 운동 중 하나였다"고 설명하고 있다. 특별히 이러한 논쟁은 공동체를 이해하지 못하는 외부 사람들로부터 오는 것들이었음을 분명히 인식해야할 것이다.

아나뱁티스트들 대부분은 그들이 할 수 있는 만큼 가난한 사람들과 함께하지만, 공동체community의 실행은 우선 총체적이며 인생 전반에 걸쳐서 자신을 그리스도께 양도한 후에 서로에게도 양보하고 포기해야 하는 것이었다. 그들은 물건을 사랑하는 것과 탐욕을 유일한 원죄로 보았다. "그리스도의 사랑이 나로 하여금 형제 사랑을 유지할 수 없게 만드는 곳이라면, 그리스도의 피도 죄를 깨끗이 할 수 없다."Ehrenpreis 진정한 공동체를 위한 핵심 용어는 포기, 자기부정, 신뢰라는 의미를 가진 항복Gelassenheit이란 단어였다. 그리고 진정한 공동체를 위한 핵심 본문은 "너희는 먼저 그 나라와 그 의를 구하라 그리하면 이 모든 것을 너희에게 더하시리라. 그러므로 내일 일을 위하여 염려하지 말라"는 마태복음 6:33~34이었다. 그러나 쉬머Schiemer는 이러한 내면의 영적 수준에 이르지 못한 채로 자신의 값진 재산을 포기한 사람은 비록 마태복음 6장을 수 백번 읽고 또 읽는다고 할지라도 밤새 걱정하게 될 것이라고 일침을 놓았다. 그리스도 안에서 진정한 자유는 사랑과 교만의 대상이 되는 이 세상의 물질들로부터 자유하게 된다는 것을 의미한다.

후터라이트 신앙과 삶을 가장 깊이있게 설명한 사람은 피터 리드만 Peter Rideman으로 9년 동안 감옥 생활을 하면서 『우리의 종교, 교리 그리고 신앙고백에 대한 설명』Account of Our Religioun, Doctrine and Faith을 저술하였다. 이 책은 신앙고백서로 불리기도 한다.13) 이 책의 편집자들은 "이러한 후터라이트 생활은 오늘날 모든 공동체에서 그대로 실행되고 있다… 거기에는 계급차도 없고, 인종차도 없다. 결국 이웃 사랑이 자연스럽게 사회 정의를 위한 질서를 형성하도록 이끌어갔다. 공동체를 형성하여 사는 것이 곧 필요한 이웃 사랑의 표현이자, 믿음의 열매가 되었다." 피터 리드만의 뒤를 이은 피터 발포트Peter Walpot가 쓴 초기의 또 다른 문서는 "세상과 우리 사이에 존재하는 크나 큰 논쟁에 대한 다섯 조항"이라는 제목으로 알려져 있다. 그가 말하는 다섯 가지 조항들은 1) 세례를 잘못 시행함 2) 주의 만찬을 잘못 시행함 3) 진정한 항복Gelassenheit 4) 정부와 전쟁 5) 믿는 사람의 영적 안녕을 위해 필요하다고 생각되는 믿지 않는 사람과의 별거나 이혼에 관한 것이었다.14)

네덜란드 아나뱁티즘

신부였던 메노 사이먼스를 성서로 돌아가도록 한 것이 미사와 유아세례 때문이었다는 것은 의문의 여지가 있다. 사람들간에 급진주의 운동이 일어나게 되면서 암스테르담에 새 예루살렘이 임할 것이라는 소식은 그의 관심을 스트라스부르로 그리고 마침내 뮌스터로 이끌어 갔다. 그는 사람들에게 다니엘서와 요한계시록 외의 다른 성서들도 읽어보라고 훈계하였다. 그는 올바른 방향을 찾기 위해 다시 성서로 돌아갔다. 그리고 마침내 그는 성서에서 무엇인가를 발견하고 40의 나이에 자신이 속해있던 구 교를 떠나 새로운 인생을 시작하였다. 성서는 메노 사이먼스에게 매우 중요한 것이었다. 그는 성서를 흠이 없는 말씀이라고 반복하여 언급하였다.

호프만과 요리스와 같은 다른 사람들도 성서를 사용하였지만 자신들의 비전을 뒷받침하기 위해 선택적으로 사용하였다. 호프만은 폭력을 설교하지 않았지만, 뮌스터의 비극은 분명 그가 성서를 잘못 사용하였던 것에서 비롯되었다. 1536년 메노 사이먼스가 재세례신앙운동 리더가 되었을 때, 그는 엄청난 현상금이 걸려있는 수배자가 되었다. 육체적으로 정신적으로 첫 메노나이트로서 그의 25년간 생활은 아주 비참하기 그지 없었다. 그러나 그는 자신을 잡고자 했던 외부의 적들 보다도 성서를 잘못 이용하는 내부의 심령주의자들과 환상주의자들 그리고 참을성이 없는 개혁가들이 더 위험한 사람들이라고 생각했다. 강경노선을 걷고 있던 레오나르드 보우웬과 다른 사람들 또한 그의 삶을 몹시 어렵게 만들었다. 그리하여 메노 사이먼스는 유일하게 신뢰할 수 있는 안내서로 성서를 굳게 붙들게 되었고, 성서의 인도를 받았다. 더크 필립스는 그의 가장 친한 동료가 되었고 그의 모든 견해를 함께 나누었다.

그러나 호프만을 따랐던 메노와 더크 필립스는 성육신에 대한 해석에 있어 잘못을 저질렀다. 즉 만약 그리스도가 마리아의 육체와 피를 통해 났다면, 그 또한 죄인이기에 사람들을 구속할 수 없으며, 따라서 그리스도는 단지 하나님께서 허락하신 하늘의 육체를 가져야만 한다는 해석이었다. 그가 신이면서 또한 육신을 입은 인간이란 말인가? 그들을 조롱하는 사람들에게 그들은 그렇다고 대답하였다. 만약 그 당시에 어떤 교육과정이 필요했다면, 그것은 당연히 성서해석학hermeneutics 과정이어야 했을 것이다. 그러나 마펙에 따르면 구원을 얻기 위해서라면 앞치마를 몇 번 접어올려야 올바른 것인가를 세었던 스위스의 몇 몇 율법주의자들처럼 후트와 그의 비전도 똑같이 언급되었다. 이에 그는 그들 중 몇 사람에게 화를 냈으며 그들의 모임에서 기도를 하거나 말하는 것조차 허락하지 않았다. 이 일로 후터라이트의 공동체주의는 곧 율법주의와 동일하게 취급이 되었다. 이러한 상황은 갱신의 변화가 찾아올 때까지 지속되었다.

교회 장로와 목사의 권위에 대한 질문은 그것이 성서적이든 카리스마적인 인물이든 혹은 회중중심적이든 모든 아나뱁티스트 그룹들을 끊임없이 괴롭혔다. 이것은 메노와 더크 필립스가 죽은 뒤에까지도 지속되었다. 네덜란드에서 발생한 장로와 회중사이의 긴장은 실제적으로 존재했지만 회중들이 주장을 관철시켜 결국 회중주의가 우세하게 되었다. 그러나 네덜란드 그룹을 포함하여 다른 지역에 있었던 대부분의 강한 리더들은 지속적으로 권위를 유지해 나갔다. 위에서 언급한 바와 마찬가지로 아나뱁티스트들은 아주 훌륭한 성서연구 방법을 발전시켰다. 그들은 필그람 마펙이 가르쳤던 것처럼, 신약을 구약의 성취로서 이해하고 있다. 그러나 그들에게 궁극적으로 도움이 되었던 것은 그들이 성령의 인도하심을 따라 성서를 읽어야 한다는 점이었으며, 항상 성령님께 순종하는 자세로 성서를 읽었다는 점이다. 메노 사이먼스의 좌우명은 고린도전서 3장 11절로 "이 닦아 둔 것 외에 능히 다른 터를 닦아 둘 자가 없으니 이 터는 곧 예수 그리스도라"는 말씀이었다.ME 5:45~47

교회와 국가간의 관계에 대하여 아나뱁티스트들보다 더 명확한 이해와 해석을 끊임이 없이 진행해온 그룹들은 없을 것이다. 정부는 하나님이 정하신 것롬13장; 벧전2:13~14, 조핀겐 논쟁, 1531으로 이제 그것은 타락한 질서에 속해 있지만 하나님께서 여전히 선을 위해 정부를 사용한다골 1:15~17는 것에는 모두가 동의하였다. 그리고 모든 사람들이 정도의 차이는 있지만 교회-세상이라는 이원론적인 형태가 존재한다는 것도 동의하였다. 즉 권징과 비폭력은 교회에 속한 것이고, 정부는 교회에 아무런 역할을 해서는 안된다는 사실에 대해 메노 사이먼스를 제외한 대다수의 사람들이 동의하였다. 메노 사이먼스는 피를 흘려서는 안되지만 정부가 이단들을 처벌할 수 있어야한다고 믿었다. 하나님께 충성하는 것이 우선시 되어야 한다는 사도행전 5장 29절에 모든 사람들이 동의하였다. 문제는 그 기능, 한계 및 권력에 있었다. 그리고 어떻게 산상수훈이 로마서 13장과 조화를 이룰 수 있는가 하는데 있었다.

이러한 해석의 연속체는 후브마이어에 의해 올바로 시작되었다: 방어가 필요하고 "칼"무력이 정당화 되었다. 아마도 정당한 전쟁들은 있을 수 있겠지만 거룩한 전쟁은 없다. 후브마이어에 이어 메노 사이먼스가 정부에 대한 입장을 밝혔다: 기독교 정부가 가능하고 크리스천이 정부를 위해 일을 할 수 있다. 그렇게 악을 제거하고 선으로 갚을 수 있다. 거기에 피를 흘림이 있어서는 안된다. 그리고 메노 이후에 한스 후트가 그 뒤를 이었다. 한스 후트는 주께서 다시 오실 때까지 그리고 주께서 허락하실 때까지 칼을 지녀서는 안되며 지팡이를 지니고 다녀야 된다고 하였다. 주께서 사악한 자들을 심판하시기 위해 명령할 때까지 칼을 지녀서는 안된다고 하였다. 그 후 오랫동안 공무원으로 일했던 필그람 마펙이 이 문제에 대하여 설명을 덧붙였다. 크리스천들은 정부에 속할 수 있다. 그러나 오랫동안 일을 해서는 안된다. 왜냐하면 그들은 곧 크리스천 방식이 아닌 폭력의 방식을 사용하도록, 즉 세상이 하는 식으로 행동하도록 강요할 것이기 때문이다.

그러면 나머지 리더들은 어떻게 반응하였는가? 우선 마이클 잣틀러는 "이 악한 세상으로부터 자신을 분리하라!"고 외쳤다. 한스 뎅크는 세상의 권위자들에게 그들이 선택할 수 있도록 말하는 것은 좋지만, 결코 폭력을 사용해서는 안된다고 주장했다. 후터라이트 형제단은 정부의 일로부터 물러나 있되 세금을 내야한다는 입장이었다. 그러나 전쟁과 사형집행을 위한 세금은 반대하였고 특별히 두 왕국의 이원론에 근거하고 있었다. 이들에게는 『순교자들의 거울』이 증거하는 바대로, 세속적인 기준들에 대해 철저히 무기력한 상태에 있어야 하며, 고난을 받는 것이 궁극적인 해답이었다. 폭력을 사용하지 않는다 할지라도 저항하는 것은 그들의 선택사항이 아닌 것 같았다. 이부분에 대하여는 더 많은 연구가 필요하다. 1650년부터 네덜란드에는 더 이상 "세속"world

이 존재하지 않았지만 경건주의가 진행되고 후에는 이성주의가 폭넓게 진행되었다. ME 5:637~638

이러한 고찰들이 제자도의 의미를 더 깊게 논의하도록 만들었는가? 사랑, 복종, 그리스도를 따름, 공동체, 가난한 사람들을 도와줌, 안전을 포기하고 신실한 증인이 되기 위해 위험과 죽음을 받아들였던 것은 어떠했는가? 이러한 고찰들이 정통적인 믿음ortho-doxy과 정통적인 실천ortho-praxis을 하나로 만들어 주었다. 메노 사이먼스와 더크 필립스에게 새로운 출생new birth과 중생은 신앙의 핵심 내용이었다. 따라서 우선 다시 태어남reborn이 없이 참다운 제자도란 존재할 수가 없었다. 중생은 아주 광범위한 용어로써 회심을 포함하여 계속되는 과정이었다. "당신이 일생을 사는 동안 그리스도 안에서 새로운 사람이 되도록 회심하고 변화해야만 합니다. 그리하여 그리스도께서 당신 안에 그리고 당신이 그리스도 안에 있어야 합니다."메노 사이먼스 "새로운 출생은… 그 사람을 그리스도 예수 안에서 새로운 창조물로 만드는 하나님의 능력 있고 적극적인 사역입니다."더크 필립스

참된 회개는 중생의 표지를 갖고 새로운 삶을 통해 드러난다. 믿는 사람은 그리스도의 공로를 믿음으로 의로움을 선포해야할 뿐만 아니라 실제로 그리스도와 함께 걸음으로 본성이 변화를 입는 것이다. 죄는 거룩함과 성화가 증가되면서 힘을 잃게 된다. 메노 사이먼스가 이러한 것을 설명한 이후에 몇 사람들이 온전함에 이르는 가능성에 대하여 언급하였다. ME 4:414; 5:787~788; 5:756~757; 5:238~239

메노 사이먼스와 더크 필립스에게 교회의 본질보다도 더 중요한 교리는 없었다. 그러나 덕은 불모의 전통주의적 제도를 위해서는 교회church라는 용어를 사용하였고, 아나뱁티즘을 위해서는 회중이라는 용어를 구분해서 사용하였다. 더크 필립스는 회중의 기원에 대해 아주 특이한 개념을 갖고 있었다. "하나님의 회중은 우선 천사들과 함께 하늘

에서 시작되었다." 이 회중은 에덴 동산의 아담과 이브에게로 계속되었다. 그러나 하늘에서 타락과 배교가 먼저 일어난 후 똑 같은 일이 에덴 동산에서도 일어났다. 구원에 대한 약속창3:15이 복음에 대한 최초의 설교였고, 이를 통해 아담과 이브에게 신의 형상이 회복되었다. 회중은 그리스도의 몸이며, 그리스도의 신부이며, 새 예루살렘이다.

또한 세례와 주의 만찬을 행하는 의식에 있어 더크 필립스는 "성도들의 발을 씻어야 함"을 강조하였다. 네 번째 의식은 세상과의 분리이며, 다섯 번째 의식은 사랑이며, 여섯 번째 의식은 복종이고 일곱 번째 의식으로 고난을 들었다. 메노 사이먼스는 참된 교회의 여섯가지 표시와 거짓 교회의 여섯 가지 표시에 대하여 설명하였다.15) 피상적으로 볼 때, 두 교회들 모두 신약 교회로 돌아가는 교회의 회복에 대한 것이지만, 기존에 존재하는 구조들을 조금 향상시키고자 하는 모습은 참다운 개혁가들의 교회 모습이 아니라고 하였다. 그들의 메시지는 "완전히 새로운 시작"을 의미했다. ME 1:594; 5:150~152

순수한 교회를 위한 열망이 슐라이트하임 조항과 다른 아나뱁티즘의 여러 부분에 잘 드러나 있지만, 네덜란드 운동에 가장 강력하게 표현되어 있다. 특히 이러한 열망은 권징과 징계를 통해 드러났다. 더크 필립스와 메노 사이먼스는 이러한 것에 대한 필요성을 설명하기 위한 여러 편의 논문을 썼다. 그러나 순수한 교회는 그들을 곤경에 빠뜨렸다! 징계는 수 많은 분리를 초래하였고, 아마도 그들 중 어떤 징계는 전체 회중에 의해 잘못을 바로잡기 위한 것이라기 보다는 한 명의 엄격한 장로에 의해 일방적으로 부과된 경우도 종종 있었던 것 같다. 메노 사이먼스는 규율징계이 없는 교회는 벽이 없는 집이나 울타리 없는 정원과 같다고 생각했다. 이는 사람들이 교회를 악한 세상을 비추는 등대라기 보다는 하나의 방주로 보았기 때문이었다. 그러나 최선은 교회가 규율을 갖는 것은 서로 다른 문화와 생활양식 가운데서 사는 그룹들을 후원하기 위해 당연한 것이었다.

메노 사이먼스와 더크 필립스는 선교에 많은 관심을 갖고 있었다. 그들과 함께 일했던 레오나르드 보우웬은 10,252명의 세례자 명단을 갖고 있었다. 다음은 메노 사이먼스가 기록한 글이다.

> 그러므로 우리는 가능한 한 매일 낮이든 밤이든, 집이든 들판이든, 숲이든 쓰레기장이든, 이쪽이든 저쪽이든, 집에서든 밖에서든, 외국이든 내국이든, 감옥이든 토굴이든, 물에서든 불에서든, 집이든 거리든… 상관하지 않고 복음을 선포하였다. 우리는 가슴 속에서부터 그리스도께서 움직이는 능력을 느꼈고, 할 수만 있다면 하나님의 은혜로우신 도움으로 지옥의 문턱에 있는 모든 사람들을 구원하고자 원했고, 그들을 죄의 사슬로부터 해방시키기를 원했다. 그들을 그리스도 평화의 복음에 의해 그리스도께로 인도하고 싶었다.[16]

네덜란드에서의 관용은 아나뱁티즘을 문화적으로 빨리 스며들도록 하였으며 급성장할 수 있는 발판을 마련해 주었다. 이러한 분위기는 대단히 많은 문학 작품, 셀 수 없는 신앙고백서들을 양산해 내었다. 1632년에 작성되어 폭넓게 영향을 미쳤던 도르드레흐트 신앙고백서는 그 고백서들 중의 하나였다. 이 신앙고백서는 1725년 미국 펜실바니아, 저먼타운에서도 채택이 되었다. 순교학의 첫 작품인 *Het Offer Des Heeren*이 1562년에 편찬되었고 1660년의 고전판이 완성될 때까지 몇 번에 걸쳐 증보되었다. 이후 몇 세대 동안 예술 및 다른 문화적 기여와 더불어 신학, 역사, 묵상, 교리, 시와 관련된 엄청난 작품들이 쏟아져 나왔다. 그러나 이러한 이야기를 쓰자면 또 다른 장이 필요할 것이다.

요약

아나뱁티즘 그룹들의 본질과 핵심 가치들을 위에서 간략하게 정리해 본 것은 조직적이고 전체를 포괄적으로 설명하기 위함이 아니다. 그렇지만 이렇게 본질과 핵심 가치들을 정리한 목적은 그들에게 중요했던 믿음의 요소, 즉 그들이 목숨 걸만큼 중요한 것들이 도대체 무엇이었는가를 간략하게나마 살펴보고자 함이었다. 성서의 권위는 그들에게 있어서 모든 것의 기본이었고, 모든 것을 기준이 되는 규범이었으며, 그리스도는 크리스천의 구주요 모든 생활의 규범이었다. 믿음의 공동체를 후원하는 것으로써 그리스도, 성서, 회중과 제자도는 다양한 아나뱁티즘 속에 여러가지 형태로 나타났다. 정말로 이러한 것들이 그들이 소유했던 믿음의 중심들인가? 하는 질문에 진실로 그들이 소유한 믿음의 중심에 이러한 것들이 틀림없이 자리하였다는 답변과 함께 이번 장을 마친다.

---

1) Williams and Mergal, *Spiritual and Anabaptist Writers*, pp. 73~75.
2) From Yoder, *Legacy*, pp.34~42.
3) 앞의 책., pp.44~45.
4) 앞의 책, pp.108~120.
5) 앞의 책, pp.121~125.
6) Pipkin and Yoder, Hubmaier, pp.94~149, 이 주제와 관련된 여러 논문들을 함께 살펴볼 것. Pp.166., 245., 275, 386. 세례에 관련된 참고문헌들은 그가 쓴 다른 글에도 나타나 있다.
7) 앞의 책, pp.301.
8) Walter Klaassen, *Anabaptism in Outline*. Scottdale, Pa.:Herald Press, 1981, p. 171; from Lydia **Müller**, *Glaubenszeugnisse oberdeutscher Taufgesinnter*. Leipzig, Germany: M. Heinsius Nachfolger, 1938, p.100.
9) Klaassen, Outline, p. 176; from William Classen and Walter Klaassen, *The Writings of Pilgram Marpeck*. Scottdale, Pa.: Herald Press, 1978,

p.129. *A study of ten Anabaptist Men and Women*, 1525~1536, led to an estimated average age of 36.4 at baptism, with none under 20, two between 20~29, four between 30~39, and 4 between 40~49. ME 5:53(1526~1536년까지 열명의 메노나이트 남자와 여자들에 대한 연구에 따르면 세례를 받았던 평균 연령이 36.4세로 나타났다. 20세 미만은 한 사람도 없었고, 20~29세사이가 2명, 30~39세 사이가 4명, 40~49세가 4명이었다.)

10) Müller, *Glaubenszeugnisse*, pp.44.

11) Neal Blough, "Pilgram Marpeck und die Schweizer **Brüder** um 1540," Mennonitische **Geschitchsblütter**. 47/48 Jahrgang. 1990/91, pp.162~163.

12) *The Chronicle of the Hutterian Brethren*, volume I, Rifton, N.Y.:Plough Publishing House, 1987.

13) Rifton, N.Y.:Plough Publishing House, 1970. *A new edition is in preparation.*

14) *Chrinicle*, pp.251~294. See also ME 5:406~409.

15) Dyck, etal. *The Writings of Dirk Philips*, pp, 305~382; CWMS, pp. 743~744.

16) CWMS, p. 633.

그 외의 자료들: Alvin. Beachy, *The Concept of Grace in the Radical Reformation.* Nieuwkoop, Neth.: B. de Graaf, 1977. C. Arnold Cnyder, *The Life and Thought of Michael Sattler.* Scottdale, Pa.: Herald Press, 1984. Donald F. Dumbaugh, *The Believers' Church.* New York, N.Y.: Macmillan, 1968. Robert Friedmann, *The Theology of Anabaptism.* Scottdale, Pa.: Herald Press, 1973. Cornelius J. Dyck, editor. *A Legacy of Faith: The Heritage of Menno Simons.* Newton, Kan.:Faith and Life Press, 1962. Robert Friedmann, *Hutterite Studies.* Godhen, Ind.: Mennonite Historical Society, 1961. Rollin Stely Armour, *Anabaptist Baptism.* Scottdale, Pa.: Herald Press, 1966. Clarence Bauman, *The Spiritual Legacy of Hans Denck.* Leiden, Neth.: E.J.Brill, 1991.

9장
유럽의 메노나이트 1648~1815

순교의 영향 및 환경에 대한 그들의 내부적 분열과 적응 정도에 따라 초창기 재세례 신앙운동은 1525년부터 1650년까지 네 세대를 지나면서 점차로 약화되었다. 그러나 아나뱁티즘에도 새로운 모습들이 등장하여 그들의 영적인 부분이 중요한 요소로 자리하게 되었다. 신자들의 세례와 회중적인 모델의 교회에 관심을 가진 침례교가 생겨났고 강한 평화주의를 표방하는 퀘이커들이 생겨나기도 했다. 하나님과의 내면적 관계의 중요성을 강조한 경건주의자들이 생겨나기도 하였다. 이러한 운동들은 메노나이트의 영향과 무관하지 않았으며, 이성주의 운동의 등장과 함께 특히 네덜란드 지역의 회중들에게 지대한 영향을 미치게 되었다. 이 기간 동안에 스위스와 남부 독일의 메노나이트들은 자신들이 시작한 전통적인 생활 방식을 가장 잘 지켜나갔고, 프러시아나 동유럽의 특정 지역의 회중들 또한 이러한 전통을 잘 지켜나갔다.

남부 유럽

스위스: 비록 취리히가 아나뱁티즘의 처음 발원지였으나, 1648년 취리히와 베른지역의 농촌 교구에는 단지 몇 그룹들만이 남게 되었다.

이렇게 메노나이트가 쇠퇴하게 된 배경은 스위스 지역 내에 존재했던 강한 군대조직의 정비와 이에 대해 비저항을 주장하는 아나뱁티스트들의 간의 지속적인 압력이 부분적으로 자리하고 있다. 그러나 사람들로부터 교회를 문화와 분리시키고자 한 분리주의적 성향 또한 스위스 사람들의 비애국주의적인 성향을 낳게 되었다. 이러한 결과에 순응시키고자 하는 숱한 압력이 많은 사람들의 신앙을 포기하게 만들거나, 이주라는 생의 또 다른 선택을 하게 만들었다. 그러나 당시에는 이주 자체가 매우 어려운 실정이었다. 실제로 메노나이트들이 이주를 하게 된 것은 네덜란드 메노나이트들이 스위스 정부와 함께 조약을 한 1642년에나 되어서야 가능했다. 1661년까지의 이주민들은 대부분 취리히에서 팔라티네이트로 오게 되었다.

이러한 역사적 진행의 결과, 17세기 말까지 스위스에 남은 메노나이트들은 단지 베른Bern의 메노나이트 뿐이었다. 그러나 이들에게 국가교회에 귀속하라는 설득과 박해는 끊이질 않았다. 17세기를 거쳐 18세기까지도 셀 수 없는 핍박과 압력이 지속되었다. 특별히 1671, 1691, 1711년의 박해는 아주 처참했다. 1699년부터 1733년까지 이들을 처우하는 특별한 법안들이 발효되었다. 사형제도는 더 이상 적용되지 않았지만, 다른 방식의 가혹한 고문과 박해가 주어졌다. 많은 사람들이 해상 전투용 갤리선의 노예로 보내지거나 감옥으로 보내졌다. 대부분 그들의 이마에는 견디기 힘든 모욕적인 문구가 찍혀지기도 했다. 그들에게 그 어느 누구도 잠자리를 제공하거나 먹을 것을 주지 못하게 했다. 누구든지 그들에게 작은 호의라도 베풀면 누군가가 정부에 보고를 해야했고, 정부에 보고한 사람에게는 후한 상이 주어졌다. 메노나이트 어린이들은 서자나 사생아 처럼 여겨졌고 법적으로도 아무런 권리를 행사할 수 없었다. 부모들의 재산도 물려받지 못하였다. 그들이 죽더라도 공동 묘지에 묻힐 수 조차 없었다. 그나마 농업 기술 때문에 이주라도

할 수 있었던 사람들은 프러시아나 남부 독일에서 환영을 받게 되었다.

그들 중에 직조공이라든지 몇몇 장인들이 있기는 했지만 대부분의 스위스 메노나이트들은 농부들이었다. 박해 때문에 아주 적은 숫자의 사람들만이 안전하게 교육을 받을 수 있었고 그 결과 그들 중 아주 극소수의 사람들만이 글을 쓸 수 있었다. 신앙의 문제에 있어서 그들은 단순히 1527년에 작성한 슐라이트하임 고백서만을 갖고 있었고, 후에 첨가된 것으로써 때때로 예배시간에 읽었던 선조들의 순교에 대한 기록이 그들이 갖고 있던 문서의 전부였다. 그들의 찬송가는 아우스분트Ausbund라고 불렸다. 나중에 그들은 개혁교회가 불렀던 시편을 중심으로 쓰여진 찬송가를 사용하기 시작하였지만, 그 책이 어떤 책인지 숨기기 위해서 표지를 없애 버린 채로 사용하기도 했다. 1632년의 도르드레흐트 신앙고백이 사용되기 시작한 것은 1691년이나 되서였다. 후에 얀 필립쯔Jan Philipsz라는 네덜란드 메노나이트 사람이 쓴 『방황하는 영혼』이라는 묵상집을 통해 경건주의가 그들의 단순하고, 감정적이며, 내면적인 신앙심에 큰 영향을 미쳤다. 이것은 1635년에 『샤밸지』Schabaelje라는 이름으로 출판되어 나왔고 이는 후에 독일어로 출판이 되었다.

알자스Alsace: 1648년 웨스트팔리아Westphalia의 조약에 따라 뮬하우젠Mulhausen 지역을 제외한 모든 알자스 지역은 프랑스에 귀속되었고 이는 다시 스위스 컨페더러시Swiss Confederacy로 귀속되었다. 이러한 정치적 분리는 메노나이트 회중들에게도 적지 않은 영향을 미쳤다. 그러나 메노나이트들은 할 수 있는 한 최선을 다해 모이기에 힘썼다. 목회자들의 모임에 관한 1660년대의 한 기록은 그들이 믿음에 관한 일에 얼마나 진지하였는지 잘 보여주고 있다. 모임에 참여하였던 사람들은 에글리Egley, 하비쉬Habich, 뮬러Muller, 링거Ringer, 슈미쯔Schmidt 및 그 외 여러 지역을 대표하는 사람들이었다. 1632년 플레미시 메노나이트들에 의해 준비된 도르드레흐트Dordrecht 신앙고백서는 알세티안Alsatian 회중교회들에 의해 채택되었다. 회의록에 따르면 당시 모임을 통해 세례, 맹세, 권징과 징계, 세족식, 그리고 그리스도의 본성 등 교회의 본질이 되는 아주 중요한 내용에 대해 격렬한 토론을 벌였음을 알수 있다. 자주 간과되었던 세족식은 성서의 실행예식으로 복원되었다. 그리스도의 본성에 대한 질문들은 이 모임에서 충분한 해결점을 찾지 못했다. 아마도 이 이슈는 그리스도가 마리아로부터 육체를 받았는가 아니면 하늘로부터 받았는가에 관한 것으로 메노 사이먼스의 목회기간 및 그 이후의 네덜란드 메노나이트들 가운데 격렬한 논쟁이 이루어졌던 질문이었다.

한편 메노나이트 난민들은 알자스 지역으로 끊임없이 이주해왔다. 그들 중 제이콥 암만Jacob Ammann이라는 사람이 있었는데 마커츠Markirch지역의 교회 장로요 목회자였다. 그곳에서 그는 알자스 지역과 스위스 지역 교회들의 규율이 턱없이 부족하다는 점에 대하여 심각하게 고민하였다. 회중들이 채택하고 있는 도르드레흐트 신앙고백서 조항들에 호소하면서, 그는 교회 규율이 징계avoidance-추방된 사람을 만나서는 안된다는 의미를 위해 회피라는 단어를 사용하였으나 여기에서는 징계로 번역하였음를 포함하고 있어야 한다고 주장하였다. 가장 엄격한 형태로서 이것은 비록 가족 구성원들이라도 추방된 사람들을 만나는 것이 허락되지 않았다는 의미였다. 이는 징계의 대상이 되면 가족과 함께 먹고 자고 생활하는 모든 것을 떠나 홀로 생활해야한다는 것을 의미했다. 이러한 징계의 목적은 그들을 회개에 이르게 하기 위함이었다. 암만은 모든 회중교회들이 세족식을 실행해야 하며, 남자들은 수염을 포함하여 멋을 내지 않는 아주 단순한 옷차림을 해야한다고 주장하였다.

비록 이러한 주장은 스위스 지역의 장로였던 한스 라이스트Hans Reist에 의해 상당한 반대에 부딪혔으나, 암만은 알자스 및 스위스 지역의 교회들을 일일이 방문하면서 이러한 의견에 반대하는 사람들을 권징하면서 자신의 신념과 확신을 설명하였다. 이러한 상황에 처한 사람들을 화해시키기 위해 함부르크로부터 게르하르트 루센Gerhard Roosen이 방문하는 등 수 많은 시도들이 있었으나 별다른 성과는 없었다. 이러한 상황은 알자스 지역에서 암만을 따르는 회중들이 있는 대부분의 교회와, 그의 가르침을 반대하는 스위스 및 남부 독일 회중들이 있는 대부분의 교회와의 분열로 첨예화되었다. 1694년부터 1697년 동안 암만을 따르던 사람들은 일반적으로 아미시 메노나이트 혹은 단순히 아미시라고 알려지게 되었다.

이러한 분열이 있은지 얼마되지 않은 1712년 아미시는 프랑스 정부에 의해 알자스 지역으로부터 추방되었다. 비록 그들이 이 명령을 받아들이지 않고 항의하기도 했지만, 그들은 그 지역을 떠나도록 권고 되었다. 한편 이 명령은 루터와 캘빈의 권위가 너무나 지나친 것이라고 생각했던 그 지역의 로마 가톨릭 신자들을 기쁘게 해주었다. 1744, 1766, 1780년에도 그 지역을 떠나라는 명령이 반복해서 내려졌지만, 그들 대부분은 그 지역을 떠나지 않았다.

이 기간동안 세 번에 걸친 아미시 회의가 개최되었는데, 첫 번째 회의는 1752년 스타인셀쯔Steinseltz에서 두 번째와 세 번째 회의는 1759년과 1799년 에씽엔Essingen에서 열렸다. 이 기간 동안 그들을 인도했던 리더는 한스 나프지거Hans Nafziger로 1731년 목회자로 선출되었고, 곧 장로 안수를 받았다. 아미시 회중이 어떻게 조직되어야 하며 그 당시부터 현재에 이르기까지 어떻게 회중을 형성해야 하는가 하는 상세한 회중 지침을 마련한 사람이 바로 한스 나프지거였다. 아미시 메노나이트들이 처음 펜실바니아에 정착하게 된 것은 아마도 1720년인 것 같다. 아미시들이 미국으로의 대거 이주는 18세기와 19세기 중반에 이루어졌다. 이들의 이주와 정착은 오하이오 및 다른 중부의 여러 주뿐만 아니라 캐나다로도 이어졌다.

팔라티네이트The Palatinate: 남부 독일 라인강 서부에 위치한 팔라티네이트는 17세기와 18세기 메노나이트들을 위한 진정한 교차로였음에 틀림이 없다. 이 기간 동안 사람들은 스위스 메노나이트, 모라비아의 후터라이트 형제단, 네덜란드 메노나이트 그리고 이 지역 전체에서 온 난민들을 팔라티네이트 어디에서나 만날 수 있었다. 메노나이트들이 비록 이단들이라고 여겨졌지만, 마치 이들이 30년 전쟁의 폐허를 복구시켜줄 수 있는 사람들이라 여겼기에, 부동산 소유주들은 이들을 적극 환영하였다. 1664년 팔레티네이트의 칼 루드빅Karl Ludwig에 의해 이들을 묵인해 준다는 칙령이 발효되었다. 이 칙령에 따라 메노나이트들은 자신들의 가정에서 예배를 드릴 수 있게 되었다. 그렇지만 여전히 세례를 베푸는 것은 금지되었으며, 이러한 관용의 특혜를 받게 된 것에 대한 세금을 매년 지불해야 했다.

어느 날, 그 지역의 선제후the elector가 자신의 땅을 돌아보며 메노나이트 농장에 오게 된 것에 대한 한 이야기가 전해내려오고 있다. 그의 시중을 드는 사람 중 한 사람이 메노나이트들이 위조지폐를 만드는 기술이 있기 때문에 큰 부자가 되었다는 이상한 소문을 퍼뜨렸다. 그 선제후가 메노나이트들을 만나 이 문제를 거론하였을 때, 메노나이트 농부는 그에게 자신의 물집잡힌 손을 보여주면서 "내가 소유한 모든 돈은 하나님께서 축복으로 주신 이 두 손으로 땅을 일구어서 얻은 것입니다."라고 말했다. 기록에 따르면 18세기 중엽에 이 지역에는 총 618가정이 약 28개의 회중교회를 이루었다고 한다. 그들 중 한 사람은, 데이빗 멜링거David Mällinger로 당시 "팔레티네이트 농업의 아버지"로 잘 알려진 사람이었다. 메노나이트 이름 중 데트바일러Detweiler는 이 당시 훌륭한 농사꾼이라는 의미로 통용되었다고 한다.

남부 독일에는 또 다른 회중 교회들이 있었는데, 경건운동이 메노나이들에게 상당한 영향을 끼쳤다. 이 운동을 이끌었던 리더들은 피터 베버Peter Weber와 아담 크레비엘Adam Krehbiel 이었다. 이 지역의 경건주의를 대표하는 인물이었던 헨리 융-스틸링Henry Jung-Stilling은 멜링거의 친구였다. 세심한 주의가 필요한 『크리스천의 임무Ernsthafte Christenpflicht』라는 기도책이 이 회중교회들간에 통용되었다. 이 책은 1739년에 출판되었으며 이 후에 수 많은 기도책들이 발행되었다. 이 회중 교회들의 생활 중 가장 중요한 것은 1780년 웨버와 한스 나프찌거Weber and Hans Nafziger의 노력으로 출판된 『『순교자들의 거울』이다.

북부 지역

네덜란드: 남부지역에 있는 스위스 회중들의 영적인 생활은 앨사스와 팔라티네이트에 머물렀던 사람들 보다는 훨씬 덜 개방적이었다. 그러나 이러한 영향을 받은 북부지역의 회중들은 나중에 프러시아의 자치구에서 생겨난 회중들이라기 보다는 네덜란드의 회중들이었다. 이곳에 갈레너스 아브라함즈 데 한Galenus Abrahamsz de Hann이라는 사람이 30년 전쟁 이후에 리더십을 발휘했었다. 그는 "아나뱁티스트들 중의 마지막 예언자"로 알려진 사람이었다. 그는 암스테르담에 있는 어린양The Lamb이라는 이름을 가진 플레미시 회중교회에서 안수 받은 목사요 의사였다. 그를 통해 메노나이트들이 영국의 퀘이커들과 연락을 취하기 시작했다. 갈레너스의 방문에 얽힌 일화에 따르면 퀘이커의 창시자였던 조지 폭스George Fox가 그 지역을 방문했을 때, 퀘이커들이 자신을 괴롭히고 있지만 갈레너스는 폭스에게 눈감고 넘어가 달라고 했다는 기록이 있다. 갈레너스를 통해 많은 네덜란드 메노나이트들이 칼리지안트Collegiants들과도 교류했는데 이 칼리지안트들은 영적인 삶에 깊은 관심을 보인 평신도 운동가들이었다. 그러나 그는 폴란드 출신의 소시니안 형제들Socinian brethren에 대하여 개방적인 태도를 보였다. 이 소

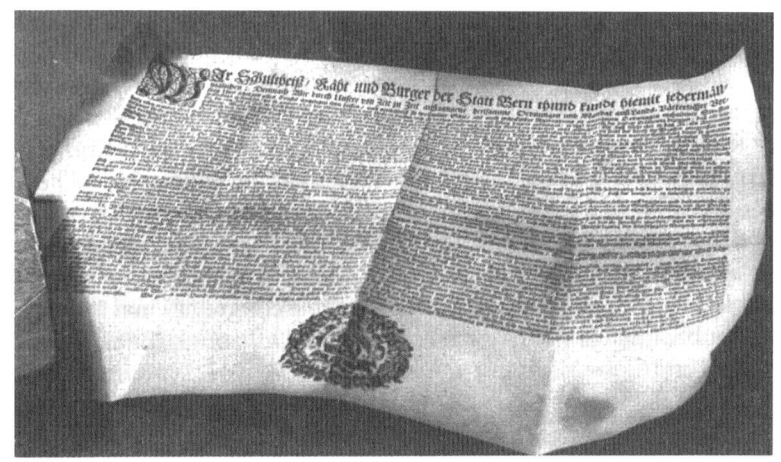

이단으로 여겨졌던 아나뱁티스트-메노나이트들을 멸절시키기 위한 지역, 지방, 제국의 명령은 수 없이 발효되었다. 1527년부터 1743년까지 베른(Bern) 지역에 내려졌던 명령만 해도 47회나 달했다. 1711년에 내려진 명령은 모든 아나뱁티스트들을 추방하도록 요구되었다. 아주 소수의 아나뱁티스트들만이 다른 지역으로 이주하였으나 1711년 7월 13일에 네 개의 배가 라인강을 따라 내려갔다. 그 배에 타고 있던 절반의 사람들이 만하임(Mannheim) 지역에서 탈출하여 팔라티네이트에 정착하였다.

시니안 형제들은 삼위일체 교리를 반대하였는데 비록 그리스도의 본질에 대한 의견에 있어서 그들과 매우 달랐음에도 불구하고 이들에게 개방적이었다. 이러한 그의 개방적인 태도는 그를 어렵게 만들기도 하였다.

그 때에 암스테르담의 메노나이트들에게 아주 심한 분열이 생겨났다. 갈레우스의 리더십 하에 암스테르담의 어린양The Lamb교회에서 예배를 드리던 사람들이 옛 고백서들의 권위를 해석하는데 보다 진보적인 성향을 띠고, 성령의 인도하심 하에 올바른 크리스천 생활이 이루어져야 함을 강조하게 되었다. 그러나 보다 보수적인 교회였던 햇빛교회The Sun에서 예배를 드리던 사람들은 같은 목적으로 옛 고백서들 및 전통들을 고수하고자 올바른 교리의 중요성을 강조하게 되었다. 결국 갈레우스는 1699년에 메노나이트의 교리와 개혁교회 혹은 다른 그룹들 간에 존재하는 차이점을 분명히 하기 위해 문서를 작성하게 되었다. 이 문서 목록들에는 (a) 구약 성서보다 신약 성서가 더 우위에 있음 (b) 신자들의 세례 (c) 맹세를 하지 않음 (d) 비저항 등이 포함되어 있었다. 보수주의 교회는 곧 자신의 입장 및 역사를 정리한 문서를 작성하여 이에 답하였다. 이 문서는 헤르만 스하인Herman Schijn이 작성하였는데, 그는 아나뱁티즘을 12세기의 왈데시안들Waldesians과 연결하는 실수를 범하였다.

게다가 상당히 논쟁적인 이러한 문서들 중 상당한 양이 당시 네덜란드 메노나이트들의 묵상이나 예배 문학으로 자리하였다. 이러한 것들 중에는 방황하는 영혼Wandering Sou이라든가 『순교자들의 거울』, 수 많은 찬송가들, 그리고 작은 메노Little Menno라고 알려진 메노 사이먼스의 저작들도 포함되어 있었다. 회심과 제자도의 중요성을 강조한 메노의 저작들은 수 많은 세월 동안 유럽 메노나이트들의 삶과 사상을 형성하는데 도움을 주기도 했다. 이러한 저작들은 존 데크네이텔John Deknatel

에 의해 편집되었는데, 그는 경건주의자로서 어린양The Lamb교회의 목사였으며 모라비아헤른후터 형제단Moravian Hernhuter Brethren의 리더였던 진젠도르프 백작Count von Zinzendorf의 절친한 친구이기도 했다. 경건한 생활을 표방하였던 경건주의자들이 강조하는 내용들은 곧 많은 회중교회에서 발견되었다.ME 5:703

네덜란드 메노나이트 회중들은 그들의 경제적 상황에 의해서도 많은 영향을 받게 되었다. 그들은 가르치는 일을 직업으로 한다든가 공무원 같은 직종에서 일을 할 수 없도록 일찌감치 규제를 받았기 때문에, 많은 사람들이 사업가 및 무역에 종사하게 되었다. 17세기 중엽부터 정부의 규제가 관대해지자 많은 메노나이트들이 부자가 되었다. 이제 그들의 부가 사회, 문화, 교육 분야에 관심 및 영향력을 갖게 만들었다. 많은 메노나이트 멤버들이 훌륭한 교육을 받게 되었으며 훈련된 목회자들을 양성해야 한다는 요구도 생겨나게 되었다. 비록 의사로 교육을 받는 것이 신학적 훈련은 아니었지만 그들이 받을 수 있는 최고의 훈련이었기 때문에 한 동안 의사들이 안수를 받고 목회를 수행했었다. 그러나 1735년 레몬스트란트 교회 신학대학원Remonstrant Church Seminary에서 신학적 훈련을 받고자 원하는 젊은이들이 늘어나자 이들을 빼앗기지 않고 자신들의 지도자들을 세울 목적으로 양 교회 회중들의 리더십 하에 신학대학원이 설립되었다. 그 결과 1773년 로테르담 지역에 교회가 세워졌고 그 외에도 아주 많은 훌륭한 교회들이 세워지게 되었다. 새로운 건물이 지어지면서 악기를 사용하고자 하는 소망들도 생겨나게 되었다. 1765년에 처음 오르간이 유트레흐트Utrecht지역에 설치되었다. 1771년에는 할렘Haarlem 지역에도 설치되었다. 결국 오르간은 대부분의 네덜란드 메노나이트 교회에서 볼 수 있게 되었다. 소리내어 기도하는 것이 점차로 조용하게 기도하던 전통적인 모습을 대치해 나갔다.

네덜란드 메노나이트들 간에는 이미 존재했던 제자도를 강조하였고, 상호 부조에 대한 관심이 생겨났다. 그들이 추구하고자 하는 것은 단순히 그들 내에 있었던 불행한 멤버들의 필요를 채워주는 것만이 아니라, 1696년에 팔라티에이트에 있던 회중들과 1711, 1713년 프러시아 및 폴란드에까지 회중들에게 구호물품을 보내는 모습으로 확대되었다. 스위스에 보내졌던 이러한 도움에 대하여는 이미 언급한 바 있다. 이렇게 해서 외국으로 도움을 보내기 위한 구호 기관이 1725년에 설립되었다. 바다에서 가장을 잃은 가족들을 돕기 위한 협회가 세워지기도 했다. 1778년 피터 타일러 반 데 홀스트Pieter Teyler van der Hulst라는 메노나이트 상인이 과학적 연구 및 박물관 설립을 후원하기 위해 재단을 설립하기도 했다. 이 재단은 아직도 존재하고 있다. 이러한 것은 크리스천이요 제자로서 자신들의 재물을 보다 책임감 있게 사용해야한다는 신실한 관심에서 비롯된 것이었다. 이러한 활동과 재원을 통해 네덜란드 메노나이트의 문화적, 사회적 관점, 더 나아가 정치적인 영향력은 그 어느 시대 어느 장소에서 누렸던 것 보다 훨씬 더 강하게 성장하였다.

이러한 발전에도 불구하고 회중들은 점점 쇠퇴하게 되었는데 이는 아마도 성장 그 자체로 인한 것이기도 하였다. 교회의 규율은 과거 세족식이 역사에 따라 점점 사라져 갔던 것처럼 느슨해져만 갔다. 메노나이트 무역 종사자들 및 상선 소유자들은 해적들로부터 자신들을 방어하기 위해 무장했으며 서서히 상선에도 총을 장치하기 시작했다. 1799년에는 비저항의 특권을 포기하기에 이르렀고, 이러한 움직임에 반대하는 메노나이트들은 아주 적은 수에 불과했다. 멤버십 또한 급격히 감소하였으며, 교회의 프로그램들을 운영하기 위해 회중들의 참여를 독려하기에 이르렀다. 어떤 사람들은 사회적, 경제적 이유로 교회를 떠났고, 어떤 사람들은 자신들의 문화유산이 이러한 변화와는 맞지 않는다고 떠나기도 했다. 어떤 사람들은 자신들의 귀한 전통을 잊고 개혁교회로부터 보다 더 영적인 자극을 받을 수 있다고 생각하기도 했다.

그리하여 1700년대 160,000명에 이르렀던 네덜란드 메노나이트는 1808년에 겨우 26,953명밖에 존재하지 않았다. 백 여개의 회중 교회들은 이 108년 동안 사멸의 위기에 처하게 되었다. 점차적인 회복에로의 관심이 있었지만, 또 다른 쇠퇴가 이어졌다. 1978년에는 25,589명의 세례신자가 1990년에는 18,000명의 세례신자가 존재하는 것으로 나타났다. 이러한 쇠퇴에 반전을 꾀하기 위해 1811년 알헤미네 둡스헤진데 소쉬타이트Algemeene Doopsgezinde Societeit, ADS로 알려진 모든 메노나이트들을 위한 총회가 설립되기도 했다.

라인강 하류 지역: 크레펠트Krefeld 시는 16세기 라인강 하류지역에 있었던 메노나이트 활동의 중심지 중 하나였다. 이곳은 오렌지의 네덜란드 집Dutch House of Orange이 우위를 점하고 있었기 때문에, 메노나이트들을 포함한 많은 네덜란드 사람들이 그 도시에 쉽게 정착하였다. 이러한 사람들 중 헤르만 옵 덴 흐래프Herman op den Graeff라는 한 유능한 메노나이트 사업가가 있었는데, 그는 1607년과 1608년에 크레펠트에 살았다. 그는 자신의 사업뿐 아니라, 메노나이트 교회를 설립하였다. 1654년부터 몇 십년 동안 메노나이트들이 줄리히Juelich와 베르그Berg 지역으로부터 추방을 당하게 될 때까지, 수 많은 새로운 멤버들이 교회에 등록을 하게 되었다. 이러한 난민들이 네덜란드어플레미시보다 표준 독일어High German를 사용했기 때문에, 회중의 생활방식은 점차로 북부 독일 메노나이트들의 방향으로 옮겨가게 되었다. 정부가 믿음에 대하여 보여준 관용과 개방적인 태도는 이 시기부터 크레펠트 회중에 뚜렷한 전환점이 되었다. 1693년 이 도시의 중심가에 훌륭한 교회를 건축할 수 있도록 허락되었다.

1702년 프러시아의 통치가 시작될 때까지 크레펠트와 메노나이트들에게 엄청난 번영이 주어졌다. 비록 폰 데 리옌von der Leyen과 같은

혹독한 시련으로 두 번씩이나 멸절의 위기에 처했던 스위스 메노나이트 가족들은 버려진 땅을 개간하여 훌륭한 포도원과 곡식을 일굴 수 있었던 팔라티네이트의 윈터샤임(Wintersheim) 근처에 정착하였다. 1770년에 메노나이트들에게는 마지못해 주어진 것이긴 했지만 바이어호프(Weiehof)에 교회의 모양이 아닌 농가의 구조처럼 보여지도록 하는 가운데 모임 장소를 짓도록 허가가 내려졌다.

비단공들이 있기는 했지만, 이지역에 있는 대부분의 메노나이트들은 모직공들이었다. 1731년 비단 상인으로서 그의 가족은 국제적으로 유명한 '프레더릭과 헨리 폰 데 리옌'이라는 이름의 회사를 설립하였다. 그 시기에 이 회사는 약 3,000명의 직공들을 고용했으며 이것은 그 도시 인구의 반에 해당하였다. 프러시아의 프레더릭 윌리암 1세에 의해 메노나이트 회중들에게 특권이 주어졌는데 이는 폰 데 리옌 회사 때문이었고, 1721년과 1738년에 그가 직접 공장을 방문하기도 했다. 후에 프레더릭 대제 또한 1751년과 1763년에 이들을 방문하여 자신이 직접 그린 유화를 그들에게 선물하기도 했다. 이러한 과정 중에 그 가족은 자신들의 사업적인 성공으로 인해 작위를 부여 받았으며 독일의 귀족으로 영입되기도 하였다.

한편 특별히 다른 종교 운동의 영향을 통해 회중 교회의 모습도 조금씩 변화하게 되었다. 1670년부터 1683년까지 영국의 퀘이커가 이 지역에서 활동을 하였는데, 몇 사람들이 이들의 영향을 받아 메노나이트 교회를 떠나기도 하였다. 1683년 결국 열 세 가정이 윌리암 펜William Penn의 초대를 받아 펜실바니아에 정착하였으며 미국에 독일 사람들이 처음으로 정착하는 발판을 마련하였다. 1705년부터 1725년까지 메노나이트들 중 몇 사람들이 침수례를 실행했던 형제들의 교회the Church of the Brethren로 알려진 덩커파Dunkards:미국의 독일침례동포교회신자들로 침례 · 애찬 · 병역거부 등을 실천함-편집자주의 영향력 아래로 들어오게 되었다.

1735년부터 1769년까지 시인이요 찬송작가인 게르하르트 테스티헨 Gerhard Tersteegen의 신비주의 또한 이 회중 교회에 영향을 끼쳤다. 메노나이트들이 모인 곳은 그가 마음놓고 설교하도록 해준 몇 안되는 장소였다. 그의 신비주의적 신앙은 곧 메노나이트들이 이성주의의 길을 걷도록 길을 마련해 주었다. 1768년 폰 데 리옌 가족의 선처를 통해 오르간이 이 교회에 설치되고, 1770년부터 암스테르담 메노나이트 신학대학원의 졸업생들이 이곳에서 목회를 하게 되었다. 18세기 후반에 메노나이트 주택이 프레더릭 가Frederick Street에 들어서게 되었는데, 오늘날 크레펠트 시청으로 이용되고 있는 폰 데 리옌의 "성"이 그들 중 가장 멋진 건물이었다. 콘라드 폰 데 리옌Conrad von der Leyen은 상호간의 이해와 관용을 격려하기 위해, 시에서 모든 가능한 신앙고백을 할 수 있는 대표자들을 그 건물로 초청하였다. 클레페의 더치Duchy of Cleve-더치는 왕실 혹은 공작에 귀속되어 있는 직할 영지를 말함, 역주에 있는 크레펠트 주변의 작은 주택 밀집지역을 하나의 작은 회중 단위로 형성되도록 하였다. 1676년에 에머릭Emmerich에 하나의 회중이, 1683년에 클레페Cleve 자체가, 그리고 1738년에 리스Rees 및 여러 지역에 회중이 형성되었다. 이러한 그룹들 대부분은 암스테르담과 크리펠트의 회중교회들로부터 재정적인 도움과 영적인 후원을 받았다.

라인 강의 오른 쪽 둑방에 있는 퀼른의 남부 지역은 비드의 더치 Duchy of Wied에 귀속되어 있는 지역이었다. 30년 전쟁으로 황폐화된 후, 프레더릭 백작이 1653년 라인강에 뉴비드Neuwied라고 이름하는 새로운 중심지를 건설하였다. 1680년 땅을 재건하기 위하여 그는 특별조치를 발효하여 메노나이트들을 포함하여 이곳에서 살고자 하는 사람이 있다면 누구든지 초청하였다. 1737년부터 1793년까지 그의 조카였던 알렉산더 백작Count Alexander이 이 지역을 통치하였는데, 같은 건축 양식으로 자신의 성 근처에 메노나이트 교회를 세우도록 독려하였다. 그의 통치기간 동안 스위스 출신인 로렌쯔 프리덴리히Lorenz Friedenreich가 이 회중교회의 리더로 활동하였는데, 그는 팔라티네이트와 네덜란드의 형제단과 친밀한 관계를 유지한 경건주의자였다. 독일의 문호였던 괴테Goethe는 이 교회를 한 번 방문하고 나서, 메노나이트들의 얼굴에서 "놀라운 정직성과 온전함"을 보았다고 기록하였다 한다.

동 프리스랜드East Friesland: 16세기 중반의 동 프리스랜드는 스페인령의 독재를 피해 네덜란드를 떠나야만 했던 메노나이트들의 피난처였다. 결국 17세기를 거치면서 이 곳은 메노나이트들이 정착하는 장소가 되었으며 몇 개의 회중 교회가 세워졌다. 초기 시대에 수 많은 가족들이 엠덴 서쪽에 위치한 크룸혼Krumhorn의 마을들에 정착하였으나, 18세기 중엽에 들어서면서 동 프리스랜드에는 리어Leer, 엠덴, 노르덴Norden, 그리고 노이스타트-구든Neustadt-Goeden이라는 네 개의 회중만이 남게 되었다. 이들 중 엠덴은 메노나이트 활동의 중심지였다. 비록 암스테르담 신학대학원의 졸업생 몇 사람이 이 곳의 회중 교회들을 섬겼으나 회중들은 외부에서 온 사람들의 영향력에 대하여 저항적이었고 매우 조심스러워 하였다. 성육신에 대한 메노 사이먼스의 이해는 결코 잊혀지지 않았다. 교회의 규율은 매우 엄격하게 시행되었다.

이 지역의 메노나이트들에 대해 관용이 베풀어지는 동안, 각 정부가 변할 때마다 이들에 대한 새로운 특권과 부과해야 할 세금 규정이 새로 정해졌다. 그럼에도 불구하고 메노나이트 가족들은 번영에 번영을 거듭해나갔다. 고래잡이 산업으로 인해 상당한 부자가 된 몇몇 사람들도 있었지만, 이 곳에서도 대부분의 메노나이트들은 크레펠드에서와 같이 직조공들이었다. 이 곳에서 메노나이트들은 오르간이 설치된 아름다운 교회 건물들을 짓기 시작했고 신학대학원을 졸업한 사람들로 하여금 교회를 섬기도록 하였다. 이들 중에 힌데르크 바르마Hinderk Waerma는 구 프레미시 전통을 대표하는 사람으로 1757년에 자신의 교회 회중들이 사용할 수 있도록 네덜란드-프랑스 신앙 고백서를 마련하였다. 이 엠덴 교회는 1692년부터 1732년까지 예배 중에 침묵기도 및 소리 내어 기도하는 것과 관련된 이슈로 분열을 겪었다. 전통적인 형태는 침묵기도 형태였지만, 진보적인 워터랜더 메노나이트들은 16세기 초 장로였던 한스 데 리스Hans de Ries의 영향력 하에 소리내어 기도하는 것으로 방향을 바꾸었다. 이러한 영향이 이제 엠덴에까지 미쳐졌고 그 자체가 워터랜트 회중이 되었다.

1720년 이 지역의 루터교 목사였던, 요아킴 크리스천 야링Joachim Christian Jahring이 메노나이트에 대하여 기록한 내용은 다음과 같다:

> 일반적으로 알려진 바와 같이, 메노나이트들의 삶과 행동은 많은 사람들에 의해 칭송을 받고 있다. 그들이 정직하고 잘 훈련된 생활을 하고 있다는 것은 전혀 의심할 바 없는 사실이다. 만약 다른 사람들과 재정적인 문제가 발생하면, 그들은 법정에서 문제를 해결하기 보다는 개인적으로 직접 찾아가서 문제를 해결한다. 그들은 결코 맹세를 하지 않으며 자신들간에 분쟁이나 폭력을 사용하지 않는다. 그들은 모든 면에 있어서 부도덕스러운 것을 피하고자 부지런히 노력하는 사람들이다. 대부분 그들의 경제적인 생활은 무역에 종사하며 가능한 한 많은 기회를 제공하는 통이 큰 사람들이다. 이러한 것 때문에 그들 중 많은 사람들이 부자였지만, 그들의 검소한 삶은 누구 못지 않다. 어떤 사람들은 농업을 통해, 직조일을 통해, 혹은 빵 굽는 일을 통해 가족을 부양하기도 했다.

함부르그와 슐레스빅-홀스타인 Hamburg and Schleswig-Holstein: 네덜란드와 라인강 하류지역에서 온 아나뱁티스트들은 16세기 이 운동의 초기때부터 홀스타인Holstein을 성역으로 여기고 피신해 왔다. 메노 사이먼스 자신이 생의 마지막을 보냈던 올데스로Oldesloe 근처의 프리슨부르그Fresenburg의 한 회중이 1656년까지 크게 번영을 누리게 되었는데 이는 1720년 루벡Luebeck으로 이어졌다. 특별히 덴마크의 통치아래 있었던 땅들은 사람들의 큰 관심거리였다. 회중교회들이 엘베의 그루크스타트Glueckstadt와 다이델 강의 프리드릭스타트Friedrichstadt, 그리고 함브르그 근처의 알토나Altona에 세워졌다.

1623년 비록 메노나이트들이 프레더릭 백작으로부터 특권을 부여받고 초청을 받아 프레더릭스타트 지역에 정착 하였지만, 그들의 회중

교회가 경험한 최고의 순간은 18세기 초에나 되어 이루어졌다. 1698년에 프리시안, 플레미시, 하이저먼 그룹들은 이미 하나의 회중으로 연합되어 있었다. 1708년, 그들은 자신들의 묘지와 함께 모임건물을 가질 수 있었다. 그들은 고아들, 과부들, 그리고 수입이 없는 다른 사람들을 위해 두 채의 집을 세우기도 했다. 다른 곳에서와 마찬가지로 이곳에서도 그들은 농업을 위시한 평화 중심적인 직업들에 강렬한 헌신을 보이는 조용한 삶으로 좋은 평판을 얻었다. 한 동안 암스테르담의 회중들이 겪었던 똑같은 문제들을 이 곳에서도 겪었으나, 그들의 결정은 데 한de Haan에 의해 이끌어지기 보다는 햇빛교회The Sun가 추구하는 보다 보수적인 방향으로 정리되었다. 17세기 중엽에 정부관료들이 메노나이트 목회자들에 의해 수행되는 결혼식을 법적으로 허가하지 않아서 심각한 문제가 발생하였다. 이는 그들의 자녀를 법적으로 문제있는 사람으로 만드는 꼴이 되었다. 그러나 결국 관용이 베풀어짐으로 문제가 해결되었다.

이 지역에서 메노나이트들은 유럽의 그 어떤 지역에서 보다도 더 빨리 공직자들의 인정을 받았다. 1607~8년에 아이델스테트Eiderstedt 근처의 얀 쿠트 클라센Jan Coodt Classen이라는 사람이 시의 일과 관련하여 표창을 받았다. 1680년 한 명의 메노나이트가 시 의회 회원이 되었고, 1711년 프리드리히슈타트Friedrichstadt의 시장이 된 니콜라스 데 오벤스Nicholas der Ovens를 포함한 수 많은 사람들이 그 뒤를 이었다. 그러나 동시에 회중 안에서는 아주 심각한 실패의 조짐이 나타나기도 하였다. 많은 젊은 사람들이 당시의 국가교회였던 루터교의 젊은이들과 결혼을 하여 메노나이트 교회에 흡수되었다. 1751년에 황실로부터 한 조서가 내려졌는데 모든 결혼한 배우자들 중 아직도 멤버로 신고하지 않은 사람이 있다면 즉시 국가교회의 멤버가 되어야 한다는 내용이었다. 이것은 메노나이트 멤버들을 급격히 감소시키는 결과를 초래하였다. 그 결과 1703년에 프리드리히스타트에는 단지 178명의 멤버가, 그리고 100년 뒤인 1803년에는 단지 30명의 멤버만이 남게 되었다.

한 큰 회중교회가 알토나지역에 생겨났다. 함부르그 시와 인접해 있었던 알토나는 도시의 성격상 매우 자유로웠으며 두 도시가 많은 행사를 함께 개최하였다. 무역상들로서 메노나이트들은 함부르크-알토나에서 자신들의 할 일들을 찾아내었다. 그들이 좋아하는 특별한 조서가 1601년에 알토나에 내려졌고, 4년 뒤에 함브르크에도 내려졌다. 그 결과 많은 메노나이트들이 그곳에 정착하게 되었다. 비록 이 그룹들은 배경에 있어 프리시안, 플레미시, 하이저먼 등 서로 다른 전통을 갖고 있었지만, 그리고 수 많은 멤버들이 함부르그에 살았지만 알토나에서 하나의 회중교회를 형성하였다. 네덜란드와 라인강 하류지역에서 온 사람들은 자연적으로 자신들이 경영하던 직물 산업과 선적업 그리고 상업에 대한 관심을 가지게 되었다. 어떤 사람들은 그린랜드의 해안을 탐험하면서 고래 사냥을 하여 부자가 되었다. 고래 사냥 선원으로 일했던 메노나이트들의 수익은 그들이 새 교회건물을 짓는데 재정적 뒷받침이 되었다.

그들 중 루센Roosen과 반 데 스미센van der Smissen이라는 아주 유명한 두 가족의 경험을 통해 회중교회의 삶에 대한 한 가지 지혜를 얻게 되었다. 루센가가 1611년에 알토나에 왔는데 그 이후로 약 300년 동안 그 회중 교회에 아주 훌륭한 리더십을 제공을 하였다. 그들 중 게르하르트 루센Gerhard Roosen은 그 지역 퀘이커들의 신비적 경건주 및 던커스Dunkers의 침수례의 가르침을 아주 강력하게 주장했던 아주 저명한 인물이다. 90세가 되었을 때, 그는 회원이 될 사람들을 가르치기 위한 교리책을 만들어 출판하였다. 이 교리는 여러 판을 거듭하였으며 영어로까지 번역이 되었다. 이 교리의 취지는 그의 다른 책과 마찬가지로 신앙의 적응 및 편의를 도모하기 위함이었다. 그러나 이것은 다른 프로테스탄트 그룹들보다 메노나이트운동이 유해하지 않다는 것을 알리기 위한 루센의 관심을 반영한 것이기도 했다. 사람들은 그의 교리가 단지 메노나이트 운동의 한 부분에 불과한 것으로 설명하고 있다.Friedmann

한편 1632년 반 데 스미센van der Smissen가는 브뤼셀 출신의 한 가부장적 가족으로 알토나에 정착하였다. 헨리Henry는 자신의 직조 기술과 제빵업을 통해 가족의 명성을 얻은 사람이었다. 그는 1712~13년에 일어난 스웨덴과 덴마크의 전쟁으로 황폐되었던 도시를 재건하는데 아주 적극적이었다. 그 결과 그는 도시를 재건한 사람이라는 칭호를 얻게 되었다. 그 이후로 반 데 스미센가는 함부르그-알토나 회중을 위해 더 적극적으로 일을 하게 되었다. 사실상 그 회중의 삶이란 이 반 데 스미센가와 루센Roosens가 없이는 상상할 수 없을 정도였다. 1868년 메노나이트 총회 교단의 멤버들은 C.J. 반 데 스미센C. J. van der Smissen에게 미국의 첫 번째 메노나이트 고등 신학 기관인 오하이오의 웨이즈워스 기관의 총무를 맡아달라고 부탁하였다.

프러시아의 메노나이트-폴란드

서 프러시아West Prussia: 1642년 폴란드의 블라디슬로 4세는 메노나이트들이 자신의 땅에 정착할 수 있을만한 호의적인 칙령을 발표하였다. 이 칙령의 내용을 살펴보면, 정부와 이웃들로부터 메노나이트들이 얼마나 존중을 받았는지 잘 알 수 있다. 이러한 것은 특별히 그들이 비스툴라Vistula와 노가트Nogat 강 사이에 있는 늪지대의 쓸모 없는 땅을 배수 기술을 통해 아주 생산성이 높은 초지와 밀밭으로 만들게 되면서 보다 분명하게 드러났다. 그러나 이러한 간척 공사의 첫 세대 동안 그들이 치른 비용은 엄청났다. 셀 수 없을 정도로 많은 사람들이 늪지성 말라리아로 죽어나갔기 때문이었다. 어떤 단위 기간 동안, 그들의 사망률은 그곳에 정착한 사람들의 80퍼센트까지 올라가기도 했다. 그들의

고역에 대한 보상으로 관용이 주어졌다. ME 5:314~317

이러한 관용의 태도는 호헨졸러른Hohenzollerns에 속해있던 엘빙 시에서 겪은 그들의 경험에서 온 것으로 보여질 수 있다. 1585년 초, 이 도시는 두 명의 메노나이트에게 시민권을 주었다. 5년 후에는 회중들에게 교회를 세울 수 있도록 허가가 내려졌다. 단찍의 시 의회는 그들에게 관용을 베풀어주면서도, 메노나이트의 번영을 시기하는 사람들과 길드들에게 잘 보이기 위해 그들에게 종종 압력을 행사하기도 하였다. 이러한 압력 때문에 메노나이트들은 거의 1800년이 될 때까지 단찍 시로부터 시민권을 부여받지 못했고 그 도시의 외곽지대에서 살아야 했다.

특별히 단찍에서의 박해는 끊임이 없었다. 1655~60동안 스웨덴과 폴란드 간에 있었던 전쟁과 왕위 계승으로 말미암은 1733~35년의 폴란드 전쟁 동안, 메노나이트들의 수 많은 집들이 전쟁 및 이들을 원망했던 사람들에 의해 파괴되었다. 1660년 그들은 한 로마 가톨릭 여인을 개종시켜 세례를 주었다는 이유로 시에 의해 고발당하였다. 즉시 추방령이 내려졌다. 그러나 이 사건은 그 여인 자체가 세례를 받았다는 것을 부인하였기 때문에 증명조차 할 수 없는 것이었다. 이와 비슷한 문제들이 거듭해서 일어났는데 대개 이러한 것은 메노나이트들의 경제적 성공을 시기하는 사람들에 의해 발생되었다. 한편 이는 메노나이트들이 자신들이 사는 도시의 가난한 사람들과 가난하더라도 메노나이트가 아닌 이웃들을 돌아보지 않는다는 사람들의 편견 때문인 것으로 드러났다. 또한 이 지역에서 반 삼위일체운동이 강한 성향을 보였는데 사람들은 이 운동과 메노나이트 운동을 혼동하였다. 이것은 메노나이트들에게 대단한 불운이었다. 메노나이트 신학이 무엇인지 알기 위해 반복되는 공청회가 있었지만, 그 어디에서도 반 삼위일체 사상의 흔적이 발견되지 않았다.

18세기에는 보다 더 큰 관용의 시기였다. 비록 처음에는 단순히 창고와 같은 형태의 건물이긴 했지만, 이 기간 동안 여러 곳에 교회건물들이 들어섰다. 이렇게 해서 1728년에는 틴스도르프Thiensdorf에, 1754년에는 로제노르트Rosenort에, 그리고 1768년에는 푸에르스텐베더Fuerstenweder, 호이부덴Heubuden, 레데코프Ledekopp, 그리고 티겐하겐Tiegenhagen에 교회들이 들어섰다. 1783년 이 나라에 두 번째 모임 건물이 지어졌는데 엘빙 근처에 지어졌다. 이 기간동안 예배를 드릴 때 회중교회들이 사용한 언어는 네덜란드어에서 독일어로 점차 바뀌어갔다. 메노나이트들을 위한 중요한 일이 있었다면 1772년 폴란드에서 프러시아로 이 지역의 통치권이 넘어간 일과, 1780년에 프레더릭 대제가 관용의 칙령을 연이어 발표했다는 사실이다. 그럼에도 불구하고 그 당시 혹은 후에 발표된 칙령들은 메노나이트들의 마음을 만족시켜주지 못했다. 그리하여 1789년 엄청난 숫자의 메노나이트들이 러시아로 이주를 하게 되었다.

동 프러시아 East Prussia: 18세기 초에 발생한 역병은 동 프러시아의 인구를 대폭 감소시켰다. 프레더릭 1세는 나라를 다시 소생시키기 위해 자신의 통치령에 와서 살고자 하는 사람은 누구를 막론하고 환영하였다. 특별히 그는 메노나이트들이 그 지역에 와서 살도록 환영하였다. 처음 그곳에 정착하게 된 메노나이트들은 1711년 스위스 메노나이트들이었다. 그러나 그들은 오래동안 머물지 못했다. 그들에 이어 1713년 서 프러시아에서 다른 그룹이 오게 되었는데 틸싯Tilsit 근처의 메멜Memel 지역에 정착하였다. 그러나 1724년 그들 또한 병역을 거부한다는 이유로 그 지역을 떠나도록 강제되었다. 이 추방령은 1740년에 철폐됨으로 메노나이트들이 다시 메멜 강변의 계곡으로 돌아와 농업 공동체로 번영을 누릴 수 있게 되었다. 이제 쾨닉스베르그, 브렝켄호프스발드Brenkenhofswalde, 프란쯔탈Franztal 및 다른 여러 지역에 회중이 형성되었다. 그들이 모라비안 형제단Moravian Brethren(헤른후터(Herrnhuter))들과 긴밀한 관계를 갖게 된 곳도 이곳이다. 메노나이트들은 이들로부터 어린이들의 헌신 예식을 배우게 되었고, 자신들의 문화유산을 보호하기 위해 학교들을 세워 교육해야 하는 일의 중요성을 인식하였고, 선교를 위한 새로운 관심도 갖게 되었다. 서 프러시아의 게르하르트 위브Gerhard Wiebe는 이 지역에서 가장 많이 사용하는 교리집을 저술하였다. 이 교리집은 후일 미국의 아미시 회중들 내에서 이용되기도 하였다.

폴란드: 독일과 러시아 사이에서 완충 역할을 하던 폴란드는 역사상 엄청난 경계상의 변화를 겪은 곳이다. 동 프러시아, 서프러시아는 1466년에 폴란드에 귀속되어 있었다. 이와같이 네덜란드에서 메노나이트가 비스툴라Vistula 강변을 따라 정착하고자 1530년 경 그곳으로 왔을 때, 그들은 폴란드 영내에 정착하게 되었다. 그 때부터 1945년 추방이 있기까지 메노나이트들은 폴란드의 귀족과 왕들의 통치하에서 아주 좋은 대접을 받게 되었다. 이는 루터교를 국가 교회로 하고 있는 나라에서의 압력과 프러시아의 군입대의 강요로부터 오는 압력과 비교할 수 없으리만큼 좋은 처우였다.

비스툴라 삼각지와 단찍 지역의 땅이 번잡해져 더 이상 사람들이 몰려들 수 없게 되자, 메노나이트들은 비스툴라 강 남쪽을 따라 남동부의 볼히니아Wolhynia와 미살린Michalin 뿐만 아니라 슈베쯔Schwetz, 글라우덴쯔Graudenz, 쿨름Culm 그리고 카준Kazun과 위미슬Wymysle의 바서Warsaw 근처에 이르는 폴란드 영내까지 옮겨살게 되었다. 스위스와 남부 독일, 알자스에서 온 메노나이트와 아미시들은 18세기에 갈리시아Galicia의 렘베르그Lemberg 근처에 정착하였다. 그러나 볼히니아Volhynia에 정착한 스위스 사람들과 갈리시아Galicia에 정착한 스위스 사람들은 대부분 1870년대에 미국으로 이주하였다.

요약

1648년부터 1815년까지 유럽의 메노나이트들에 대하여 살펴보면서 우리는 다음과 같은 현상을 발견할 수 있었다. (1) 메노나이트들이 각지로 흩어지는 것이 계속되었지만 여러 지역에 점차로 관용이 베풀어졌음을 알 수 있다. (2) 일반적인 경제 성장 및 번영은 그들을 향한 정부의 관심을 증대시켰다. 그러나 그들의 경제적 번영은 그들이 살고 있던 이웃들의 마음에 시기심을 일으키기도 하였다. (3) 주요한 도시들에 있어서 어떤 메노나이트들은 아주 훌륭한 시민으로서의 업적을 이루기도 하였고 영예를 부여받기도 하였다. (4) 숫자적으로 감소를 보인 것이 일반적인 유럽 메노나이트의 추세였으며 쇠퇴가 지속된 곳에서는 아예 메노나이트 자취가 사라진 곳도 있었다. (5) 특히 경건주의, 퀘이커운동, 이성주의 등과 같은 수 많은 외부의 영향들이 그들의 종교 생활을 형성하도록 도움을 주었으며 그들의 경제적 환경에도 영향을 미쳤다. (6) 저명한 리더들이 때에 맞게 나타나 저술과 회중의 활동에 생명력을 불어넣어 주었으며, 사람들에게 비전을 제시하였다. (7) 외부에서 온 리더들과 몇 몇 리더들이 회중들을 분열로 이끌기도 했지만 1815년에 관용과 계몽주의의 영향으로 대부분의 메노나이트들이 이러한 초기의 분리와 분열을 극복할 수 있었다. (8) 이러한 새로운 연합들 중 어떤 부분은 성서 연구의 회복, 기도, 그리고 선교에 대한 새로운 관심을 일으켰던 경건주의 운동의 영향을 받아 이루어졌다.

그 외의 자료들: Pietism: ME 5:703~704; Switzerland: ME 5:868; Alsace: ME 1:66~75; Amish: ME 1:90~92; Palatinate: ME 4:106~112; David M?llinger; ME 3:731; *Ernsthafte Christenpflicht*: ME 2:244~245; Lamb's War: ME 3:271; Wandering Soul: ME 4:884~885; Netherlands; ME 3:824~844; Krefeld: ME 1:733~738; Waterlanders: ME 4:895~896; Hamburg-Altona: ME 2:639~643; Prussia: ME 4:224~225, ME 4:920~926, ME 2:123~125; Poland: ME 4:199~200. Smith, *Story*, pp. 75~248. Dyck, *Legacy*, pp.119~168.

10장
러시아의 메노나이트[1]

전통적으로 러시아라고 불리던 구 소련USSR은 1980년대 후반에 대통령이 되었던 미하일 고르바초프에 의해 시작된 정치적 개혁 하에 1991년 말 역사의 뒤안길로 사라졌다. 물론 서방으로 이주한 메노나이트를 제외한 대부분의 사람들과 땅은 변함없이 그곳에 남아있다.[2] 그들의 출애굽은 아나뱁티스트-메노나이트의 순례, 개척, 성공, 실패, 고통, 타협 그리고 희망이라는 보다 더 큰 역사적 안목 속에서 바라보아야 할 중요한 부분이며, 그 땅에서 이루어졌던 200년 동안 메노나이트 역사는 그들의 생활에 큰 흔적을 남긴 기나긴 역사였다는 사실을 기억해야만 한다. 1980년대와 1990년대에 러시아를 떠나게 된 메노나이트들은 분명히 사회적, 문화적, 영적으로 볼 때, 200년 전에 그곳에서 살았던 메노나이트들 혹은 1870년대와 1920년대 그곳을 떠났던 메노나이트들과는 다른 사람들이다. 이러한 역사적 이야기를 알아가는 것은 "러시아 메노나이트"와 독일, 북미 그리고 남미에 살고 있는 그들의 후손들을 이해하는 데 아주 중요한 배경이 된다.

1762~63년에 캐서린 2세는 터키와의 전쟁으로 황폐화되었지만 여전히 자신의 소유로 남아있는 러시아 남부 지역의 땅에 정착해 살도록

독일 및 다른 유럽인들을 대거 초청하였다. 캐서린 2세는 피터 3세의 아내로 독일에서 태어나 1762년 남편의 자리를 계승한 러시아 통치자였다. 그녀의 초청이 있은지 10년 안에 약 백 개나 되는 독일 자치구들이 남부 러시아 지역에 생겨났다. 그러나 메노나이트들은 1780년대까지 이주하지 않았다. 그때까지 그들은 프로이센에서 여러 사건으로 인해 압력을 받고 있었고 호의적인 정착 기회에 이렇다할 동기부여조차 받지 못하고 있었다. 그들은 "새로운 러시아" 땅에서 정치적 볼모로서 이용당할지 모른다는 것초차도 깨닫지 못했던 것 같다. [1930년대에 파라과이의 차코Chaco에 정착한 메노나이트들 또한 무죄한 정치적 볼모들이었고; 미국과 캐나다에 정착한 메노나이트들도 자신들이 인디언들로부터 땅을 취하게 되었다는 사실을 깨닫지 못한채 정착했던 사람들이었다.] 그들의 비전은 소종파주의자sectarian로 사는 모습으로 내부 지향적이었다. 그러므로 우리는 이들에게 우리들이 현재 갖고 있는 관심과 문제들을 그대로 적용시킬 수는 없을 것이다.

프랑스의 정치적 격동에 의해 유럽이 당면하게 된 군력 증강은 메노나이트들에게 매우 큰 걱정거리였다. 또한 그 곳의 메노나이트들은 땅을 소유하고 있지 못했다. 문제는 국방세와 교회의 세금 모두가 토지 소유권을 근거로 하고 있었다는 사실에서부터 발생했다. 메노나이트들은 군대를 후원하지 않을 뿐만 아니라 국가 교회를 후원하지도 않았다. 그들이 더 많은 땅을 소유하면 할 수록, 그것은 국가 및 군대 재정을 후원하는 것이 되며 또다른 한편 국가가 교회 활동을 후원한다는 의미도 되었다. 이것은 메노나이트들에게 아주 어려운 상황이 되었다. 그들은 이미 약 300,000에이커의 땅을 소유하고 있었다. 결과적으로 정부의 통제는 메노나이트들이 보다 더 많은 땅을 사들이지 못하도록 하는데까지 이르렀다. 그러나 그들은 대가족이어서 젊은 부부들이 생활을 하도록 후원하기 위해 뭔가를 제공해야했다.

그러므로 캐서린 2세의 칙사였던 게오르그 트라페George Trappe가 1786년 프러시아의 공동체 마을들을 방문하였을 때, 메노나이트들로부터 따뜻한 대접을 받은 것은 그리 놀랄만한 일이 못된다. 새로운 러시아 땅에 정착할 가능성에 대한 그의 보고는 사람들로부터 매우 열정적이고 우호적인 반응을 얻어내었다. 그의 촉구에 따라, 메노나이트들 중 몇 사람들이 야콥 호프너Jacob Hoeppner와 요한 바르츠Johann Bartsch를 보내 러시아를 방문하게 한 후, 그들로 하여금 직접 보고를 듣는 것이 좋겠다는 제안을 하였다. 그들은 이를 좋게 생각하였고 1786년 10월 19일 러시아로 떠나 러시아에서 1년의 세월을 보낸 뒤 돌아왔다. 그들의 보고는 간단하지 않았다. 우선 캐서린 2세를 직접 만났고, 호프너는 다리 골절상을 당하였을 만큼 실제로 여행은 어려웠다고 보고하였다. 그러나 모든 보고들 중에 가장 중요한 것은 방문했던 땅은 아주 조건이 좋으며, 특히 세인트 피터스부르그St. Petersburg 당국과의 조약은 충분히 받아들일만한 조건이라는 것이었다.

1788년 3월 3일, 그 어떤 이민자들에게도 주어지지 않았던 아주 특별한 조건을 명시한 조약이 메노나이트들에게 제시되었으며, 1800년 9월 8일, 이 특별조약은 짜르 폴 1세에 의해 재인가 되었다. 당시 러시아의 식민지 정책은 모든 외국 사람들을 러시아 토착민과 완전히 분리시키는 모습을 지향하고 있었다. 그 결과 식민지는 러시아의 여러 행정과는 상대적으로 독립적으로 운영되었다. 이미 프러시아에서 경험했던 것처럼 이러한 정책은 메노나이트들의 종교, 교육 및 시민으로서 자치권을 존중해 주는 모습이었기에 메노나이트들에게 상당히 호소력이 있어보였다. 그러한 특별조건들 중에는 완전한 종교의 자유 및 시대에 상관 없이 군복무를 면제해준다는 보장도 들어있었다. 그리고 메노나이트들에게 맥주와 식초를 만들 수 있도록 해주며 브랜디 양조를 허가해 줄 뿐만 아니라, 그 유명한 단찍과 프러시아와의 기존 무역도 그대로 할 수 있도록 해준다는 아주 흥미로운 조항들도 있었다. 이러한 특별한 배려는 그들이 농부들로서 모델이 되었기 때문에 이미 보장된 것이나 다름이 없었다. 다음은 특별조약의 전문이다:

러시아의 새로운 영지에 정착하는 훌륭한 산업가들이요 도덕적인 메노나이트 들에게 정부의 권위에 의해 특권을 부여하는 것은 이 지역에 정착하는 다른 외국인들에게 모델이 되도록 하고자 함이다. 이들에게 주어지는 특별한 배려와 가치를 이곳에 분명히 명시하는 바이다. 그러므로 이제 이 황실이 발행하는 특별조약과 더불어 우리는 다음의 조약에 명시된 바 그들의 모든 권리와 특권을 확증할 뿐만 아니라, 그들의 농업관련 산업과 관심분야를 적극 권장하기 위하여 유리한 조건을 다음과 같이 부여하고자 한다:(조건 목록이 명시됨)[3]

최초의 자치구 코티자Chortiza

이러한 좋은 조건들 속에 최초로 떠난 사람들은 이 지역을 답사했던 호프너Hoeppner를 포함한 여덟 가정, 총 50명이었다. 여러 대의 마차에 짐을 싣고 단찍오늘날의 폴란드 게단쯔크 Gdansk을 떠난 것은 1788년 3월 22일의 일이었다. 그 그룹이 300마일이나 되는 리가Riga에 도착하기까지 5주가 걸렸다. 그곳에서 말의 안정을 위해 약 한달 동안 쉬어야만 했다. 된 리가에서 그 다음 300마일 지점인 듀브로브나Dubrovna까지는 6주나 걸렸는데 그해 7월 24일에야 도착하였다. 그들이 이곳에 머무는 동안 러시아가 다시 터키와 전쟁을 했기 때문에 그곳에서 겨울을 나야 했다. 몇 달이 되지 않아 듀브로브나 캠프에 보다 더 많은 이주민들이 그들의 행렬에 합류하여 총 228가정이나 되었다.

프러시아 정부는 사람들이 타국으로 이주하는 것을 반대하였으나, 메노나이트들은 이러한 정책과 상관없이 이주할 수 있었다. 이러한 금

남부 러시아 밀러로보(Millerowo)의 메노나이트 가정. 1924년 밀러로보에 살던 대부분의 메노나이트들은 캐나다로 이주하였다. 크리미아(Crimea) 문타우(Muntau)의 메노나이트 병원과 간호 학교는 1889년에 설립되었다. 1927년부터 공산주의자들이 병원을 통치하였으며, 이 병원의 마지막 메노나이트 매니저였던 프란쯔 발(Franz Wall)은 시베리아로 추방되었다.

지령은 특히 땅을 소유한 사람들에게 엄격하게 적용되었다. 프러시아의 메노나이트들은 대부분 땅을 소유하지 않았기 때문에 이들은 법을 적용할 대상이 못되었다. 이들은 땅이 없는 사회 저층민이었기 때문이었다. 최초로 이주 행렬에 동참한 사람들은 땅을 소유하지 못한 사람들이었는데 당시 목회자들에게 땅이 주어졌던 사실을 감안해 볼때, 이는 이주자들 중에 목회자들이 없었다는 것을 반증하는 것이기도 하다.[4] 첫번째 그룹이 떠나기 전에 목회자를 세우고자 했던 시도가 있었으나 과거의 프리시안-플레미시의 경쟁구도들 때문에 실패하였다. 결국 네 명의 남자가 설교를 하도록 선출된 후 이주 행렬에 동참하게 되었다. 그러나 이것이 그들을 충분히 만족시킬 수 없었다.

정착한 지 얼마되지 않아 12쌍의 젊은이들이 결혼하기 원했다. 그래서 그들은 목사를 보내달라고 요청하는 의미로 헌금을 거두어 단찍으로 보냈다. 그러나 단찍의 교회는 현지에서 목회자를 선출하여 결혼을 집례하라는 글을 써서 보냈다. 단찍 교회의 인도를 따라 정착민들은 열두명의 목사 후보를 선출하였고 그들의 이름을 단찍으로 보냈으며 그들 중 네 명이 목회자로 승인을 받게 되었다. 그들 중 한 사람이었던 베른하르드 페너Bernhard Penner는 후에 장로로 봉사하도록 편지로 위임되었다. 질서에 대한 열망과 인정받은 제도적 권위에 대한 기대감으로 말미암아, "모든 신자가 제사장"이 되는 공동체에 대한 자각은 침묵 속에 묻혀졌다.

1789년 부활절 3주 전, 여섯 가정이 자신들의 최종적인 정착지를 찾기 위해 썰매와 마차를 준비했다. 그러나 여행은 너무나 느리게 진행되어 이들보다 늦게 출발한 그룹의 나머지 사람들이 이들과 합류하게 되었다. 단찍에서 직접 온 다른 가족들로 인해 그룹은 더 커졌다. 두 명의 답사자들인 바르츠Bartsch와 호프너Hoeppner에 의해 이미 동편에 정착하도록 결정을 해놓았음에도 불구하고 그들은 니플Dniepr 강 서편에 정착하도록 안내되었다. 이는 강 동쪽에서 군 기동훈련이 진행되고 있었기 때문이었다. 이 장소는 일전에 정해놓았던 케르손Kherson 근처로부터 몇 마일 상류에 해당되는 곳이었다. 이제 400 가족이나 되는 사람들로 구성된 이 새로운 자치구는 니플강의 지류인 코티자Chortitza 강의 제방들에 자리할 수 밖에 없었다. 이러한 정착이 우크라이나에 정착한 최초의 메노나이트 정착이었기 때문에, 코티자 자치구 혹은 구 자치구Old Colony로 알려지게 되었다.

정착 초기에 개척자들에게 주어진 어려움들은 참을 수 없을 정도로 많고 컸다. 질병과 죽음이라는 아주 엄청난 대가가 그들에게 요구되었다. 자주 내리는 비는 그들이 거주하는 오두막 집들을 진흙창으로 만들어 놓았다. 말들은 도적질 당하거나 울타리가 없어서 도망가버리기 일쑤였다. 건축을 위한 목재는 형편없는 것들이었고 그나마 조달하기도 어려운 상태였다. 한 가족당 500루블을 지원하겠다는 정부의 원조약속은 지체되어 대부분 8년이나 지난 뒤에 지불되었다. 사람들은 가난에 허덕여야 했다. 장로였던 베른하르드 페너Bernhard Penner 조차 구두가 없어 교회에 갈때 집에서 손수 만든 샌달을 신어야만 했다. 또한 약탈을 일삼는 부족들과의 충돌도 끊임이 없었다. 그럼에도 불구하고 세기가 바뀌면서 400명의 가족들은 약 15개의 마을을 형성하였고, 89,000에이커나 되는 땅을 경작하게 되었다.

개척자들을 위한 삶의 문제들은 정착민들이 서로 연합되지 않을 때 더욱 어려워지는 법이었다. 그 당시 수 많은 사람들을 괴롭혔던 좌절은 제이콥 호프너Jacob Hoeppner에게로 투사되었는데, 다른 사람들로부터 돈을 원천징수하여 사용하였으며, 조사여행에서 얻은 지식을 자신의 이기적인 목적으로 사용하였다고 비난을 받았다. 그는 그들이 겪은 좌절과 시련의 희생양이 되어 결국 교회로부터 추방되었고, 러시아 당국에 고발 당하였다. 러시아 당국은 그를 감옥에 가두었고 시베리아로 추방할 계획이었다. 그러나 결국 그는 감옥에서 풀려났으며, 비록 그 자신은 플레미시 배경을 갖고 있었지만, 프리시안 혈통의 이민자들이 세운 교회에 합류하였다.[5] 사람들은 그가 감옥에 있는 동안 그가 소유했던 땅을 팔아버렸다. 그는 시기, 의심, 그리고 자치구에서의 새로운 정부와 종교적 권위 사이에서 발생한 긴장의 희생양이 되었다. 이러한 일이 있은 후, 그는 크론스바이드Kronsweide에서 침묵의 삶으로 남은 인생을 정리하였다.[6] 그가 죽은 지 몇 년 뒤, 니플Dniepr 강 코티자 섬에 그를 기리기 위한 기념비가 세워졌다. 이 기념비는 1973년 캐나다로 옮겨져 마니토바 주, 스타인벡에 있는 메노나이트 마을 박물관에 자리하게 되었다.

정착 초기에는 교육 시설들과 리더십이 전적으로 부족했다. 학교들이 설립되긴 했지만, 아이들은 종종 집에 머물러 있어야할 상황이었고 교사들은 아무렇게나 임명되었다. 교육과정은 제한되어 있었고 그것도 성서와 교리공부 중심이었다. 대부분의 마을에서는 교회와 학교가 하나의 건물을 공동으로 사용하였다. 이러한 학교들은 자치구의 모든 일과 마찬가지로 러시아 정부의 간섭이 거의 없이 메노나이트 자체적으로 관리되었다. 이러한 통제를 원활하게 하기 위해서 각 마을은 시장 혹은 전체 자치구 일을 담당하는 슐체Schulze, 혹은 오버슐체 Oberschulze를 선출하였다. 오데싸Odessa에 있는 러시아 정부는 오버슐체Oberschulze를 통하여 자치구와 연락을 취했다. 이들은 자치구와 세상을 연결해주는 창구가 되었다.

몰로치나 정착The Molotschna Settlement

한편 프러시아에서의 경제적, 종교적 제한들은 점점 커져갔다. 그렇지만 코티자로부터 들려오는 소식들은 이주를 희망하는 사람들을 실망시킬 정도로 그렇게 부정적인 것만은 아니었다. 프러시아의 로즈노트Rosenort의 장로 코넬리우스 워켄틴Cornelius Warkentin은 1798년 코티자 자치구를 방문하였고, 몰로치나야Molochnaya 강에 위치한 코티자 남동쪽 약 100마일 지점에 아주 넓은 땅을 발견하였다. 이러한 소식과 함께 원래 몰로치나 지역으로 갈 그룹이 살던 곳을 떠나 1803년 가을 코티자에 정착하게 되었다. 그해 겨울 그들이 코티자에 머물면서 많은 것을 배우게 되었는데, 이 기간은 몰로치나 정착민들의 고생을 덜어주는 귀한 시간이 되었다. 1804년 봄, 그들은 자신들이 살 장소를 정하였다. 곧 또 다른 사람들이 이 정착민들과 더불어 살게 되었고 1803년부터 1806년까지 총 365가족이 이 지역에 와서 살게 되었다.

뒤늦게나마 프루시아 당국은 자국민들 중, 아주 훌륭한 시민들이 남부 러시아로 대거 이주하고 있다는 사실을 알게 되었다. 메노나이트들을 그렇게도 괴롭히던 토지와 세금에 대한 여러가지 규제들은 상당히 완화되었지만, 나라를 떠나 외국으로 이주하고자 하는 사람들에게는 이전에 없던 10퍼센트의 세금이 새로 부과되었다. 이러한 조항들은 1812년 모스크바에 입성하고자 했던 나폴레옹의 전쟁과 더불어 완화되긴 했지만, 결코 없어지지는 않았다. 1835년에는 약 1,200 가족이 몰로치나 자치구에 정착하게 되었고, 58개나 되는 마을이 형성되었다. 324,000에이커의 땅을 경작하였던 이 정착지는 러시아에 형성된 메노나이트 정착지 중 가장 큰 곳이 되었다. 하브스타트Halbstadt와 나덴펠드Gnadenfeld 마을은 행정적인 중심을 담당하는 마을이 되었다. 이 두 번째 정착지는 1788년의 첫 번째 이주보다 더 크게 번영하였다. 뿐만 아니라, 교사, 목사, 그리고 다른 공동체 리더들이 함께 이주하면서 정착한 것이었기 때문에 전체적인 이주 과정도 빠르게 진행되었고 자치구 내의 모든 측면에 있어서 빠른 번영을 누리게 되었다.

1853년 암 트랙트Am Trakt과 1859년의 알렉산더탈Alexandertal

프로이센으로부터 이주민들의 유입이 멈추어지기 전에 러시아에는 두 개의 자치구가 더 형성되었다. 그것은 1853년에 형성된 암 트랙트와

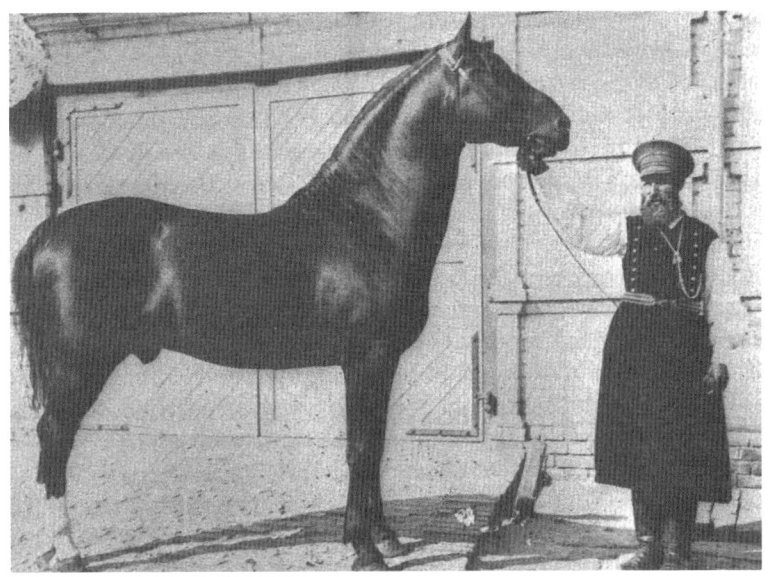

남부 러시아 지역에 정착하고자 했던 메노나이트들은 시작 처음 몇 년간의 고역과 실망 뒤에 아주 훌륭한 농장들을 건설해냈으며 우크라이나를 "유럽의 빵 바구니"로 만들어냈다. 그들이 지은 건물들은 깔끔하게 잘 보존되어 있다. 사진의 러시아 고용인은 메노나이트 농장에 상으로 주어진 올덴버거 종마(Oldenburger Stallion)를 보여주고 있다.

1859년에 형성된 알렉산더택이었다. 암 트랙트 정착지는 사마라Samara 주의 볼가Volga강 동편에 위치해있었다. 살쯔트랙트Salztrakt는 정착지 근처의 아랄해로부터 쏟아져 나오는 소금 길이라는 의미라고 한다. 첫 번째로 정착한 가족은 총 아홉 가정으로 1853년에 정착하였고, 그 뒤 1872년 197가정이 열개의 마을을 형성할 때까지 끊임없이 사람들이 유입되었다. 최초의 정착민들에게 주어진 특권은 상당히 제한적이었다. 뿐만 아니라 이민자들은 러시아 정부가 그들 때문에 감당해야할지도 모를 비용을 위해 베를린에 있는 러시아 대사관에 예치금을 맡겨야만 했다. 병역 면제는 20년동안 보장되었지만 그 이후로는 세금을 내야 면제를 받을 수 있었다. 이러한 것은 군대가 세상에 속해 있고 그들은 교회에 속해 있다는 그들의 두 왕국 이론에 전혀 문제가 되지 않았다. 그러나 프러시아의 상황에서 존재했던 비저항의 정신과 문예부흥의 영향은 점점 사라져갔다.

러시아에 온 첫 그룹 중, 가장 나중에 정착했던 메노나이트들 자치구의 이름은 알렉산더탈이었다. 이 자치구 또한 암 트랙트 자치구와 별로 멀지 않은 볼가강 근처에 위치해 있었다. 이 자치구의 이름은 메노나이트에게 특별한 호의를 베풀었던 당시의 러시아의 통치자 짜르 알렉산더 2세의 이름에서 온 것이었다. 정착지에 부여된 특권은 이전보다 더 제한적이었다. 그래서 정착민들은 자신들의 땅을 스스로 준비해야만 했다. 그럼에도 불구하고 1870년 106 가정이 이 지역으로 와 자치구를 형성하였다. 시장 경제의 문제점과 클라스 엡Claasz Epp Jr.의 광신적인 모습에서 온 내부의 갈등은 한 동안 이 두 자치구의 성장에 크나큰 장애물이 되었다. 그러나 1900년 그들에게 훌륭한 리더들이 생겨나면서 상황이 반전되었다. 암 트랙트 자치구의 요하네스 딕Johannes D. Dyck과 요한 버그만Johann Bergmann은 탁월한 리더들이었으며 특히 요하네스 딕은 일전에 세 번씩이나 러시아 정부로부터 개척정신 표창을 받았던 사람이었다. 그는 볼가 지역에 정착하기 이전에 미국에서 약 10년 정도의 세월을 보낸 경험도 있었다.[7]

이러한 정착을 끝으로 러시아로의 메노나이트 이주는 거의 막을 내리게 되었다. 이 무렵 러시아 지역의 군복무 면제는 심각한 논쟁의 주제로 메노나이트들의 삶을 위협하였다. 군복무를 면제받지 못하게 되자 약 18,000명이라는 엄청난 사람들이 미국으로 이주하게 되었다. 군복무에 대한 내용은 다음 장에서 보다 자세하게 다루게 될 것이다. 실제적인 위협은 러시아 농노들의 해방과 메노나이트들이 점유하고 있었던 사회독점에 대한 해방된 농노들의 공격을 통해 극에 달했다. 이러한 위협 하에서 수 많은 사람들이 러시아를 떠나려는 동안, 몇몇 메노나이트들은 러시아에 대한 남다른 매력에 끌리게 되었는데 이는 메노나이트(와 인간)의 본성에 대한 흥미로운 해석을 낳았다. 인생 속에서 과연 무엇에 가치를 둘 것인가 하는 것은 늘 던져지는 질문이다. 어떤 때는 영적인 가치가 우선되는가 하면, 어떤 때는 물질적인 가치가 더 우선시 되기도 한다. 대개 이러한 가치를 분명하게 분리시킨다는 것 자체가 힘든 일이기도 하다.

위에 언급한 네 개의 자치구들은 개척 처음부터 많은 어려움들을 겪었지만 모두 다 훌륭한 번영을 이루어냈다. 초창기부터 메노나이트 정착민들은 양잠업을 포함한 작은 공예품을 만드는 것으로 사업을 시작하였다. 그러다가 러시아 흑해 주변의 항구들이 개발되자 곡류를 생산하여 수출하기 시작했다. 비옥한 우크라이나의 토양은 동면을 해야만 하는 밀 수확에는 그야말로 이상적인 산업이었다. 특히 유럽 전역에 밀 수요가 급증하게 되면서 경제적인 번영과 함께 교육, 종교, 문화적 관심들 또한 증가하게 되었다. 러시아와 유럽의 대학에서 교육을 받은 유능한 리더들이 여기저기서 생겨났고, 경제상황은 문화적, 사회-종교적 활동을 활성화시킬만큼 좋아졌다.[8] 일은 여전히 신성한 것으로 여겨졌지만 어떤 사람들은 예술 분야에 음악, 문학, 예술 및 다른 "비생산적인" 작업들에 도전하기도 했다. 어떤 사람들은 러시아의 풍요로운 문화유산을 찾아 나서기도 하였다.

요한 코니스 Johann Cornies, 1789~1848

여러 리더들 가운데 28세의 젊은 나이에 러시아 정부와 메노나이트 사이를 중재하도록 임명되었던 요한 코니스만큼 메노나이트들의 정착에 큰 영향을 미친 사람은 없었다. 요한 코니스는 자신의 능력이 닿는 한 메노나이트 공동체의 성장과 개발을 위한 총 책임자로서 경제 및 교육 활동에 힘썼으며 그들의 종교생활에도 특별한 관심을 기울였다.

요한 코니스는 1789년 러시아에서 태어났다. 1804년 그의 부모를 따라 몰로치나에 정착하였다. 그의 초등 교육은 밀가루 공장에서의 노동과 근처의 도시에서 농산물을 판매하면서 이루어졌기 때문에 1년 밖에 공부를 할 수 없었다. 1811년 결혼 후에 그는 몰로치나 자치구 내에 있는 올로프Ohrloff 마을의 한 농장에 정착하여 아무런 제한없이 맘껏 일 할 수 있었다. 그는 1830년까지 약 9,000에이커나 되는 아주 넓은 땅을 정부로부터 임대를 받아 양과 소를 위한 목초지를 만들었다. 그가 가졌던 초창기의 관심은 말과 가축들을 목축하는 것과 수 많은 종류의 수목들과 원예 작물들의 양묘장을 만드는 것이었다. 정부는 그가 이 분야에 아주 탁월한 재능을 갖고 있음을 알게 되었고, 그에게 메노나이트들 뿐만 아니라 여러 사람들과 더불어 훌륭한 농업 진흥을 위한 실험을 시행할 수 있도록 무제한적인 권위를 부여해주었다. 1817년 그는 메노나이트 자치구들의 교육활동 담당직을 포함한 농업 협회의 회장을 평생직으로 맡게 되었다.

코니스는 1818년 농업협회 산하에 기독교 교육협회를 조직하였는데 이는 결국 몰로치나 자치구 내의 모든 교육 활동을 담당하는 기관이 되었다. 1820년 최초의 고등학교가 올로프 마을에 세워졌다. 그의 노력을 통해 교사들을 위한 보다 더 훌륭한 훈련내용을 포함한 교과과정의 개혁이 이루어졌다. 그리하여 훌륭한 학교교육의 토대가 마련되었다. 그의 공헌 중 아주 특별한 것을 들라면 교사들의 책임이 명시되어 있는 "학교 아이들을 지도하고 잘 교육시키기 위한 일반적 규칙"이라는 문서를 마련했다는 것이다.

지식, 열정, 권위를 갖춘 요한 코니스는 메노나이트들에게 뿐만 아니라 후터라이트와 두크호볼스Doukhorbors와 몰로칸스Molokans들을 포함한 러시아의 여러 인종들에게 영향을 미쳤다.[9] 농업에 관심이 있는 소년, 소녀들은 코니스의 집에서 지도를 직접 받아들고 다른 지역으로 실습을 할 수 있도록 보내졌다. 1848년 그가 사망할 당시, 그가 경영했던 땅만해도 25,000에이커나 되었으며 500마리의 말과 8,000마리의 양, 그리고 소가 200마리나 되었다.

러시아에서의 성장

러시아의 메노나이트 가족은 아이들을 많이 낳았기 때문에 인구가 급증하였다. 농업 외에 다른 일에 대한 가능성은 많지 않았기 때문에 보다 많은 땅이 지속적으로 필요하였다. 10,000명으로 시작된 정착민들은 1859년에 34,500명에 이르렀으나, 부가된 땅은 별로 없었다. 물론 코니스와 같은 사람들이 대규모의 농경지와 주택지를 구입하거나 대여를 받을 수는 있었다. 1900년에 조사된 것에 따르면 384곳의 주택지와 총 백만 에이커 정도의 땅이 확보되었다. 그러나 이러한 것은 아주 이례적인 것이었다. 정부의 규정은 한 가족당 176에이커의 땅을 배정하는 것 외에는 다른 추가 배분이 없었다.

이러한 정책으로 인해 많은 가족들이 곧 더 경작할 땅이 없는 형편에 놓이게 되었다. 땅이 없는 사람들은 이내 하층민으로 전락하였다. 그들에게는 마을의 외곽지에 작은 텃밭이 주어졌는데 그들을 안보너Anwohner, 가난한 사람들이란 의미임라고 불렀다. 한편 땅을 소유한 농부들은 비르테Wirte 혹은 지주라고 불렸다. 당시의 선거권은 땅의 소유에 의해 결정되었기 때문에 당연히 안보너들은 투표권을 갖지 못했다. 그래서 그들에겐 인구 수에 따라 세금이 부과되었다. 이러한 상황은 1865년 몰로치나 자치구에 2,356명의 땅없이 일해야만 했던 일꾼들과 1,384명의 농부가 존재하면서 극에 달했다. 젊은 안보너 형제들은 부모로부터 유산을 물려받은 형의 농장에서 일을 해야했고 점차 러시아의 일용직으로 밀려나게 되었다. 상황은 이제 사회적 격변 및 폭력과 혁명의 시기로 치닫게 되었다.

정부의 위협과 자극에 의해서뿐만 아니라 절망과 공포의 분위기가 사회로 번져가면서 이전에 갖지 못했던 새로운 비전이 생겨났다. 그것은 최초에 생긴 두 자치구에서 시작된 것으로 다른 지역들에 있는 땅을 구입하기 위해 기금 모금 프로그램을 만들자는 것이었다. 이렇게 하여 땅이 없는 사람들과 젊은 사람들을 위한 "새로운 자치구"가 마련되었다. 새로운 정착민들에게는 땅이 주어진 후, 10년에 걸쳐 상황금을 지불하도록 하는 제도가 마련되었다. 그들은 이 기간 동안 더 많은 땅을 살 수도 있었다. 이러한 배경 하에 가장 먼저 생겨난 새로운 자치구가 바로 1835년에 시작된 버그탈Bergthal 자치구였다. 이후로 약 100년 동안 우크라이나, 크리미아Crimea, 코카서스Caucasus, 남부 아시아, 그리고 시베리아에 45개나 되는 새로운 자치구가 생겨났다. 이전 네개의 자치구로부터 시베리아로 온 메노나이트는 1908년 슬라브고로드-바널 자치구를 형성하였으며 약 135,000 에에커 땅에 59개의 마을을 이루게 되었다.

종교의 발전

19세기 중반의 땅 부족으로 인한 곤경은 교회의 성장에 큰 동기를 부여해 주었다. 이 기간 동안 종교조직은 공동체의 조직과 맥을 같이하고 있었다. 공동체의 주민은 거의 교회의 멤버였다.

시장에 해당하는 오버슐체가 자치구의 일을 담당하는 동안, 이들과 함께 일을 했던 장로는 교회의 문제를 담당하였다. 이들은 대단한 권력을 행사하는 인물들이었다. 장로는 여러 목사들과 집사들과 함께 교사 Lehrdienst들을 임명하였으며 전통을 보전해 나가고 현 상황을 유지해 나갈 수 있도록 도움을 받았다. 다음은 초기 정착시의 어려웠던 상황에 대한 기록이다.

이러한 상황 아래 그룹 내의 영적, 지적인 생활은 서서히 침체하기 시작했다. 1825년 자치구를 방문했던 선교사 데이빗 쉬라터(David Schlatter)는, 교회는 이미 소금의 맛을 잃었다라고 보고하였다. 그러나 상황은 더욱 악화되어 영적인 삶의 모습은 그후로도 20년 동안 지속적으로 침체되어갔다. 러시아 문화로부터 온 충격은 정착민들이 러시아의 언어를 잃어버리게 되면서부터 사라지게 되었다. 1845년 러시아의 메노나이트들에 의한 출판물은 유일하게 한 가지 종류만 남게 되었다. 그룹내에서의 결혼은 지속되었고 아주 독특한 자아상 및 그룹에 대한 의식을 형성하게 되었다. 당시 메노나이트가 된다는 것은 더 이상 종교적인 의미를 갖지 못하고 인종적인 관계를 의미하게 되었다.10)

이렇듯 영적으로 별 의미를 갖지 못한 상태에 대한 상당한 불만족은 사회적 지위를 얻지 못한 사람들에 의해 점점 팽배해졌다. 이는 교회의 실패를 의미했다. 코니의 리더십 아래에서 이룩되었던 경제적 교육적 진보는 교회의 영적인 전통주의로 자리하면서 점점 불일치되는 모습을 보이게 되었으며 결국 사람들의 행동을 격동시키는 계기가 되었다.

클라이네 게마인데 Kleine Gemeinde: 1814년 초, 러시아 메노나이트의 연합을 깨뜨리는 갑작스런 변화가 생겨났다. 1804년 단찍으로부터 몰로치나 자치구로 이주해 온 아주 젊은 목사였던 클라스 라이머Klass Reimer가 이주민들 사이에 존재하는 저급한 영성에 대하여 섬뜩함을 느끼게 되었다. 그는 나폴레옹을 상대로한 전쟁을 위해 러시아 정부에 보인 메노나이트들의 공헌에 대해 반대입장을 취했다. 특별히 그는 정부 및 시정과 관련되어 있는 메노나이트 지도자들의 신체적 체벌을 반대하였으며 모든 사람들이 교회의 회원이기 때문에 추방 만이 죄를 지은 사람들을 징계하는 방법이라고 믿는 것을 적극 반대하였다. 이러한 결론에 도달하기까지 그는 성서를 깊이 연구하였으며, 특히 『리틀 메노』 *Little Menno*라는 책과 『순교자들의 거울』을 부지런히 탐독하였다. 이것은 그의 주된 관심이 원시주의와 진정한 신약 성서의 회복, 그리고 아나뱁티즘의 기독교를 추구하는 것이었음을 보여주는 것이었다.

교회에 대한 적은 관심이라도 찾아보고자 했던 그는 1812년 비슷한 마음을 가진 회원들로 구성된 모임을 갖기 시작했고, 1814년 그들은 따로 모임을 가졌다. 다른 사람들은 이 소그룹 모임을 조롱하는 의미로 클라이네 게마인데Klene Gemeinde-작은 교회라는 뜻라고 불렀다. 이 모임은 곧 적대적인 상황 속에서 신실한 교회의 참된 본질을 찾고자 하는 교회로 받아들여지게 되었다. 이 그룹은 현재 복음주의적 메노나이트 교회 교단인 Evengelical Mennonite Conference로 알려져있다. 1869년 세례의 형태로 말미암아 클라이네 게마인데로부터 클리머 메노나이트 형제단Krimmer(Crimea) Mennnoite Brethren이 형성되었다.

메노나이트 형제 교회 Mennonite Brethren Church: 1860년 1월 6일, 메노나이트 공동체 전체에게 영향을 미치게 된 메노나이트 형제 교회가 생겨나면서 또 다른 교단의 분리가 발생하였다. 1834년 루터교 배경을 가진 독일의 메노나이트 장로인 빌헬름 랑게Wilhelm Lange라는 사람이 몰로치나 자치구에 나덴펠트Gnadenfeld-은혜의 들판이라는 의미마을을 건설하였다. 독일의 모라비안 경건주의자들과의 교류를 통해, 이 그룹에 속한 정착민들은 영적인 문제들에 깊은 관심을 가졌으며, 여러 지역을 여행하면서 다른 복음전도에 관심이 있는 그룹들과 교류를 갖게 되었다. 특히 복음전도에 관심이 많았던 여행자들 가운데 에듀아르드 뷔스트라는 독일 사제가 있었는데 메노나이트들 중에 복음전도에 관심이 많은 사람들을 모아 여러 번의 모임을 개최하였다. 그의 메시지는 회개와 개종 그리고 흔들리지 않는 기독교 신앙 생활을 강조하였다. 그의 모임들은 성서공부와 기도 셀모임으로 인도되었다. 그들은 서로를 형제들이라 불렀는데 메노나이트들 안에서 갱신이 일어나는 것에 대해 상당히 회의적이라고 판단하자, 1860년에 18명의 핵심 멤버로 구성된 자신들만의 교제 모임을 갖게 되었다. 사회적 경제적 요소들은 그들을 엄청나게 흥분시켰다. 그들의 이야기는 15장에서 더 상세하게 다루게 될 것이다.

갱신운동을 위한 또 다른 징조들: 메노나이트 형제 교회를 태동시키게 된 효과적인 동력은 커츠리케Kirchliche라고 하는 메노나이트 교회를 그냥 두지 않았다. 1883년 교육과 구호 분야에 합심하여 일하고자 원하는 모든 회중교회들이 연합하여 교단을 형성하게 되었다. 이 교단은 "본질에 있어서 연합을, 비 본질에 있어서는 자유를, 모든 일에 있어서는 사랑을…"이라는 구호를 정하였다. 또한 교육에 대한 새로운 관심과 더불어 선교와 복음 전도에 대한 관심을 발전시켜 나갔다. 비록 러시아 정교회의 회원들을 메노나이트로 개종시키지 못하도록 금지되어 있었음에도 불구하고, 중요한 구제 및 선교활동이 주변의 이웃들을 상대로 시작되었으며 이로 인해 메노나이트 전도사들에게 투옥과 추방령이 내려지기도 했다.[11]

비록 러시아 메노나이트들이 1854년 이래로 암스테르담의 메노나이트 선교회의 후원을 받았지만, 하인리히 덕스Heinrich Dirks가 수마트라로 파견되었던 1871년까지 그들에 의해 파송된 선교사는 한 사람도 없었다. 10년 후 자신의 교회로 돌아온 뒤, 장로로 임명된 그는 자신의 회중들에게 선교에 대한 대단한 열정을 심어 놓았다. 덕스에 이어 최소한 28명의 사역자들이 자바와 수마트라로, 그리고 한 명이 이집트로 보내졌다. 이 기간동안 아주 작은 메노나이트 형제 교회가 선교에 지대한 관심을 보였는데, 인도로 22명의 사역자들을 파송하였고 1914년에 두 명을 아프리카로 파송하였다.

이러한 새로운 활력은 자신의 교회에 뭔가 부족한 것이 있다고 느끼면서도 그것을 분열로 표현하기를 원치 않았던 수 많은 멤버들의 노력에 의해 지펴진 불씨였다. 이러한 사람들 중 가장 선봉에 섰던 사람이 바로 베른하르드 하더Bernhard Harder였다. 하더는 에듀아르드 뷔스트의 설교에 의해 많은 영감을 받았으며, 새로운 갱신의 표시로서 그 어떤 분리를 강조하지 않으면서 회중에 엄청난 영향력을 행사한 복음전도자였다. 그는 메노나이트 형제들과 너무나 비슷하다는 이유로 메노나이트 교회의 많은 사람들로부터 비판을 받았으며 반대로 메노나이트 형제 교회로부터는 자신들의 교회에 들어오지 않는다는 비판을 받기도 하였다. 그러나 그는 자신이 발견할 수 있는 가능한 모든 문들을 열어 놓고자 하였으며 그 당시의 모든 메노나이트 회중들과 접촉하고자 시도하였다. 비록 그가 직업적으로는 교사로 일하였지만, 복음전도의 일을 위해서는 친구들의 도움을 받아가며 가르치는 일을 포기하기도 하였다. 그는 러시아의 메노나이트들 중에서 생겨난 가장 위대한 복음전도자요, 설교자였다. 자신의 목회를 위해 그는 수많은 시와 찬송들을 저작하였는데 출판된 것만 해도 약 1,000여편이 넘었다.[12] 1884년 9월 27일, 그는 매일 네 번씩 설교를 해야 했던 일련의 집회로 인해 병을 얻었다. 그후 5일 후 폐렴으로 세상을 떠났다.

이 당시 교회 생활에 있어서 두 가지 변화가 생겨났는데 1880년 환상주의자였던 클라즈 엡 아래 한 그룹이 광야로 간 사건과 1905년 자치구 내 분리운동의 영성을 극복하고자 시도하면서 생겨난 앨리안쯔 게마인데Allianz Gemeinde라고 알려진 복음주의적 메노나이트 교회 Evangelical Mennonite Church의 설립이었다. 엡은 다니엘서와 요한계시록에 매료되었던 아주 유능한 리더이자 농부였다. 많은 사람들이 미국으로 떠나버린 사건들로 인해 고통을 받았던, 엡은 마지막 시기에 닥쳐올 엄청난 고난으로부터 구원을 받기 위해서는 서방으로가야 할 것이 아니라, 동방으로 가야할 것이라는 자기만의 확신을 갖게 되었다. 따라서 북미로 가는 것은 주로부터 도망치는 행위라고 생각했다. 결과적으로 그는 주께서 당신의 사람들, 메노나이트들을 위해 준비한 안식처가 어디인지 찾기 위해 아시아와 인접한 러시아 지역으로 소그룹을 이끌고 갔다. 엡은 키바Khiba의 카네이트Khanate 악-메헷Ak-Mechet에 정착하려고 했었지만, 몰로치나 자치구로부터 또 다른 그룹이 그를 따라 카자흐스탄Kasakhstan의 알마-아타Alma-Ata지역에 정착하였다. 이유야 어떻든지 말할 수 없는 고역과 고통의 시간을 보낸 후, 결국 몇 사람이 북미로 이주하게 되었다. 엡은 1913년 자신을 자칭 그리스도의 아들로 선포하며 삼위를 이어 네 번째 격으로 자신의 위상을 자리매김함으로 극적인 비전을 이루고자 했으나, 그해 곧 바로 추방되어 외롭게 생을 마감하였다.[13]

앨리안쯔 게마인데Allianz Gemeinde는 메노나이트 형제회 내에 점증하는 분리적 성향을 반대하는 연합과 일치운동으로서 리히트펠데Lichtfelde와 알토나우Altonau 마을에서 시작되었다. 이 운동을 시작한 사람들은 메노나이트 형제 교회 내에 유명한 리더들이었다. 그들은 그리스도 안의 참된 신자들 모두가 공개적으로 성찬에 참여할 수 있다는 입장을 고수하였고 또 그렇게 성찬식을 시행하였다. 따라서 분명한 믿음의 증거와 신앙 고백이 있다면 굳이 재세례를 받지 않고도 멤버가 될 수 있었으며, 그들의 이전 세례의 형태가 어떠했든지 상관하지 않고 장로들의 모임에서 만장일치가 되면 회중의 권위 하에 이를 받아들였다. 아주 유명한 역사가인 프리즌P.M. Friesen, 1911년 사망은 이 운동을 시작한 사람도 아니면서 이러한 일치운동을 적극적으로 옹호하였다. 사랑의 가교를 세우고자 했던 그들의 노력은 매우 고무적이었지만 그다지 성공을 거두지는 못했다. 후에 캐나다로 이주한 사람들은 메노나이트 형제교회에, 파라과이로 이주한 사람들은 분리된 채로 남아있었다. 한편 브라질로 이주한 사람들은 메노나이트 총회교단GCMC에 합류하였다.

1850년부터 1920년까지의 경제 및 사회적 발전

러시아의 메노나이트 공동체의 발전사 중에 최고의 시기는 19세기 중반부터 볼셰비키 혁명Bolshevik Revolution이 있었던 시기까지였다.

1920년대에 러시아 메노나이트 생활에 대한 포괄적인 통계조사가 행해졌으며 그 당시 사회-경제적 상황들에 대한 귀중한 연구가 시행되었다. 이러한 연구들을 통해 제 1차 세계대전 후에 러시아에 있던 메노나이트 숫자가 120,000이나 되며, 유크라이나에 75,000 시베리아 및 그 외 지역에 45,000이 존재했던 것으로 조사되었다.[14] 이것은 1870년대에 북미로 이주한 18,000명이 포함되지 않은 숫자였다.

요한 코니스에 의해 적극 장려된 농업개발은 비록 제한된 산업 프로그램이었지만 여러가지 프로그램들을 가능하게 해 주었고 그 필요성을 크게 느끼게 해주었다. 메노나이트들은 농업 기계의 생산과 자신들의 농산물 생산 전 과정에 깊은 관심을 보였다. 그리하여 19세기 초반에 그들은 증기기관을 이용한 70개의 큰 밀가루 공장을 운영할 수 있게 되었고, 년간 15,000개의 잔디깎는 기계 및 10,000개의 쟁기를 생산할 수 있는 공장들을 갖게 되었다. 버터 및 치즈 제조 공장 및 다른 산업 프로젝트 시설도 상당수 갖추고 있었다. 러시아 전체 산업 생산의 6%가 메노나이트들에 의해 운영되었다. 그러나 이러한 일을 가능하게 한 사람들은 대부분 농부들이었다. 전체 메노나이트 재산의 50~75퍼센트를 차지하는 부는 약 2.8퍼센트의 사업을 경영하는 부자들이 소유하고 있었다. 그들 중 어떤 사람들은 정말로 큰 부자였다. 그들은 유럽을 여행하고 연구하였으며, 러시아의 책과 잡지들을 읽었으며, 종종 다양한 문화적 배경을 갖고 있는 러시아 사회의 저명인사들과 사교 및 친교를 나누기도 했다.[15]

이렇듯 화려한 경제적 번영은 그 당시 메노나이트들이 살고 있는 거의 모든 장소에 어울리지 않을 사회 및 교육 프로그램들까지 가능하게 만들었다. 상호부조, 노인들을 위한 양로원, 고아원, 병원, 심리치료병원, 농아학교, 여자들만을 위한 학교 그리고 젊은 이들을 위한 경영학 과정 등은 사람들을 위해 공동체가 만들 수 있었던 엄청난 시설 중 일

1900년 번영을 누렸던 우크라이나에 있던 농장 부속 건물. 마일로 샨쯔(Milo Shantz)의 부탁으로 볼더마 뉴펠트(Woldermar Neufeld)가 그린 그림을 허락 받고 사용함.

부에 지나지 않았다. 1914년 그들은 약 400개의 초등학교와 13개의 중, 고등학교 그리고 2개의 사범대학, 네 개의 상업학교, 하나의 성서대학이 있었으며, 신학 대학원을 세우기 위해 정부와 협상을 벌이기도 했다. 또한 약 250명의 메노나이트 학생들이 러시아의 고등 교육기관에서 공부하고 있었으며, 약 50개나 되는 국외의 대학교와 신학대학원에 몇 명씩 공부하고 있었다. 이러한 기관에서 공부를 하고 있던 사람들 전원이 충분한 후원을 받지는 못했지만, 상당히 많은 학생들이 후원을 받았다. 영적인 회복을 경험하고자 원하거나, 영적회복을 위해 희생을 감수하고자 했던 회중들이 학생들을 적극 후원하였다. 이러한 회중의 자발성은 제 1차 세계대전 중인 1917년 한에 임업, 의학 분야에만 12,000명의 메노나이트 젊은이들이 일하고 있었던 사실만 보아도 충분히 증명이 되는 사실이었다. 이들을 후원하기 위한 비용만해도 약 3백만 루불이나 되었다고 한다.

1930년의 경제 및 사회 발전

1866년에 시작된 러시아 혁명과 민족주의적 프로그램은 메노나이트들에게도 크게 영향을 미쳤다. 정부가 후원했던 농업 개혁은 지역 행정구역을 변화시키기 위한 개혁이었다. 결국 메노나이트들은 러시아의 행정 단위상 자신들이 소수에 해당된다는 사실을 자각하기 시작했다. 다수의 메노나이트들이 사는 지역이라면 이제 모든 것을 공식 러시아 언어로 기록하여 정부에 보고를 해야만 했다. 뿐만 아니라 지역 정치, 복지, 교육기관을 후원하기 위한 세금을 내야만 했다. 그동안 땅이 없어 선거권을 부여받지 못했던 사람들이 이제 선거권을 부여받게 되자 메노나이트 공동체들이 소유했던 전통적인 힘의 균형이 깨지기 시작했다.

메노나이트들의 생활을 가장 크게 위협한 것은 모든 학교에서 러시아 말을 사용해야했던 것과 더불어 러시아 말을 할 수 없어서 능력이 없는 것으로 판정된 메노나이트 교사들을 대신하여 러시아 선생님들이 들어서기 시작한 것이었다. 러시아어는 몇 안되는 메노나이트 학교에서 1830년대 초까지 사용되었을 뿐 1860년대 이후로는 거의 사용이 되지 않았다. 그러나 1881년부터 교육부는 메노나이트 학교를 감시하기 시작했고 1890년대에는 성서와 언어과목인 독일어 과목을 제외한 모든 지침들이 러시아어로 하달 되었다. 이러한 사태의 진전은 메노나이트들이 독일어를 신앙 그 자체의 아주 중요한 부분으로 고수하는 것인지를 떠보기 위한 것이었다. 장로였던 레온하르트 수더만Leonhard Suderman은 1873년 많은 사람들에게 "우리는 러시아의 고등학교에 들어가고자 하는 자녀들을 곧 잃게 될 것입니다."라고 당시의 상황을 토로하였다. 그러나 1874년 이러한 관점에 대한 메노나이트의 반대글이 다음과 같은 내용으로 쓰여졌다:

이것은 우리가 친애하며, 존경하는 목사들이 잘못했다는 것을 보여준다. 미국의 형제들은 회중 속의 젊은 세대들을 지키는 것이 러시아에서보다 훨씬 더 어렵다고 고백하고 있다. 즉 메노나이트 신앙을 떠나는 사람들의 숫자는 자녀들이 러시아 학교에서 공부하는 동안에나 그 이후에도 그리 많지는 않았다. 물론 신앙을 포기하는 사람들이 적기는 했지만, 신앙을 포기하는 경우를 살펴보면 러시아 학교에 다니지 않은 사람들이 신앙을 잃는 경우가 더 많았다.[16)]

여전히 대부분의 메노나이트들은 자급자족이 가능한 제한적인 공동체로서 자신들의 정체성을 규정하고 있었다. 그러나 다가오는 변화는 러시아 인구로 메노나이트들을 동화시키고자 위협하는 것이었다. 많은 사람들은 이를 자신들의 역사적 신앙을 멸절시키려는 시도로 이해하였다. 만약 동화와 문화적 전이가 이루어진다면 정말로 그들이 자신들의 신앙을 잃게 될 것인가? 다른 여러 문화 속에서의 메노나이트 경험을 통해 볼 때, 자신들의 정체성을 유지하기 위해 지리적인 경계들을 지켜야 할 필요는 없어보였지만, 이러한 변화가 관계 및 신앙 그 자체의 역동성을 바꾸어 놓는 것만은 틀림없는 사실이었다.ME 5:635~636

이러한 변화는 1874년 대대적인 징집령이 내려지면서 극에 달했다. 징집통지서가 전달되기 전에 메노나이트들은 1871년부터 1873년까지 세인트 피터부르그St. Peterburg로 다섯 명의 대표자를 파견하여 예전에 받았던 특혜를 받을 수 있도록 청원하였다. 파견된 대표자들 중 두 명의 장로가 있었는데 이들이 평생동안 러시아에 살았음에도 불구하고 전혀 러시아말을 할 수 없다는 사실을 황실 위원회의 위원장이 발견하였다. 결국 대표들은 병역 훈련 대신에 대체복무를 약속받고 돌아왔다. 그러나 대체복무는 어떤 사람들에게 정말로 받아들이기 힘든 고역이었다. 그들은 필요하다면 정부에 복종해야했고, 정부를 위해 기도해야 한다고 믿고 있었다. 그들은 또한 1854~56년간에 있었던 크리미아 전쟁

때, 약 5,000명의 부상자들을 돌보아 주기 위해 부여된 주된 의료 및 식량 봉사의 기회에 대하여 공식적인 감사의 마음도 갖고 있었다. 1874년에 발효된 157조 법안은 메노나이트들에게 대체복무를 명시하고 있었다. 그러나 전쟁에 참여하는 것은 양심을 속이거나 더 나아가 자신들의 믿음을 위협하는 것이라고 믿었기 때문에 많은 사람들이 미국과 캐나다로 이주하게 되었다. 이렇게 양심적으로 병역을 거부하게 된 그룹은 18,000명에 달하였다. 이러한 입장을 고수한 사람들 중에 신앙적인 이유로 자신의 언어인 독일어를 포기하지 않겠다는 수 많은 메노나이트들이 고소를 당하였는데, 한 비평가는 그리스도 안에서 유대인도 헬라인도 스키타인도 차별이 없다고 하며 다음과 같은 글을 남겼다:

> 그들이 떠난 것에 대해 하나님께 감사를 드립니다. 그들과, 자녀들 그리고 미국 사람들 모두에게 좋은 일일 것입니다. 미국으로 갈 수 있게 된 그들은 선한 양심을 따라 편히 쉬게 될 것입니다. 미국의 캔사스, 네브라스카, 다코타, 미네소타 등 여러 주에서도 많은 메노나이트들을 받아들이게 되었습니다. 그들은 아주 훌륭한 사람들이며 우리에게도 아주 좋은 일입니다. 그리고 이 일은 신앙심이 돈독한 사람들과 그 자녀들을 선한 양심을 따라 양육하도록 도울 것이며 이런 사람들을 자유롭게 해준다는 측면에서 러시아에도 좋을 것입니다.[17]

한편 러시아에서 메노나이트들의 역할은 점점 증가하였다. 메노나이트 병원은 종교와 지역을 떠나 모든 사람들에게 봉사하였고, 사업도 수 많은 사람들과 연결되었고, 우정은 러시아 언어의 장벽을 넘어서 발전되었다. 수 천명의 러시아 사람들이 메노나이트 농장의 일꾼이 되었고, 그들의 집안 일을 돌보아 주었으며, 수 많은 경우들에 있어서 서로가 서로를 좋아하게 되었다. 메노나이트 지식인들 중에 많은 사람들이

러시아 문학에 찬사를 보내며 러시아 민족의 정신을 이해하기 위해 역사책 읽기를 즐겨하였다. 러시아-일본 전쟁이 있었던 1904~5년에, 메노나이트 지역에 함께 살고 있던 러시아 병사 및 가족들은 메노나이트 자치구로부터 상당한 재정적 도움과 식량원조를 받기도 하였다. 그러나 이러한 관계는 메노나이트와 그들의 이웃간에 존재하였던 사회적, 문화적, 경제적 간격을 없애는데는 충분하지 않았다. 소작인들과 많은 러시아 공무원들이 메노나이트들의 성공을 시기하였고, 어떤 사람들의 겸손과 자부심을 우월의식으로 받아들이며 감정적인 공격을 서슴지 않았다. 러시아인들과 메노나이트들과의 결혼은 그리 많이 이루어지지는 않았다.

메노나이트들의 부와 더불어 이러한 태도들은 1917년에 발생한 볼세비키 혁명 때에 모든 메노나이트 자치구에 커다란 어려움들을 가져다 주었다. 메노나이트들이 독일말을 사용하였기 때문에 독일을 상대로 한 전쟁기간 동안에는 원수라는 의심을 받기도 하였다. 그리고 성공한 농부들과 사업가들은 곧 혁명을 반대하는 사람들이라는 누명을 쓰게 되었다. 한 때 우크라이나 지역을 중심으로 발생한 러시아의 붉은 군대와 백군들 간의 다툼은 메노나이트들이 살고 있는 지역에서 약 23번 정도 밀고 당기는 접전을 벌였다. 이러한 전쟁동안 무장한 약탈군들과 어느 편에 속해 있지도 않으며 약탈 행위를 일삼았던 기회주의자들에 의해 메노나이트 자치구들은 황폐화되어갔다. 네스토 마흐노Nestor Machno는 가장 위험한 지도자들 중 한 사람이었다. 그는 정치범이요 철학적으로는 무정부주의자였는데 시베리아 수용소로부터 석방되어 혁명을 부추기며 사회를 향해 자신의 복수심을 불사르는 인물이었다. 마흐노는 젊은 시절 메노나이트들을 위해 일을 하였기 때문에 이들이 어떤 사람인지 잘 알고 있었다. 그는 북부 독일어를 구사하기도 했다. 그러나 그는 메노나이트들이 자신에게 임금을 너무 박하게 주었다고 생각했던 사람이었다. 이제 그는 수 많은 농민들에게서 돈을 챙기고 있었다. 결국 그의 통치기간은 공포의 기간이 되었으며 수 백명의 메노나이트들이 그에 의해 죽임을 당하였다. 1919년 11월 자그라도브카 Zagradovka 지역에서만 240명의 메노나이트들이 그에 의해 죽임을 당하였고 셀 수 없이 많은 마을들이 파괴되었다.

이러한 어두움의 기간동안에도 대부분의 메노나이트들은 원수를 사랑하라는 성서의 가르침과 비저항의 원칙을 고수하였다. 그러나 소수의 젊은 사람들이 자신의 면전에서 부모들이 살해당하고, 아내와 누이들이 강간당하고, 무차별적으로 약탈당하는 것을 견뎌내지 못하였다. 독일군으로부터 주어지는 의견과 장비와 더불어, 특별히 1918~19년 겨울, 그들은 셀브스추츠Selbstschutz;자기방어라고 알려진 그룹을 조직하여 마흐노에 저항하였다. 메노나이트 교회 총회들은 후에 셀브스추츠를 전술상의 실수요 역사적 성서적 비저항 정신을 깨뜨린 것라 평가하였다. 이러한 젊은이들은 후에 콘스탄티노플을 통해 미국으로 피신할 수 있었다. 셀브스추츠 경험은 메노나이트들 중에 자주 거론되는 연구대상이기도 하다.[18]

혁명이 끝난 후 수 백만의 러시아인들과 메노나이트들의 목숨을 앗아간 아주 끔찍한 기근이1919년부터 1920년까지 새로이 형성된 소련 USSR을 강타했다. 이러한 절망의 기간에 메노나이트들은 네 명의 남자들을 북미로 보내 메노나이트 교회들에게 도움을 요청하였다. 이러한 요청에 따라 1920년 메노나이트 중앙 위원회Mennonite Central Committee 가 조직되었으며 즉각적인 도움의 손길을 보내왔다. 이것은 메노나이트들 뿐만 아니라 가능한 한 많은 사람들을 구해내 엄청난 희생자를 막을 수 있게 되었다. 클레이튼 크라쯔Clayton Kratz는 펜실바니아로부터 온 구조 대원이었는데, 1920년 말 어느날 갑자기 원인도 모른채 행방불명이 되었다. 이 기간 동안 그 지역에 있었던 전쟁, 기근, 장티푸스

법적으로 병역 면제를 받은 메노나이트 젊은이들이 군복무 대신 병원의 간호병들로 봉사를 하거나 임업인으로 봉사를 하였다. 스탈린 통치(1919~1953)의 공포에서 벗어나기 위해 수 천명의 러시아 메노나이트들이 북미와 남미로 이주를 시도하였다. 그러나 아주 적은 숫자만이 이주할 수 있었다. 철도의 유개차는 간단한 개인 짐을 포함해 약 25명에서 28명의 난민을 실을 수 있었는데 유개차의 양쪽 끝에 짐을 놓을 수 있는 선반이 위치해 있었다.

역병으로 말미암아 최소한 총 2,200명의 희생자가 발생한 것으로 추정되었다. 한편 1923년 도움을 요청하기 위해 보내졌던 네 명의 남자들은 캐나다에 정착할 가능성을 알아보기 위해 탐험에 나섰고, 1870년에 이미 정착했던 메노나이트들 속에 자신들 또한 동참할 수 있는 길을 찾아내었다.

소련에 남아있는 사람들에게는 파괴된 자신들의 공동체를 재건해야 한다는 아주 어려운 고역이 주어졌다. 그들의 관심고 목소리를 하나로 모으기 위해 농업협회가 조직되었다. 한편 이 농업협회는 국가 당국으로부터 의심의 대상이 되고 있는 사람들을 외국으로 보내는 통로가 되기도 했다. 모스크바에 새로 들어선 정부와 연락을 주고 받기 위한 담당 사무실이 설립되었다. 1925년 이 사무실은 메노나이트들을 격려하고 그들과 지속적으로 연락하기 위해 「실용적 농부」Der Praktische Landwirt라는 신문을 출간하였다. 같은 해에 「우리의 신문」Unser Blatt을 창간하여 영적인 필요와 이슈들을 다루었다.

러시아에서 개최된 마지막 메노나이트 교회 총회는 1925년 모스크바에서 개최회었다. 총회의 부분으로써 스위스에서 최초로 열리는 메노나이트 세계총회Mennonite World Conference로 보낼 두 명의 대표자를 선출하는 것과 선교, 교육, 구제 및 전 세계의 영적인 생활을 장려하는 것 뿐 만이 아니라, 가난한 회중들을 돕기 위한 MWC 재무와 관련된 폭넓고 긍정적인 성명서의 초안을 마련하는 일이었다. 모스크바의 대표단은 가능한 한 빨리 가난한 사람들이 구제받을 수 있도록 구조를 갖추라는 제안을 하였다. 그러나 대표자로 선출되었던 제이콥 렘펠Jacob Rempel과 벤자민 언루Benjamin Unruh는 스위스로 가는 허락을 받지 못하여 참석하지 못했다.[19]

1928년 10월 1일, 농장 공영화를 위한 소비에트의 첫 5년 계획을 착수하고자 소련을 떠났던 많은 사람들에 의해 새로운 시도가 있었다. 필사적인 노력들을 기울이며 탈출하고자 했던 약 13,000명의 메노나이트들이 1929년 가을과 겨울에 모스크바로 오고자 했으나, 어려움을 겪었다. 그나마 당시 칼스루헤Karlsruhe에 있었던 언루B.H. Unruh의 영웅적인 행위 덕택에 5,677명이 독일에 도착할 수 있었다. 독일로부터 그들은 다시 캐나다와 남미로 보내졌다. 만약 독일과 캐나다 사이에 비자 수속이 좀 더 빨리 이루어졌더라면 보다 더 많은 사람들이 떠날 수 있었을 것이다. 그러나 이 두 국가사이에는 경제 공황으로 말미암아 자체적인 문제와 고용인 문제가 산적해있었다. 1923년부터 시작된 캐나다로의 이주는 1930년에는 겨우 몇 명만이 이주한 후 완전히 중단되었다. 이 기간 동안 캐나다로 이주한 사람들은 총 20,201명이었다. 캐나다로 가는 길이 막히자, 대략 600명이 동쪽 아머Amur 강을 가로질러 중국으로 갔는데, 나중에 이들은 파라과이와 미국으로 이주하였다.

　모스크바로 갔지만 나라를 떠날 수 없었던 나머지 8,000명의 메노나이트들은 다시 고향으로 돌아가려고 하였다. 그러나 고향으로 돌아가는 대신 그들은 감옥으로 보내지고 추방되고 북쪽의 벌채지역으로 보내져 상당 수의 사람들이 고향에 돌아가지 못하였다. 이들 외에도 집단농장화 하려는 소비에트 농업정책에 장애가 된다고 여겨지는 수 많은 사람들이 이들처럼 감옥에 보내지고 추방되었다. 추방된 사람들 대부분은 결코 다시 돌아오지 못했다. 한편 집단농장의 공포는 독일말을 하는 100,000명을 포함, 5백만에서 8백만의 목숨을 앗아간 1932~33년의 기근이 발생하면서 극대화되었다. 세계 메노나이트들의 단체들은 다시금 이들에게 도움의 손길을 보내고자 노력하였다. 특별 메노나이트 세계 총회가 1930년 단찍에서 개최되어 도울 방법을 논의하였지만, 도움을 줄 수 있는 길은 열리지 않았다.

1930년부터 현재까지

　실제적 고난 후에는 항상 영적인 빈곤이 뒤따르는 법이다. 새로운 사회는 옳고 그름이라든가, 재산, 결혼, 교육, 책임, 그리고 자유에 대한 크리스천 개념들의 의미를 크게 변화시켰다. 혁명을 위한 권리가 인간과 시민의 권리를 대치하였다. 그것은 엄청난 고난의 기간이었다. 남편을 잃은 수 많은 여인들이 자녀들을 먹여살리기 위해 무슨 일이든 해야했다. 아이들은 적절한 부모의 관심을 받지 못하였고, 기독교 훈련과 교육은 아예 상상조차 할 수 없었다. 1935년 수 많은 교회들이 문을 닫게 되었고, 건물들은 회관, 마굿간, 극장, 혹은 창고로 사용되었다. 반종교적 선동과 믿음에 대한 갖가지 위협으로 말미암아 회중교회의 멤버들은 급격히 감소하였다. 수 많은 훌륭한 리더들도 캐나다로 떠나게 되었고 남아 있는 리더들은 곧 추방을 당했다.

메노나이트가 아닌 사람들이 메노나이트 마을에 함께 살면서 공동체에 문화적 불화를 가중시켰다. 어떤 메노나이트은 새로운 사회 혁명에 가담하기도 하였다. 약 7백만명의 인민들을 희생시킨 1937~38년의 숙청 또한 메노나이트들에게 큰 영향을 미쳤다. 약 2천만명이나 되는 러시아 사람들이 스탈린 통치하에 숙청된 것으로 추정된다. 메노나이트들은 다른 사람들과 함께 모진 고난과 고문을 받아야 했는데 특히 리더들과 목사들에게 가해진 고문은 상상을 초월하는 거이었다. 정확한 숫자는 알려지지 않고 있지만, 1937~38년 코티자 자치구에서만 800명의 남자들이 숙청을 당했다. 이러한 것들에 대한 이야기들은 『메노나이트 순교자들』 *Mennonite Martyrs*이라 번역된 책에 잘 나타나있다.[20]

1939년 제 2차 세계대전이 발생하면서, 메노나이트 공동체의 붕괴는 단지 분, 초를 다툴 뿐이었다. 1941년 많은 사람들이 독일에 있는 수용시설로 가기 위해 러시아와 인접해 있는 아시아의 여러 지역으로 피난을 떠났다. 독일군의 점령으로 인해 남아있는 사람들에게는 일시적으로 자유가 주어지기도 했다. 러시아 사람들이 나찌 치하에서 끔찍한 고문을 받는 동안, 독일말을 하는 사람들은 엄청난 특권을 누렸다. 교회 문들은 다시 열리고, 종교적 가르침이 학교에서까지 가르쳐졌다. 그러나 곧 격렬한 전쟁과 점령을 통해 독일 통치가 이루어 졌는데, 이는 공산주의의 포악성 못지 않았다.

1942~43년 겨울 스탈린그라드Stalingrad의 전투로 말미암은 독일의 퇴각과 함께, 35,000명의 메노나이트들을 포함한 많은 독일인들이 퇴각하는 독일군과 함께 서쪽지방으로 철수하게 되었다. 이 퇴각은 곧 엄청난 공포와 미친듯이 퍼붓는 대규모의 무질서한 공습으로 전환되었다. 이로 인해 수백 명의 피난민들이 죽었고 엄청난 숫자의 가족들이 헤어지게 되었다. 전쟁이 끝나던 무렵, 얄타 협정Yalta agreemet에 따라 수천명의 사람들이 다시 소련USSR로 강제송환되었다. 전쟁이 끝난 후, 독일 서부지역에는 약 12,000명의 메노나이트들밖에 남지 않았는데 이들중 대부분은 남미와 캐나다로 이주하였다.

소련에 있었던 메노나이트를 포함한 독일 사람들이 겪었던 최악의 경험들 중 하나는 비밀 경찰에 의해 운영되었던 특수부대에 의해 일어났다. 1941년 초, 시민의 자유는 박탈되었고 수많은 사람들이 북부의 쓸모없는 땅으로 강제이송되었으며 교육이라든가 이와 유사한 기회라고는 전혀 주어지지 않았고, 가족들이 죽어나가고 내부에 공포가 가득 차게 되었다. 이 기관은 1972년까지 생존자의 권리를 점점 회복시키는 도중 1955년에 해체되었다. ME 5:849~850

1945년 제 2차 세계대전 이 끝난 직후 러시아에 있었던 메노나이트들에 대한 이야기는 연속적인 고난의 이야기였다. 1945~50년까지 제 사차 5개년 계획이 실시 되었는데, 이 때까지도 자행된 지속적인 고난 외에는 거의 알려져 있지 않다. 1953년 스탈린Joseph Stalin의 죽음 이후에, 소련은 내부의 와해됐고 1953, 1955, 1957년 세차례에 걸쳐 노동 수용소에 감금되어 있던 사람들에게 대사면이 주어졌다. 비록 그들이 우크라이나와 볼가 지역에 있는 고향으로 되돌아가지는 못했지만, 새로운 가정을 꾸리도록 자유가 주어졌다. 그들 중 많은 사람들이 카자흐스탄으로 이주하였으며, 그 곳의 침례교 회중들과 함께 예배를 드리곤 하였다. 메노나이트 가족이 모두 모일 수 있었던 것은 시베리아의 남서부에서 였다. 그들 중 몇 사람들이 캐나다에 있는 가족들과 합류할 수 있게 되었고 몇 사람들은 이산가족을 찾게 되었는데, 가족을 만나기 위해 캐나다에서 러시아로 되돌아온 사람은 채 열명도 안되었다

한편 러시아의 침례교신자들과 북미의 메노나이트들 사이에 연락이 취해졌다. 1956년 침례교 대표단의 공식적인 교환 방문이 이루어졌고, 메노나이트들을 포함한 북미 방문과 북미 메노나이트들의 러시아 방문이 이루어지게 되었다. 이들 간의 연락을 통해 메노나이트들은 자신들의 인종적인 정체성을 찾게 되었다. 또한 자신들이 갖고 있던 전통적인 교리의 독특성을 잃어가고 있음을 발견하게 되었다. 그러나 여전히 왕성한 영적 생명력을 갖고 있는 멤버들이 나라 전체에 걸쳐 약 55,000명이나 된다는 사실도 발견하게 되었다. 많은 사람들이 복음주의적 크리스쳔 침례교 연합회All-Union Council fo Evangelical Christians-Baptists:AUCECB와 밀접한 관련을 갖고 일하고 있었다. 그러나 어떤 사람들은 이러한 것이 국가와 너무나 밀접하게 일하는 것이라 여기기도 했고, 복음주의적 크리스쳔 침례교 교회 협의회the Council of Churshes of Evangelical Christians-Baptists, CCECB인 "개혁 침례교도"Reform Baptists들을 보호하기 위한 것이라고 생각하기도 했다.

서구 사람들이 러시아 메노나이트 생존자들 속에서 볼수 있는 문화적, 영적인 붕괴의 비극적 차원들을 실제로 이해한다는 것은 거의 불가능하다. 그 이유는 특수부대에 의해 문화 및 영성이 너무나 황폐화되었기 때문이다. 예를 들어 구조적으로 형성된 높은 문맹율 발생, 가족 관계의 영구적 이별, 실직 및 절망의 상황을 지속시키는 등 신자들을 대상으로 한 차별화 정책은 60년대, 70년대를 거쳐 80년대에 이르기까지 모든 단계에 걸쳐 계속되었다.

200년 유산

1992년 이러한 모든 상황은 변화되었다. 그해 러시아에 남아있는 메노나이트들은 채 10,000명도 되지 않았으며 그것도 서구사회로 이주가 지속되고 있었다. 일전에 번창하던 회중교회들은 어디론가 사라져 버렸거나 노인이나 혹은 아픈 환자들만 남아 있는 상황이었다. 문화와 동일시된 러시아말을 쓰는 메노나이트 교회는 존재하지 않는다. 침례교와의 협력이 지속하는 가운데 메노나이트 교회보다는 메노나이트 형제 교회가 보다 급속하게 성장하고 있다. 그 땅에 남아있는 메노나이트들은 침례교 형제들과 함께 교제하고 이들에 의해 양육 받는 것으로 드러났다. 젊은 사람들의 활동은 이러한 맥락속에서 지속되고 있다. 가능하다면 독일로 이주하게 된 몇몇 목회자들이 일정한 기간 동안 도움을 주기 위해 러시아를 방문했지만, 대부분의 사람들은 자신들의 공동체로 돌아가기 원했다. 그러나 그들은 이전의 신분을 잃었을 뿐 아니라, 남아있는 사람들에게 배반자처럼 인식되고 있다.

비록 러시아 배우자들과 함께한 사람들, 믿지는 않지만 여전히 메노나이트 전통을 가진 사람들, 그리고 아주 큰 용기를 가지고 하나님을 믿었기 때문에 자신들을 증인이라고 생각하는 사람들이 여전히 있었지만, 러시아에서의 200년이라는 메노나이트 역사의 장은 20세기와 더불어 끝났다고 보아도 좋을 것이다. 현재 몇몇 서구 메노나이트들이 목회를 시도하고 있고, 메노나이트 중앙 위원회MCC가 모스크바에 사무실을 두고 있다. 현재까지 이렇게 남아있는 그룹들이 어떻게 예전의 예배와 전통을 회복할 수 있었을까 하는 것은 정말로 놀라운 일이라고 표현하는 방법 외에 다른 설명을 할 수 없다. 예를 들어 그 모진 70년의 고통의 기간 속에서 왜 거기에 메노나이트 형제들과 메노나이트 교회들이 남아있어야만 했을까? 그렇게 살아남은 것이 믿음일까 아니면 근본적인 전통일까? 성령께서 어떻게 어디에서 새로운 생명과 생동감을 다시 부여하실 것이며, 새로운 탄생과 희망에 대하여 누가 말할 수 있을까?

1989년 8월 러시아 각지역의 메노나이트들이 이전의 코티자였던 지역의 한 큰 상수리 나무 근처에서 모였다. 1789년 시작되었던 그 역사의 200주년을 기념하고 "하나님의 완전하심과 은혜로우심을 기억하기" 위한 모임이었다. 그곳에서 설교와 찬송소리가 울려퍼졌고, 약 8톤에 이르는 기독교 문학의 서적들이 나누어졌다. 말 그대로 놀라운 일이었다. 어느 저녁 경기장에서 열린 복음전도 모임에 약 10,000여명이 참석하였다. 그들 중 대부분은 우크라이나 복음주의자들이었다. 러시아에서 약 40년 동안 목회를 담당했던 메노나이트 목사가 다음과 같이 말하였다:

> 러시아 사람들은 아주 민족성이 강한 사람들입니다. 독일/네덜란드 문화와 러시아 라는 두 문화가 합해진다는 것은 거의 불가능한 일입니다. 그들은 서로 섞이지 않을 것입니다… 그러나 이제 메노나이트들은 러시아 사람들의 것이 될 것입니다. 완전히 그들의 생각, 감정, 말, 행동… 그리고 동시에 아나뱁티스트-메노나이트의 신앙을 소유하는 모습이 러시아 방식으로 적응되게 될 것입니다. 문화적응과 함께 그들은 완전히 불가능할 것 같은 미래를 가질 수 있을 것입니다.[21)]

과연 북미의 메노나이트들이 이러한 사실을 믿을 수 있을까? 그렇게 모든 것을 겪어온 사람들에 대하여 이런 저런 생각을 하는 우리들은 또 어떤 사람들인가? 1989년 모임에 의해 제시된 두 가지 대안은 이주냐 혹은 선교냐 하는 것이었다. "우리를 그냥 내버려 두지 마세요"하고 말했던 우크라이나 복음주의자들로부터 온 요청에도 불구하고 메노나이트 이주는 계속되고 있다.

한편 엄청난 인구통계변화가 러시아 내에서 일어나고 있다. 남부 아시아 공화국들이 약 5백만 이상의 무슬림으로 재편되고 있다. 사람들은 이전의 왕국에 속해 있던 자신들의 역사적 땅으로 돌아가고 있다. 그렇지만 메노나이트들은 자신의 이전 자치구 땅을 요청하지는 않을 것이다. 그렇다면 이러한 맥락 속에서 메노나이트 정체성을 잠재적으로나마 형성해줄 수 있는 것은 도대체 무엇일까? 그들의 "황금 시대" 때, 모든 종류의 필요가 교육, 경제, 건강등의 새로운 기관의 모습으로 만나진다고 하면… 이제 마치 선교사들이 전 세계에서 하는 것처럼 우리가 제도를 따르지 않는 미래를 생각할 수 있을까? 지난 200년동안의 경험이 지금의 자산으로 작용할 수 있을까? 그렇지 않다면 이제 완전히 새로운 시대를 다시 시작해야 하는 것은 아닐까?

이번 장에서 바라본 메노나이트 역사는 상상의 범위를 넘어서는 뼈 아픈 역사였다. 조심스럽게 역사를 되돌아보면서 러시아의 메노나이트 이야기로부터 우리가 배운 교훈은 너무나도 많고 크다. 하나님의 백성으로서 메노나이트 교회와 사람들이 이번 장에서 배울 수 있는 것은 무엇인가? 마지막 메노나이트들이 러시아를 떠나는 것이 옳았을까? 아니면 끝까지 그곳에 머물러 있어야 했을까? 이 질문에 대해 이렇다할 대답은 할 수 없겠지만, 200년 역사 속에서 치른 아픔과 슬픔의 경험은16세기의 경험을 우리의 역사로 받아들였듯이 또 다른 "우리"의 역사로 받아들여져야 할 것이다.

1) 구 소련 [The Union of Soviet Socialist Republics(USSR)]은 1917년에 설립되어 1991년에 붕괴되었다. 러시아의 리더십하에 가장 큰 공화국으로 한때 부를 함께 나누는 독립주들 [Commonwelath of Independent States(CIS)] 로 조직되었다. 비록 우크라이나와 같은 분리된 공화국들이 언급되긴 했지만, 미래 발전의 불확정성 때문에 러시아라는 전통적인 이름이 이장에서 구 소련 대신에 더 많이 사용되었다.

2) 물론 많은 독일 민족들과 유대인들 또한 떠났다.

3) David G. Rempel, "the Mennonite Colonies in Russia: A Study of Their Settlement and Economic Development from 1789 to 1914"를 인용. 1933년에 쓰여진 출판되지 않은 박사 논문 부록 II를 인용함. John Friesen, "Mennonites in Polans…" *Journal of Mennonite Studies*, vol. 4, 1986, esp pp.101~103. "특권(Privilegia)": 많은 유럽 나라들과 같이 중세기 말 폴란드에서, 시민권은 출생이라든지 나라에 의해 정해지는 것이 아니었다. "특권"은 왕 혹은 귀족과 소수간에 계약적 동의서였다. 예를 들어 유태인 혹은 메노나이트들은 그 실재에 있어 특별한 특권을 부여받았고, 이에 상응하는 의무를 수행해야 했다. 즉 특권은 거주의 법적인 조건들을 규정해준다. 완전한 시민권은 또다른 문제이다. Lawrence Klippenstein, "The Mennonite Migration to Russia, 1786~1806," in John Friesen, editor, *Mennonite in Russia* 1788~1988. Winnipeg, Man.: CMBC Publications, 1989, pp. 13~42.

4) See Adolf Ens, "The Tie That Binds; Prussian and Russian Mennonites(1788~1794)," *Journal of Mennonite Studies*, vol.8. 1990.

5) For details of the Frisian-Flemish division see Cornelius J. Dyck, et al. The Writings of Dirk Philips, 1504~1568. Scottdale, Pa.: Herald Press, 1992, pp. 468ff.

6) Friesen, "Mennonites," pp. 43~53.

7) ME 2:115.

8) See, for example, Al Reimer, My Harp is Turned to Mourning. Winnipeg, Man.: Hyperion Press, 1985. Also John B. Toews, Czars, Soviets and Mennonites. Newton, Kan.:Faith and Life Press, 1982, chaps. 3 and 4.

9) See Harvey L. Dyck, "Landlessness in the Old Colony: The Judenplan Experiment 1850~1880." John Friesen, editor. , *Mennonite in Russia* 1788~1988. Winnipeg, Man.: CMBC Publications, 1989, pp. 183~201.

10) Gerhard Lohrenz in C.J. Dyck, editor. *A Legacy of Faith*. Newton, Kan.:Faith and Life Press, 1962, 173.

11) Gerhard Lohrenz, "Mennonites in Russian and the Great Commission," in Dyck, *Legacy*, pp. 171~191; cf: MQR(January 1968), 42:57~67.

12) Heinrich Franz, ed., *Geistliche Lieder und Gelegenheitsgedichte*(1888), and P.B. Harder, ed., Kleines Liederbuch: *Geistliche Gelegenheitslieder*(1902)

13) Fred R. Belk, *The Great Trek of the Russian Mennonites to Central Asia*, 1880~1884. Scottdale, Pa.: Herald Press, 1976. See also Waldemar Janzen, "The Great Trek: Episode or Paradigm?" MQR(April 1977), 51:127~139.

14) Adolf Ehrt, Das *Mennnonitentum in Russland.* Langensalza: Julius Beltz, 1932, pp. 91~95.

15) Al Reimer, "Peasant Aristocracy: The Mennonite Gutsbesitzertum in Russia," *Journal of Mennonite Studies*, vol. 8, 1990.

16) P.M. Friesen, *The Mennonite Brotherhood in Russia*(1789~1910). Fresno, Calif.: Board of Christian Literature, 1978, p.593.

17) 앞의 책, p. 594.

18) Helmut-Harry Loewen and james Urry, "Protecting Mammon…." *Journal of Mennonite Studies*, vol. 9. 1991, pp. 34~53. ME 4:1124; 5:807~808.

19) *Bericht über die 400-jäherige Jubliäums-Feier der Mennoniten*… Karlsruhe, 1925, pp.156~57. Cf. MWC Handbook 1978, pp.3,8. 그들은 총회로부터 온 사람들과 함께 국경에서 매일 만났다. 모스크바로부터 가져온 문서는 상당한 토론의 주제가 되었으며 여러 시간 동안 논쟁거리가 되기도 하였다.

20) A.A. Toews, *Mennonite Martyrs*. Hillsboro, Kan.: Kindred Press, 1990.

21) Walter Sawatsky, "From Russian to Soviet Mennonites, 1941~1988," in Friesen, Mennonites, pp.199~337.

그 외의 자료들: James Urry, None But Saints. *The Transformation of Mennonite Life in Russia*, 1789~1989. Winnipeg, Man.: Hyperion Press, 1989. John B. Toews, Czars, *Soviets and Mennonites*. Newton, Kan.:Faith and Life Press, 1982, Idem, Lost Fatherland. *The Story of the Mennonite Emigration from Soviet Russia*, 1921~1927. Scottdale, Pa.:Herald Press, 1967. C. Henry Smith, *The Coming of the Russian Mennonites*. Berne, Ind.: Mennonite Book Concern, 1927. Walter Sawatsky, *Soviet Evangelicals Since World War II*. Scottdale, Pa.:Herald Press, 1981. William Schroeder and Helmut T. Heubert, *Mennonite Historical Atlas*. Winnipeg, Man.:Springfield Publishers, 1990. Contact any MCC or conference office for audiovisual resources.

11장
북미로 온 메노나이트

유럽의 메노나이트가 북미로 오기 시작한 것은 직접적인 박해가 끝난 후부터였다. 이주는 특별히 군복무의 요청이 증가하는 상황 등 자신들이 경험한 지속적인 핍박, 차별, 그리고 견딜 수 없는 상황을 피하기 위해 그들이 선택할 수 있던 길이었다. 그들은 또한 경제적인 기회와 새로운 땅에서의 모험을 소중히 여겼다. 17세기 중엽, 황량한 곳이지만 새로운 에덴을 이루기 위해 메사추세츠만에 도착했던 청교도들 처럼, 메노나이트들 또한 믿음을 지키기 위해, 신약 성서의 새로운 교회에 대한 씨앗을 심기 위해, 그리고 그들의 어머니와 아버지들이 고통을 받은 이유였던 믿음의 비전을 이루기 위해 북미로 이주하였다. 하나님은 그들에게 또 다른 피난처를 제공하셨다.

북미로 온 사람들은 크게 두 문화적 흐름을 형성하였다. 스위스-남부독일 지역에서 온 사람들과 네덜란드-프러시아-러시아 지역에서 온 사람들이었다. 비록 네덜란드-프러시아-러시아 메노나이트들이 북미에 먼저 왔지만, 19세기에 들어서면서 곧 스위스-남부 독일의 메노나이트들이 우세를 보였다. 뉴욕 맨하탄에 있었던 네덜란드 메니스트Menists들에 대한 기록은 1644년까지 거슬러 올라간다. 1657년 뉴욕의 롱 아일랜드 메니스트들에 대한 기록도 있다. 1663년 피터 코넬리즈 프록호이Pieter Cornelisz Plockhoy는 암스테르담 출신의 메노나이트 대학생으로 델라웨어 강변의 호레킬Horekill에 메노나이트들을 포함한41명을 위한 공동 정착지를 세웠다. 그러나 이 자치구는 1년 뒤 영국의 군대에 의해 파괴되었다.

1683년 10월 6일, 독일의 크레펠트Krefeld로부터 34명의 메노나이트들과 퀘이커들로 구성된 그룹이 10주 반에 걸친 여행 끝에 필라델피아의 북쪽에 위치한 저먼타운Germantown에 도착하였다. 1688년에 미국 역사 속에서 노예제도가 잘못되었다고 공식적으로 발표함으로써 최초로 노예반대운동을 일으킨 그룹이 바로 이 그룹이었다.[1] 1705년 저먼타운에 정착한 사람들은 라인강 하류로부터 온 사람들을 맞이하였고 총 인구가 거의 200명에 이르게 되었다. 통나무로 지어진 교회당meetinghouse은 1708년에 건립되었다. 이 교회당은 1770년에 석조건물로 대치되어 현재까지 사용되고 있다.

이러한 초기부터 1824년까지 유럽의 메노나이트 이주는 주로 미국에 정착하는 것으로 이루어졌다. 이들 중 처음 온 사람들은 약 4,000명 정도였으며 스위스와 남부독일 메노나이트였으며 200명의 아미시들도 있었다. 이들 모두는 동 펜실바니아에 거주하였다. 1756~63년 영국과 프랑스 간에 있었던 7년 전쟁 동안, 보다 더 많은 사람들이 이민을 선택하였다. 유럽에서의 끊임없는 사회적 불안은 새로운 개혁 운동들을 방해하였고, 이러한 상황은 나폴레옹 정쟁이 끝난 1815년까지 이어졌다. 그때부터 약 3,000명의 아미시 메노나이트들이 알자스-로레인Alsace-Lorraine 및 남부 독일에서 펜실바니아로 이주하게 되었다. 그들은 더 멀리 오하이오, 일리노이, 그리고 인디아나에까지 가서 정착하였다. 1860년 남북 전쟁이 발생하면서 최소한 500명으로 구성된 메노나이트와 아미시 메노나이트 그룹이 스위스에서 곧 바로 오하이오 및 인디아나로 오게 되었다.

한편 1776년 혁명 전쟁Revolutionary War-영국과의 관계 선상에서 캐나다에서는 혁명 전쟁, 미국에서는 독립전쟁으로 이름을 달리 부름-역주 후에, 몇 몇 메노나이트들은 북쪽의 캐나다로 이동하였다. 1800년 상당히 큰 그룹이 펜실바니아를 떠나 캐나다 온타리오주의 나이아가라 지역으로 이주하였다. 1807년 벤자민 에비Benjamin Eby는 에비타운Ebytown을 세웠는데, 지금은 키치너Kitchener 라는 도시가 되었다. 이들이 정착한 후 얼마 지나지 않아 아미시 그룹들이 알자스-로레인과 바바리아Bavaria에서 이 지역으로 이주하였고, 펜실바니아에 있던 메노나이트와 아미시들이 이주하기도 하였다. 이들이 북쪽, 캐나다로 이주하고자 했던 주된 이유는 더 많은 땅에 대한 필요와 영국에 충성하기를 원하는 마음 때문이었다. 남부 독일, 스위스, 알자스지역에서 미국과 캐나다로 온 메노나이트와 아미시 이민자들은 1865년 이후에 오게 된 인원을 다 합하더라도 총 8,000명이 넘지 않았다.

이와는 대조적으로 네덜란드-프러시아-러시아 지역에서 온 이민자들의 숫자는 적지 않았다. 그들 중 대부분은 이미 앞에서 언급했던 초창기의 소그룹을 제외한다면 대규모로 이주한 사람들이었다. 1873년부터 1884년까지 대략 18,000명의 이민자들이 러시아로부터 캐나다와 미국 중서부지역으로 이주하였다. 이들 중 많은 사람들은 매우 보수적인 성향을 띠고 있었으며 러시아에서 병역 복무를 받아들일 수 없어서 대체복무를 제공받기 위해 온 사람들도 많이 있었다. 그들은 마니토바, 미네소타, 사우스 다코타, 네브라스카, 그리고 캔사스에 정착하였다. 프러시아에서 약 300명 그리고 폴란드에서 약 400명의 이민자들이 캔사스와 남부 다코타에 도착하였다.

50년 이후인 1920년대에는 소비에트 유니온에서 21,000명이나되는 사람들이 캐나다에 도착했다. 아주 작은 그룹이 중국을 거쳐 캘리포니아에 정착하였다. 제 2차 세계대전이 끝난 1945년 이후, 소비에트 유니온에서 유럽을 통해 직접 온 사람들 혹은 간접적으로 남미를 거쳐 온 사람들은 20,000명이 넘었다. 이처럼 인종-문화적 전통 하에 이주했던 사람들은 총 60,000명이 되었다. 초기의 스위스-남부 독일에서 온 사람들, 프러시아 메노나이트, 후터라이트 등을 더한다면, 총 70,000에서 75,000명의 메노나이트들이 이주를 한 셈이다.

초기 정착민들의 환경

1683년에 온 메노나이트들은 그들만의 자치구를 세울 수 있도록 여섯 명에게 18,000에이커의 땅을 양도해 주겠다는 윌리엄 펜William Penn 경의 초대로 미국에 오게 되었다. 그들은 도착하자마자 곧 프란시스 다니엘 패스토리우스Francis Daniel Pastorius를 만났다. 그는 펜으로부터 약 25,000에이커의 땅을 산 사람이며 프랑크푸르트 토지회사의 직원이었다. 정착민들에 대한 그의 노력과 열정적인 편지들을 통해 비록 작지만 또 다른 독일 그룹이 미국으로 올 수 있는 길을 찾았고 이미 와 있던 메노나이트들의 이웃이 되었다. 이들 중에는 1719년에 오게 된 던커스Dunkers라는 형제들의 교회Church of Brethren 교인들과 1735년에 온 모라비안들Moravians, 그리고 1734년에 온 슈벵크펠더Schwenckfelders 들도 있었다.

이 그룹들, 특히 메노나이트들은 지금의 랑케스터Lancaster 지역을 중심으로 급속히 성장했으며, 여러 모습으로 확장에 확장을 거듭해나갔다. 그들에게는 종교적으로 비슷한 점들이 너무나도 많았다. 특히 도덕적 진실성, 성서 중심의 생활은 아나뱁티즘이나 경건파나 매 일반이었다. 처음에 메노나이트들은 분리주의자들이 아니었다. 슈벵크펠터였던 크리스토퍼 슐츠Christopher Schultz는 "여러분이 얼마나 많은 교단들을 발견하게 될지는 거의 상상을 할 수 없을 것입니다…"라고 기록하였다. "각 사람에게는 자유로운 정신이 있습니다… 우리는 모두 마치 물 속의 고기처럼 아주 자유롭게 나아갈 수 있습니다."[2] 처음에 메노나이트와 퀘이커들은 예배를 드리기 위해 예배당을 함께 사용하였다. 그러나 1705년 퀘이커들은 자신들의 모임장소를 지었고 3년 뒤 메노나이트들도 별도의 모임장소를 지었다. 처음에 메노나이트들은 저먼타운을 관리하는데 있어서 임무를 함께 담당하였다. 그러나 곧 이러한 관리는 퀘이커들에게 맡겨졌고, 다음에는 장로교인들, 다음에는 앵글리칸들에게 순차적으로 맡겨졌다. 1691년까지 저먼타운은 하나의 통합 체제로 존재하였지만, 1707년부터는 중요한 사건들을 거의 공유하지 못했다. 이 기간동안 메노나이트-퀘이커들이 사무실을 기꺼이 감당할 만큼 충분한 숫자의 멤버들을 찾지 못했기 때문이었다.

그러나 메노나이트들은 성격상 분파주의 혹은 박해를 받았던 문화의 영향으로 말미암아 점차로 고립되는 모습으로 흘러갔고, 비록 그들이 환경의 영향을 피해 피하지 않았지만 지리적, 언어적 영역들을 통해 이러한 성향이 지속되었다. 모든 이민자들은 종종 자신들이 가지고 온 문화 유산을 보존하려는 보수주의적 경향을 띤다. 특히 이러한 현상은 개척의 상황에 처한 그룹들 안에서 더 두드러지게 나타난다. 그러나 메노나이트들이 이러한 것을 깨닫기도 전에 그들은 이미 북미의 사회적, 정치적, 경제적 무대 한 가운데 서게 되었다. 미국 메노나이트 역사는 이러한 이주의 상황을 이해하지 않고 올바로 이해될 수 없다. 사실 러시아의 상황과는 달리 개척시대에 미국에 온 메노나이트들에게는 주어진 땅도 없었고 이렇다할 자치구도 없었다.

메노나이트들이 오기 오래 전, 미국에 도착한 초기의 정착민들은 인디언 지역의 어마어마한 땅들을 정복하기 시작했고, 원주민들은 서서히 서쪽으로 밀려나기 시작했다. 그러나 분명한 것은 이러한 일이 진행되는 과정에서 생존한 인디언들은 백인들에 의해 원하지도 않는 보호

영국의 퀘이커였던 윌리엄 펜은 찰스 2세에게 빌려준 빚을 미국에 있는 땅으로 돌려받았다. 윌리엄 펜은 퀘이커, 메노나이트, 그리고 핍박을 받고 있던 소수 그룹들에게 자신이 경험한 평화스런 사회에 동참하도록 애정 어린 초청장을 보냈다. 같은 마음으로 펜은 이미 이 지역에 살고 있던 인디언들에게도 협정을 맺었다.

구역으로 보내졌다. 대부분 메노나이트들은 인디언들의 친구가 되고자 노력하였다. 폭력을 의지하지 않았던 메노나이트들은 이로 인해 엄청난 고난을 경험하기도 했다. 어쨌든 메노나이트들은 비옥한 땅에서 농사짓기를 무척 좋아했고, 문화 및 인디언 부족들의 미래를 위해 자신들이 뭔가를 하고 있다는 것조차 자각하지 못했던 것 같다.

1492년 콜럼부스가 도착할 당시 미국에는 약 900,000명, 캐나다에는 약 400,000의 인디언들이 있었던 것으로 추정된다. 그러나 1800년대까지 3/4나 되는 인디언들이 죽임을 당하여 미국에는 250,000, 캐나다에는 95,000이 채 안되기까지 줄어들었다. 스페인과 프랑스 로마 가톨릭 선교사들은 초창기부터 인디언들 사이에서 왕성하게 활동하였다. 존 엘리엇John Eliot, 메이휴Mayhew 가족, 그리고 모라비안들을 포함한 몇 안 되는 개신교들도 함께 활동을 하였다. 메노나이트들은 19세기

북미에 생긴 최초의 영구 정착지는 1683년 펜실바니아 저먼타운에 설립되었다. 통나무로 지어진 예배당은 1770년 석조건물로 대치되어 현재까지 이르고 있으며 북미의 가장 오래된 메노나이트 예배당이다.

가 될 때까지, 인디언들에게 복음 전도 선교활동을 조직하는 일에 참여하지 않았다. 개신교 그룹들 중 어느 그룹도 원주민들의 영적인 유산을 진지하게 배려하지 못했던 것 같아보였다.

아메리칸 인디언들에 대한 메노나이트들의 부정적인 느낌들은 초기 개척자들이 일으킨 유감스런 사건들에 의해 영향을 받은 것같다. 버지니아의 페이지 카운티Page County에 정착해 있던 서른 아홉 개의 메노나이트 가정은 1758년 인디언들의 급습을 받았다. 그리고 1764년에 또다시 같은 공격을 받았다. 이 두 번째 인디언의 습격은 피에 굶주린 한 백인에 의해 조직된 계획된 습격이었다. 이로 인해 수 많은 사람들이 목숨을 잃었다. 설교가였던 존 로즈John Roads가 자신의 집 문앞에서 살해되었고 그의 아내와 아들이 3m 정도의 거리에서 살해되었다. 무슨 일이 일어나고 있는지 조심스럽게 살펴보기 위해 나무 위에 올라가 있

저먼타운 메노나이트들 중에 초기 리더였던 윌리암 리튼하우스(William Rittenhouse)는 북미에서 최초로 신문을 만든 사람이었다. 리튼하우스의 집은 여전히 개천 옆에 서있다. 그러나 방앗간은 홍수로 인해 두 번씩이나 소실되자 다시 짓지 않았다.

던 한 아들도 충격을 받아 죽었다. 또 다른 아들이 강을 헤엄쳐 도망가다 총에 맞아 죽었다. 그리고 이들은 두 명의 딸도 살해하였고 마지막 남은 아들을 포로로 잡아갔다. 이 당시 포로로 잡힌 사람들 중에 1/4만이 조약에 근거하여 석방되었다.[3]

개척을 위한 장애물들을 극복하고 온갖 어려움 속에서도 냉담하고자 했던 태도는 개척전방에 있는 사람들에게 지배적인 모습으로 나타났다. 이러한 것은 자연스럽게 메노나이트들에게도 영향을 끼쳤다. 이러한 상황은 초기 "미국" 메노나이트들에게 뿐만이 아니라, 러시아로부터 이주하게 된 사람들에게서도 나타났다. 1873년 7월 1일, 현재 위니펙Winnipeg근처에서 발생한 "메티스 사건"Metis incident은 이러한 상황을 잘 설명해주고 있다. 러시아에서 보내진 대표자들이 가능한 정착지를 알아보기 위해 마니토바Manitoba지역을 탐험 중이었다. 자신들의 미래가 위험에 처하게 될 것이라는 것을 알고 화가난 원주민들과 대표자들이 마주치게 되었다. 아마도 자신의 집으로 영영 돌아갈 수 없을지도 모른다는 생각을 한 대표자들은 뜻밖의 군대들이 도착한 것을 보게 되었다. 그러나 이러한 상황 때문에 대표자들이 정착지로서 추천받은 땅을 단념할 수는 없었다. 상황은 문제가 다분한 개척자들이 뭔가 일들을 준비해야만 하는 방향으로 급선회하였다. 우리가 1990년대의 관점으로 보듯, 다른 사람들에게 폭력을 행사하느냐 마느냐는 당시 그들에게 주어진 주된 이슈가 아니었다.

 미국에서의 흑인들에 대한 이야기 또한 메노나이트들이 경험한 상황을 이해하는데 많은 도움이 될 것이다. 1619년 네데란드 배, 지저스Jesus호가 서인도제도를 떠나 버지니아의 제임스타운Jamestown에 도착하였다. 이때 약 20명의 아프리카 흑인들이 함께 도착하였다. 이들은 이미 적게는 3년에서 7년 동안 노예로 봉사하였고, 이들의 통행을 위한 비용도 이미 지불된 상태였다. 이들에게는 버지니아 제임스타운에 도착하면 자유의 몸이 될 것이라는 약속이 주어져 있었다. 그들 중에 앤소니 존슨Anthony H. Johnson이라는 사람이 있었는데, 후에 그 자치구에서 가장 많은 백인과 흑인 노예들을 갖고 있는 사람이 되었다. 값싼 노동력이 필요했던 담배와 면화 산업은 미국의 노예제도를 너무나 빨리 가속화시켰다. 1710년 미국에는 약 50,000명의 노예가 있었고 1776년에는 500,000명으로 다시 1869년에는 4,000,000명으로 불어났다.

 1688년 노예제도를 반대하는 청원이 메노나이트들에 의해 의제로 정해졌다. 우리가 아는 바에 따르면 전체 자치구 기간 동안 이러한 노예 해방은 메노나이트들이 취한 행동이 되었다. 친구를 방문하기 위해 먼 길을 여행 중이었던 한 메노나이트에게 퀘이커인 존 울맨John

Woolman이 자신의 집에 머물도록 초청하였다. 그러나 존 울맨이 노예를 갖고 있는 것을 보았을 때, 그 메노나이트는 그의 환대를 거절하고 숲에서 잠을 잤다. 1837년 버지니아에서 작성된 버크홀더 신앙고백 Burkholder confession은 "그리스도 안에 있는 모든 사람들은 자유하기 때문에, 그들은 노예를 두어서는 안되며, 결코 노예 매매에 개입해서는 안된다."고 진술하고 있다.

이러한 것들은 당시, 메노나이트들이 만든 성명서들이나 행동지침에 잘 반영되어 있다. 노예해방 문제에 대하여 메노나이트들은 점점 더 양심적이 되어갔으며, 인종차별에 대하여 깊은 관심을 가졌다. 그러나 이따금씩 그들의 주변 문화들이 은밀하게 자행하는 인종차별에 대해 동참하기도 했다. 1924년 앨리게니 메노나이트 지방회가 "유태인, 가톨릭과 니그로들"을 차별하기 위해 생긴 KKK Ku Klux Klan단을 반대하기 위해 내 놓은 해결책이 얼마나 강력한 것이었던가, 그 사례를 살펴보는 것은 참으로 의미있는 일일 것이다. 그러나 같은 해, 또 다른 지역 지방회가 "가까운 사회적 관계들" 혹은 결혼하는 것을 경고하며, 흑인들의 회중을 분리해서 세워야 함을 조장하기도 하였다. 미국의 인권운동 역사 속에서 메노나이트들이 인종차별은 죄이며 인종차별과 깊이 연루된 국가 및 엄청난 사회적 문제들을 해결하도록 용기있게 목소리를 내며 공식적으로 대처한 것은 제 2차 세계대전 이후의 일이었다.

성장하는 메노나이트와 아미시

1776년 혁명 전쟁 전까지의 개척시대 동안, 교회에 다니든 다니지 않든 메노나이트들 주변에는 사람들이 점점 증가하였다. 메노나이트들은 대가족이었고, 처음 정착한 4,000명의 이주민 후손들은 여전히 미국 전체 인구를 따져볼 때 1776년 미국의 인구는 3백만으로 추정 너무나 미미한 부분이었다. 당시 전체 인구 중 단지 20명 중 한 사람만이 교회의 멤버였지만, 초기 개척자들과 원로들의 신앙심은 미국 역사에 있어서 중요한 신화가 되었다. 1774년 교단의 크기는 대략 다음과 같았다: 앵글리칸 교회성공회 480개, 장로교회 540개, 회중 교회 658개, 침례교회 480개, 퀘이커 295 모임, 네덜란드 개혁교회 251개, 루터교회 151개, 로마가톨릭 50개의 교구에 24,500명. 모두를 합친 숫자는 대략 3,000개의 교회로 이론적으로 만약 20명 중에 한명이 교회의 멤버라면 한 교회에 최소한 1,000명의 회원이 있어야 한다는 비 현실적인 결론이 나온다.

어쨋든 대부분의 메노나이트들은 일반적으로 자신들의 신앙을 잘 지켜나갔다. 다른 사람들과의 접촉을 피하고자 했던 것, 보다 더 많은 땅에 대한 필요 및 기타의 다른 요소들이 그들로 하여금 급속히 성장하게 만들었다. 1760년대와 1770년대의 메노나이트과 아미시들은 1954년 앨리게니Allegany 지방회로 알려진 회중들을 형성하며 펜실바니아 남서부와 메릴린드에 정착하였다. 1735년 랑케스터 메노나이트 가족들은 플랭크린 지역에 있었으며 혁명 전쟁 당시에는 워싱턴 지역에 인접해있었다.

이미 언급했던 캐나다 온타리오Ontario로의 이동은 그 자체로 전혀 문제가 없었다. 몇 가족이 이미 1786년 온타리오로 이주하였다. 1800년도에는 약 60명 정도가 나이아가라 지역의 바인랜드Vineland에 정착하였고, 같은해 워털루Waterloo 지역에도 정착이 이루어졌다. 워털루 지역의 정착은 메노나이트들이 약 $20,000의 대출을 받아 땅을 구입해 정착한 곳이었다. 이 돈은 그들의 지불능력을 넘어서는 엄청난 액수였기 때문에 그들 중 두 명이 랑케스터로 돌아가 도움을 요청하였다. 1820년 이 그룹들은 유럽에서 이민오게 된 아미시 메노나이트들을 받아들이게 되었다. 이들은 한 세기 뒤인 1922년에 온타리오 아미시 메노나이트 지방회Ontario Amish Mennonite Conference를 형성하게 되었다. 1959년 그들은 메노나이트 총회 교단MCC에 가입하였고, 1963년 자신

▲▲ 캐나다 온타리오의 키치너 근처에 있는 개척자들의 탑(the Pioneer Tower)은 1800년 봄, 펜실바니아 메노나이트들이 그랜드 강(Grand River)을 따라 정착하게 된 최초의 장소임을 기념하는 탑이다. ▲ 클레멘스 가족의 거울(Clemens family mirror)은 펜실바니아 몽고메리 지역(Montgomery County)에서부터 온타리오의 워털루 지역까지 대형포장마차 여행에서 깨지지 않고 보존되어 현재까지 이르고 있다.

들의 이름을 서부 온타리오 메노나이트 지방회로 바꾸었다. 1988년 그들은 메노나이트 캐나다 동부 지방회를 형성하기 위해 치러진 두 차례의 회의에 참석하였다.ME 5:569~70 이 그룹에 속한 정착민들이 서부로 이동하기 시작했는데 1890년대에 알버타Alberta주와 사스카추원Saskatchewan주로 이동하였다. 이 알버타-사스카추원 지방회는 1907년에 조직되었다.

    캐나다로 이주한 사람들이 마주친 또 다른 문제는 1793년에 조직된 국방법Militia Act으로 이 법은 16세부터 50세에 해당하는 모든 사람들이 국방세를 내도록 규정하고 있는데 평화의 기간동안에는 1년에 20실링을 전쟁 기간에는 5파운드의 세를 내야했다. 메노나이트들에게는 보다 더 심한 위협이 있었는데, 이러한 위협으로 말미암아 16세 이후의 젊은 이들을 교회에서 발견하기가 쉽지 않았다. 이는 징집을 위한 영장이 발부되는 나이이기도 했다. 1810년에 그들을 징집령에서 면제해달라는 내용의 청원서를 정부에 보냈으나, 국방세와 국방의 의무를 회피할 때 내는 벌금폐지 법안 및 메노나이트들에게는 군복무를 면제한다는 법안이 의회에서 통과되었던 1849년 때까지 국방세는 계속 내야했다. 그러나 한편 이들은 1812~14년 영국이 미국의 침입을 막기 위해 필요한 그들의 말, 마차, 그리고 각종 물자들을 요구하였을 때, 직접 원조에 나서기도 했다.

    온타리오로의 이동이 한참 진행되는 동안, 다른 메노나이트들은 오하이오, 일리노이 및 인디아나로 이동하였다. 메노나이트와 아미시의 첫 번째 가정이 오하이오에 정착한 것은 1799년의 일이었다. 한편 올드 오더 아미시the Old Order Amish:새로운 그룹이 생겨났지만 기존의 전통을 고수한 그룹-역주는 아무런 공식적 모임도 갖지 않았고 가정에서 모이지도 않은 반면, 아미시 메노나이트들은 점차로 영어를 사용하기 시작했고 주일학교와 공동 건물에서 모이기 시작했다. 이들은 1916~27년 약 10여년의 기간 동안 지금의 메노나이트 교회에 흡수되었다. 이러한 흡수 과정을 겪은 대표적인 교회가 웨인Wayne 지역의 오크 글로브Oak Grove 교회이다.

오하이오에서와 마찬가지로 1830년대와 1840년대의 메노나이트들과 아미시 메노나이트들은 일리노이에도 정착하였다. 알자스-로레인, 헤세Hesse, 팔라티네이트, 바바리아, 그리고 스위스 지역에서 온 아미시 메노나이트들이 먼저 도착하였는데 특히 알자스 지역에서 많은 사람들이 왔다. 최초로 형성된 회중은 파트리지Partridge 교회로 현재 메타모라 교회Metamora가 되었다. 일리노이의 아미시 메노나이트 역사 속에 가장 유능한 리더는 요셉 스투키Joseph Stuckey로 사람들은 그를 "대부 스투키"Father Stuckey라고 불렀다. 당시 그는 중서부에 있었던 다른 리더들과 함께 보조를 맞추었으며 메노나이트 교회 중부지방회Central Conference Mennonite Church, 1914년에 이름이 채택됨를 형성하기 위해 아미시 메노나이트로부터 탈퇴하였다. 1946년 이 그룹은 메노나이트 총회 교단에 가입하였다. 아미시 메노나이트의 두 번째 리더는 존 스미스John Smith로 그의 아들 헨리 스미스C. Henry Smith는 미국 메노나이트 역사가들의 "수장"이라고 불렸다.[4]

1840년대에 메노나이트와 아미시는 인디아나에도 정착하였다. 1838년에 몇 개가 되지는 않지만 정착지가 세워졌다. 베른Berne 지역의 주라Jura로부터 온 스위스 이민자들이 웰스Wells와 아담스Adams 지역에 정착하기 시작하였다. 아담스 지역에 정착한 스위스 메노나이트들은 약 1,300명이 넘는 베른교회와 함께 잘 알려져 있다. 이 회중은 1872년 메노나이트 총회 교단에 가입하였다. 스프렁어C. F. Sprunger는 베른 교회의 훌륭한 리더였다. 1838년 랑케스터 지역 및 세난도 Shenandoan 계곡으로부터 몇 가족이 인디아나의 코코모Kokomo와 인디아나폴리스Indianapolis 사이에 있는 아카디아Arcadia근처에 정착을 하였는데 이 교회는 잘 성장을 하지 못하다 결국1900년에 사라졌다.

인디아나에 가장 잘 정착한 메노나이트들은 엘커하트Elkhart 지역의 고센으로 1840년에 정착이 이루어졌다. 이 지역에는 두 명의 초기 리더가 수고를 하였는데, 1867년 시카고에서 엘커하트로 온 존 펑크John F. Funk와 복음전도자로 유명했던 존 코프만John S. Coffman이었다.5) 1853~54년 다수의 프리시안 가족들이 네덜란드로부터 엘커하트 지역에 정착하기 위해 도착하였다. 아미시 가족들은 1841년 인디아나로 이주하기 시작했고 이들은 주로 엘커하트와 라그래인지Lagrange에 정착하였다.6)

1839년 메노나이트와 아미시의 서부로의 이주는 독일 팔라티네이트로부터 온 존 크레비엘John C. Krehbiel의 도착과 함께 아이오와Iowa 주에까지 이르렀다. 최초의 교회는 1845년 리Lee 지역에서 조직되었으나 그들의 목회자가 살해당하는 바람에 1849년까지 모든 일이 미루어졌다. 미주리Missouri 주로의 이동은 남북 전쟁 무렵에 이루어졌고, 캔사스로의 이동은 1870년대에 이루어졌다. 1900년에는 이미 정착했던 메노나이트 후손들과 유럽에서 곧 바로 온 사람들이 남부, 북부 다코타 주, 몬태나, 콜로라도, 워싱톤과 오레곤 주, 더 나아가 오클라호마, 알칸사스, 텍사스, 플로리다 및 캘리포니아에까지 이르게 되었다. 1960년대에는 스위스 및 독일에서 온 초기 이민자들의 후손들에 의해 메노나이트 교회와 그들이 살지 않는 주가 얼마되지 않았다. 캐나다의 퀘벡 또한 교회들이 세워지게 된 네번째 주가 되었다.

개척을 경험한 메노나이트들의 자화상은 여러 교파들이 급증하는 가운데에서 살아남은 건강하고 신실한 공동체의 모습이었다. 독일어에서 영어로의 언어 및 문화적 전이는 펜실바니아 지역의 교회 및 가정에서 천천히 이루어졌다. 1632년에 작성된 도르드레흐트 신앙고백Dordrecht Confession이 교리의 지침이 되었으며, 교회의 규율은 일반적으로 관대하고 우호적이었다. 제자도는 그다지 새로운 성서 및 역사적 연구의 진전이 없이 전통을 따라 매우 진지하게 다루어졌다.

1776년의 혁명 전쟁과 1861년의 남북 전쟁은 메노나이트들에게 시련의 기간이 되었던 동시에 그들의 정체성이 강화된 기간이 되었다. 1776년 미국의 인구 중 1/3이 애국주의자들이었고, 1/3이 이슈에 대하여 별 다른 이견을 보이지 않았기 때문에, 메노나이트들은 조지 3세에 충성심을 보이며 자신들의 비저항을 실천하는데 별 다른 어려움이 없었다. 여기저기에서 감정들이 고조되고 있었고, 전쟁에 의해 야기되는 인간의 필요를 채우기 위해 보다 더 능동적으로 행동하도록 부추김이 있기는 했지만, 이미 1775년에 있었던 대륙 회의the Continental Congress에서 자신들의 권리에 따라 무기를 사용하지 않는 비저항의 법이 통과된 상태였기 때문에 법의 보호를 받았다.[7]

1861~65까지의 남북 전쟁은 메노나이트들에게 많은 가르침을 주었다. 특히 비저항을 표방했던 메노나이트들이 실제로는 상당히 애매한 입장에 있다는 것을 지적해주는 역사적 계기가 되었다. 당시 메노나이트들 중 어떤 사람들은 자신들 대신에 전쟁에 나갈 사람을 고용하도 했다. 그러나 교회는 곧 자신의 양심을 마비시켜가면서까지 사람들을 고용하는 이러한 실행을 적극적으로 반대하고 나섰다. 북쪽에 있던 대부분의 메노나이트들은 $300의 비용을, 남쪽의 메노나이트들은 $500의 비용을 지불하고 있었다. 대부분의 메노나이트들은 이 정도의 금액이 국가 정부가 부과하는 합법적인 세금이라고 생각하였다. 한편 퀘이커들은 이러한 세금을 거부하였다. 전쟁은 이러한 애매한 입장을 통해 메노나이트들에게 엄청난 충격과 압력으로 다가왔고, 이에 대해 진지하게 반응하고자 했던 그들에게 새로운 영적 활동을 이끌어 가게된 주요한 동인이 되었다. 그러나 이 기간 동안 많은 가정들이 교회를 떠나기도 했다.

러시아에서 온 메노나이트

우리는 이미 10장에서 1789년과 19세기 중반에 왜/어떻게 메노나이트들이 프러시아에서 러시아로 오게 되었는지 살펴보았다. 1870년 알렉산더텔에 도착했던 마지막 이민자들에게 미국으로의 첫 번째 조건부의 이주기회가 주어졌다. 1873~1950년까지 북미의 메노나이트 역사에 있어서 중요한 사건들 중 하나가 러시아 메노나이트들의 북미로의 이주이다. 약 50,000 명이 넘는 메노나이트들이 캐나다 및 미국의 중부지역으로 이주하는 엄청난 일이었다. 이는 미국과 캐나다의 메노나이트 숫자가 급격히 증가하는 사건으로써 그들 중 36,000명이 캐나다 중부에 정착하게 되었다. 이들은 새로운 땅에서 일상 생활의 모습은 물론이거니와 종교적 삶에도 완전히 새로운 장이 열리는 역사적 순간이 되었다. 비록 소수의 사람들이 예전의 교단을 고수하며 독립적으로 남아 있거나 복음주의 메노나이트 교단이 된 클라이네 게마인데Kleine Gemeinde에 남아있기는 했지만, 결과적으로 이 이민자들 중에 대부분은 메노나이트 총회 교단이나 메노나이트 형제 교회에 가입하였다.

1873년부터 1884년까지: 이 기간 동안 약 18,000명의 메노나이트들이 러시아로부터 캐나다와 미국의 중부지역으로 이주하였다. 이들 중 약 8,000명이 마니토바 주에, 5,000명이 캔사스 주에, 1,800명이 각각 미네소타와 다코타에 정착하였다. 나머지 소수의 사람들은 네브라스카와 아이오와에 정착하였다. 그들이 미국과 캐나다로 오게 된 주된 이유는 1874년 제정된 새로운 국방법이 자신들의 군복무 면제를 위협하였기 때문이었다. 실제 그 법의 157조에 따르면 삼림지역과 의료 분야에 대체복무를 명시하고 있었지만 그들에겐 대체 복무 자체가 낯설었고 결국은 이러한 것이 자신들이 바라는 바 종교적 자유를 빼앗아 갈지도 모른다는 두려움 때문이었다. 다른 동기들은 이미 많은 사람들이 살던 곳을 떠나고 있었기 때문에 그들도 믿음의 형제들과 뜻을 같이 하기 위함이었다. 즉 러시아의 인구에 소수 그룹들을 동화시키려는 압력이 주어졌고, 이들에게는 삶의 터전으로써 땅이 필요하였으며, 러시아의 새로운 정치 및 사회적 변화로 말미암아 생겨난 문제들이 너무나 그들을 어려운 입장에 처하도록 했기 때문이었다.

북미로의 여정을 위해 새로운 땅을 미리 살펴보도록 온 열 두 명의 대표자가 파견되었다. 이들은 미국의 메노나이트들의 친절한 태도와 새로운 정착지의 가능성으로 인해 상당히 고무되어 있었다. 1873년 9월 새로운 땅을 둘러보고 돌아온 이들의 안내를 따라 이주의 행렬이 시작되었다. 각 주마다 법이 다른 미국보다 종교적 자유를 보장하겠다는 캐나다의 조건을 받아들임으로써, 캐나다로 이주가 시작되었다. 많은 사람들이 북위 49도 남쪽 지역에 정착을 하게 되었다. 이는 혹독한 겨울과 고립될 가능성을 피하고자 한 것으로써 마니토바 지역을 선택하였다. 최소한 한 명의 대표자가 마니토바에 대하여 부정적인 기록을 남겼는데, 만약 그가 현재의 마니토바를 본다면 아마도 상당히 놀랄 것임에 틀림이 없다. 그의 기록에 따르면, 위니펙은 "단지 작은 도시에 불과하다"고 기록하였다. 그가 이주자들을 위해 확보해야 할 땅들을 여행하면서 쓴 일기를 잠시 들여다 보자.

> 농부들은 인디언 피가 섞인 아주 게으른 사람들이었다… 땅은 그리 나쁘지는 않은 것 같다… 밀 대는 작았지만 매우 신선하고 건강해 보였다. 아직도 타작하지 않은 많은 밀들이 보인다… 우리는 진흙창과 늪지를 지나 열심히 여행을 계속해 나갔다… 길은 너무나 형편이 없었다… 우리는 아내만 혼자 있는 집에 머물고 있다… 그들은 캐나다에 약 2년동안 살고 있는 중이다… 그녀는 이 나라의 좋은 점을 이야기해 주었고… 이웃들이 너무 좋은 사람들이라고 칭찬을 아끼지 않았다… 이 지역은 가뭄이 문제가 되는 것 같아 보인다… 사람들이 쫓아낼 수 없을 정도로 엄청난 모기들이 몰려든다.[8]

1874년 캐나다와 미국 서부로 이주하는 러시아 메노나이트들의 대규모 이주가 시작되었다. 그들은 곧 새로운 집과 농장, 학교, 산업시설들을 세워나갔다. 마니토바의 스타인벡(Steinbach)에 있는 풍차는 약 300년동안 축적된 네덜란드, 북부 독일, 남부러시아 메노나이트들의 혁신적인 디자인 및 기술이 어떠했는지 그대로 보여주고 있다.

그의 조사보고는 다음과 같은 설명과 함께 결론을 맺고 있다. "우리 모두에게 마니토바는 그다지 좋은 곳은 아니었다. 그러나 우리 중 일곱 명의 형제들은 이곳을 좋아하는 것 같다." 이곳을 방문한 대표자들이 열 두 명이었기 때문에, 실제로 다수가 마니토바를 선호게 되었다. 조사를 마치고 다코타를 통해 돌아오는 여행 길에 그 대표자는 "비록 마니토바에서 만큼 많지는 않았지만" 메뚜기들을 보았다고 기록하였다. 한편 1877년 마니토바에 살고 있는 메노나이트 정착지 방문을 마치고 난 캐나다 총독 더프린Dufferin 경의 보고는 그의 비관적인 보고 와는 아주 대조적이었다. 이 방문은 메노나이트들이 이곳에 정착한지 몇 년 지나지 않아 이루어진 방문이었다.

캐나다 자치령을 이루어가는 다양한 발전 과정 동안, 나를 기쁘게 한 수 많은 광경을 목도해왔지만 메노나이트 정착지 보다 더 예언이 풍부하게 이루어지고, 성공적인 미래의 약속이 가득 들어찬 곳은 좀 처럼 만나보지 못했었다. 내가 실제로 이 사람들을 처음 방문하였을 때, 그들은 이 지역에 온지 겨우 2년 밖에 되지 않은 사람들로 내게 정말로 신기하게만 보였다. 내가 말을 타고 대 평원의 길들을 가로질러 가는 동안 그 길들은 굉장히 길게 느껴졌다. 어제는 완전히 황량하고, 벌거숭이 버려진 땅들을 보았고, 늑대, 오소리, 독수리 집같은 것들을 보았다. 이러한 광경을 다 지나 모든 편리한 시설이 갖추어져 있는 유럽식의 농가를 볼 수 있었다. 이 농가들은 서로 연이어져 마을을 이루고 있었다. 이들이 경영하는 모든 농사법은 아주 과학적이었다. 한쪽 길은 옥수수 밭이 무르익어 추수를 기다리고 있었고, 또 다른 한 쪽은 포플러 나무 주변으로 펼쳐진 수평선 위의 초원에 소들이 즐비하게 노닐고 있었다. 이 대륙에 이렇게 빨리도 변화와 진보적인 모습을 볼 수 있는 곳이 또 있을까 싶다. 내 생각에는 그야말로 믿기 어렵고 획기적인 변화의 모습이랄 수 밖에 없었다.[9]

미국의 정착에 관한 보고들을 통해 똑같은 목소리를 들을 수 있다. 1883년 캔사스의 한 작가는 "메노나이트들이 경영하는 농장과 과수원에 대한 광경은 마치 새로운 약속의 땅과도 같아보였다. 깔끔하게 정돈된 건물들 주변에는 뽕나무 산울타리로 둘러싸여 있었다."고 기록하였다. 몇 년 뒤 캔사스, 로렌스Lawrence의 「매일 신문」The Daily Record에 다음과 같은 보고가 실렸다.

16년이 지난 이후에도 메노나이트들은 여전히 이 곳을 떠나지 않고 함께 살고 있다. 그들은 매리온(Marion), 맥퍼슨(McPherson), 하비(Harvey) 지역에 머물면서 약 100,000 에이커나 되는 땅을 갈아 엎는 등 고된 일을 감당해 오고 있다. 그리고 매년 가을, 상황이 어떻든지 자신들의 정착지로부터 엄청난 양의 밀을 뉴튼 시장에 가져왔다. 메노나이트들은 말을 많이 하지 않지만, 훌륭한 가축들과 옥수수, 밀을 시장에 내놓고 있다.10)

밀은 신선하고 추운 겨울을 보내야하는 곡류로써 그들이 러시아로부터 가져온 좋은 종자였다. 온타리오와 미국의 메노나이트들은 이민자들의 수송 및 정착에 필요한 기금을 약 $100,000을 모금하여 전달함으로 새로 오는 이민자들을 진심으로 격려하였다. 1873년 그들은 미국에 있는 이러한 돕도록 하는 후견인 위원회the Board of Guardians를 조직하였고, 캐나다 온타리오에서도 비슷한 위원회가 생겨났다. 존 펑크 John F. Funk는 인디아나 엘커하트의 출판 편집인으로 메노나이트들을 위해 *Die Mennonitische Rundschau*라는 새 신문을 창간하였다. 그 자신 또한 열정과 능력을 가진 이민자로 자신의 재능을 사용하여 메노나이트들에게 좋은 소식들을 전해 주었다. 1880년 러시아로부터 온 새로운 정착민들은 번영을 누리시 시작했고, 많은 회중교회들을 세워나갔다. 1882년 그들은 고등교육을 위해 캔사스 주의 뉴튼Newton에 베델 대학Bethel College을 세웠다. 몇 년 뒤 여집사들에 의해 병원이 뉴튼에 설립되었다. 1889년에는 메노나이트 고등학교Mennonite Collegiate Institute가 마니토바 주의 그레트나Gretna에 세워졌다. 새로온 이민자들이 곧 북미의 환경에 편히 적응해 나갔을 뿐만 아니라, 이전에 있었던 곳에서보다 경제, 사회 및 영적인 면에 있어서 훨씬 앞서나가게 되었다.11)

1922년부터 1930년까지: 한편 러시아에서 일어난 사건들은 캐나다로 약 21,000명이, 남미로 4,000명이 이주하는 계기가 되었다. 이는 규모상 제 2차 메노나이트 탈출로 불릴 만큼 많은 숫자였다. 이들 중 약 70퍼센트의 사람들이 첫 번째 이주에 올수 없었던 사람들이었다. 어떤 사람들은 자신이 살던 곳을 떠나기에는 너무나 편해서 그냥 머물러 있었고, 어떤 사람들은 자신들의 자유가 위협을 받을 것이라는데 대한 감각이 별로 없었기 때문에 떠나지 않았고, 어떤 사람들은 머물러 있는 것이 하나님의 뜻이라고 생각했기 때문에 떠나지 않았었다. 이들 중에 마지막 부류의 사람들은 하나님께서 러시아를 향한 어떤 뜻이 있으시기 때문에 메노나이트들을 부르셨다고 믿었던 사람들이었다. 따라서 러시아를 떠나는 것은 하나님의 뜻을 버리고 도망가는 것이라고 생각하였다. 한 장로는 "어떤 사람들에게는 떠나는 것이 양심에 따르는 일이라고 생각하였다. 그러나 나에게는 남는 것이 양심을 따르는 일이었다… 우리는 세상의 소금이어야만 하고 소금은 다른 장소에 필요한 만큼 이곳에도 필요하다."는 글을 남겼다. 메노나이트들은 복음의 증인으로 남아 러시아의 종교적 자유를 위한 문이 열려있도록 해야하고, 하나님께서 그들을 통해 그렇게 하실 것이라고 믿었다.

그러나 가장 어렵고 혼돈의 시간이 찾아왔다. 제 1차 세계대전 후에 러시아에 공산주의 정부가 설립되었고, 곧 이어 아주 끔찍한 내전이 일어났다. 그들은 즉시 병역 면제로 인해 잃었던 사람들 보다도 더 많은 사람들을 잃게 될 것이라 느꼈다. 새로운 정부에 의한 병역 면제는 사실 1920년대 말까지 유지되었다. 조용했던 교회 생활에 대한 권리가 곧 위험에 처하게 되었다. 아픈 사람, 장애인, 노인들을 돌보기 위해 자신들의 교회 조직을 가질 권리, 기독교 믿음으로 자녀들을 양육할 권리, 메노나이트로서 자신들의 정체성과 생존에 필요하다고 생각되는 기타 다른 권리 등 모든 것이 위험에 처해졌다. 결국 메노나이트 회중교회들에 의해 네 명의 남자가 북미로 보내졌다. 그들은 캐나다로 이주하기 위해 필요한 많은 것들을 준비하였다.

그러나 여전히 다른 사람들은 새로 들어선 정부와 어려운 협상을 벌이며 남아 있는 가능성을 찾고 있었다. 1925년 "우리들의 양심을 따라 아이들을 양육하고, 교육시킬 수 있도록 자유를 달라"고 청원서를 작성한 것이 좋은 예이다. 그러나 그들의 희망은 새로이 출현하는 공산주의사회 질서와 맞지 않는 것이었다. 그러므로 그들은 자신들이 사랑하며 성장해 온 땅을 떠나기 시작했다. 처음에는 마지 못해서 몇 사람이 자신의 소유를 다른 메노나이트들에게 팔면서 떠났다. 그러나 곧 상황은 서두르지 않으면 안되는 모습으로 바뀌게 되었고, 다시 1930년 전면적으로 이주가 금지될 때까지 엄청난 공포와 두려움의 상황으로 바뀌게 되었다.[12]

남미에 정착한 사람들의 생활은 17장에서 별도로 다루게 될 것이다. 북미로 오게 된 이들은 특별한 이유로 미국에 들어갈 수 있도록 허락된 100명 만을 제외하고 모두 캐나다에 정착하였다. 회장인 데이빗 테이브David Toews의 리더십 아래 여행에 소요되는 비용을 마련하고자 조직된 캐나다 자치 위원회는 대 평원의 농장에 새로 오는 사람들을 정착시키기 위해 엄청난 노력을 기울였다. 그러나 1930년대의 불경기와 가뭄으로 인해 온타리오와 브리티쉬 콜롬비아의 많은 사람들이 다시 새로운 장소를 찾아 옮겨야 했다. 러시아에서의 생활을 유지하기 위해 그들은 다시금 학교, 양로원, 병원을 지었고, 태평양에서부터 오대호에 이르는 여러 지역에 지속적으로 교회들이 증가하였다. 자녀들의 숫자가 증가하여 교사, 의사, 사회봉사원, 그리고 기타 다른 직업들과 관련된 훈련을 받게 되었으나, 제 2차 세계대전 때까지 그들은 기본적으로 농촌에 머물러 있었다. 몇 가지 예외의 경우가 있엇지만, 처음 20년 동안 그들은 경제적으로 어느 정도 성공했다. 그리고 회중 교회들마다 영적인 생활 또한 만족스러운 모습을 보이기 시작했다. 이 기간에 대부분의 예배는 독일어로 진행했고 평신도 목회자가 주요 책임을 맡았다.

1946년부터 1954년까지: 1943년 스탈린그라드 전투로 말미암아 러시아에서 독일군이 퇴각할 때, 거의 35,000 명의 메노나이트들이 폴란드와 서부유럽으로 피신하게 되었다. 이들 중 약 23,000명은 러시아 연합군에 의해 다시 러시아로 강제송환되었다. 나머지 약 12,000명은 서부에 그대로 남게 되었다. 이들 중 대부분은 자신의 친척을 따라 캐나다로 가기를 희망하였으나 건강 및 여러가지 이유 때문에 떠날 길이 막혔다. 이들은 유럽에 머무는 대신, 남미에 정착하는 길을 선택하였다. 약 5,000명이 파라과이, 우루과이 및 아르헨티나에 정착하게 되었고, 나머지 7,000명이 넘는 사람들이 캐나다에 와서 친척 및 친구들의 땅으로 흩어지게 되었다. 캐나다로 오게 된 사람들 대부분은 일자리를 쉽게 찾을 수 있는 도시에 머물렀다. 고역을 감내함과 동시에, 전후 높은 임금을 받을 수 있었기 때문에 대부분의 사람들은 곧 경제적으로 독립할 수 있었다. 도시에 머무르게 된 메노나이트들은 문화적으로 쉽게 동화되어 캐네디언 메노나이트로 살아갈 수 있게 되었다.[13]

양심을 위하여

북미든 자신의 영역내에서든 메노나이트들은 끊임없이 이동하는 이주의 사람들로 인식되었다. 메노나이트 역사를 연구를 해보면 쉽게 알 수 있듯이 이들의 역사는 지구 이편 구석에서 저편으로 옮겨가는 끊임없는 순례의 역사이다. 우리는 처음 이민자들이 왜 러시아를 떠나 미국으로 가게되었는지, 마지막으로 어떻게 프러시아에서 러시아로 오게 되었는지를 잘 살펴보았다. 마찬가지로 1920년대 캐나다로 온 이민자들과, 1940년대에 제 때에 농장을 사서 파라과이와 멕시코에 정착한 사람들에 대해서도 간략히 살펴보았다. 16세기 유럽에서 시작된 아나뱁티스트-메노나이트들은 아시아, 북미, 남미 그리고 호주에까지 흩어졌다. 이러한 이주로 인해 최근까지 메노나이트들이 보여준 자아상은 낯설고 적대감이 서린 세상을 순례하는 순례자 및 이방인의 모습이다. 또한 광야에서 신랑인 그리스도가 오기를 기다리는 순수한 신부로서의 순례하는 교회가 그들의 자화상이다. 다음은 메노나이트들에 대한 헤롤드 벤더의 기록이다.

메노나이트들이 땅을 사랑하지 않는다거나 가정과 고향에 대해 무정하다는 것은 전혀 잘못된 이해이다. 그들이 살던 곳과 그곳의 사람들을 사랑하지 않는다는 것은 있을 수는 없는 일이다. 반대로 그들은 아주 어려운 상황 속에서조차 기꺼이 자신들의 삶의 터전을 아끼고 사랑했다. 사실 그들을 다른 지역으로 이주하도록 몰아낸 것은 그들 자신이 아니라, 주변의 냉혹한 세상 사람들이었다. 사람들은 그들을 받아 주지 않았고, 그렇게 지키고자 원했던 믿음과 신앙을 갖지 못하게 하였다. 그들이 삶의 터전을 떠나고자 했던 근본적인 이유는 그들의 신앙이 그 사회의 시스템에 늘 도전이 되었기 때문이었다.[14]

특히 그들에게 양심이란 아주 순수한 종교적 신념일 뿐만 아니라, 그들의 생활을 형성하는 경제, 사회, 그리고 다른 조건적인 요소들을 포함하는 것으로 정의할 수 있다. 그렇다면, 양심의 자유가 메노나이트 이주의 역사 한가운데 자리하고 있다는 것은 너무나도 분명하다. 이미 살펴보았듯이, 양심은 사람마다 서로 다르게 작용한다. 아무리 똑 같은 이유라도 어떤 사람에게는 떠나는 것으로 어떤 사람에게는 남는 것으로 나타나기 때문이다. 자신들의 믿음 때문에 남아있기를 희망했다가 결국 비명에 죽어간 사람들과 믿음 때문에 자기 나라를 떠난 사람들을 비교하면서 이 사람이 저 사람보다 하나님께 더 신실한 사람들이었다고 감히 말할 수 있을까? 이렇든 저렇든 무엇인가 결정을 하도록 강요되었던 사람들이 소유했던 믿음의 아름다운 모습뿐만 아니라, 그들이 겪었던 고통과 비애는 결코 작지 않은 삶의 부분이다. 멕시코에 정착하였던 한 젊은 이주자의 말이 이를 잘 반영해 준다.

나의 증조할아버지께서는 가족들과 함께 프러시아에서 남부러시아로 손수레를 몰며 이주 하셨습니다. 그는 남부 러시아에서 돌아가셨고 그 곳에 묻히셨습니다. 1873년 나의 할아버지께서는 결혼한 아들과 딸들을 데리고 캐나다로 오셨습니다. 먼 길을 이주해오신 나의 할아버지는 지금 마니토바의 땅 한 구석에 고요히 잠들어 계십니다. 세월이 흘러 이제 나이 지긋하신 아버지는 나를 비롯한 가족들을 이끌고 다시금 모든 것을 새로 시작해야할 멕시코로 이주하셨습니다. 그렇게 우리 가족은 지금 여기에 와 있습니다.[15]

---

1) Richard K. MacMaster, Land, Piety, Peoplehood. *The Establishment of Mennonite Communities in America*, 1683~1790. Scottdale, Pa.: Herald Press, 1985, pp. 42~43.
2) 앞의 책, p.138.
3) 앞의 책, p.118.
4) C. Henry Smith, *The Story of the Mennonites*. Newton, Kan.: Faith and Life Press, 1981, first published in 1941, pp.359ff. Also Willard H. Smith, *Mennonites in Illinois*. Scottdale, Pa.: Herald Press, 1983.
5) Helen Kolb Gates, et al., *Bless The Lord, O My Soul. A Biography of Bishop John Fretz Funk*, 1835~1930. Scottdale, Pa.: Herald Press, 1964.
6) J.C.Wanger, *The Mennonites in Indiana and Michigan*. Scottdale, Pa.: Herald Press, 1961.
7) Richard K. MacMaster, et al. *Conscience in Crisis. Mennonites and Other Peace Churches in America*, 1739~1789. *Interpretation and Documents*. Scottdale, Pa.: Herald Press, 1979.
8) J.M. Hofer, ed., "The Diary of Paul Tschetter, 1873," MQR(July 1931), 5:204.
9) E.K. Francis, *In Search of Utopia*, Glencoe, Ill:Free Press, 1955. p.79.
10) Helen B. Shipley, "The Migration of the Mennonites from Russia, 1873~1883, and Their Settlement in Kansas," MA thesis(1954), p.184.
11) Theron F. Schlabach, Peace, *Faith, Nation. Mennonites and Amish in Nineteenth-Century America*. Scottdale, Pa.: Herald Press, 1988, pp.231~294. Frank H. Epp, *Mennonites in Canada*, 1786~1920. Toronto,

Ont.:Macmillan, 1974.
12) Frank H. Epp, Mennonite Exodus. Altona, Man.:D.W.Friesen and Sons, 1962; Idem, *Mennonites in Canada*, 1920~1940. Toronto, Ont.:Macmillan, 1982.
13) Peter, J. and Elfrieda Dyck, *Up from the Rubble*. Scottdale, Pa.: Herald Press, 1991.
14) In S.C.Yoder, *For Conscience's Sake*. Goshen, Ind.: Mennonite Historical Society, 1945, p.viii.
15) 앞의 책, p.234.

그 외의 자료들: ME 3;684-687; ME 5:586~587. David V. Wiebe, *They Seek a Country: A Survey of Mennonie Migrations*. Freeman, S.D.:Pine Hill Press, 1974. Beulah Stauffer Hostetler, *American Mennonites and Protestant Movements*. Scottdale, Pa.: Herald Press, 1987. J.C. Wenger, *The Mennonite Church in America*. Scottdale, Pa.: Herald Press, 1966. C. Henry Smith, *Mennonite Country Bay*. Newton, Kan.:Faith and Life Press, 1962. William Schroeder and Helmut T. Huebert, *Mennonite Historical Atlas*. Winnipeg, Man.: Springfield Publishers, 1990. Contact any MCC or conference office, Mennonite Museum or information office for audiovisual resources.

12장
메노나이트 교회

이전 장에서 우리는 북미에 정착한 첫 메노나이트들이 1683년 크레펠트Krefeld에서 온 네덜란드 메노나이트들이었다는 내용을 살펴보았다. 비록 모든 사람들이 그렇게 불린 것은 아니지만, 그들은 1540년대 네덜란드에서 상당히 큰 그룹이었던 메니스트들이었다. 메노를 따르는 사람들이라는 것 때문에 메니스트들Mennists 혹은 메노나이트들Mennonites이라고 불렸다. 미국의 메노나이트들에 대한 최초의 문서는 1724년의 토지대장이었다. 이 토지대장은 1708년에 세워진 최초의 저먼타운의 예배당의 땅을 증명하는 문서였다. 그 문서에 따르면 땅은 "메노니스트라고 불리는 사람들의 모임에 귀속된다"고 명시되어 있다.

1700년대의 펜실바니아 토지 대장에 사용된 메노나이트 이름은 메노니스트 협회Mennonist Society였다. 스위스와 팔라티네이트에서 온 대부분의 이민자들이 메노 사이먼스와 아무런 관련이 없다는 점을 감안한다면, 이들을 메노나이트로 이해한다는 것 자체가 매우 흥미로운 일이다. 즉 다른 지역에서 온 그룹이 그들과 상관이 없는 이름으로 불려지게 되었다는 점이 매우 흥미롭다. 메노니스트들은 자신들의 모임과 교제를 위해 독일 단어인 키르세Kirche, 교회라는 단어를 사용하지 않았는데, 이유는 이 단어가 국가 교회의 설립을 의미하는 것이기 때문이었다. 그러므로 영어로 그들은 퀘이커들이 사용하였던 단어인 사회society라는 단어를 사용하였다. 이것은 특히 퀘이커에 합류한 초기의 많은 그룹들에게 알맞는 단어였다.

대략 1800년 바로 전으로 추정되는 시기부터 펜실바니아 메노나이트들은 자신들을 올드 메노나이트Old Mennonite라고 부르기 시작했다. 후에 이들로부터 분리된 랑케스터 지역의 허라이트Herrites라든가 1847년 프랑코니아Franconia의 오버홀쩌와 같은 그룹들이 자신들을 뉴 메노나이트New Mennonite라고 불렀다. 실제로 대부분의 사람들은 올드 메노나이트들이라는 이름을 더 좋아했다. 그들은 예배당의 머릿 말에, 목사들의 묘비에, 그리고 공적인 설교에 이 이름을 사용하였다.

이 이름은 1872년부터 1901년 여러 그룹들이 올드 메노나이트들로부터 탈퇴하기까지 자주 사용되었다. 이 기간은 대각성 운동이 북미를 휩쓸었던 때로, 올드 메노나이트 교회들이 주일학교와 다른 변화들을 거부하게 되면서 생겨난 이름이다. 즉 변화를 거부한 사람들을 올드 오더 메노나이트Old Order Mennonite:새로운 그룹이 생겨났지만 기존의 전통을 고수한 그룹-역주라고 부르기 시작하면서 생겨난 이름이다. 이 때부터 몇몇 올드 메노나이트 리더들은 이 단어가 과거의 올드 오더 전통주의자들Old Order traditionalists과 혼동되었기 때문에 "구"Old라는 단어에 굉장히 민감하게 반응하기 시작했다. 교회 신문의 편집인이었던 다니엘 카우프만Daniel Kauffman과 같은 리더들은 종종 괄호를 사용하면서 (올드) 메노나이트 교회라고 표현하기도 하였다. 헤롤드 벤더는 이 그룹을 대표하는 최근의 리더로서 어떤 형태가 되었든지 올드라는 단어 자체를 사용하지 않았다. 그래서 그는 메노나이트 교회라는 이름을 좋아하였고, 메노나이트 백과 사전The Mennonite Encyclopedia에도 이 그룹을 메노나이트 교회로 정리하였다. 개방적인 모습의 메노나이트 총회 교단MCC은

1898년에 조직된 교단으로서 1971년에 메노나이트 총회the Mennonite General Assembly로 불렀다가 이를 다시 메노나이트 교회the Mennonite Church로 이름을 바꾸었다.

최초의 정착지

예배를 위해 자연스럽게 모였던 최초의 정착민들은 퀘이커들이나 펜실바니아의 저먼타운에 있는 회중들과 함께 모임을 가졌다. 메노나이트였던 덕 키서Dirck Keyser는 다른 사람들과 함께 모임에서 설교를 낭독했던 사람이었다. 1690 경, 선거에서 윌리엄 리튼하우스William Rittenhouse가 초대 목사로서 선출되었고 독일의 알토나와 암스테르담으로부터 세례를 주고 성찬식을 인도할 수 있는 목회자로 인정한다는 인준 편지를 받았다. 그러나 그는 1708년 이러한 일을 담당하기도 전에 일찍 사망하였다.

한편 1709년 스위스와 팔라티네이트 메노나이트들이 도착하면서 메노나이트 수가 473명에 이르렀다. 이들 중 몇 명은 이미 1708년에 저먼타운의 회중에 가입하였다. 다른 사람들은 일찌감치 스키팩Skippack이라고 알려진 곳으로 이사하였고, 1702년에 그곳의 회중에 가입하였다. 리튼하우스가 죽자 저먼타운의 부목사였던 제이콥 고트샤크Jacob Gottschalk가 그의 뒤를 이어 목사가 되어 열 한 사람에게 세례를 주고 주의 만찬을 시행하였다. 같은 해 작은 회중이 저먼타운에 통나무집을 세워 모임을 가졌고, 1770년에 석조 건물로 개축하여 현재까지 사용하고 있다. 현재 이 교회는 모든 메노나이트 교단과 협력관계에 있으며, 모든 북미 메노나이트 유산의 소중한 부분으로 자리하고 있다. 즉 역사적으로 모든 교회와 관련이 있는 모교회라고 볼 수 있다. 여러 교단을 대표하는 메노나이트 모임이 있을 때면, 살아있는 역사적 상징으로 이 교회 시설을 사용하도록 관리하고 있다.

1708년 이후, 몇 십년 동안 여러 회중 교회들이 세워졌는데 대부분은 현재 몽고메리Montgomery와 벅스Bucks 지역에 세워졌다. 정착은 체스터Chester, 버크스Berks, 리하이Lehigh, 그리고 노스햄프턴Northampton 지역에도 이루어졌다. 그러나 대부분의 메노나이트들이 거주하게 된 곳은 현재 프랑코니아 지방회Franconia Conference로 알려진 지역 즉 몽고메리 지역의 서더톤Souderton의 반경 15마일 내에 위치하였다. 그러면 프랑코니아 지방회는 언제 조직이 되었는가? 6개월에 한번 열리는 목회자들의 모임이 18세기 중반부터 프랑코니아 교회에서 개최되었는데 대략 "1769년 이전"의 일이었다. 이러한 회의들은 컨퍼런스conference-회의를 뜻하기도 하지만, 지방회 혹은 총회를 컨퍼런스로 부르기도 한다. 현재는 conference라는 표현 대신 area church를 선호한다.-역주라고 불렸다. 언제 이 컨퍼런스가 조직되었는지 정확한 시기는 분명하지 않다.[1]

저먼타운의 메노나이트들이 스키팩에 정착하기 시작한 후 8년 뒤인 1710년에 스위스와 팔라틴 가족들이 당시의 스트라스부르Strasburg 근처에현재 랭케스터 지역 정착하였다. 이곳에서 윌로우 스트릿Willow Street 회중 혹은 "브릭"Brick 회중이 시작되었다. 얼마 되지 않아 다른 회중들도 생겨나기 시작했다. 새로운 그룹들이 요크York, 아담스Adams 그리고 레바논Lebanon 지역에도 형성되었다.

랭케스터 지역에 정착이 시작된지 약 20년 동안, 메노나이트들은 버지니아에서도 정착의 길을 찾아냈다. 페이지Page, 쉐난도Shenandoah, 그리고 프레더릭Friderick 지역에 있었던 초기의 정착은 그리 오래가지 못했지만, 로킹햄Rockingham과 어거스타Augusta지역의 정착은 아주 큰 번영을 누렸다. 앨리게니 지방회Allegheny Conference에 속한 교회들은 펜실바니아 남서부지역에 넓게 분포해 있었으며, 혁명전쟁Revolutionary War, 1775~83 기간 이후로 거의 모든 지역에서 볼 수 있게 되었다. 펜실바니아에 있는 워싱턴, 메릴랜드, 그리고 프랭클린 카운티의 메노나이트 교회들은 1800년 직전에 세워진 교회들이다. 오하이오의 회중교회들은 1800년대에 급속히 성장하였으며 1808년 즈음부터 메노나이트 교회가 들어선 곳에는 아미시들도 곧 따라 들어오게 되었다. 아미시들은 1830년대 일리노이에 정착하였고, 곧 이어 1840년 메노나이트가 정착하였다. 인디아나에는 1838년에 메노나이트들이 먼저 정착하였고, 1841년에 아미시가 정착하였다. 사실 메노나이트 교회의 역사와 아미시의 역사를 분리시킨다는 것은 불가능하다.

1992년에 집계된 메노나이트 교회의 세례교인들은 캐나다에 9,510명, 미국에 93,069명, 멕시코에 54명으로 총 102,069명이었다. 그리고 총회 교단에 속한 회원들은 캐나다에 2,237명, 미국에 13,629명, 그리고 다른 나라에 385명으로 이들을 모두 합하여 총 118,875명이 멤버였다.[2]

교회의 관리 및 통치

메노나이트들이 유럽을 떠나 미국으로 왔던 1700년 전부터 1700년대 중반까지, 유럽에는 이렇다할 형태의 협의체가 없었다. 미국 메노나이트들이 처음으로 교회 관리 및 통치에 필요한 모습의 회중교회를 형성하였다. 유럽에서 어떤 문제를 논의하기 위해 종종 목회자들의 모임이 열렸던 것처럼 펜실바니아에서도 유사한 모임들이 열렸다. 일례로 1725년 총 다섯 개의 회중 교회를 대표하는 열 여섯 명의 목회자들이 펜실바니아의 남동부지역에서 목회자 모임을 가지면서 자신들의 교리적 기준을 위해 네덜란드 메노나이트들의 도르드레흐트 신앙 고백서 1632를 채택하였다. 그들은 이 신앙고백서를 승인하면서 다음과 같은 기록을 남겼다:

하나님 말씀의 종들로서, 회중의 장로들로서, 펠실바니아 지방의 메니스트라고

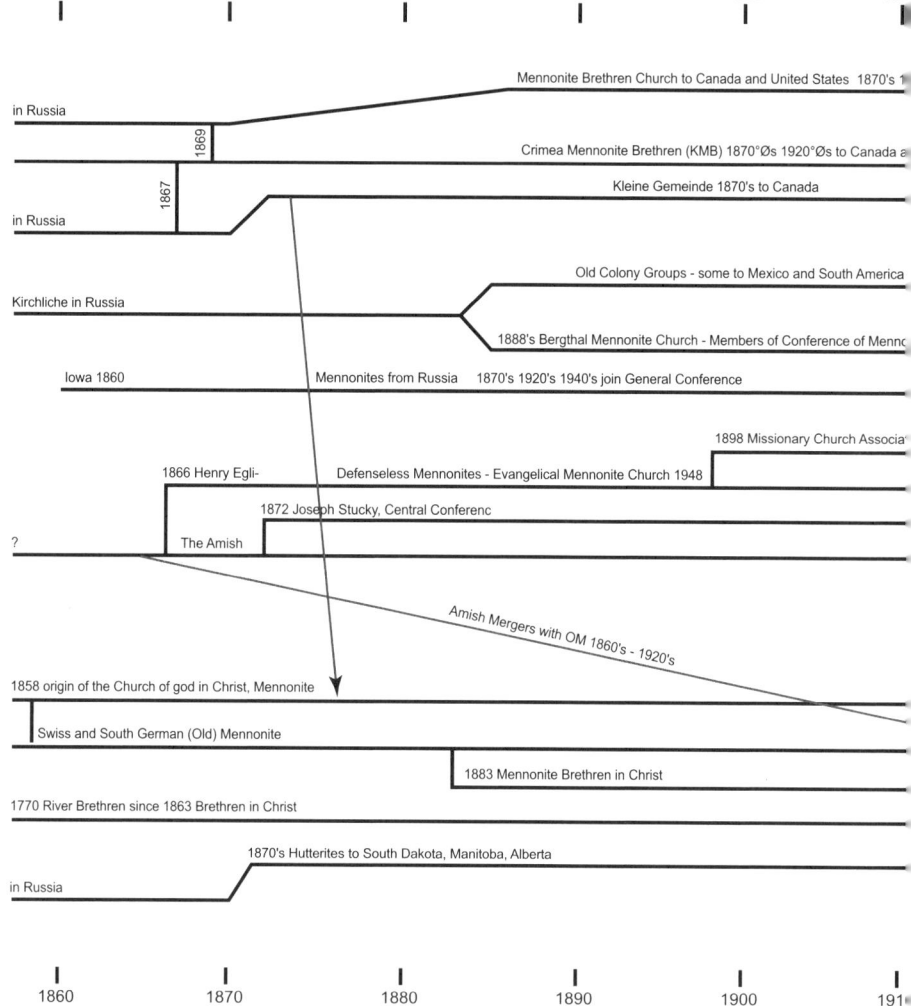

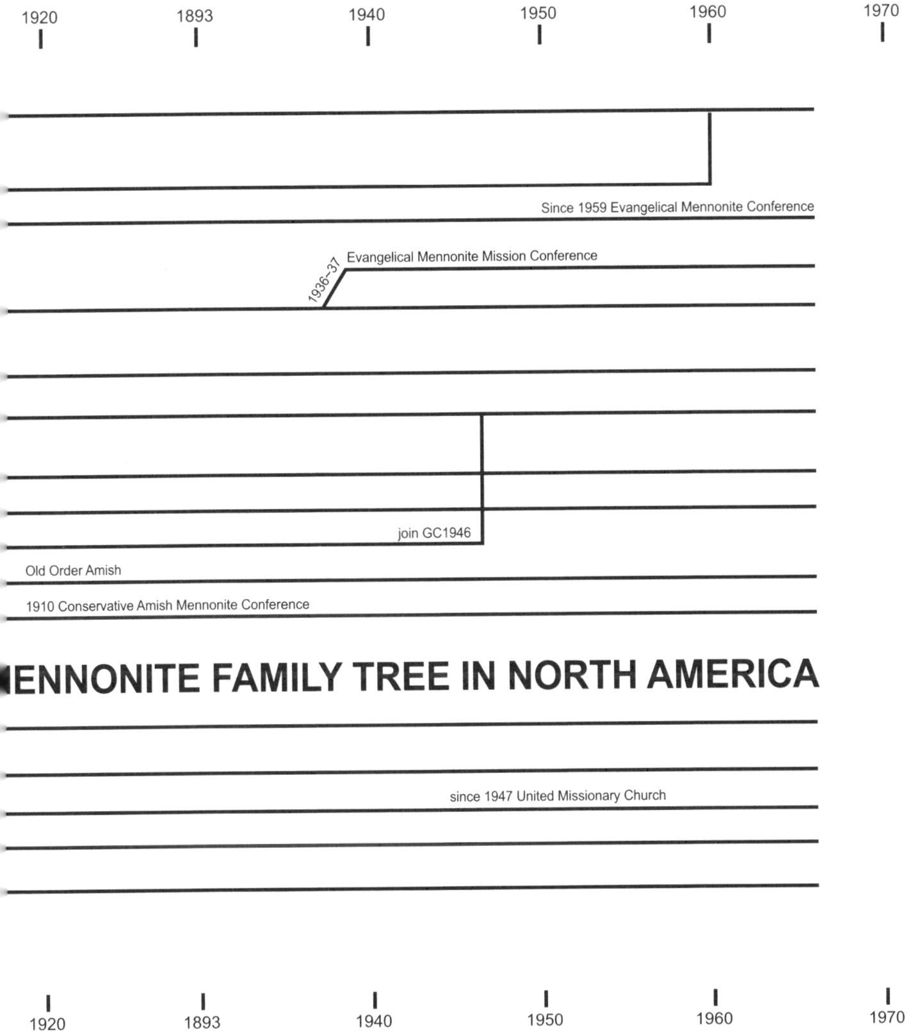

| 1920 | 1893 | 1940 | 1950 | 1960 | 1970 |

Since 1959 Evangelical Mennonite Conference

1936-37 Evangelical Mennonite Mission Conference

join GC1946

Old Order Amish

1910 Conservative Amish Mennonite Conference

MENNONITE FAMILY TREE IN NORTH AMERICA

since 1947 United Missionary Church

| 1920 | 1893 | 1940 | 1950 | 1960 | 1970 |

12장 메노나이트 교회 · 315

불리는 우리는 서로의 고귀한 의견을 따라, 신앙고백과 부록 및 메노의 변증적 글들을 우리 자신의 것으로 받아들임을 인정하고 이러한 것이 전적으로 우리들의 결정임 확실히 하는 바이다. 이러한 고백과 글이 선한 것이기에 여기에 우리의 이름과 함께 연서하는 바이다.

이 글과 함께 다섯 명의 랑케스터 지역 감독, 두 명의 프랑코니아 지역 감독, 그리고 아홉 명의 프랑코니아 지역 설교자들의 이름이 기록되었다 슐라이트하임 고백서가 아닌 도르드레흐트 고백서가 채택되었다는 것은 참 흥미로운 일이다.[3]

여러 목회자 모임들이 프랑코니아 및 랑케스터 정착지에서 개최되었다. 시간이 흐르면서 이러한 모임들은 매년 봄과 가을에 정기적으로 개최되었다. 1725년에 받아들인 도르드레흐트 신앙고백에 처음 서명한 사람은 미국 메노나이트의 초대 목사였던 제이콥 고트하크Jacob Gotthalk로 1708년 저먼타운에서 처음으로 세례와 주의 만찬을 베풀기 시작했다. 이들이 가졌던 모임에서는 어떤 연설이나 프로그램이 미리 준비되지도 않았으며, 기록된 의제, 서기, 규정, 의사록이나 그 공식적인 흔적도 거의 찾아 볼 수 없었다. 일반적으로 목회자들이 리더로서 봉사하였고, 목회자 중 최 연장자가 사회를 맡았다. 그러므로 우리가 지금 이야기하고 있는 일년에 두번 정도 가졌던 목회자 모임은 당시 지역의 회중교회들이 당면한 교회 생활과 건강한 교회의 모습에 대하여 토론했던 비공식적인 모임이었다. 그러나 시간이 흐르면서, 이러한 목회자 모임들이 교회에 영향력을 미치게 되었고, 결국 교회의 지방회들 혹은 지역 컨퍼런스가 생겨나게 되면서 점점 더 회중교회들을 위한 기준들을 마련하게 되었다. 약 1세기 반 전에는 채택되었거나 인쇄된 이렇다할 교회 규율이 없었다. 랑케스터는 1881년 처음 규칙과 규율Rules and Discipline을 채택하였고 프랑코니아는 몇 십년 늦게 규칙을 마련하였다.

뭐라 명확하게 설명하기는 힘들지만 이렇게 하여 메노나이트 교회의 관리 및 통치를 위한 어떤 형태가 마련되었다. 그것은 순수한 감독제episcopal나 종교회의제synodal도 아니며 회중제congregational도 아니었지만, 이 세 가지를 배합한 형태였다. 이후로 지역 컨퍼런스는 회중 교회들을 위한 기본 규율이 될만한 표준들을 마련하였다. 집사 혹은 장로들의 도움과 함께 감독과 목사들은 그들이 담당하고 있는 회중 교회들을 위한 기준을 시행하고자 노력하였다. 그러나 이러한 정책의 중요한 내용들은 회중들의 토론과 결정을 필요로 하였다. 이러한 형태의 교회 규율은 서로 다른 교회의 아주 복잡한 내용들을 점검하고 균형을 이루는 모습으로 준비되었다. 어떤 컨퍼런스는 감독들의 권위와 컨퍼런스의 결정권한에 좀 더 많은 비중을 두기도 했고, 어떤 컨퍼런스는 회중 자체가 스스로 관리하고 통치하는 것에 강조점을 두기도 했다. 많은 지역에서 감독 혹은 장로(많은 지역에서 감독이라는 용어보다는 장로라는 용어를 더 선호했음)가 컨퍼런스 목사들에 의해 대치되었으나, 기능은 다시 정의되어야 했다. 교회 권위는 회중과 지역 컨퍼런스에 주어졌다.

기구 및 조직

메노나이트 교회의 조직은 회중 및 그들의 선교적 필요에 의해 서서히 변화하였다. 1720년 북미의 메노나이트들에게는 몇 십개의 회중교회들 외에는 이렇다할 조직이 없었다. 1820년 프랑코니아, 랑케스터, 워싱턴-프랭크린, 그리고 온타리오와 같은 오래된 지역에서부터 서서히 컨퍼런스 조직이 형성되기 시작했다. 그리고 버지니아와 오하이오에 이러한 현상이 뒤따라 나타나기 시작했다. 1875년과 1895년 사이에 세 개의 부서가 생겨났는데 1875년에는 출판부, 1882년에는 선교부,

1895년에는 교육부가 조직이 되었다. 이들은 1908년에 메노나이트 출판부, 1906년에 메노나이트 선교 및 구제부, 1906년에 메노나이트 교육부라는 이름을 갖고 공식적인 역할을 감당하기 시작했다. 1898년에 형성된 메노나이트 총회 교단보다 이러한 부서들이 먼저 생겨났다는 점에서 흥미롭다.

교회의 정체성과 선교에 대한 필요가 점차 증가하면서 이 세 가지 형태들은 다시금 새로운 모습을 요구하였다. 회중들이 일을 하기 위해서는 보다 더 많은 자유가 필요하였고, 이와 동시에 각 교회의 선교적 관심을 충족시키기 위한 컨퍼런스의 필요성과 위원회 및 여러 부서의 필요성 또한 증가하였다. 이전의 교단 총회에는 모든 지역 컨퍼런스가 가입하지 않았을뿐더러, 1970년대 이후로 대두된 개방성과 유연성을 충족시키지 못하고 있었다. 이전에 언급했던 것처럼 결국 메노나이트 총회 교단MCC은 1971년 총회 회의General Assembly로 전환되었다.

새로운 구조와 함께 총무부서의 감독 하에 프로그램을 담당하는 다섯 개의 부서가 생겨났다. 역사부를 포함한 다른 기관들은 교단 총회와 직접적인 관련을 갖고 시작되었다. 이 다섯 개의 부서는 메노나이트 선교부, 교육부, 회중 목회부, 출판부, 그리고 메노나이트 상호부조부로 구성되었다. 이렇게 다섯 개의 부서로 갖추어진 구조를 모든 사람들이 좋아한 것은 아니었다. 그래서 그들은 메노나이트 관련 교제the Fellowship of Concerned Mennonites, 1983년 부서를 만들었다. 이는 메노나이트 교회와 여러 그룹들에게 신학적 방향성을 제시하기 위함이었다. 이 부서는 컨퍼런스로부터 독립된 부서는 아니지만, 새로운 모습을 도출해내는 그룹 운동으로 자리하게 되었다. 1975년 이래로 메노나이트 갱신을 위한 부서가 생겨났는데, 이는 카리스마틱 운동과 연결고리를 갖고 있는 개인들과 교회들이 함께 모이는 여러 그룹들 간의 협동을 도모하기 위함이었다. ME 5:564~567

메노나이트 상호부조Mennonite Mutual Aid는 1946년에 조직되었으며 CPSCivilian Public Service라고 불리는 사회봉사 활동을 마치고 돌아온 젊은이들을 돕기 위한 것이었다. 그러나 이 MMA는 곧 메노나이트 신앙을 지키는 가운데서 서로의 도움을 필요로하는 수 많은 영역으로 확대되었다. 각 부서와 총회의 활동들은 "MCC 가족"으로 훌륭한 목회의 영역이 되는 메노나이트 상호간의 도움 뿐 만이 아니라, 사업과 기독교 봉사, 세상과 교회 간에 존재하는 어려운 영역들에서 일어나는 목회를 조정하는데 상당한 역할을 담당하게 되었다.[4] 이러한 메노나이트 기관 및 조직의 목록은 메노나이트 연감에 잘 나타나 있다.

네 명의 중요한 리더들

존 프레쯔 펑크John Fretz Funk, 1835-1930: 19세기 메노나이트 교회 역사에 영향을 끼친 가장 중요한 인물은 존 펑크이다. 펜실바니아의 벅스 카운티에서 태어난 그는 프리랜드 신학대학원Freeland Seminary, 현재는 Ursinus College임이라는 메노나이트 학교에서 여름 학기를 수강하였고 3년 동안 교사로 학생들을 가르쳤다. 1857년 그는 시카고로 이사하여 목재 사업에 뛰어 들었다. 1858년 개종 한 그는 벅스 카운티에 있는 라인 렉싱턴Line Lexington이라는 자기의 고향 교회로 돌아와 세례를 받았다. 1864년 그는 메노나이트 교회의 첫 번째 영어판 정기 간행물인 「진리의 소식지」Herald of Truth 및 독일어 판인 「헤럴드 데 바르하이트」 Herold der Wahrheit를 출간해내는데 성공하였다. 같은 해에 그는 자신의 학생 중 한 사람이자 팔 촌쯤 되는 살로메 크라쯔Salome Kratz와 결혼하였다. 그들은 여섯 명의 아이를 낳았는데, 네 명은 어려서 죽었다. 그는 1865년 존 브렌맨John Brenneman에 의해 안수를 받았다. 그로부터 2년 후, 그는 32세의 나이에 시카고의 목재 사업을 처분하고 인디아나 주의 엘크하트Elkhart로 이사를 하였고 자신의 집에서 출판업을 시작하였다. 이 곳에서 그는 나머지 생애인 62년 동안 살았으며 95세의 일기로 세상을 떠났다.

펑크는 메노나이트 교회의 출판업을 시작하였다. 처음에는 개인적으로 사업을 시작하였으나 후에는 형제인 아브라함Abraham과 함께 동업을 하게 되었고, 결국 이 출판사는 1875년 메노나이트 출판사 Mennonite Publishing Company라는 이름을 가지게 되었다. 그것은 아주 엄청난 사역이었다. 한 사람이 출판사업을 감당한다는 것이 어떤 교회에는 이해하기 어려운 문제로 다가오기도 하였다. 1908년 그는 펜실바니아, 스코데일에 출판사를 둔 메노나이트 출판부Mennonite Publication Board로부터 정기 간행물들과 구독자를 넘겨달라는 요청을 받았다. 그는 기쁘게 이 요청을 받아들였다

펑크는 또한 주일학교를 통한 교회의 영적인 삶을 이루어 나가고자 하는 비전을 갖고 있었다. 그는 시카고의 디. 엘. 무디D. L. Moody와 함께 주일학교 사역자로 활동하였고 그 곳에 있는 세 개의 주일학교에 정기적으로 출석하였다. 하나는 학생으로, 하나는 선생으로 그리고 마지막 하나는 감독관으로 주일학교에 출석하였다. 개인적으로 펑크는 「진리의 소식지」를 통해 주일학교의 필요성에 대해 공식적으로 호소함으로써 미국 전역의 메노나이트 교회에 주일학교를 세우도록 도움을 주었다. 주일학교 설립에 대해서는 1865~1895년까지 상당한 저항과 반발이 있었다.

1882년 초, 펑크는 인디아나 컨퍼런스가 복음 전도 기금을 마련하여 도움이 필요한 공동체들과 회원들이 복음을 들을 수 있도록 설교자들을 보내는 일을 시작하였다. 그 기금은 복음 전도 위원회Evangelizing Committee에 의해 관리되었고 이 위원회는 나중에 메노나이트 선교 및 구제부the Mennonite Board of Missions and Charities로 발전하였다.

펑크는 교단 총회를 만드는 것이 메노나이트 교회의 일치를 돕는 일

작가요 영화 제작자요 이야기꾼인 존 루스(John L. Ruth)가 아나뱁티스트 전통을 주제로 한 세미나에서 질문에 답하고 있다. 건축가인 리로이 트로이어(Leroy Troyer)는 교회건물과 교육시설 등 공동체를 건설하는 일에 관심이 많았다. 메노나이트 안내소, 박물관, 그리고 문화재 센터는 외부 사람들에게 영적인 여정에 얽힌 이야기들을 전해주는 역할을 담당하고 있다.

이라고 생각하였다. 결국 그는 교회의 목회자들에게 편지를 써서 그러한 컨퍼런스를 만드는 그의 계획에 대한 반응을 물어보았다. 이 계획에 대한 반응은 상당히 좋았고 이 계획을 위해 각 지역의 컨퍼런스들이 대표자를 선발하여 보냈다. 초기 몇 번의 모임을 가진 후, 1897년 오하이오의 엘리다Elida라는 곳의 파이크Pike에서 교단 총회 형성을 위한 중요한 회의를 개최하였다. 메노나이트 총회 교단의 첫 모임은 1898년에 개최되었다. 펑크는 그 교단 총회의 첫 모임에서 설교를 담당하였다.

존 펑크가 메노나이트 교회에 끼친 영향력이 얼마나 컸는지 제대로 평가한다는 것은 사실상 불가능하다. 어떤 학자는 존 프레쯔 펑크를 두고 "17세기에 세워졌지만 엄청난 가치들을 보존하고 있는 메노나이트 교회를 과거에 머물러 있는 교회가 아닌 미래에 살아남을 교회로 변화시킨 인물"이라고 평가하였다.[5]

그러나 어떤 학자는 그가 인생 후반부에 들어서면서 새로운 사상을 잘 받아들이지 못하였을 뿐 아니라, 인간 관계에 있어서 상당히 민감하였다고 기록하였다.[6] 이를 반증하기라도 하듯 1902년 그에게 주어졌던 감독직이 정지되기도 하였다. 이 일로 인해 그는 아주 어려운 시간을 보내야 했다. 이 기간 동안 그는 자신의 출판사에 일어났던 화재로 상당한 고통을 당하고 있었으며, 파산을 경험함으로써 자신에게 속해 있던 모든 소유권을 잃었다. 더 나아가 그에 대한 리더십의 불신까지 가중되었다. 다행스럽게 그는 이러한 모든 어려움을 회복할 수 있을 만큼 아주 오랜 세월을 살았다. 그의 무덤에는 그가 이루어 놓은 수 많은 헌신에 대하여 감사하는 인상적인 기념비가 세워져 있다.

존 코프만John S. Coffman, 1848~1899: 펑크의 아주 유력한 동료 중 한 사람이었던 존 코프만은 버지니아의 쉐난도 계곡 출신이었다. 코프만은 아주 젊은 나이에 성공한 학교 선생님이었으며 동시에 유능한 설교자였다. 펑크는 1879년 엘크하트에서 시작한 자신의 출판일을 도와달라고 존 코프만을 재촉하였다. 그 후 약 20년 동안 그는 펑크의 훌륭한 팀원이 되어 함께 일을 하였으며, 교회에 도움이 되는 일을 장려하고,

「진리의 소식지」의 편집일과 주일학교 교재를 쓰는 일을 도왔다.

그러나 코프만의 위대한 공헌은 다른 영역에서 나타났다. 다니엘 브렌맨은 경건주의 및 복음전도운동의 감성적 면을 강조하였다. 이 것은 엘크하트 카운티에 있는 여러 동료 목사들의 불신을 불러일으키는 결과를 초래하였다. 1874년 그는 동료 목사들의 권고를 받아들이지 않아 추방되었다. 코프만은 이러한 반목의 역사를 너무나도 잘 알고 있는 사람이었다. 그는 이러한 상황에 반응하기 보다는 교회가 복음 전도를 해야만 살아남을 수 있다고 확신한 사람이기도 했다. 결국 그는 금식기도를 하면서 이 문제를 다루었다. 그는 하나님께 이 문제를 해결하기 위해 "충분히 논의할 수 있는 집회"를 개최할 수 있는 길을 열어달라고 기도하였다.

1881년 미시간에 있는 보운Bowne 교회라는 작은 교회에서 여러 번의 집회를 진행하는데 그를 초청하였다. 그는 이 집회를 성공적으로 이끌었다. 이러한 선구적인 복음 전도자에 대한 소식을 듣고 여러 교회가 그를 초청하였다. 코프만은 성격도 좋고 회색 눈을 가진 건장한 호남형이었을 뿐만 아니라, 기도의 사람이었다. 어떤 때, 그는 밤을 세워 기도하기도 하였다. 그러나 그는 청중들을 사로잡는 유머러스한 사람이었다. 이와 같이 그는 강단에서 특별한 영향력을 발휘하였고, 19세기 마지막을 장식하는 가장 훌륭한 메노나이트 설교가였다. 그는 수 백명의 젊은이들을 교회로 돌아오게 만들었다.

코프만이 최종적인 헌신을 기울인 곳은 교육분야였다. 1894년 메노나이트 의사였던 헨리 무머Henry A. Mamaw가 작은 학교를 세운뒤 "엘크하트Elkhart 예술, 과학, 산업 학교"라고 이름을 지었다. 1년 후, 코프만은 엘크하트 학교 협회의 이사가 되었다. 1896년 코프만은 이 협회의 이사장이 되었고 3년뒤 자신이 죽을 때까지 학교들이 보다 더 훌륭한 모습으로 변화될 수 있도록 최선을 다했다. 코프만은 이러한 모습으로 봉사를 하면서 많은 비용을 지불해야했다. 무엇보다 그가 보다 더 높은 공교육을 추구하려고 하자 이전에 그를 후원했던 사람들과 친구들이 그를 떠나갔다. 1896년 엘크하트의 교육 건물 제막식에서 한 코프만의 연설은 "진보의 정신"The Spirit of Progress라는 제목이었는데 이는 그의 비전이 얼마나 강한 것이었는가를 잘 드러내 주고 있다.

한 때 그를 고용했던 사람이자, 동료 목사였던 존 펑크 주니어와 함께 일한 약 13년 동안 코프만은 여러 방면에 있어서 균형을 잃지 않았다. 코프만은 펑크에게 부족한 수 많은 덕목을 갖추고 있었다. "은혜로운" 혹은 "매력적인" 사람이라는 표현이 코프만에게 적절하긴 했지만, 그는 큰 꿈과 창조적인 정신을 가진 매우 강한 의지의 인물이기도 했다.

다니엘 카우프만 Daniel Kauffman, 1865~1944: 메노나이트 교회를 형성하는데 큰 영향을 미친 세 번째 인물은 다니엘 카우프만으로 존 코프만에 의해 회심한 수 많은 사람들 중 한 사람이었다. 펜실바니아의 주니아타Juniata 지역 토박이였던 그는 1866년 아버지 데이빗 카우프만David D. Kauffman을 따라 인디아나 엘크하트로 이사했다. 3년후 그의 가족은 다시 미주리 주의 모르간Morgan 지역으로 이사하였다. 그곳에서 데이빗은 설교가요, 감독 일을 맡게 되었다. 아들 다니엘은 미주리 주립대학교를 다녔고 교육학을 전공하였다. 18세부터 30세까지 그는 미주리의 학교에서 가르쳤고 지역의 교육청 일에 관여하기도 하였다. 한때 그는 미주리의 가든Garen 시에서 사립 경영대학을 운영하기도 하였다.

1887년 카우프만은 오타 보우린Ota J. Bowlin과 결혼하였다. 그녀는 3년 후에 사망하였다. 아내를 잃은 1890년 그는 회심을 경험하게 되었다. 그는 정치인이 되려는 꿈을 회심과 동시에 포기하였고, 2년 후인 1892년에 안수를 받았다. 1892년에 그는 재혼하였으며 1896년에 교회의 감독으로 안수되었고 약 48년 동안 봉사하였다. 1905년부터 1908

년까지 스코데일Scottdale에서 출판되었던 「복음의 증인」 *Gospel Witness*의 편집자로 활동하였다. 펑크의 「진리의 소식지」를 구입한 후 그는 이를 「복음의 소식지」 *Gospel Herald*로 이름을 바꾸었다.

그의 친구들에게 "D. K."로 알려져 있던 그는 1905~1943년이라는 아주 긴 기간 동안 메노나이트 교회의 훌륭한 리더요 중요한 설교가로서 봉사를 아끼지 않았다. 심성의 고요함뿐만 아니라 위엄과 균형을 갖춘 한 위대한 리더였던 그는 더할 나위 없는 유능한 동료이기도 했다. 그는 약 22개의 위원회 및 부서를 통해 일했던 아주 훌륭한 리더였다. 1898년 그는 메노나이트 총회 교단을 위해 초대 의장을 지냈으며, 이를 포함해서 총 네 번 대회 의장을 맡았다. 그는 소책자를 포함하여 총 22권의 책을 저술하였다. 그의 책들 중 1898년의 『성서교리 안내서』 *Manual of Bible Doctrine*, 1900년의 『교회 멤버들과의 대화』 *A Talk with Church Members*, 1905년에 공동으로 저술한 『메노나이트 교회사』 *Mennonite Church History*, 1914년 공동으로 저술한 『성서 교의』 *Bible Doctrine*, 1918년의 『보수적 관점』 *The Conservative Viwepoint*, 1938년의 『미래에 대한 나의 비전』 *My Vision for the Future*, 그리고 1941년 『메노나이트 교회 50년사』 *Fifty Years in the Mennonite Church*가 포함되어 있다.

1914년에 쓴 『성서 교의』는 "구원의 계획" Plan of Salvation, "교회의 실행예식" Ordinances, 그리고 "규제들" Restrictions에 관련된 세 가지 서로 다른 차원의 교리를 균형있게 정리한 책이다. 이 책은 교회의 기준을 세우는데 믿음과 행위가 얼마나 소중한지에 대해 강조하고 있다. 당시 복음전도 및 부흥을 유지하기 위하여, 신앙을 하나의 사업이나 프로그램으로 다룸과 동시에, 제자도는 구원과 별개의 것으로 취급하고 있었다. 교회의 실행예식을 깨뜨린 예로 머리에 수건을 쓰는 것이라든가 어떤 규제를 지켜야 하는 것이라든가 혹은 오락이나 소송과 같은 것들을 들수 있는데 현대주의에 편승하여 이러한 교회의 실행 예식은 더 이상 지키지 않는 규칙들이 되었다. 많은 크리스천들의 삶에 있어서 믿음과 행위는 분리되었고, 제자도는 모든 것들 중 맨 마지막에 고려되는 사상일 뿐이었다. 이것은 제자도가 중요하지 않다는 것을 의미하지는 않았지만, 구원과 상관없도록 만들어 버렸다.

   부흥지상주의자들의 영향 하에 아주 결정적인 신의 섭리는 시간 속에서 분리되어 있었고, 하나님은 당신의 백성들을 위해 뭔가 다르게 일하시는 분으로 이해되었다. 특히 부흥지상주의자들은 성서를 연구하는 모임들의 인기를 몰고 다녔다. 웽어A.D. Wenger와 같은 사람들은 자신들의 강의 시간에 하나님의 시간 시간표를 정리해서 사용하기도 하였다. 웽어와 같은 교사들은 전천년설을 주장하였지만, 카우프만은 그렇지 않았다. 그럼에도 불구하고 1937년 그는 "메노나이트 교회는 근본주의적 신앙에 확고히 헌신되어 있다."고 말하기도 했다. 물론 카우프만이 그 당시의 개신교들의 귀에 거슬리는 호전적 근본주의militant Fundamantalism를 언급하지는 않았지만, 그가 표현은 훗날 헤롤드 벤더에게 자극을 주었다. 즉 우익으로서 근본주의와 좌익으로서 자유주의liberalism를 설명한 뒤, 제 3의 방법으로 아나뱁티즘을 다시금 정의하고자 했던 "아나뱁티즘의 비전"의 무대적 배경이 되었던 것만은 틀림이 없다.[7]

   다니엘 카우프만은 교회를 대변하는 대변인이기도했다. 35년동안 「복음의 소식지」의 편집자로서 일하면서 어떻게 힘을 사용해야 하는지 잘 알게 되었다. 그에게 자유주의는 그가 옳다고 믿는 그 무엇을 위해 용기를 주는 아주 기본적인 영적인 주제였다. 그는 사람들을 사랑하였으며 오해와 긴장이 발생할 때, 훌륭한 중재역할을 하는 중재인이었다. 그의 기본적인 신념은 보수적이었지만, 종교적 실행에 있어서는 많은 것을 인정하고 받아들이는 사람이었다. 그의 이러한 모습은 교회의 실행 예식과 규제들을 어기는 모습이 아니라, 교회의 연합을 유지하는 모습으로 나타났다. 그러나 1920년대 중반, 고센 대학을 중심으로 큰 화제를 불러일으켰던 교리 문제 및 이스턴 메노나이트 대학Eastern Mennonite College의 설립에 관련된 내용에 있어서는 조금도 양보하지 않았다.8)

존 펑크John F. Funk는 출판, 선교활동, 주일학교 운동을 일으키며 메노나이트 교회를 이끌어 나갔던 위대한 조직가였다. 존 코프만John S. Coffman은 개척적인 복음전도사요 기도의 인물이요 엘크하트 인스티튜트Elkhart Institute의 주창자였다. 1903년 고센으로 이사를 하면서 그는 이름을 고센 대학으로 바꾸었다. 다니엘 카우프만은 19세기 말에 메노나이트 교회에 찾아온 "대각성"Awakening으로부터 얻을 수 있는 장점들이 무엇인지, 즉 교회의 교리적 입장이 어떠해야하는지를 분명하게 함으로써 교회의 연합을 잘 융화시킨 교회의 대변인이었다.

헤롤드 벤더 Herold S. Bender, 1897~1962: 네 번째로 언급하고자 하는 메노나이트 리더는 헤롤드 벤더이다. 그는 펑크가 62세였고, 코프만이 48세였고, 카우프만이 32세 였을 때, 엘크하트에서 태어났다. 헤롤드 벤더는 어려서부터 아주 명석하고 많은 재능을 갖고 있었다. 12세였을 때 그는 그리스도를 주로 고백하였으며, 세례를 받아 프레리 스트릿 메노나이트 교회Prairie Street Mennonite Church의 멤버가 되었다. 1914년 엘크하트 고등학교를 졸업하였고, 1916~17년 약 1년 동안 인디아나 주의 쏜타운Thorntown이라는 도시의 고등학교에서 1년간 가르치기 위해 잠시 대학을 떠나기도 했다. 그렇지만 1918년 다시 학교로 돌아와 고센 대학을 졸업하였다. 1922년 8월 그는 가렛 성서학교Garret Bible Institute에서 신학사를 취득하였고 1923년 5월 프린스턴 신학 대학원에서 신학 석사학위를 받았다. 1935년 독일의 하이델베르그 대학에서 신학 박사학위를 받았다. 1923년 그는 펜실바니아 스코데일의 메노나이트 역사학자였던 존 홀쉬John Horsch의 딸인 엘리자벳 홀쉬Elizabeth Horsch와 결혼하였다.

우선 헤롤드 벤더는 1918년부터 1920년까지 헤스톤 대학에서 그리고 1924년부터 죽을 때까지 고센 대학에서 평생 동안 가르치는 일에 전념한 아주 뛰어난 교사였다. 그는 자신이 연구하는 분야를 모조리 섭렵해야 하는 연구의 달인이었다. 그는 교과서에 얽매이지도 않았고, 누군가가 제시하는 전체적 윤곽에 붙들려 있지도 않았다. 그가 강의실에 들어설 때는 항상 학생들에게 가르칠 내용을 아주 분명히 하고 들어왔으며 가르칠 내용들을 효과적으로 학생들에게 전달하였다. 학생들에게 비친 그의 모습은 자신의 분야에 대하여 "대충 이야기하는" 선생이라기 보다는 아주 유능한 강사였다. 그는 학생들의 흥미를 유발함으로써, 배움에 관심을 갖도록 만들었다. 그는 여러 분야에 대하여 가르쳤지만 특별히 성서와 교회사에 정통했다.

두 번째로 헤롤드 벤더는 훌륭한 교수였을 뿐만 아니라, 탁월한 행정가이기도 했다. 1931년 학장이었던 노아 오이어Noah Oyer가 사망하자 그 자리를 대신해서 학장이 되었다. 그때부터 그는 벤더 학장님Dean Bender 으로 알려지게 되었다. 그가 학장으로 봉직할 동안에 고센 대학은 중북부 지역의 훌륭한 대학으로 인정을 받게 되었다.

세 번째로 1933년 벤더는 학장으로 있으면서 고센 대학에 4년제 신학과정을 도입하였다. 이 과정은 신학학사를 줄 수 있는 과정이었다. 이 과정은 점차로 강화되어 대학 학위가 있어야 들을 수 있는 과정으로 바뀌었다. 후에 이 과정을 통해 성서학사 학위를 줄 수 있도록 되었으며 이름도 성서학교Bible School를 거쳐 성서대학원Biblical Seminary으로 바뀌었다. 결국 이 성서대학원 또한 미국의 신학 학교 협회로부터 훌륭한 학교임을 인정받게 되었다.

네 번째로 헤롤드 벤더는 놀라운 저술가요 편집가였다. 그의 글 중에 가장 유명한 책은 스위스 아나뱁티즘의 주요한 리더였던 콘라드 그

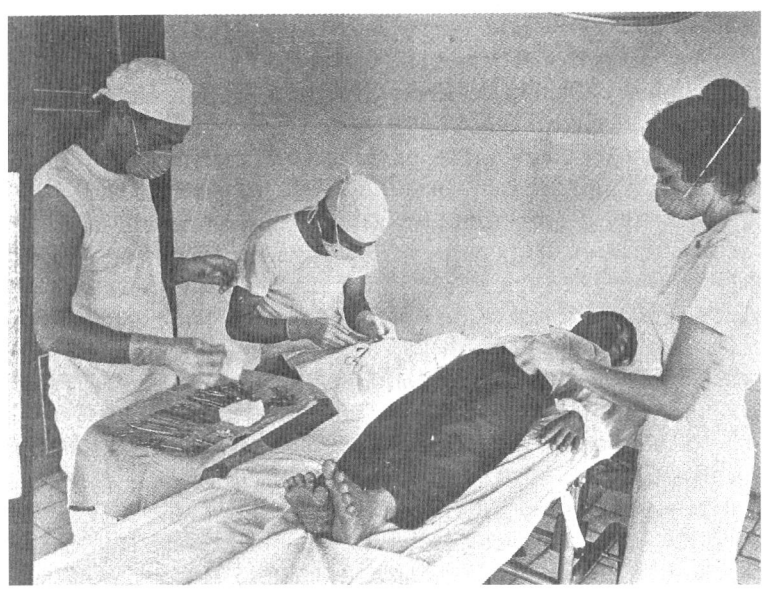

지역의 회중교회 생활에 활발히 참여하거나 학업 및 봉사 활동에 활발히 참여하는 것은 위원회, 자원 봉사, 그리고 멤버십을 위해 필요한 것으로 인식되었다. 특히 신음하는 세상 속에서 평화를 건설하는 비전과 서로를 섬기는 사람이 되는 비전은 메노나이트들로 하여금 파괴적인 세상 속에서도 변함없이 도움을 주는 모습을 유지하도록 만들었다.

레벨Conrad Grebel의 전기였다. 이는 1935년 그가 독일어로 썼으며 1950년에 다시 영어로 출판되었다. 그러나 우리는 1924년 고센 대학에서 창립된 메노나이트 역사학회 및 1927년 창간됨으로 이 정기 간행물의 선구적인 역할을 하게 된 「메노나이트 쿼터리 리뷰」*Mennonite Quarterly Review*라는 계간 비평 잡지를 언급할 필요가 있다. 헤롤드 벤더는 죽을 때까지 MQR의 편집가로 역사 학회의 회장으로 직임을 수행하였다. 그는 또한 장기간 동안 메노나이트 총회 교단의 역사 조사 위원회의 회장직을 맡기도 하였다. 그러나 이러한 업적과 더불어 그가 기여한 또 한 가지 일은 1955~59년에 걸쳐 출판된 네 권의 메노나이트 백과사전 편찬 작업이었다.

다섯 번째로 헤롤드 벤더는 세계 교회 운동을 펼친 메노나이트 리더였다. 1931년부터 1962년 죽을 때까지 그는 메노나이트 중앙 위원회 MCC의 집행위원회 멤버요 서기 역할을 맡았다. 1942년부터 죽을 때까지 메노나이트 중앙위원회 평화분과 위원장을 맡기도 하였다. 1944년 그는 자신이 부르기 원하는 방식이었던 "메노나이트 교회)"에 의해 안수를 받았으며 이와 동시에 자신이 하고 싶어했던 세계교회 운동을 펼쳐나갔다. 1945년이 시작되면서 그는 유럽으로 장, 단기 여행을 떠났다. 이는 메노나이트 중앙위원회 및 메노나이트 세계협의회MWC에 관심을 갖고 한 여행들이었다. 그는 1952, 1957, 그리고 1962년에 열린 메노나이트 세계 협의회 대표를 맡았으며, 1949년에는 국제 메노나이트 평화 분과 위원장을 맡기도 했다. 1943년 미국의 교회사 학회의 회장 수락 연설에서 그는 "아나뱁티스트 비전"이라는 제목으로 연설을 하였는데 이는 곧 제자도, 신자들만의 교회, 모든 관계에 있어서 사랑과 비저항을 실천하는 것이 곧 아나뱁티즘의 기본이라는 것을 전 세계에 알리게 되는 계기가 되었다.

당시 성서대학원은 고센 대학 내에 있었는데 1946년부터 이전에 하나였던 대학의 학장직과 성서대학원의 학장직이 분리되게 되었다. 그가 대학원학장으로 선출되면서 신학대학원으로 가게 되었는데, 이로 보아 아마도 그의 가슴 한 가운데에는 성서신학대학원이 대학보다 더 크게 자리하고 있었던 것같다. 1958년 그는 고센 대학의 성서대학원과 메노나이트 교회 교단 총회의 메노나이트 성서대학원Mennonite Biblical Seminary이 하나로 합쳐져 연합 메노나이트 성서대학원Associated Mennonite Biblical Seminary이 된 것을 매우 기쁘게 생각하였다.

물론 그는 어떻게 한 사람이 아무런 비평도 받지 않으면서 그렇게 활동적일 수가 있겠는가 하고 자신 스스로를 폄하하기도 하였다. 학생들은 벤더 학장이 자신보다도 무슨 과목을 수강해야 하는지 더 잘 알고 있었기 때문에 당혹스러워하기도 했다. 그의 과목을 수강한 학생들이 무슨 일을 해야 하는지 그가 너무나 잘 알고 있었기 때문에 곤혹스럽기도 했다. 이를 두고 한 학생이 반 농담으로 그를 캠퍼스의 "교황"이라고 칭하였는데 이 별명은 학교 내에서 그를 부르는 애칭이 되었다.

헤롤드 벤더는 메노나이트 교회 중에 아주 저명한 학자이기도 했다. 학자로서 그의 업적은 그의 아내였던 엘리자벳 홀쉬 벤더의 도움을 많이 받았는데 특별히 MQR의 편집, 메노나이트 백과사전의 항목들 번역, 그리고 수 많은 부분에 도움을 받았다.ME 5:66 개인적으로 (구) 메노나이트에 철저했던 헤롤드 벤더는 세계 교회에 엄청난 관심을 갖고 있으면서 동시에 전세계에 살고 있는 메노나이트들을 사랑하는 따뜻한 성품을 소유한 사람이었다.

우리가 위에서 살펴본 네 명의 메노나이트 리더들은 자신들이 살았던 시대의 메노나이트 교회에 지대한 영향을 미쳤던 사람들이었다. 시간은 변한다. 교회의 리더십도 여러 모습으로 변하고 있다. 교회는 점점 더 커지고 있고, 여기 저기에 유능한 리더들도 많이 생겨나게 되었다. 교회가 점점 더 제도화 되면서, 펑크, 코프만, 카우프만, 그리고 벤더가 보여주었던 폭 넓은 모습처럼, 자신을 불사르며 원하는 정력과 시간을 투자하는 리더들의 수는 점점 더 적어지고 있다.

그룹의 특징들

1989년 카우프만과 드리져Driedger는 메노나이트 모자이크The Mennonite Mosaic라는 연구를 수행했는데, 이는 개인 및 그룹으로써 메노나이트 교회의 정체성에 대한 중요한 정보를 제공해주었다. 물론 이러한 연구는 던져진 질문들에 의존하거나 그 답변들을 어떻게 해석하는가에 따라 다르게 보여질 수도 있을 것이다. 이 연구를 이 곳에서 간단하게 살펴보고자 하는 것은 역사적, 신학적으로 고찰할만한 것들이 있기 때문이다. 보다 자세한 정보를 원하면, 다른 자료들과 함께 읽어볼 것을 권하는 바이다.

메노나이트 모자이크의 제 3장에서 밝히고 있는 바대로 연구에 참여한 메노나이트들 중 88퍼센트 이상은 자신들을 가톨릭이나 남침례교인들을 제외한 다른 모든 주류의 개신교 그룹들 보다 더 보수적이라고 대답하였다. 이것은 비록 자신을 "진보적"liberal이라고 여기는 메노나이트들 조차도 비교적 보수주의자로 생각하고 있음을 보여주는 것이다. 어쨌든 여기서는 메노나이트 교회 만을 계산한 것이므로, 이곳에 정리한 숫자는 주로 이들의 믿음 정도를 조사한 항목들로 이해하면 될 것이다: 예수의 신성(86%), 기적(90%), 부활(90%), 악마(89%), 성서적 무오성(75%), 지구의 창조 및 6일 24시간 창조(47%) 등.

개인의 묵상 및 경건생활 조사에 있어서 77%가 매일 기도를 하며, 89%가 식사때 감사를 드리며, 62%가 성서를 정기적으로 읽으며, 56%가 한 주에 한 번이나 혹은 자주 가족 전체가 가족 묵상의 시간을 가지며, 53%가 "하나님께서 늘 가까이 계신다"고 느끼는 것으로 조사되었다. 종교적 체험에 있어서 82%가 회심을 경험하였고, 48%가 "성령 세례"를 받았다고 응답하였다. 그러나 12%나 되는 사람이 크리스천으로 사는 것이 종종 낙심스러울 때가 있다고 응답하였다. 이것은 완벽한 윤리를 추구하는 메노나이트들의 성향을 나타내는 것인지 아니면 일반적

현재의 세대와 앞으로 오는 세대들에게 이야기를 전해 주는 것은 메노나이트들에게 아주 중요한 일이다. 『순교자들의 거울』, 『후터라이트 연대기』, 『메노나이트 계간 비평』은 이러한 전통을 그대로 보여주는 것들이다. 메노나이트 교회의 역사 분과위원회는 1911년에 설립되어 1년에 두 번씩 모임을 갖으며 연구조사, 교수 및 출판 프로그램에 대한 내용을 정기적으로 보고한다. 사진 속의 인물들은 제임스 레만(James O. Lehman), 캐롤린 웽어(Carolyn C. Wenger), 스티븐 레슬리(Steven D. Reschly, 의장), 뷸라 스타이퍼 호스테들러(Beulah Stauffer Hostetler), 사무엘 스타이너(Samuel Steiner), 알버트 카임(Albert N. Keim), 호프 카우프만 린드(Hope Kauffman Lind)와 제럴드 허드슨(Gerald Hudson)이다.

인 통계수치로 보아야 할 것인지 여전히 불투명하다. 놀랍게도 92%나 되는 사람들이 거의 모든 예배에 참석한다고 응답하였고, 81%가 주일학교에 참여한다고 응답하였다. 0부터 8까지의 단계로 성서를 얼마나 많이 알고 있는지에 대한 질문, 즉 성서지식에 대한 질문은 5.6이라는 평균이 나왔다.

일반적 정통주의orthodoxy, 아나뱁티즘, 그리고 근본주의라는 세 가지의 신앙 체계들을 비교한 결과, 모든 그룹들의 설문 결과는 성서 지식, 교회 참여, 평화, 다른 사람들을 위한 봉사, MCC와 같은 구호단체에 헌신하는 등 모든 부분에서 아나뱁티즘 그룹이 다른 그룹들에 비해 매우 높게 나타났다. 아나뱁티즘에 속한 그룹의 점수가 그렇게 높게 나타난 것은 도시화, 경제적 성공, 이동성 등에 있어서 세속적으로 영향을 덜 받는 것과도 상관이 있다.9)

설문의 제 9장에서는 도덕과 윤리적 내용들에 대해 개인과 그룹으로 나누어 조사하였다. 16세기 아나뱁티스트 교회의 비전이자 현재의 비전으로 "점도 없고 흠도 없는"엡5:27 교회에 대해 메노나이트들이 꼭 다루어야 하는 이슈들로 믿는 것이 있다면 무엇인가? 급증하는 도시 사회 질서 속에서 어떻게 적응해야 하는가? 하는 질문이 있었다. 조사자들은 질문을 명확하게 하기 위한 한 가지 문제점을 발견해 내었는데, 그것은 이 질문들과 관련된 도덕적 윤리적 이슈들이 논리와 이성적 권위에 입각한 것인지, 아니면 성서와 교회의 권위에 입각한 것인지 명확하지 않다는 점이었다. 19세기에 보수적 메노나이트와 진보적 메노나이트 간에 존재하던 간격이 더 커졌으며, 이 격차의 주된 요인이 교육인 것으로 드러났다. 이러한 경향은 20세기에도 계속 된 것으로 나타났다.10)

개인의 도덕성에 관련된 이슈들 중, 72%가 담배를 피는 것은 잘못이다라고 응답하였고, 92%가 마리화나를 피우는 것은 잘못이다라고 응답하였다. 동성애는 90%, 적당한 음주에는 50%, 탈세는 88%, 복권을 사는 것은 51%, 맹세를 하는 것은 81%가 잘못된 것이라고 응답하였다. 낙태에 대한 설문에는 만약 산모의 건강에 위험이 있을 때는 17%만이 반대를 하였고, 강간으로 인한 임신은 42%만이, 태아에게 위험이 생겨 건강하지 못한 것으로 판명되었을 때는 50%, 그냥 산모가 아이를 원하지 않는다는 이유라면 89%가 반대하는 등 낙태 그 자체보다 낙태의 이유에 더 많은 관심을 보였다. 동성애자를 교회의 멤버로 받아들일 것인가 하는 질문에 대해, 만약 동성연애를 하지 않는다면 70%가 받아들일 수 있다고 응답하였지만, 만약 이들이 동성연애 중이라면 22%만이 받아들일 수 있다고 응답함으로 큰 차이를 보였다.

사회적 이슈에 대하여는 72%가 모든 인류는 동등하다고 답변하였고, 71%가 인종이나 이웃이 어떻든 상관하지 않고 자기의 집을 팔겠다고 답변하였다. 부정적이지만 성서가 인종 분리에 대하여 가르치고 있지 않다고 믿는 사람들이 55%나 되었고, 77%는 사회적으로 인종들이 서로 섞이지 않는 것은 옳지 않다고, 79%가 자신들의 이웃으로 다른 인종들을 받아들이지 않으려는 태도는 잘못되었다고 답변하였다. 사회적 이슈에 대하여 높은 수치가 나타난 것은 아나뱁티스트들이 다른 정통주의, 근본주의 신앙 체계를 가진 사람들보다 이러한 이슈들에 상당히 개방적이기 때문이며, 이러한 것들은 아나뱁티즘을 선호하는 이유로도 작용하고 있다. 만약 사람들이 가난하게 된다면 가난하게 된 사람의 책임이라고 응답한 사람이 30%로 나타났고 24%는 그러한 사람들에게 복지혜택을 줄여야 한다고 응답하였다. 모든 그룹들 중 34%가 사형제도를 지지하였다.

끝으로 메노나이트 교회의 31%가 여성들이 사회와 교회에서 차별의 고통을 받고 있다고 대답하였으며, 50%가 교회에서 여성들이 보다 더 많은 리더십을 감당할 수 있도록 해야한다고 대답하였다. 45%가 여성 안수 및 여성 목회를 지지하였다.

일반적으로 볼 때, 변화 및 "진보적 관점"에 대한 개방성은 젊은이들과 도시, 교육을 받은 사람들에게서 두드러지게 나타났으며 이들이 공동체를 위해 더 많은 일을 하는 것으로 조사되었다. 그러나 견해의 폭은 여러 컨퍼런스 간에 존재하는 것이라기 보다는 각각의 컨퍼런스 내부에서 보다 더 다양하게 나타나는 것으로 조사되었다. 위의 내용은 연구에서 조사된 내용들 중 몇 가지를 추출해서 소개한 것이다. 만약 우리가 16세기 아나뱁티즘이 중요하게 생각한 제자도의 중심에 자리하고 있는 이러한 윤리적인 내용과 오늘날 메노나이트들이 여전히 중요하게 생각하고 있는 성서적 기준을 기억한다면 이러한 결과가 얼마나 중요한 의미를 갖는가 잘 알 수 있을 것이다.

메노나이트 교회의 멤버들은 강한 역사의식을 갖고 있다. 그들은 자신들의 영적인 선조들이 믿음을 위해 고통을 받고 죽기까지 했으며, 그 종교적 자유를 찾고자 했던 믿음 때문에 살던 땅을 떠나 새로운 땅으로 이주하였다는 사실을 아주 분명하게 알고 있다. 이러한 것은 문화유산에 대해 그들이 아주 큰 관심을 갖고 있다는 것을 말해준다.[11] 메노나이트 교회의 어떤 사람들은, 아나뱁티즘에 속한 다른 그룹들 또한 신실하게 전통을 지켜가려 한다는 사실을 부인하지 않는다. 그러나 자신이 속한 그룹이 다른 메노나이트 그룹들 보다 더 "역사적으로 믿음의 유산을 잘 지켜온 사람들"이라는 느낌을 갖고 있다. 이것은 시장에서 자유롭게 물건을 사고 파는 살아있는 모습으로써라기 보다 어떤 "구역을 통제"하는 장치에 의해 믿음이 더 잘 전수된다고 믿는 전통주의자들의 입장과 비슷하다. 그러나 크리스천으로서 우리는 다음과 같은 역사가들의 경구를 기억해야 할 것이다. "전통은 죽은 사람들의 살아 있는 목소리다. 그러나 전통주의는 살아있는 사람의 죽은 목소리이다."자이로슬라브 펠리칸, Jaroslav Pelikan

메노나이트 교회의 사람들은 자신들의 단순한 예배에 대해 상당히 만족해 한다. 전체 회중들이 함께 4부로 찬양하며, 때로는 무반주로, 때로는 아름다운 소리의 악기를 사용하며 찬양한다. 강단은 하나님의 말씀이 중심 됨을 상징하고 있으며, 비록 많은 변화가 이루어지고 있지만 많은 사람들이 무릎을 꿇고 기도하는데 익숙하다. 1950년대부터 서서 기도하는 모습이 등장하였다. 주중의 성서 공부 모임은 점점 더 줄어들고 있지만 많은 멤버들이 가정에서 소그룹으로 모임을 갖으며 성서를 공부하고 기도한다. 1960년대부터 70년대에 가정 교회로 모이는 교제 중심의 교회들이 많이 증가하였고, 비 공식적으로 형식에 구애받지 않고 모이는 교제 그룹들이 급증하였다. 메노나이트 캠핑 협회The Mennonite Camping Association 또한 약 50여 곳의 캠프 시설을 제공함으로 각종 수련회로 모일 수 있도록 돕고 있다. 카리스마틱 운동의 영향은 성령의 내적 증거를 자유롭게 하며 율법주의의 잔재들을 버리도록 고무시키고 있다. 은사를 통해 교회를 세우도록 함으로써 좋은 모습을 받아들이고 있다. 교회의 멤버가 되는 것은 단지 제자도를 실천할 뿐아니라, 와 열심히 일하며, 주 안에서 검소한 삶을 살며, 부끄러움 없이 주님 주신 기쁨을 누린다는 의미로 받아들여지고 있다.

---

1) J. C. Wenger, *The Mennonite Church in America*. Scottdale, Pa.: Herald Press, 1966, P. 61. Idem, *History of the Mennonites of the Franconia Conference*. Telford, Pa.: Franconia Mennonite Historical Society, 1937, p. 52. Idem, "No date is known for the formal organization of the conference, if indeed there ever was a formal organization," ME 2:368.

2) James F. Horsch, *Mennonite Yearbook & Directory*, 1992-93. Scottdale, Pa.: Herald Press, 1992, p. 208. See subsequent editions for up-to-date statistics and other conference information

3) See Beulah Stauffer Hostetler, *American Mennonites and Protestant Movements*. Scottdale, Pa.: Herald Press, 1987.

4) The term "MCC family" is frequently used to refer to all groups who agree with the MCC mission statement and its theology and can, therefore, be included in the "believers church" family. See the MQR(July 1970) "MCC Anniversary Issue."

5) Helen Kolb Gates, et al. *Bless the Lord*, O My Soul. Scottdale, Pa.: Herald Press, 1964, p. 8.

6) 앞의 책, p.181.

7) See, for example, Juhnke, *Vision, Doctrine, War*, chapter 4, "Swiss-

American Mennonitism," pp. 106-1 35. Cf.: Schlabach, *Gospel Versus Gospel*, chapter 4, pp. 109-47.

8) John S. Umble, *Goshen College*, 1894-1954. Goshen, ind.: Goshen College, 1955.

9) Kauffman and Driedger, *Mosaic*, chapter 3, pp. 65-85.

10) 앞의 책, chapter 9, pp. 185-209. Cf.: Schlabach, *Peace, Faith, Nation*, chapter 8, pp. 201ff

11) See Marlin E. Miller, "Musings on 'Integration' and 'Essentials' and 'Faithfulness'" in *AMBS Bulletin*, May 1990, pp. 3-5.

그 외의 자료들: See relevant ME articles, especially in Volume 5, including bibliographies and cross references. John L. Ruth, *Maintaining the Right Fellowship*. Scottdale, Pa.: Herald Press, 1984. Theron F. Schlabacth, *Peace, Faith, Nation*. Scottdale, Pa.:Herald Press, 1988. Idem, *Gospel Versus Gospel*. Scottdale, Pa.: Herald Press, 1980. James C. Juhnke, *Vision, Doctrine, War*. Scottdale, Pa.: Herald Press, 1989. J. Howard Kauffman and Leo Driedger, *The Mennonite Mosaic*. Scottdale, Pa.: Herald Press, 1991. Calvin wall Redekop and Samuel J. Steiner, Editors. *Mennonite Identity*. Lanham, Md.: University Press of America, 1988. Beulah S. Hostetler, *American Mennonites and Protestant Movements*. Scottdale, Pa.: Herald Press, 1987. Contact Mennonite church or regional conference offices for audiovisual resources.

13장
아미시와 후터라이트 형제단

아미시

아미시 메노나이트The Amish Mennonite 혹은 아미시The Amish 로 알려진 사람들은 유럽의 스위스 형제단에서 분리되어 나온 그룹이다. 네델란드 메노나이트들은 16세기와 17세기에 교회의 규율과 관련된 내용으로 여러차례 분열을 경험하였다. 교제하고 있는 멤버의 죄를 징계하고 권징을 요하는 1632년의네덜란드 도르드레흐트 신앙고백서Dordrecht Confession의 조항을 통해 교회의 규율을 바로잡고자 하였던 것이 아미시 그룹으로 갈라지게 하는 결과로 나타났다. 죄를 범한 멤버는 교제그룹으로부터 추방되도록 되었다. 그러나 "그리스도와 제자들의 가르침에 따르면, 그것이 먹고 마시는 것이든 또는 다른 사회적 관계가 되었든…교회의 모든 멤버들에게 만나서는 안된다는 여러 금지 조항이 주어졌다."

도르드레흐트 신앙고백서가 스위스 형제단에 의해 공식적으로 채택된 것은 아니었지만, 그들은 신앙의 안내서로써 이 고백서를 종종 언급하였다. 스위스 형제단이 메노 사이먼스를 포함한 네덜란드 메노나이트들과 함께 토론을 벌인 것이 바로 규율에 대한 주제였고 이에 대한 중용을 촉구한 것도 이들이었다. 그러나 17세기 말, 제이콥 암만Jacob Ammann이라는 스위스 형제단의 젊은 장로 한 사람이 특히 거짓말 한 것을 인정한 한 여성을 징계하지 않고 대충 넘겨버리는 것을 보면서 스위스 및 알자스 지역 회중 교회의 규율이 상당히 애매하게 흘러감을 매우 염려하였다. 스위스 형제단의 교리에 대하여는 상당히 동정적이면서도 이 그룹에 합류하지 않은 신실한 사람들이 아마도 구원을 얻을 수 있다고 보는 것은 대단히 잘못된 신앙이라고 생각하였다.

당연히 암만은 자기의 집 근처의 도시인 베른Bern과 스위스로부터 멀리 떨어져 있는 여러 도시들과 독일의 알자스 지역을 방문하였다. 자신의 염려가 사실인지 아닌지 확인하고자 떠난 여행이었다. 그는 나이 많은 장로였던 한스 리스트Hans Reist가 그 여인을 훈계하지 않고 지나친 관용을 베풀며 넘어가게 된 것에 대하여 혹평하였다. 리스트는 다른 사람들에게 "젊은이들에게 주어지는 가르침과 교회에서 지켜야 할 규율들에 대하여 그다지 신경을 쓰지 않는다"고 말한 것으로 보아 교회를 건강하게 유지하고자 했던 암만의 열정을 너무 과소평가하였던 것만은 틀림이 없었다. 한편 암만의 걱정은 다른 이슈들과 더불어 점점 더 증폭되었다. 비록 스위스 메노나이트들은 세족식을 시행한 적이 없었음에도 불구하고, 도르드레흐트 고백의 여섯 번째 조항은 이를 시행하라고 가르치고 있으며, 암만 또한 이를 받아들여 세족식을 시행하였다. 그는 세속적인 모습의 교제와 옷입는 모습에 대해 진지하게 생각하였고, 보다 검소한 삶의 방식을 요구하였다. 남자들은 수염을 다듬지 못하도록 하였는데, 이는 남들에게 좀 더 멋있게 보이고자 하는 욕심을 없애기 위함이었다. 국가 교회의 예배에 참석하는 것은 징계의 사유가 되었다. 암만은 성찬식을 일 년에 한 번이 아닌 두 번 행해야 한다고 주장하였고 1693년 여름부터 이를 시행하였다. 만약 이를 따르지 않으면

"질서에 어긋나는 것"이라 하였다. 이로 인해 실제적인 분열이 시작되었다.

결국 암만은 자신의 뜻에 동의하지 않는 리스트Reist를 포함한 모든 목사들, 그리고 멤버들 중 많은 사람들을 한꺼번에 추방하였다. 그는 알자스 지역에서 큰 지지를 얻었다. 북부 독일 지역의 메노나이트들이 이들의 화해를 위해 많은 노력을 기울였으나 이렇다할 좋은 소식은 없었다. 시간이 흐른 뒤 암만이 자신의 행동이 너무 성급했다고 사과했지만, 자신의 생각과 입장에는 조금도 변함이 없었다. 1693년 발생한 분열은 1697년에 끝이 보이는 듯 했다. 암만이 교리를 회복함으로 추구하려던 개혁의 길은 무시되었으나, 거기에는 이러한 문제뿐만이 아닌, 인격의 충돌과 교회권력의 문제가 공존하고 있었다. 보수적인 신학적 논쟁의 끝은 종종 분파주의적 분열로 귀착이 된다.

북미로 오게된 아미시의 초기 기록은 1727년으로 나타나있지만, 제이콥 허츨러Jacob Hertzler가 펜실바니아의 벅스 카운티에 온 해인 1749년까지는 이렇다할 회중이 조직되지 못하였다. 이 후에 랑캐스터, 체스터 지역에 많은 회중들이 생겨났다. 이 무렵 많은 아미시들이 독일의 헤세Hesse를 포함한 유럽에서 직접 이 지역으로 이주하였다. 이들은 다시 오하이오와 인디아나로 이주의 행렬을 계속 이어나갔다. 1812년 오하이오 주의 홈스Holms 카운티에 대단위의 정착이 이루어졌고, 1840년대에는 인디아나의 라그레인지Lagrange와 여러 다른 지역에도 정착이 이루어졌다. 일리노이, 오레곤, 캔사스주를 향한 서부로의 이주는 지속되었고 다코타, 아이오와, 네브라스카 및 다른 주로도 이주하였다. 20세기에 가장 큰 정착이 이루어진 곳은 랑캐스터, 홈스, 라그레인지 카운티로의 이주였다.

온타리오로 오게 된 아미시들은 크리스천 나프지거Christian Nafziger 라는 독일 바바리아Barbaria의 가난한 농부의 주도 하에 이루어졌다. 암스테르담에 있는 메노나이트들이 그에게 뉴 올리온즈로 갈 수 있는 비용을 제공해 주었다. 1821년 그는 펜실바니아로 왔다. 그러나 펜실바니아에 도착한 그는 그 지역의 땅이 너무나 비싸다는 사실을 알게 되었다. 그 때 아미시 및 메노나이트 친구들이 캐나다에는 땅이 많고 싸다는 사실을 알려 주었다. 캐나다로 여행하는데 필요한 비용도 제공해 주었다. 1822년 그는 워털루 지역에 도착하여 마음에 드는 땅을 구입할 수 있었다. 그는 어퍼 캐나다Upper Canada:남부 온타리오 지역-역주 정부와 직접 협상 하였고 돌아오는 길에 런던에 있는 조지 4세를 직접 만날 수 있는 기회를 얻어 정부관료의 신임장까지 얻어 올 수 있게 되었다. 나프찌거가 가져온 좋은 소식은 유럽에서 온타리오로 이주하고 있던 많은 사람들에게 전해졌고 펜실바니아에 있는 아미시들에게도 전해졌다.

올드 오더 아미시 Old Order Amish: 1850년부터 1880년까지 주변 문화에 적응하면서 아미시 내부에 분열이 생겨나기 시작했다. 진보적 아미시들이 엄격한 복장을 고수하는 규율을 조금식 바꾸어 나가기 시작했다. 뿐만 아니라 예배에 사용하는 언어도 영어를 사용하기 시작하였고, 교회건물도 짓기 시작했다. 이로 인해 불가피하게 또 다른 불화가 생겨났다. 올드 오더Old Order로 알려진 사람들에 비해, 진보적 아미시들은 아미시 메노나이트로 불렸는데 20세기에 들어서서 메노나이트 교회에 합류하였다. 1990년 북미의 올드 오더 아미시 그룹들은 총 127,800명으로 조사되었고 그들 중 56,200명이 멤버인 것으로 조사되었다. 이들은 전 세계에서 인구 성장률이 가장 높은 공동체로 알려져 있다. 아주 소수이지만 아미시들은 파라과이로 이주하였다.

대부분의 올드 오더 아미시 공동체들은 집에서 모임을 갖는데, 아주 큰 집의 넓은 방이나, 헛간에서 매주 일요일 마다 예배를 드린다. 예배를 드리기에 충분한 시설과 공간이 갖추어진 가족들이 차례로 그룹들을 초청한다. 예배는 대개 세 시간 내지 네 시간 정도 몇 사람의 설교자

펜실바니아, 오하이오, 인디아나, 아이오와 그리고 캔사스 주는 올드 오더 아미시(Old Order Amish)들이 가장 많이 모여 사는 곳이다. 그들은 아주 검소하게 살며, 독일어를 사용하고, 대규모의 기계를 이용한 생산 방식을 거부하며 산다. 따라서 그들의 농사 경영 방식은 기계를 사용하지 않고 가족의 인력과 동물들을 이용한다.

들이 노트나 대본 없이 설교를 한다. 예배에 사용되는 언어는 펜실바니아 지역의 "네딜란드어"를 사용하며 종종 여기 저기 영어가 튀어나오

13장 아미시와 후터라이트 형제단 · 343

기도 하며, 슈리프트 도이치Schrift-deutsch라고 부르는 독일어 성서를 사용한다. 올드 오더 회중 혹은 그들의 구역은 대개 40에서 50가정으로 구성되며 이 보다 더 커지게 되면 나누기 시작한다. 각 구역은 한 명의 감독bishop, 두 명의 목사ministers, 그리고 한 명의 집사deacon들이 관장한다.

아미시들이 은혜로 구원을 받는 것이 아니라 노력과 공로로 구원을 받는다고 주장하는 사람들이 있는데 이는 사실이 아니다. 그러나 그들은 예수 그리스도께 복종하는지 복종하지 않는지가 그 사람의 믿음을 알아보는 최고의 방법이라고 믿고 있다.약2장 또한 신자들은 성서를 통해서 뿐만아니라, 항상 현존하는 신실한 교회와 교회의 살아있는 몸을 통해, 즉 전통을 통해 하나님의 뜻을 알 수 있다고 믿는다. 아미시들이 세례를 받을 때 자주 등장하는 네 가지 질문은 다음과 같다.(물론 지역에 따라 조금씩 차이는 있다.):

1. 당신은 예수 그리스도가 하나님의 아들임을 믿음에 있어서 이디오피아 내시와 같은 고백을 할 수 있는가?(응답: 네. 나는 예수 그리스도가 하나님의 아들임을 믿습니다.)
2. 당신은 주님의 참 교회에 연합하기로 고백하는가?(응답: 네)
3. 당신은 사악한 방법, 자신의 육신과 정욕의 방법이라 여겨지는 악마와 세상의 방법을 포기하며 당신을 위해 십자가에서 돌아가신 예수 그리스도 만을 섬기는데 자신을 헌신하겠는가?(응답: 예)
4. 당신은 주님과 교회가 정한 의식(ordinance)을 신실하고 올바로 시행되도록 살피며, 당신이 사는 동안 이러한 의식을 지키기로 약속하는가?(응답: 예)[1]

많은 사람들은 아미시들이 교육을 신뢰하지 않는다과 생각한다. 그러나 이것은 전혀 사실이 아니다. 그들은 시골에 살지만, 공동체 한가운데 위치한 그들 만의 학교에서 자신들의 필요를 위해 충분한 교육을 시키고 있다. 그러나 비록 세상적인 교육은 강조하지 않지만, 전인격적인 삶과 하나님의 백성으로 살아가도록 실용 교육을 강조한다. 그러므로 이들의 교육은 전인격적 삶, 자신들의 공동체에 정말로 필요한 구성원으로 성장하는 것, 교회의 신실한 구성원이 되도록 자녀들을 양육시키는 교육이다. 아미시 중 한 사람이 이러한 글을 남긴 적이 있다. "공교육이 경쟁과 성취욕을 강조하는 반면, 아미시들은 협동과 겸손실제적으로 성서적 주제인"[2]을 강조한다. 이러한 것은 어떤 자격있는 교사보다도 더 훌륭하다고 검증된 교사를 필요로한다. 그리고 이러한 자격은 국가에 의해 결정되는 것이 아니라 교회에 의해서 결정된다:

> 비록 아미시 학교가 외부 "세상"으로부터 분리되어 있을지라도, 그것은 아미시 생활로부터 분리되어 있는 것이 아니다. 학교는 가족과 전통과 아미시 공동체를 적극 후원하고, 자녀들이 20세기 미국을 살아가는 온전한 아미시로서 기능을 감당할 수 있도록 필요한 사실과 역할을 가르치고 있다.[3]

거의 모든 그룹에서 이러한 약점이 발견됨에도 불구하고, 아미시들은 지난 20세기 에너지의 이용, 자급자족, 상호부조, 전인격적인 삶, 검소한 삶, 땅을 사랑하고 보호하는 모습에 있어서 모범이 되었다. 그리고 환경문제가 심각해 질수록 더 많은 사람들의 관심을 끌고 있다. 그들은 수 많은 사회학자들의 연구 대상이기도 하다. 그들을 제대로 이해하는 사람들은 이러한 모든 삶의 방식들이 하나님을 믿는 믿음과 하나님의 뜻에 복종하고자 하는 그들의 신실한 헌신에서 시작된 것이라고백하고 있다. 곧 하나님의 뜻을 삶을 통해 드러내고자 하는 그들의 믿음이요 실천이 그들의 존재의 기초인 것이다.

불행히도 어떤 아미시 공동체들은 19세기 말에 상당한 스트레스와 분열을 경험해야 했다. 한 공동체내의 이슈들이 곧 다른 공동체로 퍼져 갔다. 1865년부터 1875년까지 "에글리 아미시"Egli Amish는 비저항의 메노나이트 교회로 알려졌고, 후에는 복음주의 메노나이트 교회15장에서 다루게 될 것임로 알려진 그룹이 생겨났다. 인디아나 번Berne 지역의 올드 오더 아미시를 떠난, 에글리라는 사람이 새로운 쇄신을 주창하면서 새로운 그룹이 형성되었다. 미시간 주의 다른 아미시 그룹도 올드 오더의 사고 방식 및 생활방식에 쇄신을 추구하였으나 진보적인 길을 만들어 내지 못하였다. 1910년 개혁을 원하는 그룹이 보수적 아미시 메노나이트 컨퍼런스를 형성하였고, 1957년 아미시라는 단어를 생략하여 보수적 메노나이트 컨퍼런스가 되었다. 이들은 오하이오의 로스데일 성서학교Rosedale Bible Institute를 포함한 교육프로그램 및 선교 프로그램을 적극적으로 받아들였다. 이렇게 변화를 받아들이면서 메노나이트 교회에 합병되었다. 1986년 당시, 99개 회중을 형성하였으며, 총 7,918명의 멤버가 있었다. 그들은 「형제애의 횃불」Brotherhood Beacon이라는 신문을 발행하기도 했다.ME 5:192

비취 아미시 메노나이트 펠로우십 Beachy Amish Mennonite Fellowship: 기록에 따르면 이 그룹은 분열에 의해 생겨났다기 보다는 상호 동의하에 이루어진 분리라고 보아야 할 것이다. 모세 비취Moses M. Beachy가 펜실바니아 남서부 지역의 감독이 되었을 때, 그의 선조들이 그랬던 것처럼 그는 메노나이트 교회로 떠나버린 모든 올드 오더들을 징계처분함으로써 자신의 그룹으로 받아들이지 않았다. 그는 감독으로서 약 10년 동안 이러한 문제로 씨름하고 난 1927년부터 자신의 회중의 반이 따로 예배를 드리고 있다는 사실을 알게 되었다. 약 26년 동안 이들은 같은 건물을 격주로 사용하며 예배를 드렸고, 피치 그룹은 주일학교 및 보다 혁신적인 내용들을 받아들여 왔었다. 비록 피취 그룹은 자동차 사용을 너그럽게 봐주었지만 이것은 더 큰 긴장을 유발시켰다. 1990년 펜실바니아, 오하이오와 인디아나에 있었던 다른 그룹들은 105개의 회중, 총 7,238명을 이끌고 비춰 아미시 그룹에 합류하였다. 이들 중 어떤 회중들은 여전히 독일어를 사용하고 있다. 이들은 대부분 주일학교와 주 중 기도모임을 갖고 있다. "상호부조는 서로에게 상당한 격려가 된다"라고 할 정도로 이들에게 상호부조는 아주 중요하다. 다음의 글은 1978년 한 멤버에 의해 기록된 것으로써 이 그룹의 영성이 어떠했는지 잘 보여주고 있다.

> 교리적으로 교회는 참회, 회개, 피의 속죄, 거듭남, 신자의 세례, 믿음으로 의롭게 됨, 실제적인 제자도, 그리고 지속적인 성화를 강조해왔다. 반드시 시행해야 할 여덟 가지 교회 의식은 세례, 성찬, 세족, 여성들의 베일, 거룩한 입맞춤, 기름 바름, 안수, 그리고 결혼이다.

> 차이가 존재함에도 불구하고, 우리는 주님을 사랑함과 동시에 서로를 사랑한다. "눈 앞의 보이는 바 그 형제를 사랑하지 아니하는 자가 어떻게 보이지 않는 하나님을 사랑할 수 있겠는가?"(요1 4:20) 우리는 영적으로 성장해야할 엄청난 필요와 더불어 하나님과 동료 형제들을 동시에 사랑해야할 엄청난 필요를 느낀다. 이는 우리 자신이 그들 중 하나이기 때문이다! 그리스도께서 곧 오시리라![4] (ME 5:60~62)

후터라이트 형제단

16세기에 생겨난 후터라이트 형제단의 발생과 연원에 대하여는 이미 4장에서 간략하게 언급한 바 있다. 17세기의 핍박은 그들의 입지를 매우 어렵게 만들었고 모라비아 지역의 공동체를 완전히 파멸시켰다. 비록 제 2차 세계대전까지 문화적 잔재가 사라지지 않고 남아있었지만, 통계상 존재하는 후터라이트는 거의 찾아보기 힘들 정도로 소수에 불과했다. 그러나 많은 사람들은 슬로바키아와 트랜실바니아Transylvania로 계속 이주하였으며, 1770년 다시금 러시아 정부의 일반적인 초청으로 그나마 남아있던 123명이 우크라이나로 정착하면서 후터라이트 운동은 완전 소멸의 위기에 처하게 되었다. 이들 중 56명은 루터교도였다가 후터라이트로 개종한 사람들로 이 운동에 새로운 활력을 불어 넣었던 사람들이었다

그 이후 100년 동안은 다시 번영의 시대가 찾아왔다. 1819년부터 1859년까지 내부적으로 긴장과 갈등을 겪으면서 잠시 그들의 역사적인 공동체 생활을 포기하였다. 이 무렵 영적 부흥운동이 일어났지만 그것은 아주 잠깐 동안의 현상이었다. 러시아 농노 해방은 만민평등주의로 이어졌고, 이는 후터라이트, 메노나이트와 다른 자치구들 내에 존재하는 소중한 특권을 위협하기 시작했다. 후에 대체복무를 마련해 주는 법안이 마련되기는 하였지만, 양심적 병역거부자들이 전쟁에 참여하지 않자 1872년 병역 징집명령법을 제정하여 후터라이트, 메노나이트들의 입지를 위협하였다. 이러한 전쟁과 평화의 문제로 후터라이트, 메노나이트들은 권리를 찾아 어디론가 떠나야했다. 1873년 미래의 삶의 터전으로써 가능성이 있는 땅을 조사하기 위해 북미로 보내진 열 두명의 대표 중 두 명이 후터라이트였다. 두 사람 중 연장자였던 폴 채더Paul Tschetter는 자신의 여행에 대한 모든 정보를 잘 기록해 두었다.[5] 그들이 추천한 장소는 다코타 지역이었다. 1874년 7월 첫 후터라이트 그룹이 다코타에 도착하였고, 1877년 자신들이 선택한 지역에 도착한 사람들의 총 수가 700~800명에 이르렀다.

다코타에 형성된 최초의 공동체는 자신들의 재산을 독립적으로 인정받기를 원하는 그룹까지 총 세 그룹이었다. 처음 그룹은 쉬트로이트Schiedleut로 알려져있는데 그들의 리더였던 마이클 발트너Maichael

1528년 남부 티롤에서 도망한 2백여 명의 아나뱁티스트들이 오스터리쯔(슬로바키아 공화국의 스라브코브 지역)에 정착하였다. 이곳에서 그들은 자신들의 자금을 출자하여 다시금 공동체 중심의 아나뱁티즘을 시작하였다. 당시 리더십에 있어서 최고의 영향력을 발휘했던 인물이 제이콥 후터였는데 그의 이름을 따라 후터라이트라고 했다. 『후터라이트 연대기』(The Great Chronicle of the Hutterites)는 1560년대 노이뮐(현 노프 므리니 Nove Mlyny)에 사는 캐스파 브레이트미첼에 의해 기록되기 시작했다. 이 연대기는 러시아의 비스헨카로 옮겨졌고, 1874년 미국으로 다시 옮겨졌다. 그들은 예술적으로 유명한 도예기술이 있었다. 그들을 지독하게 괴롭혔던 원수들도 자신들의 자녀들이 결혼할 때는 후터라이트들이 만든 도자기를 선물할 정도였다. 사진의 접시는 1674년에 만들어진 것이다.

Waldner가 대장장이였기 때문에 대장장이들이라는 의미로 통용되었다. 두 번째 그룹은 다리우스로이트Dariusleut로 그들의 장로였던 다리우스 발더Darius Walther의 이름을 따른 것이었다. 그리고 마지막 세 번째 그룹은 레르로이트Lehrleut로 그들의 리더였던 제이콥 위프Jacob Wipf가 선생님이었기 때문에 선생들의 그룹이라는 의미로 통용되었다. 첫 번째 그룹은 미주리Missouri 강 근처에 정착하였고 현재까지 본 홈Bon Homme 컬러니로 알려져 있다. 두 번째 그룹은 미주리 강의 지류인 제임스James 강 근처에 정착하였고, 세 번째 그룹은 볼프 크릭Wolf Creek 북쪽에 위치하여 엘름스프링Elmspring 컬러니라고 불렸다.

정착하자마자 세 개의 공동체는 아주 빠른 속도로 성장하였고 경제적으로도 매우 풍요로운 삶을 영위하게 되었다. 후터라이트 인구는 정착 후, 첫 40년 동안 두 배로 증가하였으며 공동체도 열 일곱개로 늘어났다. 그들의 공동체는 그들이 원하는 바에 따라 주변 문화로부터 거의 분리되어 있었는데, 이렇게 공동체의 삶을 영위할 수 있게 된 것에 대해 늘 감사의 마음을 갖고 있다.

그러나 이러한 것은 1914년 제 1차 세계대전이 일어나면서 큰 변화를 맞게 되었다. 주변 사람들이 독일어를 사용하는 양심적 병역거부자들을 의심의 눈초리로 대하기 시작했다. 비록 그들이 적십자나 다른 구호기관에 많은 물자와 돈을 기부하였음에도 불구하고 그들이 자유주식 Liberty Bonds 구매를 거부한 것에 대해 외부 사람들이 분개하기 시작하였다. 이로 인해 후터라이트 정착지들을 상대로 여러 협박 및 폭력적인 행동이 증가하였다. 특히 애국주의를 표방한 그룹들이 자유주식을 구매하기 위해 제임스James 컬러니에 찾아와 약 100마리의 수송아지들과 1,000마리의 양들을 몰고가 팔아버렸다. 이러한 행동에 대하여 어떤 법적 강제도 이들에게 부여되지 않았다. 후터라이트 컬러니들을 못살게 구는 아주 흉악한 소문들이 여기저기 유포되었다.

가장 큰 고통은 젊은 청년들에게 영장이 발부되면서 닥쳐왔다. 이들은 군 병영으로 잡혀갔지만 군복입기를 거부하였고, 상관들이 내리는 명령을 따르지 않았다. 당시 거기에는 대체복무도 없었고, 그들의 입장을 배려해 줄 아무런 법조항도 없을 때였다. 특히 호퍼Hofer 3형제에 의해 제이콥 위프Jacob Wipf 공동체를 온통 뒤흔들어 놓는 사건이 발생했다. 조셉, 데이빗, 마이클 3형제는 두 달 동안 군 유치장 신세를 져야 했고, 그후 37년 동안 감옥에 있어야 한다는 실형을 선고받았다. 낮에는 수갑이 채워지고 밤에는 족쇄가 채워진 가운데 알캐트라쯔Alcatraz로 이송되었다. 그들은 알캐트라쯔의 습한 지하감옥에 쳐넣어졌고, 모두 독방신세를 면치 못했다. 그들이 군복을 거부했다고 하여 군복을 감방에 걸어 놓고는 아무런 옷도 입히지 않은채 지하감옥에 넣어졌다. 그렇게 그들은 군복을 선택하든지, 아니면 아무런 옷도 입지 않은채 생활을 해야했다. 덮을 것도 없는 가운데 젖은 바닥에서 5일 밤, 낮을 내내 서 있다, 앉아 있다가 잠을 자야했다. 그들에겐 매일 한 잔의 물 외에는 아무런 음식도 주어지지 않았다. 그리고 나서 잠시 동안이지만 처우가 좀 나아졌다.

그러나 4개월 후에 그들은 캔사스의 포트 리븐워스Fort Leavenworth로 이감되었다. 4일 낮 5일 밤 동안의 끔찍한 이송이 이루어진 후, 그들은 주둔지에서 전쟁막사까지 벌거숭이 행진을 해야했다. 그들은 추운 겨울에 완전히 발가벗겨진 상태로 땀이 날때까지 밖에서 모진 고통을 당해야 했다. 두 시간 후에 그들에게 죄수복이 입혀졌으나 여전히 밖에 서있어야만 했다. 이른 아침에 조셉과 마이클 호퍼는 실신하여 병원으로 이송되었다. 그들 외 두 명에게는 음식을 제공하지 말라는 선고가 내려진 가운데 독방으로 보내졌다. 그들의 발은 겨우 땅에 닿을듯 말듯 하고 손은 천정에 묶어 둔 상태로 매일 아홉 시간을 매달려 있어야만 했다. 친절한 두 사람의 호의로 위프의 아내들에게 전보가 전해졌다.

133년 모라비아에서 시작된 후터라이트들은 1874년 북미로 이주하게 되면서 3 세기 동안 동유럽에서의 긴 방랑을 끝마쳤다. 남부 다코타, 양크톤(Yankton) 근처에 위치한 본 홈(Bon Homme) 컬러니에 위치한 이 건물은 석회석으로 지어진 집으로 처음 미국에 정착한 후터라이트 집이다. 대부분의 후터러이트 컬러니들은 캐나다와 미국 서부에 위치해 있다.

아내들이 소식을 듣고 남편들을 찾았을 때, 이미 그들은 거의 초죽음 상태에 있었다. 다음 날 아침 요셉은 죽었다. 그러나 그의 아내 마리아에게는 죽은 남편의 시체조차 볼 수 없도록 엄중한 조처가 내려졌다. 오랜 간청 끝에 그녀는 남편이 들어있는 관을 받을 수 있게 되었는데, 남편의 시신에는 살아있는 동안에 그렇게 입기를 거부했던 군복이 입혀져 있었다. 마이클도 이틀 뒤에 죽었다. 그외 두 사람은 결국 석방이 되었다.[6]

한편 전쟁을 담당하는 국방장관과의 토론 및 우드로우 윌슨Woodrow Wilson 대통령 앞으로 보낸 탄원서를 토대로 이루어진 워싱턴에서의 협상들은 이렇다할 결과를 얻어내지 못하였다. 결국, 후터라이트들은 미국에서는 더 이상 대안이 없다고 생각하였고, 종교적인 자유가 보장되었던 캐나다로 이주를 결정하였다. 이주를 위한 결정이 내려지자마자 가장 오래된 본 홈름 컬러니를 제외한 모든 컬러니들이 즉시 이주하였다. 스미드로이트Schiedleut들은 마니토바에 정착하였고, 다리우스로이트Dariusleut와 레어로이트Lehrleut는 알버타로 이주하였다. 몇 년의 시간이 흐른 뒤, 결국 다코타 법정에 변화가 찾아왔다. 1930년대는 대 공황의 시기였기 때문에 크게는 경제적 이유로 후터라이트들을 돌아오게 하려는 실제적 권면도 있었다. 많은 컬러니들이 처음 정착하여 농지를 경작했던 것과 같은 기회를 다시 얻게 되었다. 캐나다 정착은 빠른 성장을 이룸으로써 공동체들의 필요가 충족되었다.

토지문제: 후터라이트 공동체의 성장과 번영은 보다 더 많은 땅을 필요로 하였다. 아미시와 비교해 볼 때, 후터라이트들은 농사, 상점, 그리고 다른 생산을 위해 필요하다고 생각되는 분야에 현대 문명을 사용하였다. 하나의 새로운 공동체를 세우는 데에는 적어도 5,000 에이커 이상의 아주 넓은 땅이 필요했다. 후터라이트는 주변의 소규모 농부들로부터 땅을 사들이는데 전혀 문제가 없을 만큼 경제적으로 풍요로왔다. 결국 후터라이트들의 번영은 점차 지역의 농부들과 작은 도시들의 생활을 위협하게 되었다. 이는 후터라이트들이 기본적으로 자급자족하되, 필요한 물품은 가능한 대도시에서 대량으로 사들였기 때문에 빚어진 현상이었다. 결국 알버타주는 이들의 농토구매를 제한하는 법을 만들었으며, 현재는 땅을 사기 전, 정부와 후터라이트 대표자가 미리 서로의 의견을 조정하는 사무실을 두고 있다. 캐나다 마나토바와 사스카추원 주, 그리고 미국의 몬태나와 미네소타 주에도 제한적 법안이 마련되었지만 한번도 시행된 적은 없었다.[7] 후터라이트들은 땅을 팔려는 지역 주민 감정에 아주 만감할 뿐 만 아니라, 자신들이 주위 사람들에게 훌륭한 이웃이요, 농부들이라는 평판을 유지하고 싶어한다. 이러한

예민한 감각으로 인해 땅의 문제는 무리없이 잘 해결되는 편이다. 그러나 여러가지 신경을 써야할 문제들은 계속 등장하고 있다. 한 동안 사람들은 후터라이트들이 세금을 내지 않는 종교적 공동체라고 생각했다. 그러나 그들은 개인적으로 세금을 내지는 않지만, 단위 공동체별로 세금을 내고 있다. 1990년 미국과 캐나다의 세례를 받은 후터라이트 인구는 총 인구 35,000명 중 15,000명인 것으로 조사되었다.

후터라이트 형제단 The Hutterian brethren, 형제들의 사회 Society of Brothers: 아놀드로이트Arnoldleut라고 알려진 그룹이 1930년 후터라이트 공동체에 네 번째 그룹으로 등장했다. 독일 작가요 교사였던 에버하르트 아놀드Aberhard Arnold라는 사람이 16세기 아나뱁티스트-후터라이트 모델에 매력을 느끼게 되었고, 1920년 이를 기반으로 독일에 공동체를 세웠다. 1938년 그는 북미에 후터라이트 들이 있다는 소식을 듣게 되었고, 1930년에 북미의 후터라이트 공동체들을 방문하였다. 독일로 돌아가기 전에 그는 이들 공동체에 의해 받아들여졌을 뿐만 아니라, 안수까지 받게 되었다. 그에 의해 세워진 공동체는 그가 죽자마자 여러가지 어려움들을 겪게 되었다. 제 2차 세계대전의 압력들로 인해 그들은 독일을 떠나도록 강제되었고, 그리하여 그들은 우선 영국에 정착하게 되었다. 그러나 그들이 비저항주의자들이요 독일 사람들이라는 이유 때문에 그곳에서도 엄청난 적대감을 경험하게 되었고 결국 파라과이 강 동쪽에 살고 있던 프리스랜드 메노나이트 자치구가 있는 파라과이로 이주를 하게 되었다.

1950년대 초, 프리마베라Primavera-온천 자치구는 멤버 수가 약 650명까지 될 만큼 절정을 이루었다. 그 중 아이들이 반을 차지했다. 그들은 특별히 스페인어, 독일어, 영어를 구사하는 삼중 언어 및 멤버의 다양한 배경을 존중하는 철저한 교육제도를 고집하였다. 이들의 삶이 어떠했는지는 약 90개의 성을 분석해보면 잘 알수 있다. 그리고 그들이

카나다에서 가장 오래된 후터라이트 공동체인 마니토바주 엘리(Elie) 근처에 있는 밀타운 컬러니(Milltown Colony)의 후터라이트 소녀들

열정을 다해 지은 완벽한 병원시설을 통해서도 잘 알 수 있다. 1950년 중후반부터 영적 침체를 경험하면서 멤버의 숫자가 줄어들기 시작하였고, 결국 파라과이에서는 공동체가 사라지게 되었다.

  이 멤버들 중 어떤 사람들은 이 그룹을 시작한 에버하르트의 아들인 하인리히 아놀드Heini Arnold의 리더십 아래 뉴욕 주의 리프톤Rifton에 공동체를 다시 세우는 일에 가담하였다. 이 그룹은 일전에 형제들의 사회 Society of Brothers라는 후터라이트 형제단으로 알려진 그룹이였고, 이렇게 하여 1974년 이래 서방의 후터라이트로서 다시금 리더십을 인정받게 되었다. 그러나 1960년대 동부의 컬러니에서 발생한 이들의 정체성과 선교에 대한 갈등은 채 극복하지 못했다. 1987년 당시, 북미에는 약 350개의 컬러니가 여러곳에 흩어져 있었다. 그렇지만 대부분의 컬러니들은 알버타119개, 사스카추원39개, 마니토바76개, 몬태나41개 그리고 남부 다코타48개에 집중되어 있다. 뉴욕주에도 세 개의 컬러니가 있고 펜실바니아에 두 개, 그리고 커넥티컷, 영국, 독일, 일본에 각 한 개씩의 컬러니가 있다. 후터라이트동부 컬러니들은 약 1,800명의 인구에 800명의 멤버들이 있고, 1990년 현재 총 15,000명의 멤버가 있다.[8]

공동체 생활: 후터라이트의 생활은 단순히 자신의 물질을 함께 공유하는 것 이상으로 모두가 공동체적인 환경 속에서 일상을 살아간다. 그것은 모든 사람이 자신만의 독특한 모습으로 공동체 삶의 총체적인 부분이 되어 책임과 권위를 행사한다는 의미이다. 이들에게는 돈 뿐만이 아니라 멤버들의 시간과 능력도 더 이상 자신의 것이 아니다. 많은 사람들이 전체 삶 속에서 조화롭게 일하기 위해서는 우선 질서가 가장 중심에 놓여있어야 한다. 후터라이트들이 갖는 시간, 공간, 사회의 질서에 대한 이해는 하나님의 질서 정연한 창조 및 영향력에 모든 기초를 두고 있다. 가족들을 위한 건물 및 생활 환경들은 컬러니 내에 아무렇게나 배열한 것이 아니다. 아주 정확한 시간표에 의해 매일 시간이 운영되며, 일, 존중, 신뢰를 잃지 않도록 구룹지어져 있다. 교육적인 차원에서 어린이들의 활동시간, 결혼, 남여간의 교제, 그리고 연장자의 역할이 사회적 질서 하에 잘 정리되어 있다. 이러한 모든 관계의 질서는 권위를 필요로 하며, 책임에 대한 위계질서 또한 명확하게 요구된다. 그러나 이러한 모든 것의 중심은 책임 및 권위를 담당하는 종으로서의 위계질서가 있기에 가능하다. 위계질서의 최고가치는 모든 사람들의 선을 도모하는 것이다. 보다 큰 컬러니에서는 영적리더 혹은 목사가 수장이 되어 교회를 중심으로 권위와 질서를 유지해 나간다. 그를 중심으로 다른 목회자들 및 전체 교회의 평의회가 구성된다. 교회에서 선출된 대략 다섯 명에서 일곱 명의 남자로 위원회가 구성되어 있다. 이 위원회는 일반적으로 공동체를 위한 중요한 결정과 매일 운영을 책임지게 되는 두 명의 목회자, 작업장 매니저, 공동체 건물관리 매니저로 구성

된다. 모든 중요한 결정들은 교회에 의해 이루어지며 세례를 받은 남자들 만이 투표에 참여할 수 있다. 교회의 규율은 추방과 공동체로부터의 제명 등의 내용을 포함하고 있다.

아미시들 처럼, 후터라이트 학교 또한 가능한 인정받고 검증된 교사들에 의해 운영되고 있다. 그러나 보다 더 큰 후터라이트 교육은 전체 교육 담당관 및 감독관의 감독을 받고 있다. 자녀들 중 몇몇은 자신들의 공동체에 있는 아이들을 가르칠 목적 하에 대학을 다니기도 한다. 통상적으로 영상자료나 다른 시각자료들은 교육에 사용하지 않는다. 공동체 내부에서 텔리비전은 어떤 목적으로도 허용되지 않는다. 대부분의 아이들은 8학년이나 혹은 9학년까지만 학교에 출석한다. 이것은 공동체 내에서 이루어지는 종교 및 사회 활동을 하기에 충분한 교육이라고 생각되기 때문이며 보다 더 큰 외부 사회 및 세상을 이해하는데 충분하다고 여기기 때문이다. 그들의 영적인 성장에 있어서 매일 이루어지는 헌신의 시간은 아주 중요한 역할을 하고 있다.

멤버십을 인정하기 위해 오늘날 모든 후터라이드들에의 해 사용되는 세례 선서Baptismal vow는 다음과 같다. 이곳에 있는 질문들은 진실하며 완전한 헌신을 요구하고 있다. 질문들은 세례 기도 전에 세례 후보자에게 주어진다:

1. 지금까지 배운 교리들을 구원을 위한 올바른 기초요 진리로 인정하십니까?
2. "전능하사 천지를 만드신 하나님 아버지를 내가 믿사오며"로 시작되는 사도신경의 열두 조항을 크리스천들의 믿음으로 동의하고 믿습니까?(사도신경의 각 조항을 하나하나 반복하여 묻는다.)
3. 당신이 알지 못하는 가운데 지은 죄들을 하나님께서 용서해 주심을 믿고 용서를 위한 경건한 중보기도의 삶을 사시겠습니까?
4. 당신은 크리스천 세례의 언약 안에서 당신을 주 앞에서 거룩하게 하며, 당신

자신을 드리고, 주를 위해 희생하는 삶을 사시겠습니까?

이 질문이 끝나면 기도가 이어진다.
[기도 후에, 세례를 받는 사람은 무릎을 꿇고 다음과 같은 질문을 받게 된다.]

1. 당신은 하나님의 말씀을 충분히 이해하고 하나님의 말씀이 영원한 삶을 살기 위한 유일한 길이라는 것을 인정하십니까?
2. 하나님께 모르고 지은 죄들을 진실과 충심으로 회개하며, 이제부터 하나님을 두려워하며, 다시는 하나님께 대하여 의지적으로 죄를 짓기보다는 차라리 죽음의 고통을 택하는 삶을 사시겠습니까?
3. 그리스도와 그 백성의 중보기도를 통해 당신의 죄들이 사해지고 용서받는다는 사실을 믿습니까?
4. 형제들의 지도, 훈계 및 처벌을 받아들이기로 다짐하며, 필요하다면 다른 사람에게도 같은 일을 적용하는 삶을 사시겠습니까?
5. 주 앞에서 자신을 거룩하게 하며, 주님께 자신을 드리고, 영혼과 몸과 모든 소유를 하늘의 주님께 온전히 드리며, 그리스도와 그의 몸된 교회에 복종하는 삶을 사시겠습니까?
6. 하나님과의 언약, 그의 백성들과 언약을 세우며 당신의 신앙고백에 따라 세례를 받으시겠습니까?

[이 모든 질문들은 "예"라는 충심어린 답이 요구된다. 목사는 자신의 손을 얹고 물을 뿌리면서 다음과 같이 선포한다.]

당신의 신앙고백에 근거하여 내가 성부와 성자와 성령의 이름으로 세례를 베푸노라. 전능하신 하나님께서 그의 아들예수 그리스도의 죽음과 성도들의 기도를 통해 은혜와 자비를 베푸시며, 높으신 곳으로부터 당신을 두르시며, 당신의 이름을 영원한 생명책에 기록하시며, 죽을 때까지 믿음과 신앙심을 굳게 지키를 기도합니다. 이것이 그리스도를 통한 당신께 대한 나의 소원입니다. 아멘.

세례는 대략 여자들이 19세에서 20세, 남자들이 20세에서 26세에 받는다. 세례를 받기 원하는 사람들은 개인적으로 목사에게 요청을 해야한다. 세례에 앞서 대략 6주에서 8주 정도 훈련의 기간을 갖는다. 세례식 자체는 질문에서 보여지듯이 검증되지 않은 복종을 그리스도와 후터라이트 교회에 약속하는 식으로 이루어 진다.

16세기 후터라이트들은 다른 아나뱁티즘 그룹들이 생존을 위해 이미 안전한 장소들을 찾아 떠난 지 한참 후에까지도 끊임없는 선교 활동을 펼쳤던 그룹이다. 이러한 것은 뉴질랜드, 인도, 스웨덴과 같은 나라를 포함하여 중앙 아메리카를 방문하는 등 왈데시안, 퀘이커, 메노나이트, 형제들의 교회를 포함한 폭 넓은 그룹들과의 대화를 시작함을 통하여 자신들이 할 수 있는 역량을 다시금 회복하는 것처럼 보였다. 후터라이트는 메노나이트 중앙위원회MCC와 국제기아 단체인 옥스팜Oxfam과 공동으로 교도소 및 구제 사역을 수행하기도 하였다. 플라우출판사 Plough Publishing House의 활동은 초기 후터라이트의 역사적, 신앙적 글들을 번역, 문서 배포를 사명으로 보고 있다.[9]

1977년 알버타의 후터라이트들에 의해 안수를 받은 이소미 이제키 Isomi Izeki의 주도 하에 일본 도쿄에 아나뱁티즘 연구 센터가 생기게 되었다. 일본의 학자인 아이안 사카키바라Ian Sakakibara는 아나뱁티즘에 대한 수 많은 책들을 저술 하였으며 이 센터에 중요한 아나뱁티즘 도서 자료들을 제공하였다.[10]

일본의 주변 문화와 아주 다른 생활 양식과 공동체 경험을 제공함으로써 일본에 아주 독특한 모습으로 크리스천의 삶을 증거하고 있다. 이러한 리더들 중 한 사람이 남긴 기록에 "몇몇 [후터라이트]들은 그들의 일터와 삶의 방식이 곧 선교지라고 이야기한다. 학자들이 다녀가고, 여러 매체들이 후터라이트의 생활 방식에 대하여 보고하면 그것이 곧 선교 활동의 현장이 되는 것이다. 어떤 사람들에게 이러한 모습은 상당히 신경쓰이는 일이지만 후터라이트에 대한 내용들이 소개되어 있는 책들이 출판되고 방문객을 잔뜩 실은 수 많은 버스들이 후터라이트 컬러니들을 방문하면서 더 많은 사람들이 후터라이트들에 대해서 알게 되었다."[11] 후터라이트의 생활을 예리하게 관찰한 한 사람은 "후터라이트들은 거의 혼자있는 법이 없고 결코 외롭지 않은 사람들이다."[12]고 표현하기도 했다.

1) John A. Hostetler, *Amish Society*, Baltimore, Md.: The Johns Hopkins Press, 1963, p. 55. An older form added "whether it be for life or death" at the end of questions three and four as part of the commitment.
2) Levi Miller, "The Amish Word for Today," in *The Christian Century*, vol. XC, no. 3, January 17,1973, p. 71.
3) Quoted in ibid., from John A. Hostetler and Gertrude Enders Huntington, *Children in Amish Society*. New York, N.Y.: Holt, Rinehart, and Winston, 1971, p.2.
4) *Mennonite World Handbook*, 1978, p. 369, by Ervin N. Hershberger.
5) MQR(April 1931), 5:112ff.;(July 1931), 5:198ff.
6) Recounted in John A. Hostetler, *Hutterite Society*. Baltimore, Md.: The Johns Hopkins University Press, 1974, pp. 128ff., from the original account in A. J. F. Zieglschmid, *Das Klein-Geschichtsbuch der Hutterischen Brilder*. Philadelphia, Pa.: Carl Schurz Memorial Foundation, 1947, pp. 477-489.
7) Hostetler, *Hutterite Society*, p. 134-135.
8) ME 5:406-409. *MWC Handbook* 1990, pp. 413,416
9) Hostetler, *Hutterite Society*, appendix VIII, pp. 33 7-338; reprinted from Peter Hofer, *The Hutterian Brethren and Their Beliefs*. Starbuck, Man.: The Hutterian Brethren of Manitoba, 1955, pp. 26ff.
10) See e.g. *The Chronicle of the Hutterian Brethren*, vol. 1, Rifton, N.Y.: Plough Publishing House, 1987, pp. 887.
11) John A. Hostetler and Gertrude Enders Huntington, *The Hutterites in North America*. New York, N.Y.: Holt, Rinehart, and Winston, 1967, p. 110.
12) Paul S. Gross, *MWC Handbook* 1978, p. 356.

그 외의 자료들: See items referred to in the endnotes, especially also the ME 5:406-409 article and bibliography. Contact any MCC office or Mennonite information center for audiovisual resources.

14장

메노나이트 교회 교단 총회
The General Conference Mennonite Church

군복무에 대한 갈등은 18세기 후반기 동안 유럽의 이주자들을 북미로 오는 흐름에 큰 영향을 미쳤다. 첫 번째 예로 1756~63년에 일어난 7년 전쟁을 들 수 있는데, 이 전쟁은 새로운 세상의 땅, 특히 캐나다 지역의 땅을 차지하려는 영국과 프랑스 간의 전쟁이었다. 이 전쟁에 이어 유럽의 강국에 의해 촉발된 인디언들과의 전쟁이 지속되었다. 그리고 나서 1775~83년에 이르는 미국 혁명 전쟁the American Revolution * 미국 혁명 전쟁은 독립전쟁으로 알려져 있으나 캐나다에서는 혁명전쟁이라 부른다. 영국으로부터 독립이 영연방국가인 캐나다 입장에서 혁명으로 보이기 때문이다.-역주과 1789~99년의 프랑스 혁명 전쟁, 1815년에 끝이 난 나폴레옹 전쟁이 있었다. 북위 49도를 중심으로 미국과 영국 사이에 불길처럼 솟아 오른 원한과 적대감들이 1812년 전쟁으로 나타났고, 1815년부터 한동안 사그러들었던 긴장이 1861~65년의 미국 남북전쟁American Civil War이 일어나기까지 잠잠해 졌다. 전운이 사라지면서 이민은 다시금 활성화되었다.

이민자들에 대한 새로운 물결 중에 알자스, 바바리아, 헤세 지역으로부터 약 3,000명의 메노나이트들이 온타리오, 오하이오 및 당시 서부로 인식 되었던 인디아나, 일리노이 및 아이오와에 정착하게 되었다.

이들은 백년 전에 펜실바니아로 왔던 사람들과 같은 이름을 갖고 있었지만, 서로 다른 시대를 살게 되었다. 서로 다른 경험을 했기 때문에 이들은 서로간에 차이점이 매우 많았다. 18세기에 온 사람들은 상대적으로 폐쇄적이며 자급자족하는 형태의 메노나이트 정착지를 형성하여 살았지만, 1830년 이후에 온 사람들은 유럽에서 발생한 영적, 지적인 자유를 체험하고 온 사람들이었기에 개방적이었다. 그들은 자신들의 세상을 넘어선 곳으로 순례하면서 새 세상의 시민들이 되어 살기 시작했다. 팔라티네이트에서 뉴욕 주로 와서 프랑코니아 컨퍼런스에 속해 살던 제이콥 크레비엘Jacob Krehbiel 목사의 통찰력있는 논평은 그들이 맞이하게 된 새로운 분위기가 어떠했는지 잘 설명해 준다. 그는 1841년 독일에서 미국에 있는 친구들에게 편지를 썼고, 10년 뒤에 미국에 도착하였다.

> 나는 몇 몇 미국 회중들이 외형에 강조점을 두어야 한다는 주장을 굳이 부인하고 싶지 않다. 그러나 때때로 어떤 점들은 지나치게 과장되어 있는 느낌이 든다. 이것은 이곳에 있는 대부분의 설교가들을 통해서도 나타나는 바이며, 나 또한 그들의 마음 중심에 있는 의도를 좋게만 평가하고 싶지 않다. 보다 더 큰 것과 작은 것으로 서로 다른 은사를 비교하고 있기에, 비 본질적인 것들이 본질이 되고 결국 너무나 쓸데 없는 것들이 경직된 모습으로 나타나고 있다. 바울이 "그리스도 안에서 새로운 피조물"을 강조한 것을 사람들이 잊어버리는 것 같다.[1]

일리노이 지역으로 온 이주민들 중 몇은 세인트 루이스에서 와서 미시시피강 건너편 섬머필드Summerfield 근처에 정착하였다. 1851년 한 그룹이 아이오와 주의 남동부에 위치한 리 카운티Lee County에 정착하였다. 그들은 도착하자마자 참된 메노나이트 전통에 의거하여 교회를 세우기 시작했다. 1849년 두 명의 목사에 의해 아이오와주 웨스트 포인트West Point에 한 회중 교회가 생겨났다. 마을로부터 약 4마일 정도 떨어진 곳에 약 30명이 앉을 수 있는 작은 통나무로 지어진 교회가 세워졌다. 이 교회 건물이 숲의 가장자리에 세워졌기 때문에 사람들은 그 교회를 숲속의 교회라는 의미를 가진 부쉬 게마인데Busch Gemeinde라고 불렀다. 1852년 이 곳으로부터 약 9마일 정도 떨어진 곳에 시온Zion이라고 불리는 다른 교회가 프랭크린 타운십Franklin Township 지역에 형성되었다. 1855년 그들은 자신들의 독립 건물을 세우기까지 독일 루터교회의 건물을 번갈아가면서 사용하였다. 1858년 세 번째 회중교회가 섬머필드Summerfield에 형성되었다. 크레빌Krehbiel 성을 가진 사람들이 이 세 교회 시작에 중추적인 역할을 담당하였다. 이들 공동체에는 다른 메노나이트들과 아미시들도 함께 있었고 펜실바니아와 오하이오로부터 서쪽으로 이주한 가족들도 있었다. 그러나 이 독일 이민자들은 서로 다른 배경과 경험 때문에 제대로 연락을 주고 받지 않았다.

크리스천들의 성장에 있어서 교제는 필수적인 것이었기 때문에, 이 웨스트 포인트, 섬머필드에 있었던 세 교회들은 지리적, 영적 분리를 극복하기 위해 많은 노력을 기울였다. 1853년 웨스트 포인트와 프랭클린 타운십의 회중 교회들이 하나의 교회로 연합하여 독일 복음주의 메노나이트 회중을 형성하였는데 총 멤버가 181명이나 되었다. 이 두 교회가 약 9마일 정도 떨어져 있었기 때문에 그들은 따로 모임을 가져야 했지만 공동의회는 함께 하였다. 1859년 그들은 지역 및 외국 선교와 관련된 구체적인 내용을 함께 논의해야할 필요성을 느꼈다. 그들은 영국 침례교가 유럽에 있는 그들의 고향을 순회 방문하는 일을 통해 선교하는 모습을 보면서 자극을 받았는데,[2] 특히 자신들의 고향에 신앙적으로 영향ME 5:703~704을 끼치는 모습에 적잖이 자극을 받았다. 그들은 이러한 일을 하기 위해서는 서로가 연합해야할 필요성이 있음을 확신하게 되었다. 공동의회에서 세 가지 해결책이 채택되었다. 우선 첫째, 매달 첫 주일의 헌금은 선교를 위해 사용할 것임, 둘째, 중부와 중서부 지역에 흩어져 있는 메노나이트들을 방문하도록 요청 받은 목사들을 후원하기 위한 헌금을 마련할 것, 셋째, 이러한 일을 위해 실무 위원회를 조직하여 "다른 지역의 메노나이트 교회들과 연락을 취하며 이러한 선교적 연합"에로 그들을 초청할 것. 제이콥 크레비엘이 이러한 해결책들을 골자로하여 메노나이트 신문인 다스 크리스티케 폭스브라트Das Charistiche Volksblatt-사람들을 위한 기독 신문이라는 뜻임에 기고하면서, 다음과 같은 축복의 내용을 덧붙였다:

> 주님께서 이 작은 시작으로 말미암아 한 형제인 우리 메노나이트 공동체들을 하나가 되게 하시며, 멀리 떨어져 살고 있는 형제들이 순수한 복음을 들을 수 있게 하시며, 그리하여 흩어져 있는 양들이 우리와 함께 한 우리에서 생활 할 수 있도록 연합하여 일할 수 있기를 축복합니다.[3]

이보다 4년 전인 1855년에 이와 비슷한 연합 운동이 오하이오의 워즈워드Wadsworth 지역과 온타리오 주의 몇몇 회중들에 의해 성공을 거둔적이 있었다. 워즈워드 교회의 목사는 에브라임 헌스버거Ephraim Hunsberger로 메노나이트들이 복음을 전하는데 너무나 느리게 움직이고 있다고 느꼈던 선구자요, 설교가였다. 온타리오 교회들을 이끄는 사람은 다니엘 호크Daniel Hoch로 많은 메노나이트들에게 기도회의 중요성, 교회 모임에 있어서 의사 표현의 자유, 그리고 거룩함을 강조하였던 복음설교가였다. 이곳에서도 선교와 연합이 기본적인 관심을 끌고 있었다. 호크가 순회 복음전도사로서 그리고 연합을 도모하는 사람으로서 위임되었고 동부 펜실바니아 컨퍼런스와 함께 일을 할 수 있게 되었다. 캐나다-오하이오 컨퍼런스로 알려진 이 그룹의 세 번째 모임에서 이전 다스 카리스티케 볼크스브라트Das Charistiche Volksblatt에서 제시된 제안을 모두 받아들였다. 그 제안은 다음과 같이 시작되었다: "교단의 여러 교회 및 지방회들의 모든 목회자들이여, 서로에 대해 형제애적 믿음을 갖고 모든 편견을 버리도록 합시다." 이 글은 공동의 신앙 고백을 준비하도록 촉구하며 다음과 같이 이어지고 있다: "이러한 고백과 연합을 받아들이는 모든 사람들이야말로 참 메노나이트 교단으로 여겨질 것입니다." 메노나이트 교회 교단 총회General Conference Mennonite Church의 주요한 관심사가 된 연합에 대한 열망은 이미 여러 곳에 실재하고 있었다.

존 오버홀쩌John H. Oberholtzer, 1809~95

연합을 추구하는 일에 관심을 보였던 또 다른 그룹이 있었다. 이 그룹은 펜실바니아, 퀘이커타운Quakertown근처의 스웜프 메노나이트 교회의 존 오버홀쩌라는 목사가 이끌고 있었다. 이 그룹이 다른 메노나이트들과의 연합에 관심을 보이는 동안, 1847년 아주 오래되고 큰 프랑코니아 컨퍼런스로부터 동 펜실바니아 컨퍼런스가 생겨나게 되었다.

오버홀쩌는 1809년 1월 10일, 펜실바니아의 벅스 카운티Berks County에서 태어났다. 그의 증조할아버지였던 제이콥 오버홀쩌Jacob Oberholtzer는 1732년 스위스로부터 펜실바니아로 이주하였다. 농부 소년으로서 최상의 교육을 받았던 청년 존은 추운 겨울 독일 교회 학교에서 여러 달을 보냈다. 그때 그는 열 여섯 살이었고 그 때부터 1842년 목회자로 안수받기까지 매해 겨울 학교 교사로 헌신하였다. 그러나 아이들을 가르치는 일은 그에게 골치거리가 되었다. 학교는 존 리터John Ritter라는 사람의 건물을 사용하고 있었는데, 그가 자신의 아들들을 위해 세운 학교였다. 그리고 오버홀쩌를 선생님으로 고용하였다. 물론 자신의 아이들을 위해 학교를 세웠지만, 다른 학생들의 입학도 허락이 되었다. 그러나 농부였던 존 리터는 건물의 1층은 돼지 사육을 위해 사용하였고, 건물의 꼭대기 2층을 교실로 사용하게 했다. 불행히도, 리터의 아들들은 학교가 자기들의 집에 위치해 있고, 아버지가 그 학교를 소유하고 있다는 이유로 존이 그들에게 특별한 대우를 해 줄 것을 요구하였다. 그러나 존은 단지 그들만을 위해 자신의 모든 시간을 사용할수는 없었다. 결국, 그 아들들이 화가 나거나, 수업을 지겨워 하거나, 지루해 하면, 그들은 곧 바로 아래 층으로 내려가서 돼지 여물통을 휘저어 대곤 하였다. 그러면 곧 돼지들은 먹이를 주는 시간인 줄 알고 꽥꽥 소리를 질러대며 여물통으로 몰려들었다. 그러나 먹이를 기대하고 온 돼지들은 먹이가 없는 것을 알고 더욱 울어댔고, 화가난 돼지들은 대개 학교가 끝날 때까지 소리를 질러대기 마련이었다. 결국 돼지들의 소음, 먼지, 그리고 풍겨나는 냄새로 인해 수업을 할 수 없게 되어 존은 학교를 파해야만 하곤 하였다. 이러한 일들이 큰 문제가 되어 결국 그 학교는 더 이상 그 자리에서 계속 수업을 할 수가 없었다. 학교의 기간은 너무 짧았고 그의 월급은 너무 작았기 때문에 젊은 존은 자물쇠공이 되어 밀포드Milford 광장 근처에 자신의 상점을 열었다. 자물쇠를 만드는 기술로 그는 약 30년 동안 자신의 경제적 문제를 해결할 수 있었다.

목회에 대한 그의 부름은 제비뽑기를 통해 이루어졌다. 스웜프 교회의 목사는 나이가 이미 80이 넘어있었기 때문에, 회중은 교인들 중 열다섯 명을 가능한 목회자 후보로 선정을 해놓고 있었고 존도 중 한 사람이었다. 비록 그는 제비 뽑기로 목사를 선출하는 방법을 별로 마음에 들어하지 않았지만 오랜 전통으로 내려오고 있었기 때문에 그가 할 수 있는 일은 아무 것도 없었다. 열 다섯 사람의 후보를 모아놓고, 각 사람에게 성서를 한 권씩 집으라고 했다. 그 성서 중 한권에 제비가 들어있었다. 대개 "사람이 제비를 뽑으나 일을 작정하기는 여호와께 있느니라"는 잠언서 16:33절의 말씀이 기록되어 있는 종이 조각이 제비였다.

그 제비가 든 성서를 존이 집어들었다.

　그렇게 제비를 뽑은지 약 6주가 지난 어느 일요일 아침, 존이 처음으로 설교를 하게 되었다. 그날 아침, 존이 교회에 도착할 무렵이었다. "너희가 믿음으로 말미암아 구원을 얻었나니…"라는 에베소서 2장 8절 말씀이 그날 설교의 본문이었다. 첫 설교의 예배가 끝난 후, 그는 "설교가 너무 학문적이군"하고 표현하는 어떤 사람의 말을 듣게 되었다. 이것은 설교가 아주 좋지 않았다는 평가였는데, 당시 학문적이라는 표현은 너무 교만하다는 것을 의미하였기 때문이었다. 그러나 그는 그 시간에 실제로 성령의 도움을 경험하였으며 여호수아 1:5과 히브리서 13:5의 말씀의 약속을 받고 설교를 하였다고 설명하였다.

　이러한 상황 하에서 그는 목회를 계속하였다. 그의 생각에는 반대가 점점 더 거세지는 것도 느꼈다. 그는 아주 유능한 설교가요, 행정가였으며 자신이 성서적이라고 믿는 아주 많은 새로운 생각을 갖고 있었다. 젊은 나이에 목회자가 된 그는 아마도 예배 방식 및 공동체 생활 방식이 구식인 것에 대하여 다소간 인내가 부족했던 것 같았다. 그는 성서적인 전례 및 사도행전과 서신서에 기록되어 있는 초대교회의 전례가 자신들이 습관을 따라 지켜나가는 전례와 너무나 다르다는 사실을 인식하게 되었다. 그에게는 여러가지 질문이 생겼다. 왜 목사들이 일반 성도들과 다른 옷을 입어야 하는지? 왜 교회의 회의 결과를 제대로 기록하지 않는지? 의사록은 왜 만들어 놓지 않는지? 왜 교회의 조직과 규약을 제정하는 것을 불편하게 여기는지? 왜 메노나이트 목사들은 퀘이커 외에 다른 사람들과 교제를 하지 않는지? 많은 질문이 생겨났다. 그를 괴롭히지는 않았지만 여러가지 소소한 골치거리들도 적지 않았다. 대개 성격이 달라서 생겨나는 문제는 불가피한 것처럼 보였다. 그는 전체 회중들이 교회의 모든 중요한 문제를 결정해야한다고 믿으면서도 감독들이 권위를 갖고 문제를 결정하는 것을 쉽게 받아들일 수 없었다.

비록 여러가지 화해를 위한 노력들이 있었지만 교제는 천천히 깨어지기 시작했다.

이 시기는 특별히 펜실바니아 메노나이트들에게 아주 어려운 기간이었다. 열심히 일하면서 검소하게 살았던 그들은 상당한 부자들이 되어 있었다. 종교적 자유가 그들에게 의미하는 것은 그들의 오래된 관습을 변화시키지 않는 제한된 자유라는 걸 의미했다. 혁명전쟁이 터지면서 유럽의 형제들과 취하던 연락도 쉽지 않게 되었고, 미국의 민주적인 환경도 그들에게는 낯선 것이 되어버렸다. 선교는 잘 이뤄지지 않았고, 교육을 받는 것도 큰 도움이 되지 않았다. 기도회를 갖는 것조차 달갑지 않은 것이 되어버렸다. 멤버들에게 피크닉, 축하, 농작물 전시 및 가축 쇼와 같은 전혀 해가되지 않는 것조차 해서는 금지되었다. 해서는 안되는 것들이 너무나 많이 존재하였다.

그러나 이러한 모든 것들도 영적인 관심의 부족에 비하면 아무 것도 아니었다. 반대로 크리스천들에겐 스스로 주장하는 강한 확신이 있었다. 하지만 다른 신자들과 함께하는 새로운 성서연구, 기도 및 교제를 통한 양육은 이루어지지 않았다. 이러한 상황 하에 믿음을 위협하는 낯선 것들은 그것이 아무리 좋게 보이더라도 받아들여지지 않았는데, 이는 그들이 보존하려는 전통과 유산에 대한 지나친 강박관념때문이었다. 믿음은 잃어버린 세상 속에서 발견할 수 없는 살아있는 하나님의 능력이라기 보다는 세상으로부터 시샘을 받는 애매한 것이 되었다. 외부적인 형태와 관습을 지속적으로 강조하는 것은 결국 성령의 새롭게 하는 능력을 사라지게 만든다. 더 나아가 성령의 사역에 필요한 자유조차 허락하지 않게 되었다.

이러한 상황에서 존 오버홀쩌가 적어놓은 회의록이 문제가 되었다. 회의의 결과로 규약이 채택되었는데 이를 적어 놓은 내용이 두 그룹간에 예민한 문제가 되었다. 오드눙Ordnung으로 알려진 이 기록은 감독에게 권위를 부여하는 대신에 전체 회중에 모든 권위를 부여하도록 되어 있었다. 뿐만 아니라 의사록 기록, 정기적인 선거, 제비를 뽑아 목회자를 선출하는 방법 수정 등 여러가지 새로운 제안이 들어있었다. 이것은 다른 크리스천들에게 보다 개방적이어야 할 뿐아니라, "주안에서" 행해진다면 메노나이트들이 다른 크리스천들과 자유롭게 결혼할 수 있어야 한다는 내용도 들어있었다. 이 오드늉이 세상으로부터 너무 분리되지 않도록 살고, 미국의 환경에 보다 잘 적응하도록 인도하고 있다고 이해될 만했다. 이와 함께 외부의 영향을 통해 신앙의 유산이 손실되는 것처럼 보임직도 했다. 그러나 1847년 이러한 불화는 끝이 났고, 열 네 개의 회중교회 대표들이 새로운 기관을 만들기 위해 회동을 가졌다. 그들은 이 모임을 메노나이트 교회 동 펜실바니아 컨퍼런스the East Pennsylvania Conference of Mennonite Church라고 불렀다. 메노나이트로서 어느 그룹이 더 참된 제자들인가 더 이상 따지지는 않았지만, 이 그룹은 곧 이전의 구 메노나이트Old Mennonites와 구별하기 위해 새로운 메노나이트들New Mennonites로 이해 되었다.

오버홀쩌는 자신의 회중을 돌보는 것과 더불어 새로운 컨퍼런스를 이끌며 영적인 쇄신을 위해 지칠새 없이 일했다. 그는 최초로 미국 메노나이트 주일학교를 세웠다. 젊은 사람들에게 자신들이 갖고 있는 신앙의 참 의미가 무엇인지를 가르치기 위해 유럽으로부터 메노나이트 문학 및 교리와 관련된 자료들을 주문하였고, 중 서부 전역에 흩어져 있는 여러 메노나이트 교회들과 끊임없이 서신을 주고 받았다. 특히 1852년 서로 멀리 떨어져 있는 형제들과 소식을 주고받고 영적인 도움을 줄수 있도록 「데 렐리괴서 보새프터」라는 신문을 창간하였다. 이 신문 발행은 그 자체로서도 아주 중요한 일이었다. 4년 후에 이 신문의 이름은 「다스 크리스티케 폭스브라트Das Charistiche Volksblatt」로 바뀌었고 오버홀저의 편집 하에 성공적인 신문이 되었다.

교단 총회가 탄생하다.

연합운동은 아이오와 주 웨스트 포인트West Point에 있는 두 개의 교회가 연합을 위한 발의문을 작성하였고 오버홀쩌가 신문에 실음으로써 시작되었다. 1853년에 연합을 위해 모임을 가졌는데, 1859년 이 모임에 대한 보고와 함께 회의기록을 신문에 실었다. 이 신문기록은 보다 많은 사람들을 연합으로 초청하며, "다음 회의가 1860년 오순절 두 번째 날 웨스트 포인트에서 열릴 것"이라는 내용이었다. 처음에는 캐나다-오하이오 컨퍼런스도 동 펜실바니아 컨퍼런스도 이 초청장에 관심을 갖지 않았다. 그러나 모임 날짜가 얼마 남지 않았을 때에 "아이오와 컨퍼런스가 모임에 참석할 것을 통보"해 옴에 따라 원하는 목사들이 자발적으로 참석하도록 격려하였고, 동 펜실바니아 컨퍼런스도 참석을 결정하였다. 마지막 순간에 오버홀쩌의 친구들이 충분한 돈을 마련해 주어 그도 컨퍼런스에 참석할 수 있었다.

컨퍼런스가 열렸을 때, 오버홀쩌를 비롯하여 단 두 개의 교회에서 총 네 명이 참석하였다. 그들이 네 가지 주제를 놓고 토론을 하였는데, 토론을 시작하기 전에, 다섯 편의 설교가 선포되었다. 설교 후에 이 모임은 선교학회의 조직, 크리스천 사역자들을 위한 훈련 학교 설립, 역사학회의 설립 그리고 책자 및 자료의 출판에 대해 토론하였다. 컨퍼런스 둘째 날 아침 다섯 개의 위원회 중 하나인 '연합을 위한 위원회'가 발족되었다. 그들은 여섯 가지 중요한 내용들을 결과물로 얻어냈으며 아무런 수정없이 이를 채택하였다. 모든 중요한 일들을 교회의 자유를 침해하지 않는 가운데 함께 진행한다는 내용이었다. 이들은 협동을 위해 모든 것들이 반드시 획일적이 될 필요는 없다고 생각했다. 내지선교 및 외국 선교를 위해 정성을 다해 함께 일하는 것과, 가능한 빠른 시간 내에 크리스천 사역자들을 위한 훈련 학교를 설립하는 것에 동의하였다. 다음 해 오하이오의 워즈워드에서 다시 만날 것도 동의하였다. 존 오버홀쩌가 새 컨퍼런스의 회장으로 선출 되었다.

1861년 2월 11일 대통령으로 선출된 아브라함 링컨이 3월 4일 워싱턴에서 있을 취임식을 위해 "언제 내가 다시 돌아올는지는 알지 못한다"며 일리노이의 스프링필드Springfield를 떠났다. 암살계획이 발각되었기 때문에 그는 밤에 비밀 열차를 타고 떠나 2월 23일 새벽 6시에 도착하였다. 4월 12일 포트 섬터Fort Sumter에 포병들이 배치되었다. 이렇게 남북전쟁이 시작되었다. 이러한 미국의 역사는 메노나이트들의 새로운 컨퍼런스 시작을 위한 배경이 되었다.

몇 달 후인 1861년 컨퍼런스는 다니엘 헤게Daniel Hege를 컨퍼런스 방문 목사Reiseprediger로 임명하는 아주 중요한 결정을 내렸다. 멀리 떨어져 있는 메노나이트 교회들의 연합과 복음전도 및 교육 프로그램의 필요를 채우기 위해 교회를 방문하는 책임이 그에게 주어졌다. 다음은 컨퍼런스의 목사직을 맡으며 그가 한 연설이다:

> 만약 우리 메노나이트들이 우리 주님께서 명령하신 선교의 사명을 경히 여기는 잘못을 더해가지 않으려면, 우리는 개교회가 아닌 교단으로서 선교를 주님의 일로 만들어 나가야 할 것입니다. 만약 우리에게 주어진 선교를 충분히 감당하고자 한다면, 우리는 우선 기독교 교육 기관들을 세워야 할 것입니다. 그러나 이러한 기관을 세우기 위하여 필요한 것은 단순히 관심만 보여서 될 것이 아니라, 연합을 이루어야하고, 실제 재정과 전체 교회의 참여와 엄청난 희생이 필요할 것입니다.[4]

시민전쟁 때문에 헤게Hege는 즉시 여행을 떠날 수가 없었다. 그러나 1862년 5월 그는 중서부, 동부, 그리고 온타리오 여행을 계획하였다. 그는 보통 매주 최소한 네 번의 설교와 50~60가구를 방문하였다. 매 가정을 방문하여 그는 하나님 나라의 사역에 대하여 그동안 잊고 있었던 메노나이트 교회의 연합에 대한 비전을 나누면서, 선교와 교육의 정당성에 대하여 논의하였다. 비록 사람들이 헤게의 훌륭한 면과 그의 기독교 정신을 발견하기에 앞서 여러가지 질문들과 비판을 퍼붓기도 했지만, 그는 대부분의 지역에서 아주 좋은 호응을 얻었다.

1862년 말 아이오와에서 마지막 방문을 끝내고 그해 11월 섬머필드Summerfield에 있는 집으로 돌아갔다. 그러나 이 일을 마치자 마자 장티푸스를 앓게 되었고 11월 30일 운명을 달리하였다. 그의 방문 사역은 교회들에 깊은 인상을 심어주었다. 오버홀쩌는 "만약 아이오와와 오하이오 교단이 추구하던 목적들이 성취되었다면 그것은 우선 서로 반목의 분위기를 쇄신한 헤게의 도움으로 돌려야 할 것이다."라며 그의 공적에 대해 하나님께 감사드렸다.

이미 우리가 살펴본 것처럼 초창기 컨퍼런스 멤버는 서로 다른 두 그룹으로 이루어졌다: 1815년 이후에 온 남부 독일과 알사시안 이민자들과 1847년에 시작된 동 이 첫 그룹이며, 펜실바니아 컨퍼런스의 미국 메노나이트들이 두 번째 그룹이다. 1860년 소위 말하는 당시의 (구)메노나이트들Old Mennonite과 분리된 후, 곧 컨퍼런스를 세우면서 오버홀쩌 그룹을 끌어들이게 되었다. 사실상 그것은 리스피리디거Reiseprediger인 방문목사 다니엘 헤게가 1862년 오버홀쩌 그룹을 방문하면서 성사된 일로 이들이 만난 후 연합에 대한 열정이 더 증폭되었다.

총회 교단이 생겨난지 10년 후에 약 20명의 교회 총 1,500명의 멤버들이 교단에 소속되게 되었다. 이 후 1817년부터 1854년 사이 스위스에서 직접 오하이오, 인디아나, 미주리로 온 회중들이 제 3의 그룹으로 더해졌다. 스프렁어S.F. Sprunger라는 사람도 바로 이 인디아나 번Berne에 있던 스위스 회중 출신이었다. "새미"Sammy로 알려진 그는 자신이 갖고 있던 영적인 관심과 능력있는 복음 전도로 컨퍼런스에 지대한 영향을 끼친 인물이다.

이 컨퍼런스에 가입한 네 번째 그룹이면서 가장 큰 그룹은 러시아로부터 온 메노나이트들이었다. 그들의 역사적 경험들은 이미 10장과 11장에서 논의하였다. 병역징집과 점차적으로 문화를 변화시키려하는 위협을 피하기 위해 러시아를 떠나게 된 이 그룹이 미국과 캐나다에 처음으로 도착하게된 것은 1873년이었다. 그 이후로 약 10년 동안 18,000명이 이주하였고 그들 중 10,000명이 다코타, 네브라스카, 캔사스 등 미시시피강 서부의 미개척지에 정착하였다. 나머지 약 8,000명은 마나토바에 정착하였다. 이들 중 많은 사람들이 곧 메노나이트 총회 교단에 가입하게 되었다.5)

왜 1870년대에 정착한 이들이 그들에게 도덕적으로 재정적으로 더 많은 도움을 준 미국 메노나이트the Mennonit Church나 구 메노나이트Old Mennonite에 가입하지 않고 교단 총회에 가입하게 되었는지 질문이 던져졌다. 무엇보다 그들이 가입하기 원할만큼 이들 교단들이 컨퍼런스로 연합이 되지 않았었다는 점을 이유로 들수 있다. 그러나 그보다 더 중요한 두 가지 다른 요인이 있었다. 우선 교단 총회에 독일적인 요소들 즉 교육을 위한 언어, 사회적인 태도, 신념 등을 살펴볼 때, 메노나이트 총회 교단 측이 더 많은 유사성을 갖고 있었기 때문이었다. 두 번째로 그들은 젊은 컨퍼런스답게 선교에 대한 관심이 많았는데, 다른 두 컨퍼런스에서 선교적인 열정을 발견하지 못했기 때문이었다. 이 일에 대하여 그들이 존 펑크John F. Funk에게 질문을 하자, 그는 인도네시아에 있는 네덜란드 메노나이트 선교 프로그램을 그들에게 소개해 주었다.

1870년대 캔사스 주에 나타난 메노나이트의 구성은 1680년대 펜실바니아의 저먼타운 나타난 것보다 훨씬 독특했다. 그곳에는 네덜란드-프러시아 출신들이 있었는데, 이들은 러시아엘빙:Elbing, 엠마우스:Emmaus,

네덜란드-러시안 메노나이트주로 몰로치나로부터 온, 스위스와 남부독일할스테드 Halstead, 순수 네덜란드화이트워터 Whitewater, 볼히니안-아미시-스위스Volhynian-Amish-Swiss, 스위스-갈리시안알링턴 Arlington, 랜섬 Ranson, 한스턴 Hanston, 네덜란드-폴란드Dutch-Polish의 그레이스 힐, 캔톤, 갈바⋯, 볼히니안 그룹들안의 후터라이트, 비스툴라Vistula 삼각지에서 직접 온 몇몇 펠실바니아 더치 메노나이트 교회에 대해 잘 알지 못했다. 이들은 음식문화, 방언, 정치, 예배의 유형, 경제적 신분, 옷 입는 형태, 단순성의 범주 등 여러가지 문화적 차이를 보이며 분리되어 있던 그룹이었다. 그러나 그들은 같은 노래로 찬송을 불렀고, 교사 협의회를 구성하였고, 처음부터 오클라호마에 있었던 선교를 위해 공동의 노력을 기울였다. 이것은 메노나이트 총회 교단가 획일적이기 보다는 모자이크를 만들어 나가는 교회를 의미하는 것이었다.

캐나다의 메노나이트 컨퍼런스

1870년의 이민자들은 개척지인 마니토바에 대해 매우 좋은 인상을 갖고 신속히 적응해 나갔다. 그래서인지 1920년대에 러시아에서 약 21,000명의 이민자들이 추가로 오게 되었고, 제 2차 세계대전 후에도 몇 천명이 더 이주해 오게 되었다. 1870년에 처음 온 사람들 중 대부분은 마니토바에 정착하였지만, 1920년대에 오게된 상당수의 사람들은 사스카추원과 알버타주로 다시 이주했다. 많지는 않았지만 온타리오주로 이주한 사람들도 있었다. 그들이 도착한지 얼마되지 않아 경제공황과 농작물 흉작이 들이닥쳤기 때문에, 많은 사람들이 개척지에 정착하는 여러해 동안 극심한 어려움을 겪어야만 했다. 이로 인해 많은 수의 사람들이 평원의 농장을 떠났다. 이들은 더 나은 환경을 찾아 브리티시 컬럼비아로 이주하였다.

제 2차 세계대전이 끝나면서 농장은 기계화로 전환되었고 1940년대 이후의 몇몇 이민자들은 농기계와 땅을 소유하게 되었다. 결국 그들은 도시지역에 정착하였다. 부분적으로 이것은 미국에 있는 메노나이트에 비해 캐나다의 메노나이트 교회가 더 큰 이유가 되었으며, 메노나이트 총회 교단이 사회적으로 보다 독특한 역동성을 가질 수 있게된 이유이기도 하다. 이와같이 약 2/3에 해당하는 교단 총회의 교회들이, 그리고 40퍼센트 이상의 캐나다 멤버들이 러시아 메노나이트 배경을 갖게 되었다. 1990년 당시 총 369개의 교회로 28,994명이 캐나다에, 34,693명이 미국에, 3,306명이 남미의 멤버로 집계되었다. 총 66,993명의 멤버가 교단 총회에 소속되어 있었다. 캐나다 동부 지역에서 69개 교회, 8,350명의 멤버들이 추가로 가입하였고, 교회에 출석하지 않는 3,000명이 넘는 사람들이 새로 교단에 가입하였다.

메노나이트들이 캐나다로 오게 된 역사는 프랭크 엡Farnk H. Epp의 『메노나이트 탈출기』Mennonite Exodus, 1962에 잘 기록되어 있으며, 캐나다에 도착한 후 그들의 역사는 캐나다에서의 『메노나이트 역사』Mennonite History Ⅰ권과 Ⅱ권에 잘 기록되어있다. 이들의 사회학적 분석은 프란시스E.K.Francis의 『유토피아를 찾아서』In Search of Utopia, 1955라는 책에 잘 나타나 있다. 이러한 운동들은 사람들을 바른 길로 인도하였으며, 기꺼이 위험을 감수하고자 하는 비전의 사람들을 발굴해 냈다. 1870년대 이 운동을 이끌었던 가장 훌륭한 지도자는 코넬리우스 잔센Cornelius Jansen으로 메노나이트들에게 러시아를 떠나도록 촉구했던 용기있고 능력있는 사람이었다. 자신도 이민자의 한 사람으로서 네브라스카의 베아트리스Beartice에 정착하였다.

1920년대 캐나다로 이주한 역사의 중심에는 열 네살의 나이에 러시아로부터 아시아를 거쳐 캔사스로 왔다가 가르치는 일을 하기 위해 다시 캐나다로 이주한 데이브 테이브스David Toews라는 훌륭한 사람의 인생과 업적이 놓여있다. 생전에 그는 메노나이트들을 위한 모세라고 불

캐나다의 여러 메노나이트 교단들에 의해 운영되고 있는 메노나이트 헤리티지 센터는 마니토바 주, 위니펙 시에 있는 캐네디언 메노나이트 성경 대학(Canadian Mennonite Bible College) 내에 위치해 있다. 이 센터는 대학 도서관 및 역사도서관으로 사용되고 있다.

렸다. 사스카추원의 로스턴에 있던 그의 조그만 집을 중심으로 오타와에 이르기까지 여러 지역을 여행하면서, 이주에 관심이 있는 많은 사람들과 도움을 줄 수 있는 사람들을 만나고 다녔다. 수 많은 메노나이트 이민자들을 데려오기 위해서는 당시 $400,000정도의 돈이 필요했다. 메노나이트 이름으로 이 돈을 빌리려 할 때, 그는 자기 주변의 사람들로부터오는 수 많은 반대에 봉착했다. 총 빌려야할 돈과 이자는 약 1.9백만 달러로 늘어났는데 1946년 그가 죽기 1년전에 모두 다 갚을 수 있었다. 존 테이브스에 의해 설립된 캐나다 정착 위원회의 일은 특별히 중요한 의미를 갖고 있다. 이러한 이민은 인간 드라마로서 수 많은 연민과 비애, 신앙과 관련된 이야기뿐 만아니라 유머로 가득 차있었다. 이러한 이야기들은 전기 및 소설과 같은 문학의 모티브가 되었다.[6]

캐나다의 메노나이트 교단은 마니토바 위니펙 근처의 버그탈Bergthal 그룹과 사스카추원 주의 사스카툰 북부에 있는 로센노트Rosenort라는 두 개의 그룹이 관심을 가지며서 시작되었다. 버그탈러 메노나이트들은 1870년대 자치구 전체가 캐나다로 이주한 그룹이며, 로센노트 메노나이트들은 러시아와 프로시아에서 온 그룹이다. 버그탈러 멤버들은 로센노트 그룹이 서쪽으로 이주하게 될때 합류하라는 권면을 지속적으로 받았었다. 결국 1902년 장로였던 피터 리기어Peter Regier의 정원에서 이 두 그룹 간의 목회적 관심과 협력에 대한 토론이 개최되었다. 그 다음 해 마니토바의 호흐스타트Hochstadt에서 중부 캐나다 메노나이트 컨퍼런스가 조직되었다. 이것이 다시 캐나다의 메노나이트 교단The Conference of Mennonites in Canada으로 이름이 변경되었다.

캐나다 메노나이트 교단은 이민과 출생으로 수적 성장이 지속되었지만 여전히 복음전도는 이루어지지 않았다. 교단의 활동들은 교육, 구제, 선교, 원주민 선교, 캠프 및 다른 여러 프로그램들에 집중되었다. 서부지역에 위치한 다섯 개 주들이 각각 나름대로의 교단 조직을 갖추고 있었고 동일한 활동들을 수행하고 있었다. 그래서 회중교회와 각 주에 속한 교단에 이어 캐나다 메노나이트 교이 형성되어 제 3의 조직과 활동들이 추가로 생겨나자, 중복, 권한, 및 관료성이라는 문제가 드러나 한동안 중요한 일들에 차질이 빚어졌다. 이러한 것과 더불어 MCC의 활동이 교회의 후원 하에 이루어지자 지역, 국가 및 북미의 조직이 좀 더 복잡해졌다.

교단의 교육에 대한 관심은 마니토바 위니펙의 캐네디언 메노나이트 성서 대학Canadian Mennonite Bible College과 메노 사이먼스 대학Menno Simons College; 브리티시 컬럼비아 클리어부룩Clearbrook의 콜롬비아 성서 대학Columbia Bible College; 온타리오 워털루의 콘라드 그레벨 대학 Conrad Grebel College; 마니토바 그레트나Gretna의 메노나이트 고등학교 Mennonite Colleiate Institute; 사스카추원 로스던Rosthern의 로스던 중고등학교Rosthren Junior College; 사스카추원 스위프트 커런트의 스위프트 커런트 성서 학교Swift Current Bible Institute; 온타리오 리밍턴Lemington의 연합 메노나이트 교육기관United Mennonite Educaion Institute; 그리고 마니토바 위니펙의 웨스트게이트 메노나이트 고등학교Westgate Mennonite Collegiate의 설립으로 결실을 맺게 되었다.

첫 번째 통합은 1988년 3월 1일, 메노나이트 캐나다 동부 컨퍼런스 Mennonite Conference of Eastern Conference가 온타리오지역의 연합 메노나이트 교회들GC:5,192명, 온타리오 및 퀘벡 메노나이트 컨퍼런스MC: 5,110명, 서부 온타리오 메노나이트 컨퍼런스MC: 3,195명를 받아들임으로써 총 13,497명의 회원을 가진 교단으로 통합되었다. 퀘벡에는 다섯 개의 MCEC 교회들과 열 한 개의 메노나이트 형제 교회들이 있었으며, 동부 연안 주에 일곱 개의 교회가 있었다. 이들 중 네 개가 메노나이트 형제 교회Mennonite Brethren였고, 하나가 크라이네게마인데Kleinegemeinde, 하나가 그리스도 안의 하나님의 교회 메노나이트Church of God in Christ Mennonite, 그리고 하나가 MCEC 소속으로 뉴브런즈윅의 페티코티아 Petitcodia의 교회였다.

교단 총회 내의 다른 그룹들

교단 총회에는 다른 여러 작은 그룹들이 가입하였다. 캐나다와 미국에는 1870년부터 1940년까지 프러시아로부터 이민 온 소수의 서로 다른 그룹들이 많이 있었다. 1946년 중부 컨퍼런스Central Conference에는 아미시 배경을 가진 3,211명의 멤버들이 속해 있었다. 버그탈러 교회들 중 거의 반이 컨퍼런스에 가입하기로 결정하였는데 숫자는 위에 이미 밝힌바 있다. 특별히 메노나이트 교회에 이중 멤버십으로 가입되어 있는 교회들이 꾸준히 성장하는 아주 흥미로운 현상이 나타났다. 북미에서 교단 총회 멤버십은 특별히 중부 및 서부지역에 집중되어 나타났으며 캐나다 평원에 있는 주로부터 시작해서 다코타, 네브라스카, 캔사스, 오클라호마에까지 이르고 있다.

초기의 이러한 지역적 정착 유형들은 퀘벡의 프랑스어를 쓰는 회중들뿐만 아니라 도시를 중심으로 생겨난 유럽 외의 다른 대륙출신의 회중을 문제삼지 않았다. 이들 중에는 다수의 중국, 베트남, 라오스, 원주민, 흑인 및 라틴계 회중들이 있다. 시카고에 있는 메노나이트 학습 센터는 Mennonite Learning Center 서로 다른 인종들과 서로 다른 배경의 메노나이트들이 함께 어우러져있다. 특별히 1980년대와 1990년대 캐나다의 메노나이트 중앙 위원회MCC에 의해 마련된 캐나다 원주민들 및 소수민족을 위한 권리를 대변하였는데, 이는 많은 메노나이트들이 사회 정의에 대해 얼마나 민감하게 반응하고 대처하는가를 보여주는 좋은 예이다. 회중들은 인간 본질인 정체성을 찾아가며, 믿음을 형성해 나가고 있다. 이는 모든 민족에게 중요한 이슈이기도 하다.

서로 섬기기 위한 연합

약 25년 동안 선교부를 담당했던 클리버J.W. Kliewer는 "선교에 대한 관심은 교단총회 처음 시작부터 서로가 하나라는 유대감을 형성해주었다"고 평가했다. 실제로 선교, 연합, 교육은 서로를 하나가 되게 하는 아주 주요한 동기가 되었다. 인종문화적 배경이 서로 다른 그룹들이 교단에 가입했는데 이는 가족 관계보다 더 강한 무엇인가가 그들을 하나 되도록 이끌고 있기 때문이었다. 그들은 기관을 구성하기 위해 연합한 것이 아니었다. 어떤 공식적인 단체를 설립하기 위해 36년간 그렇게 노력한 것은 더더욱 아니었다. 그들은 홀로 설 수 없기에 함께하고자 서로 연합하였다.

미국 크리스천들에게 선교는 아주 익숙한 것이었지만, 메노나이트들은 자신들만의 문화에 의해 너무나 오랫동안 고립되어 있었고, 16세기 아나뱁티스트들이 갖고 있었던 선교적인 열정을 너무 오랫동안 잊고 있었다. 그러나 다른 그룹들의 영향에 상당히 개방적이었던 네덜란드 메노나이트들은 1847년 선교협회를 조직하였고 1851년 최초의 선교사인 피터 얀쯔Peter Jansz를 자바로 파송하였다. 독일과 러시아의 메노나이트들도 이러한 선교 사역을 적극적으로 후원하게 되었다.

1800년대 중반, 남부 독일에서 웨스트 포인트West Point와 섬머필드Summerfield로 이주한 사람들은 선교에 대한 관심이 대단했다. 1853년 오버홀쩌Oberhontzer는 이러한 제목과 관련하여 감리교 선교 사역에 대한 기사를 신문에 실었다. 1858년 동 펜실바니아 컨퍼런스는 오버홀쩌에게 유럽의 메노나이트들이 선교 활동에 대한 정보를 받을 수 있도록 기사를 써달라고 부탁해 왔다. 이에 대해 그는 이미 후원을 시작한 네덜란드, 독일, 오스트리아, 러시아 메노나이트들에게 선교에 적극 동참하도록 초청의 글을 실었다. 다음 해에 온타리오 메노나이트들은 "메노나이트 내지 및 해외 선교 협회"Home and Foreign Mission Society of the Mennonites를 조직하였고, 1866년 존 오버홀쩌의 교회에서 72명의 창립 회원과 더불어 펜실바니아 메노나이트 선교협회가 발족되었다. 그럼에도 불구하고, 최초의 선교사는 1872년이나 되서야 파송되었.

선교를 준비하기 위해 교육 기관이 설립되기도 했다. 메노나이트들은 일반적으로 고등 교육을 반대하는 입장을 취했다. 너무 많이 배우는 것은 사람들을 교만하게 하며 그들로 하여금 단순한 영적 진리들을 보지 못하게 할 수도 있다고 믿었기 때문이다. 실제로 16세기 아나뱁티스트들을 박해한 사람들은 대부분 학식이 있는 사람들이었다. 메노나이트들에게 믿음은 듣는 것과 복음의 부름에 필요한 복종에 대해 얼만큼 많이 지식적으로 아는가에 있지 않다. 그러나 새로운 컨퍼런스는 교육과 선교를 분리시킬 수 없는 것으로써 이해하였고, 선교사역은 다방면으로 충분히 준비된 사람일 필요로 했다. 이에 따라 메노나이트들은 선교사 훈련학교를 세우기 원했다. 이들에게 선교가 의미하는 바는 단순히 먼 지역에 떨어져 있는 사람에게 복음을 전하는 것만이 아니라, 흩어져 있거나 복음을 전해듣지 못한 전통적 메노나이트들과 함께 일하는 것을 포함하고 있다.

    1863년에 열린 총회에서는 선교사 지망생들을 담당하는 선교위원회의 보고가 있었다. 이 보고에 따르면 가능하다면 오하이오, 워즈워드 Wadsworth에 학교를 세울 필요가 있으며, 이름도 "메노나이트 교단 크리스천 교육 학교"Christian Education Institute for the Mennonite Denomination 라고 하자는 내용을 담고 있었다. 기금은 즉시 조성되었고 다음 총회가 열린 1866년 총회 기간동안 학교 건물 준공식을 가졌다. 1868년 24명의 학생과 6명의 교수로 첫 수업이 시작되었다. 같은 해, 북부 독일에서 목회를 하던 칼 스미쎈Carl J. van der Smissen이 교장으로 부임하였다.

    교육과정은 신학, 독일어, 영어를 공부할 수 있게 세 부분으로 크게 나뉘었다. 영어 학부에서는 그 당시의 대학에서 가르치는 것과 같은 과목을 가르쳤다. 교육 분야는 실제로 북미의 메노나이트들에게 생소한 분야로써 1878년 학교가 재정 및 내부 운영난으로 폐교될 즈음에서야 정착되었다. 짧은 기간동안의 교육이었지만 이러한 시도가 적지 않은 결과를 가져다 주었다. 209명의 학생들이 교육의 영향을 받았고 이들 중 많은 사람들이 최초의 선교사들로 보내지거나 컨퍼런스의 리더들로 활동하게 되었다. 학교는 보다 더 많은 사람들이 선교에 대하여 생각해 보도록 도전하였고 재정적으로 후원하도록 영향을 미쳤다. 1878년 결

캔사스, 미네소타와 마니토바에 정착한 메노나이트들은 자신들의 관습에 따라 가능한 재료를 사용하여 집을 지었다. 캔사스 힐스보로(Hillsboro)에 위치해 있는 이 흑벽돌 집은 아직도 건재하다. 이때 흑벽돌을 찍기 위한 흑벽돌 틀은 남부 다코타의 메노나이트 박물관에 보관되어 있다. 대륙횡단 철도가 새로 건설되면서 이민이 더욱 활발해졌으며, 때로는 철길을 따라 사람들이 정착하기도 했다. 산타 페(Santa Fe)는 러시아 메노나이트들과 그들의 밀을 캔사스의 뉴턴으로 들여왔다. 버나드 워켄틴(Bernard Warkentin)은 주요 철도를 따라 자신의 방앗간을 지었다.

국 선교부의 제안에 따라 이 학교를 폐교하면서 보다 유리한 위치에 학교를 세우도록 조처가 취해졌다. 그러나 즉시 이 일이 이루어지는 못했다.

1874~83년 러시아 메노나이트들이 이주해오면서 많은 새로운 교회들이 교단에 가입하게 되었고, 이와함께 선교 및 교육에 대한 새로운 열정이 생겨나게 되었다. 이미 이들은 러시아에서 거의 100년이 넘게 학교를 운영해왔었기 때문에, 학교와 관련된 제반 문제와 과정들에 대하여 잘 알고 있었다. 1877년 캔사스에 고등교육을 위한 학교를 설립할 목적으로 위원회가 구성되어 가능성을 연구하게 되었다. 그 결과 1882년 뉴턴Newton의 북쪽에 자리를 잡은 이 학교는 에멘텔Emmental이라는 이름으로 개교를 하였고, 이듬해인 1883년 할스테드Halstead로 이름이 바꾸었다가, 1893년 다시 베델 대학Bethel College으로 이름을 바꾸어 현재에 이르고 있다. 마니토바의 그래트나의 메노나이트 고등학교는 1889년에, 오하이오의 블러프턴 대학Bluffton College는 1893년에, 남부 다코타의 프리맨 중고등학교Freeman Junior College는 1903년에 생겨났는데, 총회 교단 사람들이 얼마나 교육에 많은 관심을 보였는가 보여준 단적인 예이다. 의심의 여지없이 이들에게 교육은 그만큼 소중한 것이었다.

러시아에서 있었던 독일 경건주의 및 네덜란드 메노나이트의 선교 활동으로 인해 영향을 받은 러시아 메노나이트들은 이주와 더불어 선교에 대한 관심도 함께 몰고왔다. 1868년 헨리 덕스Henry Dirks는 러시아에서 자바로 보내진 첫 번째 메노나이트 선교사였다. 미국 중 서부지역에 도착한 이민자들은 미국 협력 기관 및 크리스천들로부터 재정적 도움을 받았으며, 후에 보다 직접적인 선교를 목적으로 더 많은 헌금을 받을 수 있었다. 이러한 모든 요소들은 펜실바니아의 그루브N.B. Grubb 목사가 쓴 글을 통해 영감을 받았다. "러시아 형제들이 미국에 온 후로 그리고 총회교단이 연합한 후로 선교는 아주 분명하고 구체적인 모습으로 드러났고, 선교의 정신은 구체적인 실천의 문제가 되었다."[7)]

현대 기준으로 판단해 볼 때, 처음 시작은 매우 느렸고, 고통스러웠다. 1859년과 1866년 선교협회는 기금 마련과 선교 관련된 글과 자료 출판을 주된 활동으로 제한하였다. 1872년에 이전 워즈워드 학교의 학생이었던 하우리S. S. Haury가 자신이 선교사가 될 의사가 있음을 밝혔고 독일, 바멘Barmen에서 공부하면서 선교 준비를 하였다. 이 일에 교단은 그와 함께 일을 할 수 있도록 다섯 명으로 구성된 선교위원회를 곧 바로 설립하였다. 또한 독일에서 공부하는 동안 필요한 그가 필요로 하는 재정을 뒷받침 해주기로 결정하였다. 1875년 하우리는 공부를 마치고 돌아와 안수를 받은 후 적합한 현장을 찾아갔다.

선교부는 그를 자바로 보내 네덜란드 사람들과 함께 일하도록 하기보다는 스스로 일을 시작할 수 있도록 하는 편을 더 좋아하였다. 그래서 그는 5년 동안 자신이 할 수 있는 일을 찾기 위해 아주 어려운 세월을 보내야 했다. 미국의 원주민들과 함께 일할 수 있는 문이 모두 닫혀 있었을 때, 그는 약 15,000킬로미터나 떨어져 있는 알라스카로 여행을 떠났다. 그러나 장로교인들이 이미 그곳에서 사역을 하고 있었기 때문에 그는 다른 원주민들이 사는 지역을 찾아다녔다. 결국 1880년 그를 위한 길이 열렸다. 오클라오마, 달링턴Darlington에 위치해 있는 아라파호Arapahoes 부족들과 함께 일을 할 수 있게 되었다. 그곳에의 일은 고역이었다. 새로 지은 선교 건물도 파괴되었고 화재로 인해 그의 아이를 포함하여 네 사람이 죽는 일도 발생했다. 그러나 1882년 크리스마스 무렵에는 14명의 사역자들이 사역현장에서 함께 일을 할 수 있을 정도로 큰 성공을 거두었다.

1899년부터는 이러한 내지 선교와 더불어 해외 선교에 새로운 전기가 마련되었다. 1899년부터 인도의 기근을 돕기 시작했고, 1901년에 인도로 선교사들이 파송되었다. 1911년부터는 총회 교단으로 통합된 중부 컨퍼런스가 아프리카 콩고자이레에서 일을 시작하였다. 1914년 선교부에 의해 비밀리에 보내진 몇 사람들이 중국에서도 일을 시작하였다. 제 2차 세계 대전 직후에, 콜롬비아, 일본, 타이완에서도 선교가 시작되었다. 그리고 이러한 선교는 라틴 아메리카의 메노나이트들과 협력하게 되면서 파라과이, 우루과이, 브라질로 확대되었다. 1970년대에는 볼리비아, 코스타리카에서도 일이 시작되었다. 1990년 교단에서는 5.3백만 달러를 선교 예산으로 편성하여 63%를 해외선교에, 20%를 내지 선교에 사용하였다. 해외를 돕는 북미의 사역자들은 118명이었고 내지 선교에는 150명이 그리고 250명이 MCC를 통해 사역하였다. 바야흐로 선교의 시대는 끝나가고 있지만 이러한 증거 사역이 21세기에는 장을 달리하여 쓰여질 필요가 있다.[8]

교단의 활동이 커지면서 단체의 책임과 성격에 대한 이해가 더 분명해져야 했다. 공식적인 규약이 필요하다는 인식과 더불어 마침내 1896년에 교단 헌법이 마련되었다. 각 교회의 내규는 회중의 자치성을 보장하기 위하여 각 교회에 최고의 자치성을 인정하여 교단의 치리를 받기보다는 조언을 받아들이도록 하고 있다. 시대와 상황에 맞게 헌법은 여러차례의 개정을 거쳐, 해외 선교부Commission of Oversea Ministries-COM, 내지 선교부Commission of Home Ministries-CHM, 그리고 교육부Commission of Education-COE의 부서를 두게 되었고, 고센 성서 신학대학원과 인디아나 엘크하트에 위치한 메노나이트 성서 신학대학원을 위한 메노나이트 성서 신학대학원 이사회를 두게 되었다. 지방회 사무실은 마니토바 위니펙과 캔사스의 뉴튼에 위치하여 총무부 책임 하에 회의를 개최하는 등 모든 일을 협력하여 진행하도록 정리하였다. 캐나다 메노나이트 교단과 교단 산하의 지역 지방회들은 1년에 한 번씩 총회를 개최하였으며, 남미 메노나이트 교단과 미국 중부, 동부, 북부, 태평양 연안, 그리고 서부 지역을 대표하는 미국의 다섯 지역 교단들 또한 1년에 한 번씩 총회를 개최하였다. 전체 메노나이트가 모두 모여 갖게 되는 전체 대회는 매 3년에 한 번씩 갖는다. 교단에서 발행하는 잡지로「더 메노나이트」The Mennonit)와 「더 보테」Der Bote가 있었고 주간으로 발행되는 「메노나이트 리포터」Mennonite Reporter와 함께 캐나다와 그 외의 여러 메노나이트들이 함께 모임을 가져야할 필요에 대하여 언급하기도 하였다.

제 2차 세계 대전 이후 풍요의 시대가 찾아들면서 총회에 아주 중요한 변화가 찾아왔다. 이러한 것들 중 하나가 시카고의 신학대학원이다. 이는 교단의 조직, 예산 및 프로그램의 성장에 따라 1945년에 목회 사역의 전문화를 향해 출발하게 신학대학원이었다. 그러나 훈련을 잘 받은 능력있는 졸업생들이 교회에 "고용되어" 봉급을 받기 시작하였으며, 이에 따라 평생에 걸쳐 성도로서 목회를 하거나 교회를 섬기는 모습 즉 자발적으로 섬기는 모습이 약화되었다. 이는 자발적으로 교회는 섬겨야하는 성도로서의 책임과 권위라는 부르심에 응하지 않을 가능성의 여지를 남겨놓게 되었다. 교단이 지향하고 있는 회중교회는 당연히 조직을 필요로하였으며, 권위의 가치를 저하시켰고, 컨퍼런스로 인해 야기되는 문제를 후원하고, 목회자들을 불러내는데 있어 회중들의 자치성을 잃게 만들었고, 건강하지 못하게 만들어 결국은 컨퍼런스를 떠나는 교회들도 있었다.

다행스럽게도 일반 사회 봉사의 영역 및 MCC, 캐나다로 온 새로운 이민자들 중에 대학원 학위를 소지한 훌륭한 리더들이 많이 배출되었고 특히 네덜란드-독일 배경이 아닌 여러 인종의 리더들 및 서로 다른 배경을 가진 메노나이트들이 서로 협력하는 목회 및 오랜 기간 동안에 자유하지 못했던 여성목회 분야에도 "새로운" 리더들이 많이 배출 되었다. 이러한 풍부한 리더십은 해외 및 내지 선교활동에 새로운 활력을 불어넣었다. 또한 평화, 자원봉사를 비롯한 이슈, 특히 컨퍼런스가 다루기 쉽지 않은 믿음과 관련된 이슈들을 올바로 분변하기 위해 일련의 연구 모임이 생겨나기도 했으며, 성도들을 훈련시키는 일을 비롯하여 많은 다른 활동들이 생겨났다.

믿음과 생활

1960년에 100년의 연구 과제로 다음과 같은 목표들이 채택되었다. 이는 10년을 기념하고 다음 세기를 맞이하게 된 교단 총회가 사람들에게 꿈과 희망을 제시하기 위해 채택한 것이다.

메노나이트 총회 교단으로서 우리는 이제 100년의 역사를 뒤안길로 하고 다음 100년을 시작하는 기로에 서 있습니다. 새로운 출발점에 서 있는 우리는 그리스도와 교회라는 큰 목적 아래 그동안 우리가 걸어온 길을 되돌아 보고자 합니다. 그리고 이제 막 저물어가는 지난 100년의 세월을 자비로 인도하셨던 하늘 아버지를 감사의 마음으로 바라봅니다. 또한 전례없이 악한 세력을 상대하기 위하여 우리가 치러야할 다음 세기의 엄청난 싸움들을 겸손하게 바라보고자 합니다.

지금 우리는 한 세기를 접고 다음 한 세기로 넘어가는 기로에 서있습니다. 우리의 구세주요 주인이신 그분께 더 깊은 제자도로 우리 자신들을 복종시키기 원합니다. 그러기 위해 그동안 걸어왔던 과거로부터 영감을 얻고, 앞으로 다가올 미래에 하나님께서 힘 주시기를 기도하는 합니다. 그러기 위해 우리는 다음과 같이 헌신하고자 합니다.

증거WITNESS

우리의 주님이신 예수 그리스도의 구원하시는 능력을 증거하며,
그리스도 안에 모든 신자들의 연합을 증거하며,
예수 그리스도의 화해와 평화의 복음을 증거하며,
모든 신자들의 제사장 됨을 증거하는 일에
우리 자신을 헌신하고자 합니다.

우리가 살고 있는 도시의 많은 사람들에게,
복음을 전해 듣지 못한 모든 사람들에게,
그리고 앞으로 계속되는 세대들에게
우리 자신을 헌신하고자 합니다.

이 시대의 물질주의 정신을 대항하며,
우리 교제 속에 존재하는 배타주의적 정신을 대항하며,
기독교 교회 내에 존재하는 분리의 정신을 대항하며,
도덕적 방종의 풍조를 대항하는 일에
우리 자신을 헌신하고자 합니다.

개인적 복음전도를 통해,
출판된 문서를 통해,
우리 교육 기관과 교단에 속한 모든 기관을 통해,
기독교 봉사가 이루어지는 모든 영역에 교단의 노력이 이루어지도록
우리 자신을 헌신하고자 합니다.

성서의 영감과 권위 안에서 우리 자신의 믿음을 재확인하며,
그리스도의 제자로서 우리 자신을 새롭게 헌신하며,
헌신된 청지기의 삶을 살아가며,
성령의 거듭나게 함과 거룩하게 하는 사역에 우리의 마음을 열어두는 일에
우리 자신을 헌신하고자 합니다.

크리스천 가정에 힘을 실어주며,
우리 문화에 있는 사회 악을 넘어서는 관심들이 무엇인지 분명하게 드러내며,
국가와 사회에 선지자적인 증인이 되는 일에

우리 자신을 헌신하고자 합니다.

이러한 목표들은 신실한 제자들로 살아가기 위해 그리스도께 헌신하고자 하는 마음을 정리한 것이다. 다음 100년을 위해 조직된 연구 팀이 발표한 이 성명서는 회개의 정신과 희망의 정신을 아주 명백하게 표현하고 있다. 회개에 대한 모습은 러시아에서 분열을 경험하였던 교단 총회의 선조들이 메노나이트 형제 교회에게 잘못했던 일을 밝히고 이에 대해 용서를 구하는 성명서를 채택하였다. 그리고 그 성명서를 메노나이트 형제 교회에 보내 그들의 대표자들을 모임에 초대하는 방식으로 행해졌다. 회개는 모든 사람과 모든 시대가 거듭나고 새로워지기 위해 가장 먼저 시행되어야 하는 필요조건이다.

보다 더 큰 연합과 신실함을 지속적으로 추구하기 위해 여러 곳에 연구 협의회들 및 위원회들이 구성되었다. 1955년에는 신자들의 교회 연구 총회the Believers' Church Study Conference가 교회 내 그리고 교회 간의 성서적 교제를 회복하기 위한 아홉 가지 조항을 제안하였다. 각 교회에 보내진 편지는 다음과 같은 내용을 담고 있었다:

교회는 예수 그리스도를 구세주(Savior)와 주(Lord)로 자발적으로 받아들이고 자신들의 삶을 그리스도께 헌신하는 사람들로 구성된다⋯ 교회는 성령에 의해 통제되는 형제, 자매들의 사랑과 훈련(discipline)의 공동체이다⋯. 교회의 권위는 하나님과 예수 그리스도의 계시인 성서에 의존한다⋯ 교회는 능동적인 증인으로 살아가는 모든 신자들이 선교하는 교회로서 자신의 모습을 드러낸다.[9]

1958년 이 복음주의 연구총회the Study Conference of Evangelism는 각 교회와 각 회원들이 가져야할 증거와 선교에 대한 책임이 무엇인지 분명하게 선포하였다: "지역 교회의 교제는 교회 안에 존재하는 매우 중요한 연결고리이며, 이러한 연결고리의 핵심은 지역교회 안에 살아계신 그리스도의 주됨심이다."[10] 이러한 연합을 강조하는 말과 행동강령은 아주 특별한 것으로써 "비록 서로 다른 모습을 보이고 있지만 각 사람의 치유와 회복이라는 인간적 필요에 대한 목회뿐 만아니라, 가르침, 설교, 양육 및 구제가 교회의 총체적인 과제"[11] 임을 알려주고 있다. 이와 동일한 관심이 1961년에 개최된 교회와 사회 연구학회the Church and Society Study Conference에서 천명되었다. 이 연구학회가 강조한 내용은 다음과 같다:

> 우리는 종종 우리가 펼치는 복음전도라는 방법에 있어서 성육신을 부인한다. 과연 목회자들이 그리스도께서 하신 방법과 꼭 같은 방법을 따르며 도시 술집에 있는 사람을 찾아가는가? 사실 우리는 자기 안에 그리스도를 가두어 놓고, 단지 같은 교단 안의 교회끼리 사람들을 주고 받을 뿐이다. 우리가 변론하고 싶어하는 것은 한 편에서 복음주의를 또 다른 편에서 사회봉사를 하는 것이 아니라, 한 사람에게 온전한 복음으로 그들의 전적인 필요성을 채울 수 있도록 그 사람에게로 나아가야 한다는 것이다.[12]

"교회, 복음 그리고 전쟁에 대한 학술 컨퍼런스"Study Conference on the Church, the Gospel and Waer라는 아주 중요한 회의가 1953년에 개최되었다. 제 2차 세계대전은 성서적 비저항에 대한 가르침을 교회가 얼마나 무시했는지 보여주었다. 구체적으로 비저항에 대한 입장을 고수하던 50%가 넘는 청년들이 평화주의 입장을 거부하고 군에 들갔다는 사실이 이를 증명해 준다. 전쟁 기간 동안 민족주의자들의 압력 때문이었던 것으로 드러났지만, 부분적으로 이러한 반응은 1930년대와 40년대 교단 내의 현대주의와 근본주의자들간의 논쟁이라는 유산에 근거하기도 했다. 비록 이러한 입장에서 이야기하는 사람들이 실제로는 얼마 되

미네소타 주의 마운틴 레이크(Mountain Lake)라는 지역에도 러시아 출신의 메노나이트들이 정착하였다. 사진은 마운틴 레이크의 기차역으로 메노나이트들이 도착하기 1년전인 1873년에 지어진 것이며, 아래의 사진은 1920년대 중반 도시의 모습을 담은 것이다.

지않을 뿐 아니라, 잘못 이해되고 있었음에도 불구하고, 진보적인 조직으로서 교단은 진보적인 신학과 과학적 현대주의에 매우 개방적인 입장을 보이게 되었다. 일례로 근본주의를 반대하는 사람들이 고집하고 있듯이, 사회에 관심을 쏟으면 그것은 현대적인 것이라고 생각하였다.

서로 다른 개성으로 인한 불가피한 충돌은 언제나 있었다. 이러한 것을 넘어서, 메노나이트들의 연합운동이 더 이상 존중받지 못한다고 느낀 아주 많은 사람들이 총회 교단에 가입했는데, 이러한 것은 다른 메노나이트들을 이해하는 데는 그다지 도움이 되지 않았다. 어쨌든, 근본주의로 인해 교단 내에 상당한 갈등과 단절이 생기게 되었고, 이는 비저항에 대한 생각을 더 이상 발전시키지 못하게 했다. 종종 잘못 해석되고 있는 로마서 13:1~7은 산상수훈과 그리스도의 삶과 더불어 시민으로서 내려야 할 의사결정에 도움이 되었다. 1953년의 모임은 비저항의 정신을 다시금 새롭게 각인시키는 전환점이 되었다. 다음은 많은 교회에게 전달된 감동적인 호소의 글이다:

> 그러므로 우리가 지향하고 있는 평화적 입장을 재점검하고 강화하기 위해 다시금 여러분들에게 호소합니다. 그동안 우리는 그리스도께 대한 충성이 무엇인지 올바로 검증하지 않은 채 헌신해왔습니다. 이제 우리는 성서가 추구하는 참다운 가르침과 어린이들을 훈련시키는 일과, 그리스도를 사랑하는 거룩한 형제자매들의 교제로써 교회를 세우는 일과, 영적인 삶을 위해 기독교 공동체를 개발하는 일과, 속죄하는 교회 규율을 실행하는 일, 그리고 능력있는 설교의 말씀을 선포함과 그리스도의 가르침과 치유를 통해 우리의 교제 안에 사랑과 비저항의 가르침이 온전히 회복되도록 힘써야 할 것입니다. 이러한 일에 애쓰는 우리를 하나님께서 직접 인도하시며, 축복하시기를 기도합니다.[13]

교단 총회의 관심 속에서 연구위원회들이 수 많은 회의 및 학술회를 개최함으로써 여러가지 특별한 주제들을 심도있게 연구하게 되었다. 교회의 규율, 성서의 영감, 인종 관계들, 크리스천과 핵무기, 사형제도, 메노나이트 상호간의 협력 및 연합, 복음주의 및 전도, 민족주의, 가난과 기아, 교회의 갱신, 이혼과 재혼을 비롯한 많은 내용들이 관심을 끌었던 주제들이었다. 이러한 주제들 중 대부분은 토론을 통해 정리/채택된 후 출판이 되었다.[14] 1979년 미네아폴리스에서 3년에 한 번씩 열리는 교단 총회의 한 회의가 열렸는데 급증하는 핵무기 및 전세계적인 무기 경쟁에 사용되는 세금을 내야하는가에 관한 질문을 다루었다.

영적으로 활기를 띠는 신호들이 여기 저기에서 나타났다. 브러프턴Bluffton 대학, 프리맨Freeman 대학, 베델 대학Bethel College 뿐만 아니라 이미 전술한 바 있는 캐나다의 학교들에 많은 학생들이 등록하기 시작했고 재정적인 후원도 상당히 많이 늘어났다. 인디아나 엘크하트에 있던 메노나이트 성서대학원도 만족할만큼의 학생들과 재정적인 후원을 받을 수 있게 되었다. 1967~76년 동안 교단은 약 10% 정도의 회원이 증가하였는데 이는 이민에 의한 것뿐만 아니라 새로운 멤버들이 가입하면서 이루어진 것이다.

한편 미국 메노나이트는 아나뱁티스트 배경이 없는 사람들이 교단에 가입하게 됨으로 약 11% 정도 회원증가를 보였다. 특별히 캐나다에는 원주민 목회에 대한 지대한 관심이 생겨났다. 신앙고백, 나눔을 통해 서로를 후원하는 소그룹 모임들이 대부분의 교회에서 활성화되었다. 이전 역사를 통해 경험했던 분열이나 위협없이 새로이 계획된 공동체, 언약을 기반으로 한 가정 중심의 교제모임, 그리고 카리스마틱 운동에 관심이 있는 개인들이 일어나 새로운 활력과 기쁨을 창출해 내었다.

물론 여러가지 주제들에 대한 관심은 지속되었다. 목회자 및 교회의 목회를 담당하는 리더들의 부족 현상이 지속되었다. 새로운 분야에서 일하는 여성 목회자들이 급증하였고 전통적인 역할들은 서서히 변화를 맞이하게 되었다. 1989년에 이루어진 한 연구에 따르면 교단의 59%가 여성목회자들의 안수를 환영하고 있다고 보고하였다.[15] 주중의 성서 연구와 기도모임이 거의 사라졌으며, 일요일 저녁 예배는 대체적으로 지지를 받았다. 주일학교에 관심있는 성인들은 많이 줄어들었으나, 가족 중심의 모임이나 다른 형태로 모이는 모임은 상대적으로 늘어나게 되었다. 비저항 운동은 지속적으로 성장하게 되었으나 이혼과 재혼, 낙태, 성, 가정문제 및 다른 윤리적 이슈들은 여전히 적지 않은 논쟁거리로 교단의 지속적인 토론 제목들이 되었다.[16] 쉼, 결혼, 독신 혹은 홀로 된 배우자들, 노인들을 위한 그룹을 통해 필요한 대화는 계속되었다.

이러한 변화들과 더불어, 부자들과 가난한 사람들간의 격차는 지역적으로나 세계적으로 커져만 갔다. 1989년 실시된 한 연구는 다음의 진술에 대에 어떻게 반응하는지 조사하였다: "대부분의 지역에 있어서, 사람들은 가난을 극복하기 위해 필요한 노력조차 할 수 없기 때문에 구조적으로 가난에 처해진다." 이 진술에 대해 교단 총회의 정식 통계는 없지만, 대략 21%의 메노나이트들이 이러한 현상을 사실로 믿는 것으로 드러났다. 한편 24%의 사람들이 가난한 사람들을 도와주는 것을 줄여나가야 한다고 표현하였다.[17] 메노나이트 교회와의 교단 연합 혹은 협력에 대한 가능성은 1992년 총회의 중요한 안건이었다.

그럼에도 불구하고, 그리스도께 복종하며 신실한 모습으로 사는 사람들에게 도시 및 유동적인 세속 사회에서 어떻게 살아야 하는가는 별로 특이한 이슈는 아니었다. 이러한 문제들을 다루고 그들이 마주치는 일들에 대해 반성할 것이 있다고 인정하는 것은 곧 성령께서 교회 가운데에서 일하시고 계시다는 긍정적인 표지가 되기 때문이었다.

1) S. F. Pannabecker, Open Doors. *A History of the General Conference Mennonite Church.* Newton, Kan.: Faith and Life Press, 1975, p. 14.

2) James C. Juhnke, *A People of Mission.* Newton, Kan.: Faith and Life Press, 1979, p.4.

3) Pannabecker, op. cit., p. 45.

4) 앞의 책, p. 52.

5) C. Henry Smith, *The Coming of the Russian Mennonites.* Berne, Ind.: Mennonite Book Concern, 1927.

6) Cornelius Neufeld, *The Russian Dance of Death.* Winnipeg, Man.: Hyperion

7) E. G. Kaufman, *The Development of the Missionary and Philanthropic Interest Among the Mennonites of North America.* Berne, md.: Mennonite Book Concern, 1931, p. 103.

8) Juhnke, op. cit.

9) Quoted in Pannabecker, *Open Doors*, pp. 399-400.

10) 앞의 책, p. 401.

11) 앞의 책

12) 앞의 책, pp. 404-405.

13) 앞의 책, p. 397.

14) See ME 5:329-332, especially 331:2.

15) J. Howard Kauffman and Leo Driedger, *The Mennonite Mosaic.* Scottdale, Pa.: Herald Press, 1991, p. 207.

16) 앞의 책, pp. 174ff.

17) 앞의 책, pp. 204-205.

그 외의 자료들: ME 5:329-332 and other articles, including their bibliographies and cross-references. MWC *Handbook* 1978, 1984, 1990. MacMaster, *Land, Piety, Peoplehood*, 1985. Schiabach, *Peace, Faith, Nation* 1988. Juhnke, *Vision, Doctrine, War*, 1989. Kauffman and Driedger, *Mosaic*, 1991. John L. Ruth, *Maintaining the Right Fellowship*, Scottdale, Pa.: Herald Press, 1984. Beulah Stauffer Hostetler, *American Mennonites and Protestant Movements*, Scottdale, Pa.: Herald Press, 1987. Contact conference offices or information centers for audiovisual resources.

15장

메노나이트 형제 교회
The Mennonite Bretheren Church

비록 남부 러시아의 메노나이트 자치구들에 영적인 쇠퇴기가 찾아왔지만, 이와 동시에 새로운 갱신에 대한 영향 또한 적지 않았다. 많은 목회자들이 개인적으로 혹은 공식 모임에서 루드빅 호파커Ludwig Hofacker의 설교들을 읽었다. 이 설교들은 문체나 어조에 있어서 그리 화려하지는 않았지만 회개와 용서를 강조하고 있었다. 오로프Ohrloff 고등학교의 첫 교사였던 토비아스 보스Tobias Voth는 경건주의 운동에 영향을 받았다. 새로운 영적 생활을 위해 밟아야할 단계로써 그는 저녁 예배, 선교 모임과 청소년 모임을 조직하였다. 경건주의를 위해 ME 5:703~704를 참고할 것

독일의 모라비안 경건주의 운동에 영향을 받았던 나덴펠트Gnadenfeld 마을은 선교에 강조점을 둔 추수감사주일을 지키기 시작했다. 종종 이러한 행사에 주변의 다른 교단 교회 설교가들이 초대되었고 분리주의를 표방한 루터교 목사였던 에드워드 뷔스트도 이들 중에 있었다. 뷔스트는 행위에 의존하지 않는 값없는 은혜를 강조하며, 거룩한 생활에 강한 확신을 가진 아주 역동적인 설교가였다. 그의 말씀선포의 모습과 독

창적인 표현능력은 메노나이트 목회자들의 틀에 박힌 설교나 평이함과는 아주 극명한 대조를 이루었다. 그의 자유롭고 열린 태도와 자신들의 신앙을 스스로 증거하도록 격려 함으로써 많은 메노나이트들에게 회심의 경험을 가져다 주었다.

이렇게 회심을 경험한 신자들의 영향아래, 일반성도들의 복음전도가 나델펠트를 중심으로 여러 마을들로 이어졌다. 집들을 일일이 방문하는 모습들이 보이기 시작했고 믿음에 관심을 보이는 사람들뿐만 아니라 믿지 않는 사람들까지 초대하는 가정 모임이 생겨났다. 기존의 일요일 예배와 마찰을 피하기 위해 토요일 오후에 큰 기도 집회 및 성서공부 모임들이 시작되었다. 뷔스트 목사는 여러 지역의 모임들을 방문하며 설교하였다. 설교와 가르치는 일은 아예 그의 책임이라고 여겨졌다.

그의 설교에 대해 교회의 장로들과 많은 사람들이 고마워했다. 나덴펠트의 영향력있는 장로였던 어거스트 렌즈맨August Lenzmann이 뷔스트와 함께 기꺼이 일하겠다고 밝힐 정도였다. 이러한 모임들 중, 사람들이 쉽게 받아들일 수 없는 감상주의적 모습에 대해 비판이 제기되었을 때조차, 렌즈맨은 은혜의 본질에 대한 오해로 인하여 뭔가 잘못되었을 것이라고 하며 뷔스트를 변호해 주었다. 그러나 이러한 비판은 "뷔스트가 선포했던 것처럼 입으로 고백하고 행동으로 드러나야 하는 성화sanctification를 체계적으로 입증하지 못할 뿐 아니라, 그가 강조하는 기쁨과 은혜의 설교와도 앞 뒤가 맞지 않는다"는 내용이었다. 프리즌 P.M Friesen이라는 사람은 이러한 비판의 내용을 단순히 지나쳐서는 안 될 것이라고 강조하였다.

뷔스트는 1859년에 사망하였으나, 그를 따르던 몇몇 그룹들은 비밀리에 모임을 지속하였다. 그들이 서로를 형제라고 불렀기 때문에, 사람들은 그들을 '형제들' the Brethren로 부르기 시작했다. 얼마 지나지 않아 수 많은 교회의 리더들이 그들을 반대하였고, 특별히 영적이지 못하다는 책망으로 인해 모임자체도 상당히 위축되어 있었다. 이러한 상황은 서로 간의 관계를 점차로 악화시켰고, 서로 분리되는 모습으로 진행되었다. 전체 교회에 새로운 영적 운동들에 대해 운운하지 못하도록 조처가 취해졌다. 분리적인 모습이 강해짐에 따라 새로운 그룹에 속한 사람들 간의 관계는 더욱 가까워지게 되었다. 1859년 말, 이러한 상황은 학교 선생님이었던 아브라함 코넬슨Abraham Cornelsen의 리더십 하에 그들만의 주의 만찬을 시행하는 모습으로 드러났다. 비록 교회의 장로들이 초대되긴 했으나 참석한 사람은 아무도 없었다. 초청을 받은 사람들이 참석하지 않아서 모임은 점점 더 엉성해 보였다. 결국 이 그룹에 대한 훈계가 내려졌다. 결과적으로 렌즈맨 장로가 전체 상황을 듣기 위해 교회의 질서를 깨뜨린 이들을 초대하였다. 여섯 명의 형제들이 앞으로 규칙을 범하지 않겠다고 약속하였고 하나님의 말씀과 자신들의 양심에 반대되는 그 어떤 것은 행하지 않겠다고 맹세하였다.

나덴펠트의 렌즈맨 장로와 다른 목사들은 화해에 대하여 깊은 관심을 갖고 일을 하였다. 그들의 노력은 개인적으로 성찬식을 시행하는 것은 중지되어야 하며, 새로운 그룹이 교회의 전체 회원들과 더 이상 교제를 가져서는 안된다고 주장하는 교회의 대다수의 요청에 의해 좌절되었다. 1860년 1월 6일, 새로운 그룹은 기존의 그룹을 떠나 새로운 교제를 형성해야할 가능성에 대하여 논의하였다. 한 가정집에 모여 교회 장로들에게 보내기 위한 문서를 준비하였다. 아브라함 코넬스가 문서를 작성하였고 여러 사람들이 작성된 내용들을 신중하게 검토하였다. 공식적인 분리에 의해 따라올지도 모를 박해에 대해서도 주의가 집중되었다. 문서를 작성한 후 기도회가 잇따랐다. 결국 그날 문서에 18명이 서명 하였고, 서명하지 않은 몇 사람이 참석한 가운데 문서가 탁자에 놓여졌다. 이틀 뒤에 아홉 명이 더 서명을 하였다.

이 문서는 점점 더 썩어가고 있는 교회 및 이러한 영적 부패의 상황을 묵인하고 있는 교회 리더들의 모습을 질타하였다. 교리에 대한 논쟁은 별로 없어보였다. 가장 중요한 관심사는 교회 멤버들 안에 존재하는 도덕과 윤리적 해이함에 초점이 맞추어져 있었다. 무차별적이고 혹독하긴 했지만 목회자들에 대한 비난은 실제적인 근거에 입각한 것이었다. 이 문서의 설명은 세례, 성찬, 세족식, 목회자 선출, 교회의 규율 및 여러가지 이슈들을 토론함에 있어 역사적 아나뱁티즘-메노나이트 운동이 의미하는 바를 올바로 다루고 있었다. 서명에 덧붙여, 문서에는 새로운 그룹의 입장을 대변할 세 사람의 대표자 이름이 명시되어 있었다.

문서의 서명자들조차 어떤 결과가 나타날지 예견할 수 없었다. 교회를 비난하는 도덕적 영적 타락에 대해 장로들이 인정하지도 않았고 부인하지도 않았기 때문에, 문서는 교회에 대한 지나친 공격으로 받아들여졌다. 결국 1월 18일 장로들이 모임을 가져 게비샴트Gebietsamt라고 부르는 자치구에 모든 권한을 이양한다는 진술서를 작성하였다. 몇 사람이 "이 문제에 대해 보다 더 확실하게 알 필요가 있다"는 말과 더불어 다섯 명의 장로들이 이 진술서에 싸인을 하였다. 진술서에는 "그들을 잘못된 길에서 되돌이키기 위해"서라도 새로운 그룹에 징계를 내리도록 기록되어 있었다. 이제 다섯 명의 장로들은 질서에 따라 징계를 내려야했다.

자치구 내에서 발생한 종교적인 문제가 이제 자치구 행정부의 문제로 넘어간 것이다. 이에 따라, 16세기에 아나뱁티스트들이 겪었던 그 혹독한 상황을 장로들이 친히 요청한 셈이 되었다. 즉 그들은 교회의 존재와 국가의 존재를 같은 선상에 놓게 된 결과를 빚어낸 것이었다. 이것은 믿음의 문제를 국가의 관할권한에 놓기를 거부했던 아나뱁티스트들의 기본적인 신념에 정면으로 배치되는 일이었다. 이 일이 있기 전에 교회의 모든 장로들이 진술서의 내용에 모두 동의한 것은 아니었다. 1월 18일 이전에 모였던 모임에서, 오로프-할브스타트Ohrloff-Halbstadt 교회 심의회는 우선 관용을 베풀어주도록 청원하였고, 실제 징계의 노력이 새로운 그룹에 행해져야 할 것이 아니라, 그들이 꼬집고 있는 악한 것들을 없애는 것으로 행해져야 한다고 촉구하였다. 이 점에 있어 많은 사람들이 동요하였으나, 이에 대해 어떠한 것도 행할 수 없는 것처럼 보였다. 볼가Volga 강에 있었던 두 개의 자치구에서 무슨 일이 일어났는지에 대하여는 알려진 것이 거의 없다.

한편 일에 대한 책임을 자치구의 행정부가 지기로 한 후, 장로들은 새로운 그룹을 소환하여 일의 자초지종을 자세히 설명하도록 하였다. 1월 23일 그들의 답변이 있었고, 새로운 그룹에 속한 사람들은 기쁜 마음으로 교회에 남아 있겠다고 입장을 표명하였다. 그러나 목회자들도 하나님의 말씀에 복종하지 않았기 때문에 떠나야 하는 양상으로 상황이 치달았으나, 이들도 메노나이트를 떠나지 않고 남아있겠다고 의지를 표명하였다. 한편, 자치구 행정부는1857년에 입법한 비밀 모임에 관련된 형법 제 362조항을 인용하면서 형제들의 모임을 반대하였다. 법 조항은 기존에 설립된 교회의 후원을 받지 않는 종교적인 모임을 인정하지 않는다고 명시되어 있었다. 따라서 물리적인 박해가 뒤따랐다. 프리즌의 기록에 따르면 "계속적으로 조사, 협박, 투옥, 중노동에 대한 선고 및 음식철폐가 이들에게 주어졌다." 징계 조항에 따라 대가족의 가장이었던 아브라함 코넬슨은 자치구로부터 추방 당하였고, 주변의 유목 부족들과 더불어 오랜 세월을 보내야 했다. 다른 사람들에게는 철저한 경제적 체벌이 주어졌다. 법적으로 여행을 할 수 있는 문서가 그들에게 주어지지 않았기 때문에, 새로운 그룹에 속했던 사람들은 자치구를 떠날 수도 없었고, 자치구 내에 머무는 것도 견디기 어려웠다.

이 두 운동들이 처음부터 같이 시작된 것은 아님에도 불구하고 몰로치나 자치구에 영적부흥이 일어난 것고 코티자 자치구의 영적 부흥이 일어난 것은 거의 맥을 같이 한다. 불행히도 크론스위드Kronsweide 마을을 중심으로 일어난 코티자 운동은 감정적인 수위가 너무 지나치게 표현되었고 거짓 자유와 부도덕한 사건들을 유발시키는 모습으로 드러나 운동 자체가 붕괴되었다. 그러나 아인라지Einlage 마을에서는 아주 건전한 모습으로 성령운동이 진행되었다. 특히 이 그룹은 건강하지 못한 다른 그룹과 전혀 교제를 하지 않았다. 이 아인라지 그룹은 독일 침례교가 발행한 정기간행물의 영향을 받았던 것으로 드러났다. 이러한 특성에도 불구하고 코티자의 형제들은Brethren in Chortiza 다른 지역의 형제들이 겪었던 것처럼 아주 혹독한 어려움의 시기를 겪었다. 빌헬름 잔젠Wilhelm Janzen은 열 번에 걸쳐 채찍을 맞았으며 아무런 외투도 주어지지 않은 채 난방조차 되지 않은 방에 감금되기도 했다.

메노나이트 형제 교회의 시작과 승인

새로운 운동이 다루어야 했던 초창기 문제들 중 하나는 강력한 리더십의 부재였다. 1860년 5월 30일, 몰로치나 그룹을 위한 목회자 선출이 있었다. 비록 그들 중 세 명은 훌륭한 후보처럼 보였지만, 공식적인 허가 없이 교회를 세우지 않겠다고 자치구 감독에게 미리 약속을 한 것 때문에 그 자리에서 자격을 상실했다. 결국 3일 뒤, 하인리히 휴버트Heinrich Huebert와 제이콥 베커Jacob Becker가 목회자로 선출되어 안수를 받게 되었다. 이들의 안수에 관한 공식적 기록이 존재하지 않기 때문에 비공식적인 기록들만이 전해지고 있는데, 이 그룹에서 가장 오래된 멤버였던 프란쯔 클라센Franz Klassen이 다른 사람들의 요청에 따라 두 명의 새로운 목회자들에게 안수하였다고 전해진다. 새로운 목회자들을 위한 기도는 아주 진지했고, 선출된 목회자들로 하여금 그 교회의 목회로 헌신케 하는 기도였다고 한다. 비록 여러 명의 장로들이 목사 안수

▲▲ 925년 남부 러시아, 쿠반(Kuban), 볼뎀푸르스트(Woldemfürst)에 있는 메노나이트 형제 교회의 저녁 성서공부 반에 참석한 요한 테이브스(Johann J. Toews, 1873~1933, 사진 중앙에 앉아 있음)는 여러 지역을 방문하면서 사람들을 가르쳤던 아주 훌륭한 교사였다. ▲1913년 네 명의 메노나이트 형제교회 설교가들이 쿠반 지역을 방문하였다. 몰로치나의 발드하임(Waldheim)에서 온 피터 코엔(Petr Koehn); 쿠반 교회의 장로 코넬리우스 윈즈(Kornelius Wiens); 몰라치나 뤼케나우(Rükenau)에서 온 제이콥 라이머(Jakob Reimer); 쿠반(Kuban) 알렉산더펠트(Alexanderfeld)의 요한 패스트(Johann Fast)

15장 메노나이트 형제교회 · 403

식에 초대되었지만, 아무도 참석하지 않았다. 역사가인 프리즌P.M. Friesen은 이 목회자들을 선출하고 안수한 이 모임을 메노나이트 형제 교회의 공식적 시작으로 보고 있다.

정부가 공식적으로 인정하는 새로운 그룹을 이제 어떻게 메노나이트들이 인정하고 받아들일 것인가 하는 긴 싸움이 시작되었다. 만약 정부가 인정하는 그룹을 받아들이지 않는다면, 메노나이트로서 그들은 자신들이 갖고 있는 모든 특권을 잃게 될 것이 분명하기 때문이었다. 정부가 세인트 피터스버그로 반복되는 여행을 하면서 침례교와 지속적으로 접촉을 취한 것은 이들에게 도움을 주기 위한 친절한 행위였다. 한편 자치구들은 정부로 하여금 새로운 그룹에 지나친 호의를 베풀지 못하게 하였을 뿐 아니라, 그들은 하나의 "새로운 분파일 뿐" 메노나이트로 인정하지 않았다. 몰로치나 자치구의 행정부는 장로들에게 새로운 그룹에 대한 두 가지 선택안을 제시했다. 새로운 그룹을 자치구로부터 추방을 시키든지, 아니면 그들을 인정하고 받아들이라는 것이었다. 물론 행정부가 기대하는 바는 첫 번째 선택사항이었다. 한편 새로운 그룹은 1862년 봄에 짜르 황제에게 청원서를 보냈다.

아주 잘 알려진 교사이자, 목사였던 요한 하더Johann Harder가 리더십을 발휘하여 긴장 상황을 해결하였했다. 다음은 1862년 11월 12일 자치구의 행정부에 보낸 그의 편지이다.

1862년 10월 11일, 지역 행정부 사무실에서 타락한 교회들로부터 정식 탈퇴한 메노나이트들에 관한 제반 문제를 토론하기 위해 도시의 리더들이 모여 회의를 가졌습니다. 이 회의에서 이 사람들을 자치구내에서 추방하여 신분을 유지하지 못하게 할 것인가 아니면, 미래의 또 다른 메노나이트 교회일원으로 이들의 권리를 존중할 것인가? 진지하게 토론하였습니다. 이 두 가지 선택 사항에 직면하여 우리 교회는 이들을 추방하라는 첫 번째 선택사항이 하나님 말씀에 근거한 것이 아니기 때문에, 두 번째 선택사항에 동의하며 이들로 하여금 하나님의 백성으로서 신앙을 고백하도록 공표하고자 합니다. 이러한 우리들의 요구에 응답해 줄 것을 요청하는 바입니다. 조사에 따라 탈퇴를 주장했던 사람들은 그들의 신앙고백이 남부 러시아에 있는 루드너와이드Rudnerweide 교회에 의해 발표된 신앙고백과 같은 효력이 있다고 선언하였습니다. 소위 연합 플레미시, 프리시안 및 독일 아나뱁티스트 메노나이트 신앙고백과 같은 것으로 인정하였습니다. 이들의 신앙고백이 우리의 신앙고백과 같으며 오로프-할브스타트Ohrloff-Halbstadt 교회가 이들을 메노나이트 교회로서 인정하였으므로, 특별한 문제기 없다면 지역 행정사무실에서도 공식적으로 이들을 인정하면 좋겠습니다.

- 1682년 11월 12일 블룸스타인(blumstein)에서 장로 요한 하더.[1]

이렇게 그들을 받아들이기로 한 것은 반대안에 서명했던 된 다섯 명의 장로들에 대한 직접적인 도전이나 다름이 없었다. 이를 해결하기 위해 그들은 아주 장문의 답신을 마련하였다. 이 답신에서 그들은 안수받은 리더십의 인가없이 새로운 그룹이 행한 행동, 특히 성찬식의 시행을 힐난했다. 또한 그들이 모임을 갖는 것은 적절한 행동이 아니며 이미 메노나이트 교회에서 세례를 받은 사람을 다시금 세례를 주는 것 또한 적절한 행동이 아니라고 진술하였다. 이 새로운 운동을 저지하려는 마지막 시도는 1863년 말 자치구 행정부에 의한 것으로써 마을의 행정관들에게 새로운 그룹이 시행하는 결혼을 공식적으로 인정하지 못하도록 했다. 인전받지 못한 결혼을 통해 태어난 아이들은 호적을 어머니 이름 아래 등록하게 하였는데, 자녀들의 출생이 적법하지 않은 경우로 만드는 결과를 초래하게 했다. 이러한 지시는 그 그룹의 사람들로 하여금 정부에 탄원서를 보내도록 만들었다. 그러나 1864년 3월 5일, 그들은 여전히 메노나이트들의 설명이 맞다는 정부의 공식적 입장이 들어있는 답신을 받게 되었다.

마침내 소송이 끝났으나 결론은 분열의 상태를 지속하게 되는 것이었다. 괴로움과 싸움은 한동안 지속되었다. 그러나 점차로 두 교회 리더이 공동의 관심을 표출되는 분야에서부터 다시금 함께 일을 하기 시작했다.

교리와 교회의 행정

세례: 첫 번째 그룹에게 세례의 방식은 문제가 되지 않았다. 원래의 문서에도 단순히 신자들의 세례가 중요하다는 것만 강조하였다. 그러나 문서에 서명을 한 사람 중 제이콥 라이머Jacob Reimer는 이미 1837년 관수세례가 성서적인 방법인지 아닌지 질문을 제기했다. 18세 청년으로서 세례를 받기 전, 그는 애나 저드슨Anna Judson의 전기를 읽고 침례immersion를 받겠다고 요청하였다. 다른 사람들이 침례를 받았는지 질문을 던졌을 때, 그의 아버지가 프로이센에서는 침례를 시행했다고 말해 주었다.

몰로치나 자치구 내에서 첫 번째 침례가 행해진 것은 1860년 9월의 일이다. 제이콥 베커Jacob Becker의 회고록에 따르면 그 당시 세례를 받았던 두 사람 중 한 사람이 메노나이트 형제 교회가 침례를 시행했다고 소개하였다. 다음은 그의 회고록에서 발췌한 내용이다:

> 우리는 1860년 9월 첫 번째 일요일까지 침례에 대하여 전혀 알지 못했었다. 메노나이트 교회에서 아직 세례를 받지 않은 두 명의 자매가 세례를 받겠다고 신청하였다. 교회가 그들의 신앙에 대하여 자세히 알아본 후, 내가 직접 그들의 세례를 담당하였다. 그때 요한 클라센(Johann Claassen) 형제가 나에게 와서 물었다. "어떤 형태로 세례를 줄 것인가요?" 그리고 또 묻기를 "지금 교회에서 시행하는 방법은 성서적인 방법이 아닙니다." 그의 말은 나에게 아주 낯선 것들이었다.[2)]

저명한 메노나이트 형제 교회의 목사, 교육가, 역사가였던 피터 마틴 프리즌(Peter Martin Friesen)과 그의 아내 수산나 프리즌은 교장과 교사로서 할브스타트(Halbstadt)의 젠트랄슐레(Zentralschule) 교회를 섬겼다. 이들은 1902년 메노나이트 형제 교회의 신앙고백서를 작성하였다. 그는 알리안쯔(Allianz) 게마인데 그룹을 시작한 사람이었다.

클라센은 베커에게 침례에 대한 조그만 소책자를 건네 주었고 베커는 조심스럽게 책의 내용을 숙지하였다. 그후 이웃 하인리히 바르텔 Heinrich Bartel에게 책을 넘겨주었다. 그렇게 하여 두 사람은 그들이 다른 사람들에게 세례를 주기 전에 그들 자신들이 세례를 받을 필요가 있다는 확신에 이르렀다. 새로운 종교적 교제 방식에 대해 리더들이 두려워하지 않도록 이러한 것에 대한 증거와 더불어 해석이 필요하였다. 그래서 그들은 메노 사이먼스가 물 세례에 대해 고백했던 것이 무엇을 의미하는지 알기 위해 그의 글들을 읽었다. 베커는 메노가 비록 세례의 형식은 사도 시대 이래로 여러번 변화를 겪었지만 처음 세례는 흐르는 물에서 베풀었다는 설명을 찾아내었다. 물론 예수도 요단강에서 침례 례를 받으셨다. 2세기의 디다케Didache『이방인에 주시는 12사도를 통한 주님의 가르침』엘도론 역간, 130-7도 흐르는 물에 대한 특별한 설명을 하고 있다. 이 때부터 이 그룹은 메노 사이먼스의 설명에 동의하면서 메노나이트로서 역사 속의 좋은 것을 다시 찾기로 결정을 내렸다.

베커가 자신의 확신을 가지고 형제들의 관심을 이끌어 내었을 때, 많은 사람들이 그를 지지했다. 그리고 두 명의 자매에게 침례를 베풀어야겠다고 결정하였다. 그러나 그는 다른 사람에게 침례를 베풀기 이전에 자신이 먼저 침례를 받아야 할 필요를 느꼈다. 그의 글은 다음과 같이 연결이 되고 있다:

> 1860년 9월의 어느 주중에, 우리는 멤버들을 마차에 가득 싣고 물가로 가서 무릎을 꿇고 기도를 드렸다. 기도를 마친 후, 즉시 바텔과 베커가 물로 들어갔다. 베커가 바텔에게 먼저 침례를 주었고 곧 바로 바텔이 제이콥 베커에게 침례를 주었다. 그리고 나서 베커는 다른 세 명에게 침례를 베풀었다.3)

초창기에 메노나이트 형제교회는 침례를 의무사항으로 두지 않았다. 이미 메노나이트 교회에서 관수세례를 받은 사람들에게 다시 침례를 주지 않았다. 메노나이트 형제교회를 시작한 처음 열 여덟 사람 중한 사람이요, 최초의 목사이자 장로였던 하인리히 휴버트Heinrich Huebert는 1861년 5월에 다시 침례를 받았다. 이듬해 그는 목사로 선출되었다. 새로운 그룹이 형성되는 곳이라면 항상 모습을 드러냈던 요한 클라센은 1862년 6월 30일에 다시 세례를 받았다.

초기 메노나이트 형제 교회 역사가들은 메노나이트 형제교회의 침례는 침례교로부터 영향을 받은 것이 아니라고 기록하고 있다. 그러나 요한 클라센이 세인트 피터스부르크의 침례교신자들과 함께 교제를 가졌던 것으로 보아, 그가 침례에 대한 성서적 이해를 갖는데 그들의 영향을 받았을 가능성이 없지 않다. 새로운 그룹의 리더였던 아브라함 엉거Abarham Unger가 함부르크에 있는 독일 침례교 목사와 서신을 교환하는 동안, 코티자 자치구에 세례에 대한 질문이 생겨났다. 성찬식에 참여하려면 침례를 받아야 한다는 조건을 만든 아인라지Einlage 그룹에 의해 결국 코티자에서 회원이 되기 위해서는 반드시 침례를 받아야 한다는 주장이 생겨났다. 이 점에 있어서 몰로치나 자치구에 있는 교회들은 1863년까지 비교적 관대한 입장을 취하였고, 교회에서 침수례를 받지 않은 사람도 교제가 허용되었다. 그러나 결국 멤버십을 위해 반드시 침수례를 받아야 한다고 주장함에 따라 교회의 모든 사람들이 침례를 받도록 실행 안을 마련하게 되었다.

극단주의의 극복: 이전에 언급했듯이 성령운동을 너무 지나치게 감정적으로 받아들인 사람들에 의해 메노나이트 형제 교회 운동이 처음부터 위기의 상황에 처하게 되었다. 프뢰리케 리흐퉁쁨의 운동이란 의미으로 알려진 지나친 열광주의자들은 스스로를 "행복한" 사람들, 혹은 "열정적인" 사람들이라고 불렀다. 비록 하인리히 휴버트 장로가 이들의 모습에 대해 비성서적이라고 일갈하며 철저히 반대하였음에도 불구하고 이 그룹을 이끌었던 몇 사람들이 형제 교회 그룹에 참여하게 되었

다. 모임을 인도하는 사람들은 이들의 열광적인 분위기와 흐름을 막아낼 수가 없었다. 그리하여 코티자와 몰로치나의 리더십이 이러한 극단주의적 운동에 휘말리게 되었다. 급기야 이 운동에 참여하지 않은 사람들이 추방을 당하게 되었다. 결국 이들과 함께하지 못하도록 모든 사회적 접촉이 금지되었고 급기야 길거리에서 친척들에게 인사하는 것까지 이들과 교제하는 것으로 간주될 정도였다.

당시 세인트 피터스부르그에 있었던 요한 클라센은 이 새로운 운동을 이끄는 리더들에게 강경한 어조로 편지를 써보냈다. 그러나 아무런 영향력을 끼치지 못하였다. 1862년 봄 그들의 행위의 지나침은 비극으로 치달았다. "그리스도 안에서의 자유"라는 교리가 여자들과 남자들 사이에 존재해야 하는 통상적인 예의의 범위까지 경시하는 모습으로까지 발전되었다. 결국 구원을 받은 사람들은 육체로부터 자유하게 된다고 주장하기까지 되었다. 이러한 태도는 도덕적 무질서로 인도되었다. 죄인들은 그들의 그룹에서 추방되었고, 이러한 사건이 그들 내부의 급진적 운동 전체를 방해하는 요소가 되었다.

1865년 6월, 새로 생겨난 그룹에 의해 다섯 번의 모임이 개최되었고, 8월 4일에 여섯 번째 모임이 열렸다. 이 모임들 중 하나가 토요일 아침에 시작되어 한 밤중까지 이어지게 되었다. 다음 날인 일요일은 회개와 기도의 날로 지켜졌다. 회개의 편지들이 교회와 정부 리더들에게 보내졌다. 고통과 비극으로 시작된 메노나이트 형제 교회의 초창기 모습이 그렇게 정리되는 순간이었다.

침례교의 영향: 메노나이트 형제 교회가 생겨난 초기에는 새로운 그룹을 어떻게 다루어야 할지 리더들도 경험이 없었다. 그래서 리더들은 알고 있던 침례교인들을 찾아가 도움과 자문을 구하였다. 특별히 코티자 자치구에 있던 사람들은 침례교에 대해 상당히 개방적이었다. 그러므로 극단주의 문제에 대처하기 위하여 아브라함 엉거가 함부르크에

자문을 구한 것은 아주 자연스러운 일이었다. 1866년 봄 함부르크에서 침례교 신자 어거스트 리빅August Liebig이 이들을 도우려고 코티자에 도착하였다. 운동이 시작된지 얼마 되지 않았던 때에 코티자에서 새로 그룹을 형성한다는 것은 체계적이지도 않았고 확실하지도 않은 것이었다. 그래서 그는 특별 지회를 조직하여 설교하기 시작했다.

새로운 그룹에 속한 많은 사람들은 어떤 형태가 되었든 그것이 성령의 자유로운 일을 방해하지 않게 하기 위해 공식적으로 조직된 모임을 반대하였다. 그러나 리빅은 모임의 의장역할을 수행하면서 그들에게 적절한 조직과정을 보여줄 기회들을 마련하였다. 우선 그들의 요청에 따라 회의내용이 기록되었다. 그러나 채 2주가 지나지 않아, 정부당국이 그를 체포하였고 독일로 돌아가라고 추방령을 내렸다. 그러한 와중에도 그는 틈만나면 형제들에게 훌륭한 조언과 헤아릴 수 없는 많은 도움을 베풀었다. 엉거와 그는 계속해서 서신을 주고 받았고, 1869년 독일 침례교에서 옹켄J.C. Oncken을 남부 러시아로 보내 흩어져 있는 그룹들에게 도움을 주도록 하였다. 1869년 10월 18일 옹켄이 엉거를 장로로, 아론 렙Aron Lepp을 목사로, 그리고 두 사람의 집사를 안수하는 특별한 집회가 열렸다. 몰로치나의 형제들 또한 옹켄이 예배를 인도해주기를 희망했으나, 혹독한 겨울에 나이 지긋하신 목사님이 독일로 제대로 돌아갈 수 있을까 하는 염려 때문에 초대를 하지 못했다.

옹켄의 방문은 여러가지 축복의 모습으로 나타났다. 우선 그가 새로운 운동에 영적인 자극을 불러일으켰고, 그들이 보다 나은 체계를 갖추도록 도와주었다. 그러나 그는 담배를 피우는 사람이었기에 그 영향이 그룹의 여러 사람들에게 끼쳐져 많은 사람들이 담배를 피우기도 하였다. 그가 침례교신자였기 때문에, 그에 의해 안수를 받은 많은 사람들이 침례교신자가 되는 것을 진지하게 고려하였다. 더구나 그는 성서적인 비저항의 입장을 취하고 있는 전통적인 메노나이트 신앙에 부정적인 영향을 끼쳤다. 결국 옹켄을 반대한 그룹이 설득력을 얻어, 안수받은 사람들을 메노나이트로 인정하되 흡연자들을 추방시켰다. 메노나이트 형제교회는 침례교와 지속적인 교제를 가졌지만 그들과 분리된 조직을 갖고자 원하였다. 그들은 메노나이트에 남아있기를 원하면서도 침례교의 도움을 받기 원함으로 정체성에 있어서 한동안 복잡한 면모가 지속되었다.

알리안즈 게마인데 Allianz Gemeinde: 아주 소수의 사람들에 의한 것이긴 했으나, 메노나이트 형제 교회 사람들과 다른 메노나이트들 사이에 진지한 모습의 교제가 있었다. 침수례에 대한 확신이 점점 증가하면서 침례가 아니면 안된다는 경직성 또한 배타주의를 낳았고, 배타주의는 결국 분리주의로 치달았다. 극단적 성령운동으로 인해 위기를 경험한 후, 요한 크라센과 제이콥 라이머의 영향력은 약해졌고, 그들을 대신할 수 있는 새로운 리더들이 나타나게 되었다. 많은 극단주의자들은 순수한 교회에 대한 개념을 받아들이기에는 신학적 이해가 부족한 사람들이었다. 그리하여 다른 크리스천들과의 교제가 불가능하게 되었다. 알리안즈Allianz 혹은 동맹운동에 또 한 번의 부작용이 생겨났다.

클라센과 라이머 외에 다른 형제교회 사람들은 보다 훨씬 더 폭 넓은 접촉을 추구하는 새로운 리더십을 원했다. "메노나이트 형제교회의 뷔스트"라는 별명을 가진 전도사 크리스천 슈미트Christian Schmidt는 그들 중 한 사람이었다. 슈미트는 그들의 교회배경이 어떻든지 상관하지 않고 모든 참된 신자들과 교제하였다. 그들이 가졌던 연례 모임 중 한 모임에서 열린 마음을 가진 몇 사람이 다 함께 성찬을 나누는 공개 성찬식을 개최하는 것에 대해 의향을 공포하였고, 1899년에 성찬식을 시행하였다. 이에 대한 반발은 즉각적으로 나타났다. 전도사인 제이콥 라이머가 속해 있던 교회는 그에게 징계를 내릴 것을 요청하였다. 그러나 회중들은 오히려 라이머를 좋아하여 이 요청을 거절하였다.

서로를 받아들이는 모습이 확대되면서, 1905년 5월 16일 형제교단의 한 그룹이 "몰로치나 복음주의 메노나이트 형제 교회"Moloschna Evangelical mennonite Brethren Church를 조직하기 위해 모임을 가졌다. 이 그룹은 세례의 방법에 상관없이 모든 메노나이트 신자들을 섬기기 위해 헌신하기로 한 그룹이었다. 이 그룹은 곧 알리안즈 게마인데Allianz Gemeinde로 알려졌고 교회의 연합과 동맹을 위해 일하기 시작했다. 멤버십을 위해 꼭 필요한 것이 있다면 거듭남, 즉 새로이 태어나는 것뿐이었으며, 이는 모든 사람이 함께 성찬을 나눌 수 있다는 것을 의미했다. 침수례가 시행되었지만, 이미 다른 형태로 세례를 받은 사람들이 다시 침수례를 받을 필요가 없었다. 장로의 모임은 폐지되었다. 이 그룹을 또 하나의 분파로 볼 수 있지만, 또 다른 의미에서 모든 메노나이트 형제 교단의 배타성을 건전한 모습으로 교정하는 역할을 감당하기도 하였다. 알리안즈는 자신들과 다른 메노나이트 교회들을 잇는 가교 역할을 담당하였다.

크리머 메노나이트 형제단 Krimmer or Crimea Mennonite Brethren: 이러한 부흥의 한 가운데에서 사상이나 실행에 있어서 메노나이트 형제 교회와 밀접한 관계를 가진 크리머 메노나이트 형제단(KMB)이라는 그룹이 생겨났다. 크리미아Crimea의 아나펠트Annafeld 마을은 부흥을 맞이하게 되었고 제이콥 위브가 회심하였다. 위브는 독보적인 인물로 형제단 운동을 이끌어 나갔다. 그는 이전부터 클라이네 게마인데Kleine Gemeinde와 교분을 나누고 있었으며, 그들의 경건주의에 상당한 매력을 느끼고 있었다. 장로였던 요한 프리즌Johann Friesen이 아나펠트를 방문할 수 있도록 초청함과 동시에 클라이네 게마인데 교회 내에 새로운 그룹을 조직하였다. 1867년 크리머 메노나이트 형제단 최초의 목사로서 위브Wiebe가 시작한 일이었다.

멤버들 중 많은 사람들이 회심을 경험하기 전에 세례를 받았기 때문

1920년대 스탈린 치하의 러시아로부터 캐나다로 수 많은 메노나이트들이 이주할 수 있도록 도운 유명한 리더는 얀쯔(B.B. Janz) 였다. 그 자신도 알버타의 코울데일(Coaldale) 근처에 정착하였다.

에, 다시 세례를 받아야 한다는 문제가 제기되었다. 프리즌 장로는 다시 세례를 받는 것에 대해 너그러운 마음을 가질 수 없었다. 그리하여 자신의 형제들 중 한 사람을 위임하여 위브에게 세례를 주었고, 1869년 9월 21일 위브로 하여금 다른 열 여덟사람에게 세례를 주도록 하였다. 다른 메노나이트 형제교회와 구별하기 위해 브루더게마인데 Brüdergemeinde, Brethren church:형제 교회라는 이름을 사용하였다. 크리머 Krimmer라는 이름은 크리미아라는 지명에서 온 것이었다. 그러나 비록 그들이 침수례 이외의 다른 교리에는 이견이 없었음에도 불구하고 다른 메노나이트 형제들과의 접촉은 별로 이루어지지 않았다. 새로 생겨난 이 그룹은 무릎을 꿇고 침수례를 받도록 하였다. 옷과 생활 방식은 매우 준엄하였고 교회의 규율 또한 매우 엄격하게 함으로 메노나이트 형제단들과 크리머 메노나이트 형제단KMB을 구분하였다. KMB들은 1960년 캘리포니아 리들리Reedley에서 개최된 메노나이트 형제 교회 100주년 기념에 즈음하여 메노나이트 형제단에 가입하였다.

북미와 남미의 메노나이트 형제들

이전에 언급했듯이 1870년대 이민자들에는 상당히 많은 메노나이트 형제들과 클리머 가족들이 섞여 있었다. 피터 에커트Peter Eckert는 1875년 캔사스에 자신의 가족들을 데려왔던 첫 이민자로서 메노나이트 형제교회의 장로였다. 이 그룹은 루터교를 배경을 갖고 있었지만, 1860년대부터 시작된 부흥운동을 통해 메노나이트가 되었다. 에커트는 열린 마음과 넓은 도량을 가진 크리스천이었고 이로 인해 나데누Gnadenau마을 주변의 크리머 메노나이트들과 함께 그룹을 형성하고자 했다. 그들은 매리언 카운티Marion County의 피바디Peabody 북쪽으로 약 20킬로미터 떨어진 곳에 살며 계속 거리를 두고 살고 싶어했다.

1876년 러시아로부터 75가족이 이 지역에 도착하였다. 비록 다수는 볼가에서 온 사람들이었으나 쿠반과 코티자 자치구에서 온 사람들도 적지 않았다. 볼가와 쿠반 지역에서 온 사람들은 도착하는 즉시 에카트 그룹에 가입하였으나 코티자에서 온 가족들은 분리된 상태로 지냈다. 그 이유는 다른 사람들과 친밀한 감정을 나누고 싶지 않았기 때문이었다. 1874년부터 1880년까지 새로운 정착을 위해 애썼던 아브라함 쉘렌베르그Abraham Schellenberg 장로를 포함한 약 200 가구의 메노나이트 형제들이 중서부로 오게 되었다.

이 곳에 교회들이 세워진 후에, 지역 교회들은 컨퍼런스 조직에 대한 희망을 갖고 있었다. 컨퍼런스를 조직하기 위해 피터 리기어Peter Regier와 캔사스 및 네브라스카의 교회를 대표하는 열 한 명의 대표단이 참가한 첫 번째 모임이 열리게 되었다. 적절하지 못한 발표로 인해 이렇다할 결정을 만들어내지 못하였고 결국 이 회의는 공식적인 회의로서 받아들여지지 못하게 되었다. 첫 번째 공식적인 모임은 1879년 네브라스카 헨더슨Henderson에서 개최되었다. 그 때부터 1909년까지 매년 모임을 가졌고 그 이후부터는 3년에 한 번씩 모임을 가졌다.

캐나다의 메노나이트 형제 교회는 1884년 미네소타에서 온 데이빗 딕David Dyck과 하인리히 보스Heinrich Voth의 선교활동을 통해 시작되었다. 이들의 활동으로 말미암아 1886년 마니토바 윙클러Winkler 근처에서 최초의 회심자가 생겨나 세례를 받게 되었다. 1870년대에 캐나다로 이주한 사람들 중에는 메노나이트 형제 교회에 소속된 사람들이 없었다. 이후 1888년에 이민 온 게하르드 위브Gerhard Wiebe가 복음 전도를 위한 사역을 위해 컨퍼런스의 후원을 받게 되었다. 첫 번째 회중은 버발드Burwalde에 세워졌고, 1897년에 프럼 쿨리Plum Coulee에 좀 더 작은 교회가 세워졌다. 1898년에는 크롱스가르트Kronsgart에도 교회가 세워졌다. 이러한 것을 중심으로 하여 사스카추원주 래어드Laird지역에 약 60명의 회원으로 구성된 교회가 생겨났다. 로스턴과 허버트Herbert 지역에도 얼마되지 않아 교회들이 생겨나게 되었다.

1900년 북미에 있는 메노나이트 형제 교회의 멤버들은 2,000명을 조금 넘는 정도였다. 매년 개최되는 컨퍼런스는 선교, 복음전도 및 연구 분야의 사업계획에 대하여 논의하였다. 1903년 회의에 참여하였던 대표자들은 전체 컨퍼런스를 지역 컨퍼런스로 나누어 매년 모이는 일에 대하여 법안을 세우고 전체 컨퍼런스는 3년에 한 번씩 모이는 방안을 논의하였다. 그러나 결론에 도달하지 못하였고 질문들은 묵살이 되었다. 한편 1908년에는 교단 헌법이 작성되어 받아들여졌다. 그 이듬

캘리포니아 프레즈노(Fresno)에 있는 메노나이트 형제 교단의 대학원(Mennonite Brethren Seminary)은 퍼시픽 대학(The Pacific College)캠퍼스에 위치해 있다.

해 지역 컨퍼런스를 남부, 중부 및 북부 지역 컨퍼런스로 나눈다는 안이 통과되었다. 1911년에는 로스데일Rosedale, 캘리포니아, 태평양 지역 컨퍼런스가 네 번째 지역 컨퍼런스로 추가 되었다.

1920년대에는 메노나이트 형제교회에 속한 수 많은 가족들이 캐나다로 이주하게 되었다. 1930년부터는 남미의 파라과이와 브라질로도 이주 하였다. 캐나다에 정착한 사람들은 대 평원의 여러 주에서 교회를 세웠다. 경제공황이 있은 후, 많은 사람들이 브리티쉬 콜럼비아 주와 온타리오 주로 이주하여 컨퍼런스를 구성하기도 하였다. 대평원지역 중 위니펙은 메노나이트 형제교회를 포함하여 가장 많은 메노나이트들이 밀집되어 사는 도시가 되었다. 많은 사람들이 사업과 다양한 분야에서 두각을 나타내게 되었고, 훌륭한 리더십을 발휘하게 되었다..

1930년 6월 9일, 55명으로 구성된 형제들이 파라과이 페른하임 자치구의 나덴하임Gnadenheim 마을에서 모임을 가졌다. 파라과이의 메노나이트 형제 교회를 조직하기 위해서였다. 하인리히 폴스Heinrich Pauls와 게하르드 기스브레히트Gerhard Giesbrecht가 이 모임에 참여하여 운동을 이끌었다. 새로이 조직된 그룹은 그들이 러시아에서부터 시행해오던 형제교회의 헌법을 채택하였다. 1937년 파라과이의 프리스랜드에 자치구가 생겨날 때, 코넬리우스 보스Kornelius Voth의 리더십 하에 여러 개의 메노나이트 형제 교회들도 함께 설립되었다. 제 2차 세계 대전이 끝나면서 보다 많은 정착민들이 파라과이로 이주해오자, 1947년에 볼랜담Volendam 메노나이트 형제 교회가 조직되었고 1948년 뉴랜드 자치구Neuland Colony에도 형제교회가 설립되었다.

브라질에 메노나이트들이 처음 도착한 것은 1930년 1월이었다. 메노나이트 형제단, 복음주의 메노나이트 형제단, 메노나이트 교회 사이에는 아주 친밀한 관계들이 형성되었다. 그러나 연합 메노나이트 교회를 위한 노력은 실패로 돌아갔고, 제이콥 휴버트Jacob Huebetr 장로의 리더십 아래 크라우엘Krauel 계곡에서 메노나이트 형제 교회가 공식적으로 시작되었다.

메노나이트 형제교회들이 다른 지역에도 조직되기 시작했다. 쿠리티바Curitiba 주변의 지역은 크라우엘에서 온 많은 메노나이트 정착민들의 관심을 끌었다. 피터 햄Peter Hamm의 리더십 아래 보케라오 메노나이트 형제 교회가 조직되었다. 후에 과리투바Guarituba와 뉴비트마숨Neu-Witmarsum에 교회가 세워졌고 빌라 과리아와 싸심Xaxim에도 교회가 세워졌다. 브라질에 있는 대형 메노나이트 형제 교회들 중 하나는 베이지Bage 교회로 1949년에 설립되었다. 블루메뉴Blumeneau, 상파울로 및 다른 지역에도 교회가 생겨났다.

우루과이에도 여러 메노나이트 형제 교회들이 생겨났다. 첫 교회는 1948년 말 단찍과 프러시아에서 메노나이트 피난민이 쇄도하면서 생겨났다. 그러나 이들은 와써Warsaw 근처에서 온 폴란드 메노나이트들이었다. 토비아스 포스Tobias Foth가 그들을 이끌었던 최초의 리더였다. 처음 정착은 몬테비데오 근처의 커넬론스Canelones 라는 지역에서 이루어졌다. 후에 수도와 이 지역의 자치구들에 교회들이 세워졌다.

1989년 공식적인 통계에 따르면 북미 메노나이트 형제 교회의 회원수는 43,452명으로 대략 17,000명이 미국에 26,452명이 캐나다에 있는 것으로 조사되었다. 그러나 보다 많은 메노나이트 형제 교회 회원들이 북미 지역 외에 존재한다. 1989년 통계에 따르면 오스트리아 약 300명, 독일 3,000명, 스페인 24명, 브라질 3,900명, 콜롬비아 1,000명, 멕시코 150명, 파나마 700명, 파라과이의 스패니쉬, 인도, 독일어 회원이 4,200명, 페루 150명, 우루과이 160명, 앙골라 1,250명, 인디아 대략 63,250명, 일본 1,619명, 자이레 46,906명으로 총합 126,609명이 세례를 받은 회원수로 드러났다. 이는 북미, 러시아 및 독일로 다시금 정착하게 된 회원을 제외한 수치이다. 파라과이의 원주민들을 위해 "원주민들에게 빛을"이란 상호 메노나이트 기관이 생겨났다. 그러나 여러해 동안 이 기관의 리더십은 메노나이트 형제단이 맡았다.

메노나이트 형제 교회의 특징

메노나이트 형제교회는 다른 메노나이트 그룹들과 함께 아나뱁티스트 전통을 충실히 따르고 있다. 비록 초기 교단 형성과정중에 침례교와 경건주의의 영향이 뚜렷하게 나타났지만, 다른 메노나이트 그룹의 영향들 또한 적지 않았다. 그러기에 이들은 16세기 성서적인 아나뱁티즘의 유산을 그대로 물려받았다. 이것은 다음과 같이 정리함으로써 다시 설명될 수 있을 것이다:

1) 초기 메노나이트 형제 교회는 그들의 신앙고백에 있어서 아나뱁티스트에 남

아있기를 원했다. 모든 시도는 메노 사이먼스에 의해 정리된 기본 교리와 조화를 이루었다.

2) 침례교신자들과의 연합에 대한 진척은 개인적으로 이루어졌으며, 새로운 신자들의 공동체 회원들 전체가 이러한 운동과정에 참여한 것은 아니었다.

3) 메노나이트 형제 교회의 부흥이 의미하는 바는 아나뱁티스트 비전을 벗어났다기 보다는 그 비전으로 되돌아가는 모습으로 분명하게 드러났다. 개인적으로 그들은 그리스도를 따르는데 자신을 헌신하며, 거룩한 모습을 유지하기 위해 기꺼이 세상과 분리된 삶을 살며, 아나뱁티스트 선조들이 믿었던 신자들의 교회라는 신약 성서의 전통을 분명하게 지켜나가기 원했다. 이러한 맥락 속에서 이들은 신자들의 공동체를 세워나가려는 희망을 갖고 있었다.[4]

세례의 방법에 있어서는 침수례라는 침례교의 영향을 받았음이 분명하다. 크리스천 경험의 본질로 기대되었던 경건주의의 영향을 받은 것 또한 분명하다. 메노나이트 형제 교회 역사에 있어서 뷔스트는 메노 사이먼스 이후, 메노나이트운동에 큰 영향을 미친 "두 번째 개혁가"로 불렀다. 그의 영향력으로 인해 메노나이트 형제 교회를 "보다 교리적이고 경건한 메노나이트"로 묘사하기도 한다.

이러한 것들은 메노나이트 형제 교회의 독특성들로 교리적인 차이라기보다는 스타일 및 강조점의 차이로 보여진다. 다음의 몇 가지 논점들은 다른 메노나이트 그룹들이 그다지 강조하지 않는 내용들로 "메노나이트 형제교회의 신앙"MB faith의 핵심 내용으로 인용되는 것들이다.[5]

실용적 성서중심주의 Practical Biblicism: 빈번한 성서 공부 모임은 멤버들에게 신앙과 삶의 방향성을 제시해준다. 실용적인 성서중심주의를 강조하는 것은 믿음이 신학적인 설명들의 총합보다 더 중요하며, 성서가 매일의 영적 생활을 돕고 인도하기 위해 아주 중요한 것임을 확증해

메노나이트 형제 교회의 역사가 J. B. 테이브스와 그의 학생이 프리즌(P.M. Friesen)이 영어로 번역한 『1789~1910년까지 러시아 메노나이트 형제교회의 역사』라는 두꺼운 책을 보고 있다.

주고 있다. 종종 성서적 접근 방법으로서 "본문에 대한 증거"를 고려함에 있어 영(spirit) 보다 문자(letter)를 더 강조하기도 했다. 성서 안에

15장 메노나이트 형제교회 · 421

서 모든 신앙의 중심을 찾으며 전통을 시험하기 위해 성서를 이용하는 것은 건강한 것이다.

경험적 신앙 Experiential Faith: 처음부터 명확한 회심을 경험해야 한다고 강조하는 것은 메노나이트 형제 교회의 교리의 핵심이기도 하다. 이것은(교리문답을 숙지를 통한) 양육을 통해 교회로 들어오는 것과는 다른 경로를 제시한다. 회심은 시간, 장소 및 하나님의 말씀에 대한 특별한 통찰력으로 설명할 수 있어야 한다. 이러한 것은 때때로 구체적인 회심을 경험한 "날짜"를 제시하거나, 앞으로 기대하는 것에 대하여 생각하고 말해야 한다. 이러한 주관적인 경험을 선호하는 것 때문에 [그가 대학을 다니면서 배운 모든 것보다 하나님과 하룻밤을 함께 함으로 배운 것이 더 많다고 했던, 독일의 경건주의자 필립 제이콥 스페너Philip Jakob Spener를 참조할 것] 크리스천으로의 양육은 종종 무시되기도 했다. 그러나 이상적인 것은 경험과 양육을 통한 성장이 동시에 요구된다.

그리스도인의 제자도 Christian Discipleship: 19세기 러시아 메노나이트들에게 실제적인 삶 속에서 거룩함을 강조하는 것은 전혀 새로운 가르침이 아니었다. 그러나 사랑으로, 잘못을 바로잡는, 실제적 규율을 강조하는 모습은 상당히 느슨해져 있었다. 그러나 성령님의 인도하심 하에 새로운 삶을 위한 새로운 방향이 주어졌다. 이러한 관심은 종종 흡연, 음주, 가난이라는 사회 악, 불의, 인종차별주의에 참여하지 않는 개인적인 노선을 취하도록 한다. 세상과 분리되어 살아야 하는 전통적인 교리는 현재의 사회, 경제, 정치적 문화 속에서 새로운 모습으로 끊임없이 해석되어야 한다. 비록 그것이 현재 교회의 공식적인 교리로 남아 있지만, 비저항은 종종 이러한 상황 속에서 수 많은 사상자를 내기도 한다.[6]

형제애 강조 Brotherhood Emphasis: 1860년 그들이 형제Brethern라는

단어를 처음 사용한 것은 교회의 본질에 대한 그들의 의지 때문이었다. 이러한 영적 의미는 오늘날까지 보존되어 있으나, 북미에서는 개인주의의 영향이 더 분명하게 나타나기도 한다. 이것은 경건주의 전통과 자본주의 경제체제 상황 안에서 그리 놀랄만한 현상이 아니다. 교회는 덜 중요하고, 회중의 기능으로 매고 푸는binding and loosing 실행예식으로써의 권징은 점점 사라져가고 있기 때문이다. 형제교회의 신앙고백은 "뜨거운 형제 사랑, 형제간의 순종과 교제, 그리고 이웃들과의 사랑"을 포함한 참된 교회의 특성들을 목록화하고 있다. 강력한 연합은 메노나이트 형제 교회가 최근에 내린 수 많은 결정들 중 성령께서 가져다 주신 분명한 선물임에 틀림없다.

메노나이트 형제 교회의 역사라는 책에서 존 테이브스John A. Toews는 20세기 메노나이트 형제교단의 신학에 큰 영향을 미친 두 가지로 근본주의와 섭리주의를 꼽았다. 특히 근본주의가 옹호하는 성서의 고등비평관점을 대부분의 메노나이트들이 거부하며 모더니즘을 표방하는 이러한 운동들을 반대해야 하는 주된 이유를 찾고자 하였다. 그러나 "기독교 윤리보다는 기독교 교의에 관심을 집중하고 있는 근본주의는 메노나이트 형제들의 신앙과 실행의 근간이 되는 역사적 복음주의 아나뱁티스트들의 기반을 약화시키고 있다."[7] 다음은 섭리주의에 대한 테이브의 설명이다:

> 비록 이전의 아나뱁티스트들과 같이 메노나이트 형제단이 변함없이 성서의 계시가 진보하고 있다는 관점과 더불어 신약 성서에 최종적인 권위를 두고 있지만, 동시에 그들은 교회의 믿음과 사역에 있어서 전체 성서의 중요성과 적절성을 받아들이고 있다. 섭리주의에서 발견할 수 있는 성서의 부자연스럽고 임의적인 불일치는 역사적 메노나이트 형제 교회의 신학에도 낯선 것이다.[8]

영적인 표현의 자유 Freedom of Spiritual Expression: 간증, 기도, 열망, 중보기도 요청, 및 하나님의 말씀을 통해 받은 새로운 통찰력은 크리스천 교제라는 따뜻함 속에서 공개적으로 나눌 때 이루어진다. 이러한 나눔을 통해 성직자들과 일반 성도들의 관계는 매우 친밀해진다. 1900년 러시아에서 장로들이 전통을 유지하려 했을 때, 다음과 같은 설명과 함께 장로제도가 폐지되었다: "우리가 아프게 된 이유는 조직이 병들었기 때문이다." 비록 많은 사람들이 공식적인 신학 훈련을 받았지만, 회중으로부터 끊임없이 평신도 목회자들이 선출되었다. 어느 작가가 기록하였던 것처럼 "다양한 목회적 시스템이 없이, 신약 교회를 이해한다는 것은 거의 불가능한 일이다. 초기의 기독교 교회에 나타난 목회는 나눔의 목회였다. 바울은 새로운 교회들을 위하여 장로들을 항상 복수로 임명하였다. 거기에는 교회를 이루는 모든 크리스천들이 공동으로 목회를 하였다는 독특함이 존재했다."9)

현재의 증인

러시아에서 메노나이트 형제 교회가 처음 생긴 후, 몇 십년 동안의 선교는 인도에 선교사를 보냈던 침례교의 선교활동과 함께하는 모습이었다. 메노나이트 중앙위원회와 같은 구호사역을 진행함으로써 다른 기관과 협력하는 모습도 오랫동안 지속되었다. 콩고자이레와 인도네시아 및 수 많은 지역으로 선교사들이 보내졌다. 북미의 메노나이트 형제 교회는 복음주의 해외 선교 협회Evavgelical Foreign Missions Association, EFMA와 함께 사역하였고, 캐나다 복음주의 협회Evangelical Fellowship of Canada와도 협력하였다. 지역 선교에 있어서 교회들은 사회 문제, 봉사, 구제활동 및 복음을 증거함에 있어 비슷한 교리적 입장을 취하는 선교 기관들과 적극적으로 협력하였다.

출판 활동은 1884년 자이온스보테Zionsbote라는 교회 신문을 출판하

메노나이트 형제 교회의 100주년을 기념하는 컨퍼런스는(1860~1960) 캘리포니아 리들리(Reedley)에서 개최되었으며 전세계로부터 온 형제,자매들이 참여하였다. 사진은 일본, 파라과이, 인도의 대표자들.

기 위하여 총회가 세 명의 위원들을 선출하면서 본격적으로 시작되었다. 이 신문은 1965년 1월 1일까지 독일어로 발행되다 중단되었다. 「크리스천 리더」The Christian Leader는 영어로 출간된 첫 번째로 잡지였는데, 1936~48동안 월간이었던 것이 1948년부터 격주로 출간되었다. 캐나다에 있는 독일어 가족들을 위한 신문이었던 「디 메노나이티세 룬트샤우」Die Mennonitische Rundscar는 원래 인디아나 엘크하트의 존 펑크 John F. Funk에 의해 시작되었다가 후에 메노나이트 형제 교회 캐나다 컨퍼런스의 신앙과 삶을 관장하는 부서에서 담당하게 되었다. 그러다가 마니토바 위니펙의 크리스천 출판사가 발행하였다. 「메노나이트 형제들의 소식지」Mennonite Brethren Herald는 영어로 된 캐나다 잡지이다. 캔사스 주의 힐스보로와 마니토바 위니펙에 있는 킨드레드 출판사

Kindred Press가 공식적 출판을 맡고 있다. 남미의 메노나이트 형제교회는 「메노-브라트」Menno-Blatt를 공동 발행하고 있다.

메노나이트 형제 교회는 역사적으로 교육에 강한 관심을 보여왔다. 시간이 흐르면서 다섯 개의 학교가 미국에 생겨나 운영되고 있으며, 1970년부터 메노나이트 교회 교단 총회와 공동으로 운영하는 캐나다 브리티쉬 콜롬비아주 클리어브룩Clearbrook의 콜롬비아 성서 대학 Colombia Bible College 등 총 열 두 개의 학교가 캐나다에 생겨나 운영되고 있다. 다섯 개의 고등학교가 캐나다에 설립되었다. 두 개의 4년제 예술 대학인 캔사스 힐스보로의 타볼 대학Tabor College과 캐리포니아 프레즈노의 퍼시픽 대학Pacific College도 운영되고 있다. 1955년에는 메노나이트 형제교단 성서 신학대학원Mennonite Brethren Biblical Seminary가 프레즈노에 설립되었다.

1944년 위니펙에 설립된 메노나이트 형제교회 성서대학Mennonite Brethren Bible College는 1992년 콩코드 대학Concord College으로 개명하였다가 1999년 캐네디언 메노나이트 성서대학Canadian Mennonite Bible College 및 메노 사이먼스 대학Menno Simons College과 합병하여 캐나다 메노나이트 대학교Canadian Mennonite University가 되었다. 이 대학들은 전통적으로 신학, 음악, 성서에 강조를 둔 교과과정을 포함하고 있다. 1970년대 중반, 힐스보로와 위니펙의 신학대학원과 대학은 메노나이트 형제 교회에 대해 연구하기 위해 위니펙, 힐스보로, 프레즈노에 각각 센터를 설립하여 기록 보관 센터, 문화재 조사 및 진흥 센터로서뿐만 아니라, 지역 교회들을 위한 자료 센터 역할을 감당하게 하였다. 이러한 센터들은 독립적으로 운영되며 위니펙의 센터는 캐나다 컨퍼런스를 위해, 힐스보로는 미국 컨퍼런스를 위해, 그리고 프레즈노는 전체 컨퍼런스를 위해 봉사하도록 기능을 분담하였다. 프레즈노 센터가 처음으로 한 주요 사업은 프리즌P.M. Friesen의 기념비적 역사책1,065쪽

1789~1910년까지 러시아 메노나이트 형제교회의 역사를 번역하는 것이었다.

오늘날 메노나이트 형제 교회를 위한 아나뱁티즘의 유산이 무엇인지 토론함에 있어서, 한 저자는 "아나뱁티즘이 성서적신앙으로 되려면, 우리의 운동이 다시금 기꺼이 예수 운동이 되도록 해야 한다… 기꺼이 신자들의 교회운동이 되도록 해야 한다… 아나뱁티스트가 되기 위하여 필요한 것은 기독교 신앙과 신실함을 결정하는데 있어 어떤 면으로든 인종적이 되는 것을 거부해야 한다."고 말하였다. 그의 글은 다음과 같이 계속되고 있다:

> 아나뱁티즘은 현재의 메노나이트 형제교회와는 다르다. 많은 면에서 형제 교회는 아나뱁티즘과 갈등을 빚고 있다. 그러므로 신약 성서가 요구하는 성육신의 모습을 닮고자 한다면, 엄중한 선택을 해야만 한다. 우리는 신약 성서의 비전과 현재 메노나이트 형제교회의 실재 사이에 많은 차이가 있음을 인정한다. 그러기에 신약성서가 제시하는 비전에 우리의 믿음을 두지 않는다면 우리는 더 이상 아나뱁티스트나 성서적 크리스천들이 아니라는 결론에 도달하게 될 것이다. 우리는 회개할 수 있고, 다시 태어날 수 있다. 이것은 신약성서의 믿음과 교회에 대한 비전에 우리 자신을 다시금 헌신시켜야 한다는 것을 의미한다. 그리고 그 비전에 의해 판단을 받아야 한다는 것을 의미한다.[10] (ME 5:557~559와 정리된 참고문헌 참조)

1) P. M. Friesen, *The Mennonite Brotherhood in Russia*(1789-1910). Translated from the German. Fresno, Calif.: Board of Christian Literature, 1978., p. 254.
2) Adapted from Jacob P. Bekker, *Origin of the Mennonite Brethren Church*. Previously Unpublished Manuscript by One of the Eighteen Founders. Hillsboro, Kan.: Mennonite Brethren Historical Society, 1973, pp. 70-71.
3) 앞의 책, pp. 72-73. For a parallel account see Friesen, *Mennonite Brotherhood in Russia*, pp. 284ff.
4) J. A. Toews, *A History of the Mennonite Brethren Church*. Hillsboro, Kan.: Mennonite Brethren Publishing House, 1975, p. 367, quoting Frank C. Peters. Some MB historians question how deep the commitment to Anabaptism actually was.
5) For the following grouping of subheadings I am partly indebted to the above-mentioned volume by J. A. Toews, pp. 367-379.
6) But see ME 5:559(1990). Also J. Howard Kauffman and Leo Driedger, *The Mennonite Mosaic*. Scottdale, Pa.: Herald Press, 1991, p. 174.
7) Toews, *History*, pp. 376-377. Cf.: ME 5:559.
8) 앞의 책, p. 379.
9) Waldo Hiebert in 앞의 책, p. 307.
10) John F. Toews, "The Meaning of Anabaptism for the Mennonite Brethren Church," in Paul Toews, ed., *Pilgrims and Strangers*. Essays in Mennonite Brethren History. Fresno, Calif.: Center for Mennonite Brethren Studies, 1977, pp. 167-168. In his *History*, - . ,J. A. Toews cites B. B. Janz as saying: "Never use the gospel-horse to pull the culture-wagon; but hitch culture to the gospel and let it promote the cause of Christ," p. 341.

그 외의 자료들: See especially the bibliography in ME 5:55 9. Also Friesen, *The Mennonite Brotherhood in Russia*(1789-1910), 1978. Paul Toews, ed. *Pilgrims and Strangers*. Fresno, Calif.: Center for Mennonite Brethren Studies, 1977. Kauffman and Driedger, *Mosaic*, 1991, especially pp. 217-230. Redekop, A People Apart, 1987. MacMaster, *Land, Piety, Peoplehood*, 1985. Schlabach, *Peace, Faith, Nation*, 1988. Juhnke, *Vision, Doctrine, War*, 1989. Volume 4 of this *Mennonite Experience in America*(MEA) series is in preparation with Paul Toews, Fresno, as author. Contact MB conference offices for audiovisual resources.

16장
북미의 소규모 메노나이트 및 관련 그룹들

이미 우리가 살펴보았던 아미시, 후터라이트 형제단과 같은 큰 그룹들과 더불어 아나뱁티스트-메노나이트라는 가족에는 여러 작은 그룹들이 존재한다. 16세기에 시작된 아나뱁티즘의 문화유산을 우리가 올바로 이해하려면 아무리 작더라도 이러한 그룹들을 간과해서는 안될 것이다. 북미의 소규모 메노나이트 그룹들 중 세례받은 멤버들의 숫자는 멕시코에 사는 독일 배경을 가진 40,000명과 벨리스Belize에 사는 3,500명을 포함하여 대략 61,500명 정도인 것으로 알려져 있다. 이번 장에서 논의하고자 하는 두 개의 메노나이트 관련 그룹들은 1989년 당시, 53,463명의 회원이 있는 것으로 조사되었다. 이 번 장에서 논의하게 될 모든 그룹들은 위에서 이야기한 독일배경을 가진 40,000명외에 약 115,000명의 세례신자들에 대한 내용이 될 것이다. 버그탈Bergthal 그룹들은 캐나다의 메노나이트 컨퍼런스와 메노나이트 총회 교단의 통계에 포함되었으므로 여기에서는 논외로 하였다.

그들의 역사적 발전과정과 현재 그들이 강조하는 것들이 무엇인지 논의함으로써 소규모 메노나이트 그룹들이 갖는 독특성을 살펴보게 될 것이다. 이러한 독특한 그룹들이 생겨나는 것은 다른 메노나이트들에 대해 부정적인 시각을 갖고 있기 때문이라기 보다는 그들만이 갖고 있는 특별한 문화 및 지리적 환경 때문에 생겨나는 경우가 많다. 이러한 차이들은 같은 환경 속에 있는 회중들이라도 똑같은 도전에 대하여 아주 다른 방법으로 반응하면서 생겨나는 경우가 많다. 왜냐하면 그들에게 저마다 최선이라고 여기며 행동하는 자유와 독립성이 있기 때문이다.

교회에 대하여 다른 비전을 갖고 있는 리더들이나, 그들의 배경, 성격, 성서에 대한 이해의 차이로 그룹이 생겨나기도 한다. 때로는 서로 다른 복종의 모습에 의해서 그룹이 생겨나기도 한다. 어떤 사람들에게 복종이란 세상과 지리적으로 언어적으로 더 나아가 문화적으로도 완전히 분리된 공동체의 모습으로 사는 것을 의미하기도 한다. 이러한 분리는 그들의 삶과 사상에 분명하게 지대한 영향을 미친다. 또 어떤 그룹들에게 복종이란 복음을 들고 세상으로 들어가는 것을 의미했다. 이런 사람들은 그들 주변의 환경에 지속적인 영향을 받음에 따라 자신들도 모르는 사이에 변하게 되었다. 어떤 그룹들은 하늘의 비전을 보다 더 신실하게 따라가기 위해 메노나이트라는 정체성을 버리기도 했다.

그들 안에 존재하는 이러한 차이들을 인정한다고 해서 그들이 연합에 관심이 없었다고 결론지을 수는 없을 것이다. 오히려 그들이 순종하여야 하는 보다 더 숭고한 것에 우선권을 주는 것이 더 중요하기 때문이다. 고난과 박해의 역사적 유산이 그들에게 끼쳤던 영향은 그들이 느끼는 것보다 더 큰 것같아 보인다. 혹은 그들이 규율과 신실한 교회를 세우는 동안 어느 새 사랑의 중요성 및 실천을 잊어버렸는지도 모른다. 만약 영적인 연합이 교회의 주요한 목표였다면, 대부분의 메노나이트 교회들은 모든 것에 앞서서 연합을 추구하였을 것이다. 다양성을 강조하기 보다는 연합을 더 강조하였을 것이다. 실제로 아나뱁티스트의 역사를 살펴볼 때, 그들은 하나의 연합체를 추구하려 노력하기 보다는 다양성을 강조하는 모습을 보여주었다. 이것은 모든 메노나이트들에게서 볼 수 있는 또 하나의 일관성이기도 하다.

스위스를 배경으로 한 그룹들

개혁 메노나이트 교회Reformed Mennonite Church: 1812년 펜실바니아의 랑캐스터 카운티의 존 헤르John Herr는 개혁 메노나이트 교회를 설립하였다. 그의 아버지 프란시스Francis는 일찌기 메노나이트 교회로부터 추방되었는데 그 이유는 분명하지 않다. 그들은 메노나이트들이 메노 사이먼스의 믿음을 저버렸다고 생각하였는데 특별히 잘못한 멤버들을 훈계하는 일이 매우 느슨해져 감을 안타까워했다. 프란시스는 그가 죽게 된 1810년까지 자신을 따르는 사람들과 함께 가정에서 모임을 가졌다. 프란시스가 죽자 그의 아들 존이 리더가 되어 이 모임을 이어나갔다. 비록 존이 세례를 받지 않았음에도 불구하고, 1812년 이 그룹은 그를 목사이자 감독으로 선출하였다. 1525년 스위스 형제단이 세례를 행했던 것처럼, 회중의 멤버 한 사람이 그에게 세례를 주었다. 이 그룹은 "새로운 메노나이트"New Mennonites 혹은 헤라이트Herrites 등 여러가지 이름으로 회자되었으나, 결국 개혁 메노나이트the Reformed Mennonites라고 알려지게 되었다.

개혁 메노나이트는 교리에 있어서 그들이 존중하는 메노 사이먼스의 가르침으로 돌아가고자 했다. 그들의 기본 입장은 교회의 회복에 대한 내용이 무엇인지 명확하게 담고 있는 회복Restitution이라는 책에 상세하게 기술되어 있다. 그들에게 다른 메노나이트들은 투표를 하며, 어떤 사람들은 정치적인 이슈에 참여하며, 인생을 즐기고 이야기하기를 좋아하지만 성서가 말하는 세족식, 거룩한 입맞춤, 징계를 포함한 엄격한 규율을 무시하고 진실한 믿음을 떠난 사람들이라 여겼다.

개혁 메노나이트 교회에는 주일 학교가 없었고, 청년사역이나 선교

활동이 없었다. 단지 주일 아침 예배에만 모든 초점이 맞추어져 있었다. 그들이 교회에 참여하게 될 때까지 젊은 사람들은 그들이 속한 공동체의 일반적인 생활에 적극적으로 참여하였다. 그들의 태도, 복장, 사회적 관계 등에 여러 면에 있어서 상당한 변화가 요구되었다. 이것이 아마도 많은 사람들이 부모들의 교회에 참여하기 어려워했던 이유 중 하나가 된 것 같다. 결국, 20세기에 들어서면서 개혁 메노나이트 교회의 회원은 400명까지 줄어들었다1987년. 이들 중 약 155명은 온타리오에 있고 나머지는 펜실바니아에서 살고 있다. 아주 극 소수의 가족들이 오하이오, 일리노이, 인디아나, 미시간과 뉴욕에 흩어져 살고 있다. 「좋은 시대들」Good Tidings이라는 교회 소식지가 1922년에서 1932년까지 발행되었었다.

그리스도안의 하나님의 교회, 메노나이트The Church of God in Christ, Mennonites: 1859년 오하이오의 웨인 카운티Wayne County에서 시작된 이 그룹은 모임을 시작한 존 홀드맨John Holdeman의 이름을 따라 홀드맨 메노나이트Holdeman Mennonites로 알려지기도 했다. 위에서 설명한 개혁 메노나이트 교회처럼 이 그룹도 교회의 저급한 영적 생활에 대해 많은 이의를 제기하였다. 그러나 개혁 메노나이트 교회와는 달리, 그 중심되는 내용은 교회의 규율에 대한 관심보다는 종교적 체험에 대한 것이었다. 존 홀드맨은 열 두 살의 나이에 아주 심오한 종교적인 체험을 하였다. 스물한 살이 되었을 때 세례를 받으며 하나님께서 준비하신 일을 위해 자신을 바치게 되었다. 그는 설교에 강한 소명을 느꼈으나, 그의 느낌과는 달리 교회는 그렇게 생각하지 않았다. 교회가 그를 목회로 부르지 않았기 때문에 그는 목회자로서 부름을 받지 못하였다. 그러나 자신이 새로운 교인이 되어 교회생활을 시작하면서 교회가 소름이 오싹할 정도로 정통주의에 물들어 있다고 느꼈다. 그러나 그의 이러한 관심들은 교회의 리더들과 함께 공유되지 못하였다. 신약 교회의 비전을 포기하든지, 아니면 교제를 청산하든지 곧 결정을 내려야 했다.

많은 기도와 내면의 갈등을 겪은 후에, 그는 자신과 같은 관심이 있는 사람들과 따로 모임을 시작하라는 부르심을 받았다. 동시에 이전의 그룹들과 함께 했던 교제를 청산하기로 결정을 내렸다. 신약성서의 교회와 같은 자신의 교회를 직접 보고 싶어했기 때문에, 그는 교회를 "그리스도안의 하나님의 교회, 메노나이트"라고 이름하였다. 다른 하나님의 교회와 혼동을 막기 위해, 그리고 그들이 아나뱁티즘의 유산을 소중히 여기고 있기 때문에, 뒤에 메노나이트를 덧붙였다. 1634년의 도르드레흐트 신앙고백The Dordrecht Confession이 그들의 영적인 지침서로 채택되었다. 이것과 더불어 복장 및 삶의 모든 방식에 있어서 세상에 비순응하기로 결정하였는데, 이를 표현하는 방법으로 교회의 멤버가 된 모든 남자들이 수염을 기르기로 했다. 이들은 메노 사이먼스, 더크 필립스와 『순교자들의 거울』에 기록된 가르침에 강조점을 두었다.

시작 초기부터 존 홀드맨의 영적인 관심은 선교 활동으로 이어졌다. 1859년부터 이 교회는 다른 메노나이트 교회들, 특히 1870년대에 러시아로부터 건너온 클라이네 게마인데Kleine gemeinde교회로부터 수 많은 멤버들이 영입되었다. 클라이네 게마인데 교회는 캐나다의 마니토바 주와 미국의 캔사스 주에 있으며 후에 복음주의 메노나이트 컨퍼런스the Evangelical Mennonite Conference로 이름을 바꾸었다. 병원, 학교를 포함한 선교 활동이 1927년 멕시코에서 시작되었다. 선교사역은 하이티, 나이지리아, 벨리즈, 도미니칸 공화국, 필리핀, 브라질 등지로 확장되었다. 1965~66에는 라디오 선교 및 성서 공부에 대한 가능성을 알아보기 위해 대표자가 이집트, 인도 및 여러 나라를 방문하며 새로운 선교 프로그램의 가능성을 확인하기도 했다. 이러한 배경하에 지구촌 크리스천 문서 활동 프로그램인 복음 소책자 및 성서 협회the Gospel Tract and Bible Society가 성장하게 되었다. 이러한 사역은 선교 사역을 위한 귀한 토양작업이 되었다. 1988년 해외의 멤버는 1,379명에 달하게 되었다.

1970년대에는 세상에 순응하지 않도록 하기 위해 많은 교회 학교를 세웠다. 사회생활을 위해 "교회는 '이방인-순례자'의 관계를 유지하도록 해야한다." 홀드맨 교인들은 자신들을 사도 교회의 참된 영적 계보를 잇는 사람들이라 여겼기 때문에, 때때로 그들만이 참된 유일한 교회라고 생각했다. 이들은 회심을 강조하고, 적절한 세례pouring, 관수세례, 징계와 추방, 그리고 목회자로서의 소명을 매우 신중하게 생각하였다. 바울의 이상적이며 "흠도 없고 점도 없는"엡5:27 순결한 교회를 이루기 위해 이러한 요소들을 중요하게 여겼다. 이 교회는 메노나이트 중앙 위원회MCC의 구제 및 평화 프로그램에 참여하였다. 협력을 할 때면 아모스서 3:3의 "두 사람이 의합하지 않고서 어찌 함께 동행하겠으며"라는 말씀을 조심스럽게 인용하곤 하였다.

교회의 행정본부는 캔사스 주의 마운드리지Moundridge에 위치해 있다. 병원과 출판사가 같은 곳에 있으며, 「진리의 메신저」The Messenger of Truth라는 교회의 공식 정기 간행물을 출간하고 있다. 양로원과 어린이를 돌보는 시설들도 운영되고 있다. 1989년 북미 교회의 총회원은 총 12,694명이었는데 이중 1/4이 캐나다에 살고 있는 것으로 조사 되었다. ME 5:154~157

복음주의 메노나이트 교회 Evangelical Mennonite Church: 1864년 이 그룹이 생겨나게 된 데는 심오한 영적 의미를 경험하게 된 한 개인이 있었다. 인디아나 주의 번Berne 근처에 살고 있던 헨리 이글리Henry Egly라 아미시 사람이 바로 그였다. 이 그룹이 그에 의해 생겨났고, 그의 리더십을 따랐기 때문에 처음에 이 그 "이글리 아미시"Egly Amish라고 알려졌기지도 했다. 그렇지만, 1948년 현재 사용하고 있는 복음주의 메노나이트 교회라는 이름을 채택하며 스스로를 "북미의 비저항 메노나이트 교회"the Defenseless Mennonite Church in North America라고 불렀다. "Defenseless"는 방어를 하지 않는다는 의미인데 현재는 비저항nonre-sistant이란 말을 더 많이 쓴다. 이 Defenseless는 독일어 wehrlos를 가장 정확하게 번역한 용어였다. 존 홀드맨의 경우와 마찬가지로, 이글리Egly는 포기했던 메노나이트 신앙의 독특한 유산과 관련된 영적인 문제가 특별히 교회의 냉담함에 기인한다고 보았다. 그에게 가장 중요하면서도 본질적인 문제는 새로운 출생중생에 관한 것이었다. 그와 똑같은 방식으로 회심을 경험했던 사람들이 따로 모임을 갖게 되었는데, 이 그룹이 하나의 공식적인 조직으로 발전하게 되었다.

이 운동이 생겨나게 된 초창기에는 아주 강력한 보수주의 교리와 복장 특히 여인들이 머리에 본넷을 쓰는 것과 남자들이 수염을 기르는 것이 유행하게 되었다. 그러나 시간이 흐르면서 이러한 독특한 신앙의 외적 표시들은 점차로 사라지게 되었다. 거룩한 입맞춤은 완전히 포기되었고, 악기의 사용이 예배 시간에 등장하게 되었으며, 독일어는 점차 영어로 대치되었다. 그러나 초기의 열심만은 사그러들지 않았다. 일요일에 여러 편의 설교를 중심으로 한 예배를 드렸으며, 1870년대에 주일학교가 소개되었고, 정기적인 복음전도집회가 일년에 한, 두차례 개최되었다. 1896년에 자이레에서 선교사역이 시작되었다. 이러한 프로그램 중, 1912년 아프리카 메노나이트 선교회Africa Inter-Mennonite Mission가 조직되었다. 이는 메노나이트 총회 교단General Conference에 속해 있던 메노나이트 중부 지방회의 협력 하에 조직되었다. 1949년 이래, 선교활동은 도미니카 공화국과 많은 나라들로 확대되었다.

비저항 메노나이트 교회의 첫 번째 총회는 1883년에 개최되었으나 공식적인 조직은 1908년까지 형성되지 못하였다. 최초로 출판된 교단 신문은 1897년 하일스-보테Heils-Bote라고 불렸으나 후에는 시온의 풍

펜실바니아 주의 랑케스터 카운티, 처치타운(Churchtown)에 있는 올드 오더 메노나이트 집회소. 올드 오더 메노나이트들이 가장 많이 모여 사는 곳은 온타리오 주의 세인트 제이콥스와 엘마이라 근처이다. 겨울에 이들은 마차와 썰매를 주로 이용한다.

조Zion's Tidings로 바뀌었고, 현재는 복음주의 메노나이트The Evangelical Mennonite라는 이름으로 출간되고 있다. 1989년 집계된 총 멘버는

3,888명으로 특히 인디아나 번 지역, 오하이오의 아치볼드Archbold, 일리노이의 그리드리Gridley에 집중되어 있다. ME 5:276, 278

올드 오더 메노나이트 Old Order Mennonites: 올드 오더 메노나이트라는 용어는 특정한 한 그룹을 지칭하지 않지만, 다른 그룹들 보다 강하게 문화수용을 거부한 스위스 및 남부 독일계의 메노나이트 사람들을 지칭하는 용어이다. 결국은 수 많은 독립된 그룹들로 편성되었다. 이러한 그룹들은 문화, 행동, 예배에 있어서 "올드 오더"라는 아나뱁티즘의 기본적 교의를 고수하였다.

처음에 생겨난 두 개의 그룹은 1845년 지나친 사회 참여의 문제로 랑케스터 메노나이트 지방회로부터 탈퇴한 스토이퍼 분리Stauffer schism와, 주일학교 및 다른 혁신적인 모습을 인정하지 않았던 위슬러의 거절Wisler's refusal 즉 1872년 인디아나에서 발생한 위슬러 분리Wisler schism까지 역사를 거슬러 올라가야 알수 있다. 이 두 그룹은 나름대로의 많은 자치적인 회중교회들을 갖고 있었다. 교회의 이름은 대부분 처음 감독을 맡았던 사람의 이름을 따서 지어졌다. 이들의 주된 관심은 매우 다양하였으며 그 특성들은 다음과 같다.

먼저 스토이퍼 메노나이트들은 파이크 메노나이트Pike Mennonites라고도 불렸는데, 이는 펜실바니아주, 힌클타운Hinkletown 근처의 오래된 집회소가 길pike 가까이에 있었기 때문이었다. 비순응은 세속적인 정부 관리, 배심원의 직무, 선거, 보험, 소송, 피뢰침 등에서부터 검소한 복장, 검소한 건물 및 추방된 사람을 대하는 방법에 이르기까지 열 한 개의 조항으로 일목요연하게 정리되어 있다. 자동차는 인정되지 않았다. 이 계보에 속해 있는 열 한개의 그룹들 대부분은 핀실바니아의 에프라타Ephrata 지역에 있었지만, 어떤 그룹들은 메릴랜드, 미주리 및 켄터키 주에도 있었다. 노아 후버Noah Hoover 그룹은 펜실바니아와 켄터키 주뿐만 아니라 벨리즈Belize에도 있었다. 1987년에 집계된 스토이퍼 그룹 멤버들은 대략 800명 정도이다.

　1872년에 발생한 위슬러 분리는 곧 오하이오, 온타리오, 펜실바니아 및 버지니아로 빠르게 번져나갔다. 위슬러 분리 그룹 내에도 영어를 사용하는 교회와 독일어를 사용하는 교회로 다시 분류할 수 있다. 영어를 사용하는 교회들은 그들이 살고 있는 환경에 대해 보다 더 개방적이었으나, 독일어를 사용하는 교회들은 매우 폐쇄적이었다. 영어를 사용하는 그룹은 검은 범퍼 메노나이트Black Bumper Mennonites라고 불리기도 했다. 차를 사용하지 않는 독일어 그룹은 말과 마차를 끌고 다닌다는 의미에서 팀 메노나이트Team Mennonites라고 불리기도 한다. 펜실바니아에 있는 진보적 위슬러 그룹은 위버랜드 컨퍼런스 혹은 호닝Horning 그룹으로 알려져 있고, 독일어 그룹은 그로프데일Groffdale 혹은 웽어 메노나이트Wenger Mennonites로 알려져있기도 하다. 더 많은 땅이 필요했던 1970년대에 이 그룹들은 미주리와 오하이오, 켄터키, 위스콘신 및 다른 주로 퍼져나갔다. 1987년에 위버랜드 그룹에는 총 4,200명이 속해 있었고, 그로프데일Groffdale에도 이와 비슷한 규모의 사람들이 속해 있는 것으로 밝혀졌다. 결국 올드 오더 메노나이트의 총 멤버는 1939년에 형성된 워터루-마크햄 컨퍼런스Waterloo-Markham Conference를 포함하여 총 1,039명의 멤버였던 것이 1989년에는 벨리스의 멤버들을 포함, 총 10,000~11,000으로 조사되었다.ME 5:654

　교리에 있어서 그들은 1632년에 정리된 도르드레흐트 신앙고백서를 지지한다. 삶의 모든 영역에서는 검소하게 살기 위해 단순성을 강조하고 있다. 교제, 상호 의존, 사랑을 의미하는 게마인샤프트Gemeinschaft는 이 모든 그룹들에게 매우 중요하다. 올드 오더 메노나이트들 간에 적어도 열 다섯 개의 분리된 그룹들 혹은 운동들이 존재하기 때문에, 외부 사람들의 눈에는 그들이 지나치게 분리주의적이고 서로 사랑하지 않는 것처럼 보인다. 그러나 이 그룹들은 분리의 결과로 인해서가 아니라 단순히 모임을 가질 수 없는 지리적인 이유 때문에 함께 할 수 없는 경우가 많다. 분리로 인해 그룹이 나누어질 때는 떼를 이룬다는 의미로 떼짓기swarming이라고 부른다. 마치 벌들이 새로운 떼로 모이는 모습과 유사하기 때문이다. 대개 이들이 새로운 그룹으로 나뉘게 되는 이유는 교리적인 문제 때문이 아니라, 믿음의 실제적인 적용 특히 사회에 대해 비순응의 영역과 관련되는 경우가 많다. 자동차, 전화, 전기, 오락, 옷, 집, 그리고 전체적인 생활 양식과 관련된 경우를 그 예로 들 수 있다. 그룹이 새로 형성될 때마다 모든 그룹들은 그 형태와 영성을 정비하기 위해 최초의 아나뱁티즘과 신약 교회로 되돌아가기를 원하는 새제도주창자reinstitutionist들이 된다. 그들은 어떻게 이러한 것을 최고의 상태로 유지할 수 있는가 구별하고자 애를 쓴다. 그러나 그리스도, 성서, 그리고 물려받은 유산에 대해 신실한 모습을 유지하려는 욕구는 모두가 한결같다.

네덜란드를 배경으로 한 그룹들

올드 컬러니 메노나이트Old Colony Mennonites: 1870년대에 마니토바 주로 오게된 많은 이민자들은 러시아 지역의 가장 오래된 메노나이트 정착지에서 온사람들이었다. 즉 가장 오래된 자치구Old Colony라고 하는 코티자Chortitza 정착지에서 온 사람들이었다. 이들은 코티자가 번영을 누리며 형성된 두 개의 자치구인 버그탈Bergthal과 퓌스텐랜드Fürstenland 정착지에서 직접 캐나다로 온 사람들이었다. 버그탈 그룹은 위니펙 동쪽으로 약 60킬로미터 떨어진 보호지역에 정착하였고 후에 버그탈Bergthal 메노나이트 교회로 알려지게 되었다. 코티자와 퓌스텐랜드 그룹들은 물 색이 붉다고 해서 붙여진 레드Red 강 서쪽의 보호지역에 정착하였고 후에 라인랜드Reinland 메노나이트 교회로 알려지게 되었다. 이들은 라인랜드 시를 형성하여 살았다.

10여 년이 지난 후인 1880년대에 버그탈 정착민들 중 반 정도가 다른 그룹들이 살고 있는 서쪽 보호지역으로 이주하게 되었다. 곧 마니토바에 만연한 개인 농업 방식을 선호하여 오래된 방식을 기꺼이 포기하려 했던 많은 버그탈 회원들간에 진보적인 영성으로 인한 큰 문제가 발생했다. 코티자와 퓌스텐랜드 리더들은 여기 저기 흩어져 농사를 짓고 사는 사람들이 생활 속에서 신앙적으로 큰 위기를 맞는 상황을 지켜보아야 했다. 1880년 라인랜드 메노나이트 교회는 회원됨을 시험하기 위해 자발적으로 외부와 연락이 잘되지 않는 마을에서 살았다. 이러한 움직임으로 인해 많은 사람들이 버그탈 교회로 옮겨갔다. 진보적인 버그탈 멤버들 중 어떤 사람들은 교육에 대한 그들의 태도에 대해 엄청난 위험이 존재하고 있음을 느끼게 되었다. 그래서 그들은 장로들의 감독 하에 훈련을 제대로 받지 않은 선생님들로 이끌어지는 7개월 간의 수업과정으로 만족하는 대신에, 정부의 자격 검사를 통과한 선생님들을 요청하였다. 그들은 정부의 후원을 받는 것을 반대하지 않았다.

1890년 그들 가운데 버그탈 교회를 포함하여 충성에 대한 내용을 가지고 그룹이 다시 조직되는 일이 생겨났다. 서쪽 보호지역에 살고 있는 버그탈 회원들과 새로운 진보운동을 반대하는 사람들은 좀머펠트Sommerfeld 교회라고 불리게 되었다. 그들의 장로가 좀머펠트라는 마을에 살고 있기 때문에 생겨난 이름이었다. 진보운동에 대해 우려하는 사람으로써 동쪽 보호지역에 살고 있는 버그탈 회원들은 코티자Chortitza 메노나이트 교회라고 불리게 되었다. 역시 그들의 장로가 그들의 장로가 코티자라는 마을에 살고 있었기 때문이었다. 양쪽 지역에서 진보적인 입장을 취하게 된 사람들은 버그탈Bergthal 메노나이트 교회라는 이름을 그대로 사용하게 되었다. 한편 그외 모든 사람들은 올드 컬러니 메노나이트the Old Colony Mennonites라 불리는 가장 크고 보수적인 그룹으로 통합되었다.

이러한 그룹의 재조직이 이루어지자마자, 버그탈 메노나이트 교회는 빠르게 그들의 행보를 움직여 나갔다. 지역 학교들은 즉시 개선되었고 1891년 그래트나에 메노나이트 고등학교Mennonite Collegiate Institute를 설립하게 되었다. 이 학교는 마니토바의 모든 메노나이트 학교들을 감독한 정부 감독관 이워트H.H. Ewert의 도움을 받아 세워졌다. 1903년 그는 사스카추원의 로세노트 교회의 피터 리기어Peter Regier와 캐나다 메노나이트의 "아버지"라고 칭해졌던 존 테이브스John Toewes와 더불어 캐나다의 메노나이트 총회 교단General Conference of Mennonite Church이라는 메노나이트 교단의 기틀을 마련했던 사람이었다. 1972년 버그탈 교회는 각 회중 교회에 자치권을 부여하는 기관의 필요성을 놓고 자체 투표를 하게 되었다. 그들은 모두 캐나다의 마니토바 지방회에 가입하기로 결정하였다. 이와 동시에, 그들 중 반이 마니토바 지방회뿐만 아니라 메노나이트 총회 교단에 가입하게 되었다.ME 5:67

한편 올드 컬러니에 속해 있던 많은 가족들이 사스카추원 주의 로스던Rsthern과 스위프트 커런트Swift Current 지역으로 이동하였다. 그러나 1914년 제 1차 세계대전이 발발하면서 이들에게 교육에 대한 관심이 다시 생겨나게 되었다. 정부의 기준에 합격하지 못한 학교들이 공식적인 통제를 받게 되었고, 종교과목을 제외한 모든 학과목을 영어로 가르쳐야 했다. 대부분의 학교들이 정부가 정해놓은 이러한 최소한의 기준들을 만족시키지 못하였다. 수 많은 탄원서들이 마니토바 정부에 보내졌으며 이민 온 사람들을 배려하기 위한 특권을 부여해달라는 내용이었다.

믿음을 위협하는 이러한 교육 영역에 대한 배려는 내려지지 않았다. 정부로부터 그 적절한 약속이 주어지지 않자, 이들은 1919년 7월 15일 남미에 정착할 가능성이 있는지 알아보기 위하여 대표단을 구성하여 파견하였다. 브라질, 우르과이, 아르헨티나에서 모두 이들이 원하는 기본적인 인권을 보장받을 수 없었다. 그러나 이들은 지속적으로 가능성을 알아보았다. 1921년 멕시코가 난민들의 새로운 정착지로 떠올랐다. 1922년 3월 1일에 캐나다에서 기차가 출발하여, 1926년 약 4,500명이 멕시코로 이주하게 되었다. 캐나다에서 이러한 압력이 지속되자 이들은 또 다른 정착지를 찾아야 했다. 1926년 잘 준비되지는 않았지만 파라과이에 가능성을 알아보기 위한 첫 번째 대표단이 파견되었다. 좋은 정착지에 대한 가능성이 그곳에 존재하는 듯 했다. 파라과이로의 이주는 다음 장에서 논의하게 될 것이다.

1989년에 조사된 통계에 따르면, 캐나다에 있는 세례를 받은 올드 컬러니 메노나이트들이 약 6,500명, 좀머펠더들이 약 5,500명, 코타저들이 2,400명, 라인랜더들이 2,100명, 그리고 다른 그룹에 속해 있는 사람들이 약 3,000 명, 총 19,500명으로 집계 되었다. 이러한 통계에는 멕시코 및 그외 벨리즈Belize, 볼리비아, 파라과이로 이주를 한 약 40,000명이 넘는 사람들아이들과 세례를 받지 않은 사람들이 포함되어 있지 않다. 남미로 이주하게 된 그룹에 대한 것은 다음 장에서 논의하게 될 것이다.

올드 오더 메노나이트들의 분열과 함께, 하나님의 뜻에 순응하되 사회의 악으로부터 분리되어 살고자 하는 관심이 촉발되었다. 그러나 올드 오더 메노나이트들 가운데 성서를 의존하는 경향은 훨씬 퇴보되었고, 오히려 장로들의 전통과 권위에 의존하는 경향이 더 두드러지게 나타났다. 올드 오더와 올드 컬러니 메노나이트 운동은 신실하지 못한 교회를 떠나 보다 신실한 모습으로 살기를 원한 시도들이었다. 그러나 이러한 보수주의의 연속성을 이해하기 위해서는 더 많은 다른 사회학적 요소들과 더불어 정리되어야 할 것이다.

복음주의 메노나이트 선교 교단: 이전의 기록에서, 우리는 좀머펠트와 코티자 그룹들에 대하여 살펴보았다. 이들은 가장 보수적이었던 올드 컬러니 메노나이트들과 1870년대에 가장 진보적인 이민자들로 이루어진 버그탈 교회 및 변화에 대한 기록이기도 하다. 1936~37년 사스카추원 주의 로스던에서는 프리즌I.P.Friesen에 의한 복음전도 운동이 일어났다. 이 복음주의 운동의 결과로 좀머펠트 교회가 분리되는 일이 일어났다. 3년간 그의 목회적 영향아래 사람들이 과거의 전통주의를 벗고 기꺼이 변화를 선택하게 되었다. 그러나 그들의 교회는 타협하지 않았다. 결국 새로운 신자들이 마니토바, 러시아, 프러시아의 루드너와이드 마을의 지명을 따라 루드너와이드Rudnerweide 메노나이트 교회라는 분리된 그룹을 형성하게 되었다. 1961년 그들은 이름을 복음주의 메노나이트 선교 교단EMMC으로 바꾸었다.

이전의 교회들과는 대조적으로 새로이 형성된 그룹은 강한 선교적 관심을 즉시 실행에 옮겼다. 교육과 제자도에 대한 관심도 즉시 실행으로 옮겨졌다. 여러가지 측면에서 볼 때, 이것은 16세기의 아나뱁티즘의 비전을 진실하게 회복해 나가는 모습이었다. 특별히 EMMC는 예전에 떠나온 교회의 형제들과 함께 적극적으로 일했으며 결국 사스카추원 주에서는 함께 교회를 세우기도 했다. 1989년 EMMC에는 벨리스, 볼리비아, 멕시코, 텍사스, 온타리오 등 여러 지역에서 선교사역을 수행하게 되었으며 약 3,470명의 회원들이 있는 것으로 조사되었다. 예전의 교회 회원들에 대한 큰 관심은 지속되었고 이것은 저지 독일어 라디오 방송과 다른 선교 활동으로 나타나게 되었다. 성서학교는 온타리오의 아일머Aylmer지역에 세워졌다. 「EMMC 소식지」EMMC Recorder라는 교회의 공식 소식지가 있다.

복음주의적 성서 교회 모임 Fellowship of Evangelical Bible Church: 1870년대에 이주해 온 이민자들 중에 새로운 모습의 부흥에 관심이 있었던 또 다른 그룹이 있었다. 이 그룹은 복음주의적 성서 교회 모임으로 1889년 미국의 미네소타 주, 마운틴 레이크Mountain Lake에서 시작되었다. 여러번 이름이 바뀌긴 했지만 1937년에 "복음주의적 메노나이트 교회"Evangelical Mennonite Brethren이라는 이름이 채택되었고, 약 25년 간 그들이 정체성에 대한 질문과 함께 1987년에 다시 FEBC로 개칭하게 되었다. 처음 그룹이 생겨나게 된 동기들은 여러가지가 있지만, 그들의 옛 교회가 세상에 너무 순응적일 뿐만 아니라, 영적으로 교회의 규율이 없기 때문이었다. 세례의 형식은 관수로 하든지 침수로 하든지 선택적으로 남겨져 있다.

비록 대부분의 선교사들이 메노나이트와 상관 없는 기관에서 일을 하였지만, 그룹 초기부터 이들은 교육과 선교를 강조하였다. 윈시스 A.F.Wienses는 1906년 그들이 시카고에 살게 되면서 도시 지역 선교를 담당하게 된 최초의 메노나이트였다. 또한 이들은 교단차원에서 다양한 성서학교들을 후원하였다. 사스카추원 주의 달메니Dalmeny, 마니토바주의 스타인벡Steinbach, 캔사스 주의 미드Meade, 네브라스카주의 오마하Omaha에 있는 성서학교들이 교단의 후원을 받고 있다. 회중교회들은 마니토바로부터 캔사스에 이르기까지 중서부 지역에 흩어져 있으며 태평양 북서부 지역에도 몇 개의 교회들이 있다. 1950년 복음주의적 메노나이트 교회와 연합을 시도하였지만 성공하지 못했다. 「복음의 시대들」Gospel Tidings이라는 교단 신문이 발행되고 있다. 1987년의 통계에 따르면 4,538명의 회원이 있으며 1,981명이 캐나다에, 62명이 아르헨티나에, 361명이 파라과이에서 활동하는 것으로 나타났다. ME 2:262~264, 5:296~297

복음주의 메노나이트 교단 Evangelical Mennonite Conference, 캐나다: 교단의 시작은 위에 상술한 그룹들과 비슷한 영적인 욕구에 근거한다. 1801년 프러시아에서 안수를 받은 클라스 라이머Klass Reimer가 4년 뒤에 러시아로 이주하게 되었다. 그는 소름이 끼칠 정도로 몰로치나 컬러니 내에 존재하는 영적인 무관심과 윤리적 해이함에 대해 마음 아파했다. 얼마 되지 않아 몇 사람들이 그의 깊은 신앙적 헌신에 대해 알게 되었고 1813년 열 여덟 가정이 작은 교회라는 의미의 클라이네 게마인데 Kleine Gemeinde라는 새로운 그룹을 형성하게 되었다. 성서와 더불어, 라이머는 『순교자들의 거울』을 읽으며 어떻게 초대 크리스천들과 16세기의 아나뱁티스트들이 자신들의 믿음을 저버리지 않고 기꺼이 죽을 수 있었는지에 대한 특별한 영감을 얻었다.

1874년 이 그룹에 속해 있던 대부분의 사람들이 북미로 이주하게 되었다. 그 중 60가정이 마니토바에 정착하게 되었고 36가정이 네브라스카 주의 잔젠Janzen에 정착하였다. 1881~82년에 마니토바에 정착했던 그룹의 약 1/3이 오하이오에서 온 홀드맨 그룹인 "그리스도안의 하나님의 교회, 메노나이트"에 가입하였다. 한편 네브라스카의 그룹은 캔사스 주의 미드로 이주하면서 곧 그룹이 와해 되었다. 어떤 사람들은 다른 그룹에 가입하였지만, 어떤 사람들은 1943년 임마누엘Emmanuel 메노나이트 교회라는 새로운 교회를 형성하게 되었다. 1948~49년에 문화에 흡수되기 싫어하는 약 400명의 회원들이 마니토바로부터 멕시코로 이주하였다. 1952년 클라이네 게마인데는 복음주의 메노나이트 교회라는 이름을 채택하였고, 1960년에 다시 복음주의 메노나이트 교단으로 개칭하였다. 1989년에 회원 수는 5,813명이었다.

이 교단은 클라스 라이머의 초기 관심을 유지하기 위해 그리스도께 대한 진지한 헌신을 끊임없이 점검하고 있다. 이러한 것 때문에, 공 교육이 시행되는 영역에서 늘 긴장이 발생한다. 스타인벡 성서대학 Steinbach Bible College은 이러한 염려에 대한 해결책으로 생겨나게 되었다. 이 학교를 졸업하는 학생들은 다른 메노나이트 그룹이 운영하는 4년제 대학에서 공부하도록 장려되고 있다. 초기의 비순응에 대한 관심은 여전히 남아있지만, 특정한 외면적 악을 강조하기 보다는 갱신의 태도와 행동을 강조하고 있다. 독일, 멕시코, 니카라과, 파라과이 등지에서 선교활동이 이루어지고 있다. 벨리스에서 온 어떤 클라이네 게마인데Kleine Gemeinde 회원들은 캐나다 노바스코시아에 정착하여 살고 있다. 공식적인 교단 신문으로 「메신저」The Messenger가 있다.

메노나이트들과 관련되어 있는 그룹들

선교교회The Missionary Church: 연합선교교회United Missionary Church와 선교교회협회Missionary Church Association는 1969년 하나로 통합되어 선교교회가 되었다. 이 선교 교회는1990년에 26,910명의 미국 회원과 6,700명의 캐나다 회원 도합 33,610명에 달했다. 1947년부터 1969년까지 이 교회는 연합 선교 교회로 알려져있었다. 그 이전까지는 그리스도 교회 안의 메노나이트 형제단이었는데 오하이오 주에서 스완카이트Swankites라고 알려진 그리스도 안의 형제단과 복음주의 연합 메노나이트와 함께 합병되면서 생겨난 교단이다. 이전의 분열과 합병이 복음주의 연합 메노나이트를 생겨나게 한 것이다.

선교교회협회는 1898년 복음주의 연합 메노나이트에서 추방된 몇몇 멤버들에 의해 인디아나 번(Berne)에서 생겨났다. 그들이 추방된 이유는 갱생 후에 성령과 더불어 세례를 받을 필요성이 은혜와는 분리되 사역이라고 했던 그들의 믿음 때문이었다. 그들은 신령한 치유, 세례의 유일한 형식으로써 침수례의 중요성을 강조하였으며, 그리스도의 재림에 대한 새로운 통찰력을 발전시켜나갔다. 메노나이트 총회 교단의 몇몇 목사들도 이들의 질문에 의해 영향을 받았고, 초창기의 운동에 가담하기도 하였다.

그리스도 교회 안의 메노나이트 형제들의 새로운 영적인 활력 및 엄청난 추진력은 웨슬리 경건운동 및 교회조직과 접촉하면서 생겨났고, 몇몇 감리교회들 간에 널리 퍼져있던 거룩을 강조하면서 생겨났다. 이러한 영향과 더불어 믿음에 대한 아나뱁티즘의 구성요소들은 시간이 흐르면서 점점 사라져갔고 메노나이트들과의 접촉은 거의 사라지게 되었다. 펜실바니아 컨퍼런스는 1952년 연합선교교회를 탈퇴하였고, 1959년 성서적 교제 교회Bible Fellowship Church라는 이름을 사용하게 되었다.

복음주의적 교리를 받아들이는 것과 더불어 생겨난 현상은 갱생에 뒤따르는 은혜의 두 번째 사역으로서 영화를 강조하게 되었다. 선교교회의 영성은 마음의 종교를 추구하는 것으로 설명될 수 있다. 왜냐하면 믿음이 삶의 모든 것을 변화시킬 수 있다고 믿었기 때문이다. 침수에 의한 세례는 합병 후에도 계속 되었다. 정기적인 연례 캠프 집회는 회원들의 영적 각성과 새로운 신자를 얻는데 매우 중요한 역할을 하였다. 이러한 부흥집회의 강조는 전세계를 위한 선교사 파송 프로그램에서 빠뜨릴 수 없는 부분이 되었다. 인디아나의 포트웨인 성서대학Fort Wayne Bible College과 미샤와카의 베델 대학Bethel은 이러한 전세계 사역을 위한 사역자들을 훈련시키기 위해 생긴 학교들이다. 베델 대학은 후에 4년제 자유주의 예술 대학으로 인가를 받았다. 『엠파시스』*Emphasis*는 선교 교회의 공식 간행물이었다.

*그리스도 안의 형제단Brethren in Christ: 그리스도 안의 형제단의 시작은 펜실바니아 랑케스터의 루터교, 침례교 및 메노나이트 공동체 내에 부흥운동이 퍼지게 되었던 1780년대까지로 역사를 거슬러 올라가야 한다. 이 부흥운동으로부터 메노나이트들이 중심이 된 한 소그룹 모임이 시작되었다. 그들은 서스퀘한나Susquehanna 강가에서 만났기 때문에 '강변의 형제단'으로 알려지게 되었다. 시민 전쟁동안, 그들은 정부에 평화 그룹으로 등록하였다. 그러면서 모임 이름을 그리스도 안의 형제단으로 바꾸었다. 캐나다에서 이들은 한 동안 턴커스Tunkers로 알려졌는데 이는 모든 그리스도 안의 형제단Brethren in Christ 교회가 세례를 받을 때 세 번 물에 들어갔다 나오는 방법으로 세례를 시행했기 때문에

생긴 별명이었다. 침수 세례는 앞으로 물에 세번 잠겼다가 나오는 식이었는데, 이는 하나님께 항복함과 하나님 앞에서 겸손함을 표시하는 것이었다.

최초로 이 부흥운동에 관련된 사람은 랑케스터 카운티의 경건주의자였던 필립 오터바인Philip Otterbein과 부흥 운동에 참여했다는 이유로 메노나이트 교회로부터 추방 된 마틴 빔Martin Boehm이라는 사람이었다. 그들은 늘 모이는 비밀장소에서 모임을 가졌다. 그러나 1780년경, 강변의 형제단 혹은 그리스도 안의 형제단은 힘겹게 비밀모임을 이끌어 나가며 복종의 경험을 강조함으로써 자신들의 조직을 형성해 나갔다. 1800년 경, 이들은 연합 형제단이라고 알려진 그룹이 되었다. 그리스도 안의 형제단은 "일반 사람들"Plain People:간소한 생활을 하면서 사는 일반 사람이라는 의미로서 단순한 생활을 강조하였으며 "집안 규율"이라 불리는 마태복음 18장의 훈계를 강조하며 비순응, 비저항, 맹세를 하지 않음, 공식적인 권위 거부, 현대 기술문명의 차별적 사용, 교회와 세상사회의 분명한 구분을 실행하였다.

1880년부터 1910년까지 주일학교, 해외 및 내지 선교, 장시간의 모임, 교회학교 및 교회의 신문인 복음주의 방문객Evangelic Visitor 발행 등 많은 변화가 일어났다. 그러나 독특한 모습을 만들어 내기 위한 가장 큰 교단차원의 변화는 웨슬리의 성결 운동이었다. 그러나 이것은 상당한 저항에 봉착했고, 회원들의 서로 다른 이해로 말미암아 끊임없는 논쟁거리가 되었다. 성결운동은 대개 극적인 회심으로서 의로움을 강조하였고 제 2의 경험으로써 성화를 강조하였다.

회심에 있어서 극적인 경험을 강조하는 것은 경건주의 영향으로부터 온 것이었다. 성결운동은 성화를 주된 경험으로 만들게 되면서, 회심의 중요성을 깎아내리는 경향이 있다. 이 운동 초기에 회심의 경험만을 한 사람들은 2류 크리스천으로 여겨졌다. 어떤 신자들은 점진적인 성화를 주장하는 반면, 어떤 사람들은 순간적인 전적 성화의 경험을 주장하였다. 어떤 주장이든 상관없이 강변의 형제단은 성령께서 신자들에게 죄에 저항하고 승리하는 크리스쳔 삶을 살수 있는 힘을 주실 것이라고 믿었다. 죄없이 사는 삶의 가능성은 웨슬리가 가르치긴 했지만 자신에게는 적용하지 않았던 모습이었다. 즉 웨슬리도 성결의 급진적인 모습을 말로만 주장하는 모습을 보였다. 이러한 주장은 죄의 원리를 뿌리채 뽑아버려야 한다고 강조하면서도 교회의 공식적인 입장으로는 삼지 못하였음을 의미한다.

메노나이트들과는 대조적으로, 흥분과 감정이 크게 강조되었고 완전하게 되는 모습이 강조되었다. 성결운동 집회는 그리스도 안의 형제단의 삶에 있어서 아주 중요한 부분이 되었다. 이러한 집회는 회심, 성화, 영적 성장을 이루어내기 위해 한 주일 혹은 그 이상의 강력한 설교와 상담으로 이루어지곤 했다. 이것은 대단한 선교전략이 될 수 있음을 증명해 주었다. 이러한 집회는 메노나이트에 소속되어 있지 않은 많은 사람들을 얻게 만들어 주었다. 이러한 집회는 메노나이트들 보다 더 개인적이고 아마도 덜 인종적인 그룹들에게 효과가 있었다. 메노나이트들 중 보다 종교적인 삶을 원하는 사람들은 그리스도 안의 형제단으로 갔다.

1910년부터 1950년까지의 기간은 긴장의 기간이었나 한편으로는 그리스도 안의 형제단이 결속되고 확장되는 기간이기도 했다. 미국 문화의 영향이 비순응주의, 비저항 및 제자도에 대한 역사적 확신들을 침식시키기 시작했고, 그룹의 결정보다 개인의 결정을 점점 더 중요시 여기는 모습으로 변화해 나갔다. 이러한 흐름을 주도하는 중심에는 1930년대에 복장과 품행에 대한 여러가지 규칙들이 놓여있었지만이 운동으로 말미암아 젊은 사람들이 엄청나게 줄어들었다.

1940년대에 소위 말하는 관료주의의 종식과 더불어 1942년 메노나이트 중앙위원회의 결성, 몇 년 후 이루어진 복음주의 협회National Association of Evangelicals및 크리스천 성결운동 협회Christian Holiness Association의 결성은 새로운 삶으로 나아가도록 분위기를 쇄신해 주었다. 하나의 기관은 캐나다에 소속된 한 개의 컨퍼런스를 포함하여 여섯 개의 지역 컨퍼런스로 나누어 놓았는데 각 컨퍼런스는 전임 감독을 두게 되었다. 각 교회는 연례 지역 모임 및 2년에 한번 개최되는 전체 컨퍼런스에 보낼 대표자를 두게 되었다. 1950년에 교육 및 선교에 뚜렷한 성장세를 보였다. 1989년 북미의 총 회원수는 19,853명이었으며 북미 외의 회원수도 16,000명이나 되었다.

20세기 중반에 메시야 대학Messiah College이 선교를 강조함으로써 사회 및 선교적 관심 또한 급성장하였다. 잠비아, 짐바브웨, 인도의 초기 선교 사역과 더불어, 쿠바, 일본, 니카라과, 베네수엘라, 콜롬비아, 말라위 및 영국에도 선교팀들이 파송되었을 뿐 아니라, 북미 내지에도 교회 확장에 괄목할만한 새로운 관심이 기울여졌다. 인종편견 제거를 위한 지속적인 관심과 더불어 1970년대에는 나뉘어졌던 형제들의 공동묘지 발견을 통해 전 교단에 걸쳐 인종차별에 대한 준엄한 비난이 일어났다. 전세계의 가난과 관련된 지대한 관심이 생겨났다. 1976년 교단 총회는 교회들을 방문하면서 "전 세계의 기아 및 가난을 위해 문제가 되는 물질의 청지기, 단순한 삶, 올바르지 않는 구조들 및 근본적인 원인들"에 대한 내용을 최소한 1년간 집중적으로 다룰 수 있는 담당자를 세워야 한다는 데 동의하였다.

1964년에 총회에 참석할 수 있는 최초의 여성 대표자가 선출되었고, 1970년에 모든 지역 및 주요한 위원회에 여성들이 폭넓게 참여할 수 있게 되었다. 아나뱁티즘과 경건운동에 나타난 초기의 다양성은 제자도와 성결운동, 사회활동과 부흥운동 및 그외 다른 논점들에 대하여 토론할 때에 지대한 영향을 미치게 되었다. 때때로 민주적 의사결정 과정과 방법이 초기 회중 교회들의 언약을 세우는 과정과 방법을 대치하는 경향도 나타났다. 그러나 성서의 권위에 대한 교단 내의 전교회적 헌신과 신자들의 교회의 중요성과 교단 내의 모든 멤버들이 말씀과 삶 구석 구석에 임하시는 그리스도의 능력에 대한 확고한 간증의 필요성이 그 어느 때보다 분명해졌다.

그 외의 자료들: See the articles and bibliographies for each item in ME 5. Also MWC *Handbook* 1990, pp. 404ff. Clarence Hiebert, *The Holdeman People: The Church of God in Christ, Mennonite, 1859-1969*, South Pasadena, Calif.: William Carey Library, 1973. Stan Nussbaum, *You Must Be Born Again: A History of the Evangelical Mennonite Church*, Fort Wayne, Ind.: Evangelical Mennonite Church, 1979. Calvin Wall Redekop, *The Old Colony Mennonites*, Baltimore, Md.: Johns Hopkins Press, 1969. Jack Heppner, *Search for Renewal: The Story of the Rudnerweider/EMMC 1937-1987*, Winnipeg, Man.: EMMC, 1987. Eileen Lageer, *Merging Streams: The Story of the Missionary Church*, Elkhart, md.: Bethel Publishing Company, 1979. Harold P. Shelly, "The Bible Fellowship Church." Unpublished manuscript of the author, Alliance Theological Seminary, Nyack, N.Y.: 1991. Carlton O. Wittlinger, *Quest for Piety and Obedience*: The Story of the Brethren in Christ, Nappanee, Ind.: Evangel Press, 1978. Contact Messiah A College, Grantham, Pa., for audiovisual resources.

17장
라틴 아메리카의 메노나이트 교회

북미 사람들은 일반적으로 자신들의 일로 아주 바쁜 사람들인데, 그들은 미국과 캐나다를 합친 2억 8천 5백만 인구1992년의 두배나 되는 사람들이 살고 있는 리오 그란데Rio Grande 강 남쪽의 광활한 땅에서 무슨 일이 일어나고 있는지 잘 알지 못한채로 살아가고 있다. 2000년에 라틴 아메리카의 인구는 6억 2천 만 명[1]으로 추정하였다. 이 사람들 또한 어메리칸들이다. 이 모든 나라들이 차지하는 면적은 미국과 유럽의 많은 나라들을 합친 만큼 넓고 광활하다.

일반적으로 사람들은 이 땅을 중앙 아메리카와 남미로 이루어진 라틴 아메리카라고 이야기 한다. 라틴 아메리카에는 소위 서인도 제도라고 하는 작고 큰 섬들과 하이티-도미니칸 공화국Haiti-Dominican Republic, 자메이카, 쿠바 및 푸에토리코, 버진 아일랜드 등 여러 미국 령에 속한 섬들이 포함되어있다. 중앙 아메리카에는 벨리스Belize, 코스타리카, 엘 살바도르, 과테말라, 온두라스, 니카라과 및 파나마라는 나라가 있다. 이들의 북쪽에는 멕시코가 위치해 있고 이들의 남쪽에는 우리가 남미라고 부르는 나라들이 위치해 있다. 남미에는 아르헨티나, 볼리비아, 브라질, 칠레, 콜롬비아, 에과도르, 프랑스 구아나French Guiana,

가이아나Guyana, 파라과이, 페루, 수리남, 우르과이 및 베네수엘라가 위치해 있다. 라틴 아메리카라는 이름은 이 지역에서 사용하는 언어가 스페인어와 포르투갈어 및 프랑스어 즉 그 언어의 계통이 라틴계에 속하기 때문에 불려지게 된 이름이다.

이 광활한 지역의 기후와 지형은 사람들의 삶에 결정적인 역할을 해왔다. 라틴 아메리카는 땅의 25%가 산지이고 25%가 늪지이며 약 10%가 사막으로 구성되어 있다. 안데스 산맥이 서해안을 따라 흐르고 있으며, 브라질에는 찌는 듯한 더위의 정글들이 있고 아마존, 막달레나Magdalena, 오리노코Orinoco, 라 팔타La Palta라는 네 개의 큰 강들을 따라 인구 및 정치적인 경계선이 형성되어 있다. 특별한 지역의 자연 및 인구 자원 개발에 관심이 많았던 유럽사람들에 의해 라틴 아메리카의 문화와 삶의 특성이 자리매김 되었다.

농업은 많은 사람들의 주된 경제활동이지만, 대부분의 농업은 소규모로 행해지고 있다. 한편 일부는 대규모 농장으로써 소수의 부자와 특권을 갖고 있는 계층의 사람들에 의해 목장 및 소작농으로 나뉘어 경작되기도 한다. 이코노미아다Economiada라고 알려진 제도는 소작농 제도를 아주 쉽게 발달시켰다. 10%의 사람들이 약 90%에 달하는 땅을 소유하고 있으며, 이로 인해 토지 개혁 및 토지의 재분배가 이루어질 수 없도록 만들고 있다. 이러한 불평등한 토지 소유에 의해 생겨나는 빈곤은 1980년대에 빈번하게 발생했던 중미 내전의 주된 원인으로 작용하였다. 최근에는 경제적인 번영을 위한 중점적인 수단으로 산업화가 이루어지고 있다. 라틴 아메리카에는 자연 자원이 풍부하다. 그러나 산업화가 여러 도시들에서 극빈자로 살아가고 있는 서민 운동에 큰 활력소가 되고 있다. 엄청난 무역의 불균형과 국가의 채무는 상황을 점점 더 악화시키고 있다. 그러나 작지만 꾸준히 성장하고 있는 중산층이 여러 나라에서 서서히 그 모습을 드러내고 있다.

라틴 아메리카의 경제적인 문제들은 여러 나라들에게서 보이는 2~3퍼센트에 해당하는 출산율에 의해 더욱 악화되고 있다. 이것은 25년 마다 거의 두배에 가까운 인구 증가율을 보인다는 것을 의미한다. 극단적인 예이지만 파라과이는 1870년에 종결된 로페즈Lopez 전쟁 당시 총 인구가 225,000명에 불과했지만, 1992년에 3백 50만에 달했다.

대부분의 나라들에서 인구의 반은 도시에 집중되어 있으며, 인구의 반이 20세 미만이라는 인구분포를 갖고 있다. 빈곤, 높은 유아 사망율, 짧은 평균수명에 의해 대가족 제도가 장려되었다. 사회 및 경제적 부문의 성장이 인구 성장 속도를 따라가지 못했다. 비록 서반구에서 가장 오래된 대학들이 페루, 멕시코, 도미니칸 공화국의 여러 곳에 있음에도 불구하고, 학교들은 엄청난 아이들의 숫자로 인해 늘 적합한 교육을 제공하지 못하였다. 초등학교 수준의 교육도 제대로 감당하지 못하였다. 많은 지역의 건강 시설 또한 예방은 고사하고 응급 조치조차도 감당해 내기 어려웠다. 사회 복지에 대한 부담 역시 너무나 많은 사람들의 요구로 인하여 실패하게 되었고, 주어진 정치-사회적 문제에 모든 자리를 양보하게 되었다.

실직으로 인해 가난해지게 되면서 사람들이 굶주리고, 정치상황은 폭발 직전으로 치닫고 있었다. 1960대부터 1980년대까지 마르크스주의가 이러한 정치적 상황 속에서 잘못된 환상을 갖고 있던 사회주의 이론가들과 많은 사람들에게 유일한 대안으로 보여졌다. 이를 반대하던 사람들은 자유를 위해 혁명을 추구하다가 생기게 되는 폭력보다 압제를 위한 폭력이 더 나쁜 것이라고 맞서게 되었다. 여러 정부들은 군사 장비 마련을 위해 막대한 비용을 지출하였는데, 이러한 태도들에 대한 위협 때문 만이 아니라, 시민들의 자유를 억압하기 위한 것이었다.

이러한 상황과 더불어 억압받는 사람들을 위한 정의의 목소리로써 라틴 아메리카의 해방신학이 자생적으로 생겨나게 되었다. 남미의 해방신학이 사회-경제를 분석함에 있어 마르크스주의와 특정한 부분을 공유하고 있지만, 실제 해방신학은 급진적이며 폭력적인 정치성향을 띠는 좌파주의가 아닐 뿐 아니라, 마크르스주의와 같은 부류로 분류되어서도 안된다. 해방신학이 사회-경제 정의를 위한 강력한 목소리였기에, 때론 이와 관련되어 있는 사람을 위험 인물로 인식하기도 하였다. 비록 해방신학을 지지하는데 모든 교회들이 일치하지는 않았지만, 사제들과 로마 가톨릭 내의 "종교"인들에 의해 지지를 받았다. 복음주의자들 중 소수의 신자들만이 위험을 감수하였다. 이 일로 인하여 무수한 사람들이 순교를 당하였다. 라틴 아메리카에 엄청난 사회 변혁이 진행되었다. 1990~1992년까지 지구 전역에서 공산주의가 해체되자, 라틴 아메리카의 대부분 나라들도 수정 민주주의 형태로 전환하게 되었다. 그러나 그들의 사회-경제적 문제 및 인구 문제들은 더 심각해져 갔다.

부분의 라틴 아메리카 사람들은 자신들을 로마 가톨릭 신자들이라고 믿고 있다. 그러나 이들 중 대부분은 하나의 문화적 전통 그 이상도 그 이하도 아니다. 성체에 참석하는 사람들은 인구 전체를 따지더라도 10%에서 많아도 30%정도 밖에 되지 않는다. 라틴 아메리카에서 봉사하는 사제들의 숫자는 엄청나게 부족하며 많은 사람들이 유럽 출신인 것으로 나타났다. 북미에서 세속주의가 사람들에게 우세한 성향을 보이는 것처럼, 로마 가톨릭의 문화적 측면들법, 사회적 조직, 언어 등이 그들의 생활과 사고에 깊이 스며들어 있다.

얼마 전부터 로마 가톨릭 신자들은 이러한 상황을 비극으로 여기기 시작했다. 이러한 상황을 갱신하기 위해 교회의 생활과 사역의 많은 부분에 새로운 표지들이 등장하기 시작했다. 제 2차 바티칸 공회의 영향과 공회 이후, 여러 번에 걸친 교황의 대륙 방문 영향으로 교회 내에서의 평신도들의 활용과 많은 성직자들과 주교들의 예언자적 목소리 및 활동이 사회, 교육, 경제적 문제를 해결하는데 심오한 영향력을 행사하게 되었다. 각 지역마다 민초들에 근거한 노동, 기도, 고난의 "기초 공동체"base community-comunidades de base가 교회의 갱신과 성장에 중요한 영향을 끼치게 되었다. 몸, 마음, 정신에 대한 총체적인 변화가 여러 지역에서 일어나기 시작했다. 평신도 리더십에 의해 이러한 사역이 진행되기도 하였다.

라틴 아메리카에 개신교가 들어오기까지 많은 시간이 걸렸으나, 어느 정도 소개가 된 이후로는 빠른 성장세를 보였다. 1938년 인도의 마드라스Madras에서 국제 선교 대회가 열렸을 때, 일본의 군국주의적 착취에 의한 2차 세계 대전1939~45 직전의 정세 때문에 개신교 선교사들은 아시아에서 자신들의 선교가 활발히 진행될 수 없다는 것을 알게 되었다. 그들은 아시아 지역이 아닌 다른 선교지를 살펴보게 되었다. 이러한 상황하에 라틴 아메리카에 선교의 바람이 불기 시작했다. 많은 사람들이 19세기부터 이미 선교를 하고 있던 기존의 개신교 선교사들과 함께 일을 하게 되었다. 활발한 선교의 활로가 개척되었고 특별히 1945년 이후부터 많은 선교활동이 시작되었다. 유럽 및 북미의 선교에 대한 노력으로 말미암아 대부분의 교단이 라틴 아메리카에서 선교의 싹을 틔우고 성장하게 되었다. 선교에 있어서 그들은 조직과 제도, 기관, 신학, 재정 분야에서 거의 자립을 할 수 있게 되었다.

이러한 교단들 중에 오순절 그룹들이 가장 빠른 성장을 보였으며, 로마 가톨릭과 프로테스탄트에 이어 "제 3의 세력"으로 등장하게 되었다.[2] 숫자적으로 볼 때, 그들은 다른 프로테스탄트 그룹들 보다 더 많이 성장하게 되어 1985년 중반에는 거의 2천 3백만 명으로 급성장하였다. 이들 중 브라질에 약 6백 5십만 명, 칠레에 약 1백 3십만 명, 콜롬비아에 2십만 명, 아르헨티나에 3십 만명, 그 외의 남아메리카 지역에 3십 만명, 멕시코에 최소한 7백 만명, 그리고 중앙 아메리카 및 카리비안 지역에 약 7백만명이 존재하는 것으로 집계되었다.[3] 몇 몇 오순절

SOUTH AMERICA

LEGEND
MENNONITE CHURCHES IN SOUTH AMERICA
■ Organized bodies
★ MCC involvement
□ Other missions and programs (not including those relating to organized bodies)
• 500 members (approx. locations)

계통의 교단들 또한 사회 정의 및 인권을 적극 옹호하기도 하였다.

라틴 아메리카의 메노나이트

1877년 아르헨티나를 여행한 한 여행객에 의해 니바스 크릭Nievas Creek과 오라바리아Olavarria 계곡 근처의 구릉을 따라 성장하는 세 개의 메노나이트 마을들에 대한 흥미 있는 내용이 보고 되었다. 스페인어로 기록된 이 보고에 따르면, 이들은 러시아에서 이주해 온 메노나이트들로서 밀을 재배하는데 성공하였다고 기록하고 있다. 불행히도 그 여행객은 이것 외에 메노나이트 그룹에 대한 이렇다할만한 기록을 남기지 않았다. 그들의 이주에 대한 이야기와 그들이 이루어 놓은 결과에 대하여는 추후 연구조사가 이루어져야 할 것이다. 이것에 이어 1986년 멕시코와 볼리비아의 약 1,000명의 올드 컬러니 메노나이트the Old Colony Mennonite들이 부에노스 아이레스Buenos Aires로부터 435마일 정도 떨어진 곳에 정착하여 약 25,000에이커에 상당하는 르메코-과트라치Remeco-Guartrache 컬러니를 형성하기 시작했다. 이곳은 다른 그룹들의 추가 이주가 뒤따를 만큼 좋은 곳이었다.ME 5:764

위에서 언급한 1877년의 애매한 기록과는 별도로, 우리가 아는 라틴 아메리카에 처음 온 메노나이트 정착민들은 마니토바와 사스카추원에서 이주하게 된 올드 컬러니와 좀머펠트Sommerfelder 그룹들이었다. 이 두 그룹들은 1915년 모든 학교에서 영어를 사용해야만 한다는 마니토바 교육법이 통과되면서 위협을 느끼고 이주해온 사람들이었다. 그들은 1874년 그들의 선조들이 처음 러시아에서 마니토바에 정착할 때 제정한 법을 정부가 어긴 것으로 간주하였다.4) 그들이 독일 말을 사용하지 못하고 잃게 되면 결국 캐나다의 환경에 동화되어 자신들이 지키고 싶어하는 메노나이트 신앙과 문화를 점차적으로 잃게 될 것이라 생각하였다. 마니토바 정부는 그들의 영토 내에 들어와 사는 사람들의 신앙을 해칠 계획은 전혀 없었지만, 현재 우리가 이야기하는 문화를 존중하는 의미의 다문화주의와는 다른 표준화된 교육을 추진하였다. 정부는 교육의 표준화를 통해 보다 더 큰 국가적 일치감을 형성해 내고자 하였고, 결국 소수 그룹들의 인종적인 독특성에 강조점을 두지 못하였다.

멕시코. 메노나이트들은 자신들 앞에 놓인 이러한 위협을 마주하면서 대책을 마련해야 했다. 이전에 했던 것처럼, 더 나은 자유를 찾아 새로운 땅을 물색하기 위해 대표단을 파견하였다. 북 아프리카, 호주 등 수 많은 지역들이 물망에 올랐다. 여섯 명으로 구성된 대표단은 남미의 파라과이를 포함한 가능성이 있는 여러 나라들을 방문하였다. 이들은 결국 멕시코에 정착할 수 있는 추천서를 들고 귀환하였다. 멕시코는 캐나다로부터 오기에는 까다로운 곳에 위치해있었다. 그러나 보다 더 중요한 것은 그곳의 대통령인 알바로 오브레곤Alvaro Obregon이 개인적으로 이들의 종교적인 자유 및 학교 프로그램에 대한 완전한 자치권과 그들이 요청한 모든 권리와 특권을 보장해주겠다고 한 약속이었다.

1922년부터 1926년까지 수 천명의 올드 컬러니와 좀머펠트 메노나이트들이 멕시코로 오기 위해 캐나다를 떠났다. 그들 중 대부분은 치화화Chihuahua 주에 정착하였다. 처음 정착한 사람들의 뒤를 이어 다른 사람들이 이주의 행렬을 이어나갔다. 이들 초기 정착민들 중 어떤 그룹들은 남쪽 지역의 듀랑고Durango주에 정착하였다. 1948년 진보적인 생각을 갖고 있기에 자신들의 리더들과 화합하지 못했던 약 100가정 정도의 클라이네 게마인데Kleine Gemeinde-Evangelical Mennonite Conference 그룹과 수 많은 사람들이 멕시코를 행해 캐나다를 떠났다. 비록 많은 사람들이 또 다른 지역을 찾아 떠나갔음에도 불구하고, 정착 초기부터 높은 출산율을 보여 1950년에 약 16,000명이던 것이 1980년대에는 45,000~50,000명에 이르렀다. 이들 중 세례 신자는 16,500명으로 조

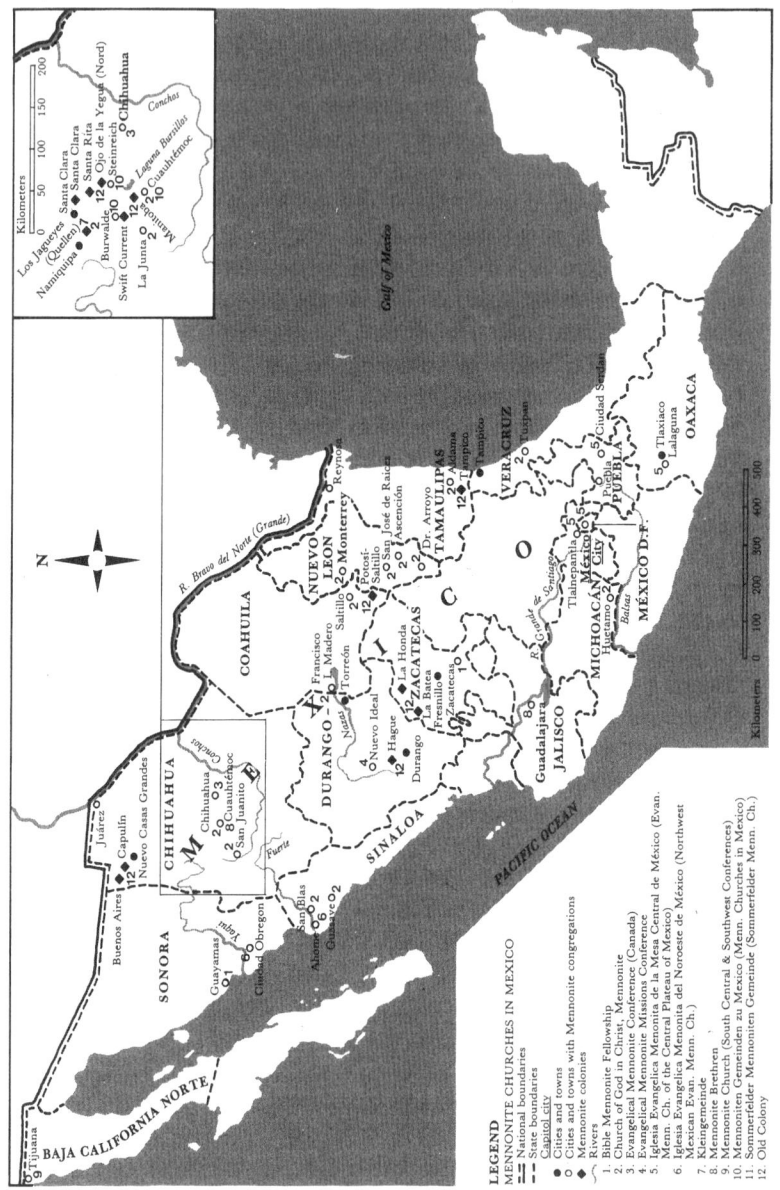

사되었다.

이렇게 정착한 사람들 중 대부분은 농부였다. 도시로 떠난 사람들은 교회의 문제에 잘 적응하지 못한 사람들이었다. 멕시코에 정착한 메노나이트의 마을 형태는 러시아와 캐나다에서의 방식을 그대로 따랐다. 각 마을은 약 160에이커 정도의 농장이 대략 10개에서 30개 정도로 배치되었고 마을의 가축들을 위한 충분한 방목지를 갖고 있었다. 옥수수, 콩 및 다양한 작물들을 재배하였으나, 밀을 재배하기에는 기후가 적합하지 않았다. 이들은 현대식 농기계를 사용하였다. 건물들은 대개 양철 지붕에 아도베adobe 벽을 사용하여 지었다. 특기할만한 내용은 이들이 가축과 말을 사육했던 것인데 이로 인해 각 정착지에 치즈 공장이 들어서기도 하였다.

정착지의 모든 삶은 교회의 생활과 연결되어 있었다. 지리적, 문화적 고립으로 말미암아, 만약 잘못된 행동이 발생하여 정착지로부터 쫓겨나게 되면 잘 알지 못하는 외부 세계 및 낯선 곳 외에는 갈 곳이 없었기 때문에 공동체로부터 추방되는 것을 사람들이 가장 두려워하였다. 마을마다 학교가 있었으나 교사들은 제대로 훈련을 받지 못한 사람들까지 무작위로 선출되었다. 책 읽기, 성서, 찬송 및 교리 과목이 이들이 받는 기본적인 공부 내용이었다. 독립적인 사고를 하기 보다는 주로 암기위주로 공부를 하였다. 일요일 아침 예배는 묵상기도, 오래된 설교 대독, 목사 및 장로에 의한 복종에 대한 훈계 등으로 대개 두 시간 이상 소요되었다.

메노나이트 총회 교단과의 협력은 1929~30년에 캐나다로 갈수 없어 멕시코, 쿠아우테목Cuauhtemoc 시에 정착하게 된 러시아 메노나이트들에 의해 이루어졌다. 정착지에 불편을 느낀 몇 몇 사람들은 도시로 이주하였고 메노나이트 총회 교단과 교제하기 시작하였다. 1990년 이 그룹의 회원은 400명인 것으로 조사되었다. 클라이네 게마인데 교회 또한 1990년 쿠아우테목Cuauhtemoc 시에서 약 960명의 회원을 갖는 교회가 되었다.

1927년 "그리스도안의 하나님의 교회, 메노나이트"에 속해있는 다섯 가정이 오클라호마 주로부터 멕시코로 이주하게 되었다. 처음에는 메노나이트 정착지에 관심을 가졌지만, 곧 멕시코 주민들과 함께 일하는 것으로 관심을 바꾸었다. 다른 메노나이트들과 메노나이트들이 아닌 여러 그룹들이 여러 방면으로 노력하였지만 전통은 매우 어려운 영역이었다. 메노나이트 중앙위원회MCC에 의해 여러해 동안 의학, 교육, 농업 분야의 지원프로그램이 수행되었다. 1957년 이러한 지원 프로그램은 메노나이트 총회 교단으로 이전되었다.

정착민들 중 많은 사람들이 멕시코를 자신의 영원한 정착지로 여기지 않았다. 순례자의 동기 때문이었을까? 멕시코에 정착한 이들은 다시 파라과이, 볼리비아, 아르헨티나 및 텍사스로 끊임없이 이주하였다. 1954년 긴 가뭄 동안 수 백명의 사람들이 다시 캐나다로 돌아왔고 그 이후로 많은 사람들이 끊임없이 캐나다로 이주하였다. 1958년에 벨리즈Belize로의 이주가 시작되었다. 멕시코로부터 벨리즈로의 이주는 약 3,000명에 이르기까지 지속되었고, 스패니시 룩아웃Spanish Lookout, 오렌지 웍 컬러니Orange Walk Colony, 및 블루 크릭 컬러니Blue Creek Colony를 형성하게 되었다. 오렌지 웍 컬러니는 그곳의 가장 큰 정착지로 번영을 누리고, 스패니시 룩아웃 또한 잘 정착했다. 그러나 블루클릭 컬러니는 많은 올드 컬러니 가족들이 볼리비아로 이주하게 되면서 존폐의 위기를 맞이하게 되었다. 동부 선교부The Eastern Board of Missions, Salunga는 1963년 메노나이트 중앙위원회 대신 벨리즈의 정착과 관련된 일을 하기 시작하였다.

파라과이. 1920년 파라과이 대표단이 가져온 부정적인 보고와는 달리, 1921년 2월 11일, 마니토바를 출발했던 여섯 명의 대표단이 파라과이로부터 아주 좋은 소식을 가지고 왔다. 이로 인해 많은 사람들이 파라과이의 이주행렬에 오르게 되었다. 뉴욕 은행의 사무엘 맥로버츠Samuel McRoberts의 도움과 더불어 만약 메노나이트들이 파라과이에 정착하면 파라과이 정부가 교육 및 종교의 자유를 보장해 줄 수 있는지 알고 싶어했다. 이에 대해 이들은 보증서를 요청하였고, 이 요청은 파라과이 의회에 의해 검토되었다. 이 요청은 1921년 6월 26일 법안 514조항으로 통과되었다. 이 조항에는 파라과이의 메노나이트들에 특권을 부여한다는 내용이 명시되어 있다. 이 조항이 통과되면서 파라과이에 정착하고자 하는 메노나이트들에게 따뜻한 초청이 이루어졌다. 그러나 캐나다의 경제적 상황은 1926년까지 타국으로의 이주를 지체시켰다.

한편 맥로버츠는 두 개의 토지 소유 회사를 만들었다. 하나는 위니펙에 있는 대륙간 회사Inter-Continental Company로 캐나다에서 다른 나라로 이주하는 사람들의 땅을 사들이기 위함이었고, 다른 하나는 파라과이에 정착하는 사람들에게 땅을 팔기 위한 파라과이 회사였다. 메노나이트에게 판 첫 번째 땅은 차코Chaco에 있는 약 137,920 에이커의 땅이었다. 차코는 파라과이의 수도인 아선시온Asuncion으로부터 멀리 떨어져 있는 곳이다. 우선 파라과이 강을 따라 배로 약 이틀 밤 낮을 거슬러 올라가면 푸에르토 카사도Puerto Casado라는 강을 만난다. 이 강에서 다시 서쪽으로 약 155마일 떨어진 곳에 차코가 위치해 있다.

51가족 총 309명으로 구성된 첫 번째 그룹이 1926년 캐나다 마니토바주의 알토나Altona를 떠났다. 1930년 이 그룹에 이어 279가족 총 1,767명이 몇 차례에 나누어 차코로 이주하게 되었다. 아선시온에 도착하였을 때, 왕의 따뜻한 환영을 받았지만, 이들은 곧 새로운 정착지에서 아주 어려운 고통을 경험해야 했다. 푸에르토 카사도에 도착하자, 그들은 뭔가 더 준비해야만 했던 것들이 적지 않음을 알게 되었다. 파라과이 회사가 땅에 대해 좀 더 세밀히 조사했어야 했다. 어려운 상황 속에서 그들은 16개월이란 긴 시간을 버텨내야 했다. 1928년 4월 자신들의 농장으로 이사하기까지 16개월이라는 시간은 너무나 힘겨운 시간이었다. 장티푸스에 걸려 147명이 죽어 나갔고 어떤 사람들은 실의에 빠져 캐나다로 다시 돌아갔다. 그러나 대다수의 사람들은 남아서 13개의 마을로 이루어진 메노 컬러니Menno Colony를 세웠다. 그때까지 "초록의 지옥"Green Hell이라고 알려진 지역에서 모진 애를 쓰며 정착해 나가야 했다.

수많은 그룹들이 볼리비아와 다른 지역으로 옮겨갔음에도 불구하고, 이 메노 컬러니는 1986년에 80개 마을 총 6,600명까지 성장하게 되었다. 농업 및 목초지도 2,700평방마일이나 되었다. 1,100명의 학생이 초등학교부터 고등학교에 이르기까지 열 한 개의 학교에서 공부할 수 있게 되었다. 컬러니 내 교회의 회원은 1990년 약 3,000명이나 되었다. 인디언들과 파라과이 토착민들 간에 있는 선교프로그램은 다양한 자원봉사 및 응급 구조 활동을 포함하여 잘 운영되었다.

두 번째 정착지는 차코의 페른하임Fernheim으로써 1930년 러시아에서 온 메노나이트들에 형성되었다. 그들은 1929년 자신들이 살고 있던 러시아를 떠나 우선 독일로 피난해야 했다. 안타깝게도 캐나다나 미국이 그들을 받아 들이지 않았기 때문에 독일에 머물러있던 사람들이었다. 메노나이트 중앙위원회MCC를 통해 파라과이의 차코에서 그들을 받아 들이기로 했다. 정부는 이 그룹에게 이전에 통과된 법률 514조항의 특권을 그대로 부여하기로 했다. 파라과이 회사도 이들을 위한 충분한 땅을 보유하고 있었다. 결국 1930년 374 가족 총 1,853명이 차코에 새로운 삶의 터전을 꾸리게 되었다.

비록 메노 컬러니의 도움을 받았음에도 불구하고, 그들 역시 새로운 개척지에서 고역을 치러야 했다. 또 다시 65명이나 되는 사람이 장티푸스에 의해 목숨을 잃게 되었다. 이는 엄청난 댓가였다. 이뿐 아니라 마실 물을 구하는 것도 쉽지 않았다. 처음 몇 달 동안은 우물이 하나 밖

PARAGUAY

LEGEND
MENNONITE CHURCHES IN PARAGUAY
- ━━ International boundary
- ○ Towns & cities with Mennonite congregations
- ● Other towns & cities
- <u>Capitol city</u>
- ◆ Mennonite colonies
- -- Colony boundaries
- ▼ Indian settlements with Mennonite congregations
- ── Selected roads
- ╫╫ Selected railroads
- ? Indicates the location is only approximate
  (Not all colonies, towns, & settlements with congregations are shown.)

KEY TO GROUPS

Groups	Members
1. Altkolonier Mennoniten Gemeinden (Old Colony)	1100 (1)
2. Beachy Amish Church	59 (2)
3. Bergthaler Mennoniten Gemeinde (Berg. Menn. Ch.)	780
4. Convención de las Iglesias Evangélicas Chulupí (Chulupi Evangelical Convention)	1400
5. Convención de las Iglesias Evangélicas de los Hermanos Lenguas (Lengua Evangelical Convention)	1186
6. Convención Evangélica de los Hermanos Menonitas (Evangelical Convention of Mennonite Brethren	800
7. Convención de las Iglesias Evangélicas de las Indigenas (United Evangelical Convention)	1450
8. Convención de las Iglesias Evangélicas Unidas Menonitas (United Evangelical Mennonite Churches)	300
9. Eastern Pennsylvania Mennonite Church	38 (2)
10. Evangelical Mennonite Conference Missions/Evangelische Mennonitische Gemeinde	200 +
11. Konferenz der Evangelischen Mennontischen Bruderschaft von Südamerika (Evan. Menn. Br. Conf. of S. A.)	ca. 200
12. Konferenz der Mennonitischen Brudergemeinde von Paraguay (Conf. of the Menn. Br. Churches of Paraguay)	1200
13. Mennonite Christian Brotherhood	118 (2)
14. Sommerfelder Mennonitische Gemeinde (Sommerfelder Menn. Ch.)	600 (3)
15. Vereinigung der Mennonitengemeinden von Paraguay (Assoc. of Menn. Churches of Paraguay)	4500

Membership figures according to Mennonite World Handbook Supplement (1984).
(1) Membership of 2 colonies.
(2) According to Mennonite Yearbook (1986-87).
(3) Sommerfelder Colony only.

<u>Detail Map</u>

Groups designated by colony only, not by individual congregation.

Colony boundaries as of 1975, acc. to Walter Regehr, Die lebensräumliche Situation der Indianer in paraguayischen Chaco.

17장 라틴 아메리카의 메노나이트 교회 · 465

에 없었기 때문에 두 명의 소년이 번갈아가며 우물 바닥에 생겨나는 물을 컵에 담아 양동이를 채워야 했다. 소수의 사람들만이 충분한 자원을 가졌을 뿐, 많은 이주자들이 자신들의 거주지와 경제적인 문제로 인해 좌절감을 겪어야 했다. 1937년 약 140가족이 파라과이의 동쪽에 보다 더 나은 경제적 기대감을 꿈꾸며 다시 자리를 잡게 되었다. 이것은 후에 프리스랜드Friesland 컬러니로 알려지게 되었다. 엄청난 희생과 댓가를 치른 후, 이 두 개의 자치구에 안정이 찾아왔다. 1986년 페른하임에는 3,300명 프리스랜드에는 725명의 사람들이 거주하는 것으로 조사되었다.

파라과이에 정착한 제 3의 그룹은 제 2차 세계 대전 이후에 러시아로부터 온 사람들로 이루어졌다. 우선 차코에 노이랜드Neuland 컬러니를 세웠고, 파라과이 동쪽의 프리스랜드 근처에 볼렌담Volendam이라는 컬러니를 세웠다. 이들은 러시아 군대들이 진군하기에 앞서 서쪽으로 도망쳐 나온 수천명의 메노나이트들로서 베를린과 서독의 난민 수용소에서 정착지 배치를 기다리고 있던 중이었다. 북미로의 이주가 불가능하게 되었다는 보고를 듣고, 많은 사람들이 라틴 아메리카로 이주하기로 결정하였다. 결국 1947년과 1950년 사이 641가족이들 중253가족이 아버지나 남편이 없었음 2, 314명이 노이랜드Neuland 컬러니를 형성하기 위해 파라과이로 이주하였다. 같은 기간동안 441가족 1,810명의 사람들이 볼랜담Volendam이라는 컬러니를 형성하였다.[5] 볼랜담은 그들이 타고온 네덜란드 배의 이름이었다. 비록 미리 정착했던 이민자들의 도움을 받아 고생은 견딜만 했지만, 노이랜드와 볼랜담 정착민들 중 여러 사람들이 처음 주어진 기회를 살리지 못하고 캐나다로 떠나거나 독일로 돌아가기도 했다. 결국 1987년 노이랜드에는 1,325명, 볼랜담에는 676명이 살게 되었고, 도합 열두 개의 마을을 형성하게되었다.

파라과이에 정착한 네 번째 그룹은 1926년 처음 정착민들처럼 캐나다의 마니토바와 사스카추원 주에서 똑 같은 이유 때문에 오게된 사람들이었다. 즉 현대 문화의 영향으로부터 자신들 및 자녀들을 분리시킴으로써 영적인 유산을 보전하려는 사람들이었다. 거의 1,700명에 달하는 사람들이 1948년 평원을 떠나 빌라리카Vilarica의 동쪽으로부터 약 65마일 떨어진 파라과이 동쪽에 정착하였다. 이들은 27,500에이커에 달하는 처녀림 지역에 정착지를 마련하였다. 그들은 현대적인 농업을 경영하기 위해 농기구를 살만한 여유있는 자금을 가지고 이주하였지만, 날씨와 농업형태는 그들이 익숙해있던 이전의 것과 너무나 달랐다. 결국 삼분의 일에 해당하는 사람들이 다시 캐나다로 돌아갔다. 남은 사람들은 버그탈Bergthal과 좀머펠트Sommerfeld라는 두 개의 자치구를 형성하게 되었다. 이 두개의 자치구는 약 15마일 정도 떨어져 위치하게 되었다. 캐나다로부터의 이주가 지속되면서 그 이후에도 부가적인 정착지가 형성되었다.

 메노 컬러니, 페른하임, 프리스랜드, 노이랜드, 볼랜담, 버그탈, 좀머펠트 등 이러한 모든 자치구들은 농업 공동체들로서 농사를 짓는데 필요한 최소한의 산업장비만을 구비하고 있다. 열심히 일하고, 경제적인 생활을 함으로써 대부분의 자치구들은 일용할 양식과 검소한 생활을 영위할 수 있게 되었다. 북미의 메노나이트 사업가들이 모여 만든 메노나이트 경제 개발 협의회Mennonite Economic Development Associates, MEDA가 이들의 필요를 채우기 위해 도움을 주었고, 정착민들과의 우호관계속에서 괄목할만한 결과를 성취해 냈다.

 차코에 있는 기본적인 현금 작물들은 면화, 땅콩(기름), 옥수수 등이 있다. 동부 상대적으로 파라과이의 토지들은 땅콩, 사탕수수 및 다른 작물들은 목재판매처럼 현금 수입원이 되기 쉬운 작물들이다. 최근 시험농장에서 동부 파라과이의 기후에 적응하여 자랄 수 있는 종류의 밀이 성공적으로 개발되어 러시아에서 만들었던 빵반죽을 잊지 못하던

▲▲1920년대 후반 이래로 러시아와 독일 출신의 메노나이트 이주민들의 성공적인 물결이 파라과이의 차코 및 동부 파라과이의 삼림 지역에 여러 자치구를 형성하게 했다.
▲메노나이트 경제 개발 협의회(MEDA)는 전 세계적인 경제발전 기관으로써 원래 파라과이 메노나이트 농부들(Paraguayan Mennonite farmers)에게 자금을 빌려주고, 장비를 기증해 주고, 직업적인 훈련을 통해 경제적 상황을 증진시키기 위해 시작된 것이다.

많은 사람들에게 기쁨을 안겨주었다. 이것은 볼렌담과 프리스랜드 자치구에 경제적인 활력을 불어넣어 주었다. 녹말로 유럽과 캐나다의 감자를 대치할 수 있었다. 차코의 신선한 야채들은 계절에 의존해야했다. 그렇지만 밀감류의 과일들은 언제든지 먹을 수 있으리만큼 풍부했다. 고기는 대부분의 식사에 없어서는 안되는 음식이 되었다.

교육 프로그램은 잘짜여졌고, 제대로 훈련된 교사들에 의해 독일어와 스페인어 수업이 이루어지고 있다. 멕시코의 메노나이트들과 함께 버그탈과 좀머펠트 자치구에서도 교육이 이루어지고 있다. 비록 잘 훈련된 교사들이 수적으로 충분하지는 않지만, 메노 컬러니에서는 적절한 기본 교육이 시행되고 있다. 다른 자치구들에서는 유럽식의 6년제 초등학교와 4년제 중등교육이 시행되고 있고, 교사는 2년의 훈련과정을 마친 사람이라야 자격이 주어진다. 교육을 위한 재정지원과 여러 자원들은 독일에서 제공된다. 협동으로 운영되는 성서학교는 차코 문화센터인 필라델피아에서 진행된다. 라틴 아메리카의 다른 지역의 메노나이트들과 함께, 하나의 성서학교Bible Institute가 브라질에서 운영되고 있으며, 아선시온Asuncion에 하나의 성서대학원과 성서학교가 운영되고 있다.6) 비록 파라과이 대학으로부터 여러 메노나이트 의사들이 배출되기도 하지만, 이보다 상위 과정의 공부를 원하는 사람들은 유럽이나 북미의 학교로 보내진다.

교회 활동은 정기적인 예배와 더불어 자치구 내의 사회활동 및 공동체 생활의 중심이 된다. 버그탈과 좀머펠트 자치구를 제외하고는 주일학교가 운영되고 있으며 주 중의 성서공부 프로그램도 운영되고 있다. 버그탈과 좀머펠트 공동체는 공식적인 교단을 형성하고 있지 않지만, 그들 내에서 일어나는 문제를 함께 논의하고 캐나다에서 이루어진 공동의 종교적 관심사 및 친밀한 관계를 유지하고 있다. 1986년 버그탈 주민은 1,478명이며 이들 중 495명이 세례교인인 것으로 조사되었다. 한편 좀머펠트 주민은 1,780명이며 이들 중 586명이 세례교인인 것으로 조사되었다.

그들이 차코에 정착한 1930년 이래로부터 메노 컬러니의 교회뿐 아니라 페른하임 그룹과 그 이후에 온 사람들 모두가 선교적인 책임에 대해 민감하게 반응하고 있으며, 다양한 프로그램들이 개발되어 시행중에 있다. 1990년부터는 처음 이들이 정착하면서 가졌던 비전을 새롭게 하는 모습이 보이고 있다. 렝구아Lengua 부족 사람들과 함께 여러 해동안 일을 하면서, 자치구의 센터인 필라델피아로부터 멀리 떨어진 곳에 그들을 위한 율브 산가Yulve Sanga라는 새로 분리된 정착지가 형성되었다. 처음 정착 후 여러해 동안 애착을 가졌지만 이렇다할 열매가 없는 듯 하였다. 그러나 1946년 선교의 결과로 마침내 첫 교회가 생겨났다. 1987년에는 총 여섯 군데에서 예배를 드릴 수 있게 되었으며, 세례신자의 수는 총 1,400명으로 나타났다. 이와 비슷하게 1958년부터 출루피Chulupi 부족 사람들에게도 복음이 증거되었는데, 1987년에 총 일곱 군데에서 예배를 드릴 수 있게 되었다. 세례신자는1,500명으로 나타났다. 1987년 과라니Guarani 교회의 회중은 300명이었다. 차코 자치구 지역에 존재하는 인디언은 총 7,000명이었다. 교회 상호간의 협력을 위한 기관인 리츠트 덴 인디아넌Licht Den Indianern, 인디언들을 위한 빛이라는 뜻이 이러한 선교사역을 수행하기 위해 일찍이 발족되었다.

1958년 코넬리우스 아이작Cornelius Isaak이란 사람이 맹위를 떨치는 아이오레오Ayoreo 부족 사람들과 접촉을 시도하려다가 창에 맞아 숨지는 일이 발생했지만, 결국 그 부족의 많은 사람들이 그리스도께로 돌아왔다. 선교의 주된 일들은 메노나이트 중앙위원회MCC와 함께 메노나이트 자치구들에 의해 수행되었고, 수 천명의 사람들이 메노나이트 공동체의 흐름과 사역에 동참하는 농업 공동체로 자립하여 안정되어가고 있다. 의료서비스 뿐만아니라, 협동 조합, 학교, 공예 및 전기 사업 등 총체적 선교가 전반적인 분야에 걸쳐 시행되었다. 타지역에서 행해지는 메노나이트 선교와 그 범위를 비교해 볼 때, 이러한 결과는 대단한

것이었다.[7]

차코Chaco 인디언 젊은이들에게 병역 징집 통보가 내려졌을 때, 메노나이트로서 면제를 받게 된 것은 아주 이례적인 모습이었다. "너는 메노나이트가 아니라 인디언이다."라고 한 정부의 지적은 예견된 반응이었다. 그러나 이들에게 복음을 전한 "실제" 메노나이트들의 도움으로 말미암아 탁월한 해결책이 도출되었다. 그 해결책이란 메노나이트 농부들이 인디언 젊은이들을 견습생으로 받아 어떻게 농사를 짓는지 가르치며, 그들이 스스로 농사를 지을 수 있도록 자립시키는 방법이었다.

메노나이트들은 정착민으로서 파라과이 국가 전체를 선교대상으로 삼았다. 처음에는 아선시온에 있는 두 명의 도시 선교사와 성서학교 프로그램을 통해 선교를 시작하였다. 1959년 아선시온에 첫 메노나이트 교회가 세워지게 되었고, 1962년에 보다 적극적인 사역이 차코 및 수많은 지역에서 시행되었다. 1990년에는 인종적 차별이 거의 사라질 정도로 수 많은 장소에서 모임이 이루어졌다. 나병환자의 고통을 돌보는 81킬로미터Kilometer 81, Itacurubi라는 선교프로그램이 1951년 MCC의 사역과 더불어 시작되었는데, 이 프로그램은 나라 전역에 걸쳐 크리스천의 증인된 삶으로써 국가 교회인 가톨릭 교회의 공무원들 뿐만 아니라, 이 프로그램에 자원봉사로 나서고 적극적인 후원을 아끼지 않았던 메노나이트 자신들에게도 엄청난 영향을 몰고 왔다.[8]

1986년 세례를 받은 파라과이의 메노나이트들 즉 인종적으로 독일, 파라과이, 인디언 배경을 가진 모든 메노나이트 그룹의 총 인원은 16,602명2000년도26,948명이었다.[9] 이들 교회 안에 충만했던 강력한 정신이 이들의 사역을 강화시켰다. 여러 위원회들은 교회 연합과 선교 활동을 최적화하는 일을 진행하게 되었다. 격 주간지인 메노 블라트Menno Blatt는 1970년대 필라델피아에 설립된 라디오 방송인 ZP-30과 더불어 흩어져 있는 여러 정착민들을 서로 돕고 연락 할 수 있는 역할을 하였다.

브라질. 1929년 러시아를 떠나 독일로 갔던 메노나이트들 중에 약 280가족, 총 1,300여명이 파라과이의 차코에 있는 페른하임(Fernheim)으로 가는 대신에 브라질에 정착하기를 희망했다. 이것은 독일 정부의 노력 및 네덜란드 메노나이트들의 도움을 받음으로써 이루어졌다. 독일 사람들이 많이 모여사는 브라질 남부 지역의 산타 카타리나Santa Catarina 주가 이들의 정착지로 정해졌다. 1930년 2월 10일에 첫 번째 메노나이트 그룹이 도착하였다. 크라우엘Krauel 강 계곡의 비트마숨Vitmarsum과 스톨쯔 평원Stoltz Plateau 위의 아우하겐Auhagen이라는 두 개의 정착지가 배정되었다. 그러나 비록 숲과 언덕과 계곡이 매우 아름다운 경관을 제공하고 있기는 했지만, 그 어느 곳도 경제적으로 번창할 곳 같아 보이지는 않았다.

아우하겐에 정착한 사람들은 곧 커리티바Curitiba 시 외곽으로 이주하였고 대규모의 낙농업을 이끌어가게 되었다. 결국 그들은 25만이나 되는 도시 인구의 반에 해당하는 우유를 공급하게 되었다. 비트마숨 컬러니 또한 다시 새로운 지역으로 자리를 잡게 되었는데, 커리티바의 북서쪽에서 60마일 떨어진 곳에 "새로운 비트마숨"New Witmarsum이라는 정착지를 마련하였다. 어떤 사람들은 배이지Bage의 콜로니아 노바에 정착하였다. 콜로니아 노바는 우르과이와 국경을 마주하고 있는 지역이었다. 어떤 사람들은 상 파울로와 같은 도시에서 일자리를 찾기도 하였다. 이주민들 대부분은 이렇게 정착지를 다시 선택하는 과정을 통해 곧 경제적인 독립을 이룩해 낼 수 있었다. 1986년 포르투갈어를 사용하는 회중들과 커리티바, 배이지 및 뉴 비트마숨 지역을 포함한 브라질 내의 세례를 받은 메노나이트들은 총 6,000명에 달했다. *Bibel und*

*Pflug*라는 격주간지가 독일어를 사용하는 회중들을 서로 연결시켜주었으며, 그들의 신앙 및 영적인 생활을 강화시켜주었다.

파라과이에서처럼, 교회와 학교 활동은 러시아에 있었던 메노나이트 정착지에서 발달된 전통적인 형태를 이루어나갔다. 그러나 모든 교육이 통제하에 있었기 때문에 메노나이트들은 자신들이 소중하게 여기는 가치들을 보존해 나갈 수 있는 방법을 찾아야만 했다. 이는 우선 교사들이 국가의 훈련과 자격을 구비함과 동시에 자신들의 학교 기준에 맞는 자격을 갖추게 함으로써 어렵지 않게 해결 되었다. 이러한 방법으로 커리티바에 있던 에라스토 갤트너Erasto Gaertner와 같은 여러 훌륭한 학교들이 성장하게 되었다. 이러한 학교에서 많은 메노나이트 자녀들이 교육을 받게 되었다. 남미의 메노나이트 형제 교회들에 의해 커리티바에는 성서학교도 들어서게 되었다.[10]

교회 활동을 위해서는 독일어와 포르투갈어가 모두 사용되었다. 문화적 동화에 대한 압력이 파라과이에서 보다 더 심하게 작용하였고, 젊은 메노나이트들은 자신들을 독일사람이라기 보다는 브라질 사람으로 여기게 되었다. 다행히도 브라질에는 복음주의적 개신교 공동체가 성장하고 있었기 때문에 자신들의 문화를 잃어가는 대신 믿음을 통해 자신들을 현지에 토착화시키도록 하는데 많은 도움을 얻었다. 메노나이트들이 겪은 초기의 어려움들은 1991년 의회의 법안이 대체복무의 가능성을 열어놓게 되면서 사라지게 되었다. 이들이 역사적 양심적 병역거부자임을 정부가 인정하면서 이루어진 변화이다.

약 1억 5천만의 인구를 가진 브라질1990년 통계은 거대한 땅을 소유한 나라로서 도시의 빈곤, 인간의 고통 및 필요가 끊임없는 나라이다. 국가적인 차원의 복음 증거 및 사역을 용이하게 하기 위해, 1972년 사회원조를 위한 메노나이트 협의회Associacao Mennonita de Assistance, Mennonite Association for Social Assistance라는 기관이 발족되었다. 수 십명의 자원봉사자들이 브라질 북쪽 지역을 포함한 여러 가난한 지역 및 도시의 빈민가에서 일하고 있다. 어떤 지역에서는 MCC와 IMO(유럽기관)의 사역자들이 함께 일하고 있다. 어린이들을 위한 탁아소들은 이들 프로그램의 매우 중요한 부분이다. 말과 행동이 하나된 복음에 대한 관심은 여러 회중들에게 가장 확실한 복음이 되고 있다.

우르과이. 우르과이의 메노나이트 정착은 1948년에 비스툴라Vistula 삼각지에서 약 750명의 이민자들이 오게 되면서 시작되었다. 1945년 제 2차 세계대전이 종식되면서 신자들이었던 그들은 살던 곳을 떠나도록 강요받게 되었다. 우르과이에 도착하자마자, 즉시 일자리를 찾았고, 1950년에 MCC의 도움과 더불어 몬테비데오Montevideo 북서쪽에 있는 2,900 에이커의 엘 옴부El Ombu 목장을 구입할 수 있게 되었다. 1951년 10월에 431명으로 구성된 두 번째 그룹이 가르텐탈Gartental이라는 좀 더 큰 목장을 구하여 이주대열에 합류하였다. 세 번째 자치구는 1955년에 설립되었으며 몬테비데오의 북서쪽 55마일 떨어진 곳에 약 3,600에이커의 땅을 얻어 정착하게 되었다. 이들은 프로시아의 고향인 비스출라 델타를 따라 델타 컬러니라고 이름 지었다. 이 세 컬러니들은 기본적으로 밀, 땅콩, 옥수수, 감자 및 다른 여러 작물을 생산하는 농업뿐만 아니라 목장을 경영하며 성공적인 축산업을 이끌어 나갔다. 땅을 사는데 도움을 받은 것을 제외한다면, 정착민들의 대부분은 왕성한 에너지와 강한 정신력으로 처음 시작부터 자급의 능력 뿐만 아니라 국가 경제에 기여하게 되었다. 후에 열악해진 국가의 경제 및 정치적인 상황은 많은 사람들이 다시 독일로 돌아가는 원인이 되기도 하였다. 1986년 스페인어를 구사하는 회중들을 포함하여 877명의 신자들이 있는 것으로 나타났다.

브라질과 마찬가지로 학교들은 정부의 감독을 받아야만 했고, 국가

1930년 서른 세 가정의 메노나이트들이 브라질에 정착하였다. 곧 이어 중국의 하얼빈(Harbin)으로부터 다시 서른 네 가정이 도착하였다. 이들 모두는 그들이 세운 비트마숨(Witmarsum), 아우하겐(Auhagen) 마을이 있는, 산타 카나리나(Santa Catarina)주에 정착하였다. 이 마을들은 경제적인 어려움과 적대감으로 인해 얼마 후에 포기하였다. 대부분의 정착민들은 파라나 주(Parana State)의 수도인 커리티바(Curitiba)로 이사하였다. 커리티바 시와 도시 주변의 메노나이트들은 축산업에 종사하였으며 합판 제조와 더불어 가구 산업에 종사하게 되었다. 1972년 제 9회 메노나이트 세계 총회가 이곳 커리티바에서 개최되었다.

의 자격 기준을 반드시 갖추어야 했다. 1956년 북미와 남미의 메노나이트 교회MC와 메노나이트 총회 교단GCMC이 후원하는 신학대학원 설립의 적격지로써 몬테비데오가 선택되었다. 이 신학대학원은 복음주의 메노나이트 신학대학원seminario Evangelico Menonita de Theologia이라 칭해졌으며 매년 33~40명 정도의 학생을 지도할 수 있는 3년 과정 프로그램을 제공하였다. 신학, 경제 및 다른 요소들로 인해 1970년대 초반 운영난과 더불어 잠시 문을 닫았었지만, 몇 년 뒤에 파라과이의 아선시온에서 소규모로 다시 개교하여CEMTA 선교 및 회중들을 위해 일하는 사역자들의 임무와 책임에 대하여 훈련을 재개하였다.

이것이 라틴 아메리카에 있는 독일-네덜란드 메노나이트 그룹들에 대한 전체적인 그림이며, 이들과 함께 일하는 토착민들과 인디언 그룹에 대한 이야기이다. 이민자들과 본토인들의 혼합은 자연스럽게 이루어졌다. 처음에는 분리되어 지내려고하는 노력하였지만, 시간이 흐르면서 분리 자체가 불가능하게 되었다. 이것은 교회가 진보를 향해 나가고 있다는 표시이다. 물론 이 그림은 완성된 것이 아니라 진행되고 있으며 전체적인 개관을 위한 것일 뿐이다. 토바 인디언들과의 관계는 하나의 좋은 예가 될 것이다. 그들은 메노나이트들과 상관없이 복음주의적 연합 교회를 구성하여 독립적으로 교회를 형성하고 있다. 그렇지만, 아르헨티나 차코Argentine Chaco의 토바Toba 인디언들과 메노나이트들은 아주 오랜 기간동안 함께 일해왔으며, 앞으로도 그들과 따뜻한 관계를 계속 유지해 나갈 것이다.

남미 전체 메노나이트 인구 및 세례 멤버에 대한 믿을만한 통계를 얻기란 쉽지 않다. 어떤 그룹들은 이러한 자료를 제공하기를 꺼려하고 있다. 어떤 그룹은 지속적인 이주로 인해 인구조사 자체가 어렵다. 멕시코로 많은 사람들이 이주함으로 인해 전체 메노나이트 인구는 약 45,000~50,000명보다 좀 더 많게 나타날 수 있다. 추정된 세례 멤버들은 약 16,500명이다. 1987년 파라과이에 있던 교회 회원들 수는 동부 파라과이 올드 컬러니의 정착민들을 포함하여 총 16,600명이었다. 볼리비아의 인구조사는 상당히 가변적이긴 하지만 1986년 15,000명으로 추정하였다. 1987년 세례를 받은 멤버들은 2,236명으로 나타났다. 브라질은 6,000명 우루과이는 877명이 세례를 받은 멤버를 갖고 있는 것으로 조사되었다. 1988년 아르헨티나는 500명의 새로운 이주자를 포함하여 2,000명으로 조사되었다. 이는 "원뿔형의 남미지역"Southern Cone과 멕시코, 벨리즈 지역에 세례를 받은 멤버들이 대략 50,000⁴⁹,⁷¹³명이 된다는 것을 반영해 주고 있다.[11]

라틴 아메리카 북부 및 캐리비안 지역의 메노나이트

이러한 연구를 진행하면서 알 수 있는 것은 신자들의 교회believers' church가 수행하는 복음 증거가 라틴 아메리카 전역으로 빠르게 번지고 있다는 것이다. 이것은 아주 많은 지역에서 사실로 드러나고 있다. 라틴 메노나이트들은 복음 증거를 감당하는 중요한 사람들이다. 어떤 지역에서는 북미의 선교부에 의해 교회 개척의 교두보가 놓여지고 있다. 선교부와 그 나라의 믿는 사람들이 함께 연합으로 프로그램을 운영하기도 한다. 아마도 가이아나Guyana, 수리남Surinam과 프랑스령 기아나French Guiana를 제외한다면 라틴 아메리카에서 메노나이트들이 역동적으로 복음증거를 하지 않는 나라는 거의 없다.

파라과이로 첫 이민자들이 오기 훨씬 전에, 북미의 메노나이트들은 선교지로서 라틴 아메리카에 지대한 관심을 갖고 있었다. 다음의 글은 초기의 선교사들의 중 한 사람이 기록해 놓은 자료이다.

1904년부터 1917년에 이르기까지 약 13년 동안, 서서히 진행되어 온 이 운동이 아르헨티나 메노나이트 선교부(Argentine Mennonite Mission)를 태동케 했다. 미국 인디아나 주에 있는 고센 대학(Goshen College)의 많은 메노나이트 청년들이 관심조차 두지 않았던 남미 대륙에 대해 열심히 공부하였다. 이곳을 향한 선교의 필요성을 깨달은 사람들과 여러 교회들이 남미 선교를 위한 기금을 마련하였다. 메노나이트 선교 및 구호부(The Mennonite Board of Mission and Charities)는 1911년 섕크(J.W. Shank)를 조사팀 대표로 파송하

1950년대 중반, 멕시코 북부에서 온 올드 컬러니 메노나이트(Old Colony Mennonites)들이 벨리즈(Belize)에 정착하기 시작했다. 이와 동시에 메노나이트 중앙위원회(MCC), 동메노나이트 선교부(the Eastern Mennonite Board of Missions), 메노나이트 경제개발협의회(MEDA) 및 여러 대학들이 선교, 의료 및 경제 원조 프로그램을 마련하였다. 현재 메노나이트들은 벨리스의 식량 문제에 많은 도움을 주고 있다. 이곳의 쉽야드 컬러니(Shipyard Colony)는 파파야 가공 공장(papaya processing plant)을 운영하고 있다. 버지니아 지방회(Virginia Conference)는 1954년 자메이카 선교를 시작하였다. 1990년 자메이카 북쪽에 갈보리 메노나이트 교회(Calvary Mennonite Church)를 비롯하여 약 422명의 메노나이트 멤버들이 생겨나게 되었다.

여 페루, 볼리비아, 칠레, 아르헨티나 및 우루과이를 6개월 동안 조사하도록 하였다. 곧 이어 새로운 선교를 위해 20,000달러의 선교기금이 마련되었다. 1917년 여름에 임명을 받은 네 명의 선교사들과 허쉬 가족(T.K. Hersheys) 및 생크 가족(J.W. Shanks)이 부에노스 아이레스로 출항하였고, 1917년 9월 11일에 도착하였다.[12]

아르헨티나. 아라헨티나에서의 최초의 사역은 1919년 부에노스 아이레스에서 약 200마일 떨어진 페후아조Pehuaj?라는 시골읍에서 시작되었다. 그 후로 10년 동안, 약 일곱 개의 교회들이 생겨나 지소 및 주일학교가 운영되었다. 1942년 아르헨티나 차코의 토바 인디언들을 위한 사역이 시작되었다. 또한 부에노스 아이레스 내에서도 선교사역을 진행하게 되었다. 이러한 선교 사역의 결과로 1988년 아르헨티나 복음주의 메노나이트 교회Argentine Evangelical Mennonite Church는 약 2,000명의 멤버와 출석인원 3,000명이 넘는 교회가 되었다. 북미의 선교 담당자들은 이들이 필요한 성서 번역, 문서 선교 및 여러 도움을 주었다. 「퍼스펙티바」Perspectiva라는 정기 간행물이 있다. 1990년 리더 중 한 명인 라울 가르시아Raul O. Garcia가 메노나이트 세계 총회Mennonite World Conference 회장으로 선출되었다.

콜롬비아. 1943년 메노나이트 총회 교단과 1946년 메노나이트 형제 교회는 콜롬비에 아주 역동적인 프로그램을 착수하였다. 이 두 그룹에 의해 학교와 고아원들이 설립되었고 특히 첫 번째로 세워진 학교는 캐치페이Cachipay 지역에서 한센병으로 고생하는 나환자 부모를 둔 어린이들을 돌보는데 특별한 관심을 쏟았다. 두 번째와 세 번째 학교는 의료 진료소로써의 역할을 담당하게 되었다. 성서학교는 메노나이트 형제 교회의 의해 운영되었다.

거의 시작 처음부터 모든 선교 그룹들이 정부 및 로마 가톨릭 교회의 강한 반대에 부딪혔고 시간이 흐르면서 박해로 이어졌다. 제 2차 바티칸 공회의 정신과 교령은 로마 가톨릭과 개신교와의 관계에 전환점을 마련해 주었다. 포용과 협력이 점차 일반화 되었고, 서로에게 유익을 주는 모습으로 발전되어 나갔다. 이와는 별도로 메노나이트 총회 교단, 메노나이트 형제교회, 애쉬랜드Ashland 형제 교회, 그리고 그리스도 안의 형제교회Brethren in Christ라는 네 개의 아나뱁티스트 그룹들이 함께 선교의 일을 하게 되었다. 1989년에 신학대학원 프로그램이 시작되었다. 그리하여 1990년에는 40개의 교회에 약 2,300명의 멤버들이 생겨나게 되었다. 콜롬비아 크리스천들은 1977년 이래로 사회봉사기관 MENCOLDES, 학교, 평화 교육, 양로원, 탁아소, 쌀 가공 공장MEDA협력, 및 많은 다른 방법들과 더불어 그들의 이웃들로 다가갈 수 있는 기본적인 통로이다.

푸에르토리코Puerto Rico. 1943년 푸에르토리코에서 메노나이트 사역이 시작될 때 상황은 다른 곳과 많이 달랐다. 미국의 메노나이트 양심적 병역거부자들은 푸에르토리코에 와서 대체복무를 할 수 있도록 초청되었다. 처음의 이 프로그램은 라 플라타La Plata 및 인근 지역의 의료, 교육, 재교육 및 농업과 관련된 일을 맡도록 되어 있었다. 2년 뒤에 메노나이트 선교부가 그 섬에서 일을 시작하였고, 1947년 라 플라타에 교회를 세우게 되었다. 1958년에 봉사 프로그램과 전도 프로그램이 생겨났고, 아이보니토Aibonito에 32병상이 있는 병원을 포함하여 선교부 산하의 프로그램으로 합쳐지게 되었다. 한편 1955년 메노나이트 복음주의 교회 교단이 설립되면서 1970년대부터 이곳의 모든 일을 책임지게 되었다. 1986년 16개의 교회와 893명의 멤버가 소속해 있다.

라틴 아메리카에서 일어난 메노나이트 선교활동의 급증은 대략

1950년대부터 시작되었다. 1990년 메노나이트 형제 교회의 복음 증거 활동을 통해 페루에서 약 150명이 메노나이트가 되었다. 1980년대부터 보수 메노나이트 교단Conservative Mennonite Conference, Rosedale Mennonite Mission의 사역을 통해 에콰도르의 해변 도시들에 여러 교회들이 시작되었다. 중앙 아메리카에서는 동 메노나이트 선교부Eastern Board of Missions가 1950년에 온두라스에서 선교활동을 시작하였고, 1990년에 독립 온두라스 메노나이트 교회가 생겨나 총 12,600명의 공동체 인원에 8,000명의 멤버가 있는 교회로 성장하였다. 벨리즈에서 동 메노나이트 선교부는 메노나이트 중앙위원회로부터 사역을 인계받았으며, 1990년 669명의 공동체 인원에 247명의 멤버가 있었다. 1971년에는 과테말라에서 활동을 시작하였고 1990년에 총 5,750명의 공동체 인원에 멤버는 4,000명이었다. 1961년에 메노나이트 형제교회 선교부가 파나마에서 사역을 시작하였고 1990년까지 700명의 회원이 생겨났다.

최초의 그리스도 안의 형제 교회가 니카라과에 생겨난 것은 1965년의 일로 1990년에는 1,794명의 회원이, 1970년에 프래터너티Fraternity가 복음주의 메노나이트 교회와 협력하여 첫 교회를 설립하였고, 1990년에 300명의 회원이 자치적으로 모임을 갖게 되었다. 한편 보수 메노나이트 교단의 도움을 입어 니카라과 메노나이트 교회가 설립되어 780명의 회원이 생겨났다. 1978년에는 동 메노나이트 선교부가 베네수엘라의 카라카스Caracas서 선교사역을 시작하였고 1979년 7월 베네수엘라 복음주의 메노나이트 교회가 최초의 신자들의 교회로 세례를 베풀게 되었다. 1990년 그리스도 안의 형제 교회를 포함 약 120명의 멤버가 있는 것으로 보고되었다. 코스타 리카에서의 사역은 1961년부터 보수 메노나이트 교단에 의해 시작되었는데 1990년에 멤버가 1,050명에 이르게 되었다. 메노나이트 중앙위원회를 포함한 세개의 메노나이트 그룹들이 1968년부터 엘 살바도르에서 사역을 시작하였다. 1992년 내전이 끝날 즈음에 약 100명의 신자들이 있는 것으로 조사되었으며 새로운 시작을 위한 희망의 싹을 보여주기도 하였다.

이러한 회중 교회들이 나타나게 된 것은 16세기 아나뱁티즘이 갖고 있는 생명력, 사상 및 현대의 적합성에 이들이 커다란 관심을 갖고 있음을 의미하는 것이다. 그 결과 중앙 아메리카 메노나이트 컨퍼런스 Consulta Anabautista Menonita de Centroamericana, CAMCA가 형성되었으며 1974년 온두라스에서 첫 모임을 갖게 되었다. 이 컨퍼런스는 신학대학원 Seminario Ministerial de Liderazgo Anabautista, SEMILLA을 통해 문서 발행 및 리더십 훈련을 적극적으로 수행해나갔다. 아나뱁티즘아나뱁티즘이라는 용어는 메노나이티즘Mennonitism이라는 용어보다도 분파주의적 의미없이 훨씬 널리 사용되고 있다. 이러한 아나뱁티즘에 대한 관심은 그 지역에 존재하는 메노나이트 세계를 넘어 여러 곳으로 퍼져나갔다. 이러한 맥락 속에서 아나뱁티즘이 의미하는 바는 곧 성서적인 교회 및 해방 신학적인 특색이 모두 종합된 것을 의미하였다.

이와 비슷한 사역과 활동들이 서인도 제도에서도 일어나게 되었다. 그리스도 안의 형제 교회와 메노나이트 교회MC가 쿠바Cuba에서 공동 사역을 진행해 나갔다. 그러나 이들은 쿠바 혁명이 발발하면서 추방령이 내려졌다. 그러나 그리스도의 교회는 쉽게 떠나지 않았다. 물론 메노나이트 교회와 그리스도 안의 형제 교회가 쇠퇴하지도 않았다. 1990년에 150명의 공동체에 약 45명의 멤버들이 현존하고 있는 것으로 조사되었다. 버지니아 선교부는 1954년 자메이카에서 사역을 시작하였으며, 1990년에 자메이카 메노나이트 교회에 422명의 멤버가 있는 것으로 조사되었다. 그리스도 안의 하나님의 교회는 하이티Haiti에 354명의 멤버가 있고, 1949년 도미니카 공화국에서 사역을 시작한 복음주의 메노나이트 교회는 1990년 1,400명의 멤버가 있다고 보고하였다. 버지니아 선교부는 트리니닷 토바고Trinidad and Tobago에서도 사역을 시작하여 1990년 110명의 멤버가 있다고 보고하였다.

볼리비아. 볼리비아에 정착한 독일 메노나이트들은 처음에는 복음 전도에 관심을 갖지 않았다. 하지만, 아르헨티나와 북미에서 온 사역자들에 의해 선교가 이루어지게 되었다. 우르과이에서는 1956년 메노나이트 교회와 메노나이트 총회 교단의 선교부가 들어와 우르과이 메노나이트 컨퍼런스가 생겨나도록 많은 도움을 주었다. 브라질의 교회와 마찬가지로 이들은 이민 메노나이트들로 비록 독일어를 사용하는 회중의 모습을 지속해 나갔으나, 지역의 크리스천들과 함께 예배를 드리게 되었다.

끝으로 이미 언급했듯이 멕시코에서의 선교는 1950년부터 메노나이트 총회 교단과 메노나이트 형제교회의 선교부가 함께 사역을 이끌어 나갔다. 메노나이트 총회 교단 선교부는 그들의 본래 목적인 메노나이트들의 정착에 모든 관심을 집중하였고, 형제교회 선교부는 교육, 의료 및 복음 전파를 통합하여 네 지역에서 전도 활동을 펴나갔다. 이들의 주된 관심은 문서를 보급하는 것이었다. 프랑코니아Franconia 컨퍼런스는 1958년 멕시코 시티에서 선교활동을 시작하여 1990년 열 곳에 약 300명의 공동체인원에 200명의 세례신자들을 얻게 되었다. 이 그룹은 멕시코 중앙의 평원에 있는 복음주의 메노나이트 교회로 알려지게 되었다. 1959년 태평양 연안 선교부는 멕시코에서 선교활동을 시작하였고, 세 곳에서 주일학교와 성서학교 프로그램 및 공동체 봉사활동을 진행해 나갔다.

이러한 역사적 기록들은 실제로 어떤 통계나 날짜 그 이상의 의미를 가지며, 그리스도를 믿게 된 각 사람들의 전기로써 그리고 그리스도의 교회 안에 있는 서로 다른 신자들이 함께 교제하는 모습으로써 읽혀져야 한다. 한때, "새로운 메노나이트"New Mennonites라고 불려졌던 이들의 숫자는 이미 언급한 인디언들을 포함1990년에 대략 30,000~35,000명에 달하는 것으로 조사되었다. 그러나 이제는 그 숫자를 파악한다는 것이 더 이상 가능하지도 않으며, 이미 모두가 그리스도 안에서 한 형제 자매로서 예배를 드리게 되었기 때문에 독일 배경의 메노나이트라든가, 새로운 메노나이트들이라든가 하는 식으로 부르는 것은 의미가 없다.참고 갈3:28 소위 말해 "신흥 메노나이트"들은 비참한 사회적 영향 및 결과를 보며, 남미의 모든 땅에서 복음증거 및 봉사의 일선에 서기 원했던 사람들이었으며, 스스로 메노나이트가 되기를 희망했던 사람들이었다. 1990년대 이후부터 이들이 라틴 아메리카 및 전 세계의 아나뱁티스트-메노나이트들에게 끼친 영향력이 얼마나 컸는지 이루 말할 수 없다.

이미 위에서 언급했던 독일-네덜란드 메노나이트 멤버로 밝힌 50,000명의 숫자에 30,000~35,000명을 더한다면, 신자들의 교회아나뱁티스트 혹은 복음주의 교회의 멤버로서 믿음으로 살아가는 사람들은 80,000~85,000명에 이를 것이다.

이러한 성장들이 갖는 중요성은 단지 통계적인 의미 만이 아니라, 새로이 형성되는 교회들과 여러 교단들이 빨리 성숙에 이르고 스스로 자립하게 되었다는데 더 큰 의미가 있다. 이러한 것은 선교부가 원하는 모습임과 동시에 선교적 임무를 수행하기 위해 남과 북이 함께 건강한 협력을 이루어나가는 모습이기도 하다. 수 많은 상황에서 특히 사회의 악과 영적인 어두움의 세력과 마주하기 위한 이러한 복음 증거의 모습은 단지 개신교의 여러 교회들뿐만 아니라 로마 가톨릭교회와도 함께 협력하여 이루어나갔다. 신자들의 교회가 갖는 확신으로써 말씀과 행위가 함께 역사하는 모습이어야만 한다는 것은 이러한 노력을 위해 늘 시도되었다.

1) David B. Barrett, *World Christian Encyclopedia*. New York, N. Y.: Oxford University Press, 1982., p. 780.
2) For a parallel analysis see Carter Lindberg, *The Third Reformation?* Macon, Georgia: Mercer University Press, 1983.
3) Barrett, op. cit., p. 783. See also Walter J. Hollenweger, *The Pentecostals*. Minneapolis Minn.: Augsburg Publishing House, 1972.
4) For discussion of these issues see Adolf Ens, "A Second Look at the Rejected Conservatives," *Mennonite Reporter*. Centennial of Russian Mennonite Immigration. Vol. 4, no. 24(November 25, 1974) pp. 36-37, and Ens, The Conspiracy That Never Was," *Mennonite Historian*. Vol XL no.3(September, 1985), pp. 1-2.
5) Read Peter J. and Elfrieda Dyck, *Up from the Rubble*, Scottdale, Pa.: Herald Press, 1991.
6) Centro Evangelico Menonita de Teologia **Asunción**(CEMTA).
7) For a comprehensive description of Mennonite and Indian relationships in the Chaco see Calvin W. Redekop, *Strangers Become Neighbors*. Scottdale, Pa.: Herald Press, 1980.
8) *See Im Dienste der Liebe*(In the Service of Love), a periodical begun in 1951.
9) MWC *Handbook*(1990) pp. 380-385.
10) Centro Evangelico Menonita de Teologia por Extensao(CEMTE), which also cooperates with the theological school CEMTA in Paraguay.
11) See the relevant ME 5 articles for groups and countries. Also check the cross-references listed with the articles. The statistics for Mennonites are derived from ME 5, and *Mennonite World Handbook*, edited by Diether G?tz Lichdi. Carol Stream, Ill.: Mennonite World Conference, 1990., pp. 356-391, and other sources. It will have been noted that some are estimates and most have been rounded out. For information about individual conferences in a given land see the respective Mennonite yearbooks.
12) J. W. Shank, "Argentine Mennonite Mission," ME 3:154-56.

그 외의 자료들: ME 5. MWC Handbook(1990). Daniel S. Schipani, ed., *Freedom and Discipleship: Liberation Theology in Anabaptist Perspective*. Maryknoll, N.Y.: Orbis, 1989. LaVerne Rutschman, "Anabaptism and Liberation Theology," MQR(July 1981), 55:255-270.

Thomas P. Fenton &z Mary 3. Heffron. *Latin America and Caribbean: A Directory of Resources*, Maryknoll1 N.Y.: Orbis, 1986. *Mission Focus*(March 1989), 17:1. Contact any MCC or conference office, Mennonite museum or information office for audiovisual resources.

18장
아시아의 메노나이트 교회

아시아 사람들은 그들의 조상으로부터 물려받은 문화 유산에 대하여 엄청난 자긍심을 갖고 있다. 미 대륙이 세상에 알려지기 수천 년 전에 이미 엄청난 문명이 인도, 중국, 여러 지역 및 반도 국가들에서 꽃을 피워왔다. 아시아 전시관이 있는 박물관이라면 어디든지 이러한 문명의 꽃이 얼마나 훌륭했었는지 금방 증명해줄 것이다. 인도의 문학은 최소한 구약 성서보다 500년 전의 과거로 거슬러 올라갈 정도로 유서가 깊다. 한편 중국의 인쇄술은 유럽 인쇄술의 발명보다 700년 정도 앞서 책을 들고 다닐 수 있도록 만들어 주었다. 태국, 버마, 인도네시아의 건축 기술은 우리가 갖고 있는 미술책이나 백과사전 및 여행 자료를 볼 때마다 우리를 놀라게 한다.

게다가 아시아 사람들은 세계의 그 어느나라 사람들보다 종교심이 강하다. 이들의 주된 종교로서 힌두교나 불교는 기독교보다 훨씬 오래된 것으로써 매우 가치있는 종교이다. 1945년 이래로 아시아의 대부분의 나라들이 국가로 독립하면서 고대의 종교들이 다시금 부흥의 시대를 맞이하게 되었다. 현재 아시아에서 불교는 북미로 선교사를 보내고 있으며, 세계의 종교 중에서 가장 뒤늦게 시작된 이슬람은 전세계적인 부흥과 성장을 맛보고 있다.

식민통치 상태에서 벗어나 정치적으로 독립을 경험하게 된 아시아의 여러 나라들의 변화는 크리스천들의 선교 계획을 선교단체에서 교회로 옮아가도록 촉진시켰다. 1960년대와 70년대에 아시아에서 북미의 선교사들이 물러나고, 이에 대한 감상주의적 느낌이 발생하는 동안, 선교 단체간 혹은 국가의 리더들이 동등한 입장에서 함께 일하는 협력관계가 모습을 드러냈다. 이는 보다 더 현명한 모습으로써 함께 일하는 시대를 알리는 세계적인 변화였다. 어떤 경우 아시아에 새로이 생겨난 교회들이 학교, 병원 및 다른 기관들과 함께 선교를 시작하였다. 어떤 경우에는 교회들이 서구-지향적인 모습을 보이기도 했다. 한편 이러한 구조하에서 더 이상 젊은 회들이 비용을 감당하기 못해 힘겨워하기도 했다. 아시아 전체를 살펴볼 때, 현재 메노나이트 교회들은 선교적인 사명을 감당할 책임을 지고 있는 독립교회 모습을 띠는 형태와, 점차 자신들의 필요와 책임에 적합한 모습으로 틀을 바꾸어 가고 있는 중이다.

인도네시아. 역사 속에서 백인이 아닌 메노나이트들은 언제, 어디에서 처음 생겨났을까? 18세기 초 자치구 중심으로 살았던 메노나이트들이 북미 원주민들을 제대로 전도했다고 말할 수 있을까? 대부분의 메노나이트들은 노예를 소유하지 않았지만, 아프리카 출신의 노예가 메노나이트에 의해 전도를 받은 예가 있을까? 이러한 질문에 대해 과연 어떻게 대답할 수 있을지 우리는 잘 모른다. 그리고 이러한 질문에 답할만한 역사적 기록이 있는지 우리는 잘 모른다. 그러나 우리는 1854년 3월 16일, 네덜란드 메노나이트 선교사였던, 피터 얀쯔Peter Jansz가 인도네시아 자바 섬의 자파라Japara 근처에서 다섯 사람에게 세례를 베푼 사실을 잘 알고 있다. 곧 북미와 유럽이 아닌 인도, 아프리카 및 78

1851년 네덜란드 메노나이트들이 자바 섬에서 처음 선교사역을 시작하였다. 1990년 두 개의 인도네시아 메노나이트 교단에 총 83,492명의 멤버가 있는 것으로 조사되었다. 파티(Pati)에 있는 신학대학원 현관에서 학생들이 모여 즐겁게 찬양하고 있다. 최근 자바 메노나이트들이 수마트라의 어촌들에 새로운 예배당을 건축하게 됨에 따라 선교프로그램 및 모임 장소를 새로 구성하기 시작했다. 두 개의 인도네시아 메노나이트 교단 중 작은 교단은 중국 교회로 알려져 있었는데 이는 멤버들의 주류가 중국 배경을 갖고 있었기 때문이었다. 제파라(Jepara)에 있는 교회는 이 교단에 속해있는 교회이다.

개의 언어를 사용하고 있는 서로 다른 50여개의 나라에서 이러한 일들이 일어났다. 1990년 이후에는 더 많은 나라에서 선교 활동이 시작되

었다.[1)]

　1851년 7월 피터 얀쯔는 젊은 아내와 함께 작별 인사도 없이 조용히 자신의 나라 네덜란드를 떠났다. 비록 자신들이 자바로 가야 하는 것을 알고 있었지만, 그들은 자바의 어느 곳에 정착하게 될지 알수 없었다. 자바 섬을 돌아본 후에, 얀쯔는 자신의 일을 위해 가장 알맞은 장소라고 여긴 섬의 북쪽의 중심부인 무리아Muria 산 지역에 정착하기로 결정하였다. 정착하는 과정은 매우 어려웠고 오랜 시간이 걸렸다. 1890년경, 점차로 얀쯔는 그의 아들과 함께 소설에나 나옴직한 전략을 실행에 옮기기로 하였다. 무슬림의 적대감이 강한 환경 속에서 새로 크리스천들이 된 사람들이 생활하는 것이 너무 어렵기 때문에, 크리스천이 된 자바 섬 사람들을 하나의 자치구에 정착하도록 배려하는 일이었다. 만약 그들이 함께 살고 함께 일한다면 크리스천들로서 더 잘 성장하리라 여겼기 때문이었다. 어느 누구에게도 크리스천이 된다는 것은 자유로운 일이 아니었지만, 자치구 내의 모든 사람들은 크리스천의 규칙을 잘 따라 살수 있었다. 교회는 선교사나 재정적인 면에 있어서 네덜란드, 독일, 스위스, 러시아 메노나이트 교회의 도움을 받아가며 천천히 성장하였다. 교회가 시작된 지 거의 한 세기쯤 되는 1940년 교회는 열 두개로 늘었고 총 멤버는 1,200명이 되었다.

　자바Javanese 메노나이트 교회 내에 있던 중국 사람들을 통해 또 하나의 교회가 생겨났다. 이 교회는 출판업을 경영하는 티 시엠 탓Tee Siem Tat이라는 한 평신도에 의해 시작되었다. 그는 1918년에 교회를 시작하였고, 1927년에 독립된 중국 교단을 조직하였다. 티Tee와 다른 몇 사람들이 백인 선교사에 의해 세례 받은 것을 제외한다면, 이 중국 메노나이트 교회는 그 어떤 선교사의 도움을 받지 않고 시작되어 지금까지 이어져오고 있다.

　자바 메노나이트 교회는 1928년까지 자립하는 교회가 되고자 목표를 세웠다. 그러나 1940년이나 되어서야 유럽 교회의 도움으로부터 완전히 독립할 수 있게 되었다. 교회가 독립한지 얼마 되지 않아 모진 시험들이 닥쳐왔다. 우선 1942년 일본이 인도네시아를 침략하였고, 무슬림들에 의해 크리스천들이 심한 박해를 받게 되었다. 대부분의 교회 건물들이 파괴되었다. 일본사람들, 무슬림들, 네덜란드 사람들 할 것 없이 크리스천들과 함께 일하는 사람들은 모두 적으로 의심을 받게 되었다. 그러나 이러한 시험과 고난은 교회를 더 강하게 만들었고, 1949년 평화가 찾아 왔을 때 교회가 성장하고 발전할 수 있는 더 좋은 기틀로 작용하였다. 학교와 교회들이 세워졌고, 메노나이트 중앙위원회에 의해 의료봉사가 재개되었다.

1965년 국가를 통제하려고 했던 공산주의자들의 시도가 실패로 돌아갔다. 약 500,000명이나 되는 사람들이 쿠데타 및 일련의 폭동에 의해 희생되었다. 군부는 그 어느 누구도 종교 집회를 가질 수 없으며, 모임을 갖는 사람들은 공산주의자로 몰려 감옥에 갇히거나 사형을 집행하겠다는 법령을 반포했다. 이것은 교회에 도움이 되기도 했지만, 큰 문제이기도 했다. 왜냐하면 메노나이트 교회를 포함한 많은 교회에 참여하는 사람들이 여러 복잡한 동기들을 갖고 교회에 모여들었기 때문이다. 새로운 회심을 위해 일하는 교회의 사역자들과 교사들의 필요가 극에 달했다. 그러나 이미 종교로 인정이 된 이슬람교로부터 많은 새로운 회심자들이 생겨났는데, 이는 부분적으로 아랍어로 기록되어 있는 코란을 그들이 잘 이해할 수 없기 때문이기도 했지만, 메노나이트들에게서 그들이 원하던 돌봄과 영적인 깊이를 발견했기 때문이었다.

따라서 인도네시아 메노나이트들에게 정체성과 선교에 대해 분명히 해야할 두 가지 현실적인 문제가 대두되었다. 첫 번째, 독립교회로서 메노나이트 교회가 전쟁 기간동안 온갖 어려움 속에서 교회의 정당성을 유지하며 존재할 수 있을까 하는 질문이 생겨났다. 자바에 있는 개혁주의 교회가 그들의 교단에 가입하라고 메노나이트 교회에 초청장을 보내왔다. 그러나 1942년 메노나이트 교회 컨퍼런스에서 어려움이 있더라도 메노나이트 교회로 남아있는 편이 좋겠다고 결정하였다. 그 당시 남겨진 기록에는 다음과 같은 내용이 들어있다. "우리는 하나님께서 이 모든 어려운 기간동안에 우리를 도와 주시리라 믿으며, 하나님께서 인도네시아 교회에 보여주시고자 하신 임무의 중요한 부분으로 우리 교회를 사용하실 것이라 믿는다."2)

두 번째 문제는 새로운 인도네시아 공화국 수립과 더불어 예수 그리스도의 교회로서 메노나이트 교회의 삶과 사역에 대한 문제였다. 인도네시아 판세실라Pancasila 민주주의 정부의 다섯 가지 원칙 중 하나는 하나의 신one God을 믿는다는 것이었다. 모든 종교 그룹들 특히 지식인들과 종교인들에게 인도네시아 건설에 적극적으로 동참하도록 요청되었다. 메노나이트 교회를 포함한 모든 교회들에게는 정부로부터 특권이 주어졌다. 말하자면 인도네시아의 생활에 뭔가 기여하라고 부여된 특권이었다. 메노나이트 들은 국가의 건설에 의미있는 역할을 할 수 있기를 원했다. 이것은 묘한 위험과 기회를 동시에 맞게 될 수 있음을 의미하는 것이었다. 실제로 이것은 오늘날 정말로 필요한 교육 및 인도주의적 봉사를 확대할 수 있는 가능성을 의미했다. 또한 이것은 참된 교회를 추구하고자 하는 교회를 처음부터 얽매어 둠으로 교회를 국가주의에 편승하라는 의미이기도 했다.

인도네시아의 메노나이트 교회들은 정부가 계획한 일 중, 자바섬 지역에 밀집해서 살고 있는 땅없는 가족들을 수마트라Sumatra로 이주시키는 일을 담당하였다. 비록 자바는 작은 섬이었지만 인도네시아 인구 170,000,000, 1990년 통계의 반이 살고 있었다. 한편 다른 수 많은 섬은 별로 많은 사람들이 살고 있지 않았다. 1978년 약 645 메노나이트 가족들이 자신의 땅을 소유할 수 있는 남쪽 수마트라에 정착하였다. 이러한 이주

인도네시아 메노나이트 교사가 제메룩(Jemeluk) 마을의 아이들에게 읽기와 산수 과목을 가르치고 있다. 서부 칼리만탄(West Kalimantan)에서 온 젊은 사람들이 카누를 타고 복음을 증거하러 가고 있다.

프로젝트는 끊임없이 지속되었다. 인도네시아 메노나이트 교회는 메노나이트 중앙위원회의 도움과 함께 가능한 정부의 원조 프로그램을 진행하였다. 새로 이주한 지역에 정착한 사람들에게는 다른 농업 경작 기술이 필요했다. 새로운 지역으로 이주한 가족들은 행복했고, 교회도 성장하기 시작했다. 무슬림이었다가 메노나이트가 된 한 사람이 왜 그렇게 행복해 하는가 하는 질문을 받았을 때 다음과 같이 대답하였다. "내가 예수를 알게 되었기 때문이지요. 나와 내 가족이 건강해졌기 때문이지요. 그리고 내가 교회의 일원이 되었기 때문이지요. 그리고 이제는 5에이커나 되는 땅을 소유하고, 메노나이트 중앙위원회의 도움으로 소를 키우고, 비록 보잘 것 없는 집이지만 비를 피할 수 있는 집을 갖게 되었기 때문이지요."3)

인도네시아에는 두개의 메노나이트 교단이 있다. 하나는 59개의 교회에 약 67,332명의 멤버를 가지고 있는 자바의 복음주의 교회이고 또 다른 하나는 106개의 교회에 약 16,160명의 멤버를 가지고 있는 연합 무리아 인도네시아 크리스천 교회United Muria Indonesia Christian Church, GKMI이다.4) 후자인 GKMI 교회는 그들의 인종적 배경 때문에 "중국인" 교회로 알려졌던 교회였지만 현재는 다른 인도네시아인들과 별 차이가 없게 되었다. 이 그룹 중 어떤 그룹도 메노나이트란 용어를 사용하지 않고 있다. 초등학교와 중등학교들이 운영되고 있으며, 교단의 후원으로 운영되고 있는 파티Pati의 신학대학원은 리더십 훈련에 지대한 관심을 갖고 있다. 안수를 포함하여 교회에서 여성들의 역할은 매우 중요하다. 의료시설, 병원 및 고아원 또한 교단의 후원을 받고있다. 이 두 교단들은 살라티가Salatiga에 있는 기독교 대학교의 설립 멤버이기도 하다. ME 5 pp. 436~438

일본. 일본에서의 기독교 교회의 성장은 매우 더뎠다. 16세기에 일본에 온 예수회Jesuit는 많은 사람들을 회심시켰다. 그러나 생겨난지 얼마되지 않은 교회는 박해에 의해 곧 소멸되었다. 그 후, 1860년대에 일

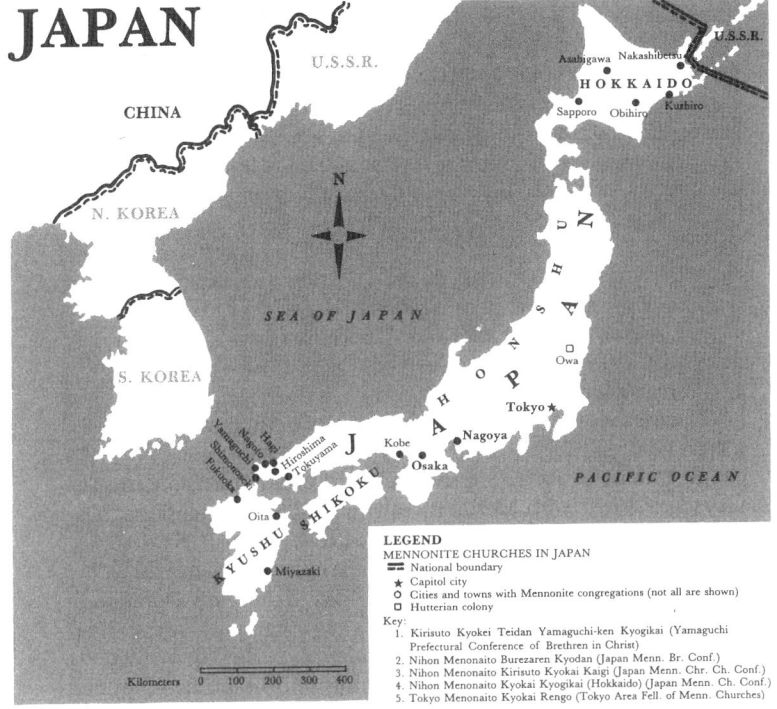

본에 개신교가 전해졌는데, 크리스천이 된다는 것은 사형에 처해지는 범죄행위로 여겨졌다. 그러나 이러한 법이 실제로 행해지지 않는 것 같아 보이며, 얼마되지 않아 취소되었다. 1986년 일본 전체 인구 1억 2,100만 중 약 1.1퍼센트에 해당되는 사람들이 크리스천인 것으로 조사되었다. 일본의 총 면적은 대략 캘리포니아 정도의 크기이지만, 대략 20% 정도만 경작이 가능하며, 일본은 전 세계에서 상당히 인구밀도가 높은 나라 중의 하나이다.5)

메노나이트 선교사들이 일본으로 보내진 것은 미국 군대가 일본과의 전쟁에서 승리를 한 바로 뒤였다. 히로시마와 나가사키에 원자폭탄이 투하됨으로 전쟁이 끝나자 진정한 화해의 사역이 필요하였다. 1970

년대 후반부터 히로시마 지역에서 구체적인 평화 및 화해 사역이 메노나이트에 의해 시작되었다. 메노나이트 교회는 1949년 홋카이도 섬에서 첫 사역을 시작하였다. 1950년 메노나이트 총회 교단은 큐슈에서, 메노나이트 형제 교회는 혼슈에서 사역을 시작하였다. 토교에서의 사역은 초창기부터 메노나이트 교회, 메노나이트 총회 교단, 메노나이트 형제 교회가 공동으로 복음전도, 평화, 문서 및 청년 사역을 함께 하였다. 1970년대에 도쿄에 아나뱁티스트 연구센터Anabaptist study center가 설립되었다.

비록 메노나이트 선교사들이 시골 지역에서도 사역하였지만, 결과는 성공적이지 못했다. 이것은 부분적으로 젊은 층들이 도시지역으로 떠났기 때문이었고, 부분적으로는 시골 지역의 부라쿠buraku, 가족 및 마을의 제도라는 강한 사회, 문화적 제도에 기인했다. 부라쿠는 마을의 축제, 도로 개량, 파종, 추수, 장례에 대한 모든 일정을 공동의 관심사로 떠맡는 일종의 자발적인 마을 협동조합이었는데, 마을의 종교적인 행사까지도 관장하고 있었다. 이 부라쿠의 결정에 반대한다는 것은 그 사회에서 매장 당한다는 것을 의미했다. 부라쿠buraku는 빠른 농업 기술의 발전과 가족 구조의 변화와 더불어 기능을 잃고 붕괴되었지만, 여전히 시골에서 개인적으로 기독교 신앙을 받아들이는데 주된 장애물로 작용하고 있다.

일본의 높은 교육열과 기술력은 교회 성장 방식에도 도움을 주었다. 아프리카와 다른 아시아의 나라에서와 같이 이미 정부가 적절한 의료 및 교육을 수행하고 있었기에 선교사들은 이 영역을 침범하지 않았다. 결국 라디오 방송 선교와 우편 발송 및 서점을 통한 문서 보급 등 개인적인 복음 전도에 강조점을 두었다. 선교 초기에는 선교사들에 의해 운영되는 유치원 및 가족 전체와 접촉하거나 주일학교를 조직하는 것들을 통해 효과적인 사역이 이루어졌다. 고등학교 및 대학교에서의 사역

1949년에 메노나이트 선교사들이 일본에 도착하였다. 1990년 일본에는 약 58개의 교회에 약 3,000명의 멤버들이 있는 것으로 조사되었다. 홋카이도의 오비히로(Obihiro)에 있는 교회는 아주 오래된 교회 중 하나이다. 방문 교수였던 노먼 크라우스(Norman Kraus)와 일본의 목사 타코이 다나세(Takoi Tanase)가 쿠시로(Jushiro) 지역의 교회에서 "교회란 무엇인가?"라는 주제로 세미나를 진행하고 있다.

은 종종 선교사들이 영어를 가르치는 것을 통해 이루어졌는데 이는 매우 도전적이고 보람이 있는 사역이 되었다.

일본의 메노나이트 교회는 일본 및 북미의 크리스천들이 함께 일을 하는 협동 사역의 모습으로 진행되었다. 비록 그것이 독립교회의 모습으로 나타날지라도, 선교사들의 비용 및 독특한 역할들을 유지하기 위해서는 북미의 후원을 받는 모습이 되었다. 그러나 만약 선교사를 보내야할 필요가 있다면, 메노나이트 교회들의 사역은 잘 훈련받고 헌신된 리더십이 있는 젊은 남녀들을 지속적으로 보내야할 것이다.

1990년 일본Japan 메노나이트 교회 교단 410명, 일본 메노나이트 기독교회 교단Japan Mennonite Chritian Church Conference 763명, 일본 메노나이트 형제교회Japan Mennonite Brethren Conference 1,619명, 그리스도 안의 형제 교회 야마구치 교단Yamnaguchi Perfectural Conference of Brethren in Christ 97명, 도쿄지역 복음주의 메노나이트 협력 교단Tokyo Area Evangelical Mennonite Cooperative Conference 73명 등 총 3,000명의 멤버가 있는 것으로 조사되었다. 메노나이트들 간의 협력기관이 있으며, 일본 메노나이트 펠로우십Japan Mennonite Fellowship이 일본 내의 필요 및 여러 나라와의 관계를 위해 메노나이트 중앙위원회MCC의 사역을 이어받았다.

중국. 비록 세계의 여러 자매 교회들과 오랫 동안 관계가 끊어져 있었음에도 불구하고, 중국 내의 메노나이트 펠로우십은 끊이지 않고 명맥을 유지해 왔다. 이 펠로우십은 1905년 크리머 메노나이트 형제교회 Krimmer Mennonite Brethren Church에 소속해 있던 바텔H.C. Bartel이 메노나이트의 후원을 희망하였던 짜오웬Ts'aohuen, 산둥Shantung 지방에서 독립적으로 시작한 것이었다. 이 사역은 여러 메노나이트 기관들이 참여하여 조직한, 중국China 메노나이트 선교회에 의해 후원되고 채택된 사역이었다. 1909년과 1912년 메노나이트 총회 교단GCMC과 메노나이트 형제 교회의 브라운J.J. Brown과 윈스F. J. Wiens가 호페이Hopei와 푸키엔 Fukien 지방에서 각각 사역을 시작하였다.

메노나이트 선교 사역이 진행된 첫 몇 십년 동안은 사역을 시작했던 모든 지역에서 많은 세례 신자들이 생겨나면서 빠른 성장세를 보였다. 복음 전도, 의료사역, 문서보급 및 초등학교와 중, 고등학교에서의 교육 사역이 교회 확장의 주된 방법이었다. 중국 선교사들의 일차적인 책임이라 여겨졌던 일중 가장 중요한 것은 중국 메노나이트 교회 성격을 나타낼만한 일이 무엇인가 찾는 것과, 가능한 일찌감치 자립 교회로 설수있도록 하는 것이었다.

초기부터 시작된 이러한 책임은 중국이 20세기에 엄청난 역사적 진통을 겪었기 때문에 더욱 중요한 사안이었다. 1926년과 1927년 중대한 정치적 혼란이 중국을 강타하였다. 1930년대 초에 공산주의와 관련한 내전이 일어나 중국의 여러 지방들을 황폐화시켰다. 이것에 이어 1931년과 1937년에 중국과 일본 사이의 전쟁이 일어났고 일본이 승리하였다. 그리고 제 2차 세계 대전이 일어났다. 1940년 수 많은 선교사들이 철수되거나 일본 정부에 의해 강제 억류되었다. 중국 땅에 남고자 했던 선교사들은 장개석에 의해 통치되었던 자유중국Free China, 즉 중국의 서부 지역으로 이동하였다.

이 기간 동안 중국 메노나이트 교회들은 아주 힘겨운 상황 하에서 복음을 증거하는 삶을 살아가야 했다. 1945년 제 2차 세계 대전이 끝났을 때, 수 많은 선교사들은 예전에 자신들이 일했던 선교지로 돌아가야 했다. 그러나 1930년 이래로 공산주의자들이 광대한 중국 지역을 통치하고자 지역을 넓혀나가고 있었기 때문에 분쟁은 끝나지 않았다. 내전은 1949년 10월 1일 마오쩌둥이이 중화인민공화국의 설립을 공표하기까지 계속 되었다.

1948년 메노나이트 교회가 시추안Sichuan주의 호크완Hochwan에 선교하고자 중국에 들어갔다. 그러나 선교사들이 중국에 머물렀던 기간은 그리 길지 않았다. 상황들이 점점 더 어려워졌고, 전쟁에 지치고 폐허가 된 땅에서 일을 해야만 하는 중국 메노나이트 교회들을 남겨놓은 채, 선교사들은 고국으로 돌아가거나 다른 선교지를 찾아서 떠나야만 했다. 이러한 상황에서 중국 땅을 떠나게 된 마지막 메노나이트 선교사는 중국에 처음 메노나이트 사역을 시작하였던 바텔H.C. Bartel이었다. 1952년의 일이었다. 당시 중국에는 총 5,000 명이 넘는 메노나이트 크리스천들이 있었다.

이런 와중에 로얄 바텔Loyal Bartel이라는 한 선교사가 중국에 남았다. 최근 중국을 두 차례 방문했던 그의 형제가 1971년 자연사로 죽을 때까지 로얄 바텔이 중국에 있었다는 소식을 전해주었다.ME 5:690~691 1979년 봄 메노나이트 중앙위원회MCC와 이전에 중국 선교사였던 몇 사람이 중국에 있는 그의 친구들로부터 기쁨과 확신에 찬 비밀 편지를 받게 되었다. "우리는 행복한 삶을 살고 있습니다… 행양Hengyang과 푸양Puyang 메노나이트들은 모두 잘 지냅니다." 행양은 메노나이트 중앙위원회가 고아원을 운영했던 곳이었고, 푸양은 메노나이트 교단총회GCMC가 고등학교를 운영하였던 곳이었다. 소수의 크리스천들에 의해 전해진 교제에 대한 놀라운 소식이었다.

1980~81년에 중국과 미국 인디아나 주의 고센 대학Goshen College 간에 교사 및 교환 학생 프로그램이 가능하게 되었다. 이것은 1982년 중국 대학들과 북미의 메노나이트 대학들간에 교사들을 교환하고자 설립된 중국 교육 교환China Education Exchange 프로그램이 생겨나면서 활성화되었다. 이와 더불어 북미의 메노나이트들의 중국에 대한 관심도 커져갔다. 1982년 중국의 초기 메노나이트 리더인, 스테판 왕Stephen Wang이 북미를 방문할 기회가 주어졌고, 1985년 제임스 리우James Liu

와 그의 아들 디모데Timothy도 북미를 방문하였다.6) 1980년대 말 기준으로 중화 인민 공화국에는 약 5천만 명의 크리스천이 있는 것으로 밝혀졌다. 이들 중 메노나이트들이 얼마나 되는지는 정확하게 알 수 없다.

타이완대만. 1948년과 49년에 공산당 통치가 중국 본토를 장악하게 되었을 때, 장개석의 리더십 아래 있던 민족주의당원들은 대만으로 피신하였고, 이들이 대만을 통치하게 되었다. 17세기 초 네덜란드 사람에 의해 기독교가 전래되긴 하였지만, 이들은 1661년에 추방되었다. 1865년 영국과 캐나다 장로교에 의해 선교가 다시 시작되었다. 대만에서의 메노나이트 사역은 메노나이트 중앙위원회의 사역자들이 중국 본토를 떠나도록 강요받게 된 1948년에 시작되었다. 많은 선교사 및 선교 기관들도 중국을 떠나야만 했다.

1948년 메노나이트 중앙위원회(MCC) 사역자들이 중국 본토를 떠나도록 강요되면서 대만에서의 사역이 시작되었다. 1990년 대만 메노나이트들의 숫자는 약 1,500명에 달했다. 포아이 메노나이트 교회(Po-Ai Mennonite Church)의 멤버들이 즐겁게 야외예배를 드리고 있다.

대만의 타이청(Taichung)에 위치한 11층 건물의 린 쉔 메노나이트 교회(Lin Shen Road Mennonite Church). 1층, 3층, 5층은 강의실, 4층은 노인들을 위한 센터, 6층은 객실 및 노인 아파트, 8층은 목사관, 9층은 교회 활동, 교제 및 주방, 10층과 11층은 예배당으로 사용되고 있다. 지하 1, 2, 3층은 주차장 및 올림픽 기준에 맞는 수영장을 포함한 여러 레크레이션 시설로 사용되고 있다.

이 당시 대만에는 역사, 정체성 및 미래에 대한 정치적, 문화적 긴장이 고조되었다. 중국은 대만을 본토와 떨어져 있는 한 개의 주 정도로 여기고 있었다. 1986년 대만의 인구는 약 1,950만 명이었는데 그중 85%에 달하는 사람들이 17세기 중국 본토에서 온 후손이었다. 그들은 약 삼, 사백만 정도의 민족주의자들의 후원 하에 대만을 독립된 나라로 여기고 있다. 대만에는 약 10개의 원주민 부족들이 있으며, 여러 섬에 수 많은 그룹들이 살고 있다.

처음 메노나이트 중앙위원회의 사역은 동해안의 후안린Hualien에 이동 진료소 및 작은 병원을 세우는 등 의료 사역을 집중적으로 실시하였다. 1945년 이 사역은 메노나이트 교단총회GCMC로 이관되었다. 1980년대에는 새로운 종합병원이 건립되었고, 왕성한 복음 전도 프로그램이 대만 메노나이트들에 의해 시행되었다. 1990년 대만 메노나이트 교회 연합Fellowship of Mennonite Churchesin Taiwan, FOMCIT 산하 총 4,500명의 공동체 구성원에 1,493명의 멤버가 속해 있는 것으로 조사되었다. 모든 회중들은 완전한 독립교회들로 북미의 사역자들과 함께 서로 협조해가며 다양한 사역들을 수행해 나가고 있다. 대만 내에 혹은 북미의 여러 학교에 많은 학생들을 보내어 신학을 공부하게 함으로 리더십 훈련을 시키는 등 특별한 관심을 쏟고 있다. 「만나」Manna라는 신문이 발행되어 여러 지역에 흩어져 있는 회중들에게 소식을 전해준다.

베트남. 베트남에 기독교가 전해진 것은 1533년 포르투갈의 예수회에 의해서였다. 예수회는 1615년 다낭Danang에서 선교회를 열었다. 당시에는 로마 가톨릭이 가장 우세한 기독교 신앙이었기 때문에, 조상 숭배, 카오다이즘Caodaism을 비롯한 여러 형태의 종교뿐만 아니라 세력이 왕성한 불교와 경쟁하게 되었다. 최초의 개신교 선교사들은 1893년 북미에서 온 선교사들로서 당시에 막 시작된 크리스천 미셔너리 얼라이언스 교회Christian and Missionary Alliance Church에서 보내진 사람들이었다. 이 후 프랑스 식민통치가 끝나게 된 1954년까지 여러 선교기관을 통해 많은 선교사들이 베트남에 보내졌다.

1954년 베트남 복음주의 메노나이트 교회Evangelical Mennonite Church in Vietnam가 메노나이트 중앙위원회와 함께 사역을 시작하였다. 3년 뒤에, 메노나이트 동 선교부Eastern Board of the Mennonite Church가 사이공Saigon에서 사역을 시작하였다. 전쟁의 참상과 정치적 불안 때문에, 기독교 단체들을 위한 건물 건축은 진척이 매우 느렸다. 그러나 반멧후옷Banmethuot에서 시행되고 있던 나병환자들에게 도움을 주는 것을 포함한 여러 구호 및 교육 활동은 지속적으로 이루어졌다. 1961년 나트랑Nhatrang에 있는 병원 건물이 메노나이트 중앙위원회의 도움으로 완공되었다. 후에 MCC는 베트남 크리스천 봉사단Vietnam Christian Service에 리더십을 제공하였는데 이 기관은 크리스천 세계 봉사단Christian World Service과 루터교 세계 구호기관Lutheran World Relief에 소식되어 있었다.

1975년 베트남 전쟁이 끝나면서 대부분의 북미 사람들은 나라를 떠나야만 했다. 메노나이트들도 떠나야 했다. 비극적이었던 베트남 전쟁이라는 오랜 기간 동안 메노나이트 중앙위원회는 엄청난 봉사 활동을 벌였다. 1962년 다니엘 거버Daniel Gerber라는 메노나이트 봉사자는 구호 사역 중 현지에서 사망하였다.ME 5:912~913 1975년 이후에도 몇 몇 메노나이트 중앙위원회 사역자들이 남아서 구호 활동을 계속해 나갔다. 처음에 생긴 두 개의 메노나이트 교회는 베트남 복음주의 교회에 소속되었다. 이들은 북미 메노나이트들과 형제관계를 지속하기 원하고 있다.

필리핀. 필리핀 메노나이트 교회는 국제 영양 회사International Nutrition Product Inc.의 중역으로 있던 필로니토 사카파노Felonito A.

Sacapano의 비전과 헌신에 의해 시작되었다. 1950년 초, 그들은 가능한 시간과 자원을 이용하여 루존Luzon 근처의 산악지대의 아브라Abra 부족들을 위한 주말 성서학교를 시작하였다. 이러한 사역의 특성 중 하나는 그들이 가르치는 사람들의 경제적 사회적 문제를 놓고 함께 고민했다는 점이다. 이러한 고민의 결과로 작은 오두막에서도 충분히 경영할 수 있는 산업들이 시작되었고, 목수, 고기잡이, 쌀 가공, 및 수입이 될만한 모든 일들이 번영을 누리게 되었다. 이러한 일들은 가난한 사람들에게 정말로 필요한 수입원이 되었다. 이들은 수입의 십분의 일을 같은 입장에 처한 다른 지역의 사람들이 산업을 시작할 수 있도록 사용하였다.

이렇게 메노나이트 동 선교부 대표단과 함께 교회가 시작되었고, 1972년에는 교회가 아홉 개나 되었다. 선교부의 도움과 메노나이트 경제 개발 협의회MEDA로부터 지원되는 대출 자금을 통해, 이러한 일이 확장되었고 그들이 만든 상품을 팔기 위해 국내 및 국외 시장까지 형성되었다. 어려운 문제들이 있었지만, 서로 돕는 모습을 통해 회중들이 연합하게 되었고, 경제적인 필요나 영적인 필요나, 더 나아가 사회적인 문제까지 책임지는 강한 유대감이 형성되었다.

1980년대에 메노나이트 동 선교부와 미션 나우Mission Now Inc.라는 선교기관 사이에 견해차가 있었다. 이는 선교의 접근 방식에 대한 견해차였다. 이를 해결하기 위해 새로운 협정안이 마련되었지만, 상당히 많은 사람들이 교회를 떠나게 되었다. 1990년 마닐라에 본부를 두고 있는 미션 나우 산하에는 총 431명의 신자들이 소속되어 있는 것으로 조사되었으며, "그리스도 안의 하나님의 교회, 메노나이트 교회" 산하에는 253명의 신자들이 있는 것으로 조사되었다.

필리핀의 모든 교회 사역 중심에는 복음전도가 자리하고 있다. 정기적인 예배 중에도 어떻게 하면 사람들을 그리스도에게로 까까이 오게 할 수 있을까하는 고민이 드러나 있다. 어떤 지역에 새로운 교회가

지난 20년 동안 호주 뉴 사우스 웨일(New South Wale) 주 페넬 만(Fennell Bay)에 살고 있는 포페 브라우어(Foppe Brouwer)는 개인적인 서신왕래, 우편으로 책을 빌려주고, 네덜란드/영어로 출간되는 「메니스트」(De Mennist)라는 소식지를 정기적으로 펴냄으로써 호주 및 뉴질랜드에 흩어져서 살고 있는 메노나이트들을 한데 묶고자 모든 노력을 기울여왔다.

세워지기까지는 대략 3년이 소요되는 것으로 나타났다. 일반 성도들이 자신들의 은사gifts를 사용하는 것에 특별한 강조점을 두고 있다. 모든 활동에는 사도행전에 나오는 초대 교회의 모델이 적용되고 있다. 메시지와 방법이 절묘하게 조화되어 다른 교회 및 선교 단체들에게 복음 전도의 능력이 어떠한지 보여주고 있다.

호주. 1952년 포페 부라우어Foppe Brouwer라는 네덜란드의 한 메노나이트 형제가 호주에 정착하게 되었다. 이민자로 정착하게 된 그는 호주에 메노나이트가 없다는 사실을 잘 알고 있었기 때문에 그는 네덜란드

말로 예배를 드리는 장로교에 출석하였다. 4년 후에 그는 프리스랜드Friesland에서 이민 온 앨리스Alice라는 자매를 만나 결혼하게 되었다. 1964년 그들이 가족을 만나러 네덜란드를 방문하는 동안, 그들의 고향인 프리스랜드의 한 교회에서 교리 공부를 하고 세례를 받게 되었다.

그들이 다시 호주로 돌아오게 되면서, 그들은 시드니에서 발행되는 네덜란드 신문에 혹시 다른 메노나이트들이 있으면 연락을 취해달라는 내용의 광고를 내보냈다. 이들에게 아홉 명이 편지를 보내왔다. 이러한 연락망을 기본으로 브라우어 부부는 메니스트De Mennist라는 아주 간단한 소식지를 만들었다. 얼마되지 않아 이 소식지를 받아보겠다는 사람들의 명단은 200명을 넘어섰다. 모임이 준비되고, 서로 간의 만남을 통해 호주에 네덜란드 메노나이트 배경을 갖고 있는 사람들이 대략 2,000~5,000명 정도 살고 있을 것이라 추정하였다. 그들 중 500명 정도가 네덜란드나 아니면 다른 지역의 메노나이트 교회에서 세례를 받은 신자들일 것으로 추정하였다. 뉴질랜드에도 몇 가정이 살고 있었다.

1975년 앨리스가 감리교회의 카리스마적인 소그룹 모임에 참여하기 시작하면서 브라우어 부부의 인생에 전환점이 찾아왔다. 얼마되지 않아 포페도 브리스베인Brisbane에서 열린 컨퍼런스를 통해 새로운 성령의 능력을 체험하였고, 이것은 후에 자녀들과 친척들에게까지 퍼져 나갔다. 이웃들이 이들의 새로운 삶과 복음 증거로 예수를 믿게 되었다. 브라우어 부부는 상당한 카리스마를 소유하였음에도 겸손하고, 늘 새로와지는 행복한 그리스도의 제자들로 여기며 살았다. 1978년 그들이 네덜란드의 고향을 방문하였을 때 그 교회에서 안수를 받게 되었다.

1977년 미국 버지니아주 해리슨버그Harrisonburg에 위치한 동부 메노나이트 신학대학원Eastern Mennonite Seminary에서 공부했던 호주의 아이언 듀크햄Ian Duckham이 목사 안수를 받고, 아내와 함께 호주로 파송되었다. 그들은 서해안의 퍼스Perth에서 사역을 시작하였다. 한편, 포페

브라우어Foppe Brouwer는 메노나이트 교회를 위한 자신의 비전을 꾸준히 펼쳐나갔다. 그는 메노나이트들이 휴가 기간 동안 휴식을 취하며 함께 교제할 수 있는 수양관이 있으면 좋겠다는 생각을 갖고 있었다. "호주의 메노나이트 교회Mennonite Church in Australia에는 미래가 있습니다"라는 제목과 더불어 "평화의 신학, 신자들의 세례, 교회와 국가의 분리는 젊은이들의 관심을 끌었다. 이제 호주에 메노나이트 교회를 개척해야 할 때가 왔다."7)는 글을 썼다. 1979년 7월 뉴 사우스 웨일의 펜넬 만Fennel Bay에 첫 메노나이트 교회가 모습을 드러냈다. 아이언 듀크햄이 희망의 메노나이트 교회Mennonite Church of Hope 초대 목사로 포페 브라우어Foppe Brouwer를 임명하였다. 호주에 정착하게 되는 대부분의 메노나이트 이민자들이 멜버른, 시드니, 브리스베인Brisbane 지역에 살지만, 처음 이 교회를 시작한 33명의 멤버들은 완전히 서로 다른 배경을 가진 사람들로 메노나이트 배경과 아무런 상관이 없는 사람들이었다.

1870년경, 그리스도의 재림이 임박했다고 믿었던 러시아 지역의 한 메노나이트 그룹이 팔레스타인 지역에 정착하게 되었던 일이 있었다. 이들은 템플러스Templers라고 알려진 그룹이었다. 제 2차 세계대전 동안 그들과 그들의 자손 중 많은 사람들이 영국 사람들에 의해 호주로 보내졌다. 이유는 독일 배경을 갖고 있었기 때문이었다. 후에 이들을 따라온 사람들도 적지 않았고, 호주 내에 이들의 숫자가 증가하고 있다고 보고되었다. 현재 빅토리아Victoria와 뉴 사우스 웨일 지역에 살고있는 러시아 메노나이트 배경을 갖고 있는 "템플러 메노나이트들"Templer Mennonites의 숫자는 얼마인지 알수가 없다. 8)

인도. 인도의 메노나이트 교회에 대하여 이야기 하려면, 연합 선교 교회United Missionary Church와 그리스도의 형제 교회Brethren in Christ Church를 언급하지 않을 수 없다. 1990년 이들의 숫자는 총 76,670명에

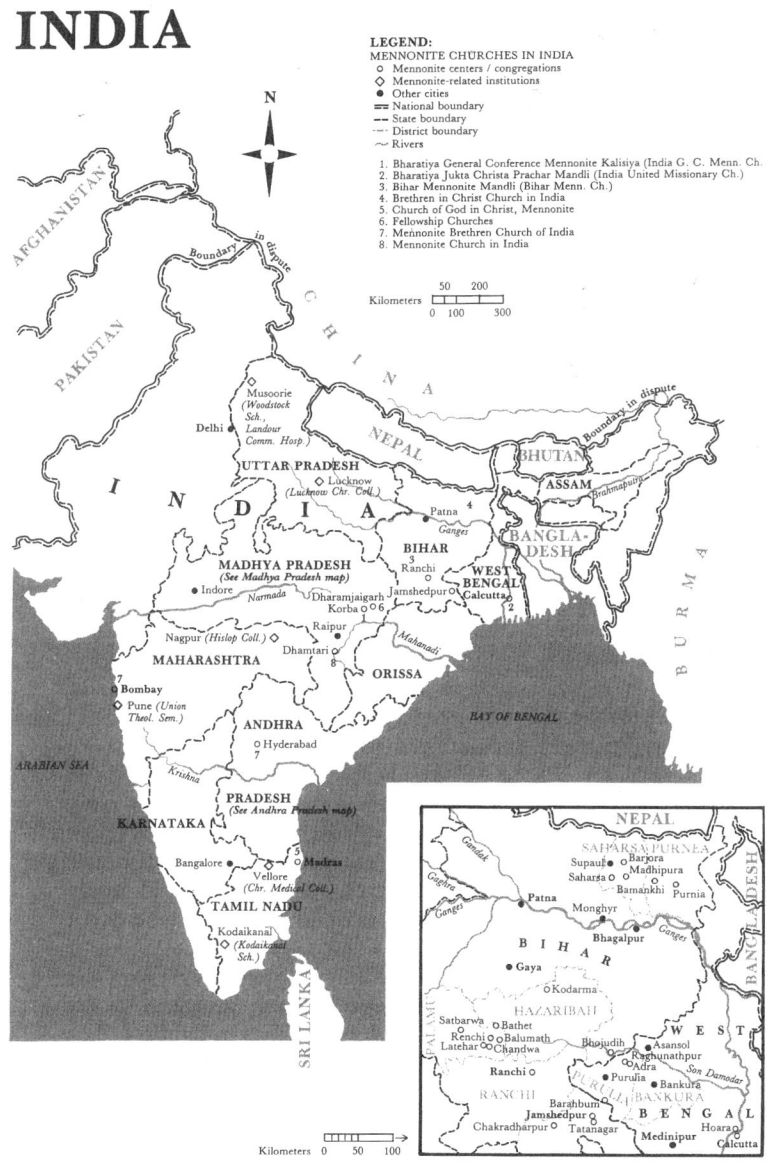

이르렀는데 네 개의 서로 다른 메노나이트 그룹들과 함께, 이들은 교회 생활과 아나뱁티즘의 비전에 헌신하기로 한 사람들이었다. 1964년 도

20세기가 시작되기 바로 전 인도의 영적, 물질적 필요를 채우고자 북미의 메노나이트들이 인도에 도착하였다. 인도 교회의 사역에는 항상 실제적인 프로그램들이 필요했다. 메노나이트 병원에서 실험실의 기술자들이 훈련받고 고용되었다. 간호사들이 메노나이트 간호학교를 졸업하고 있다.

합 여섯 개의 서로 다른 그룹들이 인도의 메노나이트 기독교 봉사단 Mennonite Christian Service Fellowship of India, MCSFI이라는 단체를 조직하여 선교를 시행하였다.

1889년 러시아의 메노나이트 형제 교회Mennonite Brethren Church의 아브라함 프리즌Abraham Friesen의 가족이 인도에 오면서 최초의 메노나이트 선교사가 되었다. 이들은 미국 침례교와 함께 일을 하였다. 이들이 도착한 지 2년 후, 인도에 메노나이트 형제 교회가 조직되었다. 북미에서 온 최초의 메노나이트들은 1898~1900년 기근을 돕기 위해 왔던 구호팀들로서 메노나이트 형제교회MB, 메노나이트 교회MC, 메노나이트 총회 교단GCMC 및 여러 교단들에 의해 보내진 밀과 여러 후원 물자를 가지고 왔던 사람들이다. 이들은 초창기 몇 년동안 충분하지 않은 식량으로 아주 많은 사람들을 먹여 살리느라 육체적, 영적 에너지를 소모하였다. 기근으로 인해 고아가 된 수 많은 아이들이 이들의 책임으로 떠맡겨졌다. 결국 이들 중 많은 사람들이 훗날의 인도 메노나이트 교회의 리더가 되었다.

메노나이트 형제 교회는 안디라 프라데쉬Andhra Pradesh에 자리를 잡았고, 많은 사람들을 그리스도께로 인도하는데 기대 이상의 효과를 얻어 1990년에 멤버가 63,250명에 달했다. 철저한 복음전도 방법들이 우선적으로 동원되었으며, 다음으로는 사회학적 요소들 또는 여러가지 요소들이 포함된 대규모 사회운동방법을 이용하였고, 세 번째로는 사역을 끝마치게 선교지의 멤버들을 교회로 양도하는 방법이었다. 이것은 "자동적으로 수 백명 수 천명의 사람들을 세례신자들이 되게 하는 방법이었다. 갑자기 모든 사람이 한꺼번에 메노나이트 형제교회의 멤버가 된 것이다."9)

메노나이트 교회의 사역은 메디야 프라데쉬Madhya Pradesh, 2,060명를 중심으로 하였고, 후에 두번째 사역지로 비하르Bihar, 700명에 집중되었다. 한편 메노나이트 총회 교단은 메디야 프라데쉬Madhya Pradesh, 6,000명에서 사역을 펼쳐나갔다. 인도 연합 선교 교회India United Missionary

Church는 처음에는 웨스트 벵갈West Bengal, 2,500명에서, 형제 교회는 비하르Bihar, 1,920명 및 오리싸Orissa, 240명에서 사역을 진행하였다. 각 경우에 있어서 사역은 한 지역을 시작점으로 한후 그 지역을 거점으로 여러 지역으로 그리고 각 마을로 사역을 펼쳐나갔다.10)

인도 교회 확장의 기초적인 방법은 개인적이며 설교 중심의 복음 전도, 의료 사역, 교육이었다. 의료 사역은 곧 핵심사역이 되었다. 이로 인해 종합 병원 및 진료소가 세워지고 이동 진료소도 가동에 들어갔다. 이러한 기관들의 필요를 충당하기 위해 각 마을마다 필요한 의료보호 시설이 생기고 이를 지원하기 위해 간호학교가 시작되었다. 처음부터 한센 병이라 불리는 나병환자들의 고통을 덜어주기 위한 특별한 노력을 기울였다. 처음에 그것은 단순히 음식과 쉼터를 제공하는 수준이었지만 곧 이어 정말로 필요한 치료 프로그램이 들어섰다. 현대 의약의 덕택으로 많은 사람들이 자신들의 질병이 나아지는 것을 경험하면서 의미있는 삶을 추구하게 되었다. 인도의 총독은 여러 메노나이트 선교사들이 환자들에게 탁월한 서비스를 제공한 것에 대해 인도 총독의 상인 캐사르인디 메달을Kaisar-i-Hind Medal을 수여하였다.

인도의 교회는 항상 교육을 최선의 과제로 여기고 있었다. 이는 인도 크리스천들의 글을 읽는 수준을 높여주었다. 초등학교 및 중, 고등학교는 선교의 시작점이자 결과로 많은 열매를 맺어갔다. 기술학교들이 설립되어 남자아이들에게는 농업을 여자 아이들에게는 가정, 가사일을 가르쳤다. 위에 언급한 여섯 개의 그룹들이 힘을 합하여 풀(Pule) 지역에 연합 성서대학원Union Bible Seminary을 세웠고 많은 학생들을 보냈다. 모든 그룹이 함께 힘을 합쳐 학교 및 교회 프로그램을 통해 필요한 문서를 보급하였다. 이러한 노력으로 그들은 1971년 담타리Dhamtari에서 개최된 최초의 아시아 메노나이트 컨퍼런스를 가능한 일로 만들었다. 후에 방글라데시의 난민과 구호 사역을 함께 하는 계기도 마련할 수 있었다.

선교사들과 국가 리더들의 헌신적인 봉사 및 훌륭한 교육 프로그램으로 말미암아, 복음 사역에 대한 기대가 커져가고 있다. 교회들이 펼치는 복음 사역은 모든 면에서 독립되어 있다. 인도의 메노나이트 선교는 외국 선교사들과 내부의 선교사들이 함께 일을 감당하고 있다. 1970년에 정부로부터 외국인들에 대한 압력이 가해짐으로 선교사들이 인도에 더 이상 머물수 없게 되었지만, 이러한 상황은 그 어느 시대나 어느 나라에도 늘 있었던 일이었다.

1960년대와 1970년대에 메디야 프라데쉬Madhya Pradesh 지역의 메노나이트 교회에 중대한 변화가 생겨났다. 메노나이트 교회 선교활동의 첫 근거지였던 담타리Dhamtari 근처에서 철광석이 발견되는 바람에 갑자기 철강 산업의 중심지로 부상하였다. 메노나이트 총회 교단의 근거지였던 코르바Korba는 고급 석탄이 엄청나게 매장되어 있는 곳임이 밝혀졌다. 이로 인해 코르바는 주변 지역을 위한 전기 생산 도시가 되었다. 이곳은 큰 비료 공장과 기술 학교의 후보지로도 관심을 끌었다. 아주 조용했던 시골지역이 갑자기 산업의 중심지로 변하게 되었다. 이것은 새로운 수 많은 기회를 창출하기도 했지만, 교회에 새로운 문제점을 안겨다 주기도 했다.

인도의 각 지역에 있던 수 많은 기술자들과 일군들이 코르바로 몰려들었다. 그들은 서로 다른 말을 사용하였다. 그들 중에는 서로 다른 교단을 배경으로 하고 있는 크리스천들도 적지 않았다. 메노나이트 교회는 수 많은 신규이주자들이 알지 못하는 힌디Hindi를 사용하고 있었다. 과연 교회가 어떻게 언어가 통하지 않는 사람들에게 목회를 할 수 있을 것인가? 이러한 질문과 함께 새로운 방법론이 필요했다. 1958년 이러한 언어 장애들을 부분적으로 다루며 소통의 문제를 함께 해결할 수 있는 "가정 교회"church-in-the-house 프로그램이 시작되었다. 곧 서로 다

메노나이트 청년들이 저녁 찬양 모임을 갖고 있다. 인도의 교회 교육 프로그램은 중, 고등학교, 독서실, 성인 공부반, 성서 통신과정 등을 포함하고 있다. 케소 라오(Kehso Rao) 선생님이 한 고등학교 학생의 공부를 점검해주고 있다.

른 언어를 사용하는 수 많은 가정교회들이 생겨나 정기적으로 예배를 드리면서 성서를 공부할 수 있게 되었다. 가정교회마다 한 명의 리더가 있었고 멤버들은 자유롭게 모임에 참여할 수 있었다. 대다수의 신규이주자들이 글을 읽을 줄 아는 사람들이었기 때문에 담타리Dhamtari와 코르바Korba 교회들은 크리스천들의 문학도서를 비치한 독서실과 책방을 마련하였다. 신학대학원의 졸업생들은 자신의 교육 수준에 맞추어 이러한 일을 담당하였다.

비록 인도의 교회가 인구 성장률을 따라잡지 못했으나6억 8천 5백 만명, 1981년 통계 복음전도, 가난한 사람들을 위한 구제, 신학대학원과 성서학교를 포함한 여러 학교들, 캘커타Calcuta에 있는 성서통신대학, 스리랑카와 마닐라에 이르는 라디오 방송, 예방 의학과 치료의학을 병행하는 진료소 및 병원, 간호사와 조산원 훈련, 청소년 사역 및 자원봉사 프로그램, 기도 모임 및 많은 형태의 간증모임 등 복음 증거는 매우 독창적이었고 효과적이었다. 이러한 기관 및 제도를 후원하는 부담은 인도 대다수의 가난한 교회들에게 아주 무거운 짐이 되었다. 메노나이트 교회의 리더였던 말라가P.J. Malagar는 이러한 상황을 다음과 같이 표현하고 있다:

> 이 시대에 우리에게 주어진 기회들은 엄청난 것이다. 수 많은 작은 교회들에게 갈곳은 너무 많고, 도움이 필요한 지역은 너무나도 넓다. 교회 개척과 추수할 밭은 너무나 많다. 반면 "일꾼은 너무나 적다." 복음과 재원을 감당해 낼 청지기적 능력이 너무나 부족한 실정이다.
>
> 그러나 우리 앞에 놓여있는 미래에 대한 도전과 희망은 우리를 흥분시키며, 우리를 감격시키고 있다. 하나님의 은혜로 교회는 가정에 깊이 뿌리내리고 있다. 복음에 대하여 그리고 이 땅에 뿌리 내릴 우리의 아나뱁티스트-메노나이트 유산에 대해 우리는 신실한 모습으로 나아갈 것이다.[11]

네팔. 메노나이트가 네팔에서 사역을 시작한 것은 1954년부터이며, 진료소 및 병원, 교육, 농업 및 기술 교육 사업을 지원하는 범교단 기관인 네팔을 위한 연합 선교단the United Mission to Nepal과 협력하면서 이루어졌다. 이러한 사역은 메노나이트 선교부, 메노나이트 형제교회와 공동으로 수행되었으며, TEAM 선교단 및 메노나이트 중앙위원회와도 함께 일을 해나갔다. 1987년 20개국에서 약 400명의 선교사들이 사역을 하고 있었다. 크리스천들은 대략 20,000명으로 추정되며 고난과 박해가 이루어지고 있는 실정이다.

기타 지역. 메노나이트는 구호기관인 메노나이트 중앙위원회의 사역과 더불어 방글라데시, 한국남한, 라오스에 도움을 주었다. 한편 선교기관의 사역과 더불어 홍콩 등지의 아시아의 여러나라에서 선교를 펼쳐왔다. 1990년 홍콩의 메노나이트 교회 교단Conference of Mennnite Church in Hong Kong은 59명의 멤버가 있다고 보고하였다. 1990년 아시아에 있는 메노나이트는 최소한 170,205명으로 집계되었으며 다른 지역의 메노나이트들과 함께 협력하며 복음 증거 및 봉사활동을 벌이고 있다. 1974년 말씀과 삶으로 가난한 사람들을 돕기 위해 아시아 메노나이트 봉사단Asia Mennonite Services이 설립되었다. 일본 메노나이트 리더인 다케시 야마다Takashi Yamada는 "아시아 사람들의 세계는 아직도 세속화되지 않고, 사람들은 거룩한 것을 높이 숭상하고 있습니다."라고 소견을 밝힌 적이 있다. 이렇듯 거룩한 것을 숭상하는 것은 새로운 생명력을 경험하고자 하는 오래된 동양 종교에 뿌리를 박고 있다. 믿음을 따라 살고자 하는 아시아 크리스천들에게 주어진 기회는 다양하며 엄청난 것이다.

1) MWC *Handbook* 1990, pp. 323, 326-327.
2) C. J. Dyck ed., *The Lordship of Christ*. Scottdale, Pa.: Herald Press, 1962, p. 273.
3) Jim.Bowman in *The Mennonite Reporter*. Waterloo, Ont.: vol. 9, no. 2, January 22, 1979.
4) From the *Almanac of the Communion Churches of Indonesia*(1989).
5) Hiroshi Yanada in Kraybill, *Mennonite World Handbook*(1978), p. 169. ME 5, p.464.
6) James Liu and Stephen Wang, *Christians True in China*. Robert Kreider, ed. Newton, Kan.: Faith and Life Press, 1988.
7) Foppe Brouwer, "Australia" in Kraybill, *Mennonite World Handbook*(1978), pp. 43-44. See also the article by La Verna Klippenstein, "A Church Is Being Born inAustralia," *The Mennonite*, 94:06, 6 February, 1979, pp. 84-85. ME 5, p. 44.
8) ME 4:693-694; ME 5:878.
9) P. B. Arnold in Kraybill, *Handbook*(1978), p. 140. ME 5:422-427.
10) MWC *Handbook*,(1990), pp. 346-349.
11) Cited in ibid., p. 144.

그 외의 자료들: For each area see ME 5, including the bibliography. Kraybill, MWC *Handbook* 1978 and 1984; MWC *Handbook*, 1990. Contact any MCC or conference office for audiovisual resources.

19장
아프리카의 메노나이트 교회

이제 우리는 아시아로부터 인도양을 가로질러 아프리카 대륙의 이야기로 옮겨가보려 한다. 아프리카의 기독교는 사도 시대부터 존재했던만큼 아주 오랜 역사를 갖고 있다. 사도 시대 이후 위대한 교회 리더들 중 터툴리안Tertullian, 오리겐Origen, 사이프리안Cyprian, 그리고 어거스틴Auguatine이 모두 북 아프리카 출신이다. 현재 우리 신학의 상당 부분이 이들의 업적에 큰 은혜를 입고 있다. 그러나 기독교는 지중해와 홍해를 경계로 제한되었고, 데이빗 리빙스톤David Livingstone이 1850년과 1870년 사이에 대륙의 내부를 드러내기까지 아프리카는 많은 사람들에게 충분히 알려져 있지 않은 상태로 있었다. 그러나 사람들에게 알려진 이후, 아프리카는 세계 어느 곳 보다 기독교 복음 증거의 장소로 바쁘게 움직이는 곳이 되었다.

아프리카 또한 문화적으로 매우 풍부한 역사를 갖고 있다. 고대 이집트의 위대한 문명은 많은 사람들에게 너무나도 잘 알려져 있다. 그러나 종종 백인들이 좋지 않은 의미로 아프리카를 "검은 대륙"Dark Continent이라고 불렀고, 이집트 외의 아프리카 역사에 대하여는 잘 알려지지도 않았을 뿐만 아니라 별로 알려고하지도 않았다. 이디오피아와 수단의 문화유물은 일찍부터 아프리카의 문화가 매우 역동적이었음을 드러내주고 있다. 이디오피아의 왕이었던 티르하카Tirhakan, 왕하19:9는 자신을 "세상의 황제"라고 불렀다. 기후 풍토가 바뀌기 전, 북 아프리카의 나일강 협곡으로부터 서 아프리카의 모든 개발지역은 비옥한 토지였다. 그러던 것이 사하라 사막으로 변하게 되었다.

특히 서 아프리카는 가나, 말리 및 세네갈과 나이지리아 강 지역의 송하이Songhay 왕국이 있었던 문화적 중심지였다. 주후 800년에 가나는 왕성한 무역 국가였으며, 말리가 그 뒤를 계승하였다. 만사 무사 왕King Mansa Musa의 통치 아래, 이집트 학자인 아스-사헬리As-Saheli는 팀북투Timbuktu 시의 건축 책임을 맡았는데 이 도시는 15세기 말에 약 100,000명의 인구가 모여 살았으리만큼 문명이 발달했었다. 이 도시는 은행 및 신용 제도, 시문학동호회, 장기 동호회 및 의과가 있는 상코르 대학Sankore University이 있었다. 이 대학에서는 각막 이식 수술을 했다는 기록이 있다. 송하이 왕조는 이슬람, 향락, 유럽의 침략으로 와해되었다. 이 송하이 왕조는 1585년 총을 소유했던 모로코의 술탄Sultan에 의해 함락되었다. 아프리카는 1482년 황금 해안이라는 지역에 정착하게 된 포르투갈의 요한 2세때부터 조금씩 유럽의 지배를 받게 되었다. 아프리카 대부분의 지역이 식민통치를 받다가 20세기 중반이 되어서야 겨우 식민통치 상태에서 벗어나기 시작하였다.

자이레 공화국. 벨기에 콩고로 알려진 곳에 메노나이트 교회가 시작된 것은 1911년 한 선교가 부부가 이곳을 선교지로 삼게 되면서부터였다. 그들이 선택한 지역은 콩고 강의 지류인 카사이Kasai 강 서쪽에 위치해 있었다. 킨샤사Kinshasa 남동쪽으로 약 400킬로미터 떨어져 있는 지역이었다. 그들이 이곳을 선택한 이유는 메노나이트는 아니지만 콩고에서 오랫동안 선교사로 지냈으며 이 지역에 메노나이트들이 들어올 수 있도록 지대한 역할을 담당했던 알마 두어링Alma Doering의 영향력 때문이었다.[1] 메노나이트들은 1890년부터 콩고에 있었다. 현재는 복음주의 메노나이트 교회가 된 비저항 메노나이트 교회the Defenseless Mennonite Church와 메노나이트 총회 교단의 일부가 된 중부 일리노이 메노나이트 교단Central Illinois Mennonite Conference의 공동 사업으로써 1912년에 콩고 내지 선교회[Congo Inland Mission, 1972년부터는 아프리카 메노나이트 선교회Africa Inter-Mennonite Misison, AIMM로 바뀜]가 조직되었다.

1916년까지 회심자가 겨우 12명에 불과할 정도로 처음에는 일이 매우 느리게 진행되었다. 그러나 곧 기대 이상으로 멤버들이 증가하게 되었다. 1990년에는 66,000명의 멤버가 있었으며, 전체 공동체의 인원은 갑절이나 되었다. 시간이 경과하면서 다른 메노나이트 그룹들이 선교사를 보내거나 AIMM에 가입하게 되면서 선교 사역에 동참하게 되었다. AIMM 회원 교단은 메노나이트 교회MC, 복음주의 메노나이트 교단 및 여러 교단이 속해 있었다. 이것은 메노나이트 중앙위원회MCC와의 훌륭한 관계를 가지며, 여러 메노나이트들이 함께 하나가 되어 선교를 했던 연합 선교의 가장 좋은 사례가 되었다. 1943년 이래로 AIMM이 관계하고 있던 여러 회중들의 상대로 서부지역의 독립 사역이 메노나이트 형제 교회에 의해 수행되었다. 그들의 멤버는 46,906명이었다.[2] 1990년 자이레의 총 멤버수는 대략 113,000명이었다.

20세기 자이레에서는 가톨릭을 포함한 수 많은 교단에 의해 선교가 이루어졌다. 1921년 시몬 킴방구Simon Kimbangu의 리더십 아래 부흥운동이 일어났다. 시몬 킴방구에 의한 예수 그리스도의 교회The Church of Jesus Christ by Simon Kimbangu로 알려진 이 교회는 1980년 약 3백만 명의 멤버로 급성장하였으며 아주 효과적인 비가톨릭 국가교회로 자리하게 되었다. 이 교회는 외국 선교기관으로부터 단 1원도 도움을 받지 않았으며, 모든 면에서 순수한 아프리카 교회였다. 그러나 교회가 교단화

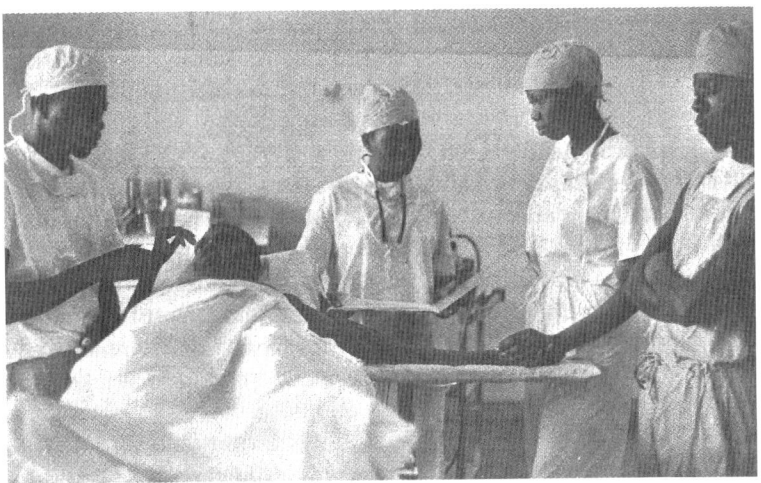

자이레에서의 메노나이트 선교 사역은 1911년에 시작되었다. 1990년에 총 멤버는 113,000명으로 북미를 제외한다면 가장 많은 메노나이트 신자가 있는 나라가 되었다. 한 메노나이트 마을의 목사관 앞에서 자이레의 여인들과 아이들이 포즈를 취하고 있다. 치카지(Tshikaji)에 있는 의료 센터의 학생 간호사들이 수술실에서 실습을 하고 있다.

되면서 초기의 역동성은 사라졌다. 외견상 비저항 교회로서 세계에서 가장 큰 교회이기에, 북미의 메노나이트들은 이 킴방구운동에 특별한 관심을 갖고 있다.

1960년 자이레의 정치적 독립은 모든 교회에 심각한 문제들을 가져다 주었다. 정치적 독립이 이루어지기 전 몇년 동안, 메노나이트 교회 내에 자립, 자치, 독립적인 교회로의 움직임이 일어나기 시작했었다. 1960년 2월 메노나이트 전체 리더들이 모임에 초청되어 찰스빌Charlesville에서 모임을 갖게 되었다. 선교사들이 고문 역할을 담당하는 가운데 교회 리더들이 완전한 리더십에 대한 책임을 감당하도록 하기 위한 모임이었다. 초청은 관련된 책임이 막중하며 정말로 필요한 것으로 인식되어 쉽게 수락되었다. 그렇게 자이레 메노나이트 공동체가 빛을 보게 되었다.ME 5:953~956

벨기에 사람들이 떠나게 되자, 법과 질서는 급속도로 와해되었으며, 선교사들은 나라를 떠나야만 했다. 자이레 교회를 위한 책임은 그해 2월부터 아프리카 형제, 자매들의 손에 떠맡겨졌다. 7월이 되면서 아주 위험하고 불안한 상황이 전개되었다. 그러나 교회는 이러한 책임을 감당해야만 했다. 교회의 일은 지속되어야 했고 그해 말 그리스도의 살아있는 교회를 세웠던 선교사들이 실재하는 역사를 감당하기 위해 다시 돌아오기 시작했다. 이것은 공산주의 체제가 들어서면서 함께 이루어졌기 때문에 선교사들이 떠났다가 돌아오는 모습이 반복되었다.

선교사들은 독립 뒤에 곧 발생한 혁명 속에서 살아남았지만 수 많은 멤버들이 교회를 떠나게 되었다. 그들의 고통은 룰루아스Luluas와 불루바스Bulubas 부족 사이의 경쟁에 의해 첨예화되었다. 이 두 부족들 내에는 메노나이트들도 있었다. 결국 선교사들을 포함한 불루바스 부족은 교회의 유능한 리더들과 함께 처음 살았던 동쪽으로 쫓겨나게 되었다. 그들은 조상들이 살던 곳에서 교회를 새로이 조직하였고 이를 자이레 메노나이트 복음주의 공동체The Mennonite Evangelical Community of Zaire라 이름하였다. 몇 년 후 나뉘어졌던 이 두 그룹간에 화해가 이루어짐으로 은혜와 감사의 시간이 주어졌다. 그러나 새로이 조직된 교회는 분리된 채 존재하게 되었다.

자이레 메노나이트들은 아주 오랜 역사 속의 광범위한 유명한 문학 프로그램을 갖고 있다. 교육, 의학 및 복음주의적 프로그램들만 있었던 것이 아니라, 킨샤사Kinshasa에 아주 큰 출판사가 있었다. 1970년 이들은 다른 개신교들과 협력하여 킨샤사에 있는 신학교를 후원하였다. 이들이 실시했던 가장 혁신적인 프로그램은 1960년대, 수 많은 관심을 한데 모았던 농업 개발 서비스이다. 북미에서 온 한 형제와 자이레 출신의 형제 하나가 팀을 이루어 마을에서 마을로 돌아다니며 농업 기술을 가르치는 서비스를 제공하였다. 이 서비스는 아주 크게 성공을 거두었다. "모든 사람들을 위한 새로운 삶"New Life for All이라는 이 주말 세미나는 농업기술자, 전도사, 간호사, 서점, 여성민원, 젊은이들을 위한 가수들로 구성되어 마을과 마을을 방문하며 진행되었다.[3] 이보다 더 말과 행위가 잘 조화된 선교가 없을 정도였다.

1960년 이전 자이레의 메노나이트 교회들은 교제 중심의 교회로 급성장하였으나 선교사들과 함께 일하는 의존적인 교회였다. 혁명기간 동안에 이들은 고난받는 교회가 되었지만, 믿음과 하나님께 희망을 둔 승리의 교회였다. 그 이후 그들은 자이레에 계속 머물고 있는 선교사들과 협력하면서 일을 하며 완전한 자치를 실현하였다. 한편 AIMM은 레소도Lesotho, 보스와나Botswana, 그리고 벌키나 파소Burkina Faso에 선교사를 보내기도 했다.

동부 아프리카. 메노나이트 교회는 아프리카 동부에 위치해 있는 여러 나라에 모습을 드러냈다. 1934년 탄자니아에, 1948년 이디오피아에, 1953년 소말리아에, 1965년 케냐에 메노나이트들이 사역을 시작했다. 일은 빠르게 진행되었고 탄자니아의 교회는 30년만에 자유, 자치를 이룩한 교회로 전 세계 메노나이트의 자매 교회가 되었다. 동부 아프리가 메노나이트 교회의 독특한 모습은 1942년 여러 지역에서 시작

▲▲탄자니아, 무소마(Musoma) 지역의 부키로바 메노나이트 교회(Bukiroba Mennonite Church)는 13,000명의 탄자니아 메노나이트 교회에 중추적인 역할을 감당하고 있다.
▲탄자니아 교회에 속한 리더의 아내들이 모여 식사와 더불어 대화를 나누고 있다.

된 부흥운동에 기인한다. 죄의 고백과 상호신뢰, 비밀 보장, 사랑, 교회의 성숙 및 성도들의 견인으로 말미암아 큰 성장을 이룰 수 있었다. 교회의 수용 및 문화전이 등의 변화는 토착민들로 구성된 교회들에게 전통을 버리고 서구의 크리스천 교회처럼 된다는 수치심을 갖게 만들기도 했다. 그러나 교회는 급성장하였고, 이러한 교회의 성장에 따라 자격을 갖춘 교사들을 필요로 하였다. 그러나 1990년 13,078명의 멤버로 성장한 교회를 건강하게 유지시킬 만큼 교사의 수는 충분하지 않았다.

이디오피아. 이디오피아 메노나이트 교회는 전혀 다른 상황에 마주쳤다. 이디오피아 정교회는 이집트 콥틱 교회를 모교회로 하여 4세기 이후 한번도 갈라지지 않고 존재해 왔다. 이것은 이집트를 제외한 아프리카의 그 어떤 나라도 갖고 있지 못한 독특한 배경이었다. 1948년 헤일리 셀라시Haile Selassie 황제가 메노나이트 선교 사역이 시작될 때 특별한 고백을 하였다. 이는 이디오피아에서 일을 하면서도 정교회와 전혀 충돌없이 일을 진행하고 있던 메노나이트 중앙위원회로부터 아주 좋은 인상을 받았기 때문이었다. 1950년 메노나이트 동 선교회가 여러 학교들과 진료소를 운영하기 시작하였다. 1959년 메세레테 크리스토스Meserete Kristos 교회가 설립되었고 많은 선교사들과 성숙한 관계를 유지하며, 협력 하면서도 자치적으로 움직이는 아주 탁월한 모습을 보여주었다. 이 교회는 공식적으로 정부의 인가를 받지 않은 교회였다.

1974년 혁명으로 말미암아 사회주의 정부가 전통적인 군주제를 대신하여 들어섰다. 북쪽의 에리트리안 게릴라Eritrean guerrillas들을 상대로 계속되는 내전으로 인해 이 시기는 국가나 교회에게 매우 불안한 시기였다. 비록 비저항을 옹호하는 사람들이 소수에 불과하였지만 현실은 메노나이트 교회에도 다를 바가 없었다. 정부가 교육과 복지를 위한 모든 책임을 지는 모습이었기 때문에, 대부분의 메노나이트 교회 기관과 제도들은 교회로서 책임을 감당할 수 없게 되었다.

이러한 상황 속에서 메노나이트 교회에 각성운동이 일어났다. 멤버들은 시간과 기금을 아끼지 않고 움직였다. 이러한 각성운동의 결과로

선교사들에게 추방령이 내려졌던 1974년 이후, 20년만에 메세레테 크리스토스 교회(Meserete Kristos Church)가 여덟배로 성장하게 되었다. 모든 사람이 예배에 참여할 수 있도록 하기 위해, 이디오피아의 수도 아디스 아바바(Addis Ababa)에 있는 예배당에서는 여러 차례의 주일 예배가 드려지고 있다.

1990년 멤버들은 10,000명으로 급증하였다. 선교사들이 떠날 때에는 멤버가 500명 정도밖에 되지 않았는데 "우리 자체의 복음 전도자들의 노력으로 말미암아 4,500명이나 되는 복음주의 그룹들이 관심을 갖게 되었습니다." 복음을 전하는 사람들은 아주 젊은 사람들이었다. 마크르스주의에 의해 겪었던 종교적 혼란도 1991년에 다시금 안정되었다. 새롭고 활발한 모습의 교회가 다시금 시작되었다.

소말리아. 소말리아는 무슬림 국가이다. 소말리아는 세계에서 가장 가난한 나라 중 하나이며 기후가 매우 건조한 국가이다. 무슬림들을 대상으로 하는 선교는 이슬람의 성격상, 그리고 기독교에 대한 적대감 때문에 매우 어렵다. 1992년 이디오피아와 대치하고 있는 상태에서 국경지대의 끊임없는 전쟁과 여러 부족들간의 분쟁으로 말미암아 나라전체가 황폐화되었다.

1950년 두 명의 메노나이트 선교사들이 탄자니아에서 소말리아로 오게 되었다. 그 당시 소말리아는 이탈리아-유엔의 신탁통치를 받고 있었던 때로, 선교사들은 우선 기독교 복음 증거의 가능성을 조사하기 원했다. 그들은 소말리아를 선교지로 추천하면서 메노나이트 선교부에 사역을 시작하게 해달라고 요청하였다. 이러한 추천과 요청이 받아들여짐으로써 메노나이트 교회가 소말리아에서 선교를 하게 된 최초의 기독교 그룹이 되었다. 두개의 그룹이 초기 사역을 시작하였으나, 곧 철수 하였다. 1953년에 사역이 시작되었고, 여섯 지역에 교육과 의료 봉사를 중심으로 장기 사역을 확장해 나갔다.

1962년 광적인 무슬림들이 선교사였던 메르린Merlin과 도로시 그루브Dorothy Grove를 죽이겠다고 협박하였고, 이들의 경고와 위험은 실제 상황이 되었다. 메르린은 죽임을 당했고, 도로시는 중상을 입게 되었다.[4] 이러한 방해와 복음전도에 대한 정부의 억제책에도 불구하고, 사역은 지속되었고 많지는 않았지만 헌신된 신자들이 정기적인 모임을 갖으며 눈에 띄지 않게 교제와 기도를 지속해 나갔다. 학교를 운영하며 교육의 기회를 제공하자 많은 학생들이 이를 기뻐하였다. 그럼에도 불구하고, 1976년 모든 선교사들은 나라를 강제적으로 떠나도록 조처가 내려졌다. 비록 1990년대 초의 내전이 나라를 황폐화시켰지만, 약 100명 정도의 사람들은 케냐와 다른 통로를 통해 교류를 지속해나갔다.

케냐. 탄자니아Tanzania 메노나이트 교회는 케냐에 메노나이트의 모교회가 되었다. 교회의 시작은 1930년대 탄자니아에 정착했던 케냐의 루오Luo 사람들이 믿기 시작하여, 1960년대 케냐로 돌아오면서 본격화되었다. 1990년에 약 4,900명의 멤버가 있었으며 교회들은 나이로비를 비롯하여 탄자니아와 케냐를 잇는 길을 따라 케냐의 남부 및 중부 지방에 위치해 있었다.[5] 이전에 소말리아에서 사역했던 몇 사람들이 무슬림들과 함께 일하는 것에 특별한 관심을 갖게 되었다. 나이로비는 동 아프리카 메노나이트 선교를 위한 행정중심지가 되었다.

1963년에 최초의 회중이 조직되었고 전국 총회는 1977년에 열렸다. 1990년 70개의 지역에서 정기적인 예배가 드려졌고, 한 동안 연 20%의 성장을 보였다. 복음 증거의 방법은 개인전도를 기본으로 하였고, 학교나 병원을 통한 조직적인 접근보다는 소그룹 성서공부를 중심으로 진행되었다. 성서 훈련 학교의 필요성은 지역 성서 훈련공부반 및 리더십 훈련반으로 진행되었다.6)

가나와 나이지리아. 가나의 메노나이트 교회는 미국 선교사들이 오기 전부터 있었다. 이는 자신의 가정에서 모임을 가졌던 조지 톰슨T. George Thompson이라는 메노나이트 평신도의 사역을 통해서 이루어졌다 1957년 최초의 교회가 세워졌고 1964년 교단이 구성되었다. 선교 사역을 위한 기회들은 애크라Accra 지역에서 3년 동안 총 45명의 선교사에 의해 풍성한 열매를 맺게 되었다. 의료 및 교육 사역을 중점으로하여 선교가 진행되었다. 그러나 정부가 이 지역을 담당한 이후, 사역은 개인을 훈련시키고 지역 리더를 세우는 모습으로 방향을 전환하였다.

가나 메노나이트 교회에는 1990년 열 일곱 개의 교회에 총 1,200명의 멤버가 있는 것으로 조사되었다. 램사이어Ramseyer 훈련 센터는 교사들과 교리를 가르칠 수 있는 사람들을 배출해 냈으며, 교회의 사역자들을 정기적으로 훈련하여 예배를 드릴 수 있도록 하였다. 교회들이 '모든 사람들을 위한 새로운 삶' New Life for All이라는 이 주말 세미나에 관심을 가졌으며, 가정 성서공부Home Bible Studies 프로그램도 많은 관심을 이끌었다. 학생들은 가나 기독교 대학Ghana Christian College 및 트리니티신학대학theological Trinity College에서 공부할 수 있도록 장려되었다. 몇 몇 리더들은 북미의 메노나이트 학교에서 공부를 할 수 있었다. 세계교회 일치 운동과 밀접한 관계를 갖고 성서 협회 및 가나 기독교 교회 협의회가 운영되었다. 1970년대 말, 메노나이트 교회는 가나의 크리스천 연합 위원회를 통해 수 많은 교회연합 협상에 관계하기도 하

가나 메노나이트 교회는 메노나이트 선교부와 협력 관계를 가지며, 이웃하고 있는 나이지리아 메노나이트들과 긴밀한 관계를 유지하였다. 가나에서 일을 하고 있는 얼마 그로브(Erma Grove). 1958년 나이지리아 우요(Uyo) 지역의 약 50여개의 교회들이 자신들을 직접 "메노나이트"라고 선언하였다. 세 명의 나이지리아 교회 리더들이 교제를 가졌다.

였다.

    이러한 활동들과 더불어 메노나이트 경제 개발 협의회가 농업, 상업 및 소규모의 사업을 위한 자금을 마련해 주었다. 작은 서점도 운영하였다. 2년에 한번씩 형제들의 대표들이 모여 나이지리아의 여러 자매 교회들을 방문하기도 했다.

1958년 나이지리아로부터 가나 메노나이트 교회에 도와달라는 요청이 왔다. 나이지리아 캘리바Calibar 지방의 교회들이 리더십, 의료 및 교육 분야에 도움을 요청해 온 것이었다. 가나의 교회 멤버들은 이 요청에 반응하여 어떠한 도움을 주어야 할 지 구체적으로 조사하고 도움을 제안하였다. 가나 메노나이트 교회가 나이지리아를 도운 이야기는 아이린 및 에드 위버가 쓴 우요 이야기Uyo Story로 잘 정리되었다. 이 사역의 중심지가 되었던 우요Uyo 근처에 사는 사람들은 메노나이트교회, 나이지리아, 법인Mennonite Church, Nigeria, Inc.라는 도로변의 표지판을 쉽게 볼 수 있다. 약 40에서 50개의 교회가 이미 선교사가 오기를 기다리고 있었는데, 이 얼마나 멋진 이야기인가! 나이지리아 선교사역의 초창기로부터 보여진 얼마나 멋진 변화인가!

그러나 만약 교회가 이미 그곳에 있었다면, 최초의 선교사들은 그것이 축복인지 부담인지 의아해 할 수 밖에 없을 것이다. 사실 이곳에는 여러가지 이유로 인해 장로교와 감리교로 갈라져 있었다. 많은 성도들은 잘못 훈련을 받은 교회 리더들에 의해 돌봄을 받고 있었다. 그들의 신앙은 기독교 신앙과 정령신앙이 뒤섞여있는 혼합종교의 모양을 띠고 있었다. 그러나 아직도 그들은 크리스천이 되기를 원하고 있었다. 그들은 성서학교를 원하였고, 그리하여 정말로 크리스천이 된다는 것이 무슨 의미인지 보다 명확하게 알수 있게 되었다.

한편, 오래된 선교 단체들은 메노나이트들이 그곳에서 선교사역을 시작하는 것을 환영하지 않았다. 그것은 단지 크리스천들 간의 분파만 더 늘리는 것이라고 생각했기 때문이었다. 다른 교단들이 이미 들어왔다가 나갔으며 교회들은 여러가지 이름으로 불렸다. 아마 그들은 지금 메노나이트라고 불리다가도 몇 년이 지나면 다른 이름으로 불리게 될 것이었기 때문이었다. 이러한 교회들에게 필요한 것은 회개하고 세운 교회로 돌아가는 것이었다. 기존의 선교사들과 수 많은 대화, 자성, 기도 및 번민의 시간을 가졌다. 사람들에게는 도움이 절실히 필요하다는 것이 분명했지만, 거기에는 오랜 분열로인해 생긴 쓴 뿌리가 있었다. 또 한 가지의 문제는 이들이 그리스도의 제자가 되는 것 보다는 서구 문명의 혜택을 더 구가하는 것처럼 보였다는 사실이다. 이런 상황에서 배움을 위한 학교의 필요성은 더욱 간절하였다.

마침내 메노나이트들은 이러한 복잡한 상황 속에서 사역을 시작하기로 결정하였다. 오랜 고민 끝에 그곳에 머물러 일을 시작하기로 결정하였다. 실제 화해의 사역이 시작되었다. 아주 오래된 선교단체들과 신자들 사이의 문제들을 하나하나 화해의 사역으로 가져갔다. 의료사역은 장로교와 함께 협력함으로 시작되었고, 리더십 훈련은 즉시 시작되었다. 1990년 나이지리아 메노나이트 교회는 총 57개 교회에 6,634명으로 집계되었다. 리더십을 세우기 위해 새로운 신학대학원이 생겨났다. 메노나이트 선교부 사역자들이 나이지리아 교회에 의해 그리고 필요에 따라서 사역을 진행해나갔다.[7]

그리스도 안의 하나님의 교회, 메노나이트 The Church of God in Christ, Mennonite 또한 1963년부터 나이지라아에서 선교를 시작하였다. 새로운 크리스천들을 가르치고 훈련시키는 것과 함께 문서의 보급이 주된 사역이었다. 새로운 크리스천을 준비시키는데에 있어서 그들은 효과적으로 복음을 전파하였다. 1990년 멤버는 239명이었다.

짐바브웨와 잠비아. 1898년 그리스도 안의 형제 교회는 로데시아 Rhodesia라고 불렸던 짐바브웨에서 선교를 시작했다. 당시 잠비아는 로데시아의 북부지방의 한 부분이었다. 1924년 선교회가 마토포Matopo, 므짜베지Mtshabezi 그리고 와네지Wanezi 세 곳으로 지역을 확장한 후, 현재에 이르고 있다. 북서부 지역의 과이Gwaai를 제외한 모든 곳에 교육

기관의 설립과 의료 사역을 중점으로 선교가 이루어지고 있다.

현재의 관점에서 보자면, 선교적 접근은 너무나 제도적이었고, 규칙은 너무나 형식적이었다. 그러나 이러한 체제 아래에서 교회 리더들이 일어나 현재 건강한 영적인 성장과 충분한 수적 증가를 이루어 냈다. 이러한 접근은 성숙하고 자치적인 교회로 변화되었고, 새로운 지역이었던 빅토리아 폭포, 살리스버리Salisbury 지역과 불라와요Bulawayo의 북쪽 지역까지 선교의 범위를 넓히게 되었다. 1977년 모든 외국 선교사는 철수했지만, 북미로부터의 재정적 후원은 지속되었다.

1970년대 짐바브웨 내의 정치적 갈등은 교회를 매우 어렵게 만들었다. 1980년에 짐바브웨가 독립하였다. 그럼에도 불구하고, 복음전도는 지속되었고, 성서학교와 여러 지역을 돌아다니면서 운영되었던 성서학교였던 신학 교육 프로그램은 복음전도를 적극 후원하게 되었다. 많은 기대와 준비를 통해 선교요원의 방문 지도가 이루어졌다. 이러한 방문 지도는 주일학교, 청소년 활동, 상담 등, 교회 사역의 모든 영역에서 일할 수 있도록 리더십 훈련을 위해 꼭 필요한 것이었다. 학교 프로그램들이 지속된 이래로, 과학, 수학, 역사 및 다른 여러 과목을 가르칠 기독교 선생님들의 필요 또한 끝이 없었다. 비록 잠비아가 정치적 안정을 누렸음에도 불구하고, 이러한 필요는 여전히 강조되었다. 1960년대와 1970년대에 국제 교사 프로그램Teachers Abroad Program을 통해, 1980년대에는 농업 개발 프로그램을 통해 메노나이트 중앙위원회가 이러한 필요를 채워주었다.

1990년 짐바브웨의 교인 수는 12,039명이었으며, 잠비아는 6,632명이었다. 이 나라에 메노나이트 선교사가 한 사람도 없었음에도, 잠비아 그리스도 안의 형제 교회Brethren in Christ Church in Zambia의 지도 하에 국적을 바꾼 사람들이 선교의 재원이 되었다. 잠비아로부터 보내진 한 보고서는 아프리카의 어렵고도, 극심한 염려들을 다음과 같이 요약하고 있다. 이러한 것은 북미의 염려와 그리 다를 바 없었다.

> 경제적 번영, 승진, 물질주의, 부족간의 충돌, 이념의 충돌, 문화, 전통, 현대주의 및 산업화, 빈곤, 부정, 부패, 자유, 해방, 교육, 해외여행, 자립 등 모든 것이 사람들의 삶과 감정을 아주 무겁게 짓누르고 있다.[8]

아직도 교회는 이러한 압박들 속에서도 적극적인 활동을 지속하고 있다. 새로운 교회들이 설립되고, 스와질랜드Swaziland의 세계전파라디오Trans World Radio를 통해 복음증거가 이루어지고 있으며, 에쿠필레니성서학교Ekuphileni Bible Institute가 리더를 준비시키는 역할을 감당하고 있다. 정치적으로 여러 결정적인 쟁점들이 계속 부상함에도 인내로 사역을 지속하고 있다. 하나님의 성령이 역사하고 계심에 틀림이 없다. ME 5:957~960

아프리카 독립 교회들 AICs. 아마도 1960년대 이래로 아프리카에서 가장 우세한 기독교 운동은 어떤 교단이나 어떤 독특한 선교전략과 그다지 관련되어있지 않았다. 실제 아프리카에서 일어난 기독교 운동은 교단과 선교단체가 아닌 수 백, 수 천개의 아프리카 독립교회들이 일으켰다. 때때로 이들은 기존의 교회나 교단들에 의해 따돌림을 경험하기도 했고, 때로는 여성들에 의해 교회가 최고라는 찬사를 받기도 했다. "나는 길 모퉁이에 있는 큰 교회에 예배를 드리러 갑니다. 그러나 내가 아플 때, 나는 영적인 교회에 가지요. 왜냐하면 그들은 어떻게 기도하는지 알거든요."[9] 때때로 그들은 교회가 전혀 없는 곳에서 교회를 시작하지만, 선지자의 예언과 병고침과 기도를 다시 일으켜 세운다. 어떤 면에서 그들을 독립교회라고 부르기 보다는 영적인 교회라고 부르는 것이 더 올바른 표현이 될 것이다. 그럼에도 독립교회라는 표현이 아프리카의 상황에서 그들의 독립성과 자치성을 더 독특하게 표현하는 것이라 할 수 있을 것이다.

한 동안 서구의 선교단체들과 그들이 세워 놓은 교회들은 AIC를 악평하였다. AIC가 사람들의 마음을 강하게 사로잡고, 사람들의 생활을 통제하기 힘들 정도로 강력하게 움직이며, "올바른" 신학에 대한 관심을 두지 않으며, 예언자들의 어떤 이기적인 목적들과 여러가지 이유들을 들어가며 이들을 아주 위협적이고 위험한 교회로 보았었다. 그러나 대대수의 AIC교회들은 성령께 모든 것을 의지하고, 단순한 믿음을 실행하며, 그리스도께 대한 헌신과 매일이 삶에 있어서 신실한 크리스천의 모습을 보여주고 있다. 사회학자, 인류학자 및 서구의 신학자들이 AIC 교회들을 아주 철저하게 분석하자, 건강성이 드러나게 되었다. 이러한 분석을 통해 알려지게 된 그룹들 중 알란두라Alandura라는 주님의 교회Church of the Lord가 있었다. 그러나 알란두라라는 교회뿐 아니라, 이러한 모습으로 검토된 교회는 수 백, 수 천개의 교회들이 있다. 약 6,000개의 새로운 운동이 존재하는 것으로 나타났다. 물론 이러한 운동 모두가 AICs와 관련된 것은 아니다.

AICs의 중심에는 하나님에 의해 부름을 받은 예언자들이 있다. 이들 중 어떤 사람들은 사기꾼들이기도 하지만, 이러한 거짓 예어자들은 "하나님께 사람들을 가까이 오게 하는" 비전과 치유라는 영적인 능력이 부족하여 곧 자신들의 추종자들을 잃고 만다. 가나에서 가장 유명한 예언자는 밀스F.A. Mills라는 사람으로 북미를 방문한 적도 있다. 다음은 그에 대한 기록이다.

1965년 9월 14일, 나는 아메드조페(Amedzofe)의 제미 산(Mount Gemi)으로 금식 기도를 하러 갔다. 오후 네시 반에 도착한 후, 먼저 기도원장과 인사를 했다. 그날 밤 나는 물과 음식을 먹지 않는 7일 금식을 시작했다. 나는 십자가 아래에서 비가오든 해가 나든 낮과 밤을 보내며 금식하고 기도했다. 하나님의 임재 앞에서 춥거나, 습하거나, 배고픔은 느껴지질 않았다.

3일째가 되자 한 여인이 자신의 미치광이 아들을 데려왔다. 하나님의 은혜로 그 아이의 병이 고쳐졌다. 이러한 기적은 말씀과 병고침을 원하는 기도원 지역에 있던 마을 사람들을 몰고왔다. 내게 있어서 놀라웠던 것은 다른 주변의 마을 사람들에게 이 이 소식이 전해졌고, 그들 또한 하나님의 능력을 시험해보기 위해 산으로 올라오게 되었다는 것이었다.

당신이 그곳에서 무슨 일이 일어났는지 직접보았으면 좋았을 텐데. 그들은 눈이 먼 아이들 절름발이 아이들을 데려왔고, 그들은 주 예수 그리스도의 이름으로 나음을 입었다. 마을의 수장 또한 여러가지 문제들이 있었는데 그가 갖고 있던 문제 또한 모두 해결되었다.

8일째 되는 날 나는 그 기도원을 떠나 기쁨과 행복한 마음으로 애크라(Accra)로 돌아왔다. 하나님의 이름 만이 찬양을 받을 지어다.10)

메노나이트들은 성서를 가르치는 교사들로서 AICs와 관계를 맺고 있다. 그들이 필요할 때, 필요한 장소에 가서 가르친다. 비록 어떤 예언자들은 성서를 공부하는 것이 자신들의 영적인 능력을 감소시킨다고 느끼기 때문에 성서공부 그룹을 떠나기도 하지만, 이들은 보다 성서적인 지식을 갖는 것에 대해 대단한 열정을 갖고 있다. 그러기에 성서를 가르칠 수 있는 교사들이 더 많이 필요하다. 어떤 AICs 는 아예 메노나이트를 찾아오기도 하고, AICs에서 나와 메노나이트 교회에 가입하기를 원하기도 하는데, 이것은 메노나이트 성서학교 교사들이 의도하는 바는 아니다. 교육을 담당하는 기관들을 세우는 대신, 성서 교사들은 필요가 생길 때, 필요한 장소에 가서 자유롭게 성서를 가르치고 있다.

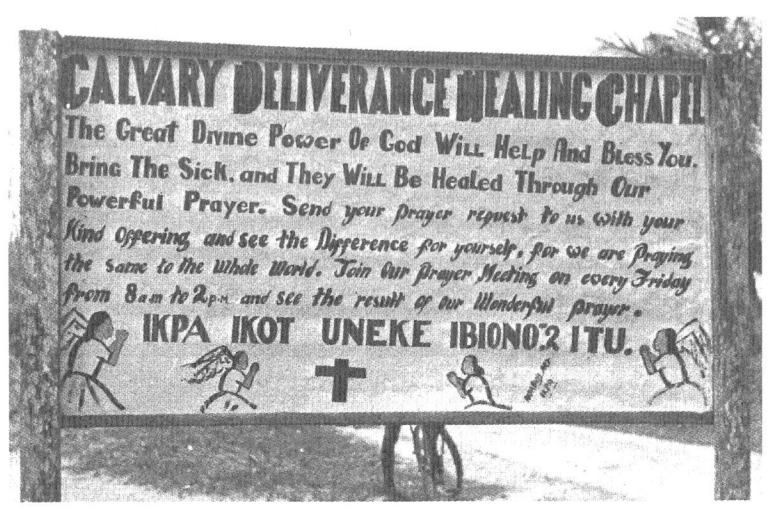

아프리카 독립 교회들(AICs) 중 어떤 그룹들은 교단 소속에 관계없이 메노나이트 교회와 아주 밀접한 협력관계를 갖고 있다. 메노나이트 성서 교사들은 독립교회가 필요로 할 때, 필요한 장소에 가서 그들을 돕고 있다. 기독교를 받아들인 한 무당이 자신의 신당을 부수고 그 장소에서 특별 기도 모임을 갖고 있다.

성령께서 인도하시는 대로 자신들을 은사를 사용하고 있을 뿐이다. 수백명의 평신도 교사들을 훈련하고 있는데, 특히 아프리카 서부뿐만 아니라 대륙의 전역을 다니며 가르치고 있다. 서부 지역을 담당하는 성서 교사들은 최소한 그들이 하나님의 능력과 하나님께 대한 믿음에 대하여 가르칠 수 있는 만큼 배운다고 보고하고 있다.

아프리카에는 메노나이트들이 관계하고 있는 다른 중요한 일들이 많이 있다. 1960년대부터 아프리카의 거의 모든 나라에는 메노나이트 중앙위원회의 자원봉사자들이 활동하고 있으며, 1979년 7월 프리토리아Pretoria에서 두 사람의 메노나이트와 그리스도 안의 형제교회 한 사람이 남 아프리카 크리스천 리더 총회South Africa Chrisian Leadership Assembly, SACLA에서 연설을 맡게 되었다. 이 모임에는 약 6,000명의 크리스천들이 운집했는데, 이러한 모습에 이르기까지 메노나이트는 아프리카의 여러 중요한 일들과 관련이 되어있다. 1956년 메노나이트 선교부에 의해 시작된 알제리아에서의 복음증거는 어떤 한 사람에 의해 지속되고 있다. 1978년 메노나이트 선교부는 아이보리 코스트Ivory Coast에서도 사역을 시작하였다. 메노나이트 동 선교부 및 메노나이트 중앙위원회는 1978년부터 스와질랜드와 수단에서 구제 활동 및 복음 증거 사역을 시작하였는데 메노나이트 중앙위원회는 레소도Lesotho와 트랜스케이Transkei의 사역도 담당하고 있다. AIMM과 MCC는 보스와나Botswana, 레소도Lesotho, 벌키나 파소Burkina Faso에서 사역을 지속하고 있다. 프랑스 메노나이트들이 차드에서 수단 연합 선교회와 협력하여 사역 중이다. 모로코와 부룬디에서 메노나이트 중앙위원회의 사역이 진행되고 있을 뿐 아니라, 우간다와 다른 지역에서도 인종적 편견, 경제적인 불합리 및 여러 장벽을 무너뜨리는 가운데 "눌린자에게 자유를… 가난한 자에게 복음의 좋은 소식을 선포"눅4:18하고 있다.

이러한 모든 관심들과 발전은 이미 오래전부터 예견되었던 것이며, 어떤 의미에서 1962년 케냐, 리무루Limuru에서 메노나이트 교회들과 그리스도 안의 형제 교회 대표들이 처음으로 함께 총회모임을 갖게 되었을 때 이미 절정에 달했었다. 이 총회에서 메노나이트들이 폭발직전의 아프리카에 기여할 수 있는 것이 무엇인지, 그리고 평화를 어떻게 증거할 것인지에 대하여 논의하는 동안, 그들은 수 많은 다른 문제점들을 발견하게 되었다. 1965년 로데시아Rhodesia의 불라와요Bulawayo에서 두 번째 총회가 소집되었는데, 아프리카 교회 리더들의 리더십 아래 아프리카 교회들이 당면하고 있는 아주 결정적인 쟁점들이 무엇인지 토론하게 되었다. 다음 다섯 가지 논점들은 두 번째 총회에 참석했던 모든 나라와 모든 그룹들이 공통으로 갖는 문제들로 드러난 것들이다.

1. 기독교는 모든 사람들에게 전해져야만 하며 일상적인 필요와 문제들에 알맞는 모습으로 전해져야만 한다는 자각이 증가하고 있다.
2. 교회는 교회의 방법을 넘어선 곳까지 손길을 뻗쳐야 하며, 그러기 위해서 아주 어려운 것들을 감내해야 한다. 그렇게 하기 위해서는 많은 멤버들이 십일조를 기꺼이 내야하며, 모든 멤버들이 아주 잘 훈련된 목사를 적극 후원해야 한다. 그러나 서구의 교회들에게 막대한 기부금을 기대하는 것은 싫어하였으며, 서구의 교회들은 이 부분을 정직하게 물어야 할 것이다.
3. 산업화된 나라들과 비교하여 볼 때, 그들의 상황이 아주 비참하다고 보았기 때문에 비록 독립국가로 있다 할지라도 많은 나라들에게서 모든 것이 나아지기보다는 불안감이 고조되고 있었다. 왜 이러한 일이 일어나는지 알고 싶어 하였다. 과연 바다 건너에 사는 부유한 크리스천 형제들이 이 곳의 가난한 형제들에게 그들의 마음을 열어줄 수 있는가?
4. 독립한 신생국가들이 동서 간의 이념적/정치적 갈등 속에서 자신들을 정직하게 볼수 있게 되었다. 이것은 외국 자본을 필요로 하는 자신들의 필요 속에서 발견된 현실이었다. 또한 아프리카 외의 몇 몇 다른 나라들은 여전히 아프리카에 상주하여 엄청난 권력을 행사하며, 그러한 권력이 필요하다는 것을 나타내고 있다.

5. 인종적인 문제는 아프리카에서 해결되기 쉽지 않은 문제로, 전 세계가 관심을 쏟아야 할 문제이다. 세계가 보는 바와 같이 아프리카는 엄청난 혼란 속에 있다. 자국 내에서 그리고 외국과의 관계에 있어서 아프리카 사람들이 2등 시민이 되는데 얼마나 오랜 기간이 걸릴 것인가?[11]

이 총회는 정말로 획기적인 총회였다. 다루어진 안건들 중 4번의 동서간의 정치적인 문제가 남북의 경제갈등 문제로 전환된 것을 제외한다면 문제의 대부분은 여전히 실재하고 있다. 이 총회에서는 이러한 문제를 지속적으로 다루기 위한 모임을 갖기로 결정하였고, 아프리카 메노나이트 교회 및 그리스도안의 형제 교회 펠로우쉽Africa Mennonite and Brethren inChrist Fellowship, AMBCF을 조직하여 교회 상호간의 활동 및 협력사업을 이끌어가며, 하나의 활동이 필요할 때 서로 돕기로 가결했다.

이러한 메노나이트 교회 및 그리스도안의 형제 교회들의 펠로우쉽을 통해 전세계적으로 하나가 되는 모습은 라틴 아메리카, 아시아 그리고 이제 아프리카에서의 토론을 통해서도 확인 되었다. 이러한 펠로우쉽은 나라와 인종의 구분이 없다. 아시아 147,600명 아프리카 176,000명, 총 324,100명의 멤버들이 메노나이트 가족으로 끊임없이 교제하고 있다. 1990년 북미와 남미에 파악되지 않은 숫자외에 총 585,495명의 멤버들이 있는 것으로 조사되었다.[12]

선교는 교회의 본질로 교회의 생명력에 지대한 영향력을 미치고 있다. 현재, 선교는 유럽과 북미의 교회나 해외 선교를 구분하지 않는다. 전세계에 존재하는 메노나이트들은 항상 협력자로서 복음을 증거하며, 자원을 함께 나누며, 각 사람에게 주신 특별한 은사를 교회의 머리되신 그리스도를 위해 사용하고 있다. 부유한 북미와 유럽의 크리스천들이 전 세계의 수 천만 명의 가난한 사람들의 목소리를 제대로 듣고 있는가 하는 질문은 아주 뼈아픈 질문이다. 사역자들이 아프리카, 아시아, 라

AFRICA

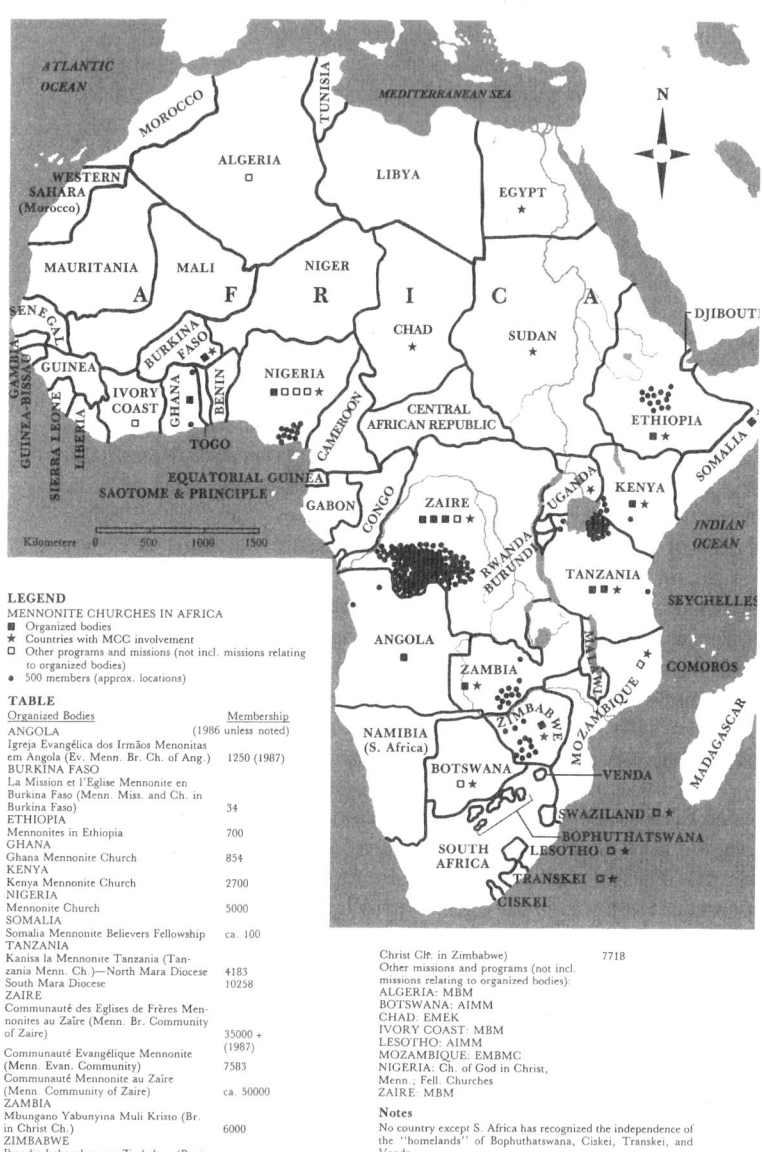

LEGEND
MENNONITE CHURCHES IN AFRICA
■ Organized bodies
★ Countries with MCC involvement
□ Other programs and missions (not incl. missions relating to organized bodies)
● 500 members (approx. locations)

TABLE

Organized Bodies	Membership
ANGOLA	(1986 unless noted)
Igreja Evangélica dos Irmãos Menonitas em Angola (Ev. Menn. Br. Ch. of Ang.)	1250 (1987)
BURKINA FASO	
La Mission et l'Eglise Mennonite en Burkina Faso (Menn. Miss. and Ch. in Burkina Faso)	34
ETHIOPIA	
Mennonites in Ethiopia	700
GHANA	
Ghana Mennonite Church	854
KENYA	
Kenya Mennonite Church	2700
NIGERIA	
Mennonite Church	5000
SOMALIA	
Somalia Mennonite Believers Fellowship	ca. 100
TANZANIA	
Kanisa la Mennonite Tanzania (Tanzania Menn. Ch.)—North Mara Diocese	4183
South Mara Diocese	10258
ZAIRE	
Communauté des Eglises de Frères Mennonites au Zaïre (Menn. Br. Community of Zaire)	35000 + (1987)
Communauté Evangélique Mennonite (Menn. Evan. Community)	7583
Communauté Mennonite au Zaïre (Menn. Community of Zaire)	ca. 50000
ZAMBIA	
Mbungano Yabunyina Muli Kristo (Br. in Christ Ch.)	6000
ZIMBABWE	
Ibandla Labazalwane e-Zimbabwe (Br. in Christ Ch. in Zimbabwe)	7718

Other missions and programs (not incl. missions relating to organized bodies):
ALGERIA: MBM
BOTSWANA: AIMM
CHAD: EMEK
IVORY COAST: MBM
LESOTHO: AIMM
MOZAMBIQUE: EMBMC
NIGERIA: Ch. of God in Christ, Menn.; Fell. Churches
ZAIRE: MBM

Notes
No country except S. Africa has recognized the independence of the "homelands" of Bophuthatswana, Ciskei, Transkei, and Venda.

틴 어메리카에서 활동하는 동안, 북미와 유럽의 교회 또한 소위 말하는 제3세계의 신자들로부터 새로운 예언자적 복음을 들어야만 할 것이다.

---

1) James C. Juhnke, *A People of Mission*. Newton, Kan.: Faith and Life Press, 1979, pp. 67f.
2) MWC *Handbook* 1990, pp. 342-343.
3) 앞의 책 pp. 180-182.
4) Omar Eby, *A Whisper in a Dry Land*. Scottdale, Pa.: Herald Press, 2968.
5) MWC *Handbook* 1990, p.337.
6) ME 5:476-479; 488-489. Mahlon M. Hess, *The Pilgrimage of Faith of Tanzania Mennonite Church*. Salunga, Pa.: EMBMC, 1985.
7) Edwin and Irene Weaver, *From Kuhn Hill Among Indigenous Churches in West Africa*. Elkhart, Ind.: Institute of Mennonite Studies, 1975,
8) Helen Amolo and Meshack Osiro, in *Mennonite World Handbook*, 1978, pp. 85-90.
9) Weaver, op. cit., p. 121.
10) 앞의 책, pp. 53-54.
11) *Messages and Reports, Africa Mennonite Fellowship*. Bulawayo, March 3-10, 1965, pp. i, ii.
12) MWC *Handbook* 1990, p. 328.

그 외의 자료들: ME 5 articles, cross-references and bibliographies. *MWC Handbook* 1978, 1984 and 1990. Samuel Escobar and John Driver, *Christian Mission and Social Justice*, Scottdale, Pa.: Herald Press, 1978. James C. Juhnke, *A People of Mission*, Newton, Kan.: Faith and Life Press, 1979. Theron F. Schlabach, *Gospel Versus Gospel*: Mission and the Mennonite Church, 1863-1944, Scottdale, Pa.: Herald Press, 1980. Wilbert R. Shenk, Editor, *Mission Focus: Current Issues*, Scottdale, Pa.: Herald Press, 1980. Idem, ed., *Exploring Church Growth*, Grand Rapids, Mich,: Wm. B. Eerdmans, 1983. Contact any MCC or conference-related mission office for audiovisual resources.

20장
1815년 이후 유럽의 메노나이트

1648년 웨스트팔리아Westphalia 조약과 더불어 30년 전쟁이 끝났을 때, 정치적인 국가주의nationalism와 종교적인 분파주의denominationalism가 유럽에서 시작되었다. 이러한 교회와 국가간의 새로운 세력들은 19세기로 들어서면서 점점 더 분명하게 그 모습을 드러내게 되었다. 이는 새로운 시대의 신호탄이며 동시에 결과를 몰고온 프랑스 혁명을 통해 가시화 되었다.

프랑스 혁명1789~99은 처음에 프랑스 국민들과 왕을 위시한 귀족들 간의 다툼으로 시작되었다. 혁명의 비전은 군중들에게 강력한 호소력으로 그 모습을 드러내었으며, 이는 자유, 평등, 박애라는 슬로건으로 구체화되었다. 언뜻 보기에 이들의 비전과 슬로건은 기독교의 가르침과 일치하는 것 같지만, 사실상 프랑스의 정황 속에서 보면, 사람들은 평등하게 태어났으며, 그 어느 누구도 다른 사람을 노예로 만들거나 군림할 수 없다는 자연법 이론에 기초를 두고 있는 사회적, 정치적 혁명가들에게서 나온 것이다.

이러한 비전이 나폴레옹의 군사력 및 정치적 계획과 결합되면서 새로운 문제들을 야기시켰다. 이러한 역사적 상황은 메노나이트들의 목숨을 앗아가는 박해나 혹은 투옥의 시대가 종결됨으로써 희망을 주기도 했지만, 메노나이트들은 유럽의 일반 시민들이 누리는 특권을 누릴 수 없도록 신분이 제한되었다. 이렇게 2등 시민으로 신분이 제한되는 상황이 되면서 메노나이트들은 시골 지역으로 가서 세속의 방해를 받지 않으며 사는 사람들, 즉 "이 땅에서의 평온한 사람"으로 분리된 삶을 살아야 했다.

평등 사상은 대부분의 사람들에게 완전한 시민권을 보장해 주었지만, 평등한 권리를 부여받는 것은 이와 동등한 책임을 받아들여야 하는 것을 의미했다. 특히 이러한 책임의 맨 끝 부분에 명시된 군복무를 기본의무로 받아들여야 했다. 어떠한 형태가 되었든지 메노나이트들은 이러한 요구를 피해갈 수 없었다. 때때로 그들은 병역 특례를 위해 무진 애를 써야했고, 벌금, 대체복무, 이민, 믿음의 댓가로 죽음을 선택해야 했다. 프랑스 혁명 시기에 나폴레옹에 의해 요구된 군복무는 일반적인 병역제도로 정착되었고 모든 사람들이 참가해야만 했다. 처음에는 군복무 대신 세 가지 선택권이 사람들에게 주어졌는데, 이러한 선택권을 얻기란 거의 불가능한 것이었다. 대체 복무의 몇 가지 형태가 몇 나라에서 시행되고 있었지만, 이러한 대체복무 또한 병역과 관련되어 있는 것으로 메노나이트들이 받아들일만한 것은 하나도 없었다. 19세기의 상황 속에서 평등을 말할 때 이는 많은 사람들의 요구와 충돌하는 양심의 자유는 아예 포함되어 있지 않았다. 따라서 자유란 개인적이기보다는 국가적인 차원의 자유를 의미했다.

1803년과 1805년 수 많은 기도와 금식 후에, 남부 독일의 메노나이트들은 정부가 받아들일만한 병역대체 복무를 나폴레옹에게 직접 요청하기로 결정했다. 루크하임Ruchheim 교회의 묄링거Möllinger 목사가 이러한 목적으로 나폴레옹을 만나려고 하였으나, 얼굴을 볼 수 있는 기회조차 주어지지 않았다. 프랑스 메노나이트들은 1809, 1811, 1812, 1814년과 1829년에 이르기까지 총 다섯 번씩이나 병역대체 복무를 위한 청원서를 제출하였다. 그렇지만 그 어느 것도 성공을 거두지 못했다. 1793년에 만들어진 규정에 그들을 구제해 주는 내용이 있었으나, 정부는 이 내용을 거들떠 보지도 않았다. 어떤 메노나이트들은 다른 사람을 고용하여 대신 군에 가도록 조처를 취했지만, 정말로 능력있는 몇 사람만이 피해갈 수 있을 뿐, 벌금으로 징집을 대신하는 것도 현실적으로 불가능하게 되었다. 그래서 어떤 메노나이트들은 군복무 반대를 실행한다는 것 자체에 대해 의구심을 갖기도 했다.

위에서 언급된 방법들 중 이제 남겨진 한 가지 방법은 이민을 가는 것이었다. 그렇지만 많은 사람들에게 자신의 집을 떠난다는 것과 새로이 살 곳을 마련한다는 것은 여간 어려운 것이 아니었다. 그러나 10장과 11장에서 우리가 살펴본 바와 같이 많은 사람들이 이 네 번째 방법을 선택하였다. 네덜란드에서 이민을 떠난 그룹은 유일하게 한 그룹밖에 없었다. 1854년 프리스랜드의 발크Balk 교회에는 52명의 회중이 있었는데, 미국 인디아나 주 고센 근처의 뉴 패리스New Paris라는 곳으로 삶의 터전을 옮겼다. 11장에서 설명한 대규모의 아미시 이주 및 스위스 이주 역사는 실제 군복무의 압력이 동기가 되어 이루어진 것이다. 1789년 이후의 프러시아와 1870년대 이후 러시아로부터 이루어진 메노나이트들의 대규모 이주도, 비록 다른 사회, 경제적 요인들과 관련이 되어 있지만, 이러한 병역문제들에 의해 촉발된 것이었다.

프랑스 혁명이 제시한 이상들 때문에 비저항을 다르게 본 메노나이트들도 있었다. 평등이 획일화를 의미할 수도 있다는 경향성도 나타났다. 왜 메노나이트들은 다른 사람들과 달라야만 하며, 맹세를 하지 않으며, 평신도 목회를 실행하는가? 하는 질문이 생겨났다. 그러나 또 다른 한편, 평신도 목회가 혁명적인 반성직주의를 받아들인 사람들에게 상당한 매력으로 다가왔고, 평등에 대한 서로 다른 생각과 이해를 갖고 있다 하더라도 서로 신뢰할 수 있다는 것을 보여주었다. 대부분의 나라들은 여전히 맹세를 요구 하는 대신 다른 방법을 받아들였다. 예를 들어 스위스에서는 악수를 하는 것으로, 프랑스에서는 그 사람이 진실을 말하겠다는 간단한 선언문으로 이를 대신하게 하였다.

전통적인 메노나이트 신앙을 아주 엄격하게 지키고자 하는 사람들에게 이주는 받아들일만 한 대안이었다. 19세기 말 병역징집령과 여러 방식으로 병역복무를 반대하는 사람들을 회유시키고자 하는 끊임없는 요구는 수 많은 사람들의 개성을 잠식시켜나갔다. 이러한 강제는 서부 유럽에 몇 안되는 메노나이트들이 군복무에 할 수 없이 응하게 되도록 만들기까지 철저히 진행되었다. 스위스에서는 메노나이트들을 비전투요원noncombatant으로 인정해 주는 것이 관례가 되었다. 이는 1848년 헌법에 명시되어 메노나이트들이 자신들의 원리원칙에 따라 살도록 인정한 것이었다. 중립국이라는 입장을 표명하면서 스위스가 제 1차 세계대전과 2차 세계대전에 참여하지 않은 것은 군복무로 인해 발생하는 어떤 실재적인 갈등에 메노나이트들을 연루시키지 않겠다는 사상을 지켜주기 위한 것이었다.

산업, 정치, 문화적인 영역에 메노나이트들을 보다 폭넓게 받아들였던 독일과 네덜란드의 젊은이들은 군복무를 의무로써 기꺼이 받아들이고 있다. 1848년 크리펠트Krefeld 출신의 한 메노나이트 의원이 의회에서 어떤 사람이 신청한 병역면제 요청을 반대한 적이 있었다. 메노나이트들에게 주어지는 특별 병역 면제에 단찍Danzig에 살고 있는 메노나이트가 아닌 어떤 사람이 병역특혜 요청을 했기 때문이었다. 1861년 엠덴Emden의 교회 멤버중 이삭 브론스Isaac Brons라는 사람은 동 프리스랜드 해군의 회장직을 맡았고, 제 1차 세계 대전기간 동안 군 장성으로 해군의 제독이 되기도 했다. 1914년 서부 유럽의 메노나이트 교회에 비저항이 폭넓게 받아들어지면서 역사적인 입장으로 자리하게 되었다.

네덜란드

네덜란드 메노나이트들은 18세기 내내 꾸준히 숫자가 감소하는 고통을 겪어야 했다. 1700년에 약 160,000명의 메노나이트들이 1808년에는 27,000명으로 줄었다. 이는 평균적으로 매년 교회가 하나씩 없어진 셈이었다. 예를 들어 하렘Haarlem 교회는 1708년 교회 멤버가 약 3,000명이었다. 그러나 1834년에는 겨우 488명밖에 되지 않았다. 이러한 것은 시골 프리스랜드의 멤버들에게까지 영향이 미쳐 1666년 20,000명에서 1796년 13,000명으로 크게 줄었다. 1830년이 될 때까지 이러한 쇠퇴는 멈추지 않았다. 1855년 특히 1880년 이후부터 이러한 추세는 1960년 39,000명이 될 때가지 성장세로 방향이 바뀌었다. 그러나 1990년에는 다시 하락하여 18,000명으로 집계되었다.[1]

이러한 엄청난 손실은 메노나이트를 포함한 유럽 전역에 만연한 계몽주의의 영향 때문이었음에 틀림이 없었다. 계몽주의는 성서, 교회 및 전통의 권위를 포함하여 비이성적이라고 여겨진다면 그 어떤 것이라도 질문하여 납득할만한 답을 얻어야 했다. 질문을 기반으로한 과학적 방법을 사랑하는 18세기의 운동이었다. 계몽주의 운동은 교육을 받은 사람들에게 가장 두드러지게 나타났고, 그 영향은 1735년에 세워진 암스테르담에 있던 메노나이트 신학대학원에도 미쳐졌다. 곧 시대에 뒤떨어진 것으로 여겨진 전통적인 아나뱁티스트-메노나이트 사상 및 삶의 모습에 대한 반발이 생겨났다. 특별히 메노나이트 가운데에서도 계몽주의의 결과로 빚어지는 개인주의와 같은 특징들이 눈에 띠게 되었다. 사람들은 자신들의 믿음에 대하여 자유롭게 되었고 자신의 신앙고백을 자유롭게 기록하였으며, 성서를 자신들을 위하여 마음대로 해석하기도 했다.

비록 이들이 계몽주의가 교회에 침투하는 것을 막을 수는 없었지만, 이러한 계몽주의 사상에 아랑곳 하지 않는 메노나이트들도 있었다. 이러한 리더들 중에 메노나이트 신학대학원Mennonite Seminary 교수이자 유능한 설교가인 사무엘 뮬러Samuel Muller라는 사람이 있었다. 목사였던 고터D.S. Gorter는 1856년 "나는 자유주의가 되고 싶지도 않고 전통을 고수하고 싶지도 않지만, 정말로 성서적이고 싶다."라는 기록을 남겼다. 지성인들 사이에서 지지를 받으며 리베일Reveil로 알려진 운동이 있었는데, 이 운동은 전통적인 가치에 보다 더 많은 관심을 갖고 있었다. 그러나 불행히도 그들 내부에서 조차 널리 보급되어 있어야만 하는 정통주의는 이미 낯선 것이 되어있었다. 이들 중 어떤 사람들은 후에 메노나이트 회중들을 위해 "하나님의 말씀을 유지하기 위한 협회" Association for the Manitenance of God's Word를 조직하기도 했다. 이러한 고백을 살펴보면서 우리가 알 수 있는 것은 계몽주의적 이성주의자들은 그들이 믿고 있는 지혜를 통해 교회를 거부하고 있다는 사실이다.

한 때 얀 데 리프데Jan de Liefde라는 한 예언자가 나타났지만 그의 목소리가 너무나 진실되었기 때문에 사람들에게 무시되었다. 그는 메노나이트들이 유아세례 외의 모든 이단들을 묵인하고 있다고 질책하였다. 그는 아주 생생한 필체로 폭풍에 밀려 가라앉고 있는 고기 잡는 배에 대한 글을 썼는데, 그 배에 타고 있는 어떤 사람들은 위험을 느끼지 못하고 있으며, 어떤 사람들은 어떻게 자신들의 생명을 구할 지에 대해 일치를 보지 못하고 있다는 내용의 글이었다. 그는 110페이지에 달하는 이 책에 『위험, 위험, 평화의 부재』Danger, Danger, and No Peace라는 제목을 붙이고 "잠자고 있는 사람들을 위한 글"이라는 부제를 달아 출간했으나 관심을 갖는 사람은 거의 없었다. 아무도 이러한 주장에 반응을 보이지 않자 망감과 함께 데 리프데는 메노나이트를 떠났다. 그러나 최근 학자들이 데 리프데가 시도하고자 했던 것이 무엇인지 깨닫기 시작하며 그의 존재를 인정하기 시작했다.[2] 이와 더불어 졸레Zwolle의 어슈에러스 도이어Assuerus Doyer, 암스테르담의 타코 키퍼Taco Kuiper, 그리

1608년 싱겔(Singel) 메노나이트 교회는 네덜란드 아나뱁티즘의 상징적인 센터로 여겨졌다. 이 그림에서 반원형을 그리며 앉아 있는 사람들은 세례 후보자들이다. 노인들과 가난한 사람들을 위한 복지에 대해 메노나이트들은 아주 오랫동안 관심을 보여왔으며 암스테르담에 있는 메노 시몬주이스(Menno Simonzhuis)는 이에 대한 현대적 발상이었다.

고 우트레시트Utrecht의 잰 하르토그Jan Hartog와 같이 보다 진정한 메노나이트의 입장을 고수하려고 했던 사람들도 있었다.

아주 흥미로운 것은 메노나이트들에게 다시금 일치와 회복을 가능하게 했던 것도 계몽주의 정신이었다는 것이다. 신앙고백이 그 사람의 정통성을 시험하는 것이 되어버리자 이를 참지 못한 개혁교회 사람들이 메노나이트로 오게 되었다. 그러나 그것은 결국 네덜란드 메노나이트들에게 자유주의를 받아들이고 이에 관용을 베푸는 모습으로 정착되었다. 이는 메노 사이먼스의 시대부터 시작된 분열을 끝나도록 만들어 주었다. 이러한 새로운 연합은 1811년 네덜란드의 모든 교회들이 참여하게 된 총회를 형성하게 함으로써 일대의 전환점을 마련해 주었다. 그것이 바로 메노나이트 일치 협회ADS, Algemeene Doopsgezinde Societeit라는 기관이다. 이러한 일치감의 형성과 신학대학원 및 작은 교회들을 위한 재정적 필요에 반응함으로써 총회가 형성되었다. 이 ADS는 설립 즉시 목회자들을 훈련시키며, 작은 교회들에게 재정적인 후원을 하며, 전체 회원들의 건강을 위해 일을 하게 되었다.

비록 많은 네덜란드 메노나이트들이 그들이 갖고 있던 자유주의 때문에 선교에 큰 관심을 보이지 않았음에도 불구하고, 1847년에는 여러 소그룹들이 모여 메노나이트 선교 협의회Mennonite Missionary Association를 만들었다. 1821년 이들 중 많은 사람들이 초교파적 런던 선교회 Interdenominational London Missionary Society의 네덜란드 지부를 결성하는 데 힘을 쏟았다. 현재 이 선교회는 선교의 유일한 후원자들인 메노나이트들에게 모든 자산을 이전하고 새로운 이름을 사용하고 있다. 특히 이들은 독일과 러시아 지역의 메노나이트를 포함한 유럽의 메노나이트들로부터 후원을 받고 있다. 1851년 첫 선교사인 피터 얀쯔Pieter Jansz가 인도네시아의 자바로 파송되었다. 무슬림이 압도적인 사회 속에서 회심한 크리스천들이 산다는 것이 쉽지 않기 때문에 이들이 심혈을 기울여 시작한 선교는 곧 어려움에 봉착하였다. 그러나 선교는 중단되지 않고 지속되었으며 1879년부터 새로운 활로를 찾게 되었다. 인도네시아의 선

교관련에 대한 내용은 이미 18장에서 언급하였다

　1871년 네덜란드는 두 번째 선교지인 수마트라에서 선교를 시작하였다. 이곳에서의 선교는 대략 성공적이었으나 1928년 제 1차 세계대전 이후에 재정적인 어려움을 겪게 되면서 독일 선교회로 이전되었다. 미국의 메노나이트 총회 교단이 해외 선교에 관심을 갖고 네덜란드 메노나이트 선교회에 연락을 취하게 되었다. 메노나이트 총회 교단에 의해 선교사역을 위한 얼마간의 후원금이 보내졌고 최초의 미국 메노나이트 선교사인 하우리S.S. Haury가 네덜란드 선교회 관할 하에 자바로 파송되었다.

　네덜란드의 메노나이트들은 자선 및 봉사를 아주 오래전부터 시행해왔다. 이들은 19세기부터 수 많은 복지 활동의 일선에서 일을 하였다. 메노나이트들에 의해 조직된 복지 재단Association for the General Welfare이 은행의 저축프로그램의 개선뿐 아니라, 학교 조직의 개선을 담당하기도 하였다. 노인, 병자, 및 도움이 필요한 수 많은 사람들을 위해 특별한 관심을 쏟았는데 몇 개의 교회에 속한 사회복지 요원들이 여러 시설의 직원들로 활동하면서 가능하게 된 일이었다.

　비록 전쟁과 직접 관련이 있는 것은 아니지만, 네덜란드 메노나이트는 제 1차 세계대전이 시작되면서 새로운 전환기를 맞게 되었다. 전쟁기간 동안에, 세명의 젊은 메노나이트 목사들이 영국의 퀘이커Quaker 센터를 찾아갔다. 19세기에 영적인 쇠퇴를 경험하게 되자 퀘이커들은 새로운 부흥의 돌파구로 영국에 센터를 건립하였다. 그다지 큰 기대를 하지 않았으나, 최소한 네덜란드 목회자중 한 사람이 교회의 영적 각성에 대한 새로운 비전에 불타오르는 마음으로 갖고 귀환길에 올랐다. 이들은 제민테다비웨깅Gemeentedagbeweging이라는 교회 시대 운동Church Day Movement을 선도하였다. 1917년 8월 12일 우트레시트Utrecht에서 회의가 개최함과 동시에 시작된 이 운동은 굉장한 결과를 몰고왔다. 우선 일련의 수양관을 건립하였다. 수양관에서 교제 중심으로 회의, 모임, 휴가를 동시에 충족시킬 수 있게 되었고, 교회에 새로운 활력을 불어넣을 수 있는 기회를 마련하였다. 1922년에 개최된 청소년의 날을 기점으로 청소년들을 위한 적극적인 프로그램이 시작되었다. 이 프로그램은 평화, 선교, 학생 사역을 통해 영적인 관심을 갖는 젊은이들에게 봉사와 복음 증거의 기회를 제공하게 되었다.

제 1차 세계 대전1914~18과 제 2차 세계대전1939~45 사이의 기간동안 유럽 신학에 새로운 방향이 제시되었다. 이전의 믿음은 다시금 심판대에 오르게 되었고 20세기를 사는 사람들에게 이해할만한 것이 되어야 했다. 네덜란드 메노나이트들에게는 이러한 일을 위해 수고할 리더들이 있었고, 그들 중 많은 사람들이 수고를 아끼지 않고 열심히 일을 하였다. 그들은 이 새로운 신학 운동이 많은 교회들에게 도움을 줄 수 있으리라고 확인시켜 주었다. 선교사역이 제 2차 세계대전 이래로 전체 총회의 핵심 사역이 되도록 하였다. 구제 기관이 특별한 필요를 충촉시키기 위해 돈과 필요한 물건을 모았고, 다양한 프로젝트를 지원하였다. "교회 시대 운동"Church Day Movement에 의해 메노나이트 형제들간의 사역을 위한 펠로우십Fellowship for Mennonite Brotherhood Work이 이루어졌고, 물자를 모아 나르는 활동을 시작하였다. 「알게민 둡스헤진드 워크브라트」*Algemeen Doopsgezind Weekblad*라는 주간 신문이 발행되어 선교, 평화뿐만 아니라 교회 소식 및 광고 전단지 등 여러 그룹의 다양한 필요를 충족시켜 주었다.

1922년 네덜란드 메노나이트들은 군복무를 반대하는 메노나이트 그룹Work Group of Mennonites Against Military Service을 조직하였고, 1945년 후에 이를 재조직하여 운영하였다. 이들은 양심적 병역거부자들을 위해 정기적으로 오리엔테이션 및 회의를 개최하였고, 젊은이를 위한 캠프, 봉사 프로그램을 조직하였다. 1963~64년에 이들은 텍셀Texel 섬에 자신들의 캠프를 설립하였다. 베트남 전쟁, 유럽에 배치하려던 미국의 미사일 프로젝트 및 지속적인 무기 경쟁을 반대하는 아주 강력한 선언들을 발표하였다. 평화그룹에 의한 일들은 메노나이트의 경계를 넘어 네덜란드 내에 있는 대부분의 중요한 평화 운동과 연관을 갖게 되었다. 한편 개발도상국을 돕기 위해 개발 협력 관심 그룹Cencern Group for Development Cooperation이 조직되었으며, 서구의 크리스천들에게 세계적으로 경제, 정의 및 사회적 성장이 필요한 지역이 어디인지 소개하고 민감하게 반응하도록 만들었다.

한 명의 감독과 지역 자문위원들이 교회 프로그램의 자문, 구제 및 상호부조를 위한 봉사프로그램, 자신들의 정체성과 유산이 무엇인지 올바로 알도록 하기 위해 메노나이트 청년들을 위한 중앙본부Contral Organization for Mennonite Youth를 조직하였다. 메노나이트 일치 협회 산하에 있는 가장 훌륭한 그룹 중 하나는 1952년에 조직된 메노나이트 자매회 연맹Federation of Mennonite Sisters' Circle이다. 이 기관은 단순히 교회에 존재하는 전통적인 여성 프로그램들만을 활성화시킨 것이 아니라, 다른 지역에 있는 메노나이트 일치 협회에서 일어나는 많은 개발 운동을 촉진시키는 역할을 담당하였다. 20세기 초부터 여성목회자들이 활동하기 시작하였다. 1975년에 역사 학회였던 히스토리케 크링Historiche Kring이 조직되었는데, 이 학회는 1861년부터 1919년까지 약 60년동안 출간된 역사 저널을 「둡스헤진데 비즈라겐」*Doopsgezinde Bijragen*이라는 이름으로 재출간하였다. 이 역사학회는 16세기 출판 프로젝트 대부분을 책임지게 되었다. 네덜란드 메노나이트들은 기독교 연합에 대한 지대한 관심을 갖고 있으며 메노나이트 세계 협의회MWC를 강력히 후원하고 있다. 그들은 세계 교회 협의회WCC의 회원이기도 하다.

1970년대 후반에 시험 프로그램을 거쳐 목회를 위한 성도들 교육이 시행되었는데 미래를 준비하는 아주 좋은 교육이었다. 1980년대부터는 일반 성도들을 위한 목회 훈련이 정기적으로 행해지게 되었다. 네덜란드 메노나이트는 16세기 이래로 유럽에서 계속되는 메노나이트 그룹 중 가장 큰 그룹으로 역사, 사상 및 삶 등 어떤 모습이든 간에 교훈이 되고 있다. 특별히 이들은 북미의 메노나이트들을 비롯한 많은 다른 지역 메노나이트들의 관심어린 연구 대상이 되고 있다.[3]

독일

북부 독일의 메노나이트 교회들은 네덜란드 메노나이트들과 여러 면에 있어서 공통점이 많다. 특히 활동과 영적인 방향에 있어서도 이들은 비슷한 점이 많다. 북부 독일 메노나이트들은 네덜란드의 교회들과 긴밀한 관계를 갖고 연락을 주고 받으며, 네덜란드 메노나이트들을 자신들과 같은 신자들이라 여긴다. 반면 남부 독일의 메노나이트들은 태도나 가치에 있어서 상당히 다른 시골 사람들의 모습을 간직하고 있다. 19세기부터 독일은 이들의 신앙에 보다 많은 자유를 부여하였지만, 병역 징집과 경제적인 필요 때문에 많은 사람들이 이민을 떠나게 되었다. 또한 북미로의 꾸준한 이민뿐만 아니라, 동쪽에 위치한 다뉴브 강을 따라 멀리 폴란드의 갈리시아Galicia로 많은 사람들이 이주하게 되었다.

오랫동안 지속된 남부지역의 경건운동뿐만 아니라, 침례교가 메노나이트들에게 영향을 주기 시작했다. 침례교는 메노나이트들에게 생활속에서 따뜻한 인간애를 느끼도록 해 주었고 성서를 강조하는 교회로 매력을 잃지 않았다. 성인세례와 교회는 오로지 신자들만으로 구성해야 한다는 믿음 또한 메노나이트의 관점과 일치했다. 그러나 침례교는 메노나이트들이 배우고 실천하는 제자도를 강조하지 않으며, 비저항을 받아들이지 않았다. 19세기 중반에 팔라티네이트Palatinate 지역의 교회들이 봉급을 주고 목사들을 고용하기 시작했으나, 다른 남부 독일 지역

의 많은 교회들은 지속적으로 성도들에 의한 목회를 이어나갔다. 1990년 이러한 유형은 러시아 이민자들에 의해 다시금 강조되었으나, 러시아 이민자들은 그들 만의 교회를 형성하게 되었다.

여러 1815년 이래로 바이어호프Weierhof는 남부 독일 메노나이트들의 신앙생활에 추중적인 역할을 담당하게 되었다. 미카엘 뢰벤베르그는 교사이자 목사로서 목회자들을 위한 훈련 과정을 설립, 운영하였다. 그는 중, 고등학교 학교 및 신학 대학원 설립에 대한 비전을 갖고 있었으며, 남부 독일 지역에 메노나이트 교육의 기틀을 마련하고자 했던 선구자였다. 1884년 이후에, 에른스트Ernst와 구스타브 괴벨이 바이어호프Weierhof를 성공적으로 운영해 나갔다. 바이어호프는 종교에 상관없이 학생들을 받았던 학교로, 기숙사 시설이 구비된 팔라니테이트에서 가장 큰 사립학교였다. 수 많은 교회 리더들이 이 학교를 졸업하게 되면서, 학교 자체가 교회 부흥 운동의 핵심적인 역할을 감당하게 되었다.

중심 인물로 활약했던 탁월한 리더 들 중에 크리스쳔 네프Christian Neff라는 사람이 있었다. 네프는 1887년 바이어호프에서 안수를 받았고 곧 독일 메노나이트를 위한 비전과 깊은 영성 소유한 사람으로 유명해졌다. 그는 목사로서 교회 및 교단에서의 직책을 잘 감당하였을뿐만 아니라, 아주 열심있고 능력있는 학자이기도 했다. 1913년 『메노니티세스 렉시콘』Mennonitisches Lexicon이라는 메노나이트 백과사전을 집대성하자는 비전을 처음으로 제시한 사람도 바로 크리스쳔 네프였다.[4] 1925년 스위스에서 열린 최초의 메노나이트 세계 총회Mennonite World Conference를 소집한 사람도 바로 네프였다.[5] 그는 역사적 자료를 남기기 위해 열정을 다해 글을 쓰고 연구했다. 약 50년 동안 그는 바이어호프에서 열심히 가르쳤고, 목사로서 바이어호프 교회를 섬기면서 사람들의 필요에 따라 저널, 찬송가, 및 여러 문학작품들을 편집하였다.

그의 영향력뿐만 아니라 그와 함께 한 마음 한 뜻으로 일했던 많은 사람들의 영향력으로 말미암아, 독일 메노나이트는 네덜란드의 메노나이트 못지 않은 새로운 부흥의 모습을 보여주었다. 1924년 크리스쳔의 의무Christian Duty라는 의미의 "크리스텐프리흐트"Christenpflicht라는 구제 단체가 조직되었는데, 이는 러시아에 있는 메노나이트들을 돕기 위한 것이었다. 1936년 정기 간행물을 출판하기 시작하게 되면서 메노나이트 역사 학회가 설립되었다. 1920년 칼스루헤Karlsruhe 근처에 토마쇼프Thomashof라는 수양관 및 성서 연구 센터가 설립되었다. 1870년에는 교회 신문인「게마인데브라트 데 메노니텐」Gemeindeblatt der Mennoniten이 창간되어 여러 회중들에게 읽혀졌고 1948년에는 청년들을 위한 신문「융에 게마인데」Junge Gemeinde가 창간되었다. 정기적으로 독일 선교 위원회를 후원하였는데, 이 선교위원회는 후에 국제 메노나이트 선교위원회EMEK가 되었다. 스위스에 있는 비넨베르그 성서학교 Bienenbeg Bible School는 국제 학교로 독일 메노나이트 학생들이 정기적으로 방문하여 공부하였다.

제 2차 세계 대전은 독일 메노나이트에게 엄청난 댓가를 요구하였다. 오데르-나이쎄Oder-Neisse 강 동편에 살고 있던 사람들은 모두 서독으로 추방되거나 우르과이와 캐나다로 이주해야만 했다. 자신들의 가난한 현실 때문에 독일 메노나이트들은 메노나이트 중앙위원회의 도움을 받아 러시아 및 동부지역으로부터 온 난민들조차 도울 수 없게 되었다. 1960년대 초 러시아 및 남아메리카로부터 약 50,000명의 이민자들이 독일, 특히 에스펠캠프Espelkamp, 베크테르디쎈Bechterdissen, 및 노이비트Neuwied와 백낭Backnang, 엔켄바흐Enkenbach, 토니Torney, 및 베델Wedel에 다시 정착하기 시작했다. 이러한 정착을 돕기 위해 스위스, 프랑스 및 네덜란드 메노나이트와 MCC가 협력하여 국제 메노나이트 기구International Mennonite Organization, IMO를 조직하였다. 이 기구를 통해 이민자들에게 필요한 물자 및 영적 도움이 주어졌다. 청년 사역, 성서 공부를 위한 수양관, 지역 및 여러 기관들을 통한 다른 크리스천들과의 대화가 새로운 관심사로 떠올랐다. 역사학회는「메노니티쉐 게시흐츠

제 2차 세계대전에 이어, 북미의 메노나이트 중앙위원회 사역자들, 평화 사역자들(Pax Men), 그리고 유럽의 자원봉사자들이 엔켄바흐(Enkenbach), 에스펠캠프(Espelkamp), 백낭(Backnang), 노이비트(Neuwied) 및 여러 지역에 난민들을 위한 정착지를 건립하였다. 노이비트-토니(Neuwied-Torney)에 있는 메노니텐스트라쎄(Mennonitenstresse)는 새도시들의 전형이다.

브라터」*Mennonitische Geshichtsbl?tter*를 지속적으로 출판하였으며, 메노나이트 역사 및 정체성에 대한 연구를 지속할 수 있도록 적극 장려하였다. 비저항은 다시금 새로운 선택사항이 되었으며 많은 젊은이들이 관심을 갖게 되었다. 이러한 대안을 통해 수 많은 젊은이들이 여러 개발도상국에서 봉사할 수 있게 되었다.

전통적인 남-북 분리문제가 생겨나 선교, 구제, 청년활동 및 여러 관심 분야를 도우면서 독일 메노나이트 연합의 물꼬가 트였다. 그러나 초창기의 교단들이 여전히 존재하고 있다. 1990년 현재, 북 쪽의 베라이니궁Vereinigung, 연합 독일 메노나이트 교회들, United German Mennonite

Congregations에는 34개의 교회에 7,034명이 속해 있으며, 남쪽의 버밴드Verband, 독일 메노나이트 교회 연합, Union of Mennonite Churches in Germany에는 22개 교회에 1,610명이 속해있다. 그러나 이 숫자에는 이민자들이 포함되어 있지 않다. 베라이니궁의 공식적인 간행물은 메노니티쉐 브라터이며, 버밴드Verband의 공식적인 간행물은 「게마인데 운터벡스」 Gemeinde Unterwegs이다. 연감은 두 교단이 공동으로 발행하고 있다.

이전의 동독에는 전 역에 걸쳐 메노나이트들이 흩어져 있으며, 베를린에서 약 300명의 회중이 모임을 갖고 있다. 전 지역의 메노나이트들이 일 년에 두, 세 차례 연합 예배를 드리고 있다. 동독과 서독이 통일된 이후에는 정확한 숫자가 파악되지 않고 있다. 메노나이트 형제 교회에는 약 5,000명의 멤버가 있는 것으로 조사되었다. 독일 전체 메노나이트 숫자는 약 14,000명 정도로 집계되었고 1992년 그 어떤 교회에도 가입하지 않은 어린이들과 사람을 포함한 움시들러Umsidler들은 대략 50,000명 정도 되는 것으로 알려졌다.

프랑스

19세기에 프랑스 메노나이트들은 고난의 역사를 경험해야했다. 비록 몇몇은 북서부의 로레인Lorraine에 정착하였고 후에 프랑스 내륙으로 더 들어와 살아야 했지만, 대부분의 메노나이트들은 스위스의 베른 지역에서 온 사람들로서 알자스Alsace 지방의 보스게스Vosges 산지에 흩어져 정착하였다. 몬트벨리아드Montbeliard는 초창기의 난민 정착지였다. 이 곳은 1912년 당시 프랑스에서 많은 메노나이트들이 사는 가장 큰 정착지가 되었다.

숫자는 얼마 되지 않았지만, 여러 지역에 흩어져 살게 된 프랑스 메노나이트들은 그들의 신앙을 지켜나가기가 쉽지 않았다. 프랑스 가톨릭 신자들은 종종 메노나이트들의 경제적 번영을 시기했으며 여러가지

방법으로 이들을 괴롭혔다. 이들이 살고 있는 지역을 여러 번 휩쓸고 지나간 전쟁으로 말미암아 모진 고통을 겪어야 했다. 1870, 1914, 1939년 땅을 황폐화 시켰던 전쟁들과 병역으로 인한 갈등을 제외한다면, 나폴레옹 전쟁들에 의해서는 비교적 큰 영향을 받지 않았다. 대부분의 어려움들은 알자스와 로레인 지역에서 생겨났던 정치적 상황의 변화로써, 전쟁에 의해 야기되는 온갖 원한을 동반한 독일과 프랑스간의 밀고 밀리는 소유권 다툼이었다.

19세기 말에 프랑스 메노나이트 운동의 분위기는 매우 냉랭했다. 1810년 프랑스 메노나이트는 4,450명에 불과했다. 1850년에 정부 조사에 따르면 메노나이트는 어린이들을 포함하여 총 5,044명인 것으로 기록되어 있다. 독일 자료에 따르면 이 숫자는 1892년에 3,143명으로 줄어들었다. 비 메노나이트들과의 결혼, 프랑스 민족주의, 지속되는 이민행렬은 이미 언급했던 여러가지 문제들을 가중시켰다. 독일어를 사용하는 프랑스인들은 독일어를 고수하려고 했다. 그들 중 독일어보다 프랑스어를 더 좋아하는 사람들뿐만 아니라 이들과 이웃하고 있던 비 메노나이트들 사람들도 1870, 1914, 1940년에 일어난 독일의 침공에 대해서는 모두들 분개했다. 이것은 독일어에서 프랑스어로의 변화를 촉진시켰다.

여러 변화의 인자들과 함께 20세기가 되면서 두 명의 사람이 프랑스 메노나이트들의 영성을 쇄신시키는 일을 주도하게 되었다. 우선 항상 개방적인 태도를 갖고 있던 메노나이트들에게 구세군과 침례교와 같은 다른 그룹의 영향이 끼쳐졌다. 스위스 메노나이트 가족들이 알자스 지방으로 이주하게 된 것도 새로운 분위기를 창출해 내는데 일조하였다. 그룹 내에 아미시 배경을 가진 사람들에게 요구되던 외면적인 요구나 옷에 대한 독특한 전통을 고집하는 것도 자연스럽게 사라지게 되었다.

이러한 영향과 더불어 발렌딘 펠시Valentin Pelsy와 피에르 좀머Pierre Sommer가 중요한 리더십을 발휘하게 되었다. 좀머는 바이어호프Weierhof의 크리스쳔 네프Christian Neff에게서 지대한 영향을 받은 사람이었다. 1901년 이 두 사람은 흩어져 있는 그룹들을 하나로 연합시키기 위해 프랑스 메노나이트 컨퍼런스를 조직하게 되었다. 같은 해 좀머는 「블리튼 데 라 컨퍼런스」Bulletin de la Conference라는 신문을 창간하였고 1907년에는 「크라이스트 세울」Christ Seul, 오직 그리스도 만으로이라는 신문을 창간하였다. 이는 크리스쳔들의 삶과 보다 더 의미있는 교회활동을 증진시키기 위함이었다. 비록 신문이 몇 번 휴간되기는 했으나, 1941년까지 좀머가 편집을 맡으면서 영적 부흥을 위한 중요한 역할을 담당하게 되었다.

이 두 사람을 이어 여러 활동들이 생겨나게 되었다. 우선 여러 곳에 흩어져 있는 가족들과 교회들을 방문하기 위해 한 명의 목사가 고용되었으며, 선교 위원회가 조직되었고, 청소년 위원회와 구제 기관이 설립되었다. 메노나이트 중앙위원회에 의해 두 곳의 고아원이 운영되었으나, 1959년까지는 아무런 외부의 도움도 없었다. 은퇴휴양관과 정신장애자들을 위한 프로그램이 추가 되었다. 1951년에 선교 위원회가 조직되어 국제 메노나이트 선교위원회EMEK를 후원하게 되었고, 차드에서 사역을 시작하였다. 내지 선교사역도 시작되어 미국의 메노나이트들과 협력하며 여러 지역에서 선교 사역을 수행해 나갔다. 프랑스 내에서 양심적 병역거부자들을 위한 입지가 합법화 되었고, 몇몇 젊은 사람들이 병역대체복무로써 사회봉사활동을 선택할 수 있게 되었다. 1979년 역사학회가 공식적으로 설립되었다.

여러 해 동안 프랑스 메노나이트들은 두 개의 교단조직을 갖게 되었다. 하나는 독일어를 사용하는 교단으로 협회라는 이름을, 또 다른 하나는 프랑스어를 사용하는 교단으로 그룹이라는 이름을 사용하였다.

1980년 이 두 교단은 프랑스 복음주의 메노나이트 교회 협회Association des Eglises Evangeliques Mennonites de France로 통합되었다. 1990년 16개의 교회에 2,000명의 멤버가 있었다. 1979년 프랑스 메노나이트 교사, 여성들은 스위스에 있는 비엔베르그 성서학교의 교직원으로 채용되기도 하였다. 메노나이트는 아니었지만 장 세구이Jean Séguy라는 사람이 『프랑스 아나뱁티스트-메노나이트에 대한 연구』les assembl?ss anabaptistes-mennonites de France라는 제목으로 904 페이지에 달하는 연구서를 출간하였다.[6]

스위스

나펠레옹 시대부터 현재에 이르기까지 비저항의 실천에 대한 묵인과 프랑스 및 미국으로의 이주에 대한 스위스 메노나이트 이야기는 이미 앞에서 부분적으로 다루었다. 이주를 선택하지 않은 사람들은 아주 먼 산악지역으로 이사하여 농업 공동체를 이루며 살았다. 비록 비저항의 입장으로 말미암아 메노나이트들은 이웃들의 의심스러운 눈총을 받아야 했지만, 그들은 아나뱁티즘 선조들의 유산을 그대로 이어가며 살았다. 많은 사람들이 의료 봉사를 통해 비저항의 입장을 지켜나가는 것은 어렵지가 않았다. 시간이 흐르며 그들의 번영은 부러움의 대상이 되었고, 20세기에 들어와서는 차별의 대상이 되기도 하였다. 1970년대 도시화가 진행되면서 여러 도시에 교회들이 생겨났다. 그들은 1980년대까지 공식적으로 메노나이트로 알려지지 않았지만, '스위스 구 복음주의 세례중심의 교회' ie Altevangelische taufgesinnte Gemeinden der Schweiz 라는 의미로 알려지게 되었다. 모든 교회는 1780년부터 하나의 교단을 형성하였고 1990년 15개 교회에 3,000명의 멤버가 있었다.

1946년부터 1952년까지 스위스 메노나이트는 바젤에 유럽 본부를 두고 있던 메노나이트 중앙위원회를 통해 북미의 메노나이트들과 긴밀한 연락을 취하였다. 1951년 바젤은 유럽 메노나이트 성서학교Europe Mennonite Bible school를 유치한 도시가 되었다. 이 학교는 1957년 바젤 근처의 리스탈Listal이란 도시의 거대한 건물인 비넨베르그Bienenberg로 옮겨지게 되었다. 1952년 제 5차 메노나이트 세계 총회MWC가 바젤 근처의 성 크리소마St. Chrischoma에서 개최되었다. 이 총회에서는 1527년 리마 강에서 종교개혁가들의 손에 의해 순교를 당했던 아나뱁티스트 최초의 순교자, 펠릭스 만쯔Felix Mantz를 위한 추도예배가 거행되었다.

스위스 메노나이트들은 다른 유럽 지역의 메노나이트들과 함께 국제 메노나이트 선교위원회에 참여하였고, 스위스 메노나이트 구호기관Swiss Mennonite Organization for Relief Work, SMO이라는 자체 구호기관을 만들었다. 이 기관은 필요에 따라 메노나이트 중앙위원회와 독일의 국제 메노나이트 기구와 협력사업을 진행하게 되었다. 레스모테스Lesmotes에 청년들을 위한 수양관이 지어져 여러가지 청년들의 활동을 위해 사용되었다. 모든 교회에서 주일학교가 시행되었다. 대부분 스위스 메노나이트 교회들은 시골에 있으며 일반 성도들에 의해 목회가 이루어지고 있다. 그러나 도시에도 교회가 있다. 도시의 성공과 부유함으로 말미아마 사회적 신분이 상향되자 교회들은 많은 멤버들을 잃게 되었다. 그럼에도 불구하고 스위스 메노나이트들은 유럽과 북미의 메노나이트들이 자신들의 땅에 얽혀있는 역사적 뿌리를 찾고자 할 때 이들을 돕는 일에 매우 강한 협력 의지를 보이고 있다. 1974년 스위스 아나뱁티스트 역사 학회Swiss Association for Anabaptist History가 설립되었고 1978년에 200명의 회원이 있었다. 단지 잃어버린 역사를 찾는 것뿐만 아니라, 현재 세대에게 역사를 전해주는 것이 학회의 비전이다.

1832년과 1835년 개혁교회의 목사였던 사무엘 프레리히는 '새로운 침례교'나 프레리히아너Fréhlichianer라고 불리는 그룹을 조직하였다. 이 그룹을 조직한 멤버들 중 약 절반정도가 자신들이 속해있던 교회의 영적 수준에 만족하지 못하였던 사람들로서 엠멘탈Emmental 지역 메노나이트 출신들이었다. 곧 불어닥친 이민의 바람이 이들을 흩어놓았다. 그러나 많은 사람들이 헝가리와 유고슬라비아로 이주하였고, 또 다른 사람들은 미국의 오하이오, 뉴욕, 일리노이로 이주하였다. 미국으로 이주한 사람들은 또 다시 다른 주나 캐나다로 이주하게 되었다. 헝가리와 체코슬로바키아 및 이전의 유고슬라비아로 이주한 사람들은 수 백명에 이르는 그룹으로 성장하였고, 초기 아나뱁티스트들이 강조하던 아주 훌륭한 교회의 모습을 갖게 되었다. 그들은 나자리언Nazarenes들로 불렸다. 이들은 아나뱁티즘에 대하여 알고 관심을 갖고 있던 체코슬로바키아와 러시아의 침례교도들을 제외한다면, 아나뱁티스트 교리를 알고 실행하였던 유일한 슬라브 사람들이었다.

1846년 미국으로 건너간 그룹들은 후에 "새로운 아미시"New Amish 혹은 사도적 크리스천들Apostolic Christians로 알려지게 되었다. 로레인Lorraine 지역의 독일말을 사용하는 두, 세 가족이 캐나다에 정착하게 되었다. 그들은 아미시와 직접적인 접촉은 없었으나, 사도적 유형의 교회 개혁을 시도함에 있어서 제이콥 암만Jacob Amman과 그의 추종자들이 스위스의 같은 지방에서 실행한 것과 많은 공통점을 갖고 있었다.

룩셈부르그

1990년 룩셈부르그에는 두 개의 교회에 약 100명 정도의 메노나이트 세례신자들이 있었다. 이들 대부분은 19세기에 이 곳에 정착한 세 가족의 후손들이다. 여러번의 모임 끝에 1953~54년 자원봉사자들의 도움으로 농장에 조그마한 석조 예배당을 건립하였다. 1946년 이 그룹은 자신들의 신앙을 지켜나가기 위해 그리고 다른 사람들에게 전도하기 위해 성서학교를 시작하였다. 이들의 활동중 대부분은 프랑스의 연합 메노나이트들과 접촉하는 가운데 이루어졌다.

그 외의 다른 메노나이트

러시아에서의 메노나이트 삶은 이미 10장에서 논의하였다. 이번 장에서 설명하고자 하는 것은 독일에 정착하게 된 러시아 메노나이트들에 관한 기록이다. 이들은 일반적으로 움시들러Umsiedler, 본국송환자들이란 의미라고 불렸으며 주로 독일 정부로부터 재정적인 도움을 받았다. 이 움시들러는 서독에서 교회를 시작하는데 많은 어려움을 겪었다. 교회와 영적인 면에 있어서, 독일의 국제 메노나이트 기구, 메노나이트 중앙위원회 및 캐나다 메노나이트 교단이 이들을 도왔다. 이들의 도움에 감사를 표했던 움시들러 한 사람이 그들의 어려움에 대해 표현한 감회의 말은 "영적으로 말하자면, 하나님께서는 우리를 사막으로 인도하고 계신 것 같습니다."였다.

1945년 이후로 북미 메노나이트들이 유럽 선교에 적극성을 보였다. 메노나이트 형제교회는 특별히 움시들러를 대상으로 적극적인 목회를 실시하였으며, 1990년 독일에 최소한 22개 교회를 설립하여 5,000명이 되었다. 오스트리아에는 일곱 개의 교회에 300명의 멤버가 있었다. 이 교회들은 그들이 살고 있던 지역의 공동체로부터 참여하게 된 많은 새로운 멤버들이 포함되어 있었다. 1976년 이들 중 몇 사람이 스페인에서 사역을 시작한 메노나이트 형제교회에 가입하였다. 1990년 스페인에 약 24명의 회원이 존재하는 것으로 밝혀졌고, 부르고스Burgos의 자치구에 약 200명이 있는 것으로 밝혀졌다.

여러 선교부를 통해 메노나이트 교회는 1949년 시실리Sicily, 1950년 벨기에, 1951년 룩셈부르그, 1952년 영국(, 1953년 프랑스에서 선교사역을 시작하였다. 이들 나라에서 실시된 대부분의 선교사역은 메노나이트 중앙위원회의 구제 사역과 더불어 시작된 것이다. 룩셈부르그와 프랑스의 사역은 이미 위에서 언급하였다. 벨기에에 있던 약 40명의 멤버들은 프랑스의 그룹Groupe 교단과 관련이 있으며 사역도 그들과 함께 하였다. 이탈라이에서의 사역은 프로렌스Florence 지방에서 시작되었으며 1990년 129명의 멤버가 있었다. 그러나 아나뱁티스트들이 역사적, 신학적으로 그들과 많은 공통점을 갖고 있었음에도 불구하고, 이들은 20,000명의 회원이 있던 이탈리아의 왈도파 교회Waldensian Church와는 거의 의사소통을 하지 않았다. 영국에서의 복음 증거는 런던 센터 London Centre의 사역을 통해 성장하였다. 1990년 약 27명의 멤버가 있었으며 이들의 계획을 따라 아일랜드 평화 증거 사역을 진행하였다. 1990년 아일랜드에는 10명의 멤버가 있다고 보고되었다.

유럽 메노나이트 복음주의 위원회European Mennonite Evangelism Committee: 국제 메노나이트 선교위원회EMEK로 알려진 이 위원회는 독일에서 시작되었으며 1952년 네덜란드, 독일, 프랑스 및 스위스에서 펼쳐질 선교 사역을 돕기 위해 조직되었다. 이는 19세기 메노나이트들 간에서 이미 시작된 선교를 지속하기 위한 것이었다. 특별히 네덜란드 메노나이트가 시작한 인도네시아와 뉴 기니아에서의 선교 사역을 후원하게 되었다. 프랑스는 아프리카의 차드에서 일하였다. 네덜란드는 이슬람 프로젝트가 진행중인 가나에 루엘프와 주리엣 쿠이세Roelf and Juliette Kuitse를 파송하여 많은 선교 그룹들과 함께 일하도록 했다. EMEK의 활동 보고서에 보면 여러가지 사역 목록이 나열되어 있다. 이 위원회는 북미와 다른 메노나이트 선교회들간의 연락 사무실 역할을 담당하면서 전세계 신자들의 교회가 벌이는 복음증거 사역을 하나로 묶어주는 역할을 감당하였다.

국제 메노나이트 평화 위원회International Mennonite Peace Committee: IMPC는 1936년 네덜란드에서 있었던 제 3회 세계 메노나이트 총회 기간 중에 조직되었다; 1949년 네덜란드에서 유럽과 미국 메노나이트 그룹의 대표자들이 만나, 보다 더 효과적으로 평화를 증진시키기 위원회를 재정비하였다. 1961년부터는 매년 정기 모임을 가졌으며, 정보를 전달하기 위해 작은 회보를 발행하였다. 각 정부로 인해 어려움을 겪는 양심적 병역거부자들을 위한 도움의 손길도 주어졌다.

19세기의 유럽에서는 비교적 적은 숫자이지만 메노나이트들이 비저항의 길을 선택하였다. 제 1차 세계대전 시, 프랑스 메노나이트인 피에르 커넬Pierre Kennel이 군복무를 거절하자, 제네바 대학University of Geneva의 교직에서 해고당하는 일이 발생하였다. 그가 다니던 교회는 그의 입장을 후원하지 않았다. 제 2차 세계대전이 시작되었을 때, 조금 더 많은 양심적 병역거부자들이 생겨났고, 이러한 입장 때문에 몇 사람이 사형에 처해졌다. 그러나 이러한 것은 역사에 뿌리를 두고 있다기보다는 개인적인 신념에 의한 것이었다. 그 후로 보다 적극적인 평화운동 그룹들이 여기 저기에서 생겨나고 있다. 이미 지적한 바처럼, 네덜란드, 프랑스 및 독일에서는 양심적 병역거부자를 위한 특별조항이 마련되어 있다.

현재 국제 메노나이트 평화위원회는 그다지 활동적이지 않으며, 정기 모임은 더 이상 이루어지고 있지 않다. 그럼에도 불구하고 도움이 필요한 곳이라면 언제나 일할 준비가 되어있다. 한편 각 대륙의 대표자들로 구성된 전 세계 규모의 평화 위원회가 메노나이트 세계 협의회 산하에 구성되어 있다. 메노나이트 중앙위원회의 평화 담당부는 이 위원회와 함께 일하도록 담당직원을 두고 있다.

이상의 내용은 다음과 같이 간당히 정리할 수 있을 것이다. 박해는 서부 유럽의 메노나이트들을 농지나 산지로 몰아내었다. 네덜란드와 북부 독일의 메노나이트들을 제외한다면, 이들은 역사의 주류로부터 분리된 삶을 살게 되었다. 박해와 분리는 자신들의 신앙을 지키고자 시도하는 가운데 그들을 형식주의로 몰고 갔다. 19세기에 주어진 엄청난 자유는 그들에게 또 다른 영향을 미치게 되었다. 남부와 동부에서 일어난 경건주의 운동의 영향은 매우 강하였고 신학적 자유주의 및 계몽주의는 이들을 북부와 서부로 이주하도록 만들었다. 민족주의와 문화적 영향 또한 그들의 발전을 막는 장애물이 되었다.

이러한 어려움에도 불구하고, 분리된 길을 걸어왔던 유럽의 메노나이트들은 잃어버렸던 기억들을 다시 찾고 이를 보존해 나갔다. 그들이 분리되어 있었든, 국가의 부분이 되었든, 유럽의 메노나이트는 숫자에 있어서 상당한 쇠퇴를 경험하게 되었고 생명력도 소진하게 되었다. 다른 지역의 메노나이트들과의 협력과 과거에 대한 연구는 이들에게 새로운 생명력을 부여하였다. 과거의 역사에서 볼 수 있던 분리의 모습이 사라진 것은 신념과 확신의 부족에서 온 결과였다. 분리를 극복하고자 노력했던 일치운동은 교회에 그다지 큰 도움이 되지 못하였다. 그러나 보다 더 큰 목표를 이루기 위해 서로 다른 차이들을 극복해 나가면서, 보다 더 많은 일치를 보아왔다. 또한 다른 크리스천 그룹과 접촉하면서 자극을 받았다. 그러나 때때로 이는 또다른 분열을 초래하였고 때때로 자신들의 문화유산을 통채로 잃어버리는 결과를 초래하기도 했다.

1990년 서유럽에 있던 메노나이트 세례 교인은 약 42,332명으로 조사되었다.[7] 독일의 움시들러는 어린이, 청년 및 멤버가 아닌 사람들을 모두 포함하여 약 50,000에 달했고 러시아에도 10,000명이 있는 것으로 추정되었다. 그들은 멤버의 수에 포함되지 않았다. 어떤 지역에서는 숫적인 증가를 보였고, 어떤 지역에서는 많은 감소를 보였다. EMEK와 IMO, 비넨베르그 성서학교Bienenberg Bible School 및 다른 기구의 개발은 연합과 협력이 실질적으로 필요한 것임을 상기시켜주었다. 가장 두드러진 특징으로 메노나이트의 정체성과 아나뱁티스트의 기원에 대한 새로운 관심이 생겨나게 된 것을 들 수 있다. 이러한 새로운 관심과 더불어 복음증거를 위한 새로운 센터들과 방법들이 개발되었다. 1990년에 들어서면서 유럽의 메노나이트들에게는 더욱 많은 기회와 도전이 주어지기 시작했다. 이러한 도전과 기회에 대해 어떻게 반응할 것인가는 시간의 흐름과 더불어 해결해 나가야 할 것이다.

---

1) A 1992 government report lists 43,000 members, but Mennonites explain that 25,000 simply left the church without registering it with government statisticians. Some also cherish their Mennonite(*Doopsgezinde)* lineage and basically bold many of the traditional values, but have not joined a Mennonite congregation.
2) Frits Kuiper, "The Discordant voice of Jan de Liefde," in C. J. Dyck, ed., *A Legacy of Faith*. Newton, Kan.: Faith and Life Press, 1962, pp. 159-168.
3) See also articles in ME 5 and MQR 62(July 1988), a special Menno Simons issue on the occasion of his becoming an Anabaptist in 1536.
4) Nearly one-sixth of the material in *The Mennonite Encyclopedia*, 1-4 is translated from the Lexicon. See ME 5:571.
5) The idea for a MWC grew out of the All-Mennonite Conventions held from 1913-1936 in the United States and discussed with Heinrich Pauls in Lemberg, Poland, by H. H. Regier of Mountain Lake, Minnesota in 1912. Cornelius J. Dyck, "The History of the Mennonite World Conference." *Mennonite World Handbook* 1978, pp. 1-9. An earlier version can be found in MQR(July 1967) 41:277-287.
6) Paris: Mouton, 1977.
7) For statistics on all groups see MWC *Handbook* 1990, pp. 392-402.

다른 자료들: See relevant articles, bibliographies and cross-references in ME 5. Also MWC *Handbook* 1978, 1984 and 1990. Gerald R. Brunk, ed., *Menno Simons: A Reappraisal*, Harrisonburg, Va., Eastern Mennonite College, 1992. Contact any MCC office for audiovisual resources.

21장
북미의 메노나이트

이제까지 우리가 살펴보았듯이 1683년부터 1960년대까지 무려 250년이 넘는 기간동안 메노나이트들은 유럽의 여러 지역에서 북미로 이주하면서 다양한 문화 형태와 종교적 관심사를 함께 가져왔다. 미국과 캐나다의 광활한 지역 중 어디에 정착할 것인가하는 끊임없는 고민과 선택이 그들의 발전 및 성장을 결정하는 요인이 되었고 그들 안에 존재하는 다양성으로 나타났다. 그러나 이러한 역사적, 지리적 다양성에도 불구하고, 메노나이트들은 신앙, 역사, 인종 그룹이라는 공통점을 갖고 있기도 하다. 그러므로 북미 환경에서의 메노나이트 삶에 대한 다음의 설명은 그들의 공통적인 경험과 관심사들 중 몇 가지를 간략하게 정리한 것이다. 이러한 정리는 그들이 갖고 있는 아나뱁티스트 문화유산이라는 관점을 현재적인 맥락에서 이해하려는 시도라 할 수 있다.[1]

북미인들의 생활방식

메노나이트들은 유럽에서의 종교핍박 및 박해를 피하기 위해 캐나다와 미국으로 왔다. 독일, 스위스, 프랑스, 프러시아 및 러시아 지역에 있던 자신들의 집을 떠나는 것은 어려운 일이었지만, 신앙을 지키고자 했던 상황 속에서 할 수 있었던 최선의 선택이었다. 박해는 신앙을 지키려던 그들을 새로운 세계로 몰아냈다. 그러나 새로운 세계의 경제적 기회, 친척들, 그리고 개척을 통해 메노나이트 공동체를 세우고자 했던 비전과 번영에 대한 기대는 그들을 끌어당기는 매력이었다. 그들은 성서적이라고 생각했던 자신들의 양심과 전통에 따라 하나님만을 예배하기 원하며 민주주의 사회의 비전이 가져다 주는 자유를 추구해 나갔다.

그들에게 있어서 메노나이트가 된다는 것은 여러 종교적 선택사항을 놓고 개인적으로 내린 선택이었다기 보다는 조상으로부터 물려받은 뭔가를 이어가는 것을 의미했다. 19세기 말까지 메노나이트 공동체에 속한 대부분의 멤버들은 실제로 교회 멤버이거나 혹은 잠정적인 교회 멤버로 간주되었다. 그들 중 많은 사람들은 비메노나이트들로 유혹적인 "세상"으로부터 물러나있어야 했거나 신앙적인 위험에 직면해 있었다. 예를 들어 메노나이트가 아닌 사람들과의 결혼은 20세기 중반까지 반대되었고, 어떤 경우에는 새로운 배우자가 "외부인"이라는 이유 때문에 공동체로부터 추방을 당하기도 했다. 1950년대에 결혼의 범위가 "오직 주 안에서"고전7:39 이루어지도록 새롭게 정리되었다.

직업적인 삶 Vocational life. 초기의 관점으로 볼 때, 농업을 기본으로 한 경제활동이 메노나이트들에게 가장 이상적인 직업으로 여겨졌다. 약 300여년 동안 농업과 시골 공동체는 그들의 공동 생활에 절대적으로 필요한 형태이며, 전통적인 메노나이트들의 생활 방식으로 받아들여져 왔다. 최초에 아나뱁티즘은 분명한 도시 운동이었으나, 박해와 핍박이 가해지면서, 이 운동은 곧 시골로 옮겨졌고, 생존에 가장 좋은 형태인 소규모의, 분리된, 인종중심의 공동체로 바뀌게 되었다. 17, 18, 19세기 내내 메노나이트가 된다는 것은 거의 농촌 공동체에서 성장하는 것을 의미했다. 이러한 전통은 매우 강하게 자리하여 많은 사람들이 메노나이트들은 도시에서 살아남을 수 없다고 믿게 되었다. 왜냐하면 메노나이트들이 도시로 가면 교회의 모습을 잃어버리거나 메노나이트 교리의 중요 부분을 타협하게 될 것이라고 생각했기 때문이었다.[2]

이러한 모든 것은 20세기에 들어와 변화를 맞이했다. 제 2차 세계대전이 끝나면서, 북미에서 전에 없는 엄청난 규모로 도시화가 진행되었다. 농장을 운영하는 것이 어려워지고 소득원이 사라지게 되면서, 메노나이트들 또한 직업, 사업, 혹은 고등 교육기관에서의 공부를 통해 도시에서 자신들이 살아갈 방법을 찾게 되었다. 그룹에서 그룹까지 도시화의 정도가 다양한 차이를 보이게 되면서, 대부분의 보수주의 그룹들과 아미시들을 제외한 모든 사람들에게 도시에서의 생활 자체가 통상적인 것이 되어버렸다. 1989년 가장 큰 네 개의 메노나이트 그룹들과 그리스도 안의 형제BIC 교회들 중 50% 이상이 도시 메노나이트들로 분류되었다. 메노나이트 남자들 중 단지 15% 만이 농업에 종사하는 것으로 나타났다.[3] 이러한 변화에 대한 실례는 캐나다 마니토바 주의 주도인 위니펙으로 1990년 45개의 메노나이트 교회, 약 20,000명의 메노나이트들이 살고 있다.

많은 메노나이트들의 직업을 바꾸고 도시로 향하게 한 이러한 움직임은 새로운 삶의 방식에 대한 그들의 믿음과 도덕적 가치들을 점검하도록 만들었다.[4] 물려받은 가치들과 새로이 살게 된 환경으로부터 오는 일반 사회의 가치들 사이에 긴장이 고조되면서, 어떤 사람들은 독특한 신앙을 갖고 있다는 자부심을 포기하고 메노나이트 교회를 떠났다. 어떤 사람들은 자신들의 삶을 형성해 준 전통에 대한 향수를 갖고 있기는 하지만, 이를 시대에 뒤떨어진 것으로 보았다. 그리고 이러한 신앙을 따라 제대로 살 수 없는 주변인으로서의 메노나이트들이 되었다. 그러나 많은 사람들이 20세기 말의 문화에 대해 그 의미를 재해석함으로써 이러한 도전들을 받아들이게 되었다. 이 마지막 그룹 가운데 메노나이트 정신에 대하여 제대로 비평하는 사람들이 있는데, 이들은 16세기

마니토바 주의 위니펙은 세계에서 가장 많은 도시 메노나이트들이 살고 있는 곳이다. 위니펙에 있는 45개의 메노나이트 교회의 목사들과 세 개의 대학(1999년부터 하나의 대학교로 통합됨), 두 개의 고등학교, 병원, 양로원, 협동조합, 메노나이트 중앙위원회 사무실, 두 개의 문서보관실, 두개의 교단 본부 및 크리스천 출판사가 위치해 있다.

아나뱁티즘을 성서적이면서 자신들의 삶을 회복시키기 위한 소명으로서 보는 사람들이다.

그러므로 20세기 북미 메노나이트 역사를 말할 때, 이들의 역사는 북미의 환경에 조금씩 적응하는 역사였다고 말해도 좋을 것 같다. 때때로 이러한 적응은 그들 주변의 다른 가치들 중 어떤 것들은 받아들였지만, 어떤 것은 거부하였다. 때로 이러한 적응이 완전한 동화나 신앙의 문화유산을 거부하는 세속화로 연결되기도 하였다. 그러나 어떤 사람들에게 이러한 문화유산은 그들이 사는 도시나 어디에서든지 복음증거와 봉사를 위한 무제한의 기회를 마련해주는 것으로 영적 쇄신의 한 부분으로 삼기도 했다.5)

언어. 처음부터 북미로 이주하게된 대부분의 메노나이트 이민자들은 그들이 교회로 생존해 나가려면 독일어가 필요하며 이를 보존해야 한다고 믿어왔다. 이러한 생각은 특별히 종교라는 용어 하에 성서의 가르침을 독일어로 정리해 놓은 러시아 메노나이트들에게 두드러지게 나타났다. 실제 학교들을 세워 자신들이 원하는 교육을 시키고자 했던 주요한 이유 중 하나가 언어를 통해 혹은 언어와 더불어 믿음을 보존해야 할 필요성 때문이었다. 그럼에도 불구하고, 1990년에 들어서면서 독일어에서 영어로의 변화는 이미 보편화되었다. 특별히 캐나다 메노나이트들과 "라틴"계의 메노나이트들에게 국제적인 언어로써 독일어의 사용은 문화적 자산으로 권장되었지만, 더 이상 독일어와 역사적 신앙을 불가분의 관계로 보지는 않는다.

영어로의 변화와 더불어 언어는 교회 등록을 위해 인종적 특징을 나타내는 메노나이트 이름을 사용하는 경향이 늘어났다. 복음전도와 교회성장에 대한 새로운 노력들이 일반화되었다. 교회의 멤버십은 태어나면서 메노나이트가 되기보다 초기 아나뱁티즘의 모습처럼 보다 자발적인 모습으로 변해갔다. 그러나 미국식 복음주의가 아나뱁티즘 보다 더 큰 영향력을 미치기도 했다. 교회 개척에 있어서도 새로운 방법이 소개되었다. 북미의 원주민, 중국, 베트남, 라오스, 멍, 프랑스 및 히스패닉과 같은 다른 언어를 사용하는 그룹들이 메노나이트 교단의 교회들로 가입하게 되었다.[6] 그러나 1982년 현재 이러한 소수그룹들에 의한 멤버는 여전히 북미 메노나이트들 중 7%밖에 되지 않는다.[7]

비저항 Nonresistance

메노나이트들과 북미의 전쟁들은 이런 저런 모습으로 연관되어있다. 미국의 메노나이트는 독립전쟁 Independence, 1775~83과 남북전쟁 Civil War, 1861~65, 제1차 세계대전 1914~18, 제2차 세계대전 1939~1945과 관련되어 있고, 캐나다의 메노나이트는 한국전쟁1950~53과 1975년에 끝난 베트남 전쟁과 관련이 되어 있다. 그 외의 뚜렷한 분쟁들과 관련된 것에는 그라나다Granada와 파나마Panama의 중재 및 1991년 초 걸프전Gulf War의 중재 등과 관련이 되어있다. 특히 중앙 아메리카와 중동의 문제와 같은 지구 상에 잘 드러나 있지 않는 여러 분쟁과도 관련을 갖고 있다.

독립 전쟁기간 동안 메노나이트와 퀘이커에 의한 충심어린 조항이 식민지 의회를 통해 마련되었는데 이는 다른 사람들의 양심의 권리를 침해하는 잘못된 행위에 대해 경고하는 동시에, 전쟁으로부터 고통을 받고 있는 사람들이 "그들의 능력을 십분 활용할 수 있도록 기꺼이 돕고" 비저항를 실천하는 사람들을 격려하는 내용을 담고 있다. 같은 해인 1775년 7월 18일의 대륙회의Continental Congress에서는 다음과 같은 해결안을 통과시켰다.

> 어떤 경우든지 자신들의 종교적 원칙과 신념 아래 무기를 들지 않는 사람들이 있기에, 이 의회는 그들의 양심을 모독하지 않고자 한다. 이에 우리가 겪고 있는 엄청난 재앙의 시기에 그들이 자신들의 종교적인 원칙을 따라 지속적으로 자유롭게 헌신하며, 여러 식민지에서 고통을 당하고 있는 그들의 형제들에게 위안을 주며, 압박을 당하고 있는 이 나라를 위해 가능한 모든 봉사의 기회를 주도록 배려해야 함을 진심으로 추천하는 바이다.[8]

1775년 11월을 시작으로 군복무에 임하지 않는 사람들에게 특별한 세금이 부과되었다. 이것과 더불어, 모든 사람들이 전쟁세를 내야했다. 그러나 많은 메노나이트들은 세금 내기를 거절하였고, 그 결과 재산을 몰수당하게 되었다. 어떤 메노나이트들은 예수께서 세금을 내라고 하셨다고 믿었고, 어떤 메노나이트들은 전쟁세를 내서는 안된다고 믿었

전세계에서 발생하는 자연재해 및 인공재해에 반응하는데 메노나이트들 간의 협력사업은 탁월하다. 모든 그룹들이 하이퍼 프로젝트(Heifer Project)에 충분한 자금을 기부하였다. 형제 교회의 댄 웨스트가 프로젝트 차옆에 있다. 1920년부터 메노나이트 중앙 위원회가 전세계에 "그리스도의 이름(in the name of Christ)"으로 음식과 옷을 나눠주고 있다.

다. 이러한 논쟁으로 인해 분열이 초래되었다. ME 2:421,1

메노나이트들은 보수주의자들Tories, 토리 당원으로 영국을 지지함 혹은 왕

당파Loyalists, 미국 독립전쟁때, 영국 왕실 편에서서 독립을 반대함-역주로 고소되고 어떤 사람들은 영국의 왕실에 충성을 다하기 위해 미국을 떠나 캐나다 온타리오로 이주하기도 했다. 그러나 이들의 동기는 대개 정치적인 것이 아니라, 영국 정부를 포기하라는 질문과 더불어 맹세하는 것을 피하기 위한 이주였다. 아마도 어떤 사람들은 새로이 생겨나는 민주주의를 표방하는 정부보다는 군주제 하에 있는 것이 더 편안하다고 느꼈을 수도 있다. 그러나 그들 대부분은 곧 새로이 형성된 미국 정부를 따르게 되었다.

미 남북전쟁1861~65기간 동안, 고용대체제도는 메노나이트들에게 북쪽의 노동조합Union과 남쪽의 노동연맹을 결성하게 했다. 퀘이커들과 몇몇 메노나이트들은 자신들이 하기 싫어하는 일을 시키기 위해 다른 사람들을 고용하는 것이 옳지 않다고 주장하였다. 그러나 대다수의 메노나이트들은 이 고용 대체방식을 만족스러워했다. 북쪽에서는 병원에서 일하는 기회가 가능하게 되었으나 아주 소수의 사람들만이 혜택을 받을 수 있었다. 교회에서 비저항에 대한 가르침이 위축되면서, 메노나이트 젊은이들이 전쟁 및 전쟁의 수요에 대한 준비를 제대로 하지 못하게 되었다. 그리하여 "공고를 보고, 많은 메노나이트, 아미시 출신의 젊은이들이 연합군의 대열에 가입하게 되었다."9)

남부 지역에 있어서 메노나이트들은 비저항주의를 옹호하였을뿐만 아니라, 노예제도를 반대했기 때문에 보다 더 어려운 시기를 보내야 했다. 어떤 사람들은 사람들이 살고 있지 않은 북쪽 주로 피신하였고, 다른 사람들은 버지니아 주의 여러 산속으로 피신하였다. 어떤 사람들은 이의를 제기하면서 징집되었고, 다른 평화교회의 신자들과 함께 총을 쏘지 않기로 결정하였다. 이것은 스톤월 잭슨T.F. Stonewall Jackson 제독에게 큰 문제점으로 다가왔다. 그는 문제 해결을 위해 다음과 같이 자신의 입장을 피력하였다.

버지니아 계곡에 살고 있는 사람들을 군대로 데려오기는 어렵지 않다. 그들에게 목표를 주는 것도 어렵지 않다. 그러나 그들에게 올바른 목표를 갖게 하기란 도저히 불가능하다. 그러므로 나는 그들이 자신들의 집에 머물러서 후방에서 군대를 위한 물자를 생산하게 하는 편이 훨씬 낫다고 생각한다.[10]

어떤 사람들은 군대의 팀리더로 혹은 요리사로 일을 하기도 했다. 많은 전투가 있었던 버지니아 지역의 메노나이트 공동체가 겪었던 것처럼, 많은 사람들이 고역으로 인해 고통을 받았다. 이 시기는 메노나이트 교회에게 너무나도 힘든 시기였다. 많은 실패를 맛보았고, 교회자체가 노동조합이든 노동연맹이든 군대 참여를 결코 막을 수 없었다.

제 1차 세계대전은 교회가 좀 더 많은 준비를 할 수 있어서인지 보다 창의적인 생각들이 도출되었다. 양심적 병역거부자들이 법적으로 군복무를 면제 받게 되었다. 그러나 상당히 많은 사람들이 징집령을 받고 병영으로 가야만 했다. 어떤 사람들은 양심적병역거부를 반대하는 장교와 이미 병적에 올라있는 군인들에 의해 수용소에서 모진 학대를 받아야 했고, 이러한 학대 및 고문의 상처로 인해 목숨을 잃기도 했다.[11] 이들에 대한 오해는 그들이 속한 공동체 내에서도 발생하였다. 어떤 교회 건물들은 노란색으로 칠해졌고, 어떤 목사들은 지탄의 대상이 되어 타르를 뒤짚어쓰거나 깃덜을 뒤짚어 써야 하는 등 여러 방식으로 학대를 받아야 했다. 어떤 목사는 폭도들에 의해 전신주에 매달려 죽기 전에 구조되기도 했다. 그러나 전쟁은 메노나이트들에게 비전투요원과 전쟁 채권을 구입하는 등 전쟁과 관련된 여러가지 이슈들을 놓고 찬성을 하든지 반대를 하든지 보다 더 분명한 입장을 보이도록 강요하였다.

전쟁 채권을 구입하여 구호사역을 해야한다는 새로운 주장들이 메노나이트 교회를 옥죄었다. 전쟁은 많은 영역에 걸쳐 실제적인 희생을 요구하였다. 연민을 갖게 되는 동기는 분명하였지만, 거기에는 메노나이트들이 훌륭한 시민인지 아닌지 증명해내기 위한 숨겨진 의도가 있기도 했다. 문제는 그 동기가 무엇인지 명확하게 정의하기는 쉽지 않다는 것이었다. 1920년 전쟁이 끝난지 2년이 되었을 때, 메노나이트 중앙위원회가 구제 기관으로써 모습을 드러냈다. 전쟁 동안 대부분의 건장한 메노나이트 남자들에게 아주 중요한 농장 프로젝트가 할당되었는데, 이는 제 2차 세계대전의 대체 복무 프로그램이 되었다.

제2차 세계대전이 시작되면서, 역사적 평화교회Historic Peach Churches: 메노나이트, 형제회, 퀘이커의 리더들이 미국 정부에 청원서를 제출하였다. 이 청원서는 미국 대학에서 군사훈련을 실시하는 법을 채택하지 말 것이며 또한 모든 형태의 군복무를 양심적으로 반대하는 사람들을 위해 특별 조항을 마련하라는 청원서였다. 1940년에 이러한 청원을 담은 모병훈련 및 복무법안The Selective Training and Service Act이 받아들여져, 일반 시민들의 지도하에 양심적 병역거부자들이 국가적 중요한 일을 감당할 수 있도록 배려되었다. 이 법령에 의해 시민 공공 서비스Civilian Public Service, CPS 캠프가 세워졌고, 토양 보존, 댐 건설 및 다른 중요한 프로젝트들을 위해 일을 할 수 있게 되었다. 비슷한 프로그램이 캐나다 정부에 의해서도 수립되었다. 미국 시민 공공 서비스 캠프를 후원하기 위한 교회들의 비용은 약 3백만 달러가 넘었다.[12]

국제 구제 사역 또한 병역 징집에 해당하는 남자들에게 대체복무로 제시되었다. 어떤 사람들은 군복무 대신 아시아로 떠나기도 하였으나, 어떤 사람들은 푸에르토리코Pueto Rico와 같은 미국령의 나라들을 위해 일하도록 소환되었다. 결국 많은 남자들이 대체복무를 감당하게 되었는데 특히 많은 사람들이 정신병 치료에 큰 변화를 가져온 정신병원의 간호시중을 드는 일을 떠맡아 하게 되었다. 제 2차 세계대전 동안 메노나이트 교회들에 의해 세워진 여러 지역의 신경정신과는 초창기부터 구체적인 결과를 얻기도 했다.

　1945년 제 2차 세계대전이 끝나면서, 메노나이트 교회들은 사랑과 비저항의 교리가 전세계를 향한 지속적인 구호 및 봉사의 목회로 연결되어야 한다고 확신하게 되었다. 이러한 지속적인 봉사는 농업개발프로그램, 교육 분야의 사역, 다른 인간적인 필요를 채우기 위한 지역 프로그램뿐 만이 아니라 긴급식량, 옷, 의료봉사를 포함하고 있다. 모든 메노나이트 교회와 그리스도 안의 형제들BIC에 속한 젊은 사람들은 어떤 종류가 되든지 자신들의 인생 동안 한 번쯤은 자원봉사활동을 하겠다는 계획을 갖고 있다. 1991년 메노나이트 중앙위원회를 통해 986명의 자원봉사자들이 일을 하였고, 소요 비용은 31,526,907달러였다. 이러한 자원봉사자들 중에 149명이 아프리카, 96명이 아시아, 28명이 중동, 23명이 유럽, 143명이 라틴 아메리카, 547명이 북미에서 일하였다. 1950년부터 다른 나라에서 1년 동안 일을 할 수 있게 만들어진 교환 방문자Exchange Visitors 혹은 훈련프로그램Trainee Program으로 알려진 아주 톡특한 프로그램이 시작되었다. 이 곳에 나타난 통계 수치는 교단 자체 프로그램이나 선교부의 프로그램과 관련된 인원은 포함되어 있지 않은 것이다.

　이러한 사역들은 참여하는 교회에 사회적 책임에 대한 새로운 감각, 보다 더 많은 여러 메노나이트들과의 협력, 그리고 경제적 풍요로움을 배가시키는 등 새로운 생명력을 불어넣어주었다. 사람들이 즐겁게 일하는 동안, 또 다른 많은 사람들은 자신의 공동체를 돌아보며 느낀 것을 정리해가며 새천년을 준비하기 시작했다. 1992년 비록 동–서간의 긴장이 상당히 누그러졌으나 무기경쟁과 수출은 지속되었다. 어떻게 비저항의 크리스천들이 이러한 광적인 모습으로 그리스도를 증거할 것인가? 전쟁을 목적으로 세금이 사용되는 것을 허락해야할까? 아니면 이러한 세금의 사용은 완전히 정부의 책임 하에 있는 것일까? 어떻게

메노나이트 중앙위원회는 식량과 옷을 나누어주는 것뿐 아니라, 난민 정착, 마을 건설, 젊은이들과 어른들을 위한 문맹퇴치 프로그램, 농업 교육, 직업학교, 의료 봉사, 마약 및 알콜 중독 상담, 원주민 선교 및 이와 유사한 프로그램들을 창안하여 의존적인 사람들이 스스로 자립할 수 있도록 도와주고 있다.

메노나이트들이 자신의 지역사회와 국가적 차원으로 존재하는 인종 차별을 줄여나갈 수 있을까? 할 수 있는 한 교회들이 가난한 사람들을 개인적으로 구조적으로 혹은 기관내에 존재하는 불의를 극복하게 도울 수 있을까? 메노나이트들이 범죄자를 대상으로 하는 목회, 마약문제, 가족 학대 문제 및 회복, 증가하는 폭력 문제, 1945년 이후부터 관심을 가졌던 정신 건강의 문제 등 사회변혁의 대리인이 될 수 있을까?

사회에는 다루기 쉽지 않은 뿌리깊은 여러가지 문제들이 있다. 전세계의 굶주림, 인구과밀, 개발도상국의 사회-경제적 필요성 등은 어떤가? 낙태ME 5:1, 에이즈, 인간의 성ME 5:814~817, 성적 역할의 변화, 가족의 안정감 및 가치의 몰락은 어떠한가? 전세계 자연자원을 착취하는 북미의 문제는 어떤가? 이러한 문제들에 대해 메노나이트들은 기존에 있는 기관과 협력하고 네트워킹과 법적 자문 및 지지를 통해 반응하는 경향성을 보인다. 사랑과 정의는 더 이상 서로 반대되는 것으로 보이지 않는다. 그러나 우리는 공식적인 발표나 정치적인 절차를 따라가는 것보다 개인적인 복음 증거와 희생을 통해 지역적인 차원 및 작은 것부터 실천하는 모습을 보일수 있다. 여전히 너무나 많은 것들이 필요하다. 많은 사람들이 아래로부터 변화를 추구하는 동안, 위로부터의 변화를 꾀하기 위해 북미, 특히 캐나다의 메노나이트들은 지역, 도시, 주 및 국가적 차원에서 보다 정치적으로 여러가지 일을 해결하는 모습을 보이고 있다.

영적인 갱신 운동

약 150년 동안 북미의 메노나이트들은 대체로 자신들이 속한 전통에 충성을 다하거나 독일어를 사용하면서 서로 분리된 모습을 보여왔다. 그러나 보호의 장벽은 무너졌고 새로운 삶이 찾아왔다. 19세기 중엽에 찾아온 영적인 부흥이, 시카고의 전도사 드와이트 무디Dwight L. Moody와 함께 일했던 젊은 청년 존 펑크John F. Funk에 의해 시작되고 폭 넓게 진행되었다. 1857~8년 겨울에 회심을 경험한 후, 존 펑크는 여러 해 동안 메노나이트들에게 큰 영향력을 끼쳤던 인디아나 엘커하트로 가고 있는 자신을 발견하였다. 특히 1864년부터 그는 진리의 선구자 The Herald of Truth라는 신문 출간하였다.

이것은 컬러니Colonial 시기의 메노나이트 운동에 영적인 생명력이 없었다는 것을 의미하지는 않는다. 1690년에 저먼타운의 메노나이트들은 윌리암 리튼하우스William Rittenhouse를 목사로 세웠다 1773년 네덜란드에 전해진 보고에 따르면 목회자들이 너무 많아 셀 수 없을 정도까지 리더들의 숫자가 증가하였다. 1710년의 한스 헤르Hans Herr와 같이 수 년간의 교회 일에 경험이 많은 사람들이 미국으로 왔다.

선구자들은 문서와 더불어 신앙을 보존하고자 많은 애를 썼다. 1712년 네덜란드 메노나이트들은 자신들의 공동체를 위해 1632년에 기록된 도르드레흐트 신앙고백서를 영어로 번역하였다. 1749년 『순교자들의 거울』이 원래 네덜란드어에서 독일어로 번역되었고 펜실바니아의 에브라타Ephrata에서 인쇄되었다. 샤벨제Schabaelje의 『방황하는 영혼』 The Wandering Soul, 제리트 루센Gerrit Roosen의 『영적인 대화』Spiritual Dialog와 같은 묵상집 및 『오스번드』Ausband와 같은 찬송집 등 여러 자료들이 사람들 간에 읽혀지게 되었다. 19세기 초 보다 많은 문서들이 영어로 출간되기 시작했다.

메노나이트들 간에 일어났던 주요 부흥운동의 중 하나는 주일학교였으나, 이 주일학교는 메노나이트 정체성 및 독특성을 사라지게 만드는 역할을 하기도 했다. 주일학교는 18세기 성서, 논문과 절제운동 및 선교에 대한 새로운 관심 등 수많은 다른 혁신적인 것들과 함께 영국에서 미국으로 들어왔다. 메노나이트들은 자녀들이 다른 교단의 교회학교에 참석하게 되면서 젊은 사람들이 빠져나가기까지 주일학교를 반대하였다. 종종 주일학교는 많은 교단의 연합 노력으로 여러 마을에서 공동으로 개최되기도 하였고, 메노나이트 리더들은 곧 교회의 일반 성도들이 주일학교에서 가르치고 리더십을 발휘하게 했다.

처음 메노나이트 주일학교는 아마도 1840년 캐나다 온타리오주의 워털루 지역에 있던 워너Wanner와 베흐텔Bechtel의 집에서 시작되었던 것 같다. 미국에서는 1842년 필라델피아의 메이슨타운Masontown 교회에서 시작되었다. 1847년 메노나이트의 교단을 시작하게 된 존 오버홀쩌John H. Oberholer가 미래의 교회를 위해 학교의 중요성이 크다는 것을 확신하게 되었다. 반대자들에 의해 학교건립에 대한 많은 논쟁이 생겨났고, 이들에 의한 약간의 분열도 발생하였다. 실제로 이러한 논쟁은 메노나이트들에게 메노나이트 역사에는 없던 경건운동을 증진시켰고,

비순응, 비저항, 회심의 의미, 교회의 멤버십, 및 다른 기본적인 메노나이트 교리와 상반되는 여러 문서들을 소개하였다. 주일학교들은 미국의 복음주의 운동의 주류로 메노나이트를 연결시킨 주된 수단 중 하나가 되었다.

부흥운동Revivalism은 또 다른 갱신운동으로써 한편으로는 부정적으로 또 다른 한편으로는 긍정적으로 메노나이트들에게 영향을 미쳤다. 자동적으로 교인이 되어 국가의 재정을 후원하는 유럽의 국가교회 체제와는 대조적으로, 북미에서는 독특한 방법으로 새로운 교인을 얻어야 했다. 부흥운동은 북미의 독특한 방식이었다. 대략 1725~50년에 일어났던 처음 대 각성운동은 청교도의 조나단 에드워즈Jonathan Edwards의 "하나님의 놀라운 사역1737"이라는 글에 의해 시작되었는데 이는 전혀 기대하지 못했던 반향을 불러일으켰다. 1790~1830년에 일어난 두 번째 대각성은 리더 자신들이 효율성을 증진시키는 방향으로 프로그램을 배워서 일으키게 된 운동이었다. 찰스 피니Charles Finney와 드와이트 무디 시대에 일어난 부흥운동은 특별한 설교 방식과 실천 신학 등 고도로 전문화된 복음전도 방법이 사용되었다. 이 복음전도방법은 영혼 구원의 결과를 미리 예측하기도 했다. 불행하게 이러한 부흥운동은 대부분의 교회와 교단 내에 엄청난 분열을 초래하기도 했다.

이러한 부흥운동은 메노나이트에게도 분열을 가져왔다. 1800~1860년 기간동안은 종종 메노나이트들 간에 "긴장과 시련"의 기간으로 묘사되곤 한다. 그러나 우리는 이러한 긴장과 시련이 메노나이트들에게 뿐 아니라, 19세기 동안 미국 전체에 일어난 것으로 보아야 할 것이다. 20세기 북미의 메노나이트들은 대체로 시골사람들이었고, 신학적으로나 사회적 관점에서 볼 때 보수주의적이었으며, 영적 갱신운동의 도시적 방법에 대해 회의적이었다. 부흥운동의 열광적인 면은 충분히 의심의 대상이되었다. 왜냐하면 부흥운동은 한 가지 회심에 대

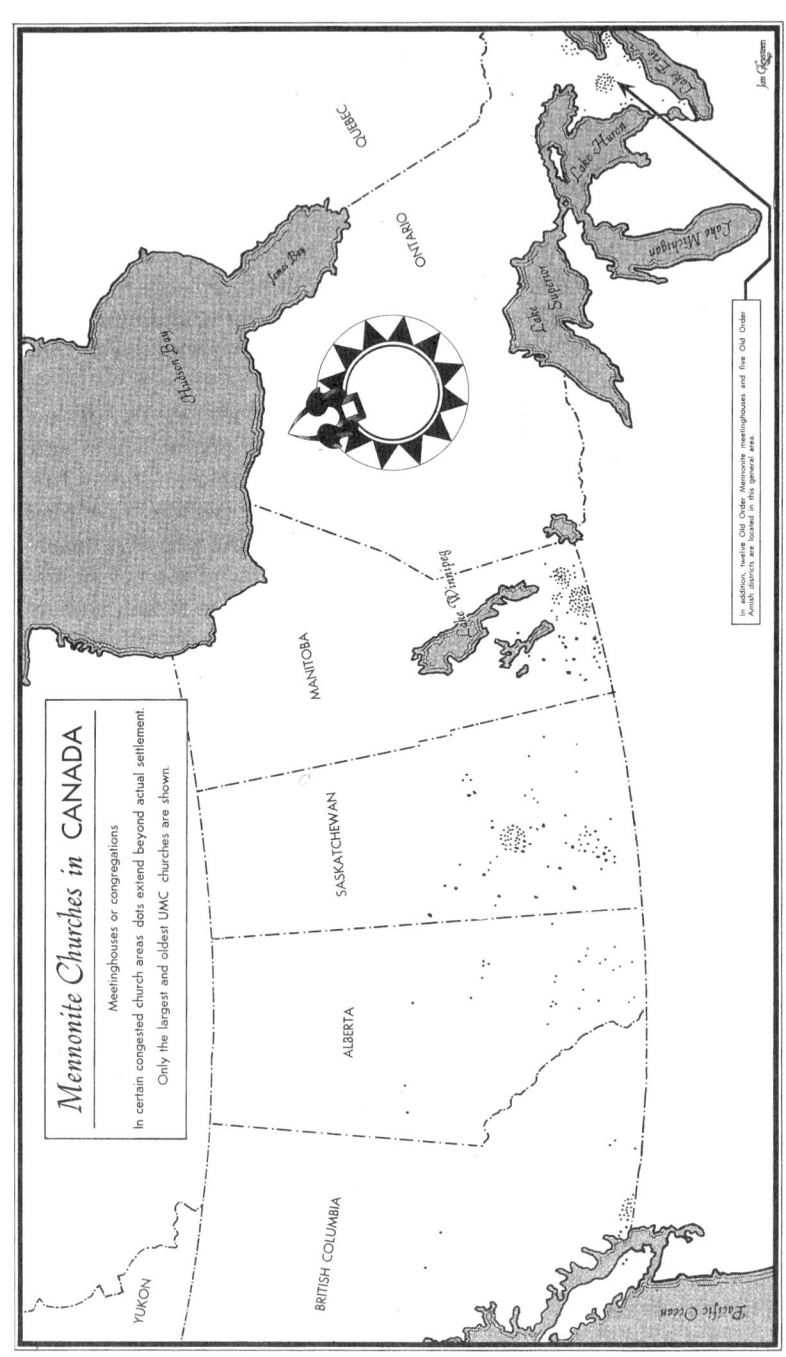

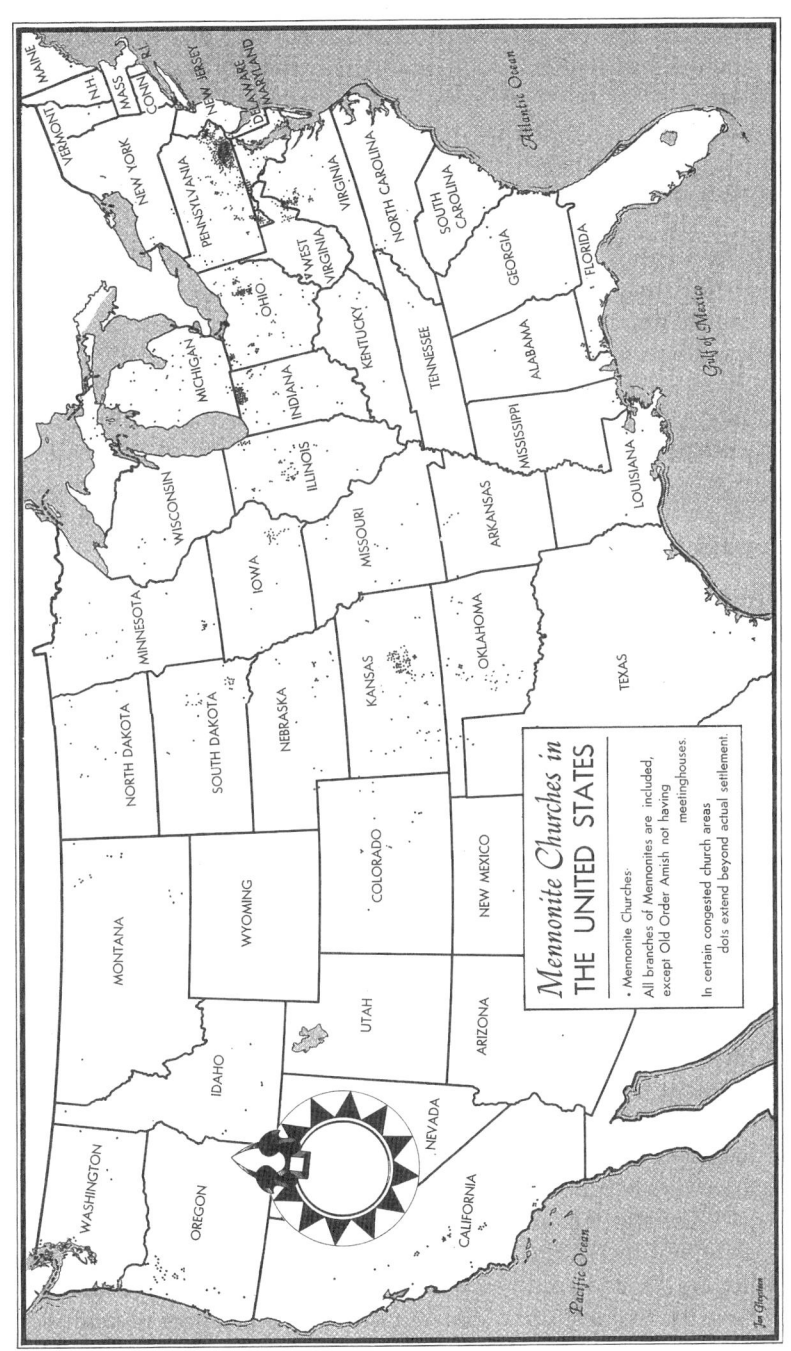

한 모습을 지나치게 강조하였고, 기도회, 지나친 신학적 단순화, 채 검증되지 않은 사람들과 신학 및 가치들을 너무 가까이 접하도록 강조하였기 때문이었다.

이전에 메노나이트들이 이러한 것을 경험하지 못한 바는 아니었기 때문에, 이들은 부흥운동의 이방인들은 아니었다. 1870년대에 러시아로부터 이주한 많은 이민자들은 1860년 메노나이트 형제교회를 세운 에드워드 뷔스트Edward Wuest의 일을 통해 이를 경험했기 때문에 이미 이러한 방식에 익숙해 있었다. 미국의 메노나이트들 또한 무디의 사역에 큰 존경심을 표하고 있던 존 펑크를 통해 다소간의 부흥회를 메노나이트 내에서 가졌었기 때문에 이미 부흥운동의 성격에 대하여 잘 알고 있었다. 그러나 펑크의 사역은 교회 리더들에 의해 그리 격려받지 못했고, 더더욱 사람들에게는 이렇다할 반응을 얻어내지 못했었다.

메노나이트들에게 받아들일 만 한 것인지, 초청의 찬송들은 적절한 것인지, 강단 앞으로 사람들을 불러내는 것 등에 대해 어떻게 반응해야 할지 결정하기까지 아주 오랜 시간이 걸렸다. 존 코프만John S. Coffman이 이러한 모임을 주관하였는데, 그의 친절하고 평화적인 영성으로 인해 대부분의 반대와 결과들이 극복되었고 부흥운동을 격려하게 되었다. 결과적으로 그는 1881년부터 그가 죽은 1899년까지 복음전도사로서 효과적인 사역을 감당하게 되었다. 당시 부흥운동은 메노나이트들이 사용할 수 있는 방법으로써 잘 정리되었고 합법화되었다. 그의 사역은 여러 면에 있어서 새로운 삶으로, 선교와 교육에 대한 새로운 관심으로 표출되었다. 그러나 소개된 부흥운동과 다른 부흥사들과 관련된 메노나이트들은 근본주의 신학과 같은 더 많은 낯선 신학들을 접해야 했다.[13] 이러한 부흥 운동의 영향은 20세기 중반이나 지나서 극복되었다. 부분적으로 이러한 극복은 아나뱁티즘을 자유주의와 근본주의 신학과는 다른 제 3의 신학으로 보았던 헤롤드 벤더에 의해 시작되었다.

메노나이트의 영적 갱신에는 또 다른 모습이 존재한다. 1870년대의 러시아 메노나이트들과 캐나다와 미국의 중부지방에 정착하게 된 메노나이트들이 선교와 교육에 대한 새로운 관심을 불러일으킨 것이다. 1887년 캔사즈 주, 북 뉴턴North Newton의 베델 대학Bethel College, 1889년 오하이오의 블러프턴 대학Bluffton, 1903년 엘커하트 학원이 급성장하면서 인디아나의 고센대학Goshen, 1908년 캔사스 힐스보로Hillsboro의 타볼 대학Tabor College이 설립되었다. 겨울 성서학교들은 "미국" 메노나이트들과 이민자들에게 상당한 인기가 있었다. 메노나이트 고등학교들도 급격히 늘었다. 다른 대학들도 더 생겨나게 되었다. 20세기에 교육은 북미의 메노나이트들에게 아주 중요한 핵심사안이 되었다.

다른 20세기의 변화들

20세기에 일어난 변화중 가장 중요한 것 한 가지는 통계를 통해 알 수 있듯이 수자적으로 뿐만 아니라 교회 및 사회에 끼친 영향력에 있어서 캐나다의 메노나이트가 급성장하게 된 것이다. 예를 들어 위니펙에 3개의 대학, 온타리오 워털루에 예술대학을 비롯하여 교육 분야에 있어서 고등학교가 대거 설립되었다. 공립 교육 기관에 책임있는 행정가로서 캐나다 전역의 주요 대학의 교수 및 직원으로 많은 메노나이트들이 활동하게 되었다.

이와 동일한 변화로써 캐나다 각 주와 국가적 차원에 있어서 메노나이트 중앙위원회의 활동이 놀랍게 성장한 것이다. 또한 서로 다른 교단 기관들이 같은 목적을 갖고 메노나이트 중앙위원회와 협력하게 되었다. 캐나다 정부 또한 해외 개발 프로그램을 위해 메노나이트 중앙위원회가 갖고 있는 자원과 여러 경로를 이용하고자 하였다. 미국의 메노나이트들보다 캐나다의 메노나이트들은 정부와 보다 더 밀접한 관계를 갖고 있는 것 같다.

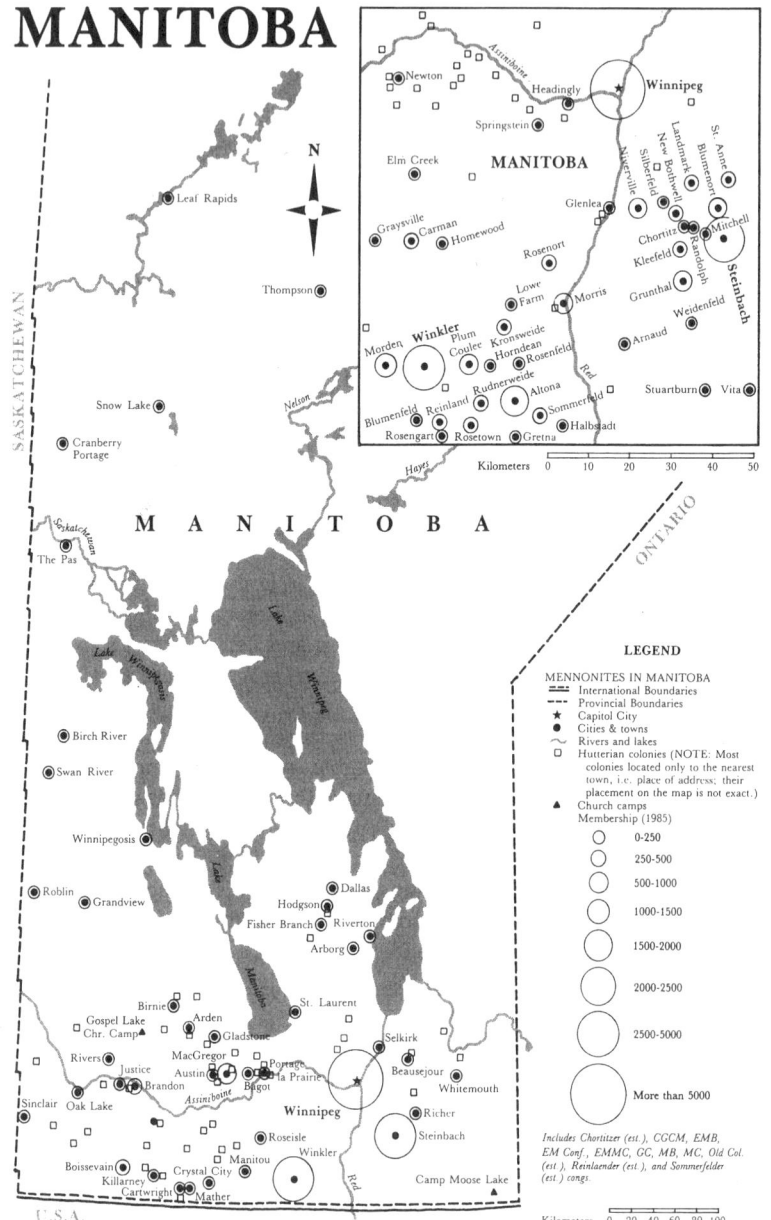

역사적 발전을 통해 볼 때, 많은 학교, 사무실 및 메노나이트 교단을 위한 여러 센터들은 북위 49도 남부에 위치해 있다. 이러한 상황은 캐나다와 미국간의 국가로 분리된 메노나이트 기관에 대한 여러가지 질문과 경계, 특히 국가를 따라 교단의 조직과 구조가 재편되어야 할 필요성을 제기하였다.1999년에 메노나이트 교회는 교단을 미국과 캐나다 교단으로 나누어 미국의 메노나이트는 MC in USA, 캐나다의 메노나이트는 MC in Canada로 부르게 되었다.-역주) 그리스도의 교회에 있어서 민족주의는 적합하지 않다는 신념에 따라 많은 사람들에 의해 이러한 구조적 변화의 필요성이 제안되었다. 1988년 온타리오와 퀘벡주 지방회, 서부 온타리오 메노나이트 지방회, 온타리오의 연합 메노나이트 지방회는 변화의 양상들을 따라 캐나다 동부 지방회로 합병되었다.

캐나다 메노나이트들의 급속한 문화적 동화에 대해 반대하는 움직임이 일어났고 소수이긴 했지만 이 움직임은 다시 이민을 떠나는 모습으로 이루어졌다. 1920년대에 시작된 이 움직임은 자신들의 종교적 정체성을 보존하고자 하는 시도로 멕시코, 파라과이, 볼리비아, 중앙 아메리카 및 다른 지역으로 이주하는 모습으로 나타났다. 이러한 움직임은 대항-문화적counter-culture 믿음이라는 독특한 시도로 해석될 수 있다. 그러나 과연 그들이 영적으로 더 깊이 있는 모습으로 사는지에 대한 것은 여전히 쉽게 답할 수 없는 질문으로 남아있다. 이렇게 떠난 그룹들은 캐나다나 미국에 남아 문화적으로 동화된 사람들보다 자신들이 어떠한 사람인지, 어떠한 사람이 되어야 하는지에 대한 분명한 비전을 갖고 있는 것처럼 보였다.

메노나이트 정체성. 1975년 미국과 캐나다에 있는 네 개의 메노나이트 교단과 그리스도 안의 형제교회의 경건, 신앙 및 생활에 대한 내용을 집중적으로 조명한 『4세기 이후의 아나뱁티스트들』*Anabaptists Four Centuries Later*란 책이 선을 보였다. 이 책은 하워드 카우프만J.

Howard Kauffman과 리랜드 하더Leland Harder가 수행한 연구로써 메노나이트들과 그리스도안의 형제 교회들이 당시의 믿음과 생활에 대해 전체적인 윤곽을 그릴 수 있도록 정리된 것이었다.14)

이 연구보고서는 정체성이 무엇인지 알고 싶어하는 메노나이트와 그리스도안의 형제 교회들이 자신들의 정체성으로써 사용할 만한받아들일 만한? 내용을 나타내고 격려하는 기록이기도 하다. 이 책은 메노나이트들과 그리스도안의 형제 교회들이 소위 말하는 현대 문명과 관련하여 다소간 정체성의 위기를 경험하고 있다고 단언하고 있다. 1992년까지 정체성에 관련된 책들이 최소한 일곱 권정도 더 출간되었다. 1988년에만 네 권이 출간되었고 최소한 세 권 정도가 총회 및 회의와 정기 간행물의 논문으로 다루어졌다.15) 그러나 정체성의 문제가 학자들의 관심에 의한 것인지, 아니면 교회에 출석하고 있는 사람들에 의한 것인지는 분명하지 않다.

1991년에는 1980년대 말의 연구를 근간으로 카우프만과 디드리저Driedger가 작성한 「모자이크」Mosaic라는 보고서가 출간되었다. 이는 이러한 정체성에 대한 질문에 대해 보다 구체적이고 중요한 답변을 제공하고 있다. 이 연구 보고서의 서두에 따르면 이미 언급한 바와 같이 북미의 메노나이트들 중 반 정도가 도시에 살고 있다고 한다. 그러나 이 연구는 도시화가 어느 정도 세속화를 촉진시키고 있기는 하지만, 이러한 효과는 점증하는 교육에 의해 상쇄되고 있다고 제시하였다. "교육을 더 많이 받는 것이 물질주의, 개인주의 및 세속주의로 흐르는 것을 방지해준다"고 밝히고 있다. 이러한 것은 종교적 정통성을 어느 정도 거부하게 하며, 보수주의적 도덕 기준을 후원하지만, 교회의 참여와 묵상훈련, 복음 전도, 사회 및 윤리적 쟁점들을 지지하도록 도와주는 것으로 밝히고 있다. 교회의 출석은 대학 교육을 받은 사람들에게서 가장 높게 나타났다. 대학이나 그 이상의 교육을 받은 사람들은 1972년 19%

에서 1989년 31%로 증가하였다.[16)]

　이전의 연구와 마찬가지로,「모자이크」는 어떤 종교적인 이슈들에 대해 상당한 견해 차이가 있음을 보여 주었으며, 사회-경제적 수준과 종교적 태도들 간에 관계성 또한 상당히 다름을 보여주었다. 연구에 따르면 교육을 많이 받은 사람일수록 사형제도를 반대하는 것으로 나타났다. 교육정도가 높을 수록 교회에서의 여성들의 리더십을 환영하였다. 1972년 32%였던 것이 1989년에는 51%로 나타났다. 여성들보다 남성들이 여성들의 안수를 지지하였다. 남성 47%, 여성 42% 낙태 반대는 초기의 연구보다 후기의 연구에서 사람들이 더 반대하는 쪽으로 나타났는데 비록 엄마의 생명이 위험할 경우라도 15% 정도의 사람들이 낙태를 반대하였다. 강간으로 임신한 경우라도 41%가 낙태를 반대했다. 만약 태아에 심각한 결손이 생겼을 때에는 약 반수가 낙태를 찬성하였다. 열에 아홉은 어떤 이유라할지라도 낙태를 반대하였다.[17)]

　이전의 연구에서 다루었던 문제 중 한 가지로 근본주의가 메노나이트 윤리에 미친 영향에 대한 내용이 있었다. 대부분의 메노나이트들은 성서의 영감, 기독론, 부활에 대한 신앙의 정통성뿐만 아니라 음주, 도박, 불법 약물 등에 관한 질문에는 기본적으로 보수주의적인 성향을 나타내는 것으로 평가되었다. 이러한 질문들에 대해 대부분의 복음주의자들이나 중도적 근본주의자들의 입장과 이들의 입장은 별로 다른 차이를 보이지 않았다. 그러나 국가와 군대 혹은 다른 권력 및 제자도의 핵심인 사랑에 대한 관점에 있어서, 메노나이트들은 이전에 언급한 그룹들과 아주 폭넓은 차이를 보였다. 메노나이트 교회의 73%가 군복무 대신 대체복무를 지원하겠다고 응답한 반면, 복음주의 메노나이트 교회는 17%만이 대체복무를 지원하겠다고 응답하였다. 1989년의 연구는 "보다 큰 메노나이트 교단이 비저항과 평화운동의 선봉에 서고 있는 것은 분명하다."고 결론을 짓고 있다.[18)]

이 연구에서 도시화가 아나뱁티즘의 문화유산을 심각하게 침식시키고 있다는 내용을 발견할 수 없다. 그러나 현대화가 그들의 정체성을 형성한다고 생각하는 데에 나이가 중요한 인자로 작용한 것으로 나타났다. 즉 아나뱁티즘이 20세기 후반의 메노나이트 내의 정체성을 형성하는 믿음의 프로필로 작용하는 한편, 여러 연령대 중 자본주의, 개인주의, 세속주의에 대해 비-아나뱁티스트 도덕관에 대해서는 십대들이 가장 높은 점수를 나타냈다.19) 이러한 것이 하나의 경향인지 아니면 기본적으로 또래간의 압력에 의한 것인지는 분명하지 않다. 청소년 컨퍼런스인 그레이트 트렉The Great Trek과 다른 청소년 활동들에는 높은 참석율을 보였다. 메노나이트 대학의 출석은 1980년대에 증가한 것으로 나타났다. 그러나 청소년들의 교회 멤버십 나이는 종종 뒤로 미루어지는 것으로 나타났다.

공동체, 사랑, 평화건설 및 평화프로그램을 통한 봉사라든지 아나뱁티스트 가치에는 이전 보다도 상당히 많은 사람들이 관심을 보였다. 대부분의 교리와 관련된 이슈들에 대해서는 보수주의적 색채를 분명하게 나타내었으며, 메노나이트 중앙위원회를 통한 사회 봉사 영역, 자원봉사, 피해자-가해자VORP 프로그램, 가난한 사람들에 대한 관심, 정의, 환경 문제, 생명에 관한 영역들에 대한 아나뱁티스트-메노나이트들의 관심은 지속적으로 증가하고있는 것으로 나타났다. 전통적인 메노나이트 활동 또한 지속적으로 강세를 나타냈으나, 새로운 기관을 세우는 것은 양로원과 예배당을 세우는 것 외에 큰 관심을 보이지 않았다.

1990년 위니펙에서 개최된 메노나이트 세계 총회에서는 메노나이트 중앙위원회의 일을 통해 북미의 메노나이트들이 전세계적으로 이미 잘 알려졌으며 세계의 형제, 자매들과 종종 새로운 관계를 세워나가는 것이 미래의 할 일이라고 강조하였다. 1990년 세계에는 약 856,600명의 메노나이트들이 있으며, 이들 중 캐나다에 약 114,400명, 미국에

상대적으로 작은 교단인 메노나이트는 도서 및 정기간행물 출판에 대단한 열심을 기울이고 있다. 바바라 클라센 스머커(Barbara Claassen Smucker), 루디 위브(Rudy Wiebe) 및 최근의 도리스 잔젠 롱에이커(Doris Janzen Longacre)와 같은 몇몇 메노나이트 저자들은 국가적, 세계적으로 갈채를 받는 작가들이다.

266,100명의 회원이 있는 것으로 집계되었다. 전세계 메노나이트 가족은 총 78개의 언어를 사용하고 있으며 독일어 보다 영어가 가장 많이 사용하는 언어로 나타났다.[20] 메노나이트 중앙위원회가 연합의 역할을 가장 잘 담당하는 단체였으며, 다른 단체들과의 동맹들도 시도되고 있는 것으로 나타났다. 메노나이트 교회와 메노나이트 총회 교단 간의 토론은 통합 가능성을 두고 장점과 단점에 대한 질문으로 검토되어 장래의 협력 방안을 지속적으로 논의해 나갔다.이 두 교단은 1999년에 통합되여 캐나다 메노나이트 교회와 미국 메노나이트 교회로 교단을 형성하게 되었다.-역주

영적인 뿌리. 위에서 언급한 활동과 연계된 설명이거나 혹은 대조적인 설명이 될지 모르겠지만, 의미있는 관계와 깊은 영적 뿌리에 대한 새로운 조사가 이루어졌다. 성서 연구, 결혼과 가정의 질을 향상시키고자 하는 수양회, 기독론, 제자도와 보다 폭 넓은 삶에 대한 세미나, 인

생을 둘러싸고 있는 아나뱁티즘에 대한 절대적인 의미들에 대해 알고 싶어하는 새롭고 강한 관심이 나타났다. 대부분의 교회는 성서공부, 기도 및 상호 협조를 위한 소그룹 모임을 갖고 있었다. 카리스마적인 운동은 별다른 분열없이 새로운 자유와 기쁨을 많은 회중들에게 가져다 주었다. 라틴 아메리카의 신자들의 교회들을 포함한 여러 교회들이 메노나이트라는 용어 보다는 아나뱁티스트라는 용어를 더 선호하게 되었다. 한 유명한 캐나다 리더가 특별한 출판물에서 이러한 용어 사용의 변화를 제안하기도 하였다.[21]

1980년대 동안, 현재의 활동과 과거의 삶을 하나로 결합하여 만든 새로운 형태의 뭔가가 창출되었는데, 우리는 이것을 영성 혹은 영적인 삶을 구성하는 훈련이라고 부르게 되었다. 로마 가톨릭의 과거와 현재의 실행뿐만 아니라, 아나뱁티스트가 갖고 있는 성서, 기록, 전통에 대한 이해를 하나로 통합하여 기도, 묵상, 침묵, 영적 안내 및 특별히 의미있는 예배를 드리도록 노력하고 있다. 다음은 한 영적 지도자가 남긴 글이다.

> 메노나이트의 영성은 모든 것의 근원으로 하나님을, 그것의 방법으로써 성령과 교회를, 그것의 대상으로써 세상을 두고 있다. 즉 메노나이트의 영성은 곧 선교의 영성이며… 그것은 곧 예수와 "함께(with Jesus)" 있는 시간을 가짐으로 예수를 따르는 것을 의미하며…진실로 하나님과 함께 한다면 세상 속에서 "귀신들을 쫓아내는" 권세를 갖지 못할 이유가 없을 것이다.[22]

이것은 실제 세상으로부터 물러나있는 것이 아니라, 성령의 권능 안에서 세상을 상대하는 것이다. 가톨릭 피정이 잘 사용되는 것처럼 메노나이트들 또한 사람들을 훈련 시키고 영적 지도자들을 양성하는 프로그램을 적극적으로 개발/발전시켜나가고 있다.

미시간주의 쓰리 리버스(Three Rivers) 지역에서 진과 매리 헤르(Gene and Mary Herr)가 운영하는 메노나이트 은자(the Hermitage) 수양관. 이러한 분위기는 영혼의 갱신과 개인의 영적 성장, 영적인 성숙과 소명을 점검하는 시간을 갖기에 좋다.

이러한 활동과 운동들 가운데, 캐나다와 미국 메노나이트들이 자신들의 정체성과 선교를 실현시키기 위한 인자들이 무엇인지 보다 잘 깨닫게 하는 것이 존재할까? 그 답은 분명하지 않다. 그러나 분명한 것은 전체 사회가 일반적으로 경제적 번영을 누리게 되었다는 것과 중요한 경제적 사회적 차이가 신학적 이해 및 성서적 가치기준을 다르게 형성시키고 있다는 것이다. 많은 사람들이 이상적인 아나뱁티스트 형태의 회중을 비전으로 갖고 있는 한편, 문화적 환경은 이러한 것을 개인주의와 자본주의와 혼합시켜 비전을 흐릿하게 만든다는 사실이다. 따라서 대부분의 사람들이 "범사에 머리이신 그리스도에게 까지 자라가기"를 원하고 믿음을 고백해야 할 것이다.

1) For comprehensive treatment consult the *Mennonite Experience in America*(Herald Press) MBA series: Richard K. MacMaster, *Land, Piety, Peoplehood. The Establishment of Mennonite Communities in America, 1683-1 790*(1985); Theron F. Schiabach, *Peace, Faith, Nation. Mennonites and Amish in Nineteenth-Century America*(1988); James C. Juhnke, Vision, *Doctrine, War. Mennonite identity and Organization in America, 1890-1930*(1989); Paul Toews, volume 4 in process. Beulah Stauffer Hostetler, *American Mennonites and Protestant Movements*. Scottdale, Pa.: Herald Press, 1987. For Canada consult Frank H. Epp, *Mennonites in Canada, 1786-1920*. Toronto, Ont.: MacMillan of Canada, 1974 and idem, *Mennonites in Canada, 1920-1940*. Toronto, Ont.: MacMillan of Canada, 1982. Volume 3 in preparation by Theodore Regehr.

2) The J. Howard Kauffman and Leo Driedger, *The Mennonite Mosaic.* Scottdale, Pa.: Herald Press, 1991, volume is an excellent resource to study this thesis.

3) 앞의 책, pp. 36-38.

4) 앞의 책, pp. 38ff.

5) 앞의 책, pp. 65-85.

6) See conference yearbook/directories for congregational listings.

7) Kauffman and Driedger, op. cit., p. 232, based on MQR(October 1985),59:307-349.

8) MQR(October 1927), 1:23.

9) 가이 허쉬버그, 『전쟁 평화 무저항』*War, Peace, and Nonresistance.*(최봉기역, 대장간 역간)에서 인용

10) 앞의 책, pp. 107-108.

11) 앞의 책, pp. 121-122.

12) Albert N. Keim, *The CPS Story.* Intercourse, Pa.: Good Books, 1990.

13) Theron F. Schlabach, *Gospel Versus Gospel.* Scottdale, Pa.: Herald Press, 1980, esp. chapter 4, pp. 109ff.

14) Scottdale, Pa.: Herald Press, 1975.

15) Rodney J. Sawatsky, *Authority and Identity*. North Newton, Kan.: Bethel College, 1987; Leo Driedger, *Mennonite Identity in Conflict.* Lewiston, N.Y.: Edwin Mellon Press, 1988; Calvin Wall Redekop and Samuel J. Steiner, *Mennonite identity*. New York, N.Y. University of America Press, 1988; Harry Loewen, ed. *Why I Am A Mennonite. Essays on Mennonite Identity*. Scottdale, Pa.: Herald Press, 1988;

Calvin Redekop, *Mennonite Identity*. Baltimore, Md.: The Johns Hopkins University Press, 1989; Leo Driedger and Leland Harder, eds. *Anabaptist~Mennonite Identities in Ferment*. Elkhart, Ind.: IMS, 1990(Occasional Papers No. 14); J. Howard Kauffman and Leo Driedger, *The Mennonite Mosaic. Identity and Modernization*. Scottdale, Pa.: Herald Press, 1991. See also "Acculturation,"and "Modernity," in ME 5:1-5; 598-601, especially the bibliography in the latter article as also the MQR index and other relevant indices.

16) Kauffman and Driedger, op. cit., pp. 240-241, all of chapter 11.
17) 앞의 책, pp. 205-206, 195-1 96.
18) 앞의 책, pp. 172-1 76.
19) 앞의 책, p. 250.
20) Lichdi, *Handbook*(1990), pp. 323-327.
21) John H. Redekop, *A People Apart*. Winnipeg, Man.: Kindred Press, 1987.
22) Marcus Smucker, "Mennonite Spirituality," in the *AMBS Bulletin*, 50:2 Winter 1986. The entire issue is given to this subject. See also ME 5:850-853 and the literature cited.

다른 자료들: Beulah Stauffer Hostetler, *American Mennonites and Protestant Movements*, Scottdale, Pa.: Herald Press, 1987. Frank H. Epp, *Mennonites in Canada*, 1920-1940, Toronto, Ont.: Macmillan, 1982(volume 3 in process). David A. Haury, *Prairie People: A History of the Western District Conference*, Newton, Kan.: Faith and Life Press, 1981. Carlton O. Wittlinger, *Quest for Piety and Obedience: The Story of the Brethren in Christ*, Nappanee, Ind.: Evangel Press, 1978. John A. Toews, *A History of the Mennonite Brethren Church*, Fresno, Calif.: Board of Christian Literature, 1975. J.R. Burkholder and Calvin Redekop, eds., *Kingdom, Cross, and Community*, Scottdale, Pa.: Herald Press, 1976. Contact any MCC or conference office, Mennonite museum or information office for audiovisual resources.

22장
계속되는 비전

이제까지 우리는 여러 장을 통해 아나뱁티스트와 메노나이트의 시작부터 현재까지의 역사를 살펴보았다. 이 역사는 순종과 불순종의 역사였고, 인간의 강함과 약함의 역사였고, 하나님 은혜의 역사였다. 또한 이 역사는 믿음으로 하나님의 도우심을 목격하는 인간 역사이기도 하다.

이러한 역사를 연구하면서, 던져보아야 할 질문들이 있다. 그것은 메노나이트 역사가 개인과 교회와 세계에 과연 어떤 의미가 있는가 하는 질문이다. 아나뱁티스트-메노나이트 신앙이 우리 시대가 만들어내지 못하는 뭔가를 위해 공헌하는 바가 있는가? 만약 그렇다면 그것은 무엇인가? 만약 아나뱁티스트-메노나이트 신앙이 오늘을 사는 사람들에게 특별한 생명력을 제공하고 있다면, 1992년 전세계에 약 15억명의 크리스천 공동체 내에 겨우 900,000명의 멤버를 가진 작은 교단으로 존재하는 이유는 과연 무엇일까? 우리는 이러한 통계 수치가 신실함을 측정하거나 증명하는데는 아무런 도움을 주지 못한다는 사실을 너무나도 잘 알고 있다. 그러나 질문은 여전히 남아있다. 과연 메노나이트들이 "신앙을 지킨다"는 것이 그저 그들만의 역사나 문화유산에 불과한 것인가? 과연 이들의 신앙을 어떻게 표현해 낼수 있을까? "우리 문화 유산에 의해 영향은 받되 갇혀있지 말라"는 로버트 크라이더Robert S. Kreider의 논문에는 다음과 같은 내용이 실려있다.

> 몇 달 전, 중년의 메노나이트 대학 교수가 나에게 이런 말을 했다. "나는 부모님께서 내게 물려주신 영적 유산과 자본이 무엇인지 살펴보고 있습니다. 부모님의 러시아에서의 고통스러운 기억, 탈출, 비극과 구출, 그리고 여러가지에 반하는 민족언어와 여러가지 문화적인 것들이 나에게는 엄청난 유산이지요. 그런데 과연 내가 내 자녀들에게 물려주어야 할 영적인 자본은 무엇일까요? … 우리는 1920년대 초의 문화유산 위에서 그리 오래 살수는 없을 것입니다."

우리가 영적인 문화 유산을 재해석하여 우리 자신의 건강한 경험으로 실용화하지 못한다면 그 위에 16세기의 문화유산을 더한다 해도 별 차이가 없을 것이다. 크라이더의 말은 계속되었다.

> "나는 우리 메노나이트들이 갖고 있는 전통과 유산이 우리 사회의 질병에 대해 뭔가 말하고자 하는 것이 있다고 확신합니다. 실제로 성서의 기록과 더불어 16세기 이래로 전해 내려오는 감동적인 아나뱁티스트-메노나이트 유산을 진지하게 생각하는 사람들이 참으로 많습니다. 가족의 언어로, 작은 언어로, 그리고 이웃의 언어로 이러한 유산을 제대로 표현해 낸다면 영혼의 공허, 가치없는 말들, 불안정, 쉴새 없는 활동, 생각없는 모방, 물질과 사람을 쉽게 사서 쓰고 버리는 접근방식, 슬프고 비참할 정도의 획일성, 임시방편, 일반적인 의견에 속박됨, "함께 있어야 하는" 압력, 이미지의 조작 등 우리 사회의 여러 질병들에 대해 적절한 대답을 줄 수 있을 것입니다.[1]

메노나이트 백과사전 5:555~557에 실려있는 "메노나이트"라는 항목에서 로드니 사와츠키Rodney J. Sawatsky는 마지막 문장을 다음과 같이 끝내고 있다. "그러므로 메노나이트가 된다는 것은 하나님의 영광이 되는 것이 무엇인지 처음 시작부터 반복적으로 기억하며, 아직 하나님께 영광이 되지 못한 것들을 영광이 되도록 구체화하는 특별한 이야기와 함께 특별한 크리스천 공동체를 규정하고 공동체를 자기와 동일시하는 것을 의미한다."

이러한 설명을 염두에 두고, 어떻게 그들이 시대에 적응하며 자신들이 살고 있는 시대의 사람들을 섬기고 있는지 보기 위해 우리에게 익숙한 아나뱁티스트 주제로 다시 돌아가보자. 그렇게 하기 위해 우리는 메노나이트들과 모든 신자들의 교회 성도들이 마주하고 있는 이슈들과 가능성들을 보다 명확하게 볼 수 있어야 한다. 그렇게 하려면 우리는 두 가지 방식 즉, 우선 다른 사람들이 아나뱁티스트들을 보는 방법과 한 사람의 개인으로서 혹은 전체 그룹을 이루는 사람들로서 자신을 이해하는 방법을 모두 살펴보아야 할 것이다. 전자는 다른 사람들이 우리를 보는 관점이며, 후자는 우리의 자화상을 들여다 보는 방식일 것이다. 그러기 위해 우리들이 살고 있는 현재의 삶이라는 맥락 속에 이러한 이미지들을 놓고 볼 수 있어야 하며, 다시 이러한 이미지들이 우리의 삶에 어떻게 적용되는지 살펴보아야 할 것이다. 이렇게 하는 것은 시간이 변한다 하더라도 a) 예수 그리스도의 변하지 않는 복음의 본질 b) 증가하는 지식에도 불구하고 변하지 않는 인간의 죄에 대한 성향 c) 하나님의 백성으로서 교회와 인간의 상황으로써 사회 사이에 끊임없는 긴장이 존재한다는 사실을 우리들에게 자각시켜줄 것이다.

혁명가들

우리가 16세기로 돌아간다면 아나뱁티스트들을 마귀들이 이용하는 도구들이라고 규정했던 동시대의 몇몇 사람들의 이름들과 그들이 보여준 가혹성에 충격을 금치 못할 것이다. 그들이 가졌던 증오심은 분명히 새로운 진리를 보았음에도 자신의 눈을 감게 만들었고 자신의 영혼을 말라비틀어지게 하였다. 대부분 이러한 사람들은 가톨릭교회나 개신교 교회 혹은 정부를 통해 권위를 행사하던 사람들이었다. 당국의 권력에 의해 동요되지만 않았다면, 사람들은 아나뱁티스트들을 아주 친절하게 대하였다. 정부 직원들의 증오심은 사실상 아나뱁티스트들에게 퍼부어졌는데, 이는 그들의 평판이 너무나 좋았고 이러한 평판이 급속도로 퍼지고 있었기 때문이었다.

아나뱁티스트들이 이러한 평판을 얻게 된 이유를 조사해 보면, 단순한 믿음 및 깨끗한 삶이 교회의 타락과 부패 및 정부의 탄압에 지쳐있던 사람들의 간절한 소망과 맞아떨어졌기 때문이라는 사실을 쉽게 알 수 있다. 유아세례를 통해 모든 사람들이 국가와 교회의 멤버가 되었던 사회였기 때문에, 교회는 신자들로만 구성되어야 한다는 아나뱁티스트들의 교회의 본질에 대한 재정의는 결국 국가의 본질까지도 재정의하는 것이 되었다. 정부는 아나뱁티스트들이 사람들을 국가를 무너뜨리게 하는 혁명가로 만들고 있다고 하며 이들을 이단으로 정죄하였다. 아나뱁티스트들에게 부과되었던 죄목은 폭동을 선동하고, 혁명을 꿈꾸는 사람들이라는 것이었는데 이는 이들의 재판과 관련된 법정 증언 및 기록에서 아주 흔하게 볼 수있는 죄목이었다.

이러한 죄목 외에도 다음과 같은 많은 이유들이 있었다. 우선 이들이 교회의 중요한 의식인 유아세례를 반대했다는 죄목이었다. 해마다 국가에 충성을 맹세하는 것을 포함, 어떠한 종류의 맹세도 하지 않는다는 것도 이유가 되었다.[2] 대부분의 사람들이 군인으로 일하기를 거부하였고, 크리스천이 정부에 속해서는 안된다고 하는 이들의 주장과 믿음도 이유가 되었다. 박해로 인해 이들은 종종 전혀 뜻밖의 시간, 뜻밖의 장소에서 모임을 가져야 했는데, 나중에 체제를 전복시키려는 비밀스런 모임을 갖는다는 죄목도 추가되었다. 이러한 것 외에도 그들은 그 어떤 위험도 무시해가며 자신들의 믿음을 퍼트리는 사람들이며, 자기들의 주장을 아주 고집스럽게 밀고 나가는 주동자들이라는 죄목도 붙었다. 펠릭스 만쯔Felix Mantz는 자신들의 신앙에 대해 침묵해야 한다는 것을 받아들이지 못해 죽어간 수 많은 순교자들 중 첫 번째 순교자가 되었다. 그들이 잡혀, 고문을 당하고, 화형에 처해질 때, 그들은 잔인한 시대의 희생자로서가 아니라, 자신들의 주장이 궁극적으로 승리할 것이라는 결과를 확신하며 승리자처럼 죽어갔다. 이러한 모습은 이들을 박해하는 당국자들을 두려움에 떨게 하였다. 신앙 때문에 죽음이 주어지는 상황을 뻔히 알면서도 혁명가로서의 길을 자처한 이들을 다루어야 했던 당국자들은 끊임없이 늘어나는 아나뱁티스트들의 모습에 두려워 떨어야 했다.

아나뱁티스트들을 혁명가들이라고 부르는데는 아주 중요한 이유가 있다. 그것은 혁명이 당국에는 폭력과 모독을 의미하는 것이었기 때문이었다. 토마스 뮌쩌의 리더십 아래 일어난 농민 혁명Peasants' Revolt, 1장 참고이라는 비극적인 사건과 몇년 뒤에 일어난 비슷한 비극이었던 뮌스터6장 참고 사건이 모든 아나뱁티스트들의 마음에 혁명을 품고 있다고 믿게 만들었다. 비록 아나뱁티스트들 대부분이 평화의 사람들이었으나, 당국은 이들을 모든 정부와 권위를 전복시키기 위한 사람들이며 이러한 순간을 기다리고 있는 양의 옷을 입고 있는 이리떼에 불과하다고 했다. "비록 뮌쩌가 죽고 사라졌지만, 그의 정신은 살아있다. 그것은 여기 저기에서 살아서 숨쉬고 있고, 특별히 뮌쩌에 의해 심겨진 아나뱁티스트들의 파당에 의해 이어지고 있다. 이것을 근절시키는 것은 지금까지도 불가능했다."3)

이러한 뮌쩌와 뮌스터의 혁명적 폭력과 아나뱁티즘을 관련시켜 해석하는 것은 역사적 사실보다는 논쟁을 좋아하는 사람들에 의해 진행되어 왔다. 비록 이러한 것이 전혀 연관성이 없지는 않으나, 역사적인 왜곡으로 밖에는 설명할 길이 없다. 이 책의 2장과 6장은 현재 이해되고 있는 아나뱁티즘과 이들 간에 존재하는 상호 관계와 유래를 조사한 것이다. 아나뱁티즘의 평화적 본질을 합리적으로 보여주고자 한 여러 시도들이 있었지만, 메노나이트 및 다른 학자들은 이 운동의 첫 세대들이 갖고 있던 진정한 급진적 본질radical nature이 무엇인지 분명히 파악하지 못하였다. 조용하고 소심한 사람들은 문제를 방치하고 살아가려고 했던 반면, 아나뱁티스트들은 세상이 준비되기 전에 불쑥 나타남으로써 불행한 희생자들이 되어버렸다. 그러나 이 운동의 출처를 이러한 관점으로 다루는 것은 충실한 독서의 모습도 아니며, 대부분 초기 아나뱁티스트들의 모습을 제대로 보는 것도 아니다. 그들은 자신들이 그저 불쌍한 사람들로 보여지는 것을 원치 않을 것이다. 왜냐하면 그들은 어떠한 값을 치르더라도 사람들의 삶과 운명을 변화시키려 하였기 때문이다. 어떤 면에서 그들이야말로 진실된 혁명가였다. 이는 그들이 수많은 면에서 교회와 사회를 변화시키는데 성공하였다는 것을 역사가 증명해주고 있기 때문이다.

　　우리는 대부분의 아나뱁티스트들이 평화적인 사람들이라는 것을 충분히 살펴보았다. 변화를 위한 그들의 접근방법은 폭력이 아닌 사랑, 복음증거 및 신실한 제자도였다. 그러나 이러한 방법은 아주 혁명적인 것이어서 교회의 기초와 국가의 기초를 위협하기에 충분했다. 그리하여 당국은 자기 방어의 방책으로써 모든 아나뱁티스트들을 사형에 처하고자 했다. 아나뱁티스트들은 사회를 위한 혁명 프로그램을 갖고 있지 않았다. 그들의 메시지는 회개와 복종으로의 부름이었지, 오래된 교회와 사회를 급진적으로 변혁시키려는 것이 아니었다. 사도 바울이 고린도후서 5:17에서 선언했던 것처럼, 그들은 새로운 질서를 선포하였고, 이로 말미암아 세상을 소동케 했다행17:5고 고소당한 것뿐이다. 종교의 자유, 그들이 주장한 교회와 국가의 완전한 분리, 교회는 순수하게 자신들이 가입을 할 것인지 말 것인지 자유롭게 결정한 성인들로 구성되어야 한다는 제의는 가히 혁명적이었다. 성례전의 체제를 거절한 것, 노력에 의해 구원을 받을 수 없지만 노력없이 구원을 이룰 수도 없다고 말한 것 또한 혁명적이었다. 이러한 것 때문에 가톨릭과 개신교 신자들 모두가 아나뱁티스트들을 정죄하였다.

인간 역사에 있어서, 아나뱁티스트들에 의해 이루어진 비폭력적 혁명은 무력을 사용한 정치적 혁명보다 더 영속적이고 더 효과적으로 사회를 변화시켰다. 주어진 목적을 이루기 위해 사용된 이러한 방법들은 목적으로부터 결코 분리시킬 수 없은 것들이다. 우리는 코페르니쿠스의 혁명과 과학의 혁명, 사상의 혁명, 산업혁명 및 현대 기술 과학의 혁명적 발달이 지난 인류 역사를 어떻게 변화시켜왔는지 깊이 생각해 보아야 한다. 혁명 그 자체는 나쁜 말이 아니다. 그러나 그것이 폭력과 결합되어 사용되고 기존의 질서를 위협하는 급속한 변화를 가져오기 때문에 사람들이 나쁘게 해석하는 것일 뿐이다.

그러므로 16세기 아나뱁티스트들을 혁명가들이라고 칭할 때, 그것이 뜻하는 바는 국가와 교회의 심한 반대와 저항에도 불구하고 용기있게 복음을 증거하고 훌륭한 비전을 포기하지 않았던 사람들을 의미하는 것이어야 한다. 이것은 이러한 비전을 실현시키기 위해 누군가가 지불해야할 엄청난 비용목숨까지라도을 자발적으로 지불하고자 했던 것을 의미해야 한다. 500년 전의 사람들과 마찬가지로 요즘의 사람들도 변화를 두려워한다. 그리고 두려움 때문에 변화를 원치 않거나 변화에 저항하기도 한다. 시대가 바뀌었지만 사람들은 여전히 자신들의 문화적 환경과 교회를 혼동하고 있으며, 종종 교회와 사회의 차이를 제대로 구분하지 못하고 있다. 대항-문화가 된다는 것은 의미심장한 일이며 진실로 어렵다. 사람들은 기존의 질서를 위협하는 사람들을 상대하며 자신들을 방어하기 위해 어떠한 짓도 서슴지 않을 것이다. 아나뱁티스트들의 후손들이 선조들을 따라서 지고한 의미의 혁명가들이 되든지 되지 못하든지 하는 것은, 우리 시대의 수 많은 사회적 영적 문제들을 말로 표현하고 행동하는 데 있어서 과거 아나뱁티스트들이 행했던 것처럼, 성서적 증인 및 정체성을 어떻게 "자신들의 것으로 만드는가 하는" 역량에 달려있다.

사회주의자들

혁명가들이라는 죄목과 관련하여 아나뱁티스트들은 사회주의자들이나 혹은 더 나아가 공산주의자들로 해석되기도 한다. 많은 사람들은 그들이 사회의 하층계급이었으며, 그들 모두가 물건을때로는 아내까지도 통용하는 공동체를 실행하였으며, 결국 모든 사람에게 이러한 것을 강요하는 제도를 만들기를 희망했었다고 믿고 있다. 법정 증언과 고문실에서의 종교재판 기록들은 특권계층이 자신들의 부와 지위를 잃을까 두려운 나머지 경제적인 문제들에 중점을 맞추고 있다. 아나뱁티스트들이 경제 및 사회 정의의 선구자들이었다는 것은 여러 자료들에 의해 널리 검증된 사실이다. 그들의 경제적 실천에 대한 내용은 보다 더 많은 연구를 필요로 한다.

그러나 수 많은 죄목들은 사실이 아니었다. 우리는 제세례신앙운동이 가난한 사람들의 매력을 끌었다는 사실을 알고 있다. 그러나 우리는 아나뱁티스트들이 노동자, 귀족, 사제, 장인, 어부, 신학자 및 사회의 모든 계층 출신의 멤버들로 구성되어 있다는 것도 잘 알고 있다. 아나뱁티스트들 중 한 그룹인 후터라이트 형제단the Hutterian Brethren이 물건을 통용하는 완전한 공동체를 실행하고 있다는 사실은 널리 알려진 사실이다. 그들 중 어느 누구도 기꺼이 그렇게 살기로 동의하지 않는다면 그 공동체는 실행될 수 없을 것이다. 그러나 모든 아나뱁티스트들은 다른 사람들이 물질이 없어서 고통을 받고 있을 때, 크리스천이 자신의 이기적인 향락을 위해 물질을 사용할 도덕적 권리가 없다고 믿고 있다. 한 아나뱁티스트가 굉장한 고문을 받으며 다음과 같은 말을 하였다.

> 공동체의 물질에 대하여, 우리들 중 자신의 재산을 공동의 재산으로 내어놓으라고 아무도 강요받지 않았다. 우리는 강요에 의해 공동체를 실현할 의향은 조금도 없다. 그러나 물건을 가진 사람이 자신의 형제나 자매에게 물건이 필요한 것을 보았다면, 사랑에 근거한 본분이 그에게 있으나 그를 돕거나 구제해야할 강제성은 전혀없다.4)

그러나 고문관들은 다른 사람을 믿지 않았던 것처럼 그의 말을 믿지 않았고, 그를 기독교 공산주의자로 의심하였다. 보다 더 잔인한 고문을 하면서, 그들은 "비록 이 재산을 함께 나누는 공동체가 너와 네 사람들만을 위한 것이라고 하지만, 네 마음과 야망은 실제로 모든 사람들이 공유해야할 것을 갖게 되기 때문에 또 다른 문제가 된다."고 하였다.

폭력적 혁명가들이라는 이전의 죄목들이 잘못된 것이었듯이, 이들을 기독교 공산주의자들이라고 정죄하는 것 또한 잘못된 것이다. 만약 아나뱁티즘의 본질에 대한 깊은 통찰력을 갖고 있다면, 이들의 물질 사용은 단지 다른 사람들의 복지를 통해 하나님을 섬기는 도구에 불과한 것임을 알수 있을 것이다. 그들을 핍박하는 사람들은 자신들이 갖고 있던 자연스럽지 못하고, 광적이고, 마귀적인 물질관 때문에, 아나뱁티스트들이 갖고 있던 물건의 소유에 대한 무관심을 의심할 수 밖에 없었다.

세상의 다수의 사람들이 가난하고 영양실조로 고통을 받는 현실과, 우리시대의 많은 혁명의 기본적인 내용들이 음식, 옷 및 집을 가진 자들과 가지지 못한 사람들간의 싸움인 것을 생각한다면 가지지 못한 사람들과 물건을 나누고자 했던 제세례신자들의 관심은 크리스천 복종의 아주 중요한 부분임에 틀림이 없다. 현대 메노나이트들은 지구상의 구제 및 봉사 사역에 대한 훌륭한 재원 및 자원을 갖고 있다. 그러나 그것은 그들이 할 수 있는 뭔가를 나누는 것 일뿐 아무 것도 아니다. 더 나아가 아나뱁티스트들이 그들의 이웃을 위해 할 일이 있다면 이러한 책임을 실제로 감당하는 것일 뿐이다. 아나뱁티스트들과 함께 이러한 책임을 느끼는 것은 큰 기쁨으로써 예수 그리스도 안에서 하나님이 그들을 위해서 행하시는 것으로 표현되는 것일 뿐이다. 물질적인 것뿐 만 아니라 영적으로 가난한 사람들을 돕는 것은 구원의 좋은 소식을 전하는 필수적인 부분이다. 이는 성서가 말하는 바, "먼저 자신을 주는 일"임에 틀림 없다. 고후8:5

의로운 행위로 구원을 얻는 크리스천들

아나뱁티스트들은 종종 하나님의 값없이 주시는 은혜에 의존하는 대신에 자신들의 구원을 이루려 노력한다는 비난을 받곤한다. 이는 아나뱁티스트들이 복종과 도덕적 순수함의 중요성을 강조하기 때문이다. 루터와 다른 종교개혁가들도 깨끗한 삶과 교회의 규율을 원하였으나, 그들은 교회 내의 모든 사람들이 구원을 얻기 원했다. 종교개혁가들에게 교회는 구원의 피난처인 노아의 방주와 같은 것이었다. 한편 아나뱁티스트들에게 교회는 모든 사람들에게 모범이 되는 산 위의 동네와 같은 것이었다. 루터와 종교개혁가들에게 모든 것의 시작과 끝은 은혜였다. 비록 선행이 믿음에서 나오는 것이길 바라기는 했지만, 진실로 중요한 것은 은혜였다. 그러나 아나뱁티스트들에게 행함이 없는 믿음은 죽은 것으로, 이것이 의미하는 바는 사람들이 사는 모습이야말로 그들이 무엇을 믿으며 어떻게 믿는가를 보여주는 것이었다.

불행하게도 이러한 것 때문에, 깨끗한 삶을 사는 사람들은 누구든지 아나뱁티스트로 의심을 받게 되었다. 이러한 예로 한스 제거Hans Jeger의 재판 기록을 살펴보자. "그는 맹세하지 않았고, 공격적인지 않은 삶을 살았기 때문에, 사람들은 그를 아나뱁티스트라고 의심하였다… 그는 맹세를 하지 않았고, 다투지도 않았고, 그러한 유사한 일은 하지 않았기 때문에 그는 오랜 세월 동안 아나뱁티스트로 의심을 받으며 살아야 했다."5) 어떤 사람들은 선행을 구원의 장애물이라고 여기기까지 하며, 아나뱁티스트들의 훈련된 삶을 두고 마귀가 하는 일이라며 손가락질 하기도 하였다. 불링거Bullinger는 선행에 대하여 "이것은 마귀가 교회를 대상으로 사도 바울 시대부터 사람들을 넘어뜨리기 위해 써온 오래된 책략이다."라고 기록하기까지 했다.

현재의 역사가들은 중세 말의 이러한 사상에 대해 꽤나 우호적이다. 16세기는 만약 어떤 사람이 도덕적으로 깨끗한 삶을 살고 있다면 그 사람은 이것 때문에 아나뱁티스트들 혹은 이단이라는 의심을 받게 된 아주 사악한 시대였음에 틀림이 없다. 그래서 그들에게 선행이란 의로움을 가져다 주는 것이 아니었다. 다만 믿음을 통해 성결이 이루어지며 이는 성령님의 능력에 의해 이루어지는 것으로 이해했다. 1527년 슐라이트하임 고백서Schleitheim Confession의 첫 조항은 "예수 그리스도의 부활 안에서 살기 원하는" 세례 후보자에 대해 기록되어 있다. 메노 사이먼스는 은혜와 선행의 관계에 대해 많은 글을 남겼다.

> 그러므로 다시 태어나는 갱신은 그리스도안에서 그들을 새롭게 하며 새로운 마음과 성령을 받도록 하기 때문에 그들을 참회와 새로운 삶으로 인도한다… 그리고 그들은 더 이상 최초의 아담이 가졌던 예전의 타락한 본성을 따라 살지 않는다. 그러나 새롭고 하늘로부터 온 아담인 예수 그리스도께서 온 이후로는 새롭고 의로운 본성을 따라 살게 된다… 그들이 매일 새롭게 되는 예수 그리스도의 형상을 따라 그들의 가난하고 약한 생활은 새로이 창조된다. 그들의 마음은

그리스도의 마음과 같이 된다. 그들은 그리스도께서 행하는 것처럼 기쁘게 행한다. 그들의 육체는 그들의 모든 악한 정욕과 함께 십자가에 못박혀져 십자가를 따른다. 그들은 그리스도로 옷입고 그들의 모든 행동에 있어서 예수의 성령, 예수의 본성, 예수의 능력을 드러내게 된다.[6]

복종에 대한 강조는 제자도discipleship라는 단어에 의해 설명되었다. 아나뱁티스트들은 크리스천들이 죄의 필요에 자신들을 쉽게 내어주어서는 안된다고 확신하고 있다. 죄는 하나님의 은혜에 의해 극복될 수 있다. 그러므로 이들의 유아세례 거절은 그들이 어린 아이들이 죄인들이 아니라고 믿기 때문이 아니다. 그들은 제2의 아담이신 그리스도 안에서 첫 번째 아담의 죄가 극복되었다고 믿기 때문에 유아들의 구원을 확신하고 있는 것이다. 죄는 원래 인간의 의지에서 생겨나는 하나님 앞의 불순종이었다. 이것은 1) 회개와 모든 교회의 회원에 대한 개인적 헌신을 강조함으로 2) 모든 사람들이 서로 알고 훈계하며 서로 돕는 소그룹 안에서 예배하며 3) 크리스천의 높은 생활 기준을 가지며 4) 교회의 규율을 실행하며 5) 사회의 악의 영향으로부터 분리시켜 자신들을 보호할 수 있기 때문에 사람들이 얼마든지 거룩하게 살 수 있다는 것을 시사하고 있다.[7]

만약 이러한 증거를 메노나이트들 간에 지속시키고자 한다면, 교회와 제자도에 대한 이러한 설명을 현재의 모델로 기능하도록 해야 할 것이다. 말은 쉽지만 그 의미가 별것이 아니게 될 수 있다. 따라서 사람들이 이러한 것을 믿으려면 다른 사람들과의 관계에서 하나님의 사랑을 보고 경험할 필요가 있다. 그리스도는 하나님의 말씀이 육신이 된 결과로, 그의 제자들이 그의 도움을 받고 따라야 한다는 모범을 세워놓으셨다. 만약 메노나이트 신앙이 그러한 제자들을 만들어 낼수 있다면, 이것이야말로 정말로 급한 소명이요, 끊임없이 지속되어야 하는 소명일 것이다.

진정한 개혁의 성서적 크리스천들

우리의 이해를 돕기 위해 역사가들은 아나뱁티즘의 이미지를 두 가지로 나눈다. 첫 번째 이미지는 진정한 종교개혁을 이룬 성서적 크리스천이다. 하이델베르그의 교회 역사가였던 월터 쾰러Walther Koehler는 1931년 "아나뱁티스트들은 종교개혁 역사 속의 성서적 크리스천들이다… 이들은 거룩한 사람들로서 예루살렘의 초대교회를 회복하고자 했고, 세상과 엄격하게 분리된 채 삶을 산 사람들이다"[8]라고 기록하였다. 그 이전에 가톨릭 역사가였던 코넬리우스C. A. Cornelius는 이들을 "성서를 읽는 데에 급진적으로 헌신되어 있는 교회"라고 불렀다.[9] 최근에 아나뱁티스트들은 성서를 재 발견하는 것이 자신들이 기울여야할 가장 크고 가장 포괄적인 헌신이라 여기고 있다. 다음은 그들이 성서를 대하는 태도를 간단하게 기술한 것이다.

> 이와같이 성서의 영감, 무오, 일치 및 권위가 재확인 되었다. 그러나 그들은 옛 언약과 새로운 언약의 기본적인 특징을 잘 보존하고 있다. 그들은 구약의 영감을 부정하지 않으면서 이를 수행해나가고 있다.[10]

성서는 말씀 그대로 복종해야 하며 이를 믿는 사람들이 있기 때문에 아나뱁티즘이 일어났다는 것은 의심할 여지가 없다. 초기 아나뱁티즘의 리더들 중 어떤 사람들은 대학교육을 받았고 인문주의의 영향을 받게 되었다. 아나뱁티스트들을 포함한 인문주의자들이 종교개혁에 끼친 지대한 공헌 중 한 가지는 무엇이든 근원에 대해 연구해야 할 중요성을 강조한 것이다. 근원으로ad fonts라는 인문주의 운동의 표어는 종교개혁으로 인도할만한 새로운 관심과 성서로의 회복을 가능하게 만들었다.

즉 근원에 대한 새로운 관심과 성서의 회복으로 말미암아 종교개혁이 일어나게 되었다. 종교개혁의 중심인물들은 그들의 인생 초기에 모두 인문주의적 성서 연구에 의해 깊은 영향을 받은 사람들이었으나, 오직 훈련받은 목사들 만이 성서를 해석할 수 있다고 주장하였다. 그러나 메노 사이먼스Menno Simons를 비롯한 아나뱁티스트들은 "말씀은 평이하다. 거기에는 겉치레가 없다."고 믿었다. 데이빗 요리스David Joris는 성령께서 더 이상 히브리어, 그리스어, 라틴어로만 말씀하시지 않고 네덜란드어로도 말씀하시고 계시다며 기쁨을 표하였다. 이것이 그들이 이해하고 있는 것의 전부는 아니다. 그들은 배운 사람들이 어떻게 성서를 자신의 목적에 알맞게 왜곡시킬 수있는지에 대하여도 깊이 고민하였다. 그리하여 그들은 필요한 것은 보다 많은 지식이 아니라 보다 많은 복종이라고 믿게 되었다.

교회가 어떤 모습이어야 하는가 하는 교회의 모델도 성서에서 발견하였다. 개혁 대신에 그들은 신약 교회를 회복하는 복원restitution이란 말을 사용하기 원한다. 교회는 제 4세기의 콘스탄틴Constantine 통치하에서 국가 교회가 되면서 타락하였고, 그러므로 타락 전의 교회로 되돌아가는 모습으로써만 회복이 가능하다. 그들이 믿기에 유아세례, 군국주의, 성직주의 및 모든 사악하고 세상적인 교리와 실행은 타락과 함께 교회에 들어오게 되었다. 메노 사이먼스에 따르면 참된 교회true church에는 1) 순수한 교리 2) 주의 만찬과 세례의 성서적 사용 3) 말씀에 복종 4) 사랑 5) 자발적인 복음증거 6) 고통을 달게 받는 모습이 있어야 한다. 이것이 처음 혹은 최초의 모델로서 회복되어야 하는 교회의 모습이다.

교회는 자신의 메시지를 우리 시대의 필요에 맞추어야하며 이러한 것은 자신의 관심을 위해 사람들이 세운 어떤 기관 이상이어야 하고 이러한 신실함을 성서에 의해 확인해야 한다. 성서는 종종 성서라고 불리

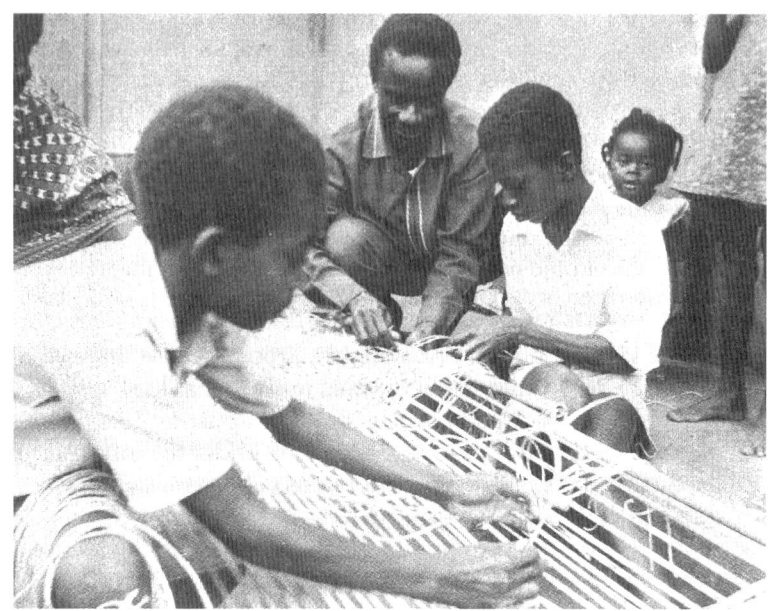

메노나이트 경제 개발 협의회는 파라과이 메노나이트 개척자들을 경제적으로 돕기 위해 설립되었으며 현재 국제적인 기구로 성장하였다. 콜롬비아의 협동조합, 하이티 및 중앙 아메리카의 여러나라에 우물설치, 가난한 나라들의 가내 공업, 파라과이의 신발 공장, 인도네시아의 공공 운송 체계, 벨리스 및 볼리비아의 토개 개발 계획과 같은 사업을 시행하고 있다.

기도 하는데 이는 사람들이 성서를 어떻게 이해하는가 판단하기 때문에 일어난 현상이다. 하나님께서 성서를 통해 말씀하시는 것이 무엇인지 기꺼이 듣거나 말씀의 회복이 없기 때문에 교회의 역사에 큰 부흥이 일어나지 않는다. 성서는 하나님이 아니다. 성서는 하나님을 알려주고 하나님을 따르고자 하는 사람들의 생활 속에 하나님의 구원하시는 사역을 보여준다.

물론 메노나이트들만이 성서를 사랑하고 예수의 가르침을 따라 사는 것은 아니지만, 사랑, 평화, 맹세 하는 것, 그리고 다른 인간의 본성을 거스르는 것에 대하여 아직도 많은 크리스천들이 성서가 말하는 것이 무슨 의미인지 아나뱁티스트들이 믿는 것처럼 성서를 진지하게 읽지 않고 있다. 그러나 아나뱁티스트들이 믿는 것처럼 만약 하나님께서 인간과 국가의 운명을 통제하시는 분이시라면, 하나님의 뜻을 알고 실천하는 사람들은 하나님을 섬기는 모든 일에 관심을 갖게 될 것이다. 21세기에 아나뱁티스트들이 이해하는 것으로서 완전한 성서적 크리스천이 되는 것은 굉장한 도전이요, 큰 약속을 지키는 것이 될 것이다. 메노나이트는 이러한 부르심으로 온전히 나아가며 성서의 능력을 증거하며 지속적인 도전을 받아들여야 할 것이다.

시대를 앞서 사는 사람들

역사가들이 규정하는 아나뱁티스트들의 두 번째 이미지는 이들이 자신이 사는 시대를 훨씬 앞서 사는 사람들이라는 것이다. 이는 아직도 이 사회에서 받아들이지 못하지만 다가오는 세대에서 받아들일만한 여러가지 원리들을 주창하는 사람들임을 의미한다. 이렇게 이야기한 사람들 중 한 사람이 독일의 사회학자요 역사학자인 에른스트 트뢸취 Ernst Troeltshch이다. 그는 아나뱁티즘에 대한 토론에서 다음과 같은 말을 하였다. "아나뱁티즘은 자유 교회들Free Churches이 가진 분파주의 원리들을 너무나도 일찍 실현시켰다." 이러한 관점에 동의하는 사람들 중 퀘이커의 러퍼스 존스Rufus Jones는 다음과 같이 서술하고 있다.

> 이전과 이후 여러 세대에서 발생한 것처럼, 이 운동에 대해 수 많은 경멸과 악담이 빗발쳤다…. 정복되고 패배했던 사람들이 결국 승리자가 되었다…. 미국 헌법이 기록될 때 아나뱁티즘의 건설적인 원리들은 거의 하나 하나 검토되었고 미국 기독교의 중요한 교단에 이러한 원리가 반영되었다.[11]

에른스트 트뢸치가 말한 "자유 교회의 분파주의 원리들"이 의미하는 바는 러퍼스 존스가 넌지시 비추고 있는 것처럼 교회와 국가의 분리, 종교의 자유 및 교회 회원의 자발성을 말하는 것이다. 이러한 원리들과 대조적으로, 유럽의 역사 대부분은 교회와 국가의 권력 다툼으로 특징지워졌거나 이쪽이든 저쪽이든 한 쪽으로 힘이 편중되는 모습을 보여왔다. 즉 교회의 멤버십이 자발적으로 이루어지지 못했고 결과적으로 거기에는 종교의 자유가 별로 없거나 수 많은 종교 전쟁이 발생하게 되었다. 국가에 의해 방해를 받지 않는 교회, 오직 신자들만으로 구성된 교회에 대한 아나뱁티스트들의 희망은 날 때부터 죽을 때까지 모든 사람이 자동적으로 교인이 되는 사람에 의한 교회 혹은 국가교회의 이념과는 완전히 반대되는 것이었다.

한편으로 이러한 찬사가 주어지는 동안, 아나뱁티스트들은 그러한 모든 명성을 누리려 하지 않았다. 역사가인 로날드 베인톤Ronald H. Bainton은 비록 아나뱁티즘이 서구사회에서 이러한 원칙들을 최초로 실행한 그룹이기는 하지만, 북미의 경우 자발적인 교회의 원칙들, 교회와 국가의 분리, 종교적 자유가 아나뱁티스트들에 의해 영향을 받기 보다는 청교도와 프랑스 혁명의 영향을 통해 북미인들의 삶과 사상에 들어오게 되었다고 제시하였다. 베인톤은 이런 영역에 아나뱁티즘의 영향을 부인하지는 않았지만, 그 영향을 상당히 제한적으로 적용하였다.[12]

비록 현 서구 사회에서 이러한 세 가지 원리들이 받아들여지고 있지만, 이러한 것은 너무나 자주 오해되기도 한다. 종교의 자유라는 원칙에 근거하여, 그리스도를 믿든 믿지 않든 그것은 개인의 권리에 속한다고 표현된다. 종종 어떤 신자들이 "믿는 것은 내 일이다."라고 주장하는데 이는 적절하지 못한 표현이다. 많은 메노나이트 젊은들은 자신들이 세례를 받고 교회의 멤버가 될 때 실제는 자유롭게, 독립적으로, 자발적으로 결정하지 못하는 경향이 있다. 이는 그들이 이러한 표현을 하기에 너무 "나이가 많거나," 그들의 친구들과 함께 세례를 받거나, 또는 부모들이 세례를 받기 원하거나, 혹은 기타 다른 이유들이 있기 때문이다. 이러한 이유들이 중요하긴 하지만, 그리 근본적인 것은 아니

영국의 퀘이커의 모범을 따라, 1920년대 네덜란드 메노나이트들은 자신들의 교회 캠프 및 수양관을 설립하였다. 북미에서 최초의 캠프는 맨오란(Men-O-Lan)으로 1938년에 세워졌다. 여름에만 실시되는 이러한 캠프들은 년중 교회가 이용할 수 있도록 되어 있다. 여러 해 동안 로렐빌 메노나이트 교회 센터는(Laurellville Mennonite Church Center)는 여러 대학교에서 공부하는 외국 학생들을 위해 국제 학생들을 위한 크리스마스 캠프를 개최하였다.

다. 마찬가지로 국가의 요구 즉 이미 언급한 전쟁 세금, 사업, 공립학교 제도 및 여러 상황을 그리스도 및 그의 교회의 요구로부터 분리시키는 것은 쉽지 않다.

크리스천들의 엄청난 공헌은 교회와 사회의 중요한 부분을 이루고 있으며, 이러한 원리들은 실제 존재하고 실행되고 있다. 국가와 교회가 분리되어야 한다고 믿는 것은 교회가 민족주의로부터 돌아서야 한다는 것이며 말과 행위를 일치시켜야 한다는 것을 의미한다. 종교의 자유를 믿는다는 것은 서로 다른 믿음을 갖고 있는 사람들과 하나님을 믿지 않는 사람들을 사랑해야한다는 것을 의미한다. 그러면서 동시에 역사와 자신의 삶 속에서 일하시는 하나님의 능력을 증거해야 한다는 것을 의미한다. 자발적인 교회 멤버십을 믿는다는 것은 성인세례라기보다는 신자들의 세례를 시행하며, 회중들의 언약을 회복시킴으로써 전통주의를 끝내야 한다는 것을 의미한다.

그러면 우리는 어떻게 해야하는가?

16 세기의 아나뱁티스트들이 실천한 것으로써 그 동안 우리가 숙고해온 성서적 문화유산을 새로운 방식으로 회복하기 원한다면, 과연 우리는 어떻게 해야하는가? 물론 몇 가지는 서로 다양한 방식으로 결합시킬수 있겠지만, 최소한 다섯 가지 선택이 우리 앞에 놓여있다.

첫 번째, 만약 우리가 메노나이트라면 그 이름만으로 충분하다고 여기며 아무것도 선택하지 않을 수 있다. 메노나이트는 전통적으로 메노나이트 가정에 태어난 사람을 말해왔기 때문에, 그렇게 태어난 사람은 아무것도 하지 않아도 메노나이트가 될 수 있다. 전통적인 메노나이트가 되는 것은 그 자체로 상당한 존경을 받는 상황이 되었다. 메노나이트들은 훌륭한 농부들이며 정직한 사업가라는 명성을 얻고 있기도 하다. 만약 신앙에 대한 어려운 질문이 주어질 경우, 주어진 교과서를 인용하거나 실제 우리 자신이 그것에 대해 잘 알지 못한 상태라도 우리교회는 이렇게 합니다라고 말하면 될 것이다.

두 번째, 우리는 우리시대에 부적절하고 의미없는 것으로 메노나이트 역사를 거절하는 방법이다. 믿음과 순교에 대한 이야기는 우리에게 영감을 불어넣어주지만, 이러한 것은 모두 과거의 역사일 뿐이다. 신앙으로써 메노나이티즘 Mennonitism은 빈곤, 정의, 민족주의, 마약, 인종차별, 생태학 및 인구 증가와 씨름하고 있는 사람들에게는 비현실적이고 시대에 뒤떨어진 것으로 간주될 수 있다. 그러나 어떤 사람이 믿음을 거절하거나 믿음을 공적으로 포기하는 것은, 그 나름대로 아주 엄청난 용기가 필요한 것이며, 시끄러운 문제를 야기시키는 것이기 때문에, 역사를 거절하기 위한 보다 단순한 방법은 교회 생활을 줄이고 결국은 조금씩 떠돌이 생활을 하다가 교회 출석을 안하는 것이다.

세 번째, 한편으로 교회와 사회에 위대한 공헌을 하고 있는 아나뱁티스트-메노나이트 전통을 인정하면서 또 한편으로 메노나이트 운동이 죽어가기를 기다리는 방법이 있을 수 있다. 이것은 우리 문화가 보다 더 쉽게 받아들일만한 방법으로 그 이름과 신학적 강조점을 바꾸는 식으로 이루어 지거나 다른 크리스천들과 통합되는 모습으로 이루어질 수 있다. 그러한 선택은 희생을 당한다거나 열등의식을 갖는 모습이거나, 조직 교회로서 쉽게 좌절감을 느끼거나, 아니면 모든 것을 다시 시작함으로써 전통주의를 없애버리는 모습으로 이루어질 수 있다. 만약 이러한 모습으로 새로운 시작이 소그룹을 통해 이루어진다면, 나름대로 훈련은 가능할 것이며, 이러한 것을 반복함으로 사람들에게 나타날지 모를 동맥경화는 막을 수 있을 것이다.

네 번째, 우리가 알고 있는 교회의 슬픈 상황으로 인한 여러 좌절감 중에, 과거의 어떤 기간에 경험했던 무엇인가를 선택하는 방법이다. 그것이 아나뱁티즘이든, 초기 역사이든 황금기(Golden Age)로서 만약 모든 사람이 교회의 비전을 가슴에 품고 있다면 그것은 아마도 훌륭한 모습이 될 것이다. 그러나 이러한 비전을 품고 있다 할지라도 우리가 그리스도의 교회 안에서 사람들의 인간적인 면을 지속적으로 바라볼 수 밖에 없을 것이며, 과거의 생산적인 시대로 다시 돌아가기는 거의 불가능 할 것이다. 그러한 모델을 고수하는 것은 교회를 위하여 긍정적일 것이며, 그리스도 안에서 크리스천들이 가질 수 있는 최고의 부르심이 될 것이다. 그러나 부정적으로 본다면 교회의 사역과 교회 생활에 관계하지 않는다 하더라도 단순히 양해만 구하면 될 것이다.

다섯 번째, 우리들이 진실로 추구해야할 모습으로써 성서의 메시지를 가장 신실하게 해석해나가며, 말과 행동 안에서 진리를 증거하기 위한 믿음의 유산으로써 아나뱁티스트-메노나이트 역사를 선택하는 방법이다. 이렇게 될 때, 우리 선조들이 살았던 모습으로써의 영광과 복종이 우리의 역사가 될 수 있을 것이다. 선조들을 연구하면서, 우리는 우리 자신들을 보다 더 잘 이해하며 개인적으로나 교회적으로 우리가 어디로 가야하는지 더 잘 분별할 수 있을 것이다. 교회를 새로 시작하는 것 대신에, 우리는 우리가 있는 자리에서 원하는 바를 시작할 수 있을 것이다. 우리의 과거를 받아들임으로써, 우리는 새로운 방법으로 자유롭게 변화하고, 적응하고, 전통주의에 구애받거나 문화 유산을 거절함으로 발생하는 어떤 감정의 누수 없이 우리의 필요를 충족시킬 수 있을 것이다. 이러한 선택은 우리가 우리 자신이나 교회를 방어할 필요가 없음을 의미하며 교회를 거절하거나 복음을 거절할 필요가 없게 된다. 이렇게 될때, 우리는 우리의 과거와 우리 자신의 경험 안에서 예수 그리스도를 아주 능력있게 전할 수 있을 것이다.

1990년 7월 제 12회 메노나이트 세계 총회를 위해, 약 25,000명의 메노나이트들이 캐나다 위니펙에 모였다. 이전에 있었던 여러 모임들을 포함하여 위니펙의 모임보다 전세계의 메노나이트들의 삶을 한 꺼번에 다루었던 모임은 없었다. 이 모임에서 하나님의 백성들 중 아주 작은 그룹으로써 아나뱁티스트-메노나이트들의 표지가 무엇인지 논의되었다.

메노나이트 세계 총회는 1925년 스위스에서 아주 조그맣게 시작되었다. 북미의 메노나이트들을 포함하여 약 100여 명이 모였고 스위스 형제아나뱁티스트 운동이 시작된지 400주년을 기념하는 모임이 되었다. 독일-네덜란드 메노나이트들이 모여 풍부한 문화 유산에 대해 감사를 표현하기도 했다. 그 후로 총회는 이러한 전통 속에서 계속되어 왔으나, 점차로 모임은 메노나이트로 혹은 메노나이트와 상관 없는 전세계 신자들의 교회 멤버들이 증가하고 있음을 반영하게 되었다. 그러나 아나뱁티스트들에 의해 개척된 믿음의 성서적인 흐름만은 항상 고수하였다. 1972년 브라질에서 개최된 제 9회 총회 때까지 비서구 지역의 신자들이 점점 더 많이 참여하게 되었다. 브라질 모임은 유럽과 북미 외 지역에서 모이게 된 첫 번째 총회가 되었다.

10회와 11회 총회 이후에 위니펙에서 총회가 개최되었다. 메노나이트들은 여전히 인종 중심으로 모였지만 이제는 더 풍성한 모습으로 아프리카, 아시아, 체옌, 라틴 아메리카, 독일-네덜란드 메노나이트들이 어우러지는 모습이 되었다. 모두 성령에 의해 동서남북에서 일어선 그리스도 안의 새로운 가족들이었다. 성서공부, 강의, 설교, 기도, 드라마 등 다채로운 시간을 가졌다. 가장 큰 드라마는 총회에 참여한 모든 사람이 함께 만들어낸 것으로써 국가, 인종, 문화적 경계선을 넘어 사랑과 마음과 생각을 모으는 연합의 드라마였다.

이 새롭고 거대한 가족으로 인해 새로운 정체성이 생겨나게 되었다. 이들은 약 60여개 국에서 78개국어를 사용하는 사람들이지만 그리스도 안에서 한 가족이다. 어떤 사람이 이것을 메노나이트 가족 교회라고 할 수 있을까?라는 질문을 했다. 답변은 당연한 것이었다. 단지 사도행전 2장에 기록된 초대 교회의 경험이 이 지구촌이라는 광대한 차원의 교회로 확대되었을 뿐이었다. 16세기의 유럽 아나뱁티스트들에게는 고통과 박해가 있었다. 그러나 이러한 박해는 이제 다른 곳에서 진행되고 있다. 그것이 어떤 모습이든 그 때와 지금, 거기와 여기에 속한 세계에 신실함이 여전히 존재하고 있는 것만은 틀림이 없다.

이제 우리는 "그러면 우리는 어떻게 해야 하는가?"라는 질문뿐 아니라, "그러면 하나님의 백성으로써 우리 메노나이트와 함께 성령께서 하시고자 하시는 것이 무엇인가?"라는 질문을 덧붙여야 할 필요가 있다. 폴 피치Paul Peachy가 우리에게 상기시켜준 것처럼, 만약 우리가 "부드러운 새싹"을 기대한다면 정말로 "새로운 성장을 위한 많은 부드러운 새싹"들이 메노나이트 운동 안과 밖에서 분명하게 솟아 오를 것이

크리스천 네프(Christian Neff)에 의해 제안된 제 1회 메노나이트 세계 총회가 1925년 스위스 바젤에서 개최되었는데, 이 총회에서는 아나뱁티스트-메노나이트 전통 400주년을 기념하였다. 첫 번째 총회에 참여한 미국 대표는 단 한명 뿐이었고, 100여명이 모인 아주 작은 규모로 열렸다. 이와 대조적으로 제 10회 총회는 미국 캔사스 위치타(Wichita, 1978)에서 개최되었다. 전세계에서 약 16,000명의 메노나이트들이 모였다. 제 11회 총회는 1984년 프랑스 스트라스부르(Strasbourg)에서 개최되었다. 12회 총회는 캐나다 위니펙에서 1990년 7월에 개최되었다.

고, 새로운 성장을 위한 솟아 오르는 이러한 새싹들을 잘 보듬고, 자양분을 공급하고, 돌보게 된다면 미래는 하나님의 약속하신 바 대로 밝게 빛날 것이다.[13]

---

1) *The Mennonite*. 88:34 September 25, 1973, pp. 539-540.

2) Edmund Pries, "Oath Refusal in Zurich from 1525 to 1527: The Erratic Emergence of Anabaptist Practice," in Walter Klaassen, ed. *Anabaptism Revisited*. Scottdale, Pa.: Herald Press, 1992, pp. 65-84.

3) Justus Menius, *Von dem Geist der Wieder*teuffer(1544), quoted in Franklin H. Littell, *The Anabaptist View of the Church*. Second edition. Boston, Mass.: Starr King Press, 1958, p. 145.

4) Quellen II, p. 238, quoted in Leonard Verduin, *The Reformers and Their Step-children*. Grand Rapids, Mich.: Wm. B. Eerdmans Publishing Co., 1964, p. 235.

5) 앞의 책, pp. 108-109.

6) *Menno Simons, Compete Works*(1956), quoted in Harold S. Bender, MQR(April 1961), 35:100.

7) 앞의 책, pp. 108-109.

8) Alan Kreider, *Journey Towards Holiness*. Scottdale, Pa.: Herald Press, 1987

9) *Die religion in Geschichte und Gegenwart*(1931), 5:1916-1917.

10) Donovan E. Smucker, MQR(January 1945) 19:10.

11) *Mysticism and Democracy in the English Commonwealth*. Cambridge, Mass.: Harvard University Press, 1932, pp. 32, 33.

12) "The Anabaptist Contribution to History," in *The Recovery of the Anabaptist Vision*, Guy F. Hershberger, ed. Scottdale, Pa.: Herald Press, 1957, pp. 317-326.

13) Walter Klaassen, ed. *Anabaptisin Revisited*. Scottdale, Pa.: Herald Press, 1992, p. 184. MWC Handbook(1990), pp. 15-17, 167-170. In the latter article Rodney J. Sawatsky asserts that Mennonite identity is: Located in community…shaped by history. . . defined by the incarnation. . . inspired by the kingdom…expressed in service . .. empowered by the Spirit.. . and rooted in God, who was, and is, and ever shall be(p. 170).

다른 자료들: "Anabaptism," ME 5:23-26; "Mennonite," ME 5:555-557 "Historiography, Anabaptist," ME 5:378-382; "History, Theology of," ME 5:382-384. Walter Klaassen, ed. *Anabaptism Revisited*, Scottdale, Pa.: Herald Press, 1992. Idem, "The Relevance of Menno Simons; Past and Present," in George R. Brunk, ed., *Menno Simons: A Reappraisal*, Scottdale, Pa.: Herald Press, 1992. pp.17~35. Idem, "Menno Simons: Molder of a Tradition," MQR(July 1988) 62:368-386. Timothy George, *Theology of the Reformers*, Nashville, Tenn.: Broadman Press, 1988, chapter 6 and 7. Werner O. Packull, "Some Reflections on the State of Anabaptist History: The Demise of a Normative Vision," *Studies in Religion*, 8(1979), 313-323. Calvin W. Redekop and Samuel J. Steiner, eds., *Mennonite Identity*, New York, N.Y.University Press of America, 1988. Calvin W. Redekop, *The Free Church and Seductive Culture*, Scottdale, Pa.: Herald Press, 1970.

찾아보기
Index

A
Abrahamsz, Galenus, 187, 225
African Independent Churches, 533
AIMM, 435, 520,
Aken, Gillis van, 166
Alexandertal, 252
Algemeene Doopsgezinde Societeit, 230, 549
Allianz Gemeinde, 262-3, 412-3
Am Trakt, 252
Ammann, Jacob, 222, 230, 563
Arnold, Heini, 355
Augsburg,57, 59, 89, 90, 93, 121, 136

B
Bartel, Loyal, 500
Bartsch, Johann, 246, 249
Batenburgers, 153
Beachy Amish Mennonite Fellowship, 346
Becker, Jacob, 402, 404
Believers church, 193, 196, 202, 390, 420, 427, 451, 477, 481, 484, 592, 600, 619
Bender, Harold S., 44-8, 196, 306, 310, 326-1, 586
Bergthal Mennonite Church, 439-40
Bethel College, 302, 384, 394, 587
Bible Fellowship Church, 447
Bienenberg, 562, 567
Blaurock, George, 77-80
Bluffton College, 384
Bonhoeffer, Dietrich, 196
Botswana, 523, 537
Bouwens, Leonard, 166
Braght, T. J. van, 180, 183, 195
Braidl, Klaus, 108
Brethren in Christ, 447, 480, 500, 508, 532
Brethren of the Common Life, 35
Brons, Isaac, 545
Brötli, Hans, 51
Bucer, Martin, 59, 89, 99, 119, 121, 123, 125-33, 207
Burkina Faso, 523, 537

C
Calvin, John, 54
CAMCA, 482
Capito, Wolfgang, 89, 121
CEMTA, 476
Chelcicki, Peter, 34
Chortitza, 439-40
Church of God in Christ, Mennonite, 432
Claassen, Johann, 406
Coffman, John S., 296, 322, 329, 506
Columbia Bible College, 379
Conference of Mennonites in Canada, 380
Cornies, Johann, 256
CPS, 319, 580
Crusades, 22, 23, 33
Cuauhtemoc, 461

D
Danzig(Gdansk), 164, 174, 545
Deknatel, John, 167, 227
Denck, Hans, 46, 55, 57-62, 87-90, 100, 101, 114, 121, 126, 139, 204, 205
Dirks, Heinrich, 265
Dirks, Henry, , 384
Doopsgezinde, 64, 177, 230,
Dordrecht, 161
Dordrecht Confession, 172, 222, 296, 339, 433

E
Eastern Mennonite College, 327
Eberle, Hippolytus, 77
Egly, Henry, 434-5
Ehrenpreis, Andreas, 107, 109, 111, 209
Elkhart Institute, 302, 319, 323, 327
EMEK, 556, 560, 565, 567
Epp, Claasz, Jr., 254
Erasmus, Desiderius, 35-7, 63-65, 139, 198
Evangelical Fellowship of Canada, 424
Evangelical Mennonite Church, 434, 479, 504
Evangelical Mennonite Conference, 423, 444,
Ewert, H. H., 441

F
Faber, Gellius, 152
Fernheim Colony, 464, 472
Flinck, Govert, 187
FOMCIT, 503
Fort Wayne Bible College, 447
Foth, Tobias, 419
Freeman Junior College, 384
Friesen, P. M., 263, 400, 404, 426

G
Gelassenheit, 62, 209-10

Gemeentedagbeweging, 550
Giesbrecht, Gerhard, 418
Gnadenfeld, 252, 260, 397
Goshen College, 44, 327-8, 330-41, 477, 500, 544, 587
Gottshalk, Jacob, 311, 316
Grebel, Conrad, 45-53, 77, 199, 328

H
Habaner, 114
Haetzer, Ludwig, 58
Harder, Bernhard, 261
Harder, Johann, 404-5
Haury, S. S., 383, 550
Hege, Daniel, 372
Herr, John, 431
Hoch, Daniel, 365
Hoeppner, Jacob, 246-52
Hoffman, Melchior, 65, 100, 136, 140, 146, 148, 150, 165
Holdeman, John, 432
Holl, Karl, 195
Horsch, Elizabeth, 327
Horsch, John, 327
Hubmaier, Balthasar, 46, 53, 57, 59, 60, 72-4, 89, 102-5, 121, 135, 139, 202, 204-7, 210
Huebert, Heinrich, 402, 409
Hügline, Elsbeth, 105
Hus, John, 25, 31-4
Hut, Hans, 42, 88,
Hutter, Jacob, 100, 106-9
Hutterian Brethren, 43, 60, 99-101, 106-14, 213, 224, 338, 347, 354-5, 429, 605

I
Imbroich, Thomas van, 161, 171
IMPC, 565

J
Jansen, Cornelius, 376
Jansz, Pieter, 549
Joris, David, 61, 66, 145, 155-6, 175, 210, 611

K
Karlstadt, Andreas, 39-41, 47, 52, 67, 88, 91, 198,
Kauffman, Daniel, 310, 324
Keller, Ludwig, 194-5
Kleine Gemeinde, 259-62
Köhler, Walther, 196, 610
Kratz, Clayton, 270
Krehbiel, Jacob, 363-4
Kreider, Robert S., 599
Krimmer Mennonite Brethren, 498
Kühler, W. J., 63
Kühn, Johannes, 196
Kuitse, Juliette, 14, 565
Kuitse, Roelf, 14, 565

L
Lasco, John a, 151-2
Leiden, Jan van, 141, 144, 170
Lenzmann, August, 398
Lesotho, 523, 537
Liefde, Jan de, 547
Luther, Martin, 17, 23-4, 29, 31, 33-43, 52, 58-64, 88-92, 98-100, 102, 120, 139, 147, 148, 159, 165, 193, 201, 223
Luyken, Jan, 159

M
Machno, Nestor, 269
Malagar, P. J., 515
Mander, Carel van, 187
Mantz, felix, 48-52, 77, 79, 562, 602
Marpeck, Pilgram, 55, 57, 59-60, 116, 130-6, 204-8, 212-3
Matthijs, Jan, 143, 169
MEDA, 467, 480, 505
Menno Colony, 464

Mennonite Biblical Seminary, 331
Mennonite Brethren Church, 260, 511
Mennonite Camping Association, 337
Mennonite Church, 311
Mennonite Collegiate Institute, 302, 441
Mennonite World Conference, 272, 555
Meserete Kristos Church, 526
Messiah College, 450
Micron, Martin, 151, 172
Missionary Church Association, 446
Missionary Church, 446
Möllinger, David, 543
Molotschna, 251
Moravians, 33, 47, 99, 112, 208, 240, 260, 285, 287, 397
Muller, Samuel, 549
Münster, 46, 61, 66-7, 141-55, 192, 194, 210-11, 602
Müntzer, Thomas, 40-1, 52-3, 57-9, 90-95, 99, 198-9, 602
Muria Church, 490, 494

N
Nafziger, Christian, 341
Neff, Christians, 555, 560,
Neuland Colony, 418
Nikolsburg (Mikulov), 102
Nonresistance, 573

O
Oberholtzer, John H., 366
Old Colony Mennonites, 439-40
Old Order Amish, 294, 342
Old Order Mennonites, 437
Oncken, J. G., 411

P
Pacific College, 417, 426

Pastor, Adam, 153, 156
Pastorius, Francis Daniel, 285
Pauls, Heinrich, 418
Peasants' Revolt, 41, 602
Pelikan, Jaroslav, 336
Philips, Dirk, 65-7, 139, 143, 145, 150, 152, 157, 166, 174-5, 177, 180, 211-2, 214-7, 432
Philips, Obbe, 66-7, 140, 143
Pike Mennonites, 437
Plockhoy, Pieter Cornelisz, 283

R
Reformed Mennonite Church, 431
Regier, Peter, 378, 416, 441
Reimer, Klaas, 259, 444
Reist, Hans, 222, 340-1
Remeco-Guatrache Colony, 460
Reublin, Wilhelm, 51-3, 73, 85
Revivalism, 583
Rideman, Peter, 107, 209
Ries, Hans de, 177, 181, 234
Rink, Melchior, 96
Ritschl, Albrecht, 194
Rittenhous, William, 289, 311, 581
Robinson, John, 170
Roosen, Gerhard, 222, 237-8
Ruysdael, Solomon van, 187

S
Sakakibara, Gan, 359
Sattler, Marguerita, 57, 84
Sattlere, Michael, 89, 121, 123
Sawatsky, Rodney J., 70, 600
Schabaelje, Jan Philipsz., 221, 582
Schellenberg, Abraham, 415
Schiemer, Leonhard, 100, 117, 209
Schijn, Herman, 227
Schlaffer, Hans, 100, 116, 203
Schleitheim, 54-7, 80-84, 196, 199, 215, 221, 316, 608,
Schwenckfeld, Caspar, 134
Selbstschutz, 270
SEMILLA, 482
Simons, Menno, 46, 60, 64, 66, 145-176, 192, 195, 204, 210-4, 222, 227, 234-5, 309, 339, 379, 408, 420, 426, 431, 433, 549, 608, 611
Smissen, C. J. van der, 237
Smyth, John, 170
Society of Brothers, 354-5
Sommerfeld Churche, 440, 459
Spener, P. J., 422
Sprunger, S. F., 295, 373
St. Gall, 59, 74
Steinbach Bible College, 445
Strasbourg, 55-60, 65, 89-90, 116, 120-36, 139-40, 174, 210, 312
Strauss, Jacob, 98
Stuckey, Joseph, 295

T
Tabor College, 426, 587
Tersteegen, Gerhard, 231
Toews, David, 304, 377
Transkei, 537
Troeltsch, Ernst, 195
Tschetter, Paul, 348

U
Umsiedler, 564
Unruh, Benjamin H., 272-3

V
Vincentian Canon, 192
Vistula Delta, 164, 174, 238, 241, 474
Volendam Colony, 418, 466
Vondel, Joost van den, 172, 187
VORP, 592
Voth, Kornelius, 418

W
Waldensians, 27, 195
Walpot, Peter, 108, 210
Waterlander, 171, 176
Weber, Max, 196
Weber, Philip, 106
Wedel, C. H., 196
Weierhof, 555, 560
Wenger, A. D., 326
Widemann, Jacob, 106
Willems, Dirk, 158
Woolman, John, 291
Wyclif, John, 25, 29, 31-3

Z
Zaunring, Georg, 100
Zell, Matthew, 120
Zinzendorf, Count von, 228
Zwingli, Ulrich, 41, 49-60, 64, 72-5, 85, 89, 102, 121, 192